Handbuch

Innenraum begrünung

Herausgeber Renate Veth

THALACKER MEDIEN

Die Deutsche Bibliothek – CIP Einheitsaufnahme

Handbuch Innenraumbegrünung / Hrsg.
Renate Veth. – 1. Aufl. – Braunschweig:
Thalacker Medien, 1998
ISBN 3-87815-094-6

1. Auflage 1998
© Thalacker Medien, Bernhard Thalacker Verlag GmbH & Co. KG, Braunschweig

Das Werk ist urheberrechtlich geschützt. Jede Verwertung ist ohne Zustimmung des Verlages unzulässig und strafbar. Vervielfältigungen, Übersetzungen, Mikroverfilmung und Einspeicherung in elektronische Systeme bedürfen der schriftlichen Zustimmung des Verlages.

Titelgestaltung: Schroers Werbeagentur, Braunschweig
Fotonachweis:
Titel und Rückseite: Strohm Innenbegrünungen, Widdern
Die Abbildungen im Buch stammen von den am Beginn eines Beitrags genannten Autoren.
Bei Bildern aus anderen Quellen ist der Fotonachweis direkt unter der Bildlegende vermerkt.
Herstellung: Brigitte Mayr, Braunschweig
Satz: SATZ & GESTALTUNG, Ingeburg Abraham, Braunschweig
Litho: Sigert Verlag, Braunschweig
Druck: Limbach Druck und Verlag GmbH & Co. KG, Braunschweig

Dieses Buch ist mit der größtmöglichen Sorgfalt zusammengestellt worden. Jedoch können weder die Autoren noch der Verlag für Schäden haftbar gemacht werden, die aus Fehlern und/oder Unvollständigkeiten im Text entstehen könnten.

Printed in Germany

ISBN 3-87815-094-6

Vorwort

Umbaute Lebensräume zu begrünen, ist eine alte Gewohnheit und eine hochmoderne Herausforderung zugleich. Weit spannt dabei der Bogen der Innenraumbegrünung, nämlich vom mobilen Grün in Wohn-, Arbeits- und Geschäftsräumen über den stark expansiven Markt der Wintergärten bis zur Innenraum-Landschaftsgestaltung in Glasräumen öffentlicher und privater Gebäude mit viel Publikumsverkehr.

Pflanzen in Räume zu bringen, um Natur um sich zu haben und mit Wachstum und Gedeihen auch möglichst exotischer Pflanzen Freude und Anerkennung zu erzielen, hat bei uns Tradition. Daß die positiven Wirkungen auf die Psyche inzwischen wissenschaftlich belegt sind, untermauert auch die ökonomische Argumentation.

Sich auf die klimatische Wirkung von Pflanzen zu besinnen und dies auf Innenräume zu übertragen, ist ein neuer Ansatz. Biologisches Bauen mit weitgehender Nutzung der Sonnenenergie und dem Ziel eines gesunden Raumklimas kann bei der Komplexität des Ansatzes nur unter Einbeziehung von Pflanzen gelingen.

Aufgabe des vorliegenden Buches ist es, bewährte Erkenntnisse und erfolgversprechende Neuerungstendenzen in der Innenraumbegrünung erstmalig im deutschsprachigen Raum zusammenzufassen. Damit richtet sich das Buch an Bauherren, Architekten und ausführende Firmen.

Fachautoren stellen aus verschiedenen Blickwinkeln den Stand der Wissenschaft und Praxis dar. Damit einher geht auch die Absicht, Standards in die berufsständische Diskussion einzuführen und Chancen wie auch Grenzen für diesen dynamischen Aufgabenbereich der grünen Branche aufzuzeigen.

Dr. KARL-HEINZ KERSTJENS

Curriculum vitae

Irmgard Arweck (1955, 2 Kinder) stammt aus einer seit Generationen in der Landwirtschaft und im Gartenbau tätigen Familie. Mehrjährige praktische Tätigkeiten in einer Gärtnerei mit Spezialkulturen im Freiland. 1984–1990 Gartenbau-Studium an der FH Weihenstephan mit Schwerpunkt Nützlingseinsatz im Gewächshaus sowie Innenraumbegrünung. Seit 1993 Planung von Innenraumbegrünungen und speziell kleinen Gartenräumen und Terrassen. Seit 1994 Lehrtätigkeit an der FH für Gartenbau in Landshut-Schöningen im Fach Innenraumbegrünung.

Stephan Eurich (1955) absolvierte nach dem Abitur und einer Ausbildung als Landschaftsgärtner von 1979–1980 ein Studium der Landespflege an der FH Nürtingen. 1983 Baustellenleiter im GaLaBau, 1984–1993 Mitarbeit bei Prof. Hans Luz und Partner, Stuttgart. Seit 1985 Mitglied der Architektenkammer Baden-Württemberg und seit 1993 Freier Landschaftsarchitekt (BDLA). Lehrbeauftragter an der FH Nürtingen seit 1995, Mitglied im Arbeitskreis Innenraumbegrünung der FLL (Forschungsgesellschaft Landschaftsentwicklung – Landschaftsbau e.V., Bonn).

Theo Groeneveld (1943) stammt aus einer traditionsreichen Gärtnerfamilie. Nach einer Gartenbau-Fachausbildung übte er handelsgärtnerische Tätigkeiten in leitender Position aus und war anerkannter Ausbilder. So war er verantwortlich für internationale Großprojekte in der Innenraumbegrünung, Vermehrung im Großsortiment und Betriebsleiter verschiedener Import-Export-Großhandelsgärtnereien. Seit 1994 betreibt er einen eigenen Großhandel mit Tropenpflanzen.

Bernhard Häring (1957) studierte bis 1983 an der FH Weihenstephan und arbeitete im Anschluß als Betriebsleiter in einem GaLaBau-Betrieb, den er 1984 nach dem Tod des Inhabers übernahm. 1991 Aufspaltung der Betriebsteile GaLaBau und Planung/Bewässerungstechnik. Derzeitiger Schwerpunkt: Klimaregelung für Innenbegrünungen in verglasten Räumen.

Dieter Jansen (1947) studierte nach einer Lehre im Gemüse- und Obstbau an der FH Wiesbaden. Beratertätigkeiten in Papenburg, Berlin und Kassel zu technischen Fragen im Gartenbau. Spezialgebiet künstliches Licht in Verkaufseinrichtungen. Seit 1974 Lehrbeauftragter für Technik im Gartenbau in Berlin und Kassel. Zahlreiche Veröffentlichungen, freier Journalist (VDAJ) und Auswertung von Sonderglas-Expertisen. Mitglied im Arbeitskreis Innenraumbegrünung der FLL. Mitglied der lichttechnischen Gesellschaft.

Curriculum vitae

Karl-Heinz Kerstjens (1955) stammt aus dem Familienbetrieb eines Gärtnermeisters. 1973–1977 Studium der Gartenbauwissenschaften in Hannover. Von 1978–1980 Referendariat für Schule und Verwaltung und anschließend Fachlehrer an der LVG Essen (1980–1982) und Straelen (1982–1988). 1990 Promotion an der Universität Berlin (Abschluß Dr. agr.). Mitautor von „Der Gärtner" und „Gärtnermeisterprüfung". Leiter des Arbeitskreises Innenraumbegrünung der FLL.

Christoph Köchel (1953, 3 Kinder): Gartenbau-Lehre, dann Gartenbau-Studium an der TU München. Im Mittelpunkt seiner wissenschaftlichen Arbeiten standen der Pflanzenbau in trockenen Gebieten und die Frosthärte von südländischen Gewächsen. Sein ausgeprägtes Engagement für die Subtropen und ihre Vegetation zeigt sich an der Teilnahme an einem Entwicklungsprojekt in Ägypten. 1983 gründete er zusammen mit seiner Frau **Maria Köchel** (1955) die Gärtnerei *„Flora Mediteranea"*. Maria Köchel schloß ebenfalls nach einer Gartenbau-Lehre ihr Studium in Freising-Weihenstephan ab. Ihre Arbeit als Redaktionsassistentin bei einer Gartenbauzeitschrift legte den Grundstock für ihre publizistische Tätigkeit. Gemeinsam verfaßten sie mehrere Bücher mit südlichen Pflanzen im Mittelpunkt. Beide unterrichten das Fach „Wintergarten- und Innenraumbegrünung" an der FH Weihenstephan.

Karl-Heinz Opitz ist anerkannter Hydrokultur-Experte mit jahrzehntelanger Erfahrung. Nach dem Abschluß seines Gartenbau-Studiums wirkte er maßgeblich an der Entwicklung verschiedener innovativer Hydrokultur-Systeme mit und verfaßte mehrere Fachbücher zu diesem Thema. Zur Zeit ist er als Prokurist in einer Hydrokultur-Firma tätig und verantwortet die Vertriebs- und Organisationsleitung Bereich Pflanzen.

Heinz-Dieter Molitor (1951) ist seit 1980 Wissenschaftler im Fachgebiet Zierpflanzenbau an der Forschungsanstalt Geisenheim und Dozent an der FH Wiesbaden. Seine Forschungsschwerpunkte sind erdelose Kulturverfahren, Innenraumbegrünung, Entwicklung von Torfersatzstoffen unter besonderer Berücksichtigung der Pflanzenernährung.

Volker Schuhmann (1939) absolvierte eine Gärtner- und eine Kaufmannslehre. Nach mehrjähriger praktischer Tätigkeit in Baumschulen des In- und Auslandes studierte er an der FH Berlin. Anschließend arbeitete er bei der Firma Bruns sowie bei einer süddeutschen Gartencenter-Kette. Seit 1973 ist sein Arbeitsschwerpunkt beim BGL (Bundesverband Garten-, Landschafts- und Sportplatzbau) Fachnormen, Regelwerke und Vergabewesen. Mitglied im Arbeitskreis Innenraumbegrünung der FLL.

Knut Steffen (1953) stammt aus einer traditionsreichen norddeutschen Gärtnerfamilie. Nach Lehrzeit und Praxisjahren im Zierpflanzenbau studierte er Gartenbau. Bereits 1974 sammelte er in einem Berliner Unternehmen erste Erfahrungen in der Innenraumbegrünung. Seit 1980 ist er Berater mit Schwerpunkt Endverkauf im Zierpflanzenbau. Seit 1993 ist er als Spezialberater für Marketing in allen Sparten des Gartenbaues tätig. Zahlreiche Veröffentlichungen und Vorträge sowie Mitarbeit in überregionalen Arbeitsgruppen zur Strategieentwicklung von Marketingkonzepten in Einzelhandelsgärtnereien.

Harald Strauch (1951) absolvierte ein Studium der Agrarwissenschaften an der Justus-Liebig-Universität, Gießen. Als Wissenschaftlicher Mitarbeiter promovierte er dort am Institut für Obstbau und Obstzüchtung. Seit 1988 ist er wissenschaftlicher Mitarbeiter bei Hygreno. Mitglied im Arbeitskreis Innenraumbegrünung der FLL.

Friedrich Strohm (1962) absolvierte nach dem Abitur eine Obstbaugärtner-Lehre und studierte Gartenbauwissenschaften an der TU München. 1991 gründete er mit seiner Frau Ute Strohm den gemeinsamen Betrieb, der sich mit Planung und Ausführung von Innenraumbegrünungen beschäftigt. **Ute Strohm** (1959) ist ausgebildete Zierpflanzengärtnerin und Floristin und besuchte die Staatliche Fachschule für Blumenkunst. 1992 und 1996 Geburt der beiden Kinder.

Walter Wohanka (1948) ist wissenschaftlicher Oberrat im Fachgebiet Phytomedizin, Forschungsanstalt Geisenheim, sowie Dozent im Fachbereich Gartenbau und Landespflege der FH Wiesbaden. Seine Arbeitsgebiete sind Maßnahmen der Pflanzenhygiene im intensiven Gartenbau, phytopathologische Aspekte erdeloser und geschlossener Kulturverfahren, insbesondere Gießwasserdesinfektion und aktuelle Pflanzenschutzprobleme. Zahlreiche Veröffentlichungen und Fachvorträge zum Thema Pflanzenschutz in der Innenraumbegrünung.

Inhalt

	Vorwort	3
	Curriculum vitae	4
	Inhalt	7
1	**Einleitung**	11
1.1	Begriffliche Verabredungen	11
1.2	Anforderungen	11
1.3	Geschichte der Innenraumbegrünung	12
1.4	Marktvolumen	13
2	**Funktion und Wirkung von Innenraumbegrünungen**	15
2.1	Pflanzen schaffen Behaglichkeit	15
2.2	Luftqualität – Schadstoffe	15
2.3	Luftqualität – Sauerstoff und CO_2	18
2.4	Luftfeuchtigkeit	19
2.5	Lärmschutz	21
2.6	Wirkung auf die Physis und Psyche des Menschen	22
2.7	Ökonomischer Nutzen von Innenraumbegrünungen	23
3	**Planungsvoraussetzungen ermitteln und festsetzen**	25
3.1	Pflanze und Architektur	25
3.2	Mit Pflanzen Räume gestalten	25
3.3	Architektonische und bautechnische Vorgaben	26
3.3.1	Standortfaktor Licht	26
3.3.2	Standortfaktor Temperatur	27
3.3.3	Standortfaktor Luftfeuchtigkeit	28
3.3.4	Standortfaktor Bodenfeuchte	29
3.3.5	Standortfaktor Nährstoffversorgung	29
3.4	Pflanze und Gefäß	30
3.5	Vorgaben für die Pflege	30
3.6	Abgrenzung zu anderen Gewerken	31
3.7	Ausschreibung	32
3.8	Terminierung	33
3.9	Fertigstellung – Abnahme – Gewährleistung	33
4	**Geobotanisch richtige Pflanzenauswahl**	37
4.1	Die Vegetationszonen und Pendants im verglasten Innenbereich	37
4.1.1	Die mediterrane Vegetationszone und ihre Pflanzen	38
4.1.2	Das typische Mittelmeerklima	38
4.1.3	Bereiche Kaliforniens mit Mediterranklima	40
4.1.4	Gebiete Chiles mit Mediterranklima	40
4.1.5	Mittelmeerklima am Südzipfel Afrikas	41
4.1.6	Gebiete Südwest- und Südaustraliens mit Mediterranklima	41
4.1.7	Für welche Innenräume eignen sich Pflanzen des Mediterrantyps?	42
4.2	Vegetationszonen und Pflanzen Südafrikas	44
4.2.1	Die trockenen Gebiete	44
4.2.2	Die feuchten Gebiete	45
4.2.2.1	Südliches Südafrika	47
4.2.2.2	Südwestliches Südafrika (subtropischer Bereich)	48
4.2.2.3	Südöstliches Südafrika (nahezu tropischer Bereich)	48
4.3	Vegetationszonen und Pflanzen Australiens	50

4.4	Innenraumgeeignete Pflanzen Neuseelands	56	6	**Bauabwicklung**	**127**	
			6.1	Bauzeitenplan	127	
4.5	(Halb-)Wüstenpflanzungen	57	6.2	Gewerküberschneidungen	129	
4.5.1	Wüstenartige Gebiete Nord- und Mittelamerikas	60	6.3	Gewerkabgrenzung	130	
			6.4	Technische Hilfsmittel	130	
4.6	Feuchtere Gebiete Mittel- und Südamerikas	64	7	**Klimatisierung und Lichttechnik**	**133**	
4.7	Subtropische Vegetationszonen Asiens	73	7.1	Raumklima	133	
			7.1.1	Raumtemperatur	133	
4.8	Fallbeispiele	79	7.1.2	Heizungssysteme	134	
4.8.1	Australisch/ neuseeländische Flora	79	7.1.3	Lüftung	135	
			7.1.4	Luftbefeuchtung – Luftfeuchte	136	
4.8.2	Bürogebäude in einem ungeheizten Solarhaus	82				
4.8.3	Begrünung eines Glasanbaus	87	7.1.5	Schattierung	139	
4.8.4	Caféteria	91	7.1.6	Klimaregelung	140	
4.8.5	Beet im Wintergarten	94	7.1.7	Wintergarten	141	
4.9	Praxisbeispiele aus der Innenraumbegrünung	96	7.2	Wärmeschutzverordnung	145	
			7.2.1	Sonnenschutzgläser	149	
4.9.1	Foyerbegrünungen	96	7.2.2	Wärmeschutzgläser	151	
4.9.1.1	Altenheim Sonnenhalde	97	7.2.3	Auswirkungen auf das Pflanzenwachstum	152	
4.9.1.2	Richard-Drautz-Stiftung	100				
4.9.2	Finanzamt	101	7.3	Licht und Pflanze	153	
4.9.3	Freie Waldorfschule	105	7.3.1	Wachstums- und dekoratives Licht	153	
4.10	Raumbegrünung mit Hydrokultur	110				
			7.3.2	Pflanzenbauliche Wirkung der Lichtstrahlung	156	
4.10.1	Pflanzbecken mit unterschiedlichen Pflanzhöhen	111				
			7.3.2.1	Lichtanwendung – Bedarf und Dauer	157	
4.10.2	Natürliche Klimainsel	112				
			7.3.2.2	Belichtungsrhythmen im Jahreszeitablauf	158	
5	**Begrünungssysteme erstellen**	**113**				
			7.3.3	Lampen- und Leuchtentypen	159	
5.1	Offene und geschlossene Systeme	113	7.3.3.1	(Halogen)-Glühlampen	161	
5.2	Gefäße und Pflanzbeete	113	7.3.3.2	Leuchtstofflampen	161	
5.3	Erdkultur	114	7.3.3.3	Kompakt-Leuchtstofflampen	161	
5.3.1	Gärtnerische Erden	114	7.3.3.4	Hochdruck-Entladungslampen	164	
5.3.2	Eignung einzelner Stoffgruppen und Stoffe	117	7.3.3.5	Metallhalogendampf-Hochdrucklampen (HgI)	167	
5.3.3	Mehrschichtiger Aufbau	121	7.3.3.6	Natriumdampf-Hochdrucklampen (Na-Lampen)	168	
5.4	Hydrokultur	122				
5.4.1	Kultursystem	122	7.3.3.7	Leuchten für Hochdruckentladungslampen (HD)	169	
5.4.2	Geeignete Stoffe	124				
5.5	Marktübliche Begrünungssysteme	124	7.3.3.8	Akzent-und Effektlicht	171	
			7.3.4	Installation, Gesetze, Verordnungen, Normen	173	

8	**Pflanzenernährung im Objektbereich**	**175**
8.1	Grundlagen	175
8.2	Gießwasser	175
8.2.1	Art des Gießwassers	175
8.2.2	Faktoren der Wasserqualität	176
8.3	Wichtige Einflußgrößen bei der Ernährung	178
8.3.1	pH-Wert	178
8.3.2	Leitfähigkeit und Salzgehalt	180
8.3.3	Nährstoffangebot	180
8.3.4	Düngemethode	182
8.3.5	Düngemittel	183
8.3.6	Nährstoff-Form	192
8.4	Möglichkeiten der Risikominimierung	193
8.5	Sonderfall: Verschmutzung der Nährlösung	194
8.6	Wichtige Umrechnungsfaktoren	195
9	**Bewässerungstechnik**	**197**
9.1	Grundtypen der Bewässerung	199
9.2	Regel- und Steuertechnik	200
9.3	Sensortechnik	202
9.4	Wasserversorgung und -verteilung	206
9.5	Luftbefeuchtung	210
10	**Pflanzenschutz im Objektbereich**	**211**
10.1	Schäden durch abiotische Faktoren	214
10.1.1	Wurzelschäden	214
10.1.2	Blattschäden	215
10.2	Schäden durch Krankheitserreger	218
10.2.1	Wurzel- und Stengelgrundfäulen	218
10.2.2	Krankheiten an oberirdischen Pflanzenteilen	219
10.3	Schäden durch Milben und Insekten	222
10.3.1	Spinnmilben	222
10.3.2	Schild- und Schmierläuse	225
10.3.3	Thripse	226
10.3.4	Weiße Fliegen und Mottenschildläuse	227
10.3.5	Blattläuse	228
10.3.6	Sonstige Schädlinge	228
10.4	Bekämpfung von pflanzenschädlichen Milben und Insekten	229
10.4.1	Überwachung und Kontrolle	229
10.4.2	Chemische Pflanzenschutzmaßnahmen	229
10.4.3	Biologischer Pflanzenschutz	230
10.4.3.1	Spinnmilben-Bekämpfung	233
10.4.3.2	Thripse-Bekämpfung	235
10.4.3.3	Schmierlaus-Bekämpfung	235
10.4.3.4	Schildlaus-Bekämpfung	237
10.4.3.5	Bekämpfung Weißer Fliegen	238
10.4.3.6	Blattlaus-Bekämpfung	238
11	**Pflanzenpflege**	**243**
11.1	Licht	243
11.2	Bewässerung	243
11.3	Temperatur	246
11.4	Ernährung	247
11.5	Umtopfen	248
11.6	Schnitt	248
11.6.1	Schnittwirkung	249
11.6.2	Schnittunterstützung	251
11.7	Pflege- und Blattglanzmittel	251
11.8	Pflegecheckliste	251
11.9	Pflegevertrag	253
12	**Vertragsrechtliche Aspekte**	**255**
12.1	Bauleistung oder Lieferung?	255
12.2	Vergabebestimmungen	256
12.2.1	Art der Vergabe	256
12.2.2	Prüfung der Eignung	256
12.2.3	Art des Vertrages	256
12.2.4	Vergabeunterlagen	258
12.3	VOB-gemäße Leistungsbeschreibung	258
12.3.1	Angaben zur Baustelle	258
12.3.2	Angaben zur Ausführung	259
12.3.3	Abrechnungseinheiten	259

12.3.4	Voruntersuchungen	261	13.2.3	Innenraumbegrünung mit	
12.3.5	Leistungsbeschreibungstexte,			Pflegeservice	280
	Musterleistungsverzeichnis	261	13.3	Mögliche Zielgruppen als	
12.3.6	Mitwirkung von			Kunden gewinnen	281
	Sachverständigen	261	13.3.1	Verkaufsargumente für	
12.4	Vertragsbedingungen, Fach-			die Innenraumbegrünung	281
	normen, andere Regelwerke	262	13.3.2	Verkaufsargumente für	
12.4.1	VOB/B „Allgemeine Vertrags-			den Pflegeservice	282
	bedingungen für die Aus-		13.3.3	Auftragsakquise	283
	führung von Bauleistungen"	262	13.4	Werbeträger	284
12.4.2	VOB/C „Allgemeine Tech-		13.4.1	Prospekte und Broschüren	284
	nische Vertragsbedingungen		13.4.2	Direct-Mailing	287
	für Bauleistungen"	262	13.4.3	Anzeigenwerbung	291
12.4.3	Die Landschaftsbau-		13.4.4	Sonstige Werbemöglich-	
	Fachnormen	265		keiten	293
12.4.4	FLL–„Innenraumbegrünungs-		13.5	Verkaufsförderung/	
	Richtlinie"	266		Öffentlichkeitsarbeit	293
12.4.5	Weitere technische		13.6	Objekte richtig kalkulieren	294
	Regelwerke	267	13.6.1	Kalkulation der Arbeits-	
12.5	Prüfpflicht des			kosten	295
	Auftragnehmers	268	13.6.2	Kalkulation der Material-	
12.6	Abnahme	270		kosten	299
12.6.1	Rechtswirkungen	270	13.6.3	Kalkulation der Fahrt-	
12.6.2	Abnahmefähiger Zustand	270		kosten	299
12.7	Gewährleistung	271	13.6.4	Kalkulation der Pflege-	
12.7.1	Die Gewährleistung des			dienstleistungen	300
	Auftragnehmers	271		Praktisches Vorgehen bei	
12.7.2	Gewährleistung bei an-			der Innenraumbegrünung	305
	schließendem Pflegevertrag	272			
12.7.3	Verjährungsfrist	272	**14**	**Pflanzenverwendung –**	
				Auflistung bewährter	
13	**Marketing und Kalkulation**	**275**		**Arten und Sorten**	**309**
13.1	Strategien im Wettbewerb	275	14.1	Temperatur- und	
13.1.1	Voraussetzungen für die			Wachstumsbedingungen	309
	Innenraumbegrünung	275	14.2	Vegetationszonen	314
13.1.2	Marketingstrategie für			**Pflanzenverwendungs-**	
	Innenraumbegrüner	277		**tabellen**	**321**
13.1.3	Marketingstrategie für			**Checkliste zur Gestaltung**	
	Wintergärten	277		**von Innenraumbegrünungen**	**371**
13.1.4	Firmenpräsentation nach				
	außen	279	**15**	**Literatur**	**377**
13.2	Unternehmensformen	279	**16**	**Bezugsquellenverzeichnis**	**381**
13.2.1	Einzelunternehmen und		**17**	**Richtlinien, Normen,**	
	Filialbetriebe	279		**gesetzliche Bestimmungen**	**385**
13.2.2	Franchiseunternehmen	279		**Sachwortverzeichnis**	**387**

1 Einleitung

Dr. Karl-Heinz Kerstjens

1.1 Begriffliche Verabredungen

Zur Übereinkunft der Begrifflichkeit, was unter Innenraumbegrünung in diesem Buch verstanden wird, folgen wir der Richtlinie für die Planung, Anlage und Pflege von Innenraumbegrünungen, herausgegeben von der Forschungsgesellschaft Landschaftsentwicklung Landschaftsbau.

Innenraumbegrünung ist danach *„die dauerhafte Begrünung von Innenräumen mit Pflanzen in mobilen oder ortsfesten Gefäßen sowie in Flächen mit oder ohne Bodenanschluß. Die Räume sind dabei in der Regel geschlossen und klimatisiert."* Dazu gehören neben den klassischen Wohn- und Betriebsgebäuden also auch die Wintergärten.

- Damit sind **Wohn-, Arbeits-, Freizeit- und Dienstleistungsstätten** eingeschlossen.

- Die Begrünung von **gewerblichen und öffentlichen Innenräumen** wird unter Fachleuten allgemein als Objektbegrünung bezeichnet.

- Die **Dauerhaftigkeit** unterscheidet die Innenraumbegrünung vom temporären Grün, das durch den Anlaß, z.B. Tischdekoration, oder durch die Pflanzenart, z.B. blühende Topfpflanze auf der Fensterbank, geprägt wird. Dauerhaftigkeit meint eine grundsätzlich auf mindestens etwa zehn Jahre angelegte Begrünung.

- Der Begriff der **Pflanze** schließt die Verwendung von präparierten Pflanzenteilen oder Imitaten aus verschiedenen Werkstoffen wie Kunststoff, Seide oder Holz aus. Pro Kunstpflanzen wird häufig das Argument vermeintlich geringerer Folgekosten genannt; ebenso wird die Verwendung unabhängig von den herrschenden Wachstumsbedingungen als Vorteil gesehen. Dagegen steht, daß sowohl durch die optische Unveränderlichkeit der Imitate wie auch durch die Plazierungen an unnatürlichen Standorten keine natürliche Pflanzenwirkung entstehen kann.

- Innenraumbegrünung wird in **Gefäßen**, die gegen das Bauwerk abschirmen, ausgeführt; seltener ist direkter Bodenanschluß.

1.2 Anforderungen

Fachliche Innenraumbegrünung zeichnet sich gärtnerisch durch Dauerhaftigkeit und Vitalität aus. Beides setzt Pflanzenwachstum voraus. Daher müssen am Standort die Wachstumsfaktoren Licht, Temperatur, CO_2, Wasser und Nährstoffe in hinreichendem Maß gegeben sein.

Die Reaktion auf bestehende Wachstumsbedingungen, die durch die Architektur vorgegeben sind, ist nur mit der Pflanzenauswahl und gegebenenfalls mit technischer Verbesserung der Bedingungen möglich. Wünschenswert und gestalterisch offener ist die frühestmögliche Einbeziehung der Erfordernisse von Pflanzen in die Hochbauplanung.

Bei der Pflanzenverwendung in Außenanlagen soll die Pflanzung nach etwa 10 bis 15 Jahren Wachstum den Planzustand erreichen. In der Innenraumbegrünung soll dieses Stadium aber unmittelbar nach der Fertigstellung gegeben sein. Dies schränkt die Entwicklungsmöglichkeiten der Innenraumbegrünung am Verwendungsort ein.

Die Wachstumsbedingungen müssen so gestaltet sein, daß Vitalität bei möglichst geringem Massenwachstum gegeben ist – eine morphologische Unmöglichkeit. Rückschnitt-Verträglichkeit der verwendeten Pflanzen ist hierzu ein wichtiges Auswahlkriterium.

Weiterhin ist die fachliche Pflege einer Innenraumbegrünung unverzichtbare Voraussetzung für den Begrünungserfolg. Planung, Ausführung und Pflege stellen damit hohe Ansprüche an die Gestaltung, die Pflanzenkenntnis und das Wissen um die Morphologie und Physiologie der Pflanzen.

Aufgrund ihrer Ausbildung sind Landschaftsarchitekten, Gärtner der Fachrichtungen Garten- und Landschaftsbau sowie Zierpflanzenbau und Floristen mit jeweils entsprechendem Ausbildungsschwerpunkt und Berufserfahrung die Fachleute für die Innenraumbegrünung.

Im Rahmen des EU-Bildungsprojektes LEONARDO erfolgt gegenwärtig eine Standardisierung des Informationsstandes zur Innenraumbegrünung auf der Ausbildungsstufe europaweit. Ob im Rahmen einer Fortbildung und Prüfung zum Fachagrarwirt nach § 46 Berufsbildungsgesetz die Innenraumbegrünung eine eigene Aufstiegsfortbildung erhält, ist gegenwärtig in der Diskussion.

1.3 Geschichte der Innenraumbegrünung

Expeditionen, Feldherren und Kreuzfahrer brachten seit der Antike als ein Ergebnis ihrer Reisen stets auch Pflanzen fremder Länder mit. Zunächst zielte die Sammlung darauf ab, Nahrungspflanzen oder Pflanzen von medizinischem Wert zu finden.

Die Hochzeit der Entdeckungen waren das 17. und 18. Jahrhundert. Seefahrer wurden meistens von einem Botaniker begleitet, der mit dem Erkennen nützlicher, aber zunehmend auch modischer (Zier-) Pflanzen beauftragt war. Die Innenraumbegrünung im heutigen Sinne hatte ihre erste Blütezeit im viktorianischen England des 19. Jahrhunderts. Wohnräume mit temporär beheizten Öfen oder Kaminen sowie mit kleinen Fenstern waren für Pflanzen in der Regel nicht geeignet. Man baute Räume für die seltenen, exotischen Pflanzen. Deren Besitz, Blühen und Fruchten gehörte zu den Leidenschaften der Reichen jener Zeit. Die Sehnsucht nach dem Unbekannten trieb die Menschen damals um. Die Orangerien des 18. Jahrhunderts, vorwiegend für die geliebten Zitrus gebaut, wurden im 19. Jahrhundert von Ganzglas-Häusern abgelöst.

Gewächshäuser und die berühmten viktorianischen Wintergärten von der Luxusausführung bis zum „Treibhaus für Jedermann" von Samuel HERMANN 1860 gehörten damals einfach dazu. Man baute also Gebäude für die Pflanze, denn in den Wohnräumen hatten die Pflanzen bei Lichtmangel und Frosttemperaturen keine Chancen. Lediglich Kamellien, *Hedera* und Sanseverien beispielsweise vermochten dank ihrer Robustheit auch dort durchzuhalten.

In Deutschland beginnt die Haltung von Pflanzen in bewohnten Räumen in der Bie-

Einleitung

dermeierzeit. Neben Pflanzen wurden insbesondere Vogelbauer aufgestellt; man holte sich die – möglichst exotische – Natur ins bürgerliche Haus.

Den Durchbruch für die tropischen Pflanzen brachte einerseits die Installation von Zentralheizungen und zum zweiten die helle und großzügige nordische Architektur mit großen Fenstern.

Nach Ende des zweiten Weltkrieges wurden Pflanzen innerhalb von 20 Jahren zum unverzichtbaren Gestaltungselement in Räumen. In den sechziger Jahren wurden erste Büro-Begrünungen geplant und ausgeführt. Seit den achtziger Jahren erhält die Innenraumbegrünung weitergehende Aufgaben und damit neue Impulse durch die sogenannte „Grüne Solararchitektur", die vom Tübinger Architekten DIETER SCHEMPP und seiner Arbeitsgruppe LOG ID entwickelt wurde. Ein Glaskörper am Gebäude fängt Sonnenenergie zur Energieeinsparung ein. Pflanzen werden aus gestalterischen, aber insbesondere aus klimatischen und gesundheitlichen Gründen in die Solargebäude-Planung mit einbezogen.

Die kleine Lösung dieses Gedankens, sozusagen zum Nachrüsten, stellen Wintergärten bei Privathäusern dar. Abhängig vom Benutzerwunsch ist dabei, je nach technischer Ausrüstung, das ungeheizte Glashaus vom Kalthaus – mindestens 6–8 °C ganzjährig – sowie dem Warmhaus – mindestens 15–18 °C ganzjährig – zu unterscheiden.

1.4 Marktvolumen

Die Erfassung allein der Größe aller möglichen Begrünungsorte im Bereich von Wohnungen, Arbeitsstätten, Einkaufs-, Gastronomie- und Sportstätten übersteigt überraschenderweise bei weitem die Möglichkeiten der Bundes- und Landesstatistik.

Wohnungen

35 Millionen Wohnungen in Deutschland haben ca. 2,9 Mrd. m^2 Wohnfläche. Stellte man je 50 m^2 Wohnfläche alle zehn Jahre ein Begrünungsgefäß auf, so wären das 5,8 Millionen Stück pro Jahr.

Büroarbeitsplätze

In Deutschland arbeiteten 1995 etwa 9,1 Millionen sozialversicherungspflichtig beschäftigte Angestellte sowie Beamte ganztägig in Büros. Geht man bei den Selbstständigen von 50 % ganztägig Bürobeschäftigten aus, so lautet die Gesamtzahl 10,7 Millionen Büroarbeitsplätze.

Bei der Mindest-Arbeitsraumgröße von 8 m^2 Grundfläche nach § 23 der Arbeitsstättenverordnung sind das 86 Millionen m^2 Bürofläche. Daß es sich hierbei um eine vorsichtige Schätzung handelt, zeigt die Tatsache, daß in Deutschland allein von 1993 bis 1995 ein Zuwachs an Nutzflächen in Büro- und Verwaltungsgebäuden von 19,6 Millionen m^2 zu verzeichnen war. Stellte man alle zehn Jahre je 20 m^2 Bürofläche ein Begrünungsgefäß auf, so wären dies 428 000 Stück pro Jahr.

2 Funktion und Wirkung von Innenraumbegrünungen

Dr. Karl-Heinz Kerstjens

2.1 Pflanzen schaffen Behaglichkeit

Büroangestellte stellen selbstbeschaffte Pflanzen in ihre Arbeitsräume. Die NASA wies erstmals in wissenschaftlichen Studien die Reinigung der Raumluft von Formaldehyd durch Pflanzen nach. Zwischen diesen Polen erstrecken sich Funktion und Wirkung der Innenraumbegrünung.

Die objektiv meßbaren Folgewirkungen pflanzlicher Lebenserscheinungen durch die Erfassung physikalischer und chemischer Größen (**naturwissenschaftlicher Aspekt**) gehen einher mit der subjektiven Wirkung auf das Wohlbefinden des Menschen, erklärbar auch durch psychologische Effekte (**psychologischer Aspekt**).

Die positive Wirkung von Pflanzen auf die **Behaglichkeit** von Räumen und damit das Wohlbefinden und die Leistungskraft der Menschen darin ist naturwissenschaftlich und psychologisch nachgewiesen und unstrittig. Diese Behaglichkeit wird ergänzend bestimmt durch den Zustand des Menschen, wie Allgemeinbefinden, Tätigkeit und Kleidung sowie durch den Zustand des Raumes, wie die Luftfeuchte, Luftqualität oder Lärmpegel.

Das sogenannte **Sick-Building-Syndrom** beschreibt dagegen einen Unbehaglichkeitszustand, ja einen Zustand, der Krankheiten auslöst und fördert. Dieser kann ebensowenig nur einem einzigen Faktor des Raumklimas eindeutig zugeordnet werden. Oft handelt es sich dabei um die kumulative Wirkung von Einzelfaktoren, die für sich alleine genommen (und gemessen!) noch als gerade tolerierbar gegeben erscheinen.

Im folgenden sind diejenigen Behaglichkeitskomponenten erörtert, bei denen posi-

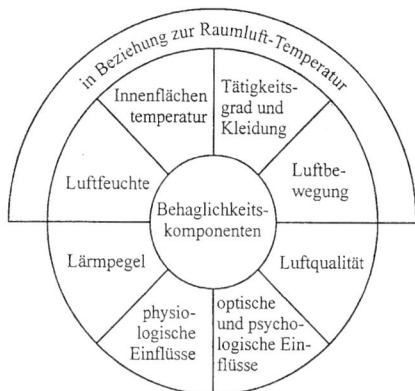

Abb. 1: Behaglichkeitskomponenten für das Raumklima
   nach RWE Bau-Handbuch, 4.95 (verändert)

tive Beeinflussungen durch Pflanzen nachgewiesen sind und daher erwartet werden dürfen.

2.2 Luftqualität – Schadstoffe

Die Wirkung von Pflanzen bei der Reduktion von Schadstoffen in der Raumluft, auch als *Grüne-Leber-Funktion* bezeichnet, wird seit Mitte der achtziger Jahre wissenschaftlich publiziert. Ausgangspunkt war eine NASA-Studie, in der ermittelt wurde, daß die Luftschadstoffkonzentration von Formaldehyd und Benzol nach Aufstellung von Pflanzen artspezifisch deutlich abnahm. Der Wirkungsmechanismus bei diesen Versuchen mit hoher Schadstoffkonzentration und hohem Pflanzenbesatz wurde zunächst nicht hinterfragt.

Leider alltäglich sind die Raumluftschadstoffe Nikotin und Formaldehyd, denen daher auch die größte Aufmerksamkeit der Forschung gilt. **Nikotin** wird, wie Benzol, Toluol und Xylol auch, beim Tabakrauchen freigesetzt. Neben den allergischen Reaktionen und den Erkrankungen der Atemwege, als Folge des aktiven und insbesondere des passiven Rauchens, konnte 1996 auf der Basis beobachtbarer Genveränderungen der Beweis des Zusammenhanges zwischen Rauchen und Lungenkrebs geführt werden.

Formaldehyd erreicht in stark verrauchten Räumen schon aufgrund dieses Einflusses Konzentrationen über dem MAK-Richtwert. Die jährliche Weltproduktion von etwa 5 Mio. Tonnen Formaldehyd gelangt bei uns aber vor allem aus Dämm- und Spanplattenprodukten, die unter Verwendung von Klebstoff auf Harnstoff-Formaldehyd-Harzbasis hergestellt werden, in die Raumluft. Beim langsamen Zerfall des Leimes wird Formaldehyd frei. Formaldehyd als farbloses, stechend riechendes Gas ist in der Lage, Allergien auszulösen, deren Symptome von Atemnot über Kopfschmerz, Nasen- und Augenirritationen sowie Husten bis zum Hautausschlag reicht. Nach Ansicht der Fachkommission beim Bundesgesundheitsminister ist der Verdacht auf Veränderung des Erbgutes sowie krebsauslösende Wirkung gegeben.

Daneben ist Pflanzenabbau von **Benzol, Toluol, Xylol, Phenol und Kresol** nachgewiesen. Am Botanischen Institut der Uni Köln sowie am Institut für biochemische Pflanzenpathologie in Oberschleißheim werden die Beobachtungen der NASA-Studie wissenschaftlich ergründet und erweitert.

Filter – Pflanzen – Arten
Während die NASA-Studie eine ganze Reihe häufig in der Innenraumbegrünung verwendeter Pflanzen umfaßt, wurden in Deutschland bisher weniger Versuche vorgenommen. *Chlorophytum commosum*, *Epipremnum pinnatum* und *Ficus benjamina* hatten sich in vorausgegangenen Streßversuchen als besonders tolerant erwiesen. Die Untersuchungen zeigen, daß die biologischen Prozesse zum Schadstoffabbau von der Vitalität der Pflanze abhängen, das heißt

Tab. 1: Maximale Arbeitsplatzkonzentration von Schadstoffen
(nach MAK und BAT-Wert-Liste 1996 der Deutschen Forschungsgemeinschaft)

Schad-stoff	Konzentration ml/m3	mg/m3	Allergieauslösung	kanzerogene Wirkung
Benzol	0	0	Sensibilisierung	ja
Formaldehyd	0,5	0,6	ja	begründeter Verdacht
Kresol	5	22	Hautresorption	
Nikotin	0,07	0,5	Hautresorption	begründeter Verdacht
Phenol	5	19	Hautresorption	
Toluol	50	190		
Xylol	100	440		

Tab. 2: Pflanzen mit nachgewiesener Abbauleistung für Formaldehyd

Pflanzenart
Heliconia rostrata
Gerbera jamesonii
Ficus lyrata
Dieffenbachia maculata
Hedera helix
Dracaena fragrans
Codiaeum variegatum, pictum
Chrysalidocarpus lutescens
Sparmannia africana
Chlorophytum comosum
Epipremnum aureum, pinnatum
Chamaedorea seifrizii
Aglaonema commutatum
Anthurium scherzerianum
Polyscias guilfoylei
Syngonium podophyllum
Ficus benjamina
Cissus rhombifolia
Nephrolepis exaltata
Philodendron scandens
Dracaena marginata
Schefflera arboricola
Dracaena deremensis
Howeia forsteriana
Yucca elephantipes
Rhapis excelsa
Ficus pumila
Spathiphyllum wallisii
Kalanchoe daigremontiana

Quelle: WEIDNER, LANGEBARTELS

von ihrer Photosynthese-Nettoleistung bis hin zur Wachstumsdynamik im Wurzelbereich.

Filtermechanismus

Pflanzen vermögen Luftschadstoffe über Blatt und Wurzel aufzunehmen und anschließend durch Verstoffwechselung zu eliminieren. Bei Formaldehyd liegen die drei Pflanzengattungen *Chlorophytum*, *Ficus* und *Epipremnum* in der gleichen Größenordnung bezüglich der Aufnahme, hier vorwiegend über die Blätter. Formaldehyd wird metabolisiert; markiertes C 14 aus Formaldehyd fand sich in Zuckern, Aminosäuren und Zellwandbestandteilen wieder.

Nikotin, hinsichtlich dessen bei *Chlorophytum* keine Untersuchungen vorliegen, wird von den Blättern nur abwaschbar adsorbiert. Eine Aufnahme geschah ausschließlich über die Wurzel, allerdings nicht bei *Ficus benjamina*, sondern nur bei *Epipremnum pinnatum aureum*. Nikotin wurde hier nicht metabolisiert, sondern in den Blättern, und zwar in Vakuolen der Mesophyllzellen, unverändert eingelagert. Solche Pflanzenmasse wies bis zum vierfachen Trockensubstanzgehalt an Nikotin im Vergleich zu Kulturtabakpflanzen auf.

Weit erfolgversprechender zur Raumluft-Schadstoffilterung ist der **mikrobiologische Abbau** mit spezifischen Bakterien in der **Rhizosphäre**, das heißt im Substrat.

Die zugehörigen Versuche wurden in Hydrokultursystemen mit etwa 40% Aktivkohleanteil gemacht. Luft wurde zum Eintrag in die Rhizosphäre zwangsweise durch das System geführt. Die Schadstoffe wurden von der Aktivkohle herausgefiltert und standen dann zur mikrobiellen Verarbeitung an.

Bakterienstämme von *Pseudomonas putida* für Formaldehyd und *Arthrobacter oxydans* für Nikotin ergaben Stoffreduktionen in der Raumluft, welche die Wirkung der reinen Pflanzenaufnahmen über Sproß oder Wurzel um den Faktor 10^3–10^4 überstieg. Für die Quantität war dabei die Symbiose zwischen Pflanzenwurzel und Bakterien entscheidend. Die Wurzelexudate (Zucker, Aminosäuren) dienten den Bakterien als Nährmedium, während die Umsetzungsprodukte der Bakterien als Pflanzennahrung fungierten. Daher sind die Pflanzen bei biologischen Filteranlagen unverzichtbar. Die Bakterien waren in schadstoffarmen Phasen in der Lage zu überdauern, um bei neuem Schadstoffeintrag ihr Abbaupotential schnell zu regenerieren.

Aglaonema commutatum, als Beispiel, ist aufgrund seiner schwachen Wuchsleistung als „grüne Leber" wenig geeignet, obwohl ungiftige Stoffwechselprodukte von Formaldehyd bei ihr nachgewiesen sind.

Luftfilter – Leistung
Die Leistung der pflanzlichen und mikrobiologischen Luftfilter wird bisher aufgrund der Laborergebnisse hochgerechnet. WEIDNER ermittelte für das Formaldehyd-Eliminierungsvermögen der Pflanze selber bei einem zimmerhohen *Ficus benjamina* ein Potential von einem halben m^3 pro Stunde bei MAK* – Konzentrationen von 500 µg pro m^3.

Für den mikrobiellen Abbau in der Rhizosphäre eines 250 l Gefäßes läßt sich ein Potential von 50 m^3 Luftfilterung pro Stunde errechnen. Ein Ergebnis der Uni Bern sagt aus, daß der Schadstoffabbau aus einer Zigarette in 8 m^3 Luftraum mit einem Pflanzen-Filtersystem ca. 10 Stunden dauerte.

Realistische Einschätzung
Die Filterwerte der Rhizosphäre wurden in zwangsluftdurchströmten Hydrokultursystemen unter Laborbedingungen ermittelt. Die technische Umsetzung zu einem dauerfunktionsfähigen System mit hoher Pflanzenvitalität erfolgt derzeit; Prototypen sind am Markt. Die technische Aufgabe besteht unter anderem darin, bei Erhaltung der Pflanzenvitalität möglichst viel (belastete) Raumluft durch das Filtersystem im Wurzelbereich durchzuschleusen. Das bakterielle Abbauvermögen stößt hingegen an keine Grenzen.

Konkurrenz und gegenseitige Stoffkonzentrationsempfindlichkeiten der Bakterienstämme bilden als Wechselwirkung allerdings ein weiteres Problem. Der Luftwechsel beim Öffnen von Türen und Fenstern, die in der Praxis unterhalb der MAK-Werte liegende Schadstoffkonzentration sowie die ständige Schadstoffnachlieferung, als Faktoren allesamt noch nicht quantifiziert, relativieren die Laborwerte derzeit noch auf ein qualitatives Maß.

Diese qualitative Wirkung ist jedoch wissenschaftlich belegt und damit als Argument „pro Pflanze" in Räumen unstreitig.

2.3 Luftqualität – Sauerstoff und CO_2

Aus der Botanik ist allgemein bekannt, daß Pflanzen bei der Photosynthese Luft-CO_2 verbrauchen und dabei Sauerstoff freisetzen. Bezüglich einer Innenraumbegrünung ist hierbei die Frage nach der Quantität dieser Wirkung zu stellen.

Ein 25 m hoher Alleebaum mit 14 m breiter Krone und 2700 m^3 Kronenvolumen nimmt 2,4 kg CO_2 pro Stunde auf und gibt 1,7 kg O_2 pro Stunde ab. Er versorgt damit übers Jahr gesehen zehn Menschen. 150 m^2 Blattfläche werden wissenschaftlich als ausreichend zur O_2-Versorgung und CO_2-Entsorgung für einen Menschen angesehen.

Zwei Meter hohe *Ficus benjamina* Pflanzen oder *Tetrastigma voinierianum* haben eine Blattoberfläche von etwa 4–5 m^2. In der Relation müßten also, gleiche Photosyntheseaktivität vorausgesetzt, etwa 30 bis 35 Pflan-

---
* Der Bundesgesundheitsminister schreibt für eine Reihe von Schadstoffen Grenzwerte, sogenannte MAK-Werte (Maximale Arbeitsplatz-Konzentration) vor (vergl. Tabelle 1).

Funktion und Wirkung

steigert	Innenraumbegrünung wirkt	mindert
Luftfeuchtigkeit	**physikalisch**	Lärmpegel
Sauerstoff	**chemisch**	CO_2-Gehalt
	biologisch	Sporeneintrag im Vergleich zu technischen Systemen
	toxikologisch	Formaldehyd, Benzol, Nikotin, Staub
Genesungsgeschwindigkeit	**physisch**	Kopfschmerz, Hautreizungen (subjektiv) Medikamentenkonsum Krankmeldungen
Wohlbefinden Naturerlebnis Kommunikation	**psychisch**	Streß, Unpersönlichkeit, Sterilität des Arbeitsplatzes

Abb. 2: Übersicht der Wirkungen von Innenraumbegrünungen

zen dieser Art zum Beispiel in einem Büro vorhanden sein, um für einen arbeitenden Menschen Sauerstoff zu produzieren. Unbeschadet der Verweilzeit von etwa nur 1600 Stunden pro Jahr am Arbeitsplatz und der unterschiedlichen Photosyntheseleistung Innen zu Außen wird die Relation deutlich.

Die Einschätzung der Wirkung einer Einzelpflanze als Marginalie wird gestützt durch die Literaturangabe, daß eine 1,5 m hohe *Schefflera arboricola* etwa ein Liter Sauerstoff pro Stunde produziert, bei einem Verbrauch des Menschen von 30 l pro Stunde; gleichzeitig verbraucht diese Pflanze 10 l pro Tag CO_2 bei einer Produktion des Menschen von 30 l pro Stunde.

2.4 Luftfeuchtigkeit

Pflanzen erhöhen durch ihre Transpirationsleistung die Luftfeuchtigkeit in Innenräumen. Die Transpirationsleistung ist dabei abhängig von der eingestrahlten Energie und der Temperaturdifferenz der Pflanze zur Außenluft; Transpiration dient der Pflanzenkühlung durch die entzogene Verdunstungsenergie sowie dem Stofftransport aus der Wurzel in den Sproß.

Die erzielbare Wirkung von Pflanzen auf die Luftfeuchtigkeit in Innenräumen hängt vom Bedarf zur Anhebung der Raumfeuchte in Relation zur Transpirationsleistungsfähigkeit der Pflanze ab.

Ein 25 m hoher Alleebaum mit 1200 m² Blattfläche vermag Spitzenwerte im Sommer von 400 l Verdunstung pro Tag zu erreichen. Umgerechnet auf eine Innenraumbegrünungs-Pflanze mit 6 m² Blattfläche entspräche dies 2 l Verdunstung pro Tag.

Diese den Sachverhalt stark vereinfachende Berechnung berücksichtigt nicht die Beschaffenheit der Blattoberfläche, die bei Innenraumbegrünungs-Pflanzen durch Wachsauflage oder Blatthaare im Vergleich zu ungeschützten Alleebaumblättern häufig einer zu starken Verdunstung entgegenwirkt. Oft zu beobachtende dicke Staubauflagen behindern ebenso die Verdunstung. Bei einem 1,50 m hohen *Cyperus alternifolius* wird von 2 l Verdunstung pro Tag berichtet.

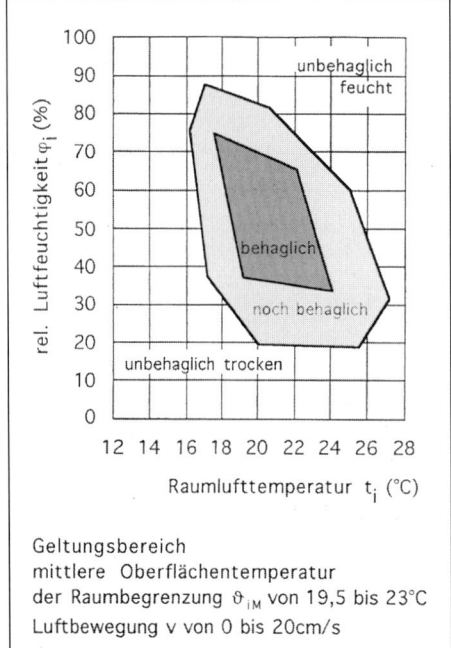

Abb. 3: Behaglichkeitsfeld für das Wertepaar Raumlufttemperatur und relative Luftfeuchte
(nach LEUSDEN und FREYMARK in RWE Bau-Handbuch 4.95)

Wollte man in einem Großraumbüro, von ca. 40 m² Grundfläche und einem Luftwechsel von 150 m³ pro Stunde, die Luftfeuchte von 34 % relativer Feuchte auf 45 % relativer Feuchte erhöhen, so benötigt man 0,5 kg Wasser pro Stunde.

Zur Abschätzung der tatsächlichen Transpirationswassermenge vergegenwärtige man sich die Gießwassermenge pro Pflanzgefäß und Woche, die im Winter selten 1 l pro Tag erreichen dürfte. Daneben ist die Wasseraufnahme von Innenarchitekturmaterialien nicht unerheblich für die Bilanz.

Innenraumbepflanzungen liefern nicht nur einen Beitrag zur Luftfeuchtigkeit, sondern sie erwarten artspezifisch auch als Wachstumsbedingung einen hohen Feuchtegehalt der Luft. Von tropischen Pflanzen bei etwa 80 % relativer Luftfeuchte bis zu Sukkulenten bei etwa 10 % relativer Luftfeuchte reicht das Spektrum.

Dies legt den Einsatz technischer Luftbefeuchter nahe, wie sie in Klimaanlagen inbegriffen sind. Befeuchtungssysteme in Klimaanlagen können dabei durch eine Verkeimung zur Gefahrenquelle werden.

Neben der schwersten Folge der unter Umständen tödlich verlaufenden sogenannten Legionärskrankheit, erkranken alljährlich schätzungsweise 6 % der arbeitenden Personen in klimatisierten Räumen an „Befeuchter-Lunge" mit möglicherweise chronischen Schädigungen sowie an „Befeuchter-Fieber" mit grippeähnlichen Symptomen.

Pilzsporen, Amöben und Bakterien wurden als Ursache identifiziert. Luftbefeuchtung durch Pflanzentranspiration vermeidet nicht nur diese Gefahren, sondern leistet einen Beitrag zum Abbau abiotischer Schadstoffe in der Raumluft.

Tab. 3: Optimalbereich für das Raumklima

Raumart	Raumlufttemperatur in °C		Luftfeuchte raltiv in %		Luftbewegung maximal in m/s	
	Sommer	Winter	Sommer	Winter	Sommer	Winter
Wohnzimmer	22-25	20-23	40 bis 60	40 bis 60	0,2 (bei 22 °C) bis 0,3 (bei 26 °C)	< 0,15 (bei 20 °C)
Treppenhaus	18-20	16-18				
Büro	22-24	20-22				
Büro*	< 26	20-26	< 70 (b. 22 °C)	< 80 (b. 20 °C)	<0,2	

* gemäß Arbeitsstättenrichtlinien zu §§ 5 und 6 Arbeitsstättenverordnung von 1979; nach RWE Bau Handbuch, 4.95 und Bundesanstalt für Arbeitsschutz, 1996

2.5 Lärmschutz

Ebenso leisten Pflanzen einen Beitrag zur Schalldämmung in Innenräumen. Unter Schall versteht man mechanische Schwingungen in der Luft mit Frequenzen zwischen 16 Hz und 20000 Hz, das heißt, Schall ist Energie. Der Mensch empfindet den Aufenthalt in einem Raum unter anderem als angenehm, wenn ein Teil der Schallenergie, als Raumhall zu bezeichnen, von Einrichtungsgegenständen geschluckt wird. Für das subjektive Wohlbefinden sind im Büro und Wohnräumen insbesondere die Frequenzen zwischen 250 und 4000 Hz von Bedeutung; in Werkstätten gilt die Spanne von 500 bis 5000 Hz als zu beobachtender Frequenzbereich.

Das Schallabsorptionsvermögen von Materialien stellt sich als Funktion ihrer Masse bei offener Oberflächenstruktur dar. Die Schallwellen werden innerhalb des Materials mit steigender Masse häufiger reflektiert; die Schwingungsenergie wird damit vernichtet. Die Darstellung der physikalischen Meßwerte erfolgt in der Einheit der sogenannten „Schallabsorptionsfläche"; damit wird eine Vergleichsfläche bezeichnet, die zu 100 % die auftreffenden Schallwellen schluckt, das heißt absorbiert.

Messungen durch die Lehr- und Versuchsanstalt für Gartenbau Essen ergaben einen linearen Anstieg der schalldämmenden Wirkung bei 3, 6 und 9 Pflanzen *Ficus benjamina*, Höhe 1,80 m, oder *Tetrastigma voinierianum*, Höhe 2,10 m, mit exponentiellem Anstieg der Wirkung oberhalb 1800 Hz. Quantitativ muß die Schalldämmung relativiert werden. Neun der beschriebenen *Ficus*-Pflanzen bringen in einem 30 m^2 großen Raum etwa 25 % der insgesamt erforderlichen Schalldämmung. In einem anderen Vergleich entsprachen drei *Ficus benjamina*, Höhe 1,80 m, Qualität „Solitär", etwa 8 m^2 Nadelflies-Teppichboden oder 5 m^2 Gardinen in ihrer schallschluckenden Wirkung.

Tetrastigma voinierianum wirkten bei gleichgroßer Gesamtblattoberfläche um den Faktor 1,8 stärker schallschluckend. Dieser Faktor gibt auch exakt die Relation der Masse beider Innenraumbegrünungspflanzen wieder. Damit ist ein Hinweis auf das artspezifische Schallabsorptionsvermögen gegeben.

Von Bedeutung ist hierbei auch das Substrat oder die mit Substrat gefüllten Pflanzenbehälter, die für sich genommen schon schallhemmend wirken. Acht Pflanzbehälter mit insgesamt 1,9 m² Oberfläche ergaben eine gleiche Wirkung wie sechs *Ficus benjamina*, Höhe 1,80 m. Bei verschiedenen Substraten verhielten sich die Wirkungen wie die Verhältnisse der Massen.

In der Literatur gibt es unterschiedliche Aussagen zur Wirkung der Anordnung von Pflanzen im Raum. Aus den genannten Versuchsergebnissen zur Raumakustik bei Pflanzen läßt sich ableiten

- Gruppen von Pflanzen wirken besser als die gleiche Anzahl Einzelpflanzen oder Pflanzenaufstellung in Reihe

- die Verteilung von Pflanzengruppen im Raum wirkt besser als eine Konzentration in Raummitte

- die Aufstellung in Ecken und an Wänden wirkt geringer als die Konzentration der Pflanzen in Raummitte.

2.6 Wirkung auf die Physis und Psyche des Menschen

Alle Untersuchungen zur Wirkung von Pflanzen auf Menschen kommen uneingeschränkt zu dem Ergebnis positiver Reaktionen. Diese Untersuchungen stammen aus dem westeuropäischen Ausland und vor allem aus den Vereinigten Staaten. Zur Erklärung der positiven Reaktionen des Menschen auf natürliche Reize wie Pflanzen und Blumen gelten vor allem zwei gedankliche Ansätze.

- Die **Erregungstheorie** stellt fest, daß das Erlebnis alltäglicher, visueller Reize in der Urbanisation von hoher Komplexität ist und daher ein streßerzeugendes und ermüdendes Erregungsniveau auslöst. Visuelle Reize geringer Komplexität dagegen, wie das Betrachten von Pflanzen und Natur, wirken entspannend und streßmildernd.

- Die **evolutionäre Theorie** konstatiert dagegen die positive Besetzung von Reizen des Naturanblicks aus dem entwicklungsgeschichtlichen Kampf ums Überleben; Natur ist in ihrer Funktion als Nahrungsquelle und Ort der Regeneration genetisch fixiert. ULLRICH hat 1993 in den USA diese Zusammenhänge in seiner Biophilia-Hypothese dargestellt.

Der Umgang mit Pflanzen wirkt als Gegenpol zur Zivilisationswirkung Streß. Da Streß aber bekanntlich zu psychosomatischen Störungen, das heißt Gesundheitsbeeinträchtigungen verschiedenster Art, führt, wurden auch hierzu entsprechende Untersuchungen durchgeführt. Dabei reduzierte der Ausblick auf die Natur die Krankmeldungen; postoperative Patienten reagierten durch schnellere Genesung, geringeren Bedarf an Schmerzmitteln und weniger nachoperativen Komplikationen.

Die zum Teil mit fünf Minuten auch nur kurzzeitige Konfrontation im Streß befindlicher Menschen mit Pflanzen oder Naturdarstellungen ließen alle medizinischen Streßparameter wie Blutdruck, Muskelspannung und Leitfähigkeit der Haut sinken.

Gleichsinnige Untersuchungen wiesen nach, daß von Büroangestellten Gesundheitsbeeinträchtigungen durch Kopfschmerz und Hautreizungen subjektiv als geringer vorhanden empfunden wurden. STILES ermittelte in den USA in einer Studie aufgrund umfangreicher

Befragungen, daß Innenraumbegrünung sich positiv auf die Wahrnehmung der Inneneinrichtung auswirkte ohne optisch raumverkleinernd zu wirken. Innenbegrünte Räume werden von den Benutzern im Vergleich als freundlicher, beruhigender und weniger streßerzeugend charakterisiert.

Interessanterweise werden begrünte Räume als teurer und qualitativ höherwertig aussehend empfunden. Alle diese Charakteristika tragen zur Steigerung des Wohlbefindens der Menschen bei.

Untersuchungen in den Niederlanden berichten ebenfalls von positiv stimulierenden Effekten der Pflanzen an Büroarbeitsplätzen. Interessant sind hierbei geäußerte Erfahrungen wie Geborgenheit, ursprünglicher Lebensraum, Drang nach Verantwortungsübernahme durch Versorgung der Pflanzen, Förderung der Kommunikation zwischen Kollegen sowie Erlangung eines interkollegialen Status durch die Qualität der eigenversorgten Pflanzen. Farbpsychologen empfehlen die Farbe Grün zum Abbau von Streß, Angst und Aggressionen.

2.7 Ökonomischer Nutzen von Innenraumbegrünungen

Bei einer Umfrage in den Niederlanden gaben 35 % der Beschäftigten in Bürogebäuden an, mit dem Raumklima unzufrieden zu sein. Durchschnittlich 20 % äußerten gar gesundheitliche Beschwerden. Dabei wurde trockene Luft als häufigste Beschwerde genannt, daneben waren es Temperaturschwankungen, Luftqualität, Geräusche und staubige Luft. Augen- sowie Hals- und Nasenbeschwerden sind die von den Betroffenen genannten Folgen. 20–30 % der Gebäude Westeuropas und Nordamerikas werden international als Problemgebäude in diesem Sinne charakterisiert.

Pflanzen liefern unbestritten einen Beitrag zur sogenannten **Healthy-Building-Quality** und zwar aus raumphysikalischer sowie aus psychologischer Sicht. Pflanzen stellen gemäß ihrer Physiologie der Stoffaufnahme und -abgabe eine hervorragende Ergänzung oder Symbiose zum Menschen dar. Die Quantität raumphysikalischer Effekte kann jedoch den Marginalbereich nur verlassen, wenn Räume nicht begrünt, sondern **durchgrünt** sind, das heißt, wenn neben der gestalterischen Wirkung auch einer beträchtlichen Pflanzenmasse durch Anzahl und Artenwahl Raum zur Entwicklung gegeben wird.

Schon heute begründen die nachgewiesenen psychologischen Wirkungen von Pflanzen die ökonomische Effizienz von Innenraumbegrünung.

- Die Investition einer Innenraumbegrünung erhöht die Attraktivität der Räume.

- Das Wohlbefinden und damit die Leistungsdisposition des Menschen wird verbessert.

- Streßabbau steigert die Leistungsqualität.

- Verringerte Krankheitsanfälligkeit senkt die Personalkosten.

Ein Pflanzgefäß pro Mitarbeiter mit 1000 Mark Investitionssumme bei zehnjähriger Abschreibung und 250 Mark Pflegekosten pro Jahr rentiert sich durch einen verminderten Arbeitsausfall von weniger als einem Arbeitstag jährlich für diesen Mitarbeiter.

Haas
INNENBEGRÜNUNG

Mit Pflanzen leben!

**Pflanzen im Büro
... im Foyer ...
im Wintergarten**

Ihre Ansprechpartner:

Haas Innen-Begrünung
Thomas Haas
Oeschweg 3
88138 Sigmarszell bei Lindau/B.
Telefon (0 83 89) 9 81 23
Telefax (0 83 89) 9 81 24

Haas Innen-Begrünung GmbH & Co.
Dietmar Wörteler
Thomas-Howie-Str. 27/1
76684 Östringen bei Karlsruhe
Telefon (0 72 53) 9 22 17
Telefax (0 72 53) 9 22 18

3 Planungsvoraussetzungen ermitteln und festsetzen
Stephan Eurich

3.1 Pflanze und Architektur

Ausgangspunkt einer jeden Planung ist das Klären der Aufgabenstellung. Die Berücksichtigung des Themas „Pflanze" zu Beginn einer Gebäudeplanung eröffnet wesentlich größere Gestaltungsmöglichkeiten als die Nachrüstung in fertige Baukonzepte oder Gebäudeteile.

Als Entscheidungshilfe für die weiteren Planungsschritte ist die gewünschte Bedeutung und Funktion der Innenbegrünung für den Standort herauszuarbeiten, der in folgende vier Raumkategorien gegliedert werden kann:

Typ 1: Vegetationsbestimmte Räume

Klimatisierung, Gestaltung und Ausstattung des Raumes wird von der ausgewählten Pflanzengemeinschaft bestimmt.

Typ 2: Räume, in Teilbereichen vegetationsbestimmt

In ausgewählten, größeren zusammenhängenden Teilräumen wird die Klimatisierung, Gestaltung und Ausstattung von der ausgewählten Pflanzengemeinschaft bestimmt, zumindest in Übergangsbereichen ergeben sich Einschränkungen bei der Pflanzenauswahl.

Typ 3: Räume mit ortsfesten Pflanzinseln als Einrichtungs- und Gestaltungselement

Die durch andere Nutzungen und Funktionen vorgegebene Raumklimatisierung bestimmt wesentlich die Pflanzenauswahl, punktuelle Anpassungen der Standortfaktoren Licht, Boden- und Luftfeuchte an die Bedürfnisse der ausgewählten Pflanzengemeinschaft sind möglich.

Typ 4: Räume mit mobilen Pflanzgefäßen

Pflanzen- und Gefäßauswahl richten sich ausschließlich nach anderen Nutzungen und Funktionen. In allen zur Aufstellung von mobilen Begrünungselementen vorgesehenen Raumteilen müssen ausreichende Wachstumsbedingungen vorhanden oder zu schaffen sein.

3.2 Mit Pflanzen Räume gestalten

Welche Wünsche, Träume, Sehnsüchte, Gefühle wollen wir mit der Ausgestaltung von Innenraum-Landschaften ansprechen?

Welche Funktionen sollen die Pflanzengemeinschaften erfüllen?

Ein Badeparadies mit üppiger tropischer Vegetation, ein China- oder Thai-Restaurant im Bambus-Hain, ein Reisebüro „unter Palmen", die Flughafenhalle mit Eukalyptusbäumen, das Krankenhaus mit der Heiterkeit einer grünen Oase, ein Café- oder Teehaus begrünt mit den Quellen des Genußes zeigen die fast unbegrenzte Fülle von Möglichkeiten, dem Menschen Wohlbefinden zu bereiten: durch das **Spiel von Farbe, Form und**

Duft, gepaart mit dem Tanz von Licht und Schatten der Pflanzengestalten auf Wand und Boden, dem Glitzern und Plätschern des Wassers, eventuell belebt von Vögeln, Schmetterlingen und anderem Getier, überraschend unterbrochen durch das Angebot von Eßbarem, kombiniert mit dem Geruch und dem Fühlen von Mulch, Erde, Sand, Stein oder Fels, kontrastreich ergänzt durch Kunsthandwerk aus der Heimatregion der Pflanzengemeinschaft oder übersteigert durch integrierte Kunstbeiträge – der Gestaltung mit Pflanzen in Kombination mit natürlichen und künstlichen Elementen sind nur durch die notwendigen Wachstumsfaktoren Grenzen gesetzt.

Innenbegrünung ermöglicht einen **sanften Übergang von Innen nach Außen**, in Treppenhäusern verbindet sie die Geschosse, in Hallen und Foyers gliedert sie Räume und übernimmt lenkende Funktionen, in Cafés und Restaurants schafft sie kleinräumige, intime Bereiche, in großen Messe- und Veranstaltungshallen bringt sie menschliche Maßstäbe zurück, durch die Verwendung sommergrüner Pflanzen, Stauden, Zwiebeln und Einjähriger werden die Jahreszeiten auch Innen erlebbar, sie bildet den lebenden Kontrast zur „toten" Materie Glas, Stahl, Stein.

Der Anblick von gelungenen Pflanzenkombinationen, ob als Innen-Landschaft oder als Blumenschmuck auf dem Tisch, fördert bei den meisten Menschen eine positive, freundliche und harmonische Grundstimmung, die am Arbeitsplatz, in Räumen mit Kundenbetreuung, in Bereichen von Erziehung und Pflege oder Stätten der Freizeit und Erholung somit wichtige Funktionen erfüllt. Damit die Pflanzung nicht in einem „statischen" Zustand wie die Möblierung an Aufmerksamkeit und Beachtung verliert, ist durch die geeignete Pflanzenauswahl und/oder im Rahmen der Pflege für **jahreszeitlich erlebbaren Wechsel** des Erscheinungsbildes Sorge zu tragen.

Im Rahmen von Architekturkonzepten,
- die passive Nutzung der Sonnenenergie,
- Schaffung von jahreszeitlich unterschiedlich intensiv genutzen Pufferzonen,
- verglaste Pufferzonen als Lärmschutzmaßnahmen,
- überdachte Atriumhöfe als geschützten Aufenthaltsbereich und Treffpunkt vorsehen,

eröffnet die „**Innen-Landschaft**" mit **mediterranen und subtropischen Pflanzengemeinschaften** vielfältige Gestaltungsmöglichkeiten in Räumen, die nicht der Wärmeschutzverordnung unterliegen, da sie thermisch von den Kernzonen abtrennbar sind und lediglich Frostfreiheit oder eine niedrige Mindesttemperatur gewährleistet sein müssen.

3.3 Architektonische und bautechnische Vorgaben

Pflanzen haben ihrem natürlichen Lebensraum entsprechende Anforderungen an die Standortfaktoren Licht, Temperatur, Feuchte in Luft und Boden sowie Nährstoffversorgung. Zumindest die Grundbedürfnisse, die noch ein, wenn auch beschränktes, Wachstum der ausgewählten Pflanzengemeinschaft zulassen, sind durch Architektur und technische Ausstattung des künstlichen Lebensraumes sicherzustellen.

3.3.1 Standortfaktor Licht

Die Bereitstellung von ausreichendem natürlichem Lichteinfall ist innerhalb eines umbauten Raumes von besonderer Bedeutung für die Ausstrahlung und natürliche Wirkung einer Begrünung und zugleich die schwierigste architektonische Aufgabe. Licht ist nicht nur unter dem Aspekt des pflanzennotwendigen Wachstumsfaktors, sondern auch als wesentliches Merkmal der Raumqualität im Zusammenspiel mit Innen-Landschaften zu bewerten. Auch wenn eine Begrünung theoretisch in einem fensterlosen Raum mit Kunstlicht durchgeführt werden könnte, so vermittelt dies dem Betrachter nicht annähernd das Erlebnis einer sonnendurchfluteten Begrünung mit Blickkontakt in die Landschaft oder den Himmel.

Zu beachten ist bei **Wärmeschutzverglasungen** die zum Teil stark reduzierte Lichtdurchlässigkeit im Spektralbereich des pflanzennotwendigen Wellenbereichs zwischen 380–780 nm (Nanometer), hier vor allem in den für die Photosynthese wichtigen roten und blauen Bereichen zwischen 400–450 nm sowie zwischen 630–690 nm.

Grundsätzlich ist anzustreben, daß vor allem bei den Raumtypen 1–3 die natürliche Belichtung zumindest in den Sommermonaten ohne zusätzlich betriebene künstliche Beleuchtung die Pflanzenansprüche erfüllt. Für die Bewertung des Tageslichts in Innenräumen wird immer die Beleuchtungsstärke des bedeckten Himmels (diffuse Strahlung) zugrunde gelegt. Einfallendes Licht im Innenraum wird durch den Tageslichtquotienten D (Daylight-Factor) erfaßt.

Er bezeichnet das Verhältnis der Innenraumbeleuchtungsstärke zur gleichzeitig außen herrschenden Beleuchtungsstärke. Ausgehend von einer notwendigen Innenbeleuchtungsstärke am Tage von 500 lx am geplanten Pflanzenstandort ergibt sich bei einer angenommenen Außenbeleuchtungsstärke im Winter von 5000 lx ein notwendiger Tageslichtquotient D = 10 %. Mit einem **Luxme-** **ter** (Lichtmesser) läßt sich der **Tageslichtquotient** in vorhandenen Räumen bei diffusem Tageslicht gut ermitteln.

Abhängig von den Bedürfnissen der gewünschten/vorhandenen Pflanzengemeinschaften ist die Möglichkeit einer künstlichen Pflanzenbelichtung vorzusehen, die die benötigte Lichtmenge sowohl den bodendeckenden als auch den höherwachsenden Individuen zur Verfügung stellt. Die Verwendung geeigneter Leuchten, die Auswirkung zusätzlicher interner Wärmequellen und der Energieverbrauch sind bei der Planung zu berücksichtigen, ebenso die Möglichkeiten einer halb- oder vollautomatischen Steuer- und Regeltechnik. (z.B. Zeitschaltuhr, jahreszeitabhängig).

Um die natürliche Lichtausbeute zu erhöhen, können sowohl lichtlenkende Maßnahmen als auch besonders lichtreflektierende Oberflächen und Farbgebung genutzt werden (Spiegel, Wasserflächen, helle Farben). Ein „Zuviel" an natürlichem Licht hinter verglasten Flächen kennen Pflanzen kaum, jedoch ist bei starker Sonneneinstrahlung die Auswirkung auf die Raumtemperatur zu beachten. Bei Verwendung von Pflanzengemeinschaften, die an ihrem natürlichen Standort ausgesprochene Schattenpflanzen sind, sind Schattiervorrichtungen vorzusehen, um dauerhafte Schädigungen durch überhöhte Temperaturen in den Blattzellen zu verhindern. Die **Steuerung** kann vollautomatisch **über Fotozellen** erfolgen. Bei Außenschattierung ist die Kopplung mit einem Windmesser (Ananometer) vorzusehen (siehe auch Kapitel 7 und 9).

3.3.2 Standortfaktor Temperatur

Zur Temperatursteuerung sind vor allem entsprechend dimensionierte Lüftungseinrichtungen vorzusehen, die gewährleisten, daß in den Sommermonaten die Innenraumtemperaturen nicht oder nur unwesentlich über die Außentemperaturen steigen. Bei ausreichend großen Einheiten ist es interessant, der Abluft die Wärme zum Beispiel durch Abgabe an Wärmespeichermassen zu entziehen, um sie später wieder dem Raum zuzuführen, Frischluft vorzuwärmen oder andere Gebäudeteile zu heizen.

Die Einbeziehung großflächig verglaster Räume in die Energiekonzeption des Gebäudes (Heizungs- und Lüftungstechnik) ist im Einzelfall zu prüfen. Grundsätzlich ist die Abluft möglichst im oberen Drittel des Raumes abzuführen und die Frischluft, gegebenenfalls vorgewärmt, in Bodennähe zuzuführen, um einen gleichmäßigen Luftwechsel zu erzielen (**Diagonal-Lüftung**). Eine vertikale Luftströmung vom Fuß der Verglasung kann hierbei der möglichen Kondenswasserbildung auf Scheiben und Rahmenkonstruktion entgegenwirken. „Durchzug" in Bodennähe von Kaltluft ertragen die meisten Pflanzen nicht und ist zu vermeiden.

Die Wahl der Gebäudeheizung und die Temperatursteuerung im Tages- und Jahresgang ist ebenfalls mit den gewünschten Pflanzengemeinschaften abzustimmen. **Pflanzen mit tropischer Herkunft** benötigen gleichmäßig hohe Mindesttemperaturen sowohl zwischen Tag/Nacht als auch im Sommer/Winter und reagieren im Einzelfall auch schon empfindlich auf Temperaturabsenkungen in der Nacht oder am Wochenende; **Pflanzen aus mediterranen, subtropischen Zonen** benötigen wiederum in den Wintermonaten niedrigere Temperaturen (siehe Kapitel 4 und 11).

So sind Räume, die als Pufferzonen zwischen Innen und Außen dienen, wie zum Beispiel große Treppenhäuser, überdachte Innenhöfe, Passagen, Hallen mit Kundenverkehr und getrennter Klimatisierung der Arbeitsplätze, bestens geeignet für Pflanzengesellschaften, die eine „Winterruhe" bei reduzierten Temperaturen benötigen, während in Räumen, die ganzjährig mit gleichmäßiger Zimmertemperatur beheizt werden, eher tropische Pflanzengemeinschaften Verwendung finden können.

Wichtig ist, daß die zugeführte Wärme nicht zu örtlichen Überhitzungen führt (Wärmestau bei Fußbodenheizungen unter Pflanzbeeten, Strahlungshitze an Heizkörpern mit hoher Vorlauftemperatur, zu kalte Zugluft aus Klimaanlagen in Sommermonaten) und daß die Auswirkungen auf die relative Luftfeuchte und den Wassergehalt der Vegetationstragschicht berücksichtigt werden.

3.3.3 Standortfaktor Luftfeuchtigkeit

Insbesondere bei vollklimatisierten Räumen ist zu beachten, daß Klimaanlagen ohne integrierte Luftbefeuchter im Prinzip wie Luftentfeuchter funktionieren und meist für Pflanzengemeinschaften mit mittleren bis hohen Ansprüchen an die Luftfeuchtigkeit nur ungenügende Bedingungen zulassen. Zur Steuerung der Luftfeuchtigkeit durch Verdampfer, Sprühnebelanlagen oder Verdunster sind entsprechende Elektroanschlüsse vorzusehen, die Steuerungsimpulse können manuell oder über Hygrometerkopplung erfolgen.

Die Auffüllung der Vorratsbehälter ist ebenfalls vollautomatisiert möglich. Hierzu ist die Bereitstellung einer Frischwasserleitung und die systemabhängige Regeltechnik notwendig. Pflanzengemeinschaften, besonders mit großblättrigen Individuen und die Verwendung von Wasser als Gestaltungselement können ihrerseits zur Erhöhung der relativen Luftfeuchte beitragen (siehe auch Kapitel 7 und 9).

Bei Verwendung von Luftbefeuchtungssystemen ist die Wasserqualität, insbesondere der Kalkgehalt zu berücksichtigen, um bei Besprühen oder Vernebeln Kalkrückstände auf den Blattoberflächen zu vermeiden (Härtebereich 1 oder gefiltertes Regenwasser).

3.3.4 Standortfaktor Bodenfeuchte

Für jede Art von Pflanzung ist die Bereitstellung von Wasser notwendig. Bei **stationären Pflanzflächen oder -gefäßen** (Raumtypen 1-3) ist eine bauseitige Installation von Be- und Entwässerungseinrichtungen an der Pflanzstelle sinnvoll.

Grundsätzlich gilt, daß sowohl der Wasserstand oder die Abführung von Überschußwasser als auch die Bewässerungsmenge jederzeit kontrollierbar sein müssen. **Pflanzwannen**, die im Gebäudefußboden eingelassen sind, benötigen möglichst zwei Bodenabläufe pro Fläche, die mit einem **Kontrollschacht** zugänglich bleiben müssen, um Verstopfungen durch Einwurzelung, Pflanzsubstrat oder Aussinterungen feststellen und beseitigen zu können.

Bei Bewässerungssystemen im Anstauverfahren sind zugängliche Stauregler zweckmässig, um den Wasserstand gegebenenfalls im Rahmen der Pflegeintervalle den Pflanzenbedürfnissen anpassen zu können. Bei der Verlegung von Frischwasserleitungen zu Bewässerungszwecken ist zu prüfen, ob Rohrunterbrecher vorzusehen sind, um das Eindringen von Schmutzwasser in das Leitungsnetz auszuschließen (siehe auch Kapitel 9).

Die Bewässerung kann grundsätzlich über **Anstau** (von unten), durch **flächiges Überstauen** (Bubbler), **oberflächiges Versprühen**, **Tropfbewässerungssysteme** oder **poröse Druckschläuche** erfolgen. Bei halb- oder vollautomatischer Steuerung ist bauseits eine entsprechende Elektroversorgung vorzusehen, die den Anschluß von Feuchte- oder Wasserstandsfühlern ermöglicht (Ausnahme: mechanische Schwimmersteuerung bei einigen Anstausystemen). Je nach System wird die Installation eines Steuergerätes mit der Kopplung an ein Magnetventil in der Wasserzuleitung notwendig.

Vor allem für die Raumtypen 1 und 2 ist es sinnvoll, für Reinigungs- und Pflegearbeiten einen zusätzlichen Wasseranschluß für manuelle Wasserentnahme und/oder Schlauchanschluß als Standrohr oder Unterflurhydranten in oder in unmittelbarer Nähe zu den Pflanzflächen vorzuhalten (Reinigung der Blattoberflächen, periodisches Herstellen von humiden Bewässerungsbedingungen zum Ausspülen von im Boden angereicherten Salzen).

Bei Verwendung **mobiler Pflanzgefäße** gilt ebenfalls, daß die Gabe von überschüssigem Wasser festgestellt und dieses gegebenenfalls in Übertöpfe ablaufen oder über eingebaute Standrohre abgesaugt werden kann. Wasser aus Wasserenthärtungsanlagen, in denen Calcium und Magnesium gegen Natrium ausgetauscht werden, ist für die Bewässerung von Pflanzen nicht geeignet.

3.3.5 Standortfaktor Nährstoffversorgung

Bei einer Vielzahl von Innenraumbegrünungen wird die Nährstoffzufuhr manuell mit den Pflegeintervallen vorgenommen. Es ist jedoch möglich, die Düngung mit der automatischen Bewässerung zu koppeln, vor allem, wenn für die Bewässerung besonders aufbereitetes Wasser (zum Beispiel Regenwasser) aus entsprechend dimensionierten Vorratsbehältern verwendet wird. Für den Einbau von Vorratsbehältern sind zugängliche Räumlichkeiten zu schaffen sowie das notwendige Leitungsnetz mit Regeltechnik vorzusehen.

3.4 Pflanze und Gefäß

Der Pflanzenstandort muß im Übergang zu anderen Gebäudeteilen **dauerhaft wasserdicht und durchwurzelungssicher** ausgebildet sein. Bei Verwendung von Abdichtungsbahnen zum Auskleiden von Pflanzwannen und -trögen sind die Kriterien der Forschungsgesellschaft Landschaftsentwicklung-Landschaftsbau zum Test von Wurzelschutzbahnen als Stand der Technik anzusehen.

Für Gefäße gelten die Anforderungen ebenfalls. Vor allem bei der Verwendung von Ton- oder Holz-/Stahlgefäßen auf Bodenbelägen wie Parkett oder Teppich sind entsprechend dichte Untergefäße (Untersetzer) zu verwenden, um Schäden durch Wasser und Nährstofflösungen zu vermeiden oder die Gefäße müssen zusätzlich innen wasser- und durchwurzelungsdicht ausgekleidet sein.

Grundsätzlich gilt, daß das Verhältnis des angebotenen Wurzelraums den Ansprüchen der Pflanzen in ihrer angestrebten Endgröße entspricht. Hierbei kommt auch der Standfestigkeit größerer Pflanzen, vor allem, wenn sie sich eventuell einseitig zur Hauptlichtquelle hin entwickeln oder von Natur aus einen eher unregelmässigen Wuchs aufweisen, besondere Bedeutung zu. Ist das Gefäß für die gewählte Pflanzung eher knapp bemessen, kann in relativ kurzer Zeit ein enormer Wurzeldruck auf die Gefäßwandungen einwirken.

Durch entsprechend erhöhte Pflegeaufwendungen mit Wurzelrückschnitt und angepaßte Wässer- und Düngegänge ist hier ein Spielraum vorhanden. Bei der Wahl von Gefäßen sind neben gestalterisch-ästhetischen Gesichtspunkten auch die Robustheit und Handhabbarkeit für Aus- und Umtopfarbeiten und bei mobilen Gefäßen die ausreichende Belastbarkeit/Funktionstüchtigkeit der Rollenfüße bzw. die Unterfahrbarkeit mit entsprechenden Transportfahrzeugen (Palettenwagen) zu beachten.

Bei der Verwendung von Anstaubewässerungssystemen ist darauf zu achten, daß sich die Wasserstandshöhe nach den größten Ballendurchmessern richtet, damit diese nicht durch Eintauchen in den Dränschichtbereich vernässen. Um eine ausreichende Wasserversorgung auch der Pflanzen mit deutlich kleineren Wurzelballen zu gewährleisten, sind im Bereich der größeren Pflanzen modellierte Hügel auszubilden oder die Pflanzbecken sind in der Tiefe terrassiert mit unterschiedlich hohen Wasserständen anzulegen.

Vor allem bei Hydrokultur-Anlagen sind hierbei die standardisierten Topfhöhen zu beachten, um eine ausreichende Wasserversorgung aller Pflanzengrößen zu gewährleisten (siehe auch Kapitel 4.8.9). Wichtig bei Neuplanung und nachträglicher Anlage von Innenraumbegrünungen ist die Berücksichtigung der „Ständigen Lasten" im Zusammenhang mit der statischen Berechnung für die Standsicherheit der Gebäude.

3.5 Vorgaben für die Pflege

Notwendige Pflegemaßnahmen wie Wässern, Düngen, Pflanzen- und Substrataustausch, Reinigung der Blattoberflächen, Pflanzenschutzmaßnahmen etc. sollten mit möglichst geringer Behinderung durch architektonische oder bautechnische Vorgaben durchführbar sein. Mögliche Beeinträchtigungen können sein:

- empfindliche Bodenbeläge

- unzureichend dimensionierte Zugänge

- fehlende Nebenräume für Material und Gerät

- schlecht zugängliche Steuer- und Regeltechnik

- fehlende oder schlecht plazierte Strom- und Wasseranschlüsse

- schlecht zu reinigende Verglasung wegen Lüftungsgestänge, Schattiereinrichtungen, ungünstigen Rahmenkonstruktionen

- ungenügende Kontrollierbarkeit der Gebäudeklimatisierung.

3.6 Abgrenzung zu anderen Gewerken

Die Innenraumbegrünung bewegt sich in sehr engen Beziehungen zu verschiedenen am Bau beteiligten Gewerken. Für die Planung sind freie Garten- und Landschaftsarchitekten geeignete Ansprechpartner, jedoch sind abhängig vom Planungsziel auch Leistungen von Mitarbeitern aus Botanischen Gärten oder von Innenarchitekten, Zierpflanzengärtnern und Floristen gefragt. Daß insbesondere bei Neubauvorhaben der Hochbau-Architekt die architektonischen Vorgaben umsetzen muß, ist grundlegende Voraussetzung für eine gelungene Gesamtkonzeption. Eine enge Abstimmung ist mit den Fachingenieuren für Heizung/Lüftung/Sanitär und Baustatik sowie mit dem Bauphysiker herzustellen (siehe Kapitel 6).

An der Ausführung sind im Bereich des Gartenbaus vor allem die Sparten Zierpflanzenbau und Garten- und Landschaftbau beteiligt. Bei Anlagen mit größeren Baumaßnahmen verlagert sich das Übergewicht deutlich zum GaLaBau, bei Vorhaben, die überwiegend die Pflanzenlieferung und Pflege beinhalten, liegt ein Schwerpunkt eher bei der Sparte Zierpflanzenbau.

Häufig haben sich Firmen auf die Ausführung von Innenraumbegrünung spezialisiert. Sie bieten oft auch, vor allem für kleinere Maßnahmen des privaten Kunden, Beratung und Planung mit an.

Die Vorteile für eine Trennung von Planung und Ausführung sind offensichtlich:

- system- und produktunabhängige Beratung

- Ausschreibungsverfahren mit Angebotsvergleich von mehreren Bietern

- Beurteilung der Eignung der Bewerber bezüglich Fachkunde, Leistungsfähigkeit und Zuverlässigkeit

- Rückkopplung der Leistungsfähigkeit des Planers durch das Instrument der Anmeldung von Bedenken gegen die Art der geplanten Ausführung durch den bauausführenden Unternehmer

- Bauüberwachung des Architekten auf vertragsgerechte Ausführung

- Abnahme und Überwachung der Mängelbeseitigung

- Aufmaß und Rechnungsprüfung

- Gewährleistung sowohl für Planungsfehler durch den Landschaftsarchitekten als auch für Ausführungsmängel durch den Ausführungsbetrieb.

3.7 Ausschreibung

Bei der Ausführung von Innenraumbegrünungen handelt es sich um Bauleistungen im Sinne der VOB (Verdingungsordnung für Bauleistungen). Hierin sind die Allgemeinen Bestimmungen für die Vergabe von Bauleistungen (Teil A), die Allgemeinen Vertragsbedingungen für die Ausführung von Bauleistungen (Teil B) und die Allgemeinen Technischen Vertragsbedingungen für Bauleistungen (Teil C) enthalten.

Bei der Ausschreibung kommen den in DIN 18299 aufgeführten Hinweisen für das Aufstellen der Leistungsbeschreibung, hier vor allem den Angaben zur Baustelle, außergewöhnlich große Bedeutung zu. Sämtliche **Rahmenbedingungen** für Bau und Pflanzenstandort müssen **eindeutig beschrieben** sein, so zum Beispiel auch die geplante Raumklimatisierung mit Angaben über Temperaturbereiche, Lichtverhältnisse, Luftfeuchte, Wasserqualität. Dem bauausführenden Betrieb müssen diese Rahmenbedingungen helfen zu beurteilen, ob die ausgeschriebenen Pflanzenarten für den geplanten Standort geeignet sind und ob hierfür eine **Gewährleistung** im Rahmen der Pflege übernommen werden kann.

Ferner sind alle Übergabestellen für technische Installationen wie Anschlüsse an bauseitige Strom- oder Wasserübergabestellen sowie Lage und Detail der Bodenabläufe so zu beschreiben, daß die zu erbringende Leistung eindeutig kalkulierbar ist. Angaben über verwendete Baustoffe in unmittelbarer Umgebung des Baufeldes sowie genaue Angabe über die Zugänglichkeit des Gebäudes und eventuell Lagermöglichkeiten, sind ebenfalls Bestandteil einer korrekten Ausschreibung (siehe auch Kapitel 12).

Der eigentliche **Leistungstext** muß sämtliche Angaben enthalten, die notwendig sind, um die Bauleistung eindeutig und interpretationsfrei kalkulieren zu können (siehe Tabelle 4, Seite 34 ff). Dazu gehört die Beschreibung von durchwurzelungssicheren, wasserdichten Abdichtungen, Pflanzgefäßen, Drain-, Filter- und Vegetationstragschichten, Pflanzenqualitäten und Pflegemaßnahmen, Steuer- und Regeltechnik. Größere Schwierigkeiten bereitet oftmals die eindeutige Beschreibung der **Pflanzenqualitäten** in der Innenraumbegrünung. Denn die Pflanzen wurden in aller Regel nicht in Deutschland nach hiesigen Qualitätsstandards herangezogen, sondern vielmehr oft über Zwischenhändler aus den jeweiligen Herkunftsländern (z.B. Florida) importiert.

Dies trifft besonders häufig für große Solitärpflanzen zu, da die Pflanzen im heimischen Klima ohne Treibhäuser und Zusatzbeleuchtung kostengünstiger produziert werden können. Wichtig ist, daß Pflanzen, die direkt aus ihren Heimatländern importiert werden, in unseren Gärtnereien ausreichend akklimatisiert werden sollten, bevor sie an den in aller Regel noch ungünstigeren Standort am Einbauort verpflanzt werden. Nähere Angaben über verschiedene Qualitätsanforderungen für Pflanzen können unter anderem der „Richtlinie für die Planung, Ausführung und Pflege von Innenraumbegrünungen" der FLL (Forschungsgesellschaft Landschaftsbau – Landschaftsentwicklung, Bonn) entnommen werden.

Planungsvoraussetzungen

3.8 Terminierung

Grundsatz: Planung so früh wie möglich, Bau entsprechend des sonstigen Baufortschritts, Pflanzung so spät wie möglich. Bedingung für die Pflanzung ist, daß die Klimatisierung des Raumes uneingeschränkt in der geplanten Art und Weise garantiert ist, um Pflanzenschäden zu vermeiden. Ferner müssen alle technischen Systeme wie Bewässerung, Schattierung, Beleuchtung in Betrieb sein.

3.9 Fertigstellung – Abnahme – Gewährleistung

Bei Vereinbarung der VOB (Verdingungsordnung für Bauleistungen) gilt, daß auf Verlangen des Auftragnehmers eine Abnahme erfolgt nach Fertigstellung der Leistung oder in sich abgeschlossener Teile der Leistung. Dies wird zweckmäßigerweise spätestens **unmittelbar nach erfolgter Pflanzung** der Fall sein, um festzustellen, daß alle zu erbringenden Leistungen vertragsgerecht ausgeführt wurden bzw. vorhandene Mängel festzustellen und deren Beseitigung zu veranlassen.

Die Gewährleistung für Arbeiten an einem Bauwerk, und hierzu zählt die Innenraumbegrünung der Raumtypen 1-3 bei Neubauvorhaben im Allgemeinen, beträgt nach VOB 2 Jahre und kann nach BGB (Bürgerliches Gesetzbuch), ohne Beeinträchtigung der sonstigen VOB-Inhalte, auf 5 Jahre vertraglich vereinbart werden. Die Bepflanzung gilt als „Arbeiten an einem Grundstück" mit einer Gewährleistung von 1 Jahr (VOB + BGB) beziehungsweise 3 Monaten (vgl. Kapitel 12).

Da **Pflegefehler** oder falsche **Klimatisierung** in der Innenraumbegrünung auch über nur kurze Zeiträume große Schäden an der Pflanzung verursachen können, kann für den Anwachserfolg nur in Verbindung mit der beauftragten Fertigstellungspflege eine Gewährleistungsübernahme verlangt werden. Ausgenommen hiervon sind selbstverständlich Schäden, die nachweislich auf mangelnder Pflanzenqualität basieren.

Sollte der Nutzer nachweislich die festgelegten Raumbedingungen zum Beispiel durch Abschaltung der Heizung oder unkontrolliertes Lüften bei Frosttemperaturen verletzen, können Gewährleistungsansprüche **nicht** geltend gemacht werden (vgl. Kapitel 12).

Für den Fall, daß der Nutzer die Pflege selbst übernehmen möchte, sollte der Landschaftsarchitekt mit der Ausarbeitung einer detaillierten Pflegeanleitung beauftragt werden. Fachfremdes Pflegepersonal sollte entweder überhaupt nicht oder nur nach entsprechenden Schulungsveranstaltungen die Pflege übernehmen (siehe auch Kapitel 11 und 12).

Abb. 4: Die Arbeitsatmosphäre von morgen: Natur in der Stadt am Beispiel „Prisma Nürnberg"
Zeichnung: Joachim Eble Architektur, Tübingen

Tab. 4: Muster-Ausschreibungstext Innenraumbegrünung

Technische Regelungen

Für die Ausführung gilt die Richtlinie für die Planung, Ausführung und Pflege von Innenraumbegrünungen, FLL.

Beschreibung der Standortbedingungen

Lichtverhältnisse _____
Art der Verglasung _____
Lüftungsbedingungen _____
Temperatursteuerung _____
Luftfeuchte _____
Wasseranschlüsse _____
Wasserqualität _____
Stromanschlüsse _____
Zugänglichkeit _____

Titel 1 – Pflanzgefäße/-wannen

Mobiles Pflanzgefäß mit
Wasserstandsanzeige
Material _____
Erzeugnis _____
Farbe _____
Abmessungen _____
Belastbarkeit _____ kg
mit verdeckt angeordneten Rollen,
Rollenart _____
Aufstellen nach Angaben der Bauleitung

   1.00 St _____ DM

Bauseits vorhandene Aussparung für Pflanzwanne, Boden und Seitenwände aus Ortbeton, wasserdicht und durchwurzelungsfest auskleiden, Material _____

Ausführung gemäß Herstellerangaben.
(Durchwurzelungsfestigkeit gem.
FLL-Verfahren)
Abmessungen

   1.00 m² _____ DM

Trennlage einbauen,
Material _____
Gewicht _____
Überlappung _____

   1.00 m² DM

Zulage zu durchwurzelungsfeste Abdichtung für Anschluß an Bodeneinlauf, Durchmesser bis 100 mm

   1.00 St _____ DM

Befestigen von Trennlage und Durchwurzelungsschutz durch Randanschlußprofil
Material/Erzeugnis _____
Ausführung _____

   1.00 m _____ DM

Stauregler einbauen
Material _____
Abmessungen _____

   1.00 St _____ DM

Kontrollschacht einbauen
Material/Erzeugnis _____
Abmessungen _____

   1.00 St _____ DM

Schutzlage nach DIN 18195 Teil 10 verlegen
Material _____
Gewicht _____
Überlappung _____ cm,

   1.00 m² _____ DM

SUMME Titel 1	
– Pflanzgefäße/-wannen	**DM**

Tab. 4: Muster-Ausschreibungstext (Fortsetzung)

Titel 2 – Begrünungsaufbau	**Titel 3 – Pflanzen**
Substrat für Hydrokultur Material Blähton Körnung_____ Herkunft/Erzeugnis_____ einbauen in vorbeschriebene Gefäße/Flächen. 1.000 m³ _____ DM	Pflanzen der folgenden Pflanzenliste für Hydrokultur liefern und pflanzen: Pflanzenliste Stck. Name Qualität pauschal _____ DM
Pflanzsubstrat für Erdkultur, Herkunft/Erzeugnis _____ Bestandteile in Vol.%_____ geeignet für einschichtigen Aufbau (ohne organische Substanz), einbauen in vorbeschriebene Gefäße oder Flächen. 1.000 m³ _____ DM	Pflanzen der folgenden Pflanzenliste für Erdkultur liefern und pflanzen. Stck. Name Qualität pauschal _____ DM
Pflanzsubstrat für Erdkultur, Herkunft/Erzeugnis_____ Bestandteile in Vol.%_____ für mehrschichtigen Aufbau, einbauen in vorbeschriebene Gefäße/Flächen über Drain- und Filterschicht. 1.000 m³ _____ DM	Düngung einmal mit Hydrokultur-Spezialdünger, Düngerart/Erzeugnis_____ Menge_____ Dünger ausbringen. 1.00 kg _____ DM
Drainschicht einbauen, Material_____ Schichtdicke_____ cm, Anforderungen entsprechend FLL Richtlinie Dachbegrünung. 1.000 m³ _____ DM	Düngung einmal der Erdkultur, mit _____ Erzeugnis _____ Menge/m² _____ Zeitpunkt der Ausführung _____ Dünger gleichmäßig aufbringen.
Filterschicht, Material/Erzeugnis_____ Gewicht _____ g/m², Überplappung _____ cm, lose verlegen auf vorbeschriebener Drainschicht. 1.00 m² _____ DM	1.00 kg _____ DM
SUMME Titel 2 **– Begrünungsaufbau** _____ **DM**	**SUMME Titel 3** **– Pflanzen** _____ **DM**

Tab. 4: Muster-Ausschreibungstext (Fortsetzung)

Titel 4 – Technik	Titel 6 – Stundenlohnarbeiten
Bewässerungsautomat, DVGW-geprüft, Erzeugnis _____ Ausführung _____ einbauen. 1.00 St _____ DM	Facharbeiter 1.00 h _____ DM
	Arbeiter 1.00 h _____ DM
Beleuchtung als Zusatzlicht, Leuchten, Erzeugnis _____ Lampentyp _____ einbauen und anschließen an bauseits vorhandene Anschlußstelle. 1.00 St _____ DM	Auszubildender 1.00 h _____ DM
	SUMME Titel 6 – Stundenlohnarbeiten _____ DM
SUMME Titel 4 – Technik _____ DM	**Gesamtzusammenstellung** Nettogesamt
	Titel 1 – Pflanzgefäße/-wannen _____ DM
Titel 5 – Pflege	Titel 2 – Begrünungsaufbau _____ DM
Pflege der Innenraumbegrünung entsprechend dem Leistungskatalog des Pflegevertrages (siehe Checkliste für Pflegearbeiten in Richtlinie für Innenraumbegrünung, FLL) Pflegeintervalle _____ Pflegezeitraum _____	Titel 3 – Pflanzen _____ DM
	Titel 4 – Technik _____ DM
	Titel 5 – Pflege _____ DM
	Titel 6 – Stundenlohnarbeiten _____ DM
pauschal _____ DM	
	Gesamtbetrag Netto _____ DM
SUMME Titel 5 – Pflege _____ DM	zzgl. z.Zt. 15% MwSt. _____ DM
	Gesamtbetrag Brutto _____ DM

4 Innenraumbegrünung planen: Geobotanisch richtige Pflanzenauswahl

Christoph und Maria Köchel

Nachdem die Standortfaktoren bekannt bzw. abgegrenzt sind, ist der zweite Planungsschritt die Überlegung, wo man auf der Welt ähnliche Standortfaktoren vorfindet, also welche Vegetationszone am ehesten geeignete Pflanzen für das Begrünungs-Objekt liefert. Es versteht sich von selbst, daß die Pflanzen umso besser gedeihen, je größer die Übereinstimmung zwischen den Standortfaktoren am Heimatstandort und im Objekt ist. Bei der Anlehnung an Vegetationszonen kommt es selten dazu, daß einige Arten die anderen gnadenlos überwuchern und deshalb die Konzeption auch mit hohem Pflegeaufwand mittelfristig nicht aufrecht erhalten werden kann.

Eine an Vegetationszonen angelehnte Pflanzenauswahl verlangt allerdings vom Planer eine ausgezeichnete Pflanzenkenntnis. Er muß sich vorstellen können, wie der von ihm gezeichnete grüne „Kringel" in ein paar Jahren aussieht. Außerdem muß für ihn der Markt transparent sein: Da er auf ein sehr großes Sortiment zurückgreifen muß, muß er wissen, welche Arten er in welchen Größen und in welchen Stückzahlen in hochwertiger Qualität wo bekommt.

4.1 Die Vegetationszonen und Pendants im verglasten Innenbereich

Innenstandorte haben viel Licht (über 1500 lx), mäßig Licht (1000 lx) oder wenig Licht (500 lx), wobei im letzten Falle ohne Zusatzbelichtung kein Pflanzenwachstum möglich ist. Sie können nicht frostfrei (Solaranbauten), gerade frostfrei, mäßig warm oder zimmerwarm sein, die Temperaturschwankungen sind groß oder klein, die Luftfeuchte ist hoch (>70 %) oder niedrig (<25 %).

Die zur Innenraumbegrünung geeigneten Pflanzen haben sehr hohe Lichtansprüche, wenn sie aus Gegenden mit hoher Einstrahlung (Südafrika, Australien) kommen, mäßig lichtbedürftig sind Arten aus Gegenden, in denen eine ständig hohe Luftfeuchte oder Wolken die Einstrahlung bremsen (Nebelwälder im Himalaya, maritime Teile Ostasiens oder Südamerikas, Teile der Tropen), aber auch Pflanzen des Unterholzes. Sie können aus Gegenden kommen, in denen selbst erhebliche Fröste häufig sind (Japan, Himalaya, Teile des Mittelmeergebietes, südliches Nordamerika) oder nie vorkommen (Tropen, küstennahe Gebiete der Subtropen), selbstverständlich mit allen Übergängen.

Es gibt Gebiete mit extremen Tagestemperaturschwankungen (tropische Hochlagen, Wüsten und Halbwüsten) und solche mit ausgeprägten Jahrestemperaturschwankungen (je weiter vom Äquator weg, desto ausgeprägter sind Sommer und Winter). Das natürliche Spektrum an Luftfeuchte ist größer als das in verglasten Räumen mögliche.

Wie zu beweisen ist, gibt es für fast jeden nicht zu dunklen Standort geeignete Pflanzen. Auf einem ganz anderen Blatt steht, ob die geeigneten Pflanzen dem Kunden oder Architekten gefallen. Tun sie das nicht und läßt sich der Innenraumbegrüner überreden, wider besseres Wissen Pflanzen zu verwenden, die für den speziellen Standort nicht geeignet sind, sollte er seine Einwände schriftlich festhalten (und unterschreiben lassen) – so er den Auftrag nicht überhaupt ablehnt.

4.1.1 Die mediterrane Vegetationszone und ihre Pflanzen

Als typische Zeigerpflanze des Mediterranklimas gilt die Olive. Überall dort, wo ein ertragreicher Olivenanbau möglich ist, herrscht Mediterranklima. Dementsprechend dehnt sich allein im Bereich des Mittelmeeres das Gebiet mit Mediterranklima von den Kanaren bis über Afghanistan hinaus. Ein vergleichbares Klima findet man aber auch in Teilen Kaliforniens, Teilen Chiles, im Kapland Südafrikas, Südwest- und Südaustralien.

4.1.2 Das typische Mittelmeerklima

Es zeichnet sich durch häufige Extreme aus. Die Niederschläge von 150–1500 mm fallen hauptsächlich im Winter, auf der Nordhemisphäre also von Oktober bis April, die Durchschnittstemperaturen im Winter liegen zwischen 4 und 10 °C, im Sommer zwischen 21 und 30 °C. Fröste sind selten und meist von kurzer Dauer. Diese wenigen Daten zeigen, daß die Hauptwachstumszeit der klassischen Mediterranpflanzen im Frühjahr und im Herbst liegt. Die meisten gedeihen auch im Sommer prächtig, soweit weder Wassermangel noch Temperaturen über 50 °C als

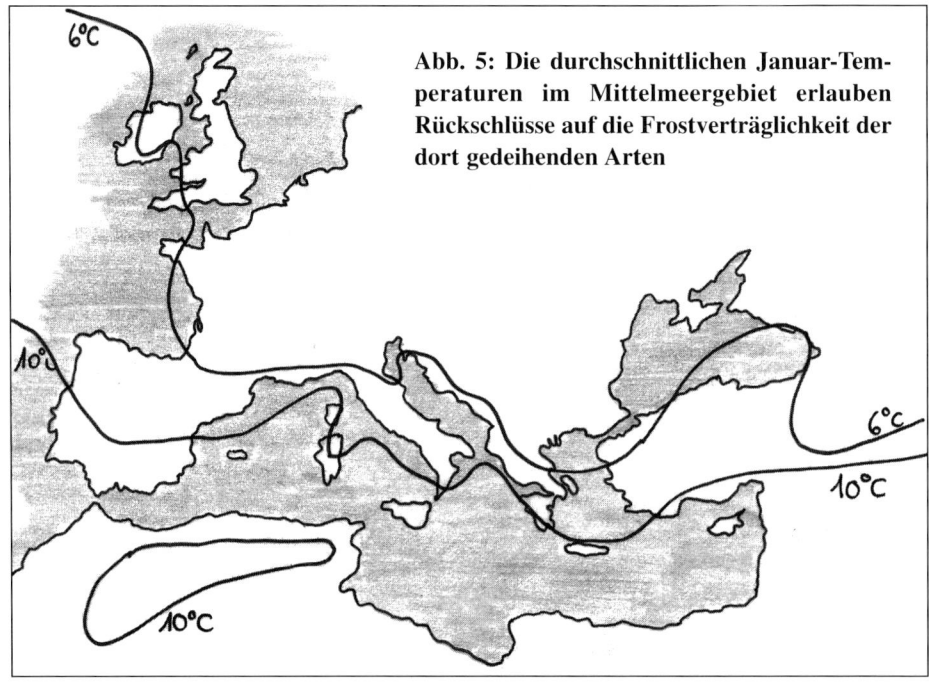

Abb. 5: Die durchschnittlichen Januar-Temperaturen im Mittelmeergebiet erlauben Rückschlüsse auf die Frostverträglichkeit der dort gedeihenden Arten

Bremse wirken. Die Ökologen reden – und das ist auch gärtnerisch wichtig – von einer maritim geprägten Westmediterraneis und einem eher kontinental geprägten ostmediterranen Raum, die Grenze verläuft längs der kroatischen Adria. (Kontinentale Klimate unterscheiden sich von maritimen durch stärker ausgeprägte Extreme, d.h., je maritimer ein Klima ist, desto ausgeglichener ist es.)

Die Vegetation des Mittelmeergebietes im engeren Sinne war vor wenigen Tausend Jahren durch großflächige Wälder immergrüner Eichen geprägt. Inzwischen haben sich hier, bedingt durch Abholzung und Beweidung, auf allen ackerbaulich nicht nutzbaren Flächen verschiedene Gebüschformationen entwickelt. Aus diesen je nach Niederschlag unterschiedlich hohen und unterschiedlich ausgeprägten Gebüschformationen stammen nahezu alle zierpflanzenbaulich wichtigen Mediterranpflanzen.

Eine Schlüsselrolle spielen hier die Temperaturen. Die robusten Mediterranpflanzen Feige *(Ficus carica)*, Granatapfel *(Punica granatum)*, Mandel *(Prunus dulcis)*, Korkeiche *(Quercus suber)*, Immergrüne Eiche *(Quercus ilex)*, Mittelmeerschneeball *(Viburnum tinus)*, Mastixstrauch *(Pistacia lentiscus)*, Erdbeerbaum *(Arbutus)* können an Standorten überleben, wo -12 °C sehr selten und -20 °C nie erreicht werden. Mit diesen Pflanzen sind einige nahezu risikolose echte Mediterranpflanzen für die Solararchitektur genannt. Für die an ein milderes Klima gebundenen mediterranen Immergrünen liegen die Schranken bei -8 °C bzw. -12 °C: Johannisbrotbaum *(Ceratonia siliqua)*, Myrte *(Myrtus communis)*, Olive *(Olea europaea)*, Oleander *(Nerium oleander)*, Lorbeer *(Laurus nobilis)*, Rosmarin *(Rosmarinus officinalis)*. Für eine in den Baukörper integrierte Solararchitektur, auch für Innenhöfe (die oft

Tab. 5: Mittelmeerpflanzen mit hoher Kältetoleranz

Albizia julibrissin (Schlaf-, Seidenbaum)
Arbutus andrachne (Erdbeerbaum)
Arbutus unedo (Erdbeerbaum)
Cercis siliquastrum (Judasbaum)
Chamaerops humilis (Zwergpalme)
Cistus sp. (Zistrose)
Cupressus sempervirens (Zypresse)
Erica arborea (Baumheide)
Euphorbia characias (Wolfsmilch)
Ficus carica (Feige)
Jasminum officinale (Parfümjasmin)
Lavandula sp. (Lavendel)
Lithospermum diffusum (Steinsame)
Morus nigra (Schwarzer Maulbeerbaum)
Olea europaea (Olive, Kältetoleranz instabil!)
Pinus sp. (Schirmkiefer)
Pistacia lentiscus (Mastixstrauch)
Punica granatum (Granatapfel)
Quercus ilex (Immergrüne Eiche)
Quercus suber (Korkeiche)
Rosmarinus officinalis (Rosmarin, Kältetoleranz instabil!)
Ruscus sp. (Mäusedorn)

Tab. 6: Mittelmeerpflanzen mit geringer Kältetoleranz

Capparis spinosa (Echter Kapernstrauch)
Ceratonia siliqua (Johannisbrotbaum)
Cneorum tricoccon (Zeiland)
Dracaena draco (Drachenbaum, keine Frosttoleranz)
Laurus nobilis (Lorbeer)
Lotus berthelotii, L. maculatus (Hornklee)
Myrtus communis (Myrte)
Nerium oleander (Oleander)
Olea europaea (Olive)
Phoenix canariensis, P. dactylifera (Kanarische) Dattelpalme

nahezu frostfrei sind), sind diese Pflanzen ideal.

Es muß hier jedoch darauf hingewiesen werden, daß Angaben zur Frostverträglichkeit von Pflanzen nur für deren oberirdische Teile gelten, die also im Innenbereich in Becken ausgepflanzt sind. Da in aller Regel die Wurzeln die empfindlichsten Pflanzenteile sind, ein stärker gefrorener Boden im Mediterrangebiet praktisch nie vorkommt, gelten die in den Tabellen 5 bis 20 genannten Zahlen für Pflanzen im Kübel nicht. Es sei denn, daß geeignete Maßnahmen (Styrodureinlage) ein Einfrieren des Kübels verhindern.

4.1.3 Bereiche Kaliforniens mit Mediterranklima

Tab. 7: Pflanzen des Kalifornischen Hartlaubgebietes

Arbutus arizonica, A. menziesii (Erdbeerbaum)
Arctostaphylus sp. (Bärentraube)
Ceanothus sp. (Säckelblume)
Cephalanthus occidentalis (Knopfbusch)
Cupressus arizonica (Zypresse)
Dendromecon rigida (Baum-Strauchmohn)
Fremontodendron californicum (Flanellstrauch)
Garrya elliptica (Seidenquaste)
Mimulus sp. (Gauklerblume)
Romneya coulteri (Matilija-Mohn)
Umbellularia californica (Kalifornischer Lorbeer)
Yucca sp. (Palmlilie)

In einem schmalen Küstenstreifen Kaliforniens findet man in Klima und Vegetation Parallelen zum Mittelmeergebiet. Der mediterranen Macchia entspricht dort eine Chapparal genannte Hartlaub-Gebüschformation mit Immergrünen Eichen und Erdbeerbäumen. Zierpflanzenbaulich wichtig, aber ohne Vertreter in Europa, sind die zahlreichen Säckelblumenarten *(Ceanothus)* und der Flanellstrauch *(Fremontodendron californicum)*. Auch hier fallen die Niederschläge, im Schnitt 500–700 mm, im Winter (Dezember bis März). Die Sommer sind völlig trocken. Da die theoretische Verdunstung etwa 1600 mm beträgt, trocknen die Böden sehr tief aus. Außer an besonders günstigen Stellen halten sich nur tiefwurzelnde Gehölze.

Mit Minima bis -8 °C und Maxima von über 40 °C, bei einer Jahresdurchschnittstemperatur von 14–17 °C, herrschen also klassische mediterrane Verhältnisse. Alle Gehölze des Chapparal sind an eine Mykorrhiza gebunden, weshalb einige der schönsten Arten schwierig in der Kultur und zumindest als ältere Pflanzen kaum im Handel sind. Pflanzen Kaliforniens lassen sich zusammen mit den wenig frosttoleranten Mediterranpflanzen verwenden, oder, besser noch, in Verbindung mit Pflanzen der gemäßigten nordamerikanischen Wüsten (siehe dort).

4.1.4 Gebiete Chiles mit Mediterranklima

Spiegelt man Kaliforniens Hartlaubgebiet am Äquator, findet man in Chile ein Äquivalent. Bedingt durch den kühlen Humboldt-Strom ist die Jahresdurchschnittstemperatur jedoch um einige Grad geringer als in Kalifornien, wodurch bei etwa gleichen Niederschlägen (im Winter) die Sommerdürre weniger stark zum Tragen kommt. Auch sind die Temperaturen viel ausgeglichener, Fröste sind selten, extrem heiß wird es nie. Da ihnen im Sommer dort die Temperaturen zu hoch sind, gedeihen in den großen süditalienischen Baumschulen die Vertreter der chilenischen Mediterranflora ausgesprochen schlecht. Von dort importierte Pflanzen sind in Mitteleuropa ohne Zwischenkultur nicht vermarktbar. Wegen ihrer Hitzeempfindlichkeit eignen sie sich deshalb auch nicht für nach Süden orientierte Glasanbauten. In schattierten verglasten Räumen oder in absonniger Lage wurden jedoch schon hervorragende Ergebnisse erzielt.

Leider gibt es die meisten chilenischen Hartlaubgewächse kaum als größere Pflanzen zu kaufen, obwohl sie leicht in atlantiknahen Gegenden Frankreichs und vor allem im Südwesten Englands im Freien herangezogen werden können. Die Pflanzen sind einfach noch zu wenig bekannt, außerdem fehlte ohne Glasanbauten der Markt.

Von den Ansprüchen her ist es kein Fehler, vermißte Wuchsformen durch Arten aus Neuseeland oder dem maritimen Ostasien zu ersetzen. Einige Arten, vor allem der Laternenbaum *(Crinodendron hookerianum)* und die Ankerpflanze *(Colletia cruciata)*, werden gelegentlich von Gärtnereien als Topfpflanzen angeboten, andere von holländischen oder englischen Baumschulen bzw. mitteleuropäischen Spezialbetrieben.

Die richtige Verwendung für chilenische Hartlaubgewächse zu finden, ist für Gärtner nicht schwer. Dort, wo Fuchsien (z.T. auch aus Chile!) oder Kamelien im Innenbereich gedeihen würden, wachsen die Vertreter der chilenischen Mediterranvegetation ausgezeichnet (Pflanzenliste im Kapitel 4.6).

4.1.5 Mittelmeerklima am Südzipfel Afrikas

Eines der artenreichsten Gebiete der Erde, der äußerste Südwestzipfel Afrikas – das Kap – hat gleichfalls Mittelmeerklima. Die durchschnittliche Jahrestemperatur von Kapstadt beträgt 17,3 °C. Die Niederschläge von gut 600 mm fallen hauptsächlich im Winter, Fröste kommen aufgrund der Meeresnähe nicht vor. Die Hänge des Kaps zum Tafelberg (hier sind während 5 Monaten geringe Fröste möglich) sind von einem macchiaähnlichen Gestrüpp aus über 100 Arten von *Protea* und 600 verschiedenen Eriken bedeckt, einheimische Bäume gibt es nicht. Vom Kap stammen auch die bekannten Klivien, *Agapanthus, Calla, Amaryllis* und die Eltern unserer Geranien.

Während sich eine ganze Reihe auch großstrauchiger südafrikanischer Eriken im Zierpflanzenbau längst durchgesetzt haben – sie blühen bis zu 5 Monate lang – ist eine Verwendung der uns aus Trockengestecken bekannten südafrikanischen *Proteaceen* im Innenbereich illusorisch, da sie als Pflanzen nicht angeboten werden. Sie wachsen tatsächlich nur auf den extrem nährstoffarmen, sauren Böden am Kap (Pflanzenliste im Kapitel 4.2).

4.1.6 Gebiete Südwest- und Südaustraliens mit Mediterranklima

Wie in Südafrika sind auch im südlichen Australien die Böden extrem nährstoffarm und sauer. Die Vegetation unterscheidet sich von der südafrikanischen Flora dahingehend, daß eine Baumschicht vorhanden ist. Schon ab 300 mm Jahresniederschlag kann sich ein äußerst lichter Wald aus *Eucalyptus* entwickeln. Die Strauchschicht besteht, wie am Kap, aus *Proteaceen* – vor allem *Grevillea*-Arten. Die *Erica*-Arten werden durch Australheiden – *Epacris* – ersetzt. Gleichzeitig treten verschiedene strauchige Myrtaceen auf, vor allem Zylinderputzerarten (*Callistemon* und *Melaleuca*).

Abb. 6: Typische Mediterranpflanzen wie der Erdbeerbaum (Arbutus unedo) vertragen gut abgehärtet und ausgepflanzt einige Grade unter Null

Abb. 7: Lorbeerschneeball (Viburnum tinus) aus dem Mittelmeerraum: Ist es ausreichend kühl, dauert die Blütezeit von September bis April

Typisch, wegen ihres extrem langsamen Wachstums aber nicht zierpflanzenbaulich relevant, sind die oft vegetationsprägenden Grasbäume. Da sich der mediterrane Klimatypus in Südwest- und Südaustralien über weite Bereiche hinzieht, schwankt vor allem der Faktor Winterniederschlag; er liegt zwischen 300 und 1200 mm (bis 1500 mm). Viel geringere Unterschiede weisen die Temperaturen auf; das Jahresmittel liegt zwischen 15 °C und 20 °C, Fröste sind selten (Pflanzenliste im Kapitel Australien).

Pflanzen des südaustralischen Mediterranklimas können in bester Qualität aus süditalienischen Baumschulen bezogen werden, aber: Aufgrund der Eigenart der Eucalypten, ihre Blätter senkrecht zum Licht zu stellen, hat auch das Unterholz der Eucalyptuswälder meist sehr hohe Lichtansprüche. Da in unseren Breiten in aller Regel Isolierverglasungen – mit entsprechend geringer Lichtdurchlässigkeit – verwendet werden müssen, reicht zumindest im Winterhalbjahr das Licht für viele Australpflanzen selbst des Unterholzes nicht aus, geschweige reicht es aus für die Baumschicht *(Eucalyptus)*. Die Verwendung von Eukalypten im Innenbereich ist deshalb auf Ausnahmen beschränkt.

Je nach Art verlieren selbst kalt überwinterte Eukalypten in gärtnerischen Gewächshäusern bis zu 70 % ihrer Blätter, im vergleichsweise schattigen Innenbereich bei hohen Temperaturen sind Totalausfälle unvermeidbar. Es gibt zwar auch recht gut blatthaltende Eukalypten – leider kann sie in Anbetracht der über 600 Arten niemand in Europa identifizieren, und könnte er es, würde es auch nichts nützen, da sich keine europäische Baumschule auf das Risiko der Kultur einer unbekannten Eukalyptusart (als Großpflanze) einlassen wird. Als Ausnahme kann man die Eukalypten in Solarhäusern gelten lassen, wobei es sich praktisch ausschließlich um die leicht identifizierbaren, frosttoleranten *E. gunnii* und *E. pauciflora* (var. *niphophila*) handelt.

4.1.7 Für welche Innenräume eignen sich Pflanzen des Mediterrantyps?

Pflanzen des Mediterrantyps zeichnen sich dadurch aus, daß sie über längere Zeit niedere Temperaturen, bis zu einem gewissen Grade auch Fröste, ertragen. Mit Ausnahme der meisten chilenischen Arten überstehen sie Sommerhitze, trockene Luft und trockene Böden. Starke Einstrahlung macht ihnen nichts aus, für viele Arten der südlichen Hemisphäre ist diese sogar lebenswichtig.

Auf der ökologischen Skala – wenn man das so sagen darf – befindet sich das Gros der Mediterranpflanzen mit geringer Kältetoleranz dort, wo die Subtropen in die warm temperierten Gebiete übergehen, also ziemlich weit nördlich bzw. südlich der Wendekreise. Entsprechend stark ausgeprägt sind die Jahreszeiten.

Wird dieser meist temperaturgesteuerte Rhythmus nicht eingehalten, reagieren viele Vertreter dieses Pflanzentyps unkalkulierbar. Am auffälligsten ist dies bei laubabwerfenden Arten und bei Blütenpflanzen. Bei gleichmäßiger Zimmertemperatur gehalten, schließen die meisten Mediterranpflanzen im Herbst nicht mit dem Trieb ab, sondern wachsen einfach weiter. Laubabwerfende wie Feigen stoßen zwar sukzessive ihre alten Blätter ab, können aber an der Spitze ständig neue bilden. Zahlreiche immergrüne Blütenpflanzen wachsen ohne Triebabschluß jahrelang ausschließlich vegetativ. Erst wenn man einmal vergessen hat, sie zu gießen, gelangen sie zu einem Triebabschluß und blühen dann zu einer nicht vorgesehenen Jahreszeit.

Abb. 8: Die laubabwerfende Echte Fruchtfeige spendet im Sommer Schatten, im Winter kommt das dann spärliche Licht der Unterpflanzung zu Gute

Abb. 9: Der kalifornische Flanellbusch (Fremontodendron californicum) läßt sich gut mit den etwas weniger frosttoleranten Mediterranpflanzen kombinieren

Fazit: Pflanzen des mediterranen Klimabereiches sind dort angebracht, wo aufgrund jahreszeitlich stark schwankender Temperaturen die üblichen Zimmerpflanzen versagen und wo im Innenbereich ein jahreszeitlicher Wechsel erwünscht ist.

Ein Nachteil der Mediterranpflanzen – er kommt allerdings nur in ungeheizten, nicht frostfreien Räumen zum Tragen – ist ihre wenig stabile Winterruhe. Wird nicht ausreichend gelüftet, kann eine winterliche Schönwetterperiode die Pflanzen zu vorzeitigem Austrieb veranlassen. Folgt dann ein Kälteeinbruch, der nicht aufgefangen werden kann (Innenschattierung, Notheizung), erleiden die Pflanzen oft schwerste Schäden, die weit über den Verlust des Austriebes hinausgehen können.

Besonders betont werden muß, daß in ungeheizten Glasanbauten mediterrane Pflanzen mit fallenden Temperaturen zunehmend frostverträglicher werden, mit steigenden Temperaturen nimmt die Frosthärte wieder ab. Bei manchen, sogenannten frostresistenzlabilen Pflanzen wie der Olive reduziert sich die Kälteresistenz bereits nach 4 Tagen bei 20 °C um 65 %, bei resistenzstabilen wie Lorbeer nur um etwa 35 %.

Völlig unempfindlich gegen Spätfröste sind die Blätter der Zwergpalme, ebenso die der aus Ostasien stammenden, im nördlichen Mittelmeergebiet häufigen Hanfpalme. Sie halten im Sommer -10 °C aus!

4.2 Vegetationszonen Südafrikas und Pflanzen

Am warmen Indischen Ozean und am kühlen Atlantik gelegen, mit einem Klima zwischen warm temperiert und tropisch, bietet Südafrika eine unwahrscheinliche Pflanzenvielfalt. Obwohl nur etwa doppelt so groß wie Frankreich, ist schon im kleinen Kapgebiet die Artenzahl höher als in ganz Großbritannien. Allein die Zahl der in Südafrika heimischen Bäume beträgt über tausend.

Botanisch-wissenschaftlich betrachtet besitzt Südafrika 70 verschiedene Vegetationstypen, dazu 75 Variationen. Nimmt man das gröbstmögliche Raster, besteht Südafrika aus einer Hochebene, der sogenannten Karroo, in der Mitte, Gebirgen am Rand und einem schmalen Streifen Tiefland zwischen Gebirge und Meer. Der Tieflandstreifen lehnt sich entweder an den kalten Atlantik oder den warmen Indischen Ozean. Ein Sonderfall ist die Kapregion mit ihrem Mediterranklima.

4.2.1 Die trockenen Gebiete

Der größte Teil Südafrikas hat viel zu wenig Niederschläge, als daß sich eine waldartige Vegetation – wie bei der Innenraumbegrünung meist gewünscht – entwickeln kann. Wenn jedoch die Vorgabe „pflegeleicht" heißt, es sich möglicherweise auch um einen schwer zugänglichen und schlecht zu klimatisierenden Extremstandort handelt, gehören die aus Trockengebieten Südafrikas stammenden, meist sukkulenten Pflanzen zur ersten Wahl. Zumal vor allem süditalienische und spanische Baumschulen ein umfangreiches Sortiment kultivieren.

Geht man von Kapstadt (600 mm Niederschlag) nach Norden Richtung Namibia, nehmen die Niederschläge rasch ab, auf unter 100 mm an der südafrikanischen Grenze. Sie fallen überwiegend im Winter. Weiter landeinwärts findet man ein Übergangsgebiet mit Niederschlägen zu allen

Tab. 8: Pflanzen der Trockengebiete Südafrikas

Acacia sp. (Akazien)
Acokanthera sp. (Giftschön)
Adansonia digitata (Affenbrotbaum)
Adenium obesum (Wüstenrose)
Aloe sp. (Aloe)
Carissa sp. (Natalpflaume)
Carpobrotus sp. (Hottentottenfeige)
Cussonia sp. (Kohlbaum)
Crassula sp. (Dickblatt)
Dodonaea viscosa (Sandolive)
Dovyalis caffra (Keiapfel)
Euphorbia sp. (Strauch- bzw. Baumwolfsmilch)
Mesembryanthemum sp. (Mittagsblume)
Pachypodium lealii (Flaschenbaum)
Portulacaria afra (Speckbaum)

Jahreszeiten, im trockenen Osten Südafrikas herrscht Sommerregen vor. Je nach Exposition – die meeresabgewandten heißeren Nordhänge sind trockener – beträgt der Jahresniederschlag zwischen 200 und 500 mm. Da der zentrale Mittelteil Südafrikas recht hoch liegt (900 bis über 1300 m ü. NN), kommen im Winter regelmäßig Fröste vor, -10 °C wurden schon gemessen.

Wichtige Pflanzen aus den Trockengebieten Südafrikas sind vor allem zahlreiche *Euphorbia-* und *Aloe*-Arten, als (schwachwüchsige) Baum- bzw. Strauchschicht auch *Pachypodium* oder *Cotyledon*. Soweit erhältlich lassen sich hier auch die schwachwüchsigeren südafrikanischen Akazien, z.B. *A. karroo* oder Kohlbaumarten *(Cussonia)* integrieren. Die Zahl der als Unterpflanzung geeigneten Sukkulenten ist gewaltig, genannt seien hier nur zahlreiche Mittagsblumengewächse (Aizoaceen), viele Crassulaceen und Asclepiadaceen.

In Anbetracht der geringen Niederschläge sind die Böden natürlich nur zu einem Teil von Pflanzen bedeckt, der Rest ist nacktes Gestein, ähnlich wie in unseren Steingärten. Am besten geeignet und bei uns auch überall erhältlich sind Schiefer oder alle quarzhaltigen Gesteine.

Pflanzt man eine südafrikanische Trockenstimmung, sollten alle Pflanzen prophylaktisch gegen Schild- und Wolläuse behandelt werden. Die weitere Pflege beschränkt sich dann auf gelegentliches Gießen. Eine automatische Bewässerung ist nicht nötig, überschüssiges Wasser muß ablaufen können. Wo es stört, sind die abgeblühten Blütenstände der *Aloe* und speziell Fruchtstände von *Mesembryanthemum* zu entfernen.

Mit den Pflanzen der trockenen Gebiete Südafrikas lassen sich ähnliche Szenerien schaffen wie mit den Vertretern der nord- und mittelamerikanischen Wüstenflora. Allerdings sollte man südafrikanische Arten nur in einem sicher frostfreien Bereich auspflanzen, da nur Spezialisten erkennen können, ob es sich bei den gelieferten *Aloe* und Euphorbien tatsächlich um die bestellten Arten handelt. Dazu kommt, daß zahlreiche Aloe nicht aus trockenen Gebieten stammen. Wer also einen südafrikanischen „Steingarten" gestalten möchte, muß sich speziell sachkundig machen.

4.2.2 Die feuchten Gebiete

Nach Norden noch etwa 200 km über Kapstadt hinausreichend waren die südliche und südöstliche Küstenebene sowie die meereszugewandten Abhänge der Gebirge noch bis vor wenigen hundert Jahren von dichtem Wald bedeckt. Ähnlich wie am Mittelmeer wurden die Wälder – als Folge der Besiedlung durch Europäer – auf wenige Reliktstandorte abgedrängt.

Von tropischen Arten abgeleitet, sind die Pflanzen im Bereich der südafrikanischen Südküste gleichwohl vom Typ „warm temperiert". Subtropisch werden sie erst an der Südostküste. Ursache ist, daß erst vor der Südostküste Südafrikas der warme Indische Ozean auf den mehrere Grad kälteren Atlantik stößt. Nach Norden zu, etwa ab Durban, vollzieht sich der Übergang zu nahezu tropischen Wäldern recht rasch, was daran zu erkennen ist, daß die Küstensümpfe durch Mangroven besiedelt werden. Die Südostküste Südafrikas ist sehr stark dem Südostpassat ausgesetzt, aufgrund des Windstaus vor den die Küstenebene begrenzenden Gebirgen sind diese Gebiete niederschlagsreich.

Berücksichtigt man, daß die südlichsten Gebiete Südafrikas auf einer Südspanien/Nordafrika entsprechenden Breite liegen, die Durchschnittstemperaturen des kältesten Monats etwa den Jahresdurchschnittstemperaturen in Mitteleuropa entsprechen, kann man – so ausreichend Niederschläge vorhanden sind – von ganzjährigem Wachstum der südafrikanischen Arten ausgehen. Zumindest in tieferen Lagen sind die Winter nicht ausgeprägt und kurz. Außer an Extremstandorten (im Gebirge bzw. der Hochebene) wird die Bodentemperatur nie unter +5 °C fallen, zumeist ist sie sehr viel höher. Für die Verwendung im Innenbereich läßt sich deshalb ableiten:

Abb. 10: Eine klassische Leitpflanze für südafrikanische Pflanzungen in warmen, hohen Glasanbauten: die Baumstrelitzie (Strelitzia nicolai)

Abb. 11: Für weniger hohe Wintergärten läßt sich die ebenfalls aus Südafrika stammende Sternblüte, Grewia robusta, gut zurückschneiden

Pflanzenauswahl

Abb. 12: Auch wenn die Blüten von Ochna serrulata köstlich nach Rosen duften, stellen doch die später roten Kelchblätter, auf denen die schwarzen Früchte sitzen, den Hauptschmuck dieses südafrikanischen Gehölzes dar

4.2.2.1 Südliches Südafrika

Pflanzen aus dem südlichen Südafrika und den zum Meer orientierten Gebirgen brauchen im Winter eine Bodentemperatur von mindestens 5 °C. Zu diesen – robustesten – südafrikanischen Arten zählen eine ganze Reihe der bekannten Kübelpflanzen: Bleiwurz *(Plumbago auriculata)*, Kapgeißblatt *(Tecomaria capensis)*, *Podranea ricasoliana*, das Löwenrohr *(Leonotis leonurus)*, *Agapanthus*, *Crinum* und zahlreiche andere Zwiebelblumen. (In der Innenraumbegrünung haben sich von diesen Arten nur *Plumbago*, *Agapanthus* und *Crinum* bewährt.)

Südafrikanische Bäume bzw. Großsträucher mit ähnlich geringen (Boden-)Temperaturansprüchen sind bei uns kaum im Handel, man wird deshalb auf australische Arten ausweichen müssen. Vorteilhaft an den genannten südafrikanischen Arten ist ihre lange Blütezeit, bei ausreichender Belichtung und nicht zu hohen Temperaturen dauert sie etwa von Mitte Sommer bis ins nächste Frühjahr. Bei Lichtmangel, zu hohen oder zu niedrigen Temperaturen verlieren sie viel Laub und machen nur dünne, etiolierte Triebe, die häufig von Schädlingen befallen sind. Mit einem gewissen Risiko ist die Verwendung dieser reichblütigen Pflanzen im gerade frostfreien, hellen Glasanbau möglich, aber nur bei Privatkunden. Sollen die Pflanzen im Winter repräsentativ aussehen, sollte eine Temperatur von 10 °C nicht unterschritten werden.

4.2.2.2 Südwestliches Südafrika (subtropischer Bereich)

Viele der zierpflanzenbaulich wichtigen Arten aus diesem Gebiet stammen zwar aus eher tropischen Gegenden, kommen aber mit vergleichsweise niedrigen Bodentemperaturen über den Winter, unter 10 °C vertragen die meisten auf Dauer nicht. Geht man bei den Bodentemperaturen in den unteren Bereich, sollten die Pflanzen im Winter möglichst trocken gehalten werden, eiskaltes Leitungswasser ist zu vermeiden. In naßkalten Böden verlieren die Wurzeln vieler Arten die Fähigkeit, verschiedene Nährstoffe aufzunehmen (Blätter vergilben), schädliche Bodenpilze gedeihen aber leider noch ausgezeichnet.

Mit zu den bekanntesten Pflanzen aus dem subtropischen Südostafrika gehören die Strelitzien, wobei nicht nur an die Paradiesvogelblume *(Strelitzia reginae)*, sondern für Großobjekte vor allem an die bis 6 m hohe, bananartige Baumstrelitzie *(Strelitzia nicolai)* bzw. *Strelitzia alba* gedacht ist. Wichtige laubabwerfende winterblühende Bäume sind die Korallenbäume *(E. lysistemon, E. caffra)*. Sie werden in der Regel zu hoch, sind aber schnittverträglich und lassen sich leicht als Solitärgroßstrauch ziehen. Allerdings haben sie ausgeprägte Stacheln.

Als Solitärstrauch sei hier die bekannte, winterblühende Zimmerlinde *(Sparmannia africana)* genannt oder die im Laub sehr ähnliche, aber noch wüchsigere *Dombeya* (Hortensienbaum) mit ihren großen Büscheln zartrosa Blüten von Spätherbst bis Frühjahr. Sie läßt sich rasch zu stattlichen, niedrigen Bäumen ziehen, die tiefen Schatten spenden. Sommerblüte bringen die kleinlaubigen *Grewia* und *Ochna*-Arten, letztere wegen ihrer eigenartigen Früchte auch Mickey-Mouse-Pflanze genannt.

Ideale Unterpflanzung auch für schattige Lagen sind die Grünlilien, *Chlorophytum*. Als Blütenpflanze besonders bewährt hat sich die vollständig immergrüne *Mackaya bella*. *Grewia* und *Ochna*, beide stammen aus etwas trockeneren Gebieten, machen sich besonders gut, wenn sie aus einem Teppich der kriechenden Natalpflaume *(Carissa macrocarpa* 'Prostrata') herausragen. Etwas lockere, höhere, bodendeckende Sträucher sind bei diesen reichblühenden kleinblättrigen Pflanzen besser, da sie sowohl das Fallaub, als auch die zahllosen Blütenblätter schlucken.

Ansonsten erstreckt sich die Pflege der subtropischen südafrikanischen Arten auf das ganzjährige Entfernen des abgestorbenen Laubs der Großblättrigen, auf ständigen Auslichtungsschnitt, auf regelmäßige und reichliche Bewässerung (zeitweise Trockenheit zeigen die Pflanzen durch Welken, erholen sich aber in wenigen Stunden) und zumindest ausreichende Düngung. Gedüngt und bewässert wird möglichst automatisch.

Die genannten subtropischen südafrikanischen Arten vertragen sowohl hohe, als auch niedrige Luftfeuchte (bei dann sehr hohem Wasserbedarf), wachsen auch noch in nicht vollsonniger Lage und sind wenig schädlingsanfällig.

Die feuchten Hänge der subtropischen Küstengebirge tragen trotz der hohen Niederschläge (bis 2000 mm) eine Vegetation, die man hier nicht erwarten würde. Bis zum Einfall der Europäer vermutlich dicht bewaldet, findet sich hier der Artenschwerpunkt der *Aloe*. Wald steht nur noch in den schwer zugänglichen Klüften. Einige der hier vorkommenden *Aloe* wachsen recht rasch baumartig. Zusammen mit Baumstrelitzien, eventuell einer *Cussonia* und der passenden Unterpflanzung lassen sich hier zwar nicht ganz billige, aber pflegeleichte Pflanzungen zusammenstellen, die auch in größeren Objekten von überwältigender Wirkung sind.

4.2.2.3 Südöstliches Südafrika (nahezu tropischer Bereich)

Als Zeigerpflanze des tropischen Afrika gilt der Affenbrotbaum oder Baobab *(Adansonia digitata)*. Mit einem Stammumfang bis zu 25 m wird er gemeinhin als grotesk beschrieben. Nur wenige größere Gehölze aus dem südlichen tropischen Afrika haben sich als Ziergehölze durchgesetzt. Da sie in Europa nicht im Freien baumschulmäßig angebaut werden können, stammen größere Pflanzen aus Übersee und werden dann in südlichen Baumschulen meist „gerade so" (im Gewächshaus, extensiv) am Leben erhalten.

Die wichtigsten sind der Afrikanische Tulpenbaum *(Spathodea campanulata)*, die *Markhamia* (Yellow Spathodea), der Flamboyant *(Delonix regia)* und der Baum der Reisenden *(Ravenala madagascariensis)*, der oft mit einer Baumstrelitzie verwechselt wird. Als Sträucher sind vor allem einige *Cassia*-Arten zu nennen. Um gut auszusehen, brauchen sie Warmhausklima.

Abschließend soll hier noch einmal betont werden, daß die Vegetationsperiode in Südafrika viel länger ist als bei uns, so nicht eine Trockenperiode das Wachstum bremst. Eine ganze Reihe von Blütenpflanzen, vor allem die, die an den Triebspitzen blühen, reagieren deshalb oft unkalkulierbar – wobei hier offensichtlich auch das Licht einen erheblichen Einfluß hat. In der Praxis kommen die Pflanzen, deren Triebspitzen nahezu nie ausreifen (z.B. *Delonix*) bei uns nicht zur Blüte, bei weniger wärmebedürftigen Arten (z.B. *Tecomaria*) werden selbst ausgeprägte Blütenstände von vegetativen Seitentrieben

Tab. 9: Pflanzen des feuchten subtropischen Südafrika

Agapanthus sp. (Schmucklilie)
Bauhinia galpinii ('Pride of the Cap')
Bolusanthus speciosus (Blauregenbaum)
Calodendrum capensis (Kapkastanie)
Clivia sp. (Riemenblatt)
Coleonema album, C. pulchrum (Konfettistrauch)
Crotalaria capensis (Kapgoldregen)
Cunonia capensis (Afrikanische Roterle)
Dais cotonifolia (Dais, Pompon-Baum)
Dombeya sp. (Hortensienbaum)
Enzephalaratos sp. (Brotpalmfarn)
Erica sp.
Erythrina caffra, E. lysistemon (Korallenbaum)
Euryops sp. (Kapmargerite)
Gardenia thunbergia (Waldgardenie)
Gloriosa sp. (Ruhmesblume)
Grewia sp. (Sternblüte)
Greyia sutherlandii (Berg-Bürstenbusch)
Harpephyllum caffrum (Kaffernpflaume)
Jasminum angulare (Kapjasmin)
Leonotis leonurus (Löwenohr)
Leucadendron sp. (Silberbaum)
Mackaya bella (Mackaya)
Markhamia sp. (Gelbe Spathodea)
Melianthus major (Honigbusch)
Ochna sp. (Micky-Maus-Pflanze, Vogelaugenbusch)
Pavetta sp. (Weihnachtsbusch)
Phygelius capensis (Kapfuchsie)
Phylica pubescens (Kapmyrte)
Plectranthus sp. (Harfenstrauch)
Plumbago auriculata (Bleiwurz)
Podalyria calyptrata (Wickenbusch)
Podranea ricasoliana (Port St. John's creeper)
Polygala myrtifolia (Kreuzblume)
Protea sp. (Protea)
Sparmannia africana (Zimmerlinde)
Spathodea campanulata (Afrikanischer Flammenbaum)
Strelitzia sp. (Paradiesvogelblume)
Sutherlandia frutescens (Ballonerbse)
Tecomaria capensis (Kapgeißblatt)
Thunbergia alata (Schwarzäugige Susanne)
Virgilia oroboides, Virgilia divaricata (Keurboom)

überwachsen. Die Blütenstände entwickeln sich nicht mehr oder nur verzögert weiter. Triebabschluß mit (unterdrückter) Blüte und Durchtreiben können sich im Laufe einer Vegetationsperiode (= 12 Monate!) mehrfach wiederholen.

4.3 Vegetationszonen und Pflanzen Australiens

Verschiebt man Südafrika und die angrenzenden Länder um 100 Längengrade nach Osten, stellt man eine weitgehende Deckung mit dem westlichen Australien fest, die Breite ist praktisch identisch. Schiebt man dann Südafrika noch einmal um die Hälfte des australischen Kontinents weiter, finden wir von der Breite her wieder eine erhebliche Deckung, nur die südlichsten Teile Australiens haben keinen Pendant in Südafrika. Es liegt deshalb nahe, daß südafrikanische und australische Klimate viele Parallelen aufweisen. Allerdings ist das zentrale „trockene Herz" Australiens viel größer – und entsprechend ausgeprägter – als die südafrikanische Karroo. Ähnlich wie Südafrika ist Australien von Gebirgen umgeben, in der Mitte ist eine weitgehend abflußlose Tiefebene (meist um 300, selten um 400–600 m ü. NN), von der man annimmt, daß sie früher ein Binnenmeer war. Als sehr alter Kontinent sind die Gebirge Australiens schon stark erodiert; aufgrund ihrer fehlenden Höhe stellen sie keine ausgeprägte Klimascheide mehr dar.

Abb. 13: Klassische Solitärs für Australpflanzungen: Akazien. Die feinblättrigen Hybriden stellen hohe Ansprüche an das Licht und sollen deshalb in der lichtarmen Jahreszeit nicht zu warm stehen. Wer ihrer Neigung zum „Rieseln" entgehen will, sollte keine Akazien-Art mit Fiederblättern, sondern eine mit Phyllodien wählen (z.B. A. longifolia)

Pflanzenauswahl

Abb. 14: Für lichtdurchflutete, kühle Glasanbauten: der Zylinderputzer, Callistemon. Im Interesse eines kompakten Habitus sollten nach jeder Blüte die Langtriebe stark eingekürzt werden

Nachdem das südwestliche und südliche Australien ein ausgeprägtes Mittelmeerklima mit Winterregen besitzt, das nördliche und nordwestliche Australien dagegen ein monsunbedingtes Sommerregengebiet ist, bedeutet dies für das Zentrum Australiens, daß zu jeder Jahreszeit Niederschläge vorkommen können, es also keine jahreszeitabhängige Trockenperiode gibt.

Dennoch ist Australien ein trockener Kontinent, etwa 40 % der Fläche erhalten weniger als 250 mm Niederschlag, im Zentrum fallen nicht einmal 100 mm Regen pro Jahr. Trotzdem gibt es in Australien keine Wüsten.

Die Flora von Australien ist nicht einheitlich, auch wenn einige wichtige Gattungen wie Eukalyptus im ganzen Kontinent vorkommen. Neben der typischen Australflora, die vor allem im Westen des Landes das Bild bestimmt, zählt ein großer Teil des nördlichen und nordöstlichen Bereiches zum indomalaischen (Neuguinea!) Florenbereich, die südlichen Gebirge, ebenso Tasmanien und vor allem Neuseeland, sind antarktisch geprägt.

Wo im nördlichen Teil Australiens die Niederschläge unter 400 mm fallen, im südlichen unter 250 mm, ist das Reich der 'Mulga'. Es handelt sich hier um ein je nach Niederschlag mehr oder weniger dichtes, 4–6 m hohes Gestrüpp hauptsächlich der graulaubigen *Acacia aneura*, durchsetzt mit einzelnen Kasuarinen, oft begleitet von Stachelschweingras.

Die Vegetation wirkt dürr und trostlos. Regnet es jedoch ausreichend, keimen in kürzester Zeit zahlreiche Einjährige und verwandeln das Land großflächig in einen Blütenteppich, gleichzeitig blühen, ungeachtet der Jahreszeit, die Akazien.

Abb. 15: Nur wenige Eukalyptus-Arten sind für Innenraumbegrünungen zu empfehlen. Dazu gehört der etwas wärmebedürftigere Eucalyptus ficifolia – der auch bei dem geringen Lichtangebot mitteleuropäischer Winter nur wenig Laub verliert

Mit Ausnahme einer ganzen Reihe von Sommerblumen sind die Pflanzen Zentralaustraliens gärtnerisch wenig interessant. Zum einen gibt es schönere Akazien-Arten als die in der Mulga vertretenen, zum anderen würden diese Hungerkünstler auf besser mit Wasser versorgten Standorten alle anderen Pflanzen überwuchern.

Nehmen die Niederschläge zu, bildet sich in Süd- und Südwestaustralien ab ca. 250 mm eine Eukalyptus-Gebüschformation (Mallee) heraus, in Nordostaustralien ab 400 mm ein offener Wald, ebenso hauptsächlich aus Eukalyptus-Arten. Auf extrem nährstoffarmen Böden, vor allem auf Sand, wollen auch Eukalyptus nicht mehr gedeihen. Hier findet sich eine oft flächendeckende, meist nicht mehr als 1 m hohe Gebüschformation, die die Australier „Heide" nennen. Vor allem in Südwest- und Südaustralien verbreitet, besteht diese Heide vorwiegend aus Proteaceen und zahlreichen anderen Gehölzen, die unter dem Begriff „Neuholländer" bekannt sind.

Aus den Eukalyptusgebüschen, den offenen Eukalyptuswäldern und aus der Heideformation stammt das Gros der Pflanzen für typische „Australbegrünungen". In Anbetracht der weitgehenden Zufälligkeit, zu welchem der drei Typen die Arten gehören, lassen sie sich wegen nahezu identischer Ansprüche bestens kombinieren. Dabei sind die eher nördlichen Arten meist etwas frostempfindlicher, vertragen dafür sehr hohe Temperaturen. Wenn das Substrat gut drainiert und eher trocken ist, die Pflanzen auch nicht gemästet wurden, steht ab etwa 10 °C Bodentemperatur nahezu das ganze Spektrum zur Verfügung, viele Arten überstehen auch 5 °C. Die Betonung liegt hier auf Arten, die meisten gärtnerisch interessanten Pflanzen gehören nämlich zu nur wenigen Gattungen, von denen es aber wieder zahlreiche Arten mit unterschiedlichem Verbreitungsgebiet und entsprechend verschiedenen Temperaturtoleranzen gibt.

Obwohl die Pflanzen durchaus marktgängig sind, eine ganze Reihe wird sogar als Topfpflanzen angeboten, sieht man gelungene Australpflanzungen bei uns nicht allzu oft. Ein Grund wurde bereits im Kapitel über „australische Pflanzen aus Gebieten mit Mediterranklima" angesprochen: Für normale Innenraumstandorte sind sie schlecht geeignet, da sie einen zu hohen Lichtbedarf haben. Das kommt bei uns vor allem zum Tragen, wenn die Temperaturen im Winter auch nachts hoch sind, also über 10–15 °C liegen.

Akazien mit gefiederten Blättern fangen an zu rieseln, die Blütenknospen werden abgestoßen, bereits angesetzte Blütenknospen von *Callistemon* treiben vegetativ durch, andere Myrtaceen setzen keine Blütenknospen an. So könnte man fortfahren. Ein weiterer Grund für möglichst tiefe Nachttemperaturen liegt in der Winterblüte vieler australischer Pflanzen. Je tiefer die Temperatur, desto länger blühen die Pflanzen.

Ist also eine Nachtabsenkung möglich oder gar technisch bedingt (Atrium) – wobei die meisten Arten sogar leichte Fröste vertragen – spricht viel für eine Australpflanzung. Wenn Standort, Substrat und Bewässerung stimmen, kann in punkto Blütenreichtum kaum eine Pflanzung mit einer Australstimmung konkurrieren.

Von großem Vorteil ist, daß die meisten recht rasch wachsen, aber doch kaum zu hoch werden bzw. sich sehr gut zurückschneiden lassen. Da es sich überwiegend um Hartlaubgehölze handelt, sind Schädlinge sehr selten. Krankheiten – eigentlich nur Wurzelfäule und Grauschimmel – lassen sich ver-

Pflanzenauswahl

meiden: *Botrytis* dadurch, daß man im Winter selten und möglichst nicht über die Pflanzen gießt bzw. rasch trockenlüftet, gleichzeitig mit Dünger sehr sparsam umgeht. Wurzelfäule vermeidet man durch die Wahl des richtigen Substrates und eventuell einer *Phythophtora*-Prophylaxe.

Nahezu alle Pflanzen der australischen Trockengebiete – die westaustralischen Arten sind empfindlicher als die süd- und ostaustralischen Verwandten –, brauchen ein dauerhaft bestens drainiertes Substrat mit leicht saurer Reaktion, möglichst ohne oder mit schwacher Grunddüngung. Die handelsüblichen extensiven Dachgartensubstrate kommen dem am nächsten.

Die weitere Düngung erfolgt sehr sparsam, bei Dauerdüngern reicht oft die Hälfte der für Schwachzehrer angegebenen Menge. Zahlreiche australische Pflanzen reagieren auf reichliche Düngung sehr wohl mit stärkerem Wachstum, machen dann aber unverzweigte peitschenartige Triebe und blühen schlecht, bilden auch kein zufriedenstellendes Wurzelwerk aus und fallen leicht um. Empfindlichere gehen ein, besonders, wenn sie etwas zu trocken stehen. Die meisten australischen Böden enthalten nahezu kein Phosphor (P), große P-Anteile sind daher für manche Pflanzen schädlich. Selbstverständlich läßt sich die Düngung auch über die automatische Bewässerung durchführen.

Nach der Hauptblüte (Australpflanzungen blühen meist im Winter-Frühjahr-Frühsommer) wird gestutzt, dann für etwa 3 Monate der Neutrieb unterstützt, mehr ist meist nicht nötig. Sparrige oder junge Pflanzen können auch ein zweites Mal gestutzt werden. Hartes Gießwasser muß aber entsprechend eingestellt werden. Wird mit dem Schlauch oder über eine Beregnung bewässert – bei vielen australischen Arten, speziell Proteaceen, nicht empfehlenswert – läßt sich das Wasser durch eine gelegentliche Handvoll Schwefelblüte pro m^2 Pflanzfläche aufgestreut in einen passenden Zustand versetzen. Es soll hier nicht unterschlagen werden, daß eine ganze Reihe australischer Arten auf diese Prozedur verzichten können, *Callistemon* und die meisten Akazien sind recht robust. Aber diese beiden machen allein noch keine Australpflanzung aus.

Die wichtigsten Leitgehölze der australischen Trockenflora sind verschiedene schwachwüchsige, baumartige Eukalyptus – die vom Mallee-Typ sind in der Regel mehrstämmig – und die verschiedensten baumartigen Akazien. Wer es sehr genau nimmt, darf allerdings nur Arten mit Phyllodien verwenden, die Arten mit Fiederblättern („Mimosen") kommen aus feuchten Gebieten. Die wichtigsten Sträucher stammen aus der Familie der *Myrtaceae* (*Beaufortia, Callistemon, Calothamnus, Chamaelaucium, Kunzea, Leptospermum, Melaleuca*), der Leguminosen (*Acacia, Cassia, Chorizema, Crotalaria, Hardenbergia, Kennedya, Templetonia*) und der *Proteaceae* (*Banksia, Dryandra, Grevillea, Hakea, Protea*). Von diesen wachsen viele kriechend, so daß auch an Bodendeckern kein Mangel herrscht.

Längs der Nord-, Ost- und Südostküste Australiens – ein Zipfel im Südwesten hat ähnliche Verhältnisse – besitzt Australien aufgrund der wesentlich höheren Niederschläge einen Waldgürtel. Je nach Verteilung des Regens und dessen absoluter Menge ist dieser jedoch ganz unterschiedlich ausgeprägt. So nehmen längs der Nordküste die Niederschläge von Westen nach Osten zu, von etwa 1000 mm in Nordwestaustralien auf bis fast 4000 mm an der pazifischen Küste. Nach Süden zu nehmen sie wieder ab und erreichen am südlichsten Punkt des Kontinents (ohne Tasmanien, hier ist es inselbedingt feuchter) wieder etwa 1000 mm. Je nach Bodenart bzw. Wasserkapazität findet man deshalb im Norden tropische monsunbedingte Savannen (bei geringer Wasserhaltefähigkeit des Bodens) oder tropischen monsunbedingten Wald. Da der Monsun nur im Sommer Regen bringt, zeichnen sich die überwiegend aus Eukalypten bestehenden monsunbedingten Wälder durch weniger Zuwachs (vor allem kürzere Stämme) gegenüber ganzjährig ausreichend mit Wasser versorgten Wäldern aus. Als Unterholz findet man zahlreiche Gattungen, die auch in den trockeneren Teilen Australiens häufig sind, der Boden ist meist mit Gräsern bedeckt.

Ganz anders ist die Vegetation der tiefliegenden küstennahen Gebiete. Während der Regenzeit unpassierbare Sümpfe, wachsen hier Mangroven, Schraubenbäume *(Pandanus)*, zahlreiche Palmen und – ähnlich wie an der nördlichen Ostküste – eine ganze Reihe uns als Zimmerpflanzen bekannter Arten. Der monsunabhängige tropische Wald geht auf der Nordostseite Australiens, dem Gebiet mit dem höchsten Niederschlag, in einen tropischen Regenwald über. Neben hochstämmigen tropischen Bäumen kommen hier zahlreiche Palmen vor, von de*nen Archontophoenix, Kentia, Livistona, Seaforthia* und *Ptychosperma* die gärtnerisch wichtigsten sind. Daneben gibt es zahlreiche, hier häufig kultivierte Bananen, Bambus, Ingwergewächse, kletternde *Araceen* und Pfefferverwandte. Vor allem als Epiphyten trifft man auf eine gewaltige Zahl Orchideen.

Für Innenraumbegrünungen sind diese durchwegs auf nährstoffreichen Standorten wurzelnden Pflanzen ganz hervorragend geeignet,

Abb. 16: Für viele Problemstandorte eine zwar nicht billige, aber geniale Lösung: Baumfarne. Da sie aus dem Unterholz stammen, gedeihen sie noch bei einer Restlichtmenge von 1% des vollen Sonnenlichtes

Pflanzenauswahl

vorausgesetzt, es herrscht ganzjährig Zimmertemperatur mit hoher relativer Luftfeuchte.

Der Einsatz von Sprühdüsen ist in der Regel obligatorisch, die üblicherweise zu trockene Luft in Innenräumen führt sonst sehr rasch zu den allgemein bekannten Blattspitzen- bzw. Blattrandnekrosen. Wird die feuchte Luft nicht ständig abgeführt, ist Kondenswasser nicht zu vermeiden. Soweit man sich auf Pflanzen des Unterholzes beschränkt – baumartige „Unterhölzer" findet man vor allem bei den Araceen *(Schefflera, Brassaia)* und Moraceen *(Ficus)*, eventuell Musa – sind die Lichtansprüche gering.

Pflanzungen dieses Typs gedeihen deshalb vorzüglich an absonnigen Standorten, unter ständiger Schattierung oder hinter stark reflektierenden Gläsern. Der Wasser- und Nährstoffanspruch der meisten Pflanzen ist hoch, in Wachstum umgesetzt, ist der Pflegeaufwand entsprechend. Ständiger Schnitt ist obligatorisch, bei zu niedriger Luftfeuchte machen vor allem Spinnmilben viel Ärger.

Südlich des Wendekreises geht der tropische Regenwald in den subtropischen Regenwald über; dieser unterscheidet sich nur dadurch, daß er weniger dicht ist, eine geringere Artenvielfalt aufweist und die Temperaturen etwas niedriger sind.

An den subtropischen Regenwald schließt nach Süden der feuchte Hartlaubwald an. Außer an der Ostküste findet man ihn auch 5000 km weiter am Südwestzipfel Australiens, wo gleichfalls Niederschläge von über 1000 mm vorkommen können. Im feuchten Hartlaubwald werden wieder die Eukalypten

Abb. 17: Neuseeländische Pflanzen – hier Corokia buddleioides und Phormium tenax 'Variegatum' – haben aufgrund des an ihrem Heimatstandort hohen Bewölkungsgrades oft geringere Lichtansprüche als viele ihrer australischen Nachbarn

zur dominierenden Baumgattung, es treten aber auch andere Bäume auf, im Norden beispielsweise verschiedene Flaschenbäume *(Brachychiton)* oder die Silber- bzw. Seideneiche *(Grevillea robusta),* im Süden mehr Elemente der antarktischen Flora Neuseelands. Auch hier gibt es eine stark ausgeprägte Unterholzschicht aus niedrigen Bäumen und Sträuchern sowie Kletterpflanzen, viele blühen äußerst farbenprächtig, vertragen Halbschatten und benötigen weder die hohen Temperaturen, noch die extreme Luftfeuchtigkeit, die in den nördlichen Regenwäldern vorherrschen. Besonders bemerkenswert ist das verstärkte Auftreten von Baum- und Palmfarnen *(Cyatheaceae (Alsophila), Cycadaceae (Macrozamia), Dicksoniaceae (Dicksonia)).*

Die reichblühenden Sträucher des Unterholzes gehören weitgehend zu denselben Gattungen, die aus den trockeneren Teilen Australiens bekannt sind, nur handelt es sich um andere Arten. Wegen ihrer vergleichsweise geringen Lichtbedürftigkeit, ihrer Unempfindlichkeit gegen hohe Wasser- und mäßige Nährstoffgaben – die ostaustralischen Arten wachsen meist auf nährstoffreichen Böden – sind die ostaustralischen Vertreter vieler Gattungen typischer Australpflanzen für die Innenraumbegrünung wesentlich besser geeignet als ihre westaustralischen Verwandten.

In Südaustralien geht der feuchte Hartlaubwald in den trockenen Hartlaubwald über. Hier bestimmen zunehmend Akazien das Bild, auch solche mit Fiederblättern. Die südaustralischen Akazien gelten als die schönsten. Vor allem südfranzösische Baumschulen bieten deshalb zahlreiche Sorten als Veredelungen an, sie werden dort in großem Stile zum Schnitt angebaut – die bei uns im Winter angebotenen „Mimosen". Auch in Südaustralien findet man wieder zahlreiche Myrtaceen, Leguminosen und Rutaceen – relativ robuste Vertreter ihrer Gattungen.

4.4 Innenraumgeeignete Pflanzen Neuseelands

Obwohl das Klima Neuseelands ähnlich gemäßigt ist wie das Südaustraliens, ist doch die Vegetation grundverschieden. Die für Australien typischen Eukalypten und Akazien kommen in Neuseeland nicht vor. Eine interessante Zwischenstellung nimmt das wasserreiche Tasmanien ein, wo man zahlreiche Elemente der australischen und der neuseeländischen Flora findet.

Die neuseeländische Doppelinsel wird von Nordost nach Südwest von gewaltigen Gebirgszügen durchzogen. Die „Neuseeländischen Alpen" erreichen im Süden bis 3600 m Höhe. Diese Gebirge bilden gegenüber den vorherrschenden Nordwestwinden eine Wetterscheide, so daß vor allem auf der Südinsel ein krasser Gegensatz zwischen dem feuchten Westhang und dem trockenen Osthang der „Neuseeländischen Alpen" besteht. Während die ganze Nordinsel von großen und kleinen Waldgebieten bedeckt ist, getrennt durch waldfreies Land, finden sich auf der Südinsel Wälder nur auf der Westseite. Aus den Wäldern der Südinsel sind vor allem eine ganze Reihe von Farnen, speziell Baumfarne wie *Cyathea* und *Dicksonia* interessant, zumal man sie schon als mehrere Meter hohe Exemplare kaufen kann. Baumfarne sind vor allem wegen ihrer extrem geringen Lichtansprüche von Bedeutung, allerdings benötigen sie eine hohe Luftfeuchte und vertragen keine sommerliche Überhitzung. Ideal sind sie – am besten in Verbindung mit Wasser – für mehrstöckige, gerade frostfreie Atriumbauten, in denen die Pflanzen das ganze Jahr kein direktes Licht sehen.

Braucht man für solche Pflanzungen Bäume, kann man auf die am selben Standort vorkommenden *Agathis* und *Podocarpus,* zwei grobnadelige Koniferen, zurückgreifen, oder auf den Karakabaum, *Corynocarpus laevigatus*. Die meisten anderen Arten der Baumschicht sind nicht im Handel. Bodendecker gibt es reichlich, genannt seien hier nur die verschiedenen schattenverträglichen *Muehlenbeckia*-Arten. Blütenpflanzen dagegen sind rar. Wegen der großen, hartlaubigen Blätter sind diese Pflanzungen pflegeleicht und praktisch schädlingsfrei.

Ein ganz anderer Vegetationstyp beherrscht die Ebenen. Vielfach findet man hier ein Grasland, das oft durch eine heideartige Pflanzengesellschaft unterbrochen wird. Hier kommen zwei ganz prägnante neuseeländische Arten vor: Die uns als Kübelpflanze bestens bekannte Liliaceae *Cordyline australis* mit ihrem palmenähnlichen Habitus und der Neuseeländer Flachs, *Phormium tenax*. Als Kübelpflanzen fast unverwüstlich und in südlichen, auch sommerheißen Gegenden beliebte Gartenpflanzen, versagen sie auch im Innenbereich nur an lichtarmen Standorten. Ungeachtet ihres eigenwilligen Habitus lassen sie sich mit anderen neuseeländischen Pflanzen zu höchst ausdrucksstarken Pflanzungen zusammenstellen. Sie eignen sich sowohl für Trocken- als auch für Feuchtsituationen.

Als weitere, im Handel häufig angebotene Solitärpflanzen neuseeländischer Herkunft seien noch die im Frühsommer blühenden „neuseeländischen Weihnachtsbäume", *Metrosideros excelsa* und *M. robusta* genannt, pappelartige *Hoheria*, baumartige *Leptospermum*, großstrauchige *Pittosporum*, die neuseeländische Nationalblume *Sophora tetraptera* bzw. *Sophora microphylla* und verschiedene bizarre Araliaceen wie *Pseudopanax* oder *Meryta*.

An kleinen bis mittelhohen Sträuchern herrscht auch kein Mangel, aufgeführt seien nur die verschiedenen Strauchveronica (Hebe), *Olearia*, strauchige Greiskrautarten *(Senecio)*, *Coprosma* und *Corokia*. Bodendecker für Neuseelandpflanzungen gibt es in zahlreichen Staudengärtnereien – *Acaena*, *Cotula*, *Raoulia*, aber auch im Zierpflanzenhandel gängige wie *Nertera*, neuseeländische kriechende Fuchsien oder *Muehlenbeckia*.

Wenn es sich nicht gerade um Extremsituationen handelt und es im Sommer nicht zu heiß wird, gehören Neuseelandpflanzungen des obigen Typs wegen ihrer robusten Pflanzen zu den langlebigsten Anlagen. Von großem Vorteil ist, daß der Zierpflanzenhandel ein Sortiment auch großer Pflanzen in Zierpflanzenqualität auf Lager hat und das Begleitgrün meist recht rasch und problemlos heranwächst, und deshalb preisgünstig das ganze Jahr über verfügbar ist.

4.5 (Halb-)Wüstenpflanzungen

Allen Wüsten gemeinsam sind die relativ geringen und von Jahr zu Jahr stark schwankenden Jahresniederschläge bei sehr hohen Jahreswerten der potientiellen Verdunstung. Die Sonneneinstrahlung ist (außer in Nebelwüsten) sehr hoch, entsprechend stark heizt sich das Gestein auf. Kühle Nächte bzw. kühle Regenschauer sind die Hauptursachen der Verwitterung. Die Böden sind dementsprechend wenig veränderte Verwitterungsprodukte des anstehenden Gesteins. Eine Umlagerung erfolgt durch Wind und Schwerkraft, an Hängen auch durch Wasser. In Ebenen entsteht deshalb in aller Regel ein typisches Steinpflaster, da der Wind die Feinteile ständig entfernt.

Weil die meist kurzen, aber intensiven Regenfälle weder in das anstehende Gestein, noch in das Steinpflaster eindringen können, laufen sie oberirdisch ab und bilden Erosionsrinnen. Diese vereinigen sich letztendlich zu Trockenflußtälern (Canyons, Arroyos, Wadis). Setzt sich das von der Hochflutwelle mitgerissene Material ab, bildet sich eine typische Formation der folgenden Reihe: Blöcke – Steine – Kies – Grus – Sand – Feinmaterial.

Da es sich bei den Erosionsrinnen um die wasserreichsten Stellen in der Wüste handelt, findet man dort das stärkste Pflanzenwachstum. Wer also eine wüstenhafte Innenraumbegrünung gestalten will, tut gut daran, das Gelände einem Trockenflußbett entsprechend zu modellieren.

Standortgerecht lassen sich in einer sandigen Ebene nur die flachwurzelnden Sukkulenten setzen. Nahezu alle anderen Pflanzen wurzeln tief und brauchen Bodenfeuchtigkeit,

die sie nur dort finden, wo Wasser zusammenläuft und versickern kann. Optimale Standorte sind Felsspalten oder mit Sand gefüllte Taschen. Aufgrund der gewaltigen Wurzelkonkurrenz überlebt pro Tasche meist nur eine Pflanze. Je nach Wasserverhältnissen sind nur 10–30 % des Bodens mit Pflanzen bedeckt, an besonders günstigen Standorten können es auch 40–70 % sein.

Wo in Erosionsrinnen (auch unterirdisch) Felsriegel querliegen, staut sich das Wasser, es bilden sich Standorte mit Grundwasser. Hier gedeihen auch nicht dürreresistente Pflanzen, wobei es sich meist um eingewanderte Arten aus benachbarten feuchteren Gebieten handelt. Im Mittelmeergebiet sind für solche Standorte klassisch die Feige und vor allem der Oleander. Sie leiden auch an scheinbar trockensten Standorten nicht unter Wasserstreß.

Abb. 18: Die mächtige Silhouette des Neuseeländer Flachses setzt den nötigen Kontrapunkt zu der markanten Stahl- und Glasarchitektur

Pflanzen, die der Dürre ausgesetzt sind, zeigen verschiedene Erscheinungsbilder, die aber nahezu in jedem Fall auf eine Reduktion der transpirierenden Flächen hinauslaufen. Am bekanntesten ist die Sukkulenz, die man in unterschiedlich starker Ausprägung vor allem bei Kakteen, Euphorbiaceen, Agavaceen, Liliaceen, Crassulaceen und Aizoaceen findet. Diese wasserspeichernden Pflanzen schließen bei Trockenstreß ihre Stomata, der Gaswechsel kommt zum Stillstand.

Eine weitere Gruppe sind die regengrünen Laubgehölze, die man in ganz verschiedenen Familien findet. Nach Niederschlägen entwickeln diese Pflanzen sehr rasch Blätter, bei Trockenheit stoßen sie sie wieder ab. Dieser Vorgang kann fünf- bis sechsmal pro Jahr ablaufen und ist nicht jahreszeitlich bedingt. Wichtige Ziergehölze dieses Typs sind *Fouquieria* und *Idria*, *Jatropha*, *Plumeria*, *Parkinsonia* und verschiedene Euphorbiaceen.

Bedingt dürreresistent sind dagegen zahlreiche Hartlaubgewächse. Während der Trockenzeit findet bei ihnen kein Wachstum statt, die Lebensfunktionen sind stark reduziert.

Wüstenpflanzen sollten nicht mit Wasser verwöhnt werden. Der Grund: Sie verlieren mit zunehmender Wasserverfügbarkeit ihre Dürreresistenz. Außerdem werden sie im Winter anfälliger für verschiedene Fäulnispilze. Regengrüne Laubgehölze blühen ohne Trockenperiode gewöhnlich nicht! Den Wüstengewächsen zu eigen ist auch eine extreme Temperaturtoleranz. Morgens leichter Bodenfrost und mittags über 50 °C können ihnen nicht viel anhaben.

Abb. 19: Metrosideros excelsa zählt zu den Top Ten der Innenraumbegrünungspflanzen. Zwei Einschränkungen: Bei hohen Wintertemperaturen gedeiht er zwar gut, blüht aber schwach, und Frost verträgt er nicht

Wenn im folgenden die Wüsten Nord- und Mittelamerikas hervorgehoben werden, dann nur, weil die dort heimischen Pflanzen gängiger sind. Mit südafrikanischen *Aloe* und *Euphorbia* lassen sich ähnliche Halbwüsten-Szenerien schaffen.

4.5.1 Wüstenartige Gebiete und Pflanzen Nord- und Mittelamerikas

Östlich und südlich des Sierra-Nevada-Gebirgszuges finden sich im Anschluß an das durch Mediterranklima geprägte Hartlaubgebiet Kaliforniens die wüstenartigen Gegenden Nordamerikas. Das nördlichste Wüstengebiet, floristisch nur bei Solaranbauten interessant, ist das Great Basin. Diese Beckenlandschaft beginnt im zentralen Oregon, umfaßt mit Ausnahme der höheren Gebirge fast ganz Nevada und Utah und erstreckt sich bis ins südwestliche Wyoming und westliche Colorado im Osten, im Westen bis Kalifornien. Diese Halbwüste besitzt ein gemäßigtes Klima, zeichnet sich aber durch sehr kalte Winter aus, Temperaturen unter -20 °C sind nicht selten. Die Vegetation besteht hauptsächlich aus graulaubigen Halbsträuchern *(Artemisia, Atriplex)*, die wüstentypischen Sukkulenten *(Opuntia, Echinocereus)* sind durchweg niedrig bzw. kriechend. Yucca sind selten. Die Niederschläge liegen, außer in den feuchteren Höhenlagen, zwischen 100 und 200 mm und sind ziemlich gleichmäßig über das Jahr verteilt.

Südlich des Great Basin schließt die Mohave-Wüste an, mit den bekannten Spots Las Vegas und Death Valley. Diese zum größten Teil zwischen 700 und 1400 m ü. NN liegende Wüste ist trockener als das Great Basin, die meist nur im Winter und Frühjahr fallenden Niederschläge liegen selten über 120 mm. In Las Vegas können zwischen Oktober und Mai Fröste vorkommen, Temperaturen unter -10 °C wurden wiederholt gemessen. Auch die Mohave-Wüste wird weitgehend von graulaubigen Halbsträuchern geprägt. Vor allem im Südwesten, wo die Mohave in das kalifornische Winterregengebiet übergeht und wo noch zahlreiche Elemente des kalifornischen „Mediterranklima" vorkommen (Eichen, *Arbutus, Ceanothus, Fremontodendron, Rommeya, Photinia, Zauschneria*) fallen jedoch schon stark verzweigte *Yucca brevifolia* auf, die an günstigen Standorten 6–10 m hoch werden können. Auch andere stammbildende *Yucca* kommen vor, so die meist 1–2 m hohe *Yucca mohavensis*.

Es soll hier noch einmal auf die nahezu universelle Verwendbarkeit von Wüstenpflanzen hingewiesen werden. Mit keiner anderen Pflanzengruppe kann man den Temperaturbereich von -20 °C bis +50 °C abdecken, ohne die Struktur der Pflanzung ändern zu müssen. Im kalten Bereich muß die Artenwahl aber stimmen.

Nach Süden geht die Mohave in die Sonora-Wüste über, aber obwohl auch hier Temperaturen unter -5 °C vorkommen, ist diese Wüste subtropisch. Die Niederschläge schwanken stark und fallen in manchen Jahren ganz aus, sie liegen in Küstennähe bei 50 mm und steigen im Landesinneren an Erhebungen bis auf 350 mm. Eine Regenzeit ist im Spätwinter, die zweite im Sommer.

Wo die Sonora-Wüste sehr trocken und flach ist, hat sie vor allem im Norden viel Ähnlichkeit mit der ziemlich monotonen Mohave. Dort aber, wo das Relief stärker ausgeprägt ist, die Höhe über NN ebensowie die Niederschläge steigen, findet man sowohl auf der Halbinsel Baya California als auch auf dem Festland eine der artenreichsten und spektakulärsten Pflanzengesellschaften der nordamerikanischen Wüste.

Die für Innenraumbegrüner botanisch interessantesten Teile der Festland-Sonora sind die mit Kandelaberkakteen und *Fouquieria* bestandenen. Diese Kakteen, von denen der Sahuaro *(Carnegia gigantea)* wohl der bekannteste ist, werden bis zu 11 m hoch und 40 cm dick, in einer Höhe von mehreren Metern verzweigen sie sich kandelaberartig. Neben anderen Großkakteen wie *Stenocereus, Pachycereus* und Opuntien finden sich zahlreiche kriechende bis mannshohe Arten, dazu auch noch zahlreiche Laubgehölze wie Akazien, *Caesalpinia* oder *Jatropha*, aber auch die Jojoba *(Simmondsia chinensis)*. Agaven und andere Blattsukkulenten sind stelten, desgleichen *Yucca*. Die über weite Strecken dominierenden baumartigen Leguminosen *Prosopis* (Mezquite) und *Cercidium* (Palo Verde) sind trotz ihres Zierwertes hier nicht im Handel erhältlich, man kann aber auf die nahe verwandte *Parkinsonia* (Mexican Palo Verde) ausweichen, die südeuropäische Baumschulen gegentlich sogar als kleinen, rundkugelig geschnittenen Straßenbaum anbieten. Auch die ersten Palmen tauchen auf. Während es im Nordwesten der Sonora, also in Südkalifornien, die wegen ihrer Wüchsigkeit im Innenbereich nur für Großobjekte zu verwendende *Washingtonia filifera* bzw. *W. robusta* ist, findet man im mexikanischen Sonorateil mehrere *Erythea (Brahea)*-Arten, von denen die berühmte „Blue Palm" *(Brahea armata)* der Baya California auch im kleinsten Wintergarten Platz hat. *Brahea armata* ist bereits am Gardasee in Gartencentern erhältlich, da sie dort schon winterhart ist. Allerdings wächst sie sehr langsam.

In sandigen Küstengegenden können *Yucca valida* bis 7 m hohe Wäldchen bilden, auch Agaven findet man verstärkt. Die merkwürdigste Charakterpflanze der Baya California ist aber wohl *Idria columnaris*, die in der Trockenzeit wie eine verzweigte, spitze Stange aussieht. Bis über 15 m hoch, entwickelt sie nach der Regenzeit längs des ganzen Stammes kurzlebige, reichbeblätterte Kurztriebe und wirkt wie zu einer Säule geschnitten.

Springt man von der Sonora-Wüste über den Gebirgszug der Sierra Madre, findet man sich in der mexikanischen Chihuahua-Wüste wieder. Wie vereinzelt schon im südlichen Teil der Sonora-Wüste, treten hier Gattungen des tropischen laubabwerfenden Waldes auf, verstärkt vor allem durch zahlreiche Arten von Agaven, *Yucca, Dasylirion, Nolina* und den ersten *Bromeliaceen*, typischen Elementen der Flora Mittelamerikas. Der größte Teil der Chihuahua-Wüste liegt zwischen 1000 und 2000 m ü. NN, Wüstenpflanzen kommen aber noch auf fast 3000 m vor.

Die Bergrücken bestehen zumeist aus Kalkstein, anders wie in den zuvor erwähnten Wüsten. Die Niederschläge schwanken zwischen 70 mm im Zentrum bis zu 400 mm in den höheren Lagen am südlichen und westlichen Wüstenrand. Wegen der Höhenlage können fast überall mäßige Fröste vorkommen, strenge Fröste sind schon unter 2000 m ü. NN möglich. Das spricht wieder für die unwahrscheinliche Temperaturtoleranz der Wüstenbewohner.

Die Durchschnittstemperatur ist 5–10 °C geringer als in der Sonora-Wüste. Wegen der niedrigeren Temperatur und der ziemlich zuverlässigen Sommerniederschläge ist hier die Vegetationsperiode länger. Am südlichen Rand der Chihuahua wird die Strauchschicht artenreicher, die kleinen Wüstenagaven treten zugusten der großen, massiven *(A. americana, A. sisalana)* zurück, große Gliederkakteen beherrschen die Landschaft. Viele

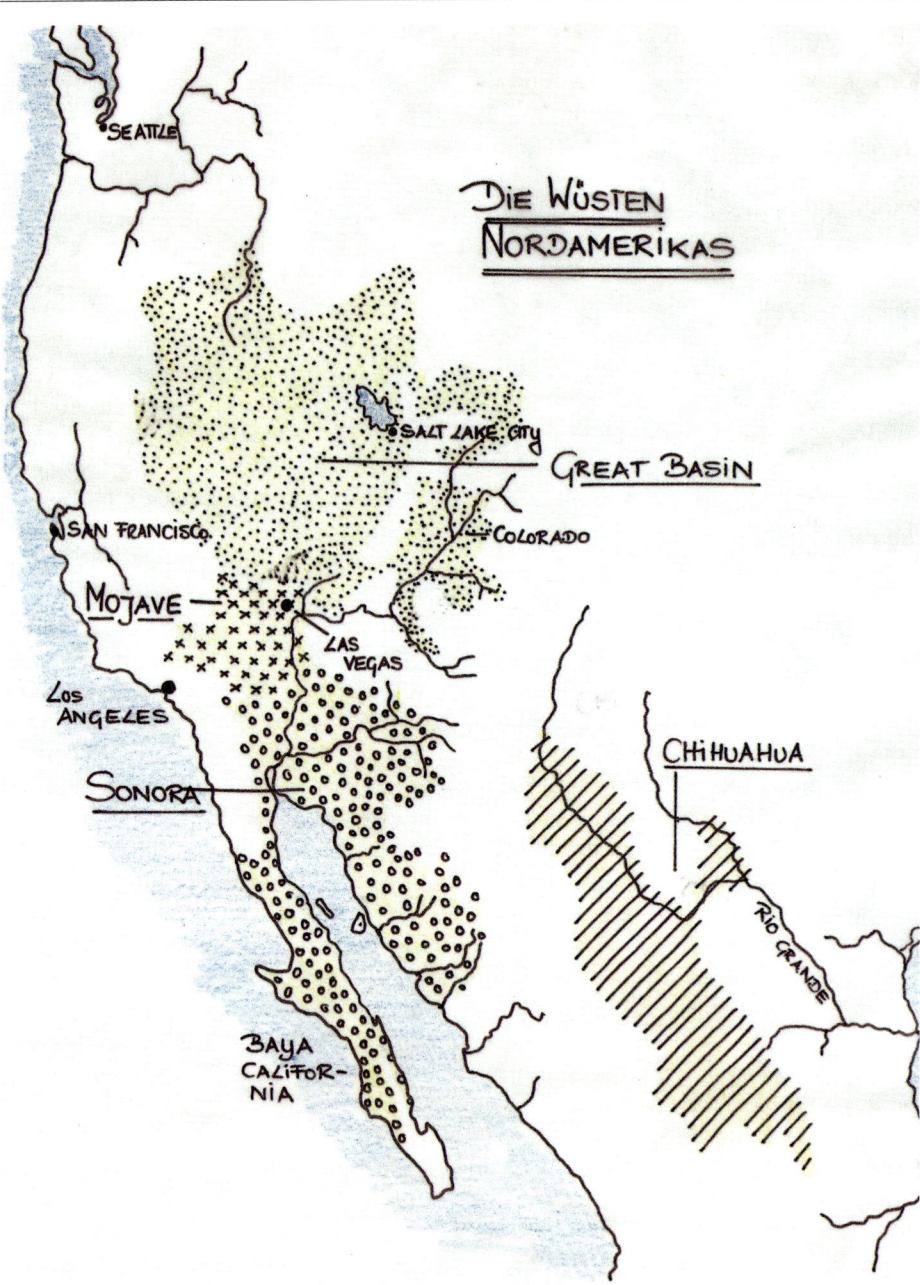

Abb. 20: Wüstenpflanzen sind nahezu universell einsetzbar. Mit keiner anderen Pflanzengruppe kann man das Temperaturspektrum von -20 °C bis +50 °C abdecken, ohne daß sich die Struktur der Pflanzung ändert. Nur die Arten-Auswahl muß stimmen. Einen Schlüssel zur potentiellen Frosthärte stellt das Wissen über das genaue Verbreitungsgebiet dar

Pflanzenauswahl

Abb. 21: Halbwüstenpflanzungen ertragen starke Temperaturschwankungen, Lufttrockenheit und erfordern wenig Zeit für Pflegemaßnahmen

Abb. 22: Caesalpina gilliesii, der Paradiesvogelbusch, fügt sich gut in Halbwüstenpflanzungen ein und kommt im Winter ohne Wasser aus

Bäume sind von der beliebten Bromelie *Tillandsia recurvata* bedeckt, im Schatten gibt es immer mehr der in der Wüste vermißten krautigen Gewächse.

Im südlichen Mexiko – also in den Tropen – findet man weitere wüstenartige Gegenden. Da es sich oft um Hochlagen (über 2000 m) handelt, schwanken die durchschnittlichen Monatstemperaturen nur mäßig zwischen 10 und 17 °C, heißer als 30 °C wird es fast nie, Fröste kommen regelmäßig vor. Die Vegetation unterscheidet sich wesentlich von der der bisher beschriebenen Wüsten, zeigt aber deutlich Charakteristiken des weniger extremen Wüstentyps. Die – zumeist – heftigen Gewitterregen fallen im Sommer, die Winter sind trocken. Neben stattlichen Säulenkakteen und den für Mexiko typischen großgliedrigen Opuntien, Kugelkakteen, Agaven und dornigen Bromeliaceen fallen als Vertreter der Wüstenflora vor allem schmalblättrige, nicht blattsukkulente, stammbildende Agavenverwandte wie *Dasylirion, Nolina, Beaucarnea* und *Yucca* auf, dazu die sukkulente *Furcraea*.

Bei ausreichenden Niederschlägen vermengt sich diese Flora mit einem lockeren Eichenwald, eine hier besonders ausgeprägte Eigentümlichkeit der trockenen Hochlagen des südlichen Nord- bzw. Mittelamerikas. Mancher mag sich hier an trockene Standorte am Mittelmeer erinnert fühlen, wo verwilderte Agaven und Feigenkakteen zusammen mit (groß-)strauchigen Eichen vorkom-

Tab. 10: Pflanzen für Wüstenanlagen
(überwiegend Blattsukkulente, n.s. = nicht blattsukkulent)

* *Agavaceae* (nach Zander, viele nach Tropica Liliacaea): *Agave, Beaucarnea* (n.s.), *Beschorneria* (n.s.), *Dasylirion* (n.s.), *Dracaena* div. sp. (n.s.), *Furcraea, Hesperaloe* (n.s.), *Sansevieria, Yucca* (n.s.).
* *Aizoaceae*: *Aptenia, Carpobrotus, Delosperma, Glottiphyllum, Mesembryanthemum, Ruschia.*
* *Apocynaceae*: *Adenium, Pachypodium, Plumeria* (n.s.).
* *Asclepiadaceae*: *Ceropegia* div. sp., *Huernia, Stapelia.*
* *Bromeliaceae*: *Abromeitiella, Hechtia, Puya, Tillandsia* div. sp.
* *Cactaceae:* alle
* *Compositae: Othonna, Senecio* div. sp.
* *Crassulaceae: Adromischus, Aeonium, Cotyledon, Crassula, Echeveria, Graptopetalum, Greenovia, Kalanchoe* div. sp., *Orostachys, Pachyphytum, Rochea, Sedum, Sempervivum.*
* *Euphorbiaceae: Euphorbia, Synadenium.*
* *Fouquieriaceae: Fouquieria, Idria.*
* *Liliaceae: Aloe, Gasteria, Haworthia*
* *Portulacaceae: Anacampseros, Portulacaria*

men. Die älteren Eichen sind meist dicht mit taufangenden Bromelien behangen, klassisch sind die grauweißen Bärte des Louisianamooses *(Tillandsia usneoides).* In den trockeneren Flußtälern sind Pfefferbäume *(Schinus molle)* eine häufige Erscheinung.

Das Management einer Halbwüstenpflanzung ist höchst einfach. Die Pflegeintervalle können auf ein Minimum reduziert werden, sachverständiges Personal ist nicht notwendig. Wenn die Pflanzen beim Einbau schädlingsfrei sind (Wolläuse) und nicht zuviel bewässert wird, ist kaum mit Ausfällen zu rechnen. Dies sind Argumente, die skeptische Kunden überzeugen. Wenn eine eingewachsene Wüstenpflanzung in einem kalten Glasbau steht, ist es am besten, wenn man eine automatische Bewässerung zwischen Oktober und April stillegt.

4.6 Feuchtere Gebiete Mittel- und Südamerikas

Ganz Mittel- und das westliche Südamerika haben ein ausgeprägtes Relief. Meereshöhe und ständig schneebedeckte Gipfel befinden sich in Sichtweite. Bei allen Pflanzen aus diesen Regionen ist es deshalb höchst wichtig zu wissen, aus welcher Vegetationszone sie stammen. Gewöhnlich unterscheidet man drei Klimastufen, deren Höhengrenzen aber mit zunehmender Entfernung zum Äquator fallen. (Der Temperaturäquator befindet sich auf etwa 6 ° nördlicher Breite.)

1. Tierra caliente (Heißes Land)

Diese zwischen Meeresspiegel und etwa 600 m Höhe liegende Zone ist bei ausreichend Niederschlägen mit tropischem Regenwald bedeckt, sonst mit Palmen, Kakteen oder Dornbusch. In Mittelamerika liegt die Tierra caliente immer im Einflußbereich eines warmen Meeres, besitzt deshalb ein feuchtes Tropenklima.

Der Tropenwald mit seiner vielfältigen Flora ist auf Reliktstandorte zurückgedrängt, das Bild bestimmen Plantagen. Klassische Nutzpflanzen dieser Region sind Kakao, Zuckerrohr und Kokos. Trockene, für Plantagen nicht geeignete Gebiete werden als Weiden genutzt.

Die Jahrestemperaturen schwanken wenig, sie liegen im Mittel zwischen 23 und 26 °C. Das sind Warmhaustemperaturen; fallen im

Winter in Innenräumen die Bodentemperaturen über einen längeren Zeitraum unter 18–20 °C, ist für diese Arten kein normales Wachstum mehr möglich. Zu kühler Boden führt gewöhnlich zuerst zu Blattaufhellungen, die bei nicht zu langem Einwirken (zwei Wochen bis drei Monate) reversibel sind.

2. Tierra templada (Gemäßigtes Land)

Man unterscheidet zwei Zonen. Die untere Abteilung, sie umfaßt die Höhenstufe 600–1200 m, ist, bei einer Durchschnittstemperatur von 20–23 °C, die Hauptzone des Kaffeeanbaues. Kaffee wird auch noch in der oberen Abteilung (1200–1800 m, Durchschnittstemperatur 17–20 °C) angepflanzt, ist hier aber schon frostgefährdet. Im Gegensatz zum Tiefland schwanken die Tagestemperaturen erheblich. Die im Innenbereich auf längere Zeit nicht zu unterschreitende Bodentemperatur beträgt entsprechend 12–15 °C, wobei speziell die Pflanzen der oberen Zone erhebliche Nachtabsenkungen schadlos tolerieren. Wenn bei etwa 1500–1600 m ü. NN der Kaffeanbau weitgehend aufhört, ist der tropische in den subtropischen Regenwald übergegangen. Dieser reicht dann bis etwa 2700 m hinauf. Wo lokal Trockenzeiten auftreten, wird der Wald durch nahezu gehölzlose, wüstenartige Pflanzengesellschaften unterbrochen. Einen Zwischentyp bilden für uns mediterran anmutende Landschaften mit einem von immergrünen Eichen durchsetzten mageren Grasland mit zahlreichen *Ericaceen*. Das typisch (süd)amerikanische Element ist durch die häufigen Tillandsien vertreten.

3. Tierra fria (Kaltes Land)

Auch hier – der Frostgrenze – wird wieder differenziert: Die untere Abteilung (etwa 1800–3250 m, Durchschnittstemperatur 10–17 °C) ist Hauptanbaugebiet von Weizen, Kartoffeln und Kernobst, in den unteren Lagen auch *Citrus*. Der Klimaumschwung wird dadurch deutlich, daß die oft immergrünen tropischen Pflanzen der unteren Lagen durch laubabwerfende Gehölze ersetzt werden.

Über 3250 m beginnt die obere Stufe der Tierra fria: Fällt die Durchschnittstemperatur unter 10 °C, findet keine ackerbauliche Nutzung mehr statt. Kiefernwälder und Bergweiden prägen dieses Gebiet, in dem mit Schnee gerechnet werden muß. Pflanzen des kalten Landes sind gewöhnt, daß allnächtlich Fröste auftreten können. Da es tagsüber aber frostfrei ist, bleibt die Bodentemperatur relativ hoch. Frost im Wurzelbereich gibt es nie. Robuste Arten aus diesem Klimabereich überstehen Bodentemperaturen von nur wenig über 5 °C auch über längere Zeit, ausgepflanzt halten sie deshalb in „gerade frostfreien" (5 °C) Glasbauten aus. Viele Pflanzen dieser Höhenlagen haben ein starkes Regenerationsvermögen, Schäden an den empfindlichen oberirdischen Organen überwachsen sie rasch *(Malvaceae, Solanaceae)*. Im „kalten Land" wird es auch im Sommer nie heiß, Innenräume, die zur Überhitzung neigen, eignen sich deshalb als Standorte nicht.

Bemerkenswert ist, daß in Süd- und Mittelamerika eine Gattung oft über alle drei Höhenzonen anzutreffen ist, aber mit unterschiedlichen Arten. Wenn man eine Gegend suchen müßte, in der sich die nord(zentral)amerikanische, die südamerikanische und die karibische Flora überlagern, sollte man in Costa Rica anfangen. Hier gibt es extreme Gegensätze zwischen der höchst feuchten atlantischen und der zeitweilig sehr trockenen pazifischen Seite, dazu Höhenlagen bis fast 4000 m. Pflanzen unterschiedlicher Floren finden immer passende Nischen. Eine ähnliche Situation stellt sich sonst nur im Himalaya. Die klimatische Gegensätzlichkeit zwischen atlantischer und pazifischer Seite findet sich in ganz Zentralamerika. So betragen die Niederschläge in der wenig exponierten Panamakanalzone etwa 1800 mm auf der pazifischen Seite, auf der atlantischen 3200 mm.

Die Flora von Costa Rica gilt als eine der reichsten der gesamten Tropenzone. Mit über 5000 Gattungen allein an Blütenpflanzen scheint sie, auf die Fläche bezogen, die artenreichste überhaupt zu sein. Besonders auffällig ist die Vielzahl von Orchideen und Kakteen, letztere allerdings meist als Epiphyten – anders als im klassischen Kakteenland Mexiko. Zahlreich vertreten sind Farne und Baumfarne, wobei die überwiegende Zahl aus dem tropischen Südamerika stammt und viele Arten in Costa Rica ihre Nordgrenze finden.

Die feuchte karibische Niederung ist in Costa Rica das Gebiet der immergrünen Wälder. Wichtige Zierpflanzen aus diesem Gebiet stammen aus der Familie der Leguminosen, der Moraceen *(Ficus),* Urticaceen und Caricaceen, die Bodenvegetation bilden Araceen, Melastomataceen, *Maranta-* und (flächig) *Selaginella*-Arten, auch bestandsbildend *Heliconia.* Dazwischen stehen zahlreiche Palmen, vor allem *Chamaedorea,* Anthurien bilden an Bachläufen dichte, übermannshohe Bestände. Lianen, besonders Bignoniaceen, Leguminosen, Aristolochiaceen und Passifloraceen finden sich überall. Sehr ausgeprägt ist die Epiphytenvegetation. Farne wie *Polypodium* und *Nephrolepis,* Bromelien wie *Tillandsia* und *Vriesea,* Araceen wie *Anthurium* und *Philodendron,* dazu Orchideen wie *Cattleya* und *Oncidium* stellen hier Innenraumbegrüner vor die Qual der Wahl. Aber, nur zur Erinnerung: Voraussetzung ist feuchtes Warmhausklima.

Die pazifische Region ist eher mit laubabwerfenden parkartigen Wäldern bedeckt, auch der Hartlaubvegetationstyp ist häufig. Die Papaya stammt von hier, die Wildform des Kakaos und andere tropische Nutzpflanzen. Auffallende Blütengehölze – sie blühen oft in laublosem Zustand – finden sich vor allem bei den Bombacaceen und Bignoniaceen. Nicht unterschlagen werden soll die berühmte Frangipani oder Tempelblume *(Plumeria acutifolia).* Auch sie wirft das Laub. An feuchten Standorten kommen immergrüne Lianen in den Gattungen der atlantischen Seite vor, aber mit anderen Arten.

Sieht man von den zahlreichen Pflanzen ab, die bei uns als Topfpflanzen verbreitet sind *(Passiflora)* und die von eher feuchten Standorten der Pazifikseite stammen, sind die an eine Trockenzeit angepaßten laubabwerfenden Gehölze für die Innenraumbegrünung nur bedingt geeignet. Da beim üblichen Gießrhythmus (automatisch) die Trockenzeit nicht rasch eintritt, werfen sie zum einen ihr Laub über einen längeren Zeitraum hinweg ab, zum anderen müssen sie dann eine gewisse Zeit trocken stehen. Nasse Wurzeln können bei laublosen Pflanzen außerhalb der Vegetationsperiode ziemlich schnell zu Wurzel(hals)fäulen führen. Besonders gefährdet sind Pflanzen an Standorten mit suboptimalen Bodentemperaturen, wo nicht sofort wieder ein Austrieb erfolgen kann. Und das trifft praktisch für alle Kalthaussituationen zu! Wenn schon mit Pflanzen der Pazifikseite gearbeitet werden soll, dann in einem durchlässigen, wenig Wasser haltenden Substrat bei optimaler Drainage und – bei suboptimalen Bodentemperaturen – Fungizidprophylaxe (Gießen).

Die Tierra templada, das gemäßigte Land, besteht in Costa Rica vor allem aus einer Hochebene, die Durchschnittstemperaturen liegen zwischen 14 und 21 °C, im „Lauwarmhaus" sind diese Voraussetzungen gegeben. Wegen des angenehmen Klimas ist diese Höhenstufe dicht besiedelt, die ursprüngliche Vegetation findet sich nur noch an unzugänglichen Standorten. Wo Wälder vorkommen, dominieren wieder die Eichen, aber auch *Lauraceen* und *Euphorbiaceen* wie *Croton*. Baumförmig werden auch Sträucher wie *Miconia* und andere Melastomataceen, Rubiaceen, einige Myrtaceen und als typischer Vertreter des südlichen Südamerikas die Winterrinde, *Drimys winteri*.

Die Strauchschicht – viele Arten sind bereits aus der wärmeren Zone bekannt – liefert wieder zahlreiche reichblühende, für Innenräume geeignete Objekte. Genannt seien hier *Calliandra*-Arten wie die weiße *C. portoricensis* oder die rote *C. grandiflora*, die aber hohe Lichtansprüche haben. Unverwüstlich ist *Tecoma stans* mit ihren goldgelben Trichterblüten. Noch in absonniger Lage gedeihen verschiedene *Malvaviscus* wie *M. arboreus* und *M. mollis* mit grellroten Blüten.

Alle hier genannten und in südlichen Baumschulen leicht erhältlichen Sträucher brauchen einen gelegentlichen Rück- bzw. Auslichtungsschnitt, da sie ausgepflanzt recht rasch wachsen, aber zum Auskahlen neigen. Das rasche Sommerwachstum macht sie (Ausnahme *Calliandra*) auch zum Anziehungspunkt von Blattläusen und Weißen Fliegen.

Das Unterholz wird wieder von Araceen gebildet, es treten viele Farne auf, beispielsweise *Blechnum* und eine ganze Reihe von Formen des zartgliedrigen *Adiantum*. Die Epiphytenflora ist hier ebenso reich wie die Orchideenvielfalt. Von den Kakteen sind es vor allem *Cereus*, *Phyllocactus* und *Rhipsalis*, von den Bromeliaceen seien nur *Tillandsia*, *Vriesea*, *Aechmea* und *Guzmania* genannt. Betont werden muß, daß alle Pflanzen der Tierra templada auch in ständig warmen Innenräumen gedeihen, so ausreichend Licht vorhanden ist.

Tab. 11: Gehölze der feuchten gemäßigten Zone Mittel- und Nordsüdamerikas

(Bodentemperatur mind. 12 °C, absolutes Minimum (Luft) über 0 °C. (x) = erträgt leichte Fröste)

Allamanda sp. (Goldtrompete)
Anemopaegma chamberlaynii (x)
Antigonon leptopus (Korallenwein) (x)
Aristolochia grandiflora (Pelikanblume)
Asclepias curassavica (Blutblume) (x)
Bougainvillea (x)
Brunfelsia americana (Lady of the Night)
Brunfelsia calycina (Yesterday, Today and Tomorrow)
Carica papaya (Melonenbaum)
Carica pentagona (Babaco)
Cassia sp. (Gewürzrinde) (x)
Chamaedorea sp. (Bergpalme) (x)
Coccoloba sp. (Seetraube)
Cordia sp. (Cordia)
Croton sp.
Dioon sp.
Dipladenia (Mandevilla)
Duranta repens (Taubenbeere) (x)
Eupatorium atrorubens (Mexikanischer Dost)
Iochroma sp. (Veilchenstrauch)
Jacobinia sp.
Juanulloa aurantiaca (Guacamaya)
Justicia brandegeana (Beloperone guttata) (Zimmerhopfen)
Malvaviscus sp. (Beerenmalve) (x)
Pachira sp. (Wasser- bzw. Wilde Kastanie) (x)
Passiflora sp. (Passionsblume)
Persea americana (Avocado) (x)
Phaedranthus buccinatorius (Bluttrompete)
Pharbitis acuminata (Morgendämmerungsblüte)
Plumeria sp. (Frangipani)
Psidium guajava (Guave)
Pyrostegia venusta (Flammenwein)
Roystonea regia (Königspalme)
Russelia equisetiformis (Springbrunnenpflanze)
Senecio confusus (Mexikanischer Flammenwein)
Senecio grandifolius
Solandra sp. (Goldkelchwein)
Solanum wendlandii (Costa Rica Nachtschatten)
Tecoma stans (Gelber Trompetenbaum)
Thevetia peruviana („Gelber Oleander")
Tibouchina sp. (Prinzessinenblume)
Wigandia caracasana

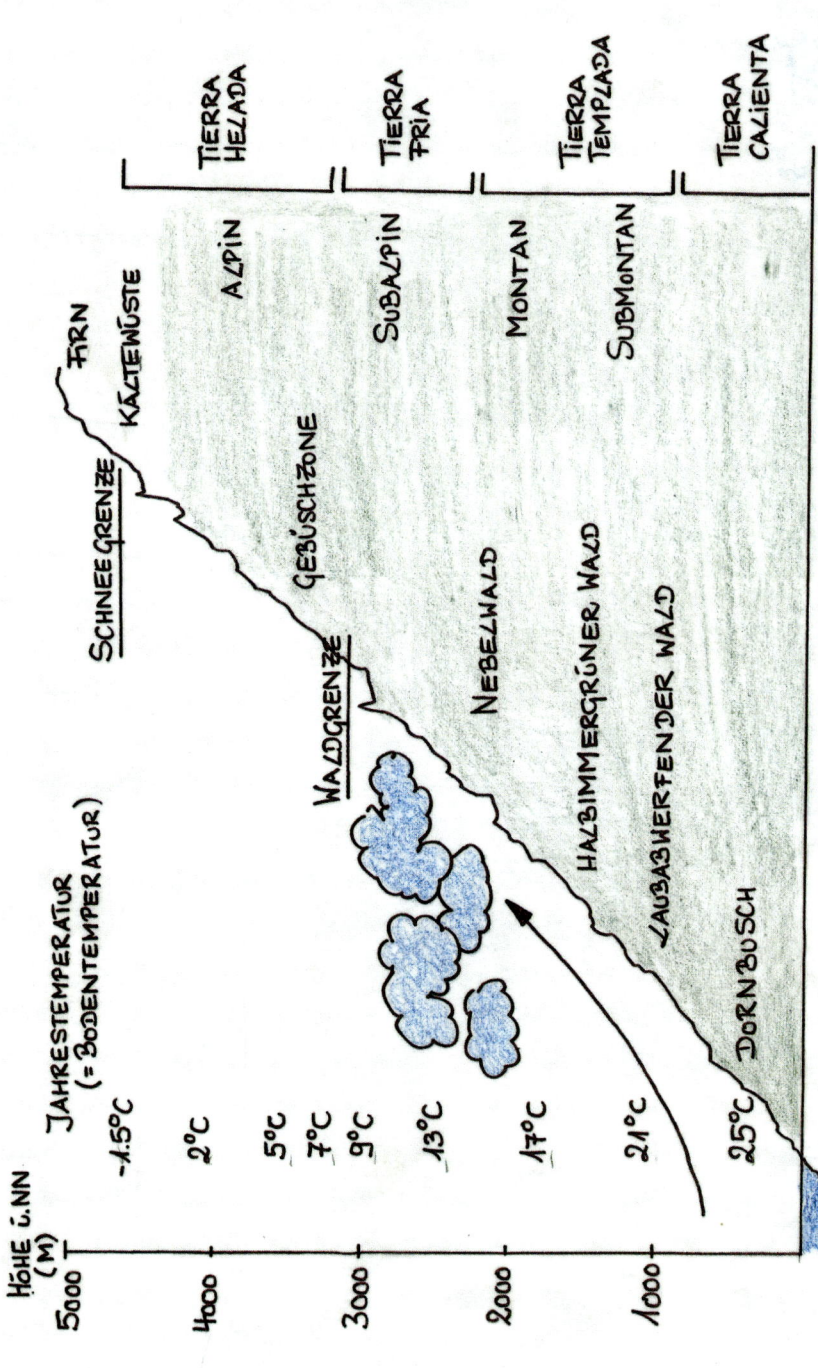

Abb. 23: Von der Höhe abhängige Vegetationsstufen in Südamerika. Ähnliche Abstufungen findet man in allen Küstengebirgen und im Himalaya. Bereits die Kanarischen Inseln (Teneriffa) zeigen dies – von den warmen Küstenbereichen mit nahezu tropischer Flora bis zum schneebedeckten Vulkan Teide

Pflanzenauswahl

Abb. 24: Mit seinen bogig überhängenden Trieben paßt Calliandra tweedii auch in niedrige Glasanbauten

Abb. 25: Lapageria rosea, die Chilenische Glockenblume, gedeiht gut in absonnigen, nicht frostfreien, luftfeuchten Situationen

In der Tierra fria, der obersten gärtnerisch interessanten Zone, in der Fröste obligatorisch sind, findet man zahlreiche Arten, deren Verbreitung sich über die gesamten Höhenlagen der Anden bis ins südliche Chile erstreckt. Hier herrscht ausgesprochenes Tageszeitenklima ohne Extreme, also eine Art Kalthausklima mit ausgeprägter Nachtabsenkung. Auffallend sind die zahlreichen Myrtaceen, die *Saxifragaceae*, *Escallonia* – in England ein beliebter Gartenstrauch – *Solanum*-Arten und zum Teil baumartige Fuchsien. Diese feuchten Gebirgslagen gelten als eines der an Baumfarnen artenreichsten Gebiete der Erde, unter anderem kommen *Cyathea*, *Alsophila* und *Dicksonia* vor.

Auch der Epiphytismus findet hier seine Höchstentfaltung: Zu den aus tieferen Lagen bekannten Orchideen und Bromelien gesellen sich Vertreter der Gesneriaceen, Ericaceen, Piperaceen, Rubiaceen, Solanaceen, Compositen und wieder Araceen, vor allem viele *Anthurium*-Arten. Sehr reich sind epiphytische Farne vertreten, so *Nephrolepis* und *Asplenium*. Aufgrund der Vielzahl der Epiphyten sind die Lichtverhältnisse am Boden oft so ungünstig, daß sich Kletterpflanzen kaum entwickeln können. Es gibt aber einige frostertragende *Passiflora*-Arten. Wer ein Kalthaus zu begrünen hat, das tropisch wirken soll, wird hier fündig. Nur vertragen viele Arten keine große Hitze, auf Südseiten eingeplant, sind sie für eine Außenschattierung dankbar.

Die Vegetation des tropischen Mittelamerikas setzt sich in Südamerika bis zu den Kordilleren durch. In deren Regenschatten befindet sich bis zum Orinoko mit Palmen durchsetztes Grasland, südlich des Orinoko beginnt der tropische Regenwald, der sich auch über ganz Guayana hinzieht. Pflanzen des tropischen Regenwaldes gedeihen (mit Ausnahmen) am besten in den Tropenhäusern der Botanischen Gärten, das notwendige feuchtheiße Klima ist in Innenräumen gewöhnlich nicht erwünscht.

Das südbrasilianische Bergland ist durch ein Küstengebirge vom Atlantik getrennt und relativ trocken. Wald entwickelt sich nur an Wasserläufen. Ansonsten findet man alle Übergänge zwischen einem dichten, mit dornigem, laubabwerfendem Gestrüpp durchsetzten Wald, in dem einzelne größere Bäume den Ton angeben (Catingas) oder weiten Grasflächen mit verstreuten niedrigen Bäumen (Campas). Wenige interessante Pflanzen kommen aus diesem Gebiet, so einige *Solanum*-Arten oder der Korallenstrauch, *Erythrina crista-galli*, die argentinischen Nationalblume. Und dort, wo sich im Süden die Grasländer nach Paraguay und Argentinien ausdehnen, ist die Heimat der *Jacaranda mimosifolia*.

Vor allem in Südbrasilien und Paraguay, meist in Niederungen zwischen Flüssen, gibt es auch Palmenwälder, deren Arten uns nicht unbekannt sind. Zu diesen gehören *Butia* und *Trithrinax*, vor allem aber die uns vom wärmeren Mittelmeer als Alleepalme vertraute *Syagrus romanzoffianum* (syn. *Arecastrum r.*, syn. *Cocos plumosa*). Die Palmen sind meist Restbestände eines Mischwaldes. Sie sind stehen geblieben, da sie fortlaufend genutzt werden können, die Früchte werden vom Vieh gefressen. Auch hier, besonders in Flußnähe, findet man wieder *Erythrina crista-galli* als niederen Baum mit bis 40 cm Stammstärke.

Die Pflanzen dieser weiten savannenähnlichen südamerikanischen Gebiete gehören

Tab. 12: Gehölze der feuchten, kühlen Zone Mittel- und Nordsüdamerikas (vgl. Tabelle 15, Gehölze des feuchten westlichen Südamerika)
(Bodentemperatur über 5 °C, leichte Fröste möglich)
Abelia floribunda (Abelie)
Abutilon sp. (Schönmalve)
Cestrum sp. (Hammerstrauch)
Choisya ternata (Orangenblume)
Passiflora sp. (Passionsblume)
Persea americana (Avocado)
Salvia div. sp. (Salbei)
Solanum jasminoides (Kletternder Nachtschatten, Kartoffelwein)

zum robustesten, was dem Begrüner zur Verfügung steht. Hohe Sommer- und niedrige Wintertemperaturen, starke Tagesschwankungen, mal viel, mal wenig Wasser, niedrige Luftfeuchte tolerieren diese Pflanzen bei guten Lichtverhältnissen. Im Lauwarmhaus kommen alle Arten durch, die argentinischen Vertreter begnügen sich oft mit Kalthausklima. Sind die Wintertemperaturen niedrig, legt man eine Trockenzeit ein.

Die Vegetation der pazifischen andinen Seite Südamerikas wechselt rasch, bedingt durch stark unterschiedliche Niederschläge. Während sich im Tiefland die vom tropischen Mittelamerika bekannten Urwälder über Kolumbien bis Equador weiterziehen und mit den bekannten Vegetationszonen an den Anden emporklimmen, findet sich im trockeneren Hochland eine mit verschiedenen Palmen durchzogene Savanne. In den Tieflagen des nördlichen Peru hören dann die regelmäßigen Niederschläge auf, es folgt ein botanisch armes Wüstengebiet. Die Küstenwüste reicht bis etwa 2700 m ü. NN. Wo es feucht genug ist, findet man eine Grassteppe mit eingestreuten Sukkulenten und Zwergbäumen, häufig dabei *Schinus molle*. Die nächste Stufe steigt bis etwa 3600 m. Da

Pflanzenauswahl

Tab. 13: Gehölze der trockenen gemäßigten Zone des östlichen Südamerika
(Bodentemperatur über 10 °C, Luftminimum mindestens 0 °C, (x) = erträgt leichte Fröste)

Acca sellowiana (Brasilianische Guave) (x)
Aloysia triphylla (Zitronenstrauch) (x)
Arecastrum romanzoffianum (Königinnenpalme) (x)
Butia capitata (Geleepalme) (x)
Cassia spectabilis (Popcornbusch)
Chorisia sp. (Florettseidenbaum) (x)
Erythrina crista-galli (Korallenstrauch)
Eugenia sp. (Kirschmyrte) (x)
Euterpe edulis (Assaipalme) (x)
Jacaranda mimosifolia (Jacaranda) (x)
Lantana camara (Wandelröschen)
Lantana montevidensis (Kriechendes Wandelröschen) (x)
Macfadyena unguis-cati (Katzenkralle) (x)
Mandevilla laxa (Chilenischer Jasmin) (x)
Mimosa pudica (Schamhafte Sinnpflanze)
Oxypetalum caeruleum
Parkinsonia aculeata (Jerusalemdorn) (x)
Phytolacca dioica (Ombu)
Schinus terebinthifolius (Brasil. Pfefferbaum) (x)
Sesbania punicea (Scharlachroter Blauregenbaum) (x)
Tabebuia sp. (Trompetenbaum)
Tipuana tipu (Rosenholz, Stolz von Bolivien) (x)
Trithrinax sp. (Caranday)

die Niederschläge höher sind, findet sich hier das landwirtschaftliche Hauptgebiet und die dichteste Besiedelung. Der natürliche Wald umfaßt hier hauptsächlich immergrüne Gehölze mit ledrigen Blättern.

Im Gegensatz zur pazifischen Seite ist die Ostkordillere von Equador bis Bolivien mit tropischem Regenwald bedeckt, einer lichteren Fortsetzung des brasilianischen Urwalds. In höheren Lagen kommt es ganzjährig zu Nebelbildung, Licht und Temperatur sind gedämpft. Diese Buschwaldzone ist reich an Bambus *(Chusquea)*, Baumfarnen und Epiphyten, gleichzeitig das Hauptanbaugebiet der Kokapflanze. Aus dem Gebiet der Nebelwaldzone kommen zahlreiche bekannte Kübelpflanzen, vor allem Solanaceen wie *Datura, Iochroma, Cestrum, Cyphomandra* und *Juanulloa*. Sie sind für Innenraumbegrünungszwecke wenig geeignet, da sie zu rasch und unkontrollierbar wachsen und ohne konsequenten Pflanzenschutz ständig von Blattläusen, Weißer Fliege und Spinnmilben befallen sind.

Die Anden setzen sich bis in den Südzipfel Südamerikas fort. In den höheren Lagen wechseln sich je nach Niederschlägen verschiedene Vegetationstypen ab, Wüsten, Steppen und Wälder kommen vor. Erst etwa in Mittelchile wird die Vegetation wieder interessanter, es beginnt hier das Gebiet der mittelchilenischen hartlaubigen Immergrünen.

Dieses Gebiet wurde beim Mittelmeerklima bereits kurz angesprochen. Während im nördlichen Mittelchile sparsame Niederschläge mit 6-monatiger Trockenheit zusammentreffen, beträgt im Süden bei 1–2-monatiger Trockenheit der Winterregen

Tab. 14: Gehölze des trockenen, gemäßigten West-Südamerikas
(Bodentemperatur über 10 °C, Luftminimum über 0 °C, (x) = erträgt leichte Fröste)

Annona cherimola (Cherimoya)
Buddleia globosa (Orange Ball Tree) (x)
Colletia paradoxa (Ankerpflanze) (x)
Fabiana imbricata (Andenheide) (x)
Heliotropium arborescens (Vanilleblume)
Jubaea spectabilis (Honigpalme) (x)
Puya sp.
Schinus molle (Pfefferbaum) (x)

1000–1100 mm. Die mittleren Jahrestemperaturen liegen bei 13–15 °C, die Schwankungen sind mäßig. Zwei Waldtypen mit verschiedenen Untergruppen werden in Chile unterschieden: Der ausgeprägte Hartlaubtyp auf sehr trockenen Standorten zeigt zum Teil Einsprengsel aus Sukkulenten oder Bodenbromelien. Oft besteht er aus Dornbusch, hauptsächlich aus der verbreiteten laubabwerfenden *Acacia caven*, einer nahen Verwandten der Parfümakazie, *A. farnesiana*. Besonders im Norden tritt zum Dornbusch gelegentlich die chilenische Honigpalme, *Jubaea spectabilis*, so daß ganze Wälder entstehen. *Jubaea* ist fast im gesamten engeren Mittelmeergebiet winterhart, weshalb sie auch in größeren Exemplaren angeboten wird. Als schwachwüchsige, im Alter aber mächtige Fiederpalme kann sie *Phoenix* ersetzen, wo diese zu schnell wächst. Der Hartlaubtyp läßt sich pflegeleicht im gerade frostfreien Kalthaus halten. Hier spielt für Innenraumbegrüner der Pfefferbaum, *Schinus molle*, wieder eine herausragende Rolle als Solitär.

Der chilenische feuchte Waldtyp besteht ausschließlich aus immergrünen Gehölzen. Vor allem Lauraceen bilden mit *Schinus* die Baumschicht, im Unterholz treten *Azara* und verschiedene Myrtaceen auf, daneben auch Bambus (*Chusquea*). Als auffällige Blütenpflanzen sei noch die malvenfarbene *Abutilon vitifolium* und der weiße Laternenstrauch *Crinodendron patagua* genannt. Die epiphytische *Tillandsia usneoides* ist allgemein verbreitet.

Mit im Süden immer niedrigeren Temperaturen wird der feuchte Wald durch den besonders artenreichen valdivianischen Regenwald ersetzt. Typische, aber vergleichsweise schwachwüchsige Bäume aus diesem Gebiet sind *Eucryphia* und *Drimys winteri*, aber auch einige der zahlreichen Myrtaceen (*Luma, Ugni, M. chequen*) können großstrauchig bzw. baumartig werden. Man findet hier viele Vertreter aus dem tropischen Südamerika, vor allem *Araceae, Vitaceae* wie *Cissus* oder *Gesneriaceae* wie die knallrot blühende, schattenverträgliche *Mitraria coccinea*. Wo an klimatisch ungünstigen Stellen die ersten Nadelbäume auftreten, finden wir weitere vertraute Sträucher wie *Azara* und *Desfontainea*, auch *Fuchsia magellanica*, zahlreiche Berberitzenarten, *Pernettya* und *Gaultheria*.

Das südchilenische Regenwaldgebiet weist in seiner floristischen Zusammensetzung viele Parallelen zu Neuseeland auf. Bestechend ist, daß in beiden Gebieten Koniferen

Abb. 26: Schinus molle sollte als Solitär gepflanzt werden: Die aufragenden Leittriebe bilden sich nur bei sehr hohem Lichtangebot und guter Pflege

wie *Podocarpus* oder Laubbäume wie die Südbuche (*Nothofagus* sp.) ganze Wälder bilden. Fuchsien gibt es hier wie dort. Wenn man deshalb bei einer südchilenischen Regenwald-Pflanzung Anleihen in Neuseeland nimmt, ist das von den Ansprüchen der Pflanzen her vertretbar.

Über die Baumfarne Neuseelands läßt sich der Ring zur Tierra fria Mittelamerikas schließen. Von Klima und Vegetation besteht eine erhebliche Übereinstimmung mit der Tierra fria Mittelamerikas bzw. des nördlichen Südamerikas, nur ist hier das Jahreszeitenklima stärker ausgeprägt, die Bodentemperaturen sind also über einen langen Zeitraum sehr niedrig.

Tab. 15: Gehölze des feuchten westlichen Südamerika
(Bodentemperaturen über 5 °C, Luftminimum über -5 °C, Temperaturen über 35 °C werden schlecht vertragen.)

Abutilon div. sp. (Schönmalve)
Aristotelia chilensis (Maqui)
Azara sp.
Berberidopsis corallina (Korallenpflanze)
Berberis sp. (Berberitze)
Crinodendron sp. (Laternenbaum, Laternenstrauch)
Drimys winteri (Winterrinde)
Embothrium coccineum (Chilenischer Feuerbusch)
Escallonia sp. und in Sorten (Escallonia)
Eucryphia cordifolia (Ulmo, Muermo)
Fuchsia sp. und in Sorten (Fuchsien)
Jubaea chilensis (Honigpalme)
Lapageria rosea (Chilenische Glockenblume)
Luma apiculata (Lumamyrte)
Maytenus sp. (Maiten)
Mitraria coccinea
Nothofagus sp. (Südbuche)
Ugni molinae (Chilenische Guave)

Für absonnige, im Sommer und im Winter kühle Innenräume sind diese Pflanzen bestens geeignet, so sie verfügbar sind. Unsere langen kalten Winter vertragen sie gut, jedoch keinen lange anhaltenden Dauerfrost. Die robustesten Arten der südlichen südchilenischen Wälder sind zumindest im Küstenklima Mitteleuropas winterhart (*Nothofagus antarctica*, verschiedene Berberitzen).

4.7 Subtropische Vegetationszonen Asiens

Geht man nach der Enzyklopaedia Britanica, hat weder Pakistan noch Indien, weder Burma noch Ceylon eine eigenständige Flora, vielmehr ist sie aus der der benachbarten Länder zusammengesetzt. Ähnlich wie in Costa Rica überlappen sich hier verschiedene Floren, entsprechend artenreich ist die Vegetation und umso mehr Hinweise erhält der Innenraumbegrüner, Pflanzen welcher Gebiete er kombinieren kann.

Nach Ansicht zahlreicher Fachleute reicht die mittelmeertypische Vegetation weit über Vorderasien hinaus, bis ins Tal des Indus. Ausläufer finden sich selbst noch in den zahlreichen Trockentälern des Himalaya. Den höheren Temperaturen entsprechend ist es vor allem die nordafrikanische Flora, unterstützt durch die zentralafrikanische, die mit diversen Vertretern nach Vorderindien vorstößt. Wie überall in den Subtropen bestimmen Menge und Verteilung der Niederschläge die Vegetation.

Ganz Indien ist monsunbedingt Sommerregengebiet. Winterniederschläge kommen in großen Teilen praktisch nicht vor, in anderen können sie die Dürre mindern. Der Monsun kommt aus Südwest, seine westlichsten Ausläufer laufen nahezu parallel zur pakista-

Tab. 16: Subtropische Gehölze des Himalaya

(Bodentemperatur über 12 °C, Luftminimum über 0 °C, vgl. auch Tabelle 18)

Adhatoda vasica
Bambus div. sp.
Bauhinia div. sp., *acuminata, purpurea, racemosa, variegata* (Orchideenbaum, Orchideenstrauch)
Beaumontia grandiflora (Lilienwein)
Caryota mitis (Fischschwanzpalme)
Cassia sp. (Gewürzrinde)
Cyathea spinulosa (Baumfarn)
Eranthemum pulchellum (Blauer Salbei)
Ficus benjamina, elastica, religiosa (Gummibaum)
Hedychium coronarium, gardnerianum (Zieringwer)
Holmskioldia sanguinea (Chinesenhutpflanze)
Ixora sp. (Ixora)
Jasminum sambac (Arabischer Jasmin)
Lagerstroemia speciosa (Königinnenblume)
Mahonia sp. (Mahonie)
Mangifera indica (Mango)
Michelia champaca (Duftende bzw. goldene Champaca)
Murraya paniculata (Orangenjasmin, Seidenholz)
Pandanus sp. (Schraubenbaum)
Phoenix sp., *loureirii, rupicola, sylvestris* (Dattelpalmen)
Piper nigrum (Schwarzer Pfeffer)
Thunbergia sp., *coccinea, fragrans, grandiflora, mysorensis*

nisch-indischen Grenze. Das größtenteils in Pakistan liegende Industal, der Punjab, ist mit unter 100 mm Niederschlag deshalb eine Wüste, die in Richtung Indien mit zunehmendem Regen in eine Steppe übergeht. Hier tauchen wieder die aus Nordafrika bekannten Dornsträucher auf, aber auch andere klassisch afrikanische Elemente wie Kandelaber-Euphorbien und die bekannte *Aloe vera*.

Ungeachtet dessen, daß das ganze nördliche Indien außerhalb der Tropen liegt – aber innerhalb der Subtropen – gibt es aufgrund der hohen Sommertemperatur und der ausreichenden Feuchtigkeit keinen Grund für die Tropenflora, nicht bis an die Südhänge des Himalaya vorzudringen. Dort findet sie bei spätestens 1000 m ü. NN ihr Ende, weil ihr die Wärme nicht mehr ausreicht. Neben dem Punjab gibt es in Indien fünf weitere Vegetationszonen.

Voll in den Tropen liegt und voll dem Monsun ausgesetzt ist die Malabarküste, die durch ein mäßig hohes Gebirge begrenzte Westküste Indiens mit bekannten Städten wie Bombay und Goa. Mit einer Luftfeuchte von ständig über 70 %, Temperaturen kaum unter 20 °C, aber oft um 35 °C sind viele der hier vorkommenden Pflanzen (Kokospalmenküste) für die Innenraumbegrünung kaum geeignet, es sei denn für sogenannte „Spaßbäder" oder ähnliche Anlagen. Manche Gattungen können aber weit nach Norden vordringen, vor allem *Ficus*. Sie sind wichtiger Bestandteil der noch zu beschreibenden Himalaya-Vegetation. Hinter dem die Ebene abschließenden Gebirge findet sich ein wesentlich trockeneres und wegen der Höhe kühleres Hügelland (Dekkan), das nach Osten zu über eine weitere Mittelgebirgskette in den Golf von Bengalen ausläuft, wo es noch heißer und luftfeuchter ist als im Westen.

Bengalen bzw. die feuchte Gangesebene ist das vierte indische Florengebiet. Von unzähligen Wasseradern durchzogen wächst hier (Bangla Desh) der dichteste Dschungel Indiens. Ins Landesinnere stößt die Gangesebene, am Fuß des Himalaya verlaufend, bis nach Delhi vor, wo sie botanisch auf die Indusebene trifft.

Mit etwa 600 mm Jahresniederschlag und gelegentlichen Wintertemperaturen knapp über der Frostgrenze wäre das Klima Delhis eigentlich gemäßigt, würden nicht die Sommertemperaturen um bis zu 10 °C über denen der Küste liegen. Mit einer Luftfeuchte von durchschnittlich 40–60 % – Extreme um 20 % sind möglich – kommt man schon eher in den Bereich von schlecht klimatisierten Warmhäusern. Von Delhi ist es nicht weit in die zwei wichtigsten Florenbereiche Indiens, den West- und Osthimalaya.

Der Westhimalaya und die im Westen anschließenden Gebirgszüge Pakistans und Afghanistans gehören, soweit die Niederschläge 800 mm nicht übersteigen, zu einem Vegetationstyp, der in vielem an die immergrünen Hartlaubwälder bzw. Buschformationen des Mittelmeerraumes erinnert. Im Gegensatz zu weiten Bereichen der Mediterraneis besteht jedoch der Himalaya überwiegend aus Quarziten, Gneis und Granit.

In den niederen Lagen des Himalaya-Anstiegs stark von nordafrikanischen Arten wie Akazien durchsetzt, findet man in höheren Lagen verbreitet *Olea*-Arten, Granatäpfel, *Pistacia* und die vom Mittelmeer als Obstgehölz bekannte Jujube, *Ziziphus jujuba*. Typischer Grundwasserzeiger ist *Nerium oleander*. Mit zunehmender Höhe, beispielsweise in Kaschmir, wird die überwiegend immergrüne Buschvegetation durch meist dornige, laubabwerfende Sträucher ersetzt, von denen viele aus China oder Tibet stammen. Einige dieser Gattungen sind bei uns als winterharte Ziergehölze verbreitet *(Cotoneaster, Lonicera, Berberis, Ribes, Spiraea, Pyrus, Euonymus)*. In Gegenden mit Winterniederschlägen treten Himalayakiefern und Himalayazedern auf, für Innenraumbegrüner

Tab. 17: Frostertragende Gehölze des Himalaya-Höhenwaldes
(Bodentemperatur über 5 °C, Lufttemperatur über -5 °C, (x) = verträgt gefrorenen Boden bzw. nahezu winterhart)

Agapetes
Ardisia crenata (Korallenbeere)
Aucuba japonica (Aukube) (x)
Bambus (x)
Buddleia colvillei
Caesalpinia sepiaria (Mysore-Dorn)
Camellia sp. (Kamelie) (x)
Camellia sinensis (Echter Tee) (x)
Ceratostigma sp. (Chinesischer Bleiwurz) (x)
Cocculus laurifolius (Kokkelstrauch)
Cornus capitata (Immergrüner Hartriegel)
Corylopsis sp. (Scheinhasel) (x)
Edgeworthia sp. (Papierbusch)
Ephedra sp. (x)
Indigofera sp. (Indigostrauch) (x)
Jasminum sp., *grandiflorum, humile* (Jasmin)
Magnolia sp. (Magnolie) (z.T. (x))
Mahonia sp. (Mahonie) (z.T. (x))
Nerium oleander (Oleander)
Osmanthus fragrans (Süßolive, Duftblüte)
Pieris formosa (Maiglöckchenstrauch) (x)
Punica granatum (Granatapfel) (x)
Quercus ilex (Immergrüne Eiche) (x)
Rhododendron sp. (Rhododendron bzw. Azaleen) (z.T. (x))
Sarcococca hookeriana ('Christmas-Box') (x)
Smilax aspera (Stechwinde)

aber wichtiger ist *Quercus ilex* und andere strauchartige immergrüne Eichen.

Entlang der Grenze von Nepal und Bhutan steigt der Osthimalaya steil aus der Gangesebene auf. Voll dem Monsun ausgesetzt, betragen hier die Niederschläge, außer in Trockentälern, fast immer über 2000 mm, können aber auch 5000 mm übertreffen. Ty-

In der Praxis stehen dem Innenraumbegrüner zahlreiche Pflanzen aus diesem Gebiet zur Verfügung, wobei aber viele auf eine hohe Luftfeuchte angewiesen sind, keine Fröste ertragen und auch keine niedrigen Bodentemperaturen (15 °C) über längere Zeit. Sind die Temperaturansprüche befriedigt (vgl. Tierra caliente in Mittelamerika), sind viele davon sehr wüchsig. Da man auf die Pflanzen der oberen Baumschicht sowieso verzichten muß, halten sich die Lichtansprüche in Grenzen. Das gilt auch für die Pflanzen des subtropischen Regenwaldes, in den sich der tropische immergrüne Wald mit zunehmender Höhe fortsetzt. Die obere Grenze dieser immergrünen Wälder ist die Frostgrenze, auch wenn zahlreiche Vertreter des subtropischen Waldes mäßige Minustemperaturen aushalten.

Abb. 27: Der ostasiatische Kampferbaum paßt sowohl in nicht ganz frostfreie als auch in zimmerwarme Glasanbauten und ist fast schädlingsfrei

pisch für die Situation ist Bhutan. Bhutan ist nahezu durchgehend gebirgig, mit Tieflagen um 150 m und der Himalaya-Hauptkette als Nordgrenze, mit trockenen Hochtälern im Landesinneren und entsprechenden Temperaturextremen.

Das südostasiatisch-malaysische Element ist in den warmen, (sub)tropischen Wäldern des südlichen Bhutan und Sikkim dominant, eine Vegetation, die man ähnlich in Burma, Thailand, Malaysia, Indochina und Indonesien findet. *Bauhinia* und *Cycas*, Mango oder Bananen, Ingwergewächse wie *Hedychium* und Orchideen wie *Dendrobium* sind Vertreter dieser Flora. Palmen und Kletterpflanzen sind verbreitet, Epiphyten zahlreich. Fast überall hat sich ein dichter immergrüner Unterwuchs durchgesetzt.

Abb. 28: Der Kahili-Ingwer – Hedychium gardnerianum – verströmt im Spätsommer einen köstlichen Duft

Pflanzenauswahl

Abb. 29: Eine typische Ostasien-Pflanzung in einem nicht sicher frostfreien Gewächshaus: Musa basjoo, Phyllostachys, Nandina, Camellia und Pittosporum

Tab. 18: **Für nicht unbedingt zimmerwarme Glasanbauten geeignete Pflanzen der malaysisch-südostasiatischen Flora**

(In Klammern: minimale Bodentemperatur, vgl. auch Tabelle 16)

Alocasia macrorrhiza (Elefantenohr) (> 15 °C)	*Hedychium coronarium* (Zieringwer) (> 10 °C)
Alpinia sp. > 15 °C)	*Holmskioldia sanguinea* (Chinesenhutpflanze) (> 10 °C)
Bambus	
Bauhinia acuminata, variegata (Orchideenbaum) (> 10 °C)	*Lonicera hildebrandiana* (Riesengeißblatt) (> 5° C)
Beaumontia grandiflora (Lilienwein) (> 10 °C)	*Michelia champaca* (Goldene bzw. duftende Champaca) (>12 °C)
Caesalpinia sepiaria ('Mysore-Dorn') (> 10 °C)	*Murraya paniculata* (Orangenjasmin) (> 10 °C)
Camellia sp. (< 0 °C)	*Musa acuminata* (Banane) (> 12 °C)
Caryota urens (Brennpalme) (> 15 °C)	*Rhododendron* sp. (Rhododendron bzw. Azaleen)
Cassia sp. (Gewürzrinde)	
Citrus sp. (> 8 °C)	*Syzygium jambos* (Rosenapfel) (> 10 °C)
Cycas circinalis, revoluta (Palmfarne)	*Tetrastigma voinierianum* (Kastanienwein) (> 8 °C)
Ficus benjamina, elastica (Gummibaum) (> 15 °C)	

Tab. 19: Für kühle Wintergärten geeignete Gehölze der chinesisch-japanischen Flora
(In Klammern: minimale Bodentemperatur)

Abelia div. sp. (Abelie) (0 °C)
Ardisia crenata (Korallenbeere) (0 °C)
Aspidistra elatior (Schusterpalme) (5 °C)
Aucuba japonica (Aukube) (unter 0 °C)
Bambus (z.T. unter 0 °C)
Callicarpa bodinieri (Schönfrucht) (unter 0 °C)
Camellia sp. (Kamelie) (z.T. unter 0 °C)
Campsis grandiflora (Trompetenblume) (unter 0 °C)
Ceratostigma sp. (Chinesischer Bleiwurz) (z.T. unter 0 °C)
Cinnamomum camphora (Kampferbaum) (5 °C)
Citrus ps. (je nach Unterlage 0 °C bis 8 °C)
Clematis armandii (Immergrüne chinesische Waldrebe) (0 °C)
Clerodendrum bungei (0 °C)
Clerodendrum fragrans (12 °C)
Clerodendrum trichotomum (Losbaum) (unter 0 °C)
Cocculus laurifolius (Kokkelstrauch) (0 °C)
Corylopsis sp. (Scheinhasel) (unter 0 °C)
Cycas revoluta (Palmfarn) (5 °C)
Diospyros kaki (Kakipflaume) (unter 0 °C)
Dregea sinensis (0 °C)
Edgeworthia papyrifera (Papierbusch) (0 °C)
Eriobotrya japonica (Wollmispel) (0 °C)
Fatsia japonica (Zimmeraralie) (0 °C)
Ficus pumila (Kletter-Ficus) (5 °C)
Gardenia jasminoides (Gardenie) (5 °C)
Hibiscus mutabilis (Baumwollrose) (10 °C)
Itea ilicifolia (Chinesische Rosmarinweide) (0 °C)
Jasminum sp., *beesianum, mesnyi, offici-*
nale, polyanthum (Jasmin) (0 bis 5 °C)
Kadsura japonica (0 °C)
Koelreuteria paniculata (Blasenbaum) (unter 0 °C)
Lagerstroemia indica (Indischer Flieder, Kreppmyrte) (0 °C)
Livistona chinensis (Chinesische Fächerpalme) (5 °C)
Lonicera sp.,*hildebrandiana, japonica* (Geißblatt) (unter 0 °C bis 5 °C)
Magnolia sp. (Magnolie) (0 °C)
Mahonia sp. (Mahonie) (0 °C)
Melia azedarach (Paternoserbaum, Zedrachbaum) (0 °C)
Michelia figo (5 °C)
Musa uranoscopus (Zierbanane) (10 °C)
Nandina domestica (Heiliger Bambus) (0 °C)
Neolitsea sericea (0 °C)
Osmanthus sp. (Duftblüte) (0 °C)
Paeonia suffruticosa (Strauchpaeonie) (unter 0 °C)
Photinia serrulata (Glanzmispel) (0 °C)
Pieris formosa (Maiglîckchenstrauch) (unter 0 °C)
Pittosporum tobira (Klebsame) (0 °C)
Podocarpus macrophyllus (Steineibe) (0 °C)
Rhaphiolepis indica (5 °C)
Rhapis sp. (Steckenpalme) (5 °C)
Rhododendron sp. (Rhododendron, Azaleen) (z.T. unter 0 °C)
Sarcococca humilis, ruscifolia (Christmasbox) (unter 0 °C)
Schefflera arboricola (10 °C)
Stranvaesia davidiana (unter 0 °C)
Tetrapanax papyrifera (Reispapierbaum) (5 °C)
Trachelospermum jasminoides (Sternjasmin) (0 °C)
Viburnum sp. (Schneeball) (z.T. unter 0 °C)
Wisteria sinensis (Blauregen) (unter 0 °C)

Mit zunehmender Höhe geht der Regenwald in einen Höhenwald über, es erscheinen immer häufiger verschiedene *Rhododendron*, vor allem aber Bambus. Auch andere – überwiegend – Immergrüne, die man eigentlich eher der chinesischen oder japanischen Flora zuordnet, sind verstärkt anzutreffen: *Aucuba, Mahonia, Pieris, Enkianthus, Corylopsis, Skimmia, Daphniphyllum*, aber auch Kletterpflanzen wie Jasmin. Die Untergrenze dieses Waldes entspricht der Obergrenze des subtropischen Waldes, also der Frostgrenze. Die Obergrenze ist dort, wo an Südhängen der Schnee liegen bleibt. Empfindliche Vertreter dieser Region kommen bei uns in „gerade frostfreien" Situationen gut über die Runden, robuste Arten halten auch im Solarhaus aus.

Tab. 20: Wintergartengehölze Japans
(In Klammern: minimale Bodentemperatur)

Bambus (z.T. unter 0 °C)
Corylopsis sp. (Scheinhasel) (unter 0 °C)
Cycas revoluta (Palmfarn) (5 °C)
Enkianthus sp. (Maiglöckchenstrauch) (unter 0 °C)
Euonymus japonicus (Japanischer Spindelstrauch) (unter 0 °C)
Hydrangea macrophylla (Hortensie) (unter 0 °C)
Ligustrum japonicum (Japanischer Liguster) (unter 0 °C)
Magnolia sp. (Magnolie) (z.T. unter 0 °C)
Musa basjoo (Japanische Faserbanane) (5 °C)
Pieris japonica (Maiglöckchenstrauch) (unter 0 °C)
Rhaphiolepis umbellata (0 °C)
Rhododendron sp. (Rhododendron, Azaleen) (z.T. unter 0 °C)
Skimmia japonica (Skimmie) (unter 0 °C)
Trachelospermum asiaticum (Sternjasmin) (0 °C)
Wisteria floribunda (Blauregen) (unter 0 °C)

Etwas problematisch zu bekommen sind Solitärgehölze für diesen Bereich, die standortgerechten Eichen gibt es bei uns nicht zu kaufen. Man behilft sich am besten mit Gattungen des oberen subtropischen Waldes, verwendet aber kälteverträgliche Arten, zum Beispiel aus China oder Japan. Sehr bewährt sind *Lauraceae* wie der Kampferbaum *(Cinnamomum camphora)* oder *Neolitsea*. Auch Magnolien sind möglich, wobei man bei größeren Anlagen auf die aus Florida stammende Immergrüne Magnolie, *M. grandiflora*, zurückgreifen kann.

Von Bhutan weiter nach Süden wird die Flora immer südostasiatischer-malaysischer und damit tropisch, nach Osten chinesischer und japanischer, damit subtropisch-warm temperiert, nach Norden tibetischer. Die Zahl der dem Innenraumbegrüner zur Verfügung stehenden Pflanzen nimmt damit ab. Einige wichtige, bisher noch nicht erwähnte, seien hier noch aufgelistet.

4.8 Fallbeispiele

4.8.1 Australisch/neuseeländische Flora

Die Hauptforderung einer süddeutschen Familie an die Begrünung ihres neuen Wintergartens war: Sichtschutz. Gleichzeitig mußten sich die ausgewählten Arten wegen der begrenzten Höhe von 2,5–3,5 m gut zurückschneiden lassen bzw. durften an Höhe nicht mehr zunehmen. Die Pflanzen stehen zudem in Kübeln.

Eine weitere Vorgabe für die Pflanzplanung: Die Mindesttemperaturen liegen zwischen 3–5 °C. Bei der Farbgestaltung einigte man sich auf rote und gelbe Blüten.

Abb. 30: Eine Rarität für Pflanzensammler: die Känguruhpfote – Anigozanthos flavidus aus Australien

Legende zur Abbildung auf Seite 81

LEITPFLANZEN (%):

1 = EUCALYPTUS FICIFOLIA (ROT)
2 = ACACIA LONGIFOLIA (GELB)
3 = CORYNOCARPUS LAEVIGATA
 (KARAKABAUM)

KLETTERPFLANZEN:

4 = HIBBERTIA SCANDENS (GELB)
 (GOLDWEIN)
5 = PANDOREA JASMINOIDES
 (WEIß-ROTER SPORT)

BEGLEITGRÜN:

6 = COROKIA BUDDLEOIDES (GELB)
7 = CORREA BACKHOUSIANA (GELB)
 (AUSTRAL. FUCHSIE)
8 = PHORMIUM COOKIANUM 'BRONCE'
 (ROTBLÄTTRIGER NEUSEE-
 LÄNDISCHER FLACHS)
9 = SOPHORA TETRAPTERA (GELB)
10 = ANIGOZANTHOS FLAVIDUS (GELB)
 (KÄNGURUHPFOTE)
11 = CALLISTEMON "LAEVIS"
 (ZYLINDERPUTZER)
12 = METROSIDEROS EXCELSA
 (NEUSEELÄND. WEIHNACHTSBAUM)

Licht ist im äußeren Bereich ausreichend vorhanden. Da der Sitzplatz in den Baukörper integriert ist, ist das Rechteck zwischen der Stütze und den beiden Hauswänden (im Plan grau unterlegt), wo der Wintergarten nur 2,5 m hoch ist, durch das darüberliegende Zimmer vergleichsweise schattig. In diesem schattigen Eck findet ein noch kleines, dichtes Exemplar des Karakabaumes Platz. Es muß stets entspitzt werden, nimmt aber entsprechend seiner Heimat Neuseeland mit weniger lichtverwöhnten Standorten vorlieb.

Eine wichtige Sichtschutzfunktion übernehmen vor allem die beiden dicht graufilzig belaubten Büsche des Eisenholzbaumes *(Metrosideros)*. Sie umrahmen den unten meist kahlen Stamm der ersten Leitpflanze, einer winterblühenden *Acacia longifolia*. Sicht-

Abb. 31: Ein gerade frostfreier Wintergarten mit einzelnen Pflanzgefäßen wird mit Arten aus Australien und Neuseeland „blickdicht" und pflegeleicht begrünt

Pflanzenauswahl

schutz bietet weiterhin ein dichtbuschiger Zylinderputzer *(Callistemon "laevis")*, dessen Langtriebe jährlich ein- bis zweimal stark zurückgenommen werden.

Die zweite Leitpflanze, an der Südwestseite: *Eucalyptus ficifolia*, eine wunderschöne rot blühende, nicht allzu rasch wachsende, elegant überhängende Eukalyptus-Art, flankiert wiederum von einem Pärchen, diesmal der filigran belaubten, gelb blühenden *Corokia*-Hybride.

Im äußeren, schlechter zugänglichen Eck gedeiht eine rotblättrige, schwachwüchsige Form des robusten neuseeländischen Flachses *(Phormium cookianum* 'Bronce'), unterpflanzt mit dem feinblättrigen Drahtwein, *Muehlenbeckia complexa*. Als kleine „Augenschmankerl" dazwischen finden sich neben der lanzettblättrigen, vergleichsweise robusten, sehr lange blühenden Känguruhblume *(Anigozanthos flavidus)*, eine kleinblättrige, langsam und bizarr wachsende Sorte von *Sophora tetraptera* sowie zwei kleine *Correa backhousiana*, die auch regelmäßig formiert werden müssen.

Zwei Kletterpflanzen kaschieren den Mauervorsprung der ursprünglichen Hauskante: die immergrüne, fast dauerblühende *Pandorea jasminoides* und der auch im Alter unten dicht bleibende Goldwein, *Hibbertia scandens*.

4.8.2 Bürogebäude in einem ungeheizten Solarhaus

Eine ehemalige Gärtnerei am Waldrand, im Außenbereich gelegen, zwei Großraumgewächshäuser und ein Wohnhaus aus den 60er Jahren. Jetziger Nutzer von Wohnhaus und Gewächshäusern ist eine mittelständische Baufirma. Die Bauvorschriften im Außenbereich sind restriktiv.

Gegen die bisherige Nutzung des einen Gewächshauses als Baustoff- und Maschinenlager gab es keine Bedenken. Erst, als das alte Wohnhaus für die stets wachsende Firma nicht mehr genug Büroraum bieten konnte und die Inhaber erweitern wollten, wurde es problematisch. Jahrelang kämpfte der Auftraggeber um die Realisierung seines Traumes: Die geplanten fünf locker angeordneten Bürogebäude mit jeweils dreieckigem Grundriß, mit ihren verschieden pastellfarbenen Außenputzen an ein südliches Dorf erinnernd, sollten in einem der beiden Gewächshäuser Platz finden. Von außen betrachtet, blieb also alles beim Alten.

Die Idee des Firmenchefs: Durch bis 50 cm starke Außenmauern als Wärmespeicher und einer Schattierung als Energieschirm sollte die Temperatur im ungeheizten Gewächshaus nicht unter -10 °C absinken – und das, obwohl im kalten Alpenvorland mit Außentemperaturen bis -30 °C gerechnet werden muß. Obendrein plante man noch eine Frostschutzberegnung ein, bei ganz tiefen Außentemperaturen können nun die fünf Dächer der Bürogebäude beregnet werden. Da das Gewächshausdach während der Bauphase ohnehin abgenommen werden mußte, wurde die gesamte Einfachverglasung gegen eine Isolierverglasung ausgetauscht; im Dachbereich, entsprechend den Bauvorschriften, mit Sicherheitsglas.

Nach der Bepflanzung im Herbst 1995 stellten sich im langen Winter 1995/96 bei Außentemperaturen um -19 °C entlang der Außenfront Innentemperaturen um -5 °C ein. Im geschützteren Kernbereich war es gerade frostfrei. Diese Werte wurden ohne Frostschutzberegnung erreicht.

Dieses Objekt verlangt ein tiefes Verständnis für die physiologischen Vorgänge rund um Auf- und Abbau der Frosthärte und daraus resultierende Temperaturführung im Winter sowie eine ausgezeichnete Detailkenntnis der individuellen Frosthärte.

Für die Begrünung ergeben sich einige optisch völlig voneinander getrennte Bereiche, in denen nun jeweils ein Florenreich Platz findet: Im südwestlichen Eingangsbereich eine Mediterranpflanzung, im heißen Südteil Arten aus Halbwüstengebieten Nordamerikas und im Osten eine Ostasienszenerie. Ohne im Detail auf jede einzelne Art eingehen zu wollen, zu allen drei Bereichen im folgenden einige kurze Anmerkungen:

Der Mediterranbereich in der Eingangszone war wegen des vom Bauherrn gewünschten Teiches eine Kompromißlösung. Denn eigentlich hätte zu Wasser viel besser eine ostasiatische Bambusstimmung gepaßt. Nur paßte das ständige Fallaub der Bambus nicht zu den Sauberkeitsanforderungen in einem Eingangsbereich. So haben wir uns trotz des Teiches für Mediterranpflanzen entschieden. Daß im weiteren Verlauf die kleine Wasserfläche nicht realisiert wurde, machte diese Pflanzenauswahl nur noch stimmiger.

Drei Stilelemente sind bildprägend: Der Weg vom Eingangstor wird flankiert von buschigen Zwergpalmen *(Chamaerops humilis)*, symmetrisch auf beiden Seiten. Sie werden auch im Alter nicht zu groß, ein eventuell in den Weg ragender Teilstamm kann abgesägt werden. Der untere, südliche Teil des Eingangsbereiches wird von der Schirmkrone der feinlaubigen *Albizia julibrissin* geprägt – eine Art, die in klimatisch äußerst geschützten Lagen Deutschlands winterhart ist und ansonsten draußen meist kümmert, unter Glas ausgepflanzt aber begeisternd gedeiht. Ein „Olivenhain" bestimmt den oberen, nördlichen Teil des Eingangsbereiches. Ergänzt mit niedrigen, bodendeckenden *Iris* und kriechendem Rosmarin, soll vor allem zu deren Blütezeit das silbrig-blaue Farbspiel einen Hauch von Süden bringen. Nur leider steckt auch hier der Teufel im Detail: Die *Iris* bedürfen besonderer Beobachtung beim Pflanzenschutz, denn unter Glas wirken sie sehr anziehend auf Blattläuse.

Die Halbwüstenstimmung am südlichen Glashausrand wird durch nur zwei höhere Gehölze geprägt: den kalifornischen *Fremontodendron californicum* mit seinen sehr großen, dotterblumengelben Blüten und den laubabwerfenden Paradiesvogelbusch, *Caesalpinia gilliesii*. Die sparsame Unterpflanzung mit frostharten Kakteen und *Yucca* wird unterstrichen durch die Abdeckung freier Flächen mit Gestein.

Durch den Einbau desselben Gesteines im anschließenden Hohlweg entsteht ein gleitender Übergang zum ostasiatischen Bereich im östlichen Glashausteil. Da nur die Hälfte des Großraumgewächshauses für den Büroneubau benötigt wurde, schließt sich in der anderen Hälfte ein weiteres Materiallager an. Da die Abtennung mit Blankglas jeden Blick durchläßt, wurde hier mit verschieden hoch wachsenden Bambus-Arten eine Blickbremse geschaffen, die Vorpflanzung bilden vor allem Kamellien.

In der Mitte des östlichen Teiles findet auf einer geräumigen Holzplattform ein langer Konferenztisch Platz. Dominierend wirkt hier der Blattschopf einer Japanischen Faserbanane. Bei Frost friert sie oberirdisch ab, der Ballen wird im Herbst durch eine aufgebrachte Mulchschicht abgedeckt. (Für Bedenkenträger: Nicht nur in Norditalien, bereits in Südbaden findet man alte Exemplare entsprechend geschützt draußen ausgepflanzt.)

Kleine Manöverkritik: Nicht bewährt hat sich die „Obstpromenade" im Süden. An

Abb. 32: Ein altes Gewächshaus aus den 60er Jahren, bestückt mit südlich anmutenden Bürogebäuden aus den 90er Jahren, Minusgrade bis -10 °C – eine Herausforderung für jeden Pflanzplaner. Die Aufnahme zeigt einen Ausschnitt des Ostasien-Bereiches nach Abschluß der Pflanzarbeiten

Pflanzenauswahl

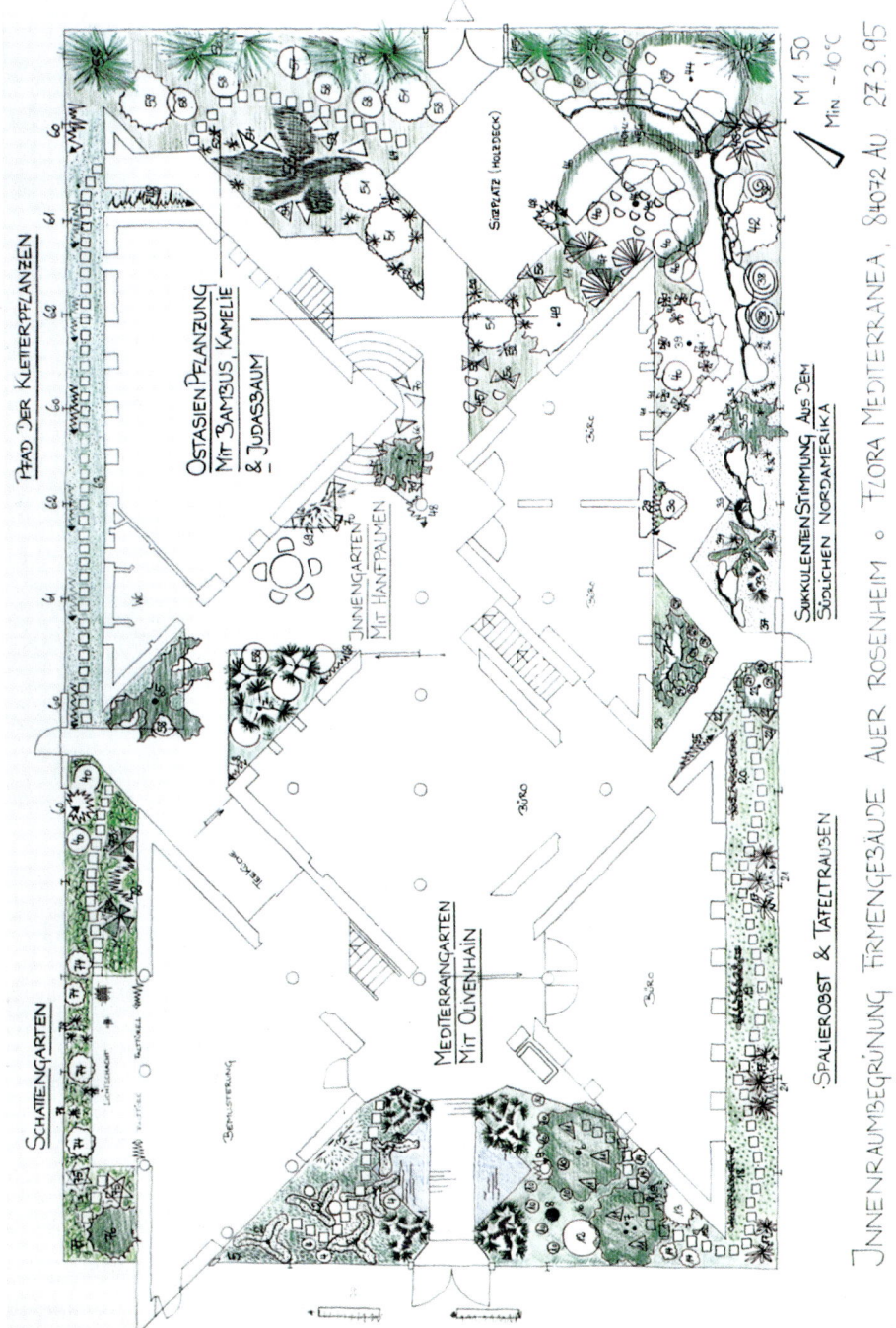

Pflanzenliste BV Auer

Eingangsbereich:

Mediterrangarten mit Olivenhain

1 = 4 Chamaerops Humilis (Zwergpalme)
2 = 5 Olea Europaea (Olive), Halbstamm
3 = Arundo Donax (Pfahlrohr)
4 = 3 Artemisia Arborescens (Baumwermut)
5 = Iris Barbata Media bzw. Nana (Bodendecker)
6 = Albizia Julibrissin 'Pourprey' (Seidenbaum), Hochstamm
7 = "   "   , Busch
8 = Cupressus Sempervirens 'Pyramidalis' (Säulenzypresse)
9 = Campsis × Tagliabuana 'Madame Galen'
10 = Phyllirea Angustifolia
11 = Pistacia Lentiscus (Mastixstrauch)
12 = Nerium Oleander (Oleander)
13 = Arbutus Unedo (Erdbeerbaum)
14 = Cistus × Purpureus (Zistrose)
15 = Rosmarinus Officinalis (Rosmarin)
16 = Ruscus Aculeatus (Mäusedorn) (Bodendecker)

Spalierobst & Tafeltrauben

17 = Agapanthus - Hybriden, Laubeinziehend (Schmucklilie)
18 = Prunus Armeniaca i.S. (Aprikose)
19 = Prunus Persica var. Nucipersica i.S. (Nektarine)
20 = Prunus Persica i.S. (Pfirsich)
21 = Vitis Vinifera ssp. Vinifera (Tafeltrauben), i.S.
22 = Cynara Scolymus (Artischocke)
23 = Punica Granatum (Granatapfel)
24 = Lavandula Angustifolia (Echter Lavendel)
25 = Dregea Chinensis
26 = Fragaria Vesca (Walderdbeeren) (Bodendecker)

27 = Ficus Carica, Fruchtsorte (Echte Fruchtfeige)
28 = Danae Racemosa (Bodendecker)
29 = Bignonia Capreolata (Kreuzrebe)
30 = Acca Sellowiana (Brasilianische Guave)
31 = Oxalis Triangularis (Klee) (Bodendecker)

Sukkulentenstimmung aus dem Südlichen Nordamerika

32 = Caesalpinia Gilliesii (Paradiesvogelbusch)
33 = Yucca Gloriosa (Bizarr gewachsene Solitärs)
34 = Yucca Aloifolia
35 = Fremontodendron Californicum (Waschlappenstrauch)
36 = Ceanothus Thyrsiflorus 'Repens'
37 = Bodenabdeckung mit Geröll, Steinen, Dazwischen eingestreut Lithodora Diffusa & Opuntia Phaecantha
38 = Vitex Agnus-Castis (Mönchspfeffer)

Ostasienpflanzung mit Bambus, Kamelie und Judasbaum

39 = Diospyros Kaki (Kakipflaume), i.S.
40 = Abelia Grandiflora (Abelie)
41 = Sarcococca Ruscifolia
42 = Viburnum Bodnantense 'Dawn'
43 = Eriobotrya Japonica 3er Tuff (Japan. Wollmispel)
44 = Koelreuteria Paniculata (Blasenbaum)
45 = Pittosporum Tobira 'Nanum' (Zwergklebsame)
46 = Cercis Siliquastrum (Judasbaum), Hochstamm
47 = Mahonia × Media 'Charity'
48 = Clematis Armandii (Immergrüne Waldrebe)
49 = Clerodendrum Trichotomum (Losbaum)
50 = Hydrangea Japonica
51 = Pittosporum Tobira (Klebsame)

52 = Ceratostigma Willmottianum
53 = Musa Basjoo (Japanische Faserbanane) (Winterschutz!)
54 = Nandina Domestica (Heiliger Bambus)
55 = Phyllostachys Aureosulcata (Bambus)
56 = "   "   Edulis
57 = Fatsia Japonica (Zimmeraralie)
58 = Camellia Japonica 'Mathotiana', 'Biho' (Kamelien)
59 = Osmanthus Fragrans (Duftblüte)
64 = Hedera Helix, H. Colchica Dentata Variegata (Efeu) (Bodendecker)

Pfad der Kletterpflanzen

60 = Trachelospermum Jasminoides (Sternjasmin)
61 = Lonicera Japonica
62 = Jasminum Mesnyi (Primeljasmin)
63 = Ophiopogon Japonicus (Schlangenbart) (Bodendecker)

Innengarten

65 = Melia Azedarach (Paternosterbaum)
66 = Ficus Pumila (Bodendecker)
67 = Trachycarpus Fortunei, 3er Tuff (Hanfpalme) (Fakultativ auch Cinnamomum C)
58 = Camellia Japonica 'Mathotiana', 'Biho' (Kamelien)
68 = Itea Ilicifolia
69 = Neolitsea Sericea
70 = Rhaphiolepis Umbellata
71 = Cinnamomum Camphora (Kampferbaum)

Schattengarten

72 = Jasminum Officinale (Parfümjasmin)
73 = Pittosporum Tobira (Klebsame)
74 = Viburnum Tinus 'Eve Price' (Lorbeerschneeball)
75 = Aucuba Japonica 'Crotonifolia'
76 = Laurus Nobilis (Lorbeer)
77 = Vinca Minor (Immergrün) (Bodendecker)
78 = Sarcococca Ruscifolia

Legende zu Abbildung 33 auf Seite 85

Abb. 33: Ein nicht sicher frostfreies Großraumgewächshaus (Minimumtemperatur -10 °C) beherbergt Arten aus Ostasien, dem Mittelmeerraum sowie den Wüsten Nordamerikas

Spalieren wuchsen (besser: wucherten) Aprikosen, Nektarinen und Pfirsiche. Dies ist zwar prinzipiell möglich, erfordert jedoch einen äußerst intensiven Pflanzenschutz, Stichwort Kräuselkrankheiten, Blattläuse.

Schwierig in den Griff zu bekommen sind auch die stark wachsenden Kletterpflanzen im nördlichen schmalen Bereich, beispielsweise der Wasserfalljasmin, *Jasminum mesnyi*. Er wächst zu schnell in die Lüftungsvorrichtungen hinein.

Zusammenfassend kann gesagt werden, daß die überaus engagierten Bauherren, allen voran die Bauherrin, das Gelingen dieser Begrünung ermöglichen. Ihre aufmerksame Pflanzenpflege und das motivierte Auseinandersetzen mit allerlei Schädlingen und Krankheiten machten bis jetzt sogar einen biologischen Pflanzenschutz mit Nützlingen möglich.

4.8.3 Begrünung des Glasanbaues einer Gartenbau-Fachschule

Die Begrünung eines Glasanbaus im Eingangsbereich einer Gartenbau-Fachschule wird als ein zwar in sich abgeschlossener, gleichwohl aber in den Eingangsbereich der Schule integrierter Wintergarten, der sich über zwei Stockwerke erstreckt, realisiert. Oben ragt ein fast über die ganze Länge verlaufender Balkon in den Luftraum. Dort können die Leser der angrenzenden Bibliothek an Einzeltischchen arbeiten. Dies aller-

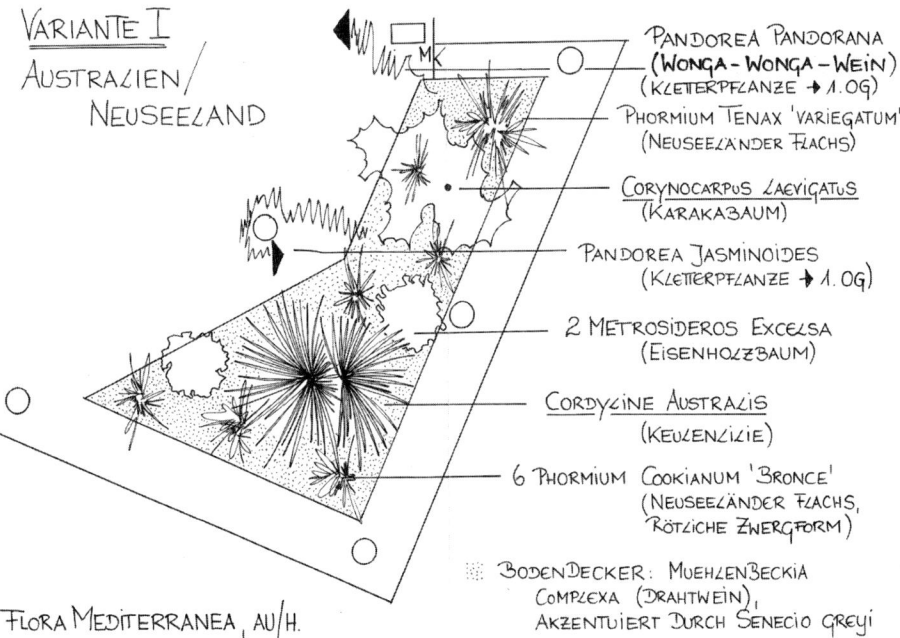

Abb. 34: (S. 87 + 88) Pflanzvorschläge für einen frostfreien Glasanbau in drei Varianten: eine karge, plakativ wirkende Halbwüstenstimmung, die üppige Südamerika-Impression oder eine stets „aufgeräumt" wirkende füllige Australienpflanzung

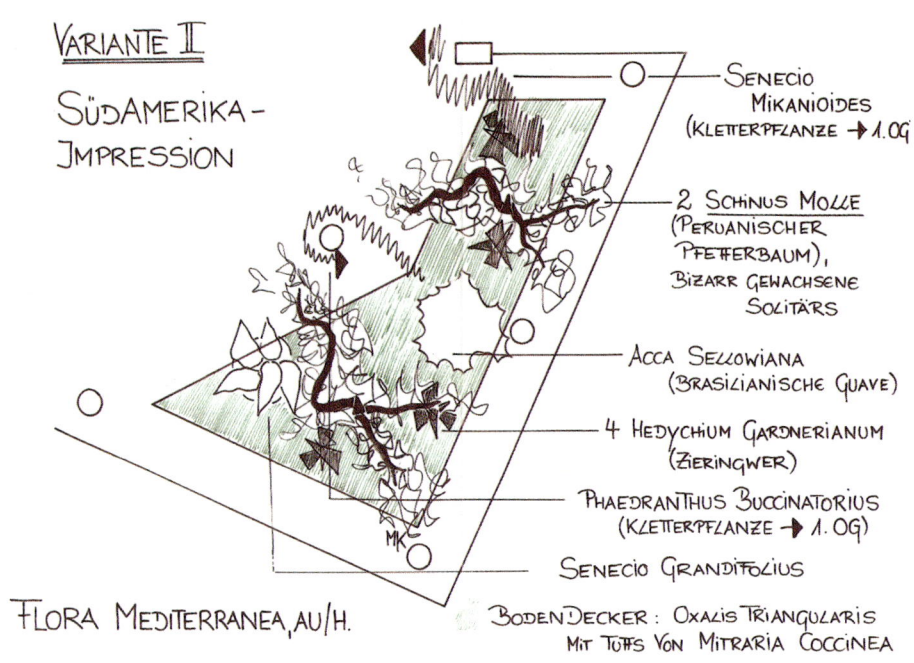

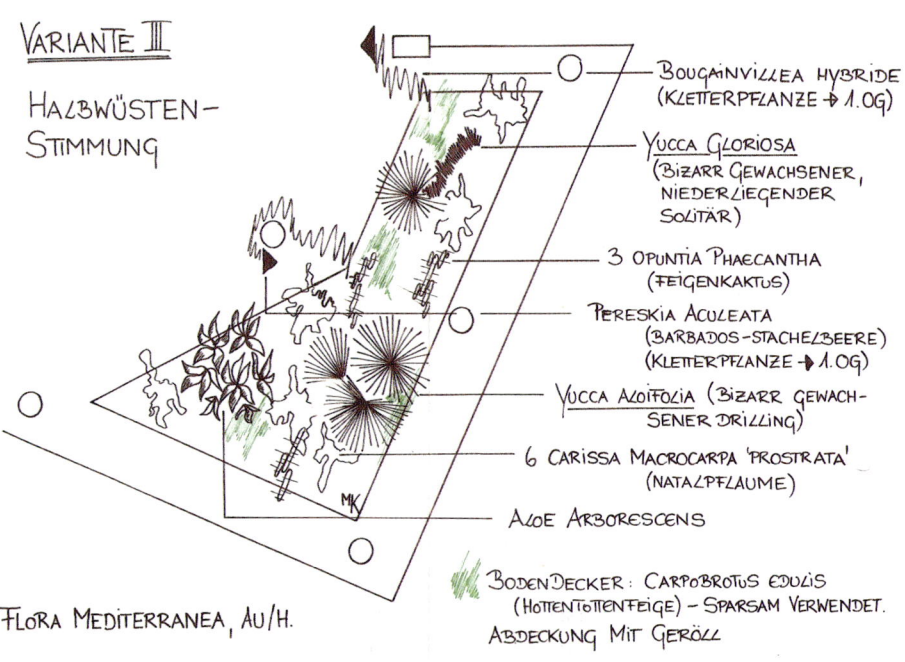

Pflanzenauswahl

Abb. 35: Kletterpflanzen-Solitärs – hier Senecio mikanioides, der gelbblühende Sommerefeu – können auch bildbestimmend wirken. Die Kletterpflanzen sollen den 1. Stock begrünen, ohne daß dort Pflanzkübel plaziert werden müssen

dings nur an nicht zu heißen Sommer- oder nicht zu trüben Wintertagen – die Heizung wird erst bei 8 °C zugeschaltet.

Gleichzeitig ist das Lichtangebot dieses nach Süden orientierten Glasanbaues optimal. Die Außenschattierung soll nur an Tagen zugemacht werden, an denen das Licht ohnehin im Überschuß vorhanden ist, nicht aber im Winter. Summa summarum also die Situation eines klassischen Kalthauses, prädestiniert für die Verwendung subtropischer Pflanzen.

Aus den möglichen subtropischen Florenreichen schöpfend, wurden Pflanzen dreier Herkunftsgebiete ausgewählt und jeweils zu einem Pflanzplan zusammengestellt. So entstand eine „Australien/Neuseeland-Variante", eine Südamerika-Impression sowie eine Halbwüstenstimmung, drei gänzlich verschiedene Vorschläge zur gegebenen Temperatur.

Zwei weitere Möglichkeiten schieden im Vorfeld aus: Eine ostasiatische Begrünung mit Bambus (v.a. *Phyllostachys*) scheiterte an der Hürde der Spinnmilben-Angst. Bei der Südafrika-Variante hätte der erwünschte bildbestimmende Solitär, eine Baumstrelitzie *(Strelitzia nicolai)*, mit seiner Ballenhöhe von 80 cm nicht mehr ins bereits fertige, nur 50 cm hohe Pflanzbecken gepaßt.

Allen drei Varianten gemeinsam sind zwei zum jeweiligen Thema passende große Kletterpflanzen-Solitärs, die, in das Beet gepflanzt, ihre Wirkung erst oben über dem Balkon der Bibliothek entfalten.

Die „Australien/Neuseeland-Variante" birgt einen unschätzbaren Vorteil: Die ausgewählten Arten besitzen eine äußerst geringe Anziehungskraft für tierische Schädlinge. Ihre Faszination bezieht diese Pflanzung aus dem Kontrast der unterschiedlichen Blattformen und -farben: das tiefe Rotbraun der schwertförmigen Blätter des Neuseeländer Flachses *(Phormium cookianum* 'Bronce') zwischen dem silbergrauen Laub des *Senecio greyi*, umspielt von winzigen dunkelgrünen Blättchen und schwarzen, drahtartigen Trieben der *Muehlenbeckia*. Auch bei den dominanten Gehölzen kontrastiert das Laub: auf der einen Seite die elegant überhängenden Blätter der Keulenlilie *(Cordyline)*, auf der anderen Seite die ledrigen, ovalen, vergleichsweise dunkelgrünen Blätter des Karakabaumes.

Eine Halbwüsten-Stimmung an den „Mann" zu bringen, ist nicht eben einfach. Obgleich die Vorteile – Ausdrucksstärke, Pflegeleichtigkeit, große Temperaturtoleranz, Verzicht auf die Installation von Bewässerungssystemen – auf der Hand liegen, verbinden offensichtlich viele Nutzer damit die Assoziation einer Kakteensammlung am Fensterbrett. Eine solche Begrünung (bzw. Besteinung) lebt von der sorgsamen Auswahl der Solitärgehölze: Die Ausdruckskraft eines alten, verzweigten, im Stamm schon gebeugten *Yucca-gloriosa*-Solitärs, aus dessen Stammbasis schon wieder viele Kindel entsprungen sind, läßt sich nicht durch eine „*Yucca gloriosa*, 200/225 cm, Cont. 281" von der Stange ersetzen. Im günstigsten Falle sind hier die zukünftigen Nutzer bei der Pflanzenauswahl dabei, dann lassen sich etwaige Mißverständnisse über die Wertschätzung bizarrer Pflanzen im Vorfeld vermeiden.

Ebenso ist die Kargheit, unterstrichen von einer Bodenabdeckung mit Felsblöcken und Geröll, auch Mineralbeton, bestimmendes Element. In der Planung könnten deshalb gut und gerne die 6 *Carissa macrocarpa* 'Prostrata' ersatzlos gestrichen werden. Auch die *Carpobrotus* sind regelmäßig auszulichten.

Die letzte Variante, eine Südamerika-Impression, wurde schließlich von den Kunden favorisiert. Begeisternd wirkten vor allem die bizarren Solitärs von *Schinus molle*, dem Peruanischen Pfefferbaum. Auch wenn in dieser Pflanzung zwei Fremdlinge integriert sind – die mediterrane, raschwüchsige kletternde *Senecio mikanioides* und der gelb-rot blühende, duftende Zieringwer aus Hinterindien – spiegelt die Bepflanzung doch den ungeheuren Blüten- und Formenreichtum dieses Kontinentes wider. Zumal *Schinus* in seiner Heimat mit sehr ähnlichen Arten derselben Familie bzw. Gattung vorkommt. Die knapp 5 m hohe Solitärpyramide von *S. mikanioides* ist zur Blütezeit übersät mit gelben, sternförmigen Blüten in großen Dolden, während *S. grandifolius* winzige gelbe Korbblüten in blumenkohlartigen riesigen Blütenständen trägt.

Ein kleines Manko bei dieser südamerikanischen Variante: Man muß vergleichsweise viel Pflanzenmüll (abgefallene Blätter und Blüten, ausgelichtete Triebe) entfernen. Außerdem neigen Peruanische Pfefferbäume wie viele Pflanzen mit Fiederblättchen zum Rieseln – zumindest nach dem Umpflanzen.

Bietet sich die Verwendung von sehr großen Kletterpflanzen an und sind diese auch erwünscht, sollte man keine Arten nehmen, deren Temperaturansprüche nur „gerade mal so" erfüllt werden. Selbst viele Immergrüne werfen sonst im Laufe des Winters einen Teil ihres Laubes ab oder man muß es auszupfen. Sie zeigen sich dann monatelang nicht von ihrer Schokoladenseite.

Die Anlage hat ihre erste Härteprobe mit Bravour überstanden: Anlaufschwierigkeiten bei Lüftungs- und Schattierungstechnik, die wegen teilweise überhaupt nicht mehr zu öffenden Lüftungsklappen zu kurzzeitigen Überhitzungen führten, wurden anstandslos ertragen. Auch wenn die zukünftigen Nutzer sehr engagiert sind, bereit, den Pflanzenschutz sorgsam zu erfüllen, wurde doch Wert auf Arten gelegt, die vergleichsweise wenig tierische Schädlinge anziehen.

4.8.4 Caféteria

Die glasgedeckte Caféteria eines kunststoffverarbeitenden Betriebes im Raum Augsburg sollte neben den acht Tischen – die bei Betriebsfeiern zu einer großen Tafel in der Mitte zusammengeschoben werden – einer üppigen Bepflanzung mit Bachlauf Raum bieten.

Die Konstruktion des Komplexes mutet ziemlich futuristisch an: Sie gleicht einer schräg abgeschnittenen Konservendose, wobei das schräge Glasdach nach Norden orientiert ist, um einer zu starken Aufheizung vorzubeugen. Dementsprechend bildet die Nordseite mit knapp 6 m den tiefsten Punkt, der höchste Punkt der Südkante liegt bei 13 m. Da die Seitenkanten betoniert sind, trifft direktes Sonnenlicht also nur zeitweise in den Sommermonaten auf den Boden der Pflanzflächen. Obgleich das Dach nicht schattiert ist, herrrschen daher vor allem im unteren Bereich Schwachlichtverhältnisse.

Auch wenn die Temperaturen – stets zimmerwarm, Nachtabsenkung nie unter 16 °C – eine in der Regel pflegeleichtere Hydrokultur erlaubt hätten, wählten Bauherr und Architekt wegen der größeren Auswahl Pflanzen aus Erdkultur. Zudem ersparte man sich den Bau von Betonwannen, das Substrat hat nach unten Erdanschluß.

Die Bewässerung übernimmt eine simple, über Zeitschaltuhr gesteuerte Tröpfchenbewässerung, ergänzt durch manuelle Wassergaben per Gießbrause. Der Wasserstrom er-

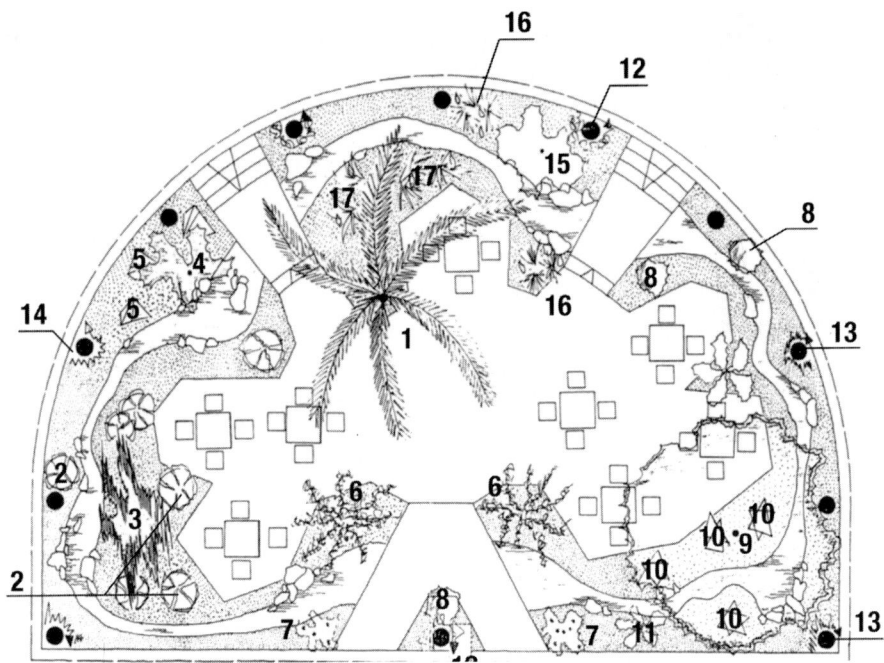

Abb. 36: Die Pflanzbeete der stets zimmerwarmen Caféteria haben nach unten Bodenanschluß; das hohe fließende Grundwasser bedingt einen „kalten Fuß". Die ausgewählten Gehölze, vorwiegend aus Südameria und Südafrika, tolerieren diese leicht widersprüchliche Situation

Leitpflanzen:
- 1 = *Arecastrum romanzoffianum* (Kokospalme)
- 2 = *Strelitzia nicolai* (Baumstrelitzie)
- 9 = *Dombeya wallichii* (Hortensienbaum)

Begleitgrün:
- 2 = *Murraya paniculata* (Orangen-Jasmin)
- 4 = *Psidium guajava* (Echte Guave)
- 5 = *Psidium cattleyanum* (Ananasguave)
- 6 = *Calliandra tweedii* (Puderquasten-Strauch)
- 8 = *Homalocladium platycladum* (Bandbusch)
- 10 = *Mackaya bella*
- 11 = *Senecio grandifolius*
- 15 = *Annona cherimola* (Cherimoya)
- 16 = *Hedychium gardnerianum* (Zieringwer)
- 17 = *Hedychium coronarium*

Kletterpflanzen:
- 12 = *Tetrastigma voinierianum* (Kastanienwein)
- 13 = *Hoya carnosa* (Wachsblume)
- 14 = *Smilex aspera* (Stechwinde)

Bodendecker: *Soleirolia soleirolii* (Bubiköpfchen), *Mentha requienii, Muehlenbeckia axillaris* mit Tuffs von *Elettaria cardamomum* (Malabarkardamome)

folgt also von oben nach unten, überschüssige Salze und Wurzelausscheidungen werden regelmäßig ausgewaschen. Die oft unterschätzten Probleme durch Substratversalzung, die im Unterglas-Bereich bei unten geschlossenen Anstau-Becken im Laufe der Jahre auftauchen können, lassen sich damit vermeiden.

Da die Bewässerung im Überschuß durchgeführt wird, muß das Substrat gut drainiert sein, darf also auf keinen Fall vernässen. Zum anderen muß die Erde stark belastbar und langfristig strukturstabil sein, da der Bauherr beabsichtigte, größere Teile der Pflanzfläche mit Findlingen abzudecken. Neben diesen Anforderungen erfüllte die ausgewählte Erde, ein Dachgartensubstrat mit hohem Anteil mineralischer Bestandteile, zwei weitere wichtige Anforderungen:

Unkraut- und Krankheitsfreiheit. Die dauergedüngte Intensiv-Version wurde verwendet, um die Bepflanzung möglichst rasch zusammenwachsen zu lassen. Da das Gießwasser mit 12 °dH (Gesamthärte) recht weich ist und keine ausgesprochen kalkfliehenden Arten verwendet wurden, konnte der vergleichsweise hohe pH-Wert des Dachgartensubstrates akzeptiert werden.

Die Pflanzenauswahl beruht auf langjährigen Erfahrungen mit den einzelnen Arten – nicht nur im Hinblick auf Lichthunger und Pflegeaufwand, sondern auch auf die Schädlingsanfälligkeit. Dauerblühende, aber leider anfällige Arten wie *Hibiscus* oder Malven wurden aus diesem Grunde ausgeschlossen. Zu berücksichtigen bei der Pflanzenauswahl war das mit 1–2 m relativ hoch anstehende kalte Grundwasser. Es durften also keine Arten gepflanzt werden, die kühlen Fuß nicht vertragen.

Das Problem bei Gastronomiebetrieben – und nicht nur dort – sind hohe Sauberkeitsanforderungen. Sind die Pflanzflächen mit Steinen abgedeckt, es also keinen „Unrat schluckenden" Bewuchs gibt, darf kein kleines Fallaub anfallen. Besonders in Verbindung mit Teppichböden heißt der Planungsfehler Nr. 1: Bambus. Große Blätter kann man mit der Hand aufheben oder – wie hier bei vielen Pflanzen – abschneiden. Wegen des im Laufe der Jahre vergleichsweise geringen Lichteinfalls im unteren Bereich wird die Blüte vieler Arten nicht allzu üppig ausfallen. Fesseln müssen deshalb die unterschiedlichen Blattstrukturen: Die Struktur

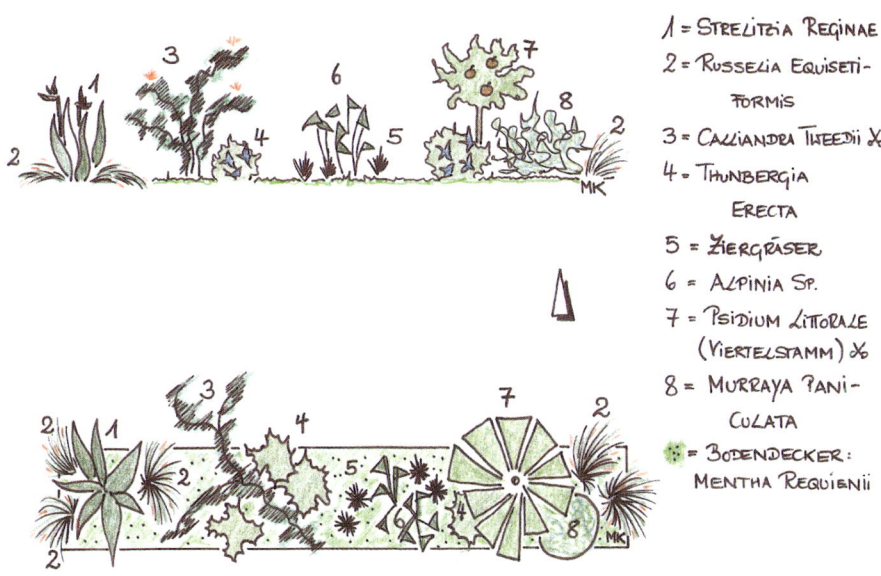

Abb. 37: Unterschiedliche Blattstrukturen schaffen Spannung: Das an kleine Bananen erinnernde Laub von Alpinia oder Strelitzia kontrastiert zum filigranen Geäst der Calliandra ebenso wie zu der relativ kleinlaubigen Guaven-Art

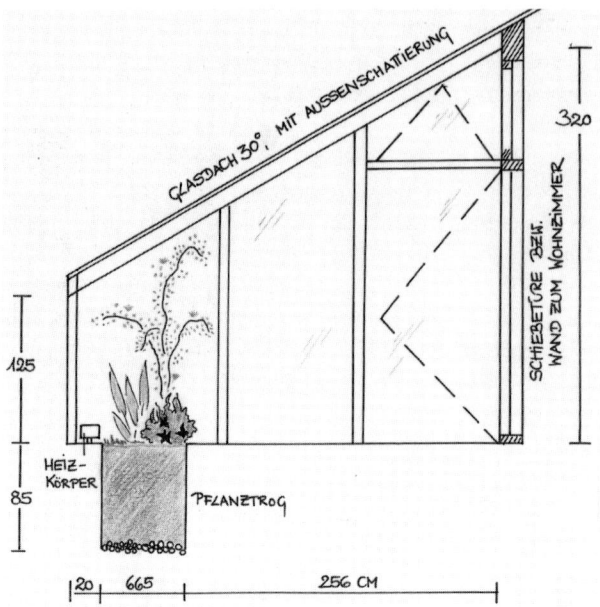

Abb. 38: Arten, die niedrig bleiben oder sich gut zurückschneiden lassen, eignen sich für niedrige Pflanzflächen in Wintergärten

der Leitpflanzen ist geprägt durch die mächtigen, fein gefiederten Wedel der *Syagrus romanzoffianum*, die bananenähnlich wirkenden Blätter eines Horstes der Baumstrelitzie *(Strelitzia nicolai)* sowie durch das großflächige, weiche Laub des Hortensienbaumes *(Dombeya wallichii)*. Als vierte, bildbestimmende Leitpflanze könnte man noch den Hochstamm der Echten Guave *(Psidium guajava)* ansprechen, dessen eßbare Früchte während der Reifezeit einen köstlichen Duft ausströmen. Durch diese Guaven-Art wird der Wechsel der Jahreszeiten in der ansonsten vollständig immergrünen Bepflanzung erfahrbar. Sie wirft im Winter kurzzeitig das Laub ab, blüht im Frühjahr und Sommer, trägt reife Früchte im Herbst und Winter.

Auch in der sehr wichtigen Strauchzone in Augenhöhe setzt sich der starke Kontrast der Blätter fort. Als Beispiel seien hier nur die Tuffs des entfernt an *Canna* erinnernden Zieringwers *(Hedychium)* im Gegenspiel zu dem grob gefiederten Laub des Orangenjasmins *(Murraya paniculata)* aufgeführt.

Als ruhiger Gegenpol zu diesem Spiel mit Blattformen und -farben dient der flache Teppich der bodendeckenden *Soleirolia soleirolii*, *Mentha requienii* und *Muehlenbeckia axillaris*. Bewußt wurden drei verschiedene Bodendecker gewählt, die sich in der Wuchsform stark ähneln: Da die Lichtverhältnisse der Bepflanzung noch nicht hinreichend abgeschätzt werden konnten, mindert diese Arten-Variation den möglichen Schaden durch einen eventuellen Ausfall einer Art. Eingestreute Tuffs des niedrigen Malabar-Kardamoms *(Elettaria cardamomum)* greifen die Formen von Zieringwer und Baumstrelitzie wieder auf.

4.8.5 Beet im Wintergarten

Typisch für viele Wintergärten: Die Stirnseite hat nicht einmal mehr Stehhöhe, in diesem Falle sind es nur noch 1.3 m an der äußeren Kante. Die Pflanzflächen sind ausgerechnet dort vorgesehen, weil der höhere Firstbereich für den Sitzplatz im Grünen frei gehalten wird. Die Lösung heißt hier:

langsamwachsende Pflanzen, die entweder generell nicht höher als der verfügbare Platz werden oder die sich zumindest leicht zurückschneiden lassen.

Einige weitere Eckdaten zu diesem Fallbeispiel: Der Wintergarten wird stets zimmerwarm gehalten, mit einer geringfügigen Nachtabsenkung auf 16 °C. Die gesamte Dachfläche wird außen schattiert. Abgesehen von dem schmalen Randbeet sollte keine weitere Begrünung mit Einzeltöpfen stattfinden, um den ohnehin mageren Spielraum rund um den Sitzplatz nicht noch weiter zu reduzieren. Die beiden Hauptakteure stammen aus Südamerika: *Calliandra tweedii* fügt sich mit seinen zarten, überhängenden Zweigen leicht in den maximal mannshohen Raum. Einzelne höher werdende Triebe werden von unten herausgeschnitten. Der Viertelstamm von *Psidium cattleyanum* wächst zwar relativ rasch, läßt sich aber jederzeit gut entspitzen. Anzuraten ist ein Schnitt vor allem in der Zeit nach der meist überreichen Fruchternte.

Bildbestimmend wirken die beiden großlaubigen Arten *Strelitzia* und *Alpinia*, während die Unterpflanzung entweder grasartig feinblättrig ist (Ziergräser und *Russelia*) oder mit niedrig zu haltenden Blütengehölzen wie der weißen *Murraya* und der blau-violetten *Thunbergia erecta* gestaltet ist.

4.9 Praxisbeispiele aus der Innenraumbegrünung

Ute und Frieder Strohm

Es werden vier Projekte vorgestellt, zu denen folgende Vorbemerkungen zu machen sind:
- die Pflanzbecken sind im Baukörper integriert
- alle Projekte weisen verschiedene Schwierigkeiten oder Besonderheiten in den unterschiedlichen Stadien der Planung, Ausführung oder Pflege auf
- die entsprechenden Maßnahmen und Problemlösungen werden beschrieben

Ziele und deren Umsetzung:
- Lebenserwartung der Innenraumbegrünung mindestens 10 bis 20 Jahre
- pflegeextensive Pflanzungen mit geringen Folgekosten
- optimaler Umweltschutz beim Erstellen und Erhalten der Anlagen
- Pflanzenauswahl entsprechend der Klimabedingungen. Dieses garantiert eine größtmögliche Pflanzengesundheit
- auf Dauer strukturstabiles Substrat, das die Standfestigkeit und die Nährstoffversorgung der Pflanzen sichert
- kein Wasseranstau wegen der Gefahr der Vernässung und Versalzung
- automatische Versorgung der Pflanzen (Bewässerungsanlage, Düngermischer)
- die verwendeten Materialien sollen recycelfähig und umweltfreundlich in Herstellung, Gebrauch und Entsorgung sein,
- Pflanzenschutz ausschließlich durch Nützlingseinsatz

Abb. 39: Detail Wasserlauf: Die Natürlichkeit des Zusammenspiels von Wasser, Stein und Pflanze kann durch eine artgerechte Verwendung der Materialien erzielt werden

4.9.1 Foyerbegrünungen

4.9.1.1 Altenheim Sonnenhalde

Aus baulichen Gründen mußte das Foyer sehr niedrig und ohne ausreichende natürlichen Beleuchtung nicht sehr hell und einladend gebaut werden. Die Innenraumbegrünung sollte die Raumsituation entsprechend verbessern. Die Temperaturen sind ganzjährig konstant bei 20 °C. Das vorhandene Tageslicht reicht nicht aus, Assimilationslicht ist notwendig. Die Raumhöhe ist mit 2,8 m sehr begrenzt.

Als große Besonderheit ist bei diesem Projekt der sehr frühe Kontakt des Hochbau-Architekten mit dem Innenbegrüner zu nennen. Er erfolgte eineinhalb Jahre vor Ausführungstermin. Zu diesem Zeitpunkt war der Rohbau noch nicht vorhanden. Jeder Innenbegrüner sollte mit allen ihm zur Verfügung stehenden Mitteln darauf hinarbeiten, daß die planenden Architekten bereits in diesem frühen Stadium mit den entsprechenden Fachplanern Kontakt aufnehmen.

Nur dann können optimale Bedingungen mit einem möglichst geringen Aufwand geschaffen werden. So konnten in diesem Fall alle notwendigen Anschlüsse (Wasser, Strom), Durchbrüche für Abflüsse in die Werkplanung des Architekten mit einfließen. Allerdings besteht die Schwierigkeit, daß die gesamte Raumsituation und die Klimabedingungen ausschließlich anhand von Plänen einzuschätzen sind. Der Innengrünplaner muß ohne Messungen auskommen. Dazu gehört Fachwissen und Erfahrung.

Planung und Umsetzung

Das Pflanzbecken hat eine Grundfläche von 10 m². Der durch den Höhensprung im Gebäude entstehende Niveauunterschied von 40 cm, der auch im Pflanzbecken wieder auftaucht, bot an, dieses Gefälle für einen kurzen Bachlauf auszunutzen. Daraus entstand das Konzept, die zur Verfügung stehende Fläche in zwei Becken einzuteilen.

Das Wasserbecken

In der vorderen Hälfte, die nur eine Tiefe von 20 cm hat, ist das Wasserbecken. Es ist durch eine Aufkantung vom dahinter liegenden Pflanzbecken streng getrennt. Im Pflanzbecken finden sich unterschiedliche Tiefen zwischen 20 und 60 cm. Der kleine Wasserfall entspringt etwa in der Mitte des Pflanzbeckens am Fuß der Solitärpflanze. Von dort fällt das Wasser über einige Muschelkalkplatten ins Wasserbecken hinab. Im Wasserbecken sind einige Gruppen von Muschelkalksteinen angeordnet.

Um das Wasser nicht als dunkles Loch wirken zu lassen, sind zwei Unterwasserscheinwerfer installiert. Der Wasserstrom wird von einer Teichpumpe erzeugt. Durch eine Teichfolie unter den Steinplatten gelangt kein Wasser ins Pflanzbecken. Das Wasserbecken wird bei einem Absinken des Wasserspiegels durch Verdunstungsverlust automatisch mittels eines Druckschalters wieder nachgefüllt. Zu Reinigungszwecken ist ein Ablauf eingebaut.

Das Pflanzbecken

Im Pflanzbeckenbereich gibt es zwei Öffnungen in der Betondecke. Eine Öffnung wurde für einen Ablauf benötigt. Durch die zweite Öffnung werden alle notwendigen Leitungen aus dem Untergeschoß ins Pflanzbecken geführt. Die Pflanzen werden über eine Tensioschalter-gesteuerte Tropfbewässerung verbrauchsabhängig mit Wasser versorgt. Im Untergeschoß kann ein Düngermischer in die Bewässerungsleitung eingekoppelt werden. So ist auch die Nährstoffversorgung sichergestellt. Im Pflanzbecken gibt es keinen Anstau. Alles überschüssige Wasser kann sofort ablaufen. Die ersten zehn Zentimeter des Substrataufbaus bildet eine Drainageschicht aus Ziegelsplitt. Darüber liegt ein Filtervlies, das ein Einschwemmen von Feinteilen in die Drainageschicht verhindert. Über dem Vlies liegt ein von uns selbst gemischtes Spezialsubstrat mit einem sehr hohen mineralischen Anteil. Da das vorhandene Tageslicht für die Pflanzen nicht ausreicht, wurden über dem Pflanzbecken vier Quecksilberdampfleuchten mit je 150 Watt Leistung installiert.

Gestaltung

Bestimmend für die Gestaltung sind Wasser, Steine und eine Solitärpflanzengruppe. Ein schroffer Uferbereich mit einer knorrigen Pflanze am Ufer ist das Thema. Die Hauptpflanze erhebt sich über einer „Felswand" und spiegelt sich im darunterliegenden „Teich", der von einer Quelle gespeist wird. Der kleine Bachlauf entspringt im mittleren Bereich des Pflanzbeckens und fällt über Steinplatten in die stehende Wasserfläche.

Résumée

Die Planung einer Innenbegrünung zu einem solch frühen Zeitpunkt stellt sehr hohe Anforderungen an den Innenbegrüner und muß auch entsprechend durch ein Planungshonorar vergütet werden. Sie bietet allerdings die Möglichkeit durch den Einsatz von Technik auch bei schlechten vorhandenen Verhältnissen optimale Bedingungen zu schaffen. Durch den Einsatz der Technik, die die Herstellungskosten zwar erhöht, kann der langfristig notwendige Pflegeaufwand aber minimiert werden. Auch die gestalterischen Möglichkeiten sind größer, als wenn man vorhandene Gegebenheiten akzeptieren muß.

Das kleine Wasserspiel zeigt verschiedene optische und akustische Reize. Das Wasser läuft murmelnd und erzählend durch die Miniaturuferlandschaft mit Farnen und weiteren Bodendeckern. Es fällt in den Teich, bildet kleine Wellen, die in der spiegelglatten Fläche, in der einige Felsen liegen, auslaufen. Ein Unterwasserstrahler hebt den kleinen Wasserfall hervor. Der Gesamteindruck der Grünanlage ist ruhig, kraftvoll und

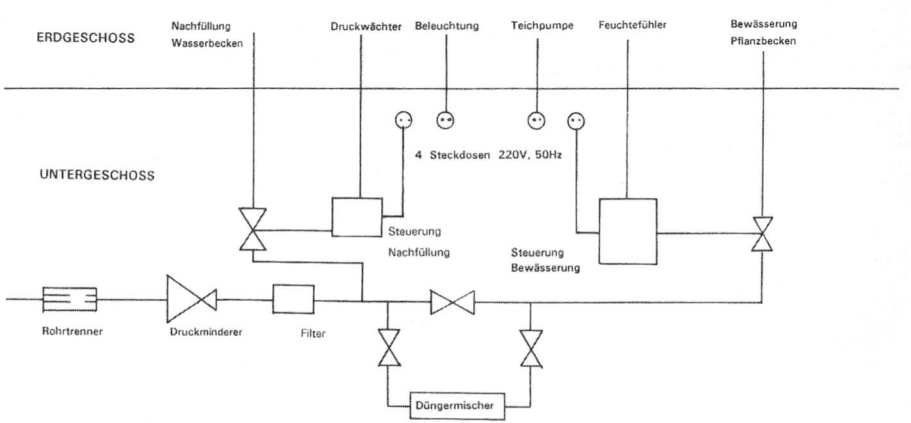

Abb. 40: Technikplan Altenwohnheim Sonnenhalde

Abb. 41: Richard-Drautz-Stiftung. Kleines Becken, große Wirkung. Dreieinhalb Kubikmeter Erde ermöglichen eine kraftvolle Entwicklung trotz mangelhafter Pflege

schlicht. Sie lebt von der Herausarbeitung der Elemente Wasser, Stein und Pflanze.

Der Kastanienwein schaffte bis zum Frühjahr vier Meter Trieblänge.

4.9.1.2 Richard-Drautz-Stiftung

Das Altenheim Schanz wurde 1995 durch einen Neubau, der die Möglichkeit des betreuten Wohnens anbietet, erweitert. Der Eingangsbereich übernimmt die Funktion der Verbindung von Neu- und Altbau, Innenhof und Caféteria. Er bildet einen zentralen Bereich, der sehr stark von Besuchern und Bewohnern frequentiert wird. In diesem Raum befindet sich ein relativ kleines Pflanzbecken mit 3 m^2 Gundfläche. Das Volumen des Beckens ist mit 3,6 m^3 Inhalt sehr groß.

Der darüber befindliche Luftraum erstreckt sich über drei Stockwerke. Die Fassaden in Süd- und Westrichtung sind verglast. Die Temperaturen liegen ganzjährig bei Zimmertemperatur, wobei eventueller Zug im Winter vom Eingang her einzukalkulieren war. Im Sommer ist keine Überhitzung zu erwarten, da das Raumvolumen und die ausgleichenden Gebäudemassen sehr groß sind.
Der Kastanienwein *(Tetrastigma voinierrianum)*, wandert an den Geländern im ersten und zweiten Stock entlang und erfaßt so mit den Jahren den gesamten Flurbereich. Weitere Hauptpflanzen sind das Pfahlrohr *(Arundo donax)*, das den freien Raum durch seinen aufrechten schwingenden Wuchs einnimmt, die farbig blühende Paradiesvogelblume *(Strelitzia reginae)* und die *Bougainvillea*, die im Arundo ihre Künste als Spreizklimmer zeigt. Der Boden wird durch Kiesel und Judenbart *(Saxifraga stolonifera)* bedeckt. Die Pflanzung erfolgte im Herbst 1995 und zeigte trotz des sehr ungünstigen Pflanztermins eine sehr gute Entwicklung.

Besonderheiten

Der erste Kontakt mit dem Architekten fand durch die Vermittlung des im Außenbereich tätigen Garten- und Landschaftsbauers erst sechs Wochen vor der Einweihung des Gebäudes statt! Aufgrund der kurzen Zeit bis zur Fertigstellung akzeptierte der Architekt keine der von uns vorgeschlagenen Veränderungen. Der vorhandene Zustand mußte akzeptiert werden.

Das Pflanzbecken bildet eine geschlossene Wanne. Folglich wurde keine automatische Bewässerung installiert, da eine Fehlfunktion der Technik nie mit absoluter Sicherheit ausgeschlossen werden kann. Wasserschäden am Gebäude wären die Folge. Verwendet wurde deshalb das Anstausystem (siehe Kapitel 9.1) mit manueller Bewässerung. Ein **Anschluß zum gewachsenen Boden** kombiniert mit einer automatischen Bewässerungsanlage schafft nach unseren Erfahrungen durch das sehr große mögliche Wurzelvolumen die **besten Voraussetzungen** für die Entwicklung der Pflanzen.

Schwierigkeiten

Die Pflanzung wird von einer Mitarbeiterin des Hauses mit Wasser versorgt. Von uns werden im ersten Jahr im monatlichen Abstand, zukünftig im zweimonatigem Rhythmus Kontrollgänge durchgeführt. Im Sommer 1996 zeigte der Kastanienwein bei einem unserer Kontrollgänge eine Wachstumsstockung und Welkeerscheinungen. Keine der anderen Pflanzen litt unter sichtlichem Wassermangel. Die Erde war zu diesem Zeitpunkt feucht. Eine Erklärung war auf den ersten Blick nicht zu finden.

Résumée
Ein kleines Pflanzbecken kann aufgrund der Ausbreitungsmöglichkeiten des *Tetrastigma* im Laufe der Jahre eine große Wirkung erzielen. Durch die aufgetretenen Schwierigkeiten in der Wasserversorgung, auf die wir bereits beim ersten Termin mit dem Planungsbüro hingewiesen haben, konnten wir die zuständigen Architekten überzeugen, den Innengrünplaner zukünftig bereits in der Planungsphase einzuschalten.

Der Kontrolltensio im Pflanzbeet zeigte jedoch -500 hPa (Hektopascal)! Durch unsachgemäßes Gießen der pflegenden Mitarbeiterin war also die Erde ab 10 cm Tiefe staubtrocken. Nach einer Wassergabe von 150 Litern ging der Kontrolltensio auf -50 hPa zurück.

4.9.2 Finanzamt

Das Finanzamt besteht aus zwei Gebäudeflügeln. Zwischen diesen beiden Flügeln befindet sich ein Glashaus. Es dient als Eingangsbereich, Verbinder und Treppenhaus. Es ist nach Norden, nach Süden und im Dach isolierverglast. Im Dach und im oberen Stehwandbereich befinden sich Lüftungsklappen. Die Verglasungsart läßt nur ca. 40% des natürlichen Lichtes in den Innenraum gelangen.

Das Glashaus wird nicht geheizt, bekommt jedoch eine beträchtliche Menge an Abwärme durch die angrenzenden Gebäudeteile. Die Minimumtemperatur liegt bei ca. 10 °C. Zu beiden Seiten der Treppe befinden sich zwei Pflanzbecken mit zusammen 20 m² Grundfläche. Die Pflanzwannen sind geschlossene Becken und mit Folie abgedichtet. Die Tiefe beträgt nur 25 cm. Die unteren 5 cm sind als Drainage- und Anstauschicht mit Lavagranulat angefüllt. Die Bewässerung erfolgt mittels Gießrohr per Hand. Die Leitpflanzen sind Kastanienwein *(Tetrastigma voinierianum)* und Bambus *(Phyllostachys aurea)*. Fertigstellungstermin war 1984.

Situation im Sommer 1994

Im Sommer 1994 nahm der zuständige Sachbearbeiter vom staatlichen Liegenschaftsamt mit uns Kontakt auf, da der Zustand der Pflanzung nicht mehr befriedigend war. Bei einem Ortstermin war folgender Zustand festzustellen: Der *Phyllostachys* hatte braune Blattspitzen und sehr helles Laub, wies aber Halme mit 3-4cm Durchmesser am Halmgrund mit einer Höhe von 8 m auf. Der *Tetrastigma* hatte sehr gelbes, teilweise nekrotisches Laub und stagnierte sehr stark. Eine Bodenuntersuchung brachte kein genaues Ergebnis, sondern die pauschale Aussage des Instituts: In diesem Substrat ist aufgrund des hohen Salzgehaltes kein Pflanzenwachstum möglich!

Der Wasserstand war je nach Laune des Hausmeisters mal fast an der Oberkante des Pflanzbeckens, mal war ein Trockentest angesagt. Die bereits installierte Besprühung war mit Duschköpfen und Ölbrennerdüsen ausgestattet, nicht funktionsfähig und nicht automatisiert.

Verbesserung der Situation

Zur Verbesserung der Situation werden auf unseren Vorschlag hin folgende Maßnahmen ergriffen: Im großen Pflanzbecken wird vom Installateur nachträglich ein Abfluß eingebaut. Die Versalzungen werden in diesem Becken durch ein mehrstündiges Wässern herausgewaschen. Im kleinen Pflanzbecken fehlen dafür die baulichen Voraussetzungen.

Das Substrat wird in allen Bereichen, in denen es ohne größere Wurzelschäden möglich ist,

Abb. 42: Verbindungsbereich und Treppenhaus im 2. Obergeschoß des Finanzamtes. Der Phyllostachys nimmt spielend die Höhe des Raumes auf

ausgetauscht. Die übrigen Flächen werden bis zum ursprünglichen Niveau aufgefüllt.

Im großen Pflanzbecken wird eine Tensioschalter-gesteuerte Tropfbewässerung installiert. Im kleinen Pflanzbecken ist das nicht möglich, da der aus Sicherheitsgründen notwendige Abfluß fehlt. Zur Düngung kann ein Düngermischer in die Bewässerungszuleitung eingekoppelt werden. Die bestehende Sprühanlage wird umgebaut und mit Sprühdüsen ausgerüstet. Die Steuerung übernimmt der Bewässerungscomputer mit. Sprühintervalle im Sekundentakt sind möglich. Dadurch wird der im Niederdruckbereich unvermeidbare Niederschlag auf ein Minimum begrenzt, Vernässungen vermieden. Der Unterbewuchs wird neu gepflanzt. Ausführungstermin dieser Maßnahmen war Herbst 1994.

Auswirkungen der Maßnahmen

Der *Tetrastigma* reagiert mit sofortigem Antreiben und dem Grünwerden der Blätter. Das Wachstum ist sehr stark und jeweils im Frühjahr 1995 und 1996 blühte er in den oberen Bereichen.

Der *Phyllostachys* hat im Bereich der Besprühung inzwischen keine braunen Blattspitzen mehr. Das Laub ist insgesamt kräftiger geworden. Die Halmneubildung war im Sommer 1995 relativ schwach, eine Reaktion auf den Nährstoffmangel im Vorjahr und die Verletzungen im Wurzelbereich durch den Erdaustausch. Im Sommer 1996 ist eine starke Halmneubildung zu beobachten.

Résumée
Eine seit Jahren unter schlechten Bedingungen doch noch wachsende Anlage konnte mit einigen optimierenden Maßnahmen gerettet und die schlummernden Kraftreserven von *Phyllostachys* und *Tetrastigma* geweckt werden. Die Anlage hat jetzt einen erfrischenden, gesunden Ausdruck. Mit dem Einsatz der Technik ist die Versorgung der Pflanzen optimiert und der Arbeitsaufwand für die Pflege der Anlage minimiert worden.

Abb. 43: Detail Bachlauf Waldorfschule: ohne Wasser kein Leben. Die Kinder springen über den Bach und finden sich bei den Sitzsteinen zum Erzählen und sich Necken ein
(Projektbeschreibung ab Seite 104)

Schwierigkeiten

Schwierigkeiten wird es weiterhin mit der Wasserversorgung des kleinen Pflanzbeckens geben. Der Zustand wird entsprechend der Sorgfalt des Hausmeisters Schwankungen unterworfen sein. Gestalterisch schwierig ist die räumliche Enge des Treppenhauses. Sie begrenzt die Entfaltungsmöglichkeiten des *Phyllostachys* sehr stark. Am natürlichen Standort schwingt der Bambus immer, zumindest im oberen Bereich des Halmes. Er steht nie wie eine Kerze. Nachdem der Bambus im Sommer neue Halme geschoben hat, muß in jedem Herbst ein Auslichtungsschnitt durchgeführt werden, damit das Blätterdach nicht zu dicht wird. Es tritt sonst ein starker Lichtmangel für die Bodendecker auf.

4.9.3 Freie Waldorfschule

Eckdaten, zeitlicher Ablauf

Schon in einem sehr frühen Planungsstadium wurden wir als Innenbegrüner hinzugezogen. Eineinhalb Jahre vor Ausführung

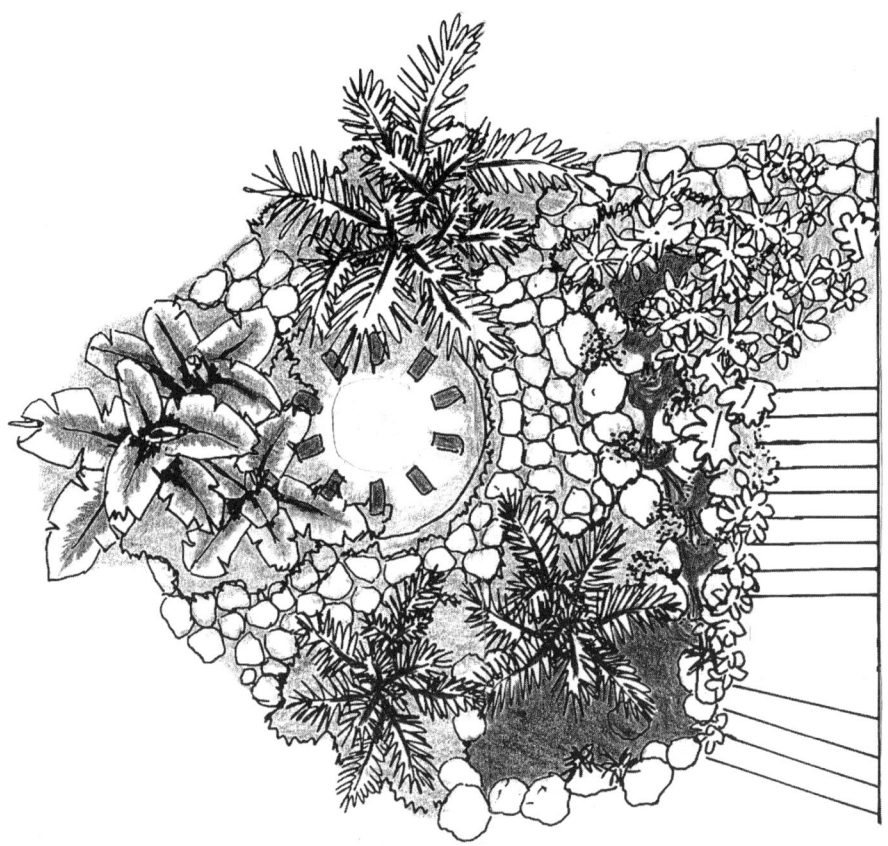

Abb. 44: Aufsicht Waldorschule: Die Oase liegt im Zentrum der Schule; Palmen und Wasser bestimmen das Bild

wurde in Zusammenarbeit mit dem Architektenbüro, dem Garten- und Landschaftsarchitekten und uns eine Idee entwickelt und die notwendigen baulichen Maßnahmen festgelegt. Anschlüsse für Strom, Entwässerung, an die Regenwassernutzungsanlage und die öffentliche Wasserversorgung wurden vorgesehen und ihre Plätze festgelegt. Die Ausmaße des Pflanzbeetes und die Bereiche mit Anschluß zum gewachsenen Boden wurden im Plan eingetragen und Klimafragen mit den Pflanzenansprüchen verglichen.

Das Ergebnis war eine **tropische Bepflanzung**, die sich teilweise aus dem Fußbodenbereich abheben würde, damit die Hauptpflanzen ausreichenden Platz für ihre Ballen bekämen. Der vom Architekturbüro gewünschte Bachlauf mußte sich ebenfalls aus dem bestehenden Niveau erheben, um fließen zu können.

Nach diesen ersten grundsätzlichen Gesprächen wurde ein Jahr später eine Planung und ein Angebot für die Grüngestaltung der „Oase" abgegeben. Die Ausführung fand im April 1997 statt. Nach wenigen Monaten wird der Unterbewuchs eine einheitliche Fläche gebildet haben und einen ruhigen Gesamteindruck vermitteln.

Die Planung

In der Freien Waldorfschule ist das Fach Gartenbau fester Bestandteil des Unterrichts. Die Schüler sollten teilhaben an der Entstehung und anschließenden Betreuung der Grünanlage. Ihr Platz mitten im Zentrum der zentralen Halle fordert die Benutzbarkeit, die direkte Erlebbarkeit heraus. Daraus ergab sich das Konzept, die Begrünung begehbar, erlebbar zu machen.

Die Planung wurde anhand der Pläne im Maßstab 1:100 (Aufsicht und Schnitt), Fotos der Hauptpflanzung und der nachfolgenden Textbeschreibung vorgestellt: „Die große Halle des Schulgebäudes wird von einem stilisierten Baum im Zentrum getragen. Die Glaskuppel erhellt den hohen Raum. Es herrscht eine freundliche und einladende Atmosphäre. Die Temperaturen liegen ganzjährig bei etwa 20 °C. Lange bevor über die Begrünung in der Halle nachgedacht worden ist, hatte dieser Raum seinen Namen erhalten:

Die Oase

Wasser und üppige Vegetation, Erholung und Entspannung von einer langen Reise, tropische Früchte und den Austausch von Neuigkeiten unter schützendem Blattdach verbinden wir mit dem Leben in der Oase. Diese Vision bildet die Grundlage der Begrünungsidee.

In den Tropen herrscht die Farbe Grün in allen Variationen vor. Sie wird auch unsere Oase bestimmen. Die Spannung in der Gestaltung entsteht durch die unterschiedlichen Pflanzencharaktere, die verschiedenen Blattformen, Oberflächen und Grüntöne. Ganz vereinzelt tritt der Akzent Blüte in Erscheinung.

Mit der Blüte kommt der Duft. Der arabische Jasmin wird in seiner Heimat zur Aromatisierung von Tee genutzt. In der Oase hat man mit ihm etwas zum Schnuppern. Zum Naschen dienen die Früchte des Bananenhains.

Die kleinen Ladyfinger-Bananen haben ein ausgezeichnetes Aroma. Für das Ohr ist der Bachlauf zuständig. Bewegtes Wasser bringt Leben und Dynamik in die Bepflanzung. Wir können uns als Alternative zu diesem sporadisch fließenden Wasser sehr gut eine stetig fließende Quelle vorstellen. (Anmerkung: Es bestand die Idee des Architekten, das Regenwasser der Glaskuppel in das Gebäude hineinzuleiten, dort in den Bachlauf

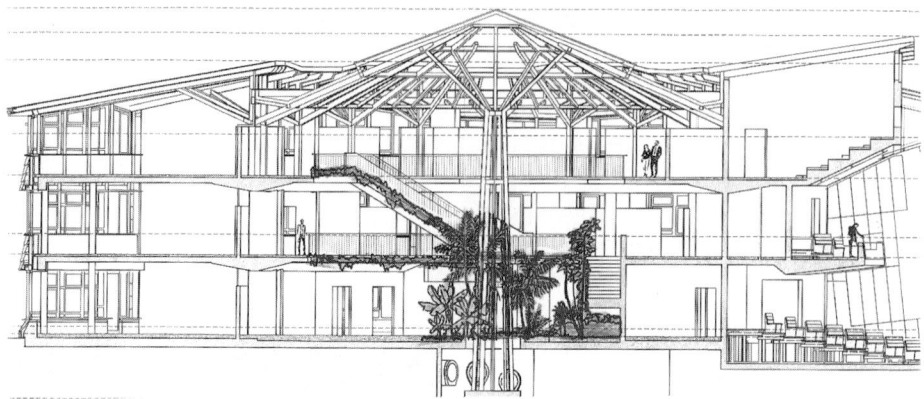

Abb. 45a: Schnitt Freie Waldorfschule Köln: Das schirmartige Glasdach, getragen von dem stilisierten Baum, läßt das für jede Innenbegrünung wünschenswerte Oberlicht herein

einzuspeisen und unterirdisch wieder aus dem Gebäude herauszuführen. Im Außenbereich taucht es dann wieder in einem Bachbett auf, um den tiefer gelegenen Gartenteich zu speisen.)

Große Palmen, die schon bei der Pflanzung im Ansatz die Höhe des Raumes aufnehmen, bestimmen das Bild. Ein mehrstämmiger tropischer Baum begleitet die Treppe. Man schreitet unter dem schützenden frischgrünen Blätterdach in das erste Obergeschoß. Ein Kastanienwein am Fuße der Treppe begleitet die Galerien und gibt der Oase einen grünen Rahmen.

Eine Quelle entspringt unter einem Stein. Der kleine Bach ergießt sich in einen Teich. Die Palmen und Farne spiegeln sich in seiner stillen Oberfläche. Die Bodendecker überspielen die Beetform in unregelmäßigen Abständen, und unterstreichen den naturhaften, organischen Ausdruck der Begrünung.

Der Bananenhain am Beetrand läßt seine Wedel weit über die Wegeflächen schwingen. In diesem Bereich können sie es sich leisten, der Raum ist hier weit. Ein Rundweg durch die „Oase" mit Erweiterungen, in denen Sitzsteine zum Verweilen einladen, läßt eine hautnahe Erfahrung zu. Man kann fühlen, hören, riechen und beobachten, auch Tierisches. Einige Frühlingsläuse bleiben nicht aus. Die Florfliegen und deren Larven sorgen dafür, daß die Schädlinge nicht überhand nehmen..."

Die Gestaltungsgrundlagen

Das Gebäude lebt von seinen organischen Formen. Weiche Linien und asymmetrische Aufteilungen ziehen sich bis in die Details des Gebäudes. Der stilisierte Baum, der die Dachkonstruktion trägt, steht seitlich versetzt in der zentralen Halle.

Dieser asymmetrische Aufbau fordert eine ihm gemäße Antwort. Sie liegt in diesem Fall in der Fortführung, der Unterstützung der organischen, naturhaften Formen. Ein Kontrapunkt mit einer klar symmetrischen Antwort in der Bepflanzung ist in diesem Raum schwer vorstellbar, in manchen Fällen jedoch ein sehr reizvoller gestalterischer Weg.

Hier also die Fortführung des vorhandenen Gestaltungsprinzips. Die Solitärpflanzen stehen im goldenen Schnitt zueinander. Die Hauptpflanze ist die große *Schefflera*. Sie wird von der fast ebenso hohen *Chrysalidocarpus* begleitet (Nebengruppe). Als Gegengruppe finden sich die kleineren Palmen am Teichrand ein. Gerne hätten wir gesehen, daß die Hauptpflanzen sich weiter um den stilisierten Baum herumgezogen hätten, jedoch war das aus technischen Gründen nicht möglich. Die Anschlüsse zum gewachsenen Boden geben, speziell für die große Palme, den Standort vor. Uns war wichtig, die Transparenz, die Helligkeit und Freundlichkeit des Raumes zu erhalten. Die *Chrysalidocarpus* erfüllen dieses Kriterium mit ihren feinen leichten Wedeln. Auch als große Pflanzen werfen sie keine so dunklen, undurchlässigen Schatten wie z.B. *Ficus*-Arten. Ihr frisches Grün wird von der *Schefflera* fortgeführt, die mit ihren kastanienartigen Blättern einen Kontrast in der Form und in der Oberfläche zeigt.

Das Wasser begleitet die Hauptpflanzen und folgt den gleichen Prinzipien. Im „Bachoberlauf" finden sich kräftige Steinbrocken, die die Haupt- und Nebengruppe bilden, im Übergangsbereich vom Bach zum Teich liegt die Antwort mit großen lagernden Steinformen (vgl. Abbildung 42, Seite 103).

Die Farben

Frisches Grün und gelbgrüne Farben bestimmen das Bild. Helligkeit, Wärme, positive Stimmungen sind uns in diesem Gebäude wichtig. Hier halten sich Kinder aller Altersklassen auf, die möglichst freudig ihren Tag verbringen sollen. Die neue *Epipremnum*-Sorte mit gleichmäßig gelbgrünem Laub ist vorzüglich dazu geeignet, dunkle Ecken aufzuhellen.

Die Formen und Oberflächen

Der Bananenhain als Beispiel: Die großen ruhigen Blätter stehen über dem weichen kleinststrukturierten Teppich aus Bubikopf. Diese nahezu monochrome Kombination wird von den Natursteinen mit ihren festen, hellbraunen Oberflächen unterbrochen. Als Akzent und Kontrastpunkte stehen in scheinbar willkürlicher Streuung einige *Dipteracanthus* dazwischen.

Die Höhenstaffelung

Die Palmen und die *Schefflera* bestimmen das Bild und nehmen die Höhe des Raumes auf. Alle weiteren Pflanzen bleiben in Bodennähe und haben die Aufgabe, die Hauptpflanzen in ihrer Wirkung zu unterstützen, sich selbst aber stark zurückzunehmen. Je weiter die Höhenstaffelung mit den Jahren auseinanderklafft, desto stärker wird die Spannung in der Gestaltung. Das optimale Verhältnis wird erst in einigen Jahren erreicht sein.

Die Technik

Der Bachlauf wird durch eine Teichpumpe mit einer Förderung von 60 Liter Wasser pro Minute in Gang gehalten. Der Wasserverlust, der durch die Verdunstung eintritt, wird automatisch ersetzt. Dazu ist im Teich eine Wasserstandskontrolle installiert, die bei Bedarf ein Signal an das Steuergerät gibt. Die Wasser- und Nährstoffversorgung der Anlage geschieht mit einer Tensioschalter-gesteuerten Tropfbewässerung. Die Steuerung übernimmt ein elektronisches Steuergerät, das maximal 12 Magnetventile ansteuern kann. Es wurde folgende Kreiseinteilung gewählt:

Kreis 1: Bananenhain
Kreis 2: große *Chrysalidocarpus*
Kreis 3: kleine *Chrysalidocarpus*
Kreis 4: *Schefflera*
Kreis 5: Unterbewuchs
Kreis 6: Teichnachfüllung.

Alle Hauptpflanzen werden separat über einen Feuchtefühler angesteuert und erhalten bedarfsabhängig Wasser. Der Tensioschalter schließt bei Wasserbedarf (wenn ein Unterdruck von 90 hPa im Meßrohr unterschritten wird, siehe Kapitel 9.3.) einen Stromkreis und gibt so Signal an das Steuergerät. Das Steuergerät aktiviert die jeweiligen Magnetventile. Dieses System ist sehr einfach und arbeitet ausgesprochen zuverlässig.

Bei den Großpflanzen sind Kapillartropfer in entsprechender Anzahl für die Wassergaben verantwortlich. Sie werden mit Hilfe eines Milchdosenöffners in 1/2" PE Rohre gesteckt. Wichtig ist bei der Montage, daß eine der Tropfstellen in der Nähe des Fühlers sitzt, um zuverlässig arbeiten zu können (siehe Kapitel 9.4.).

Die Bananen, die bald einen überdurchschnittlichen Wasserbedarf haben werden, haben ebenfalls einen separaten Kreis erhalten, der hier in der flachen Zone über druckreduzierende Tropfschläuche (Agrodrip) versorgt wird.

Auch der restliche Unterbewuchs bekommt auf diese Weise Wasser. Diese Tropfrohre werden etwa 3–5 cm tief im Boden verlegt. Damit sind sie nicht an der Oberfläche sichtbar und versorgen auch den Unterbewuchs ausreichend mit Wasser und Nährstoffen. Ein Düngermischer, der vor den Magnetventilen sitzt, kann in Betrieb genommen werden, wenn die Pflanzen die vorhandenen Nährstoffe des Bodens aufgebraucht haben.

Die aufwendige Versorgung der Großpflanzen mit separaten Bewässerungskreisen gewährleistet eine optimale Versorgung vom Tag der Installation an. Ein Ausgießen während der Anwachszeit ist nicht notwendig. Die Kosten, die ein Bewässerungskreis verursacht, stehen den Kosten von 6 m hohen Solitärs gegenüber.

Die Umsetzung

Die Abdichtung des Pflanzbeckens wurde vom Dachdecker ausgeführt. Eine PVC-Folie wurde vor Ort verschweißt und angepaßt. Die Teichabdichtung ist ebenfalls in PVC ausgeführt. Der Teich hat zwei Überläufe erhalten.

Einer leitet das Regenwasser, das durch die Oase geführt werden soll in den Gartenbach und -teich weiter. Der zweite dient der Sicherheit. Er liegt etwa 1 cm höher als der erste Ablauf, und führt überschüssiges Wasser in die Kanalisation ab. Der Bachlauf wurde von uns in eine 1 mm starke PE-Folie gelegt. Dabei ist auf eine gut bemessene Breite und Länge des zu verwendenen Stückes zu achten, da PE-Folie nicht verschweißt oder auf eine andere Art und Weise verbunden werden kann. Ihr Vorteil ist die problemlose Entsorgung.

Die Erde wurde vor Ort unter unserer Aufsicht gemischt. Sie besteht aus 30 % Mutter-

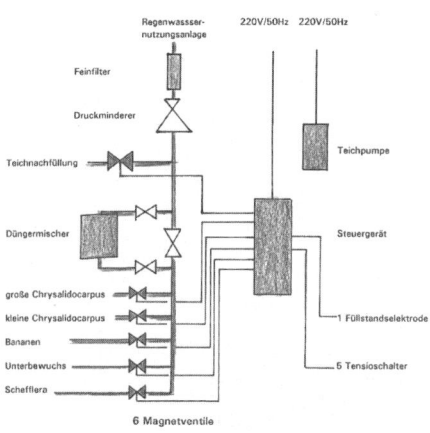

Abb. 45b: Technikplan der Freien Waldorfschule

boden, 30% Lava, 30% gewaschener Sand und 10% Düngetorf. Die Drainage aus Lava wurde von Eltern und Lehrern eingebracht. Sie konnte in diesem Projekt nur etwa 5 cm stark sein, da uns insgesamt nur 25 cm Substrataufbau in der Fläche zur Verfügung standen. Unter der Treppe konnte die Substratschicht höher eingebracht werden. Das war zum einen für die *Schefflera* von Vorteil und für das Gefälle des Bachlaufes notwendig.

Vom Einbringen der Erde an waren die Schüler der Klassen 6 bis 8 bei der Ausführung dabei. Am Anfang jeder Unterrichtsstunde stand eine kurze Einführung in die Thematik, das Beschreiben der nun folgenden Aufgabe und eine kurze Fragerunde. Dann gingen die Schüler mit uns ans Werk.

Die genaue Ausarbeitung des Bachlaufes ergab sich im Laufe der Bauarbeiten. Die vorhandenen Natursteine bestimmten das Bild und deren Verwendungsart. Es ergab sich, wie vorgesehen, ein Weg durch das Grün. Am Wasser kann man auf behauenen Blöcken Platz nehmen. Der Bachlauf läßt sich mit einem kleinen Satz überspringen. Keine Pflanzen verhindern diesen halblegalen Zugang, im Gegenteil, die lagernden Steine laden zum Balancieren und Springen ein.

Pflege, Betreuung

Die Pflege der Anlage wird durch den Gartenbaulehrer, unterstützt durch den Hausmeister übernommen. Für Fragen und bei Schwierigkeiten stehen wir als Ausführende zur Verfügung. Üblicherweise wird ein Jahr Vollpflege für eine derartige Anlage empfohlen, bei der ein interessierter Mitarbeiter in die notwendigen Pflegemaßnahmen eingewiesen wird. In diesem speziellen Fall konnte darauf verzichtet werden, da der Gartenbaulehrer ein gelernter Gärtner ist.

Résumée

Die Schüler nahmen die „Oase" sofort nach Fertigstellung in Besitz. Genauer gesagt schon während der Bauarbeiten. Das war sehr wichtig und erfreulich für uns. Wichtig war es, weil man dadurch auf die Wünsche der Schüler noch eingehen konnte, indem man zum Beispiel den Sprung über den Bach bewußt ermöglichen konnte. Erfreulich war zu beobachten, wie an ruhigeren Nachmittagen sich Schüler und Schülerinnen einfanden, um gedankenverloren am murmelnden Bachlauf Platz zu nehmen, um vor sich hin zu träumen. An den tumultreichen Vormittagen in den Pausen mußte man schon schmunzeln, wenn man beobachten konnte, wie das eine oder andere Mal das Wasser zum Necken benutzt wurde. Gewiß wird es ab und an auch einmal nasse Füße geben ...

Sehr groß war die Akzeptanz der Lehrer und Elternschaft nach der Fertigstellung. Im Vorfeld wurde lebhaft diskutiert, ob eine derart künstliche Begrünung mit den Grundsätzen der Steinerschen Philosophie im Einklang stehen kann. Im Nachhinein hören wir sehr viele positive Stimmen.

4.10 Raumbegrünung mit Hydrokultur

Karl-Heinz Opitz

Hydrokultur hat sich in den letzten Jahrzehnten wohl zu dem bedeutendsten Innenraumbegrünungs-System bei **Gefäßen** entwickelt und hat sich hier auch bewährt. Eine Marktstudie der Fachhochschule Osnabrück belegt, daß Banken, Sparkassen und Versicherungen 90 % Hydrokultur bei der Begrünung ihrer Geschäftsräume bevorzugen würden. Hydrokultur ist ein natürliches Pflanzensystem. Es wird hierbei lediglich die Erde durch ein anderes Substrat, das Tongranulat – auch Blähton genannt – ersetzt. Durch die gute Wurzelbelüftung wird im strukturstabilen Substrat (Tongranulat) ein ideales Luft-Wasserverhältnis geschaffen. Eine Verdichtung, wie bei Erdkulturen, gibt es nicht.

Hydropflanzen haben kaum Probleme mit Wurzelkrankheiten, weil keine Erde verwendet wird und dadurch keine darin lebenden Bodenschädlinge auftreten können. Aus auserwählten, salzarmen, natürlichem Ton wird dieses Granulat produziert (siehe auch Kapitel 5.5). In geschlossenen Nährlösungssystemen werden die Pflanzen kultiviert. Hydrokultur führt in der Regel nicht zur Versalzung, da eine ungewünschte Absorbierung und Festlegung von Nährstoffen im Substrat nicht gegeben ist. Das Tongranulat ist geruchslos und sauber. Der gefährliche Tetanuserreger kann sich im Blähton nicht entwickeln. Ebenso verhält es sich mit dem Aspergilluspilz, der besonders bei Personen mit Bronchitis, Asthma lebensbedrohlich werden kann. So können Hydrokulturen auch in Krankenhäusern eingesetzt werden.

Inzwischen ist es wissenschaftlich erwiesen, daß Pflanzen als biologische Schadstoffilter wirken. Sie können über die sogenannten Spaltöffnungen der Blätter Luftschadstoffe aufnehmen. Gifte wie Nikotin, Formaldehyd, Benzol und Phenole werden durch Mikroorganismen im Wurzelbereich auf biologische Weise abgebaut (siehe auch Kapitel 2.2) Nach heutigen Erkenntnissen eignen sich in Hydrokutur gezogene Pflanzen deshalb besonders gut zur Absorbierung von Schadstoffen, weil über das poröse Tongranulat die Luft rascher und leichter als bei Erde an den Wurzelbereich gelangen kann. Eine wichtige Rolle zur Absorbierung einiger Schadstoffe spielt dabei das Wasser oder die Nährlösung im Wurzelbereich. Das An-

Abb. 46: Das gesamte Becken hat ein Fassungsvermögen von 5 m³ Wasser
(Projektbeschreibung auf Seite 112)   Foto: Leni

Praxisbeispiele

gebot in Hydrokultur gezogener Pflanzen hält für die arbeitsextensive Raumbegrünung ein vielfältiges und qualitativ gutes Pflanzensortiment von weit über 150 verschiedenen Sorten und Arten vom Bodendecker über halbhohe Pflanzen bis hin zu meterhohen Bäumen bereit. Nur in wenigen Ausnahmen sind die von den Planern vorgeschriebenen Pflanzen in Hydrokultur nicht zu bekommen. Hierbei handelt es sich in erster Linie um das **mediterrane Pflanzensortiment**.

Mobile Gefäßbepflanzungen

Hydrokulturgefäße haben in der Regel eine genormte Pflanztiefe zwischen 20 bis 25 cm und 30 bis 35 cm. Gefäße, hier insbesondere Keramikgefäße, die nicht 100%ig wasserdicht sind, können innen mit einem speziellen Folieneinsatz versehen werden. Wichtig beim Bepflanzen ist, daß die Pflanzen (dominante, halbhohe Bodendecker oder Ranker) alle gleichhohe Kulturtöpfe haben. Ein späteres Auswechseln von einzelnen Pflanzen wird durch eine Austauschmanschette erleichtert. Zu verwenden ist möglichst ein Wasserstandsanzeiger mit einem Absaugschacht.

Das Gefäß wird mit Tongranulat der Korngröße 8/16 bis zum Rand verfüllt. Ein seitliches Klopfen an das Gefäß sorgt für ein gut verteiltes Tongranulat. Damit sich das Tongranulat mit Wasser vollsaugen kann, wird aufgegossen, bis der Wasserstandsanzeiger die Optimal-Marke anzeigt. Das von dem Granulat aufgesaugte Wasser sollte am nächsten Tag ersetzt werden. Alle 2–4 Monate sollte das Gefäß mit Nährstoff versorgt werden (vergleiche Kapitel 8 und 11). Es empfiehlt sich, einmal im Jahr die Nährlösung komplett auszuwechseln. Der Wasserstandsanzeiger mit dem **Absaugschacht** macht dies einfach und bequem.

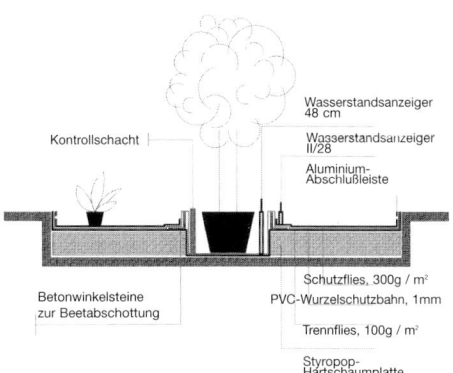

Abb. 47: Schnittzeichnung Pflanzbecken mit unterschiedlichen Pflanzhöhen

4.10.1 Pflanzbecken mit unterschiedlichen Pflanzhöhen

Daß eine Begrünung in Hydrokultur nicht nur in einer Ebene, sondern auch in unterschiedlichen Pflanzhöhen ausgeführt werden kann, zeigt das folgende Beispiel: Pflanzbecken 4 x 6 m = 24 m², die vorgefundene Pflanztiefe beträgt 50 cm. Zunächst erfolgt eine fachgerechte Abdichtung des Beckens, üblicherweise in Zusammenarbeit mit einem Dachdecker.

- Für die Pflanzen in den Höhen 19 cm wird in dem Becken ein Höhenausgleich mit Styropor-Hartschaumplatten auf 25 cm Pflanzenniveau gebracht. In anderen Teilbereichen für Großpflanzen bleibt es bei der Pflanztiefe von 50 cm.
- Der gesamte Bereich wird mit Trennvlies 100 g/m² ausgelegt. Diese Maßnahme soll eine Weichmacher-Wanderung von der PVC-Folie zu den Styropor-Platten unterbrechen.
- Zur Abgrenzung der unterschiedlichen Pflanztiefen werden Betonwinkel mit einer Kantenhöhe von mindestens 20 cm aufgestellt.

- Der gesamte Bereich wird mit einer PVC-Wurzelschutzbahn, Stärke 1 mm, ausgelegt. Diese sollte an den Seiten bis zur Beckenoberkante hochgeführt werden und der Abschluß ist mit einer Alu-Abschlußleiste zu befestigen.
- Die gesamte Fläche wird mit einem weiteren Schutzvlies 300 g/m² ausgelegt. In dem Bereich der 19er Größen sollte sie nicht höher als 10 cm unter der Beckenoberkante geführt werden. Ansonsten besteht die Gefahr der Kapillarität aus dem flachen in den tiefen Bereich hinein.
- Das gewünschte Pflanzenmaterial wird nach Höhenvorgaben plaziert, Wasserstandsanzeiger mit Absaugrohr eingebaut und die gesamte Fläche mit Tongranulat 8/16 verfüllt. Für Servicearbeiten eventuell Trittplatten verlegen.
- Das Gießen kann durch den in der Nähe installierten Wasserhahn mit Schlauch erfolgen. Auf Wunsch kann auch ein Wasseranstauelement integriert werden, das eine regelmäßige Wasserversorgung garantiert.
- Die Nährstoffversorgung erfolgt nach den Gebrauchsanweisungen der Hydrokulturdünger.

4.10.2 Natürliche Klimainsel – Tanzfläche

Dekorative Zimmerbrunnen und romantische Wasserspiele in Verbindung mit dem Hydrokultursystem dienen als Klimainsel und schaffen eine besonders wohlige Atmosphäre durch das beruhigende Plätschern. Sie verbessern gleichzeitig das Raumklima, da sie als natürliche Luftbefeuchter wirken. Je nach Umgebung, Trockenheit der Luft und Größe des Quellsteins, werden mehrere Liter Wasser pro Tag verdunstet und auch die Pflanzen in der Umgebung des Quellsteins gedeihen oft besser.

Erst Tanzfläche, dann Raumbegrünung

Beispiel: Wenn man das Verwaltungsgebäude betritt, ruft die Begrünung nicht wie ein meterhoher Baum den Aah- und Ooh-Effekt hervor, bringt aber doch Atmosphäre in den großen, hellen Raum. Doch den eigentlichen Gag der Anlage entdeckt man erst, wenn das nächste Betriebsfest naht: Die Begrünung ist nämlich mobil, die Pflanzen lassen sich mit ihren Gefäßen komplett herausnehmen, die entstehende Freifläche abdecken, um sie beispielsweise als Tanzfläche nutzen zu können.

Für diese Vorgabe wurden in die festinstallierten Gefäße weitere Hydrokultur-Originalgefäße hineingestellt, in denen die Pflanzen in ihrem gewohnten Kulturtopf wachsen. Steht das Betriebsfest vor der Tür, lassen sich diese Gefäße leicht herausnehmen und in einen Nebenraum transportieren.

Zwischen den mit Kies aufgefüllten Freiräumen sprudelt ein Quellbrunnen. Der gesamte Bereich hat ein Fassungsvermögen von 5 m³ Wasser (vgl. Abb. 46, Seite 110). Das Wasser sprüht aus kleinen Düsen auf eine Achteck-Pyramide aus Edelstahl, die es dann geräuscharm an den glatten Flächen ins Reservoir zurückperlen läßt.

Weitere Vorgabe: Die Bepflanzung sollte nicht höher sein als 1 m und vielfältige Pflanzen, jedoch keine Blühpflanzen enthalten. Da es sich bei dem Gebäude um einen Lichthof mit Glaskuppel handelte, waren ausreichende Lichtverhältnisse (mindestens 1000 Lux) vorhanden. Verwendung fanden die folgenden Pflanzen:

Nephrolepis exaltata, Beaucarnea recurvata, Schefflera arboricola, Codiaeum, Rhapis excelsa, Dracaena, Cycas revoluta und Ficus pumila.

5 Begrünungssysteme erstellen
Dr. Karl-Heinz Kerstjens

5.1 Offene und geschlossene Systeme

Offene Systeme in Gefäßen (Töpfen) oder flächigen Beeten bieten die Möglichkeit zum natürlichen Wasserabzug gemäß der Schwerkraft. Wasseraustrittsöffnungen im Gefäßboden bzw. der Aufbau auf gewachsenem durchlässigen Boden, zum Beispiel im Wintergarten, gewährleisten den Abzug überschüssigen Wassers. Sauerstoffmangel an der Wurzel kann bei richtig zusammengesetztem Substrat dann nicht auftreten.

Folgen des Sauerstoffmangels wären das Absterben der Pflanzenwurzeln sowie die anaerobe Zersetzung organischer Erdbestandteile durch Fäulnis. Offene Systeme sind bei der Freilandaufstellung von Pflanzen die gegebene Lösung, da auch Wassergaben starker Regenfälle hinreichend schnell abgeleitet werden.

In Innenräumen bieten offene Systeme vergleichbar den Vorteil, unempfindlich gegen grobe Bewässerungsfehler zu sein. Dabei ist zu bedenken, daß mit Überschußwasser jeweils auch alle wasserlöslichen Bestandteile der Erde, insbesondere Nährstoffe, aus dem Wurzelraum ausgetragen werden. Als entscheidender Nachteil tritt hinzu, das keine nennenswerte Wasserbevorratung für die Streckung der Gießintervalle in offenen Systemen erfolgen kann. Ferner sind bei offenen Systemen in Innenräumen stets bautechnisch kostenaufwendige **Verbindungen zum Abwassersystem** herzustellen.

Geschlossene Systeme in Gefäßen oder flächigen Beeten brauchen keinen Abwasseranschluß. Durch den Schichtaufbau bzw. die Stoffzusammensetzung des Wurzelraumes muß sichergestellt werden, daß anaerobe Bedingungen an der Wurzel nicht auftreten. Wasserstandsanzeiger helfen, unzureichende oder übermäßige Wassergaben zu vermeiden. Kontrollschächte in Gefäßen, aber vor allem in flächigen Bepflanzungen ermöglichen die quantitative wie qualitative Kontrolle der Flüssigkeit im System durch Probenahme.

Bei übermäßiger Bewässerung sowie bei Versalzung oder Eintrag von Fremdflüssigkeiten kann durch Kontrollschächte die gesamte Flüssigkeit im System abgesaugt und ersetzt werden. Geschlossene Systeme benötigen keinen kostenaufwendigen Abwasseranschluß; dies ist bei mobilen Pflanzgefäßen ja auch gar nicht möglich. Bei fest installierten Pflanzbeeten sollten zur Sicherheit **Überläufe** eingebaut und angeschlossen werden.

In geschlossenen Systemen können durch Materialwahl und Schichtaufbau Möglichkeiten zur Wasserbevorratung eingebaut werden; dies optimiert die Versorgung mit Wasser und Nährstoffen unabhängig vom Bedarfsverlauf der Pflanzen.

5.2 Gefäße und Pflanzbeete

Bei der beabsichtigten Dauerhaftigkeit einer Innenraumbegrünung von etwa zehn Jahren ergeben sich besondere Anforderungen schon an die Gefäße.

Im Privatbereich von Wintergärten sind wasserdurchlässige Gefäße wie Terracotten noch akzeptabel. Im Objektbereich muß die innere Schicht der Gefäße wasserundurchlässig, wurzelfest und säurebeständig im Rahmen der Bodenlösungskonzentration sein. Aus Gründen der Mobilität sollen Begrünungsgefäße leicht sein. Als Materialien für Gefäße stehen dementsprechend zur Verfügung Keramik, Terracotten mit Kunststoffeinsatz, Holz mit Kunststoffeinsatz, Kunststoffe und Edelstahl.

Tröge und Beete passen sich in den Baumaterialien dem übrigen Gebäude an. Gegen das Gebäude muß eine wasserdichte Abgrenzung durch die Abklebung gemäß der Flachdachtechnik erfolgen, zum Beispiel mit Bitumenbahnen. Die innere Schicht bildet eine sogenannte Wurzelschutzbahn. Wurzelschutzbahnen sichern das Bauwerk gegen den Durchtritt von Wurzeln und damit gegen das Eindringen von Wurzeln und Wasser in die Hochbaukonstruktion. Generell können nur solche Bahnen vom Bauherren akzeptiert werden, die eine entsprechende Überprüfung dieser Eigenschaft nach dem sogenannten FLL-Verfahren erfolgreich bestanden haben:

Das Verfahren zum Nachweis der Durchwurzelungsfestigkeit von Wurzelschutzbahnen wurde von der Forschungsgesellschaft Landschaftsentwicklung Landschaftsbau e.V. entwickelt und wird nach dem Stand der Wissenschaft novelliert (Ausgabe 1992). Die Testbahnen werden in achtfacher Wiederholung in Prüfgefäße mit Ausbildung einer Vielzahl von Fügenähten eingebaut. Vier Jahre lang sind sie dann dem Bewuchs mit wurzelaggressiven Pflanzen ausgesetzt. Sind in sämtlichen Prüfgefäßen keinerlei Durchwurzelungen festzustellen, ergeht das Prüfzeugnis „Wurzelfest nach dem FLL-Verfahren". Die aktuelle Liste der erfolgreich getesteten Bahnen kann jeweils bei der FLL in Bonn angefordert werden.

Wasserdichte Abklebung und Wurzelschutz können in Kombination auch mit einer Bahn ausgeführt werden. Während der Innenraumbegrüner üblicherweise mit Einbau der Wurzelschutzbahn beginnt, sollte aus Gründen der Gewährleistungszuweisung die **Abklebung durch den Dachdecker** erfolgen. Kombibahnen sollte ebenfalls der Dachdecker einbringen. Der Innenraumbegrüner ist gut beraten, die Dichtigkeit durch eine Flutung zu prüfen. Technikteile von Trögen und Beeten wie Kontrollschächte, Wasserstandsanzeiger und Überläufe sollten bei Objektbegrünungen mit Publikumsverkehr technisch kaschiert werden und gegen Fremdeinwirkung abschließbar sein.

5.3 Erdkultur

5.3.1 Gärtnerische Erden

Boden ist das natürliche Gemisch von mineralischen und organischen Bestandteilen sowie wasser- und luftführenden Poren, das in der Lage ist, höheren Pflanzen als Standort zu dienen. Diese Definition gilt grundsätzlich auch für gärtnerische Erden.

Erden müssen aber erheblich höhere Anforderungen erfüllen, da Kulturpflanzen mit geringem Wurzelraumvolumen überwiegend unter ariden Bedingungen ganzjährig und langzeitig hohe Vitalität und Wachstum zeigen sollen.

Für Raumbegrünungen sind folgende Anforderungen an gärtnerische Erden zu stellen:

Bodenphysikalische Anforderungen

- **Strukturstabilität** bezeichnet den Erhalt des Verhältnisses von skelettbildenden groben Bestandteilen, Feinanteilen sowie Porenvolumen. Durch Setzungen oder den Einfluß von Wurzelwachstum darf es insbesondere nicht zu einem Verlust von wasser- und luftführenden Poren kommen, die für die Pflanzenernährung von ausschlaggebender Bedeutung sind. Die Langfristigkeit der Strukturstabilität wird auch mit dem Begriff der Sackungsstabilität umschrieben. In der Innenraumbegrünung übernimmt der mineralische Erdanteil und bedingt schwer zersetzbare organische Substanz die Aufgabe der Strukturstabilisierung.

- **Trittfestigkeit** ist vor allem bei begehbaren Begrünungsflächen in Pflanzbeeten gefordert. Auch unter Einfluß von Druck bei Pflege und Kontrollgängen darf sich die Kornzusammensetzung und Mischung nicht nachhaltig verschlechtern. Dabei bezeichnet der Begriff der Druckfestigkeit die Aufnahme vertikal auftretender Kräfte und der Begriff der Scherfestigkeit die Aufnahme diagonal oder horizontal einwirkender Kräfte. Trittfestigkeit wird durch die Zusammensetzung nach Volumenanteil und Größe der Körnung bei Substraten erreicht. Die erforderlichen Korngrößenanteile können hierbei in Anlehnung an die Sieblinien beim Schichtaufbau wassergebundener Wege und Sportplätze bestimmt, festgelegt und gemischt werden, nach der DIN 18035. Der mineralische Bodenkörper ist also für die Trittfestigkeit verantwortlich.

- **Porenvolumen** in seiner Gesamtheit ist eine wichtige Eigenschaft; es sollte bei Innenraumbegrünungserden etwa 70–80 Vol% betragen. Noch aussagekräftiger für die Qualität einer Erde sind die beiden Bestandteile des Gesamtporenvolumens, nämlich die Wasserkapazität als prozentualer Anteil wasserführender Mittel- und Feinporen sowie die Luftkapazität als prozentualer Anteil luftführender Grobporen bei Feldkapazität; die Feldkapazität eines Substrates ist dann erreicht, wenn überschüssiges Wasser der Schwerkraft folgend aus dem Substrat sickert. Wasser- und Luftkapazität sollten sich in der Erde etwa die Waage halten. Einzelne Stoffe (vgl. 5.3.2) haben diesbezüglich höchst unterschiedliche Eigenschaften. Sie sind miteinander zu kombinieren.

- **Kapillarität** beschreibt die Eigenschaft von Stoffen, durch das Gefüge der Porengrößen Wasser aus einer Gießspende gegen die Schwerkraft im Wurzelbereich zu halten beziehungsweise aus einem Vorrat nachzuliefern.

- **Vergießfestigkeit** leitet sich als Anforderung aus der Tatsache ab, daß feine Körnungen mineralischer, aber insbesondere organischer Substanz durch die erforderlichen hohen Gießwassermengen zu Verdichtungen im Wurzelbereich führen; die Erdteilchen verbacken. Sauerstoff gelangt kaum noch an die Wurzel, so daß die Pflanze an Vitalität verliert, das Wachstum einstellt und schließlich abstirbt. Vergießfest sind schwer zersetzbare organische Substanzen sowie insbesondere grobe Körnungen mineralischer Substanz, die sich im Laufe der Zeit nicht zersetzen, die durch Kalziumausscheidungen nicht verbacken und durch Absplitterungen nicht verschlämmen.

- **Veralgungsfrei** ist nur die Erde, welche eine trockene Oberfläche hat. Ständige kapillare Wassernachlieferung an die

Oberfläche führt zur Algenbildung. Die optische Qualität ist gemindert. Raumnutzer wähnen ggf. Gefahren durch Keime, die von solchen Substraten auszugehen scheinen; saprophytische Pilze können sich ansiedeln. Die so verursachte Bildung organischer Substanz an der Substratoberfläche wird in jedem Fall zur Verdichtung und Luftundurchlässigkeit im Substrat führen. Hohe Anteile zersetzbarer, kleinkörniger organischer Substanz fördern die Veralgung an der Substratoberfläche.

- **Zersetzungsstabil** müssen alle Substrate für Innenraumbegrünung deshalb sein, damit keine Schrumpfung auftritt. Gefäße und Pflanzflächen müssen zur problemlosen Versorgung des Wurzelbereiches sowie aus optischen Gründen mit Substrat gefüllt sein. Das ständige Unterfüllen oder Umtopfen ist nur bei Kübelpflanzen möglich. Unter den Bedingungen im Innenraum geht die Zersetzung organischer Substanz in etwa ein bis drei Jahren vonstatten. Langfristige Begrünungsziele, wie der Zeitraum von zehn Jahren, sind so nicht zu realisieren.

Bodenchemische Anforderungen

- **Sorptionsvermögen** bezeichnet die Fähigkeit zur Anlagerung von Nährstoffen an die mineralischen und organischen Bestandteile der Erde. Diese Eigenschaft dient nicht nur der Speicherung zur Streckung der Düngungsintervalle, sondern auch der

- **Pufferung** von Nährstoffkonzentrationen. Größere Düngermengen als Vorrat, aus Düngefehlern oder aus Eintrag durch Unbefugte werden an die Erdpartikel angelagert und erst bei einer Verarmung, das heißt bei Konzentrationsabfall in der wässrigen Lösung der Mittel- und Feinporen, an die Bodenlösung abgegeben.

- **Sorption und Pufferung** sind geschätzte Eigenschaften in gewachsenen Böden mit hohem Gehalt feinkörniger mineralischer und organischer Substanz. Hiermit ist ein natürliches Regulativ gegen Düngermangel und Überdüngung gegeben. Die Pflanzen sind vital.

Diese Bodenbestandteile entsprechen aber leider nicht den geforderten physikalischen Eigenschaften in der Innenraumbegrünung, denn Bodenlockerung und Wechselwitterung sind im „Blumentopf" nicht gegeben.

- Der **pH-Wert** als Säuregrad der Erde ist für die Nährstoffverfügbarkeit sowie die meisten chemischen Prozesse entscheidend. Der pH-Wert der Erde muß im optimalen Bereich für die meisten Pflanzen, nämlich von 6–8, liegen. Er muß stabil sein, um die Nährstoffverfügbarkeit kalkulieren zu können. Bergehaldenmaterial mit Schwefelsäurefreisetzung oder Mörtelrecycling mit pH-anhebendem Kalk sind, als Extrembeispiele, also als Erdbestandteile nicht geeignet. Die Erde ihrerseits soll in der Lage sein, den pH-Wert bei Übersäuerung oder Überkalkung in Maßen zu puffern, um den Wert im Optimalbereich für die Pflanzenernährung zu halten.

- Chemische, pflanzliche und tierische **Pflanzenpathogene** darf eine Erde nicht, beziehungsweise nur unterhalb der Schadschwelle enthalten. Zu chemischen Pflanzenschadstoffen können schon Nährstoffe gehören, wenn sie in toxischer Konzentration vorhanden sind. Ein möglichst geringer Ausgangssalzgehalt der Erde schafft daher gute Voraussetzungen für eine gezielte Düngung. Neben Stickstoff aus sehr schnell abgebauter organischer Substanz gehören zu den chemischen Pathogenen überhöhte Kalikonzentrationen aus Kompost, Phosphate bei Klärschlamm sowie Schwermetalle generell in Siedlungsabfällen. Unkrautsamen oder - rhizome, Pilzsporen, Bakterien oder Insektendauerformen dürfen in Erden nicht enthalten sein.

Verwendungstechnische Anforderungen

Einheitlichkeit in der Qualität ist eine wichtige Forderung bei Einmaterial-Erden, aber insbesondere bei Stoffgemischen. Natürliche Herkünfte wie Gesteine, Tone oder Torfe müssen gleichbleibende Eigenschaften haben. Insbesondere organische Recyclingstoffe müssen verläßlich einheitlich sein. Chargenweise auftretende Änderungen in der Nährstoffkonzentration oder Veränderungen der oben angeführten bodenphysikalischen/bodenchemischen Eigenschaften haben bedeutendere Konsequenzen als ein bekannter dauernder Materialmangel, auf den sich der Verwender einstellt. Selbst bei moderner Bodenanalytik sind Totalausfälle vor dem exakten Erkennen des Mangels oft nicht auszuschließen.

Recycelbarkeit bei einer gärtnerischen Erde darf heute nicht bedeuten, die Materialien nach dem Einsatz zum Beispiel auf landwirtschaftlichem oder gärtnerisch genutztem Boden durch großflächiges Ausbringen zu entsorgen oder zu kompostieren. Erden sollen heute aufbereitet und wiederverwendet werden können, sei es durch Waschen von Gesteinen und gebrannten Tonen oder Absieben und Auffüllen zersetzter organischer Substanz. Genauer ist daher hier der Ausdruck **Wiederverwendbarkeit**.

Ausreichende Verfügbarkeit erscheint in der Konsequenz der bisher aufgestellten Anforderungen als wichtiges Kriterium. Private wie gewerbliche Raumbegrüner müssen sich langfristig auf eine gärtnerische Erde einstellen können, da bei allen anderen Kulturmaßnahmen in Abhängigkeit von Pflanzenart, Raumklima und möglicher Fremdeinwirkung die Erde eine konstante und bekannte Größe sein muß.

Schwer (nicht) entflammbar müssen Erden deshalb sein, weil Flächen und Gefäße, vor allem im öffentlich zugänglichen Bereich, immer wieder als Abfallbehälter und Aschenbecher zweckentfremdet werden. Pflegedienste bestehen zum Teil auch aus dem Absammeln von Zigarettenkippen. Entflammbar sind organische Materialien sowie Kunststoffe besonders, wenn sie trocken sind.

Technische Verarbeitbarkeit einer Erde setzt zunächst voraus, daß die Komponenten sich während des Schüttvorganges oder bei der Einbringung nicht entmischen. Zur Bewältigung des Transports werden Erden heute vermehrt aus Silotransportern an den Verwendungsort zeitsparend geblasen. Diese Technik ist nur anwendbar, wenn die Erde in den Transportrohren nicht verklebt und sich ebenfalls nicht entmischt.

5.3.2 Eignung einzelner Stoffgruppen und Stoffe

Organische Substanz

Bei organischer Substanz sind gute bodenchemische Eigenschaften mit schlechtem bodenphysikalischem Verhalten verknüpft.

Eindeutig positiv sind die Sorptionskapazität für Kationen (Ammoniumstickstoff, Kalium, Kalzium, Magnesium) unter anderen sowie das Pufferungsvermögen für die genannten Nährstoffe und den pH-Wert. Organische Substanz lockert feinkörnige mineralische Erdbestandteile wie Lehm, Schluff und Ton und schafft damit luftführende Poren bei gleichzeitiger Wasserhaltekraft, letzteres gerade auch in Verbindung mit Sand. Die genannten mineralischen Bodenbestandteile finden sich insbesondere bei Kübelpflanzen, nicht oder nur in sehr begrenztem Umfang jedoch bei der Innenraumbegrünung.

Wasserspeichervermögen führt in geschlossenen Systemen zur Vernässung der Erde; eine Dränschicht in einem mehrschichtigen Aufbau muß den Wasserstau verhindern. Veralgung und gegebenenfalls Vermoosung des Substrates kommen beim Einsatz organischer Substanz hinzu. Daneben kann organische Substanz bei extremem Wassermangel irreversibel austrocknen, das heißt eine Wiederbefeuchtung wird durch die Hydrophobie der chemischen Oberfläche des Materials erheblich erschwert bzw. mit vertretbarem Mittel ohne Durchmengung der Erde sogar ausgeschlossen.

Entscheidend ist jedoch der Abbau der organischen Substanz. Neben unkontrollierter Nährstofffreisetzung (Kompost) oder Fixierung (Holzhäcksel) ist der Substanzverlust in der Erde ausschlaggebend.

Die kurz- oder mittelfristige mikrobielle Zersetzung von 20 oder 30 Vol% eines Substrates ist beim Anspruch einer Begrünung auf Dauerhaftigkeit nicht zu tolerieren. Einschlägige Versuchsergebnisse mit organischer Substanz beziehen sich fast ausschließlich auf die Haltbarkeit von Topfpflanzen, das heißt etwa zwei bis drei Jahre maximal. Wenn man dazu berücksichtigt, daß Innenraumbegrünungspflanzen aus dem Anzuchtgefäß schon einen Topfballen mit Erde, reich an organischer Substanz, mitbringen, sollte der Anteil beim **mehrschichtigen Aufbau** der Innenbegrünung auf maximal **5 %** organische Substanz begrenzt sein. Zur Verzögerung der Zersetzung muß darüber hinaus strukturstabile grobe Substanz eingesetzt werden, wie Faserweißtorf, Reisspelzen, Kokosfasern, Rindenhumus. Innenraumbegrünungs-Erde für den **einschichtigen Aufbau** wird **ohne Beimengungen** organischer Substanz ausgeführt.

Grundsätzlich anders kann die Entscheidung bei **Kübelpflanzensubstraten** getroffen werden. Durch regelmäßiges „Umtopfen", eventuell auch nur alle fünf oder mehr Jahre, kann fehlendes Substrat ergänzt werden. Starkwüchsige, mediterrane Pflanzen reagieren hierauf ebenso positiv wie auf die zusätzliche Nährstofffreisetzung beim Abbau der organischen Substanz. Durch Angleichung an das mitteleuropäische Klima mit Vegetationsruhephasen ist bei mediterranen Pflanzen auch keine ganzjährige Stoffumsetzung gegeben. Bei Pflanzen mit hoher Überdüngungsempfindlichkeit, wie auch bei der Liebhaberpflege, stehen also die positiven bodenchemischen Eigenschaften der organischen Substanz im Vordergrund. **Beimengungen von 20–30%**, auch kompostierter organischer Substanz, sind bei Kübelsubstraten üblich.

Kunststoffe

Kunststoffe sind vor allem aufgrund ihres geringen Gewichtes und der Einheitlichkeit durch die Herstellung zu Bestandteilen gärtnerischer Erden in der Pflanzenproduktion geworden. Geschäumte Kunststoffe zur Verbesserung des Luft- und oder Wasserporenvolumens werden verwendet. Geringeres Erdegewicht ist aber in der Innenraumbegrü-

Tab. 21: Eigenschaften von Stoffen für Erden in der Innenraumbegrünung

Stoff Beurteilung	Volumengewicht kg/l trocken	pH Ist	Salzgehalt g/l	Sorptionsvermögen ++ bis --	Pufferungsvermögen ++ bis --	Luftporenanteil bei Feldkapazität %	Strukturstabilität ++ bis --	Trittfestigkeit ++ bis --
Weißtorf	0,1	2,5-3,5	~ 0,3	+	+	50	--	--

Nur wenig zersetzten groben Faser-Weißtorf nach DIN 11540 ff verwenden. Der pH-Wert muß angehoben werden. Aufgrund der negativen bodenphysikalischen Eigenschaften wird als Volumenanteil max. bis 5 % empfohlen.

Rindenhumus	0,3	5-7	< 1,3	+	+	40	--	+-

Nur qualitätsgesicherten Rindenhumus der Gütegemeinschaft Rinde im Pflanzenbau verwenden. Aufgrund der negativen bodenphysikalischen Eigenschaften wird als Volumenanteil max. bis 5 % empfohlen.

Tonmehl	1,5	6-7	< 3,5	++	++	10	--	--

Wird ausschließlich zur Verbesserung bodenchemischer Eigenschaften mit einem Gewichtsanteil von 20–50 g/m³ eingesetzt. Dies gilt bei kleinkörnigen mineralischen Erde-Komponenten.

Vermiculite	<0,1	7-8	gering	-	-	45	+	+

Vulkan-Schiefer-Gestein bei 1000 °C behandelt, so daß wasserhaltige Poren aufblähen; Gesteine der Mittelmeeranrainer. Verwendung als geringgewichtiger Zuschlagsstoff bis zu 5 Vol%.

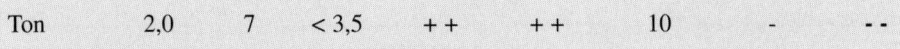

Ton	2,0	7	< 3,5	++	++	10	-	--

Nur als toniger Lehm, das heißt in vergießfester Form, zu verwenden. Bodenchemische Eigenschaften und Wasserhaltekraft stehen im Vordergrund. Bis maximal 15 Vol% zugeben.

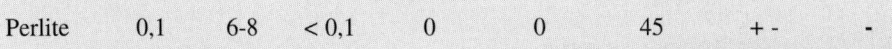

Perlite	0,1	6-8	< 0,1	0	0	45	+-	

Vulkangestein, das durch Erhitzen auf über 1000 °C eine Volumenvergrößerung auf das 10- bis 20-fache erfährt; es entsteht poröses, grauweißes Material; Körnung 2/6; Anteil in Substraten bis 50%; geringes Gewicht ist besonders von Vorteil.

Tab. 21: Eigenschaften von Stoffen für Erden (Fortsetzung)

Stoff Beurteilung	Volumengewicht kg/l trocken	pH Ist	Salzgehalt g/l	Sorptionsvermögen ++ bis --	Pufferungsvermögen ++ bis --	Luftporenanteil bei Feldkapazität %	Strukturstabilität ++ bis --	Trittfestigkeit ++ bis --
Bims	0,7	7-8	< 0,1	0	0	20	+ +	+ +

Vulkangestein Mitteleuropas. In den Körnungen 2/12 bis 5/16 mm ist Bims ein idealer Stabilisator für Erden oder sogar Basismaterial mit bis zu 85 Vol%-Anteil. Hinzu kommt eine sehr gute Kapillarität; bodenchemische Eigenschaften müssen durch Zuschlagsstoffe erzielt werden.

Lava	1-1,1	6,5-7,5	< 0,1	0	0	50	+ +	+ +

Vulkangestein Mitteleuropas. In den Körnungen 1/5 bis 4/12 mm ist Lava ein idealer Stabilisator für Erden oder sogar Basismaterial mit bis zu 85 Vol%-Anteil. Bodenchemische Eigenschaften müssen durch Zuschlagsstoffe erzielt werden.

Blähton	0,3-0,5	6-8	< 1,25	0	0	60	+	+ +

In den Körnungen 4/8 bis 8/16 mm ist Blähton strukturstabilisierender Bestandteil von Innenraumbegrünungserden mit bis zu 35 Vol%t-Anteil, gebrochen oder Vollkorn. Bodenchemische Eigenschaften müssen durch Zuschlagsstoffe erzielt werden.

Blähschiefer	0,6	6-8	< 1,25	0	0	60	+ +	+ +

In den Körnungen 4/8 bis 8/16 ist Blähschiefer strukturstabilsierender Bestandteil von Innenraumbegrünungserden mit bis zu 35 Vol%. Bodenchemsiche Eigenschaften müssen durch Zuschlagsstoffe erzielt werden.

Tuff	0,6-1,1	7-8	< 1			50	+ +	+ +

Vulkanisches Erruptivgestein aus Mitteleuropa. Das Puffungs- und Sorptionsvermögen ist gegeben durch die in Einheit mit Tuff vorkommenden Zeolith-Gesteine. Palagonittuff enthält über 50% Zeolithe und damit ein sehr hohes Sorptions- und Pufferungsvermögen. Grundsätzlich sind Tuffe Strukturbildner von Erden mit Anteilen bis zu 85 Vol%.

Steinwolle	0,1	7-8	< 0,1	0	0	25-65	+ -	+ -

Naturprodukt aus Basalt, Koks und Kalk, Fäden aus der Schmelze. Luftporenanteil je nach Produkt zur Verbesserung vorwiegend des Luft- **oder** des Wasserhaushaltes. Substratzusätze als Flockenware bis ca. 25 Vol%.

nung nicht entscheidend; bei geringer Erdschichtstärke ist dies sogar unerwünscht, da große Pflanzen durch das Eigengewicht des Substrates statisch stabilisiert werden müssen.

Die ökologische Problematik der Erzeugung und des Recycling von Kunststoffen muß berücksichtigt werden. Sichtbare Kunststoffpartikel sind unerwünscht. In der Konsequenz sind in der Innenraumbegrünung Erdkomponenten auf Kunststoffbasis überflüssig.

Recyclingmaterialien

Kann Innenraumbegrünungserde einen Beitrag zur Wiederverwendung mineralischer oder organischer Abfallmaterialien aus Bauwirtschaft, Siedlungen, Bergbau oder Industrie leisten? Im Hinblick auf die Summe aller genannten Anforderungen ist die Antwort ein klares „Nein"! Bei organischen Siedlungsabfällen wie Komposten und Klärschlämmen ist die schnelle Zersetzbarkeit sowie die – trotz Standardisierung und Normung – Uneinheitlichkeit im Rahmen der Toleranzen ausschlaggebend. Bei mineralischen Materialien sind Inhaltsstoffe unkalkulierbar. Dies widerspricht vor allem der Langfristigkeit der Projektierung. Einheitlichkeit des Materials zur Einstellung der Wasser- und Nährstoffversorgung ist nicht gegeben. Hinsichtlich von Komposten ist die Entscheidung bei Kübelpflanzen wiederum unter dem Gesichtspunkt des Umtopfens anders zu fällen.

Einzelne Stoffe

Tabelle 21 gibt eine Übersicht der verwendbaren Einzelstoffe für Innenraumbegrünungserden. Die Auswahl erfolgte nach den Praxiserfahrungen mit diesen Komponenten. Die Stoffe entsprechen im unterschiedlichen Maß den genannten Anforderungen. Negativen Eigenschaften wird Rechnung getragen durch die Empfehlung zur Begrenzung des prozentualen Volumenanteils in einer Erde. Organische Substanzen in der Summe aller Stoffe sollen 5 Vol% nicht übersteigen.

Abweichende Empfehlungen müsen für Kübelpflanzen-Erden gegeben werden. Hierbei dominieren die Eigenschaften geringes Gewicht und höheres Sorptions- sowie Pufferungsvermögen vor der Langfristigkeit der Strukturstabilität.

5.3.3 Mehrschichtiger Aufbau

Bei Gefahr der Verschlämmung oder Stauwasserbildung in der Erde ist ein mehrschichtiger Aufbau mit zusätzlicher Dränschicht und Filterschicht erforderlich. Diese Umstände können eintreten in offenen Systemen (ohne Mindestgefälle von 2–5 %), zum Ablauf des Überschußwassers oder in geschlossenen Systemen; dies gilt jeweils bei Verwendung stark wasserspeichernder Erden, zum Beispiel der Zumischung organischer Substanz über der Empfehlung 25% bei Kübelpflanzen beziehungsweise 5% in der Innenraumbegrünung.

Der mehrschichtige Aufbau kann in Anlehnung an die Dachbegrünung nach der „Richtlinie für die Planung, Ausführung und Pflege von Dachbegrünungen" der Forschungsgesellschaft Landschaftsentwicklung Landschaftsbau e.V. (FLL), derzeitige Fassung 1995, erfolgen, die hier zur Grundlage der Beschreibung gemacht wird.

Der **Durchwurzelungsschutz** wird bei Gefäßen durch die Materialien gewährleistet. Bei flächigen Begrünungen in Bauwerken stellt eine Wurzelschutzbahn mit FLL-Testzertifikat (vergleiche 5.2) diese Eigenschaft

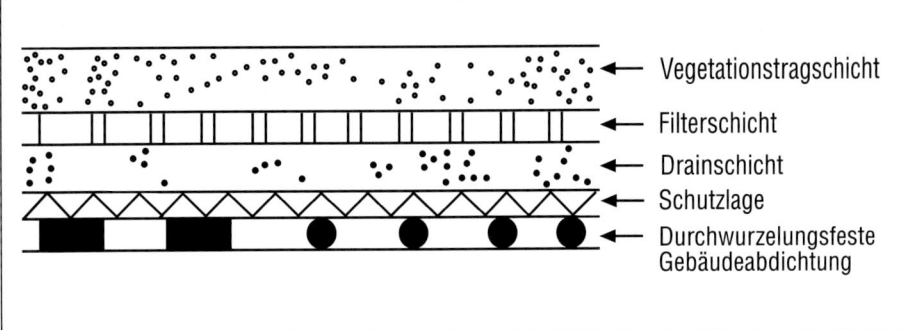

Abb. 47: Aufbau eines mehrschichtigen Begrünungssystems (verändert nach FLL-Dachbegrünungs-Richtlinie, 1992)

sicher. Die Wurzelschutzbahn dient gleichzeitig zur Bildung der Wasseranstauwanne bei geschlossenen Systemen.

Eine **Schutzlage** ist bei der Ausbringung von Wurzelschutzbahnen aus zwei Gründen erforderlich. Zunächst dient sie als Schutz gegen das Eindringen scharfkantiger Stoffe der folgenden Drainschicht, daneben trennt die Schutzlage möglicherweise chemisch nicht verträgliche und daher miteinander reagierende Stoffe der beiden angrenzenden Schichten.

Die **Drainschicht** dient der Aufnahme und Speicherung und somit der Ableitung des Überschußwassers. Als Materialien eignen sich pflanzenverträgliche mineralische Schüttstoffe oder deren Gemische, jeweils ohne organische Anteile. Dränschichten werden von den Pflanzen durchwurzelt. Dränmatten und -platten synthetischer Fasern sollten aus Gründen der Vermeidung von Kunststoffverwendung ausgeschlossen werden. Als Materialien haben sich Kies, Bims, Lava, Blähton und Blähschiefer, letztere vor allem bei dünnschichtigem Aufbau in gebrochener Form, bewährt. Die Stärke der Drainschicht sollte 1/5 des Gesamtaufbaus betragen, maximal in geschlossenen Systemen mit Überlauf etwa 15 cm.

Die folgende **Filterschicht** verhindert das Eindringen feiner Erdbestandteile in die Dränschicht. Diese verlöre dadurch ihre Wirkung. Filterschichten als pflanzenverträgliche Geotextilien aus dem Erdbau sind die raumsparendste, nachhaltigste Lösung. Eine Vielzahl von Anforderungen insbesondere an die Filterwirksamkeit sowie die Beständigkeit werden von der FLL-Arbeitsgruppe in der Dachbegrünungsrichtlinie formuliert.

Für die anschließende **Vegetationstragschicht** gelten die Ausführungen zu gärtnerischen Erden in Kapitel 5.3.2.

5.4 Hydrokultur

5.4.1 Kultursystem

Der Begriff **Hydrokultur** bezeichnet geschlossene Kultursysteme mit gering gepufferten Substraten in einschichtigem Aufbau. Die Stoffe für die Substrate haben alle physikalischen Anforderungen analog zur Erdkultur zu erfüllen. Sie sollen ein großes Porenvolumen haben, das ausgewogen Wasser- und Luftkapazität darstellt. Kapillarität sichert die Wasseraufwärtsbewegung aus der Bevorratungszone in die durchfeuchtete

Wurzelzone. Das Substrat hat statische Funktion, um auch mehrere Meter hohe Pflanzen problemlos und dauerhaft zu stabilisieren.

Bodenchemische Aufgaben erfüllt das Substrat nicht. Die Stoffe sollen weitgehend inert sein, sie sollen sich chemisch nicht auf Wasser und Nährlösung auswirken. Die Nährlösung steht also nicht im chemischen Austausch mit den Substrat. Pufferung und Sorption entfallen damit.

Konsequenzen daraus sind, daß entweder eine ständig an den Bedarf angepaßte Düngung mit wasserlöslichen Düngern erfolgen muß, oder daß der Dünger selber eine gewisse Pufferwirkung zur mittelfristigen bedarfsgerechten Nährstoffversorgung hat. Diese Systeme sind damit insgesamt anfälliger gegen unsachgemäße Düngung oder unbefugten Stoffeintrag. Außerhalb des Objektbereiches, das heißt für den privaten Verbrauch, bietet dieses System dagegen auch die Möglichkeit für praktikable Rezeptlösungen in der Pflanzenpflege, die entwickelt worden sind.

Die Wasserversorgung erfolgt aus der Anstauzone mittels kapillarem Aufstieg. Lange Gießintervalle von bis zu 14 Tagen, auch in der Vegetationszeit, sind möglich.

Der Aufbau eines Hydrokultursystems mit Wasseranstau, wasserführender und luftführender Zone bedingt, daß Begrünungen nur in absolut waagerechter Lage und mit einheitlicher Schichtdicke aufgebaut werden können. Profilierungen der Oberfläche oder der Einsatz unterschiedlich großer Topfballen sind nur sehr bedingt möglich (vergleiche 4.10.2).

Tab. 22: Eigenschaften von Stoffen für die Hydrokultur

Stoff Beurteilung	Volumentrockengewicht kg/l	pH Ist	Salzgehalt g/l	Luft-Porenvolumen %	Wasser-Porenvolumen %	Strukturstabilität ++ bis --	Trittfestigkeit ++ bis --
Blähton	0,3-0,5	6-8	< 1,25	60	20	+ +	+
Im Objektbereich in der Körnung 8/16. Der Begriff der Hydrokultur wird allgemein gebräuchlich mit dem Blähton-Kultursystem gleichgesetzt. Geblähter und anschließend gebrannter Ton.							
Blähschiefer	0,6	6-8	< 1,25	60	20	+ +	+ +
Im Objektbereich in der Körnung 4/16							
Lava	1 - 1,1	6,5 - 8,5	< 0,1	50	30	+ +	+ +
Vulkangestein Mitteleuropas, Anwendung in der Körnung 8/16 mm.							

5.4.2 Geeignete Stoffe

Tabelle 22 gibt eine Übersicht von verwendeten Stoffen für die Hydrokultur (nach der Definition unter 5.4.1). Da die Materialien alle Anforderungen an physikalischen Eigenschaften erfüllen, können sie jeweils zu 100 Vol% genutzt werden.

5.5 Marktübliche Begrünungssysteme

Hydrokultur

Die Hydrokultur als Blähton-Kultur wurde in den fünfziger Jahren entwickelt und konnte seitdem weitgehend standardisiert werden. Aus dieser Entwicklung ergibt sich auch die größte Erfahrung dieser Systeme sowohl in der Objektbegrünung wie auch beim privaten Verbraucher. Qualitätszeicheninhaber ist der Fachverband Deutsche Hydrokultur im Zentralverband Gartenbau. Innerhalb des Systems konkurrieren Dünger- und Blähtonhersteller.

Neben Qualitätsstandards für Produktion und Vermarktung ist insbesondere das Produkt selber genormt. Dies gilt für folgende Systemelemente:

- Kulturtöpfe als Gittertöpfe in genormten Höhen für einheitliche Systeme in 7, 9, 12, 19 und 28 cm Höhe.

- Kulturgefäße in genormten Höhen als Kleingefäße, Tischgefäße und Bodengefäße von 9 bis 32 cm Höhe und definierten Längen- und Breitenabmessungen.

- Wasserstandsanzeiger in 7, 9, 12, 19 und 28 cm Höhe.

- Blähtonkörnungen 2/4 mm, 4/8 mm und 8/16 mm in je zwei definierten Fraktionen für Pflanzenanzucht, Tischgefäße und Bodengefäße.

- Alle Körnungen mit maximal 10 % gebrochenem Granulat (Bruch) und maximal 0,3 % Staubanteil als Partikel kleiner als 0,5 mm aus der Produktion.

- Chemische und physikalische Qualität des Blähtongranulats.

- Ionenaustauscherdünger als Kunstharze mit großer elektrisch geladener Oberfläche, die mit Nährstoffen belegt sind. Die Nährstoffe werden konzentrationsabhängig an die Nährlösung im Wurzelbereich abgegeben. Eine Bevorratung für drei Monate ist möglich.

- Qualitätsstandards bei Hydro-Pflanzen nach Größe und Wuchstyp. Diese Normung erleichtert die Kommunikation sowie den Objektauf- und -ausbau ganz entscheidend.

In der Blähtonkultur mit Nährlösungsanstau können keine Erdballen-Pflanzen eingesetzt werden. Die Wurzelballen müssen ausgewaschen werden. Die meisten Pflanzen sind jedoch heute schon von der Anzucht her in Blähton erhältlich. Mediterrane Pflanzenarten wie *Citrus* und *Nerium* oder subtropische Pflanzen wie Bambusarten werden in geringem Umfang angeboten.

In einem Gefäß sind nur Kulturtöpfe gleicher Höhe verwendbar, da der Anschluß an die wasserführende Zone immer gegeben sein muß. Da die gebrannten Blähtone selber wenig Wasser aufnehmen, kommt durch die Poren nur ein relativ geringer kapillarer Wasseranstieg zustande. Blähton hat eine Mindest-Wasserspeicherfähigkeit von 20 % seines Gewichtes. Andererseits ist durch diese Eigenschaft ein Wasserdepot am Gefäßgrund möglich, ohne daß der gesamte Wurzelraum anaerob durchfeuchtet ist. Oberflächenprofilierungen in flächigen Begrünungen sind ebenfalls aus diesem Grund nur begrenzt möglich.

Das relativ geringe Blähton-Gewicht mit 300–400 kg pro m^3 bei der 8/16er Körnung und 440–500 kg pro m^3 bei der 4/8er Körnung ist vorteilhaft für die Begrünung.

Seramis

Das patentierte Seramis®-System stellt ein eigenes System dar, bei dem der Effekt der Langzeitbewässerung aus der hohen Wasserspeicherfähigkeit des Substrates heraus resultiert. Für die Produktion des Seramis-Substrates werden Tone aus dem Westerwald verwendet. Freies Wasser ist im Gegensatz zur klassischen Hydrokultur jedoch nicht vorhanden; das Substrat hat demgegenüber die hohe Wasserspeicherfähigkeit.

„Die Tonmischung wird mit Wasser verflüssigt und in einem speziell entwickeltem Verfahren so porosiert, daß ein Porenvolumen von über 80 % entsteht. Der Ton wird anschließend getrocknet, auf die gewünschte Fraktion gebrochen, abgesiebt und danach gebrannt. Durch den Brennprozeß wird das im Ton befindliche Eisen oxidiert, wodurch Seramis seine rotbraune Farbe erhält".

Geringes Eigengewicht von etwa 400 kg m^3 und hohes Porenvolumen, je zur Hälfte für Luft und pflanzenverfügbares Wasser, sowie chemische Neutralität sind die kennzeichnenden Eigenschaften dieses Substrates, das ohne jede Beimischung zu verwenden ist.

Der Ton ist nur so stark gebrannt, daß er noch Wasser aufnehmen kann. Seramis-Substrat nimmt gleichviel Wasser auf, wie das Eigengewicht bei 15 % Restfeuchte beträgt.

Der kapillare Wasseraufstieg im Substrat erfolgt bis zu 26 cm. Daher ist eine ausgeprägte Bevorratungszone bei diesem System auch nicht gegeben. Die Feuchtemessung erfolgt **im** Substrat.

Zum System gehören neben dem Tongranulat Gießanzeiger mit Farbumschlagsreaktion und Dünger. Speziell für den Objektbereich gibt es einen mobilen Gießhelfer, mit dem über das Prinzip der elektrischen Leitfähigkeit die Gießmenge in größeren Gefäßen kontrolliert werden kann. Der Gießhelfer funktioniert **nicht** über Tensiometertechnik. Für weiche Gießwässer von weniger als 10 ° deutscher Härte kommen sogenannte Kalkkugeln zur Stabilisierung des pH-Wertes zum Einsatz. Die Düngung erfolgt bei jedem Gießgang mit einer Düngerlösung, die alle notwendigen Haupt- und Spurennährstoffe enthält (siehe auch Kapitel 8).

Vorteilhaft ist, daß alle Pflanzen mit ihrem Anzuchttopfballen in dieses System überführt werden können. Auch Topfballen unterschiedlicher Höhe, zum Beispiel Leitpflanze und Unterpflanzung, können miteinander kombiniert werden. Da Wasser im Substrat bis zu 26 cm durch Kapillarität aufsteigt, ist die Schichtdicke des Substrates bei flachwurzelnder Unterbepflanzung auf 30 cm begrenzt, falls nur kapillar bewässert wird. Darüber hinaus muß individuell von oben bewässert werden, etwa mit Tropfschläuchen oder Gießkanne. Für größere Pflanzen können Profilierungen der Substratoberfläche vorgenommen werden. Eine Unterbepflanzung ist problemlos auch bei höheren Schichtstärken realisierbar, wenn zum Beispiel mit Tröpfchenbewässerung oder nur mit der Gießkanne gearbeitet wird.

Die einfache Handhabung mit der Möglichkeit, Erdpflanzen zu verwenden, und die im

Vergleich verbesserte Wirkung des Substrates haben schnell zu Verbraucherakzeptanz bei Topfpflanzen geführt. Das Seramis-System wird derzeit auch in der Objektbegrünung eingeführt.

Zeoplant/Vulcaflor

Das patentierte Zeostrat-Substrat (Zeobon) und Vulcaflor (Forster) sind eine Mischung ausschließlich mineralischer Bestandteile, nämlich Bims, Lava, Bimstuff sowie zeolithhaltiges Tuffgestein. Zeolithe sind Silicatgesteine mit einer sehr hohen Kationenaustauschkapazität und einem hohen natürlichen Gehalt an Spurennährstoffen. Das Ionenaustauschvermögen der Zeolithe wird bereits bei industriellen Trennprozessen ebenso genutzt wie als Phosphatersatz zur entkalkenden Wirkung von Waschmitteln.

Mit knapp 49 % Luft- und 38 % Wasserporenvolumen sind die wünschenswerten Größenordnungen an das Gesamtporenvolumen sowie die Porenverteilung erfüllt. Mit 950 kg/m^3 trockenen Materials ist das Substrat vergleichsweise schwerer. Zum Transport dienen entweder Bigbags oder Silofahrzeuge mit Luftstrom.

Das System ist vom Grundaufbau her ein geschlossenes System mit wasserdichter Pflanzwanne oder Gefäßen mit Wasseranstau, Wasserstandsanzeiger und Kontrollschächten. Die Besonderheit bildet die chemische Aktivität des Substrates, das mit seinem Sorptions- und Pufferungsvermögen den Nährstoffhaushalt ausgleichend gestaltet; es handelt sich also um ein aktives Substrat mit Wechselwirkungen zwischen Substrat, Bodenlösung und Wurzel. Handhabung, Düngerfehler und Fremdeinträge können so einfacher bewältigt werden. Eine langfristige Düngung ist möglich. Die Wurzeln erschließen sich vergleichsweise schnell das Substratvolumen.

Alle Pflanzen können mit ihren Anzuchttopfballen in das System umgesetzt werden. Kapillarität und Wasserhaltevermögen gestatten unterschiedliche Topfhöhen. Profilierungen der Substratfläche sind möglich.

6 Bauabwicklung
Bernhard Häring

Die Bauabwicklung beginnt bei der Planung. Nur durch ein frühzeitiges Einbeziehen einer gärtnerischen Fachkraft ist eine Abstimmung der Gewerke, das Mitteilen von Änderungswünschen und Überprüfen derselben gewährleistet.

6.1 Bauzeitenplan

Entscheidend ist die Einsicht, daß die Pflanzen gleichberechtigte Mitbewohner der zu begrünenden Räume sind. Dies erfordert eine Abstimmung der Baumaßnahmen besonders auf deren Lebensbedingungen. Auch **nachträgliche Nutzungsänderungen** müssen abgestimmt werden. Wo dies nicht geschieht, sind Pflanzenausfälle vorprogrammiert.

Beispiel 1: Eine „Bambushalle" mit Sommercafé findet so starken Anklang, daß ein Winterbetrieb eingeführt wird. Dazu wird eine Heizung nachgerüstet und der Glasraum auf 20 °C Dauertemperatur gehalten. Folge: Totalausfall.

Beispiel 2: Aus gestalterischen Gründen werden in einer Eingangshalle hochaufragende Bambus (*Phyllostachys mitis*) gewünscht. Ohne Rücksprache mit gärtnerischen Fachkräften werden Pflanzbeete in der Größe von 150 x 100 x 80 cm, mit Wasseranstauverfahren vorbereitet. Die Wintertemperatur soll bei 18 °C gehalten werden. Aufgrund der nahegelegenen automatischen Türen ist mit hohem Zustrom von erwärmter und damit ausgetrockneter Außenluft zu rechnen. Nach der Bepflanzung wird die Lichtstärke an einem sonnigen Oktobertag mit 600 lx in 5 m, mit 1 500 lx in 10 m und mit knapp 3 000 lx in 15 m Höhe gemessen. Eine nachträgliche Luftbefeuchtung hätte nichts bewirkt. Die Lebenserwartung der Pflanzen dürfte bei etwa sechs Monaten liegen.

Die eigentliche Bauabwicklung beginnt bei der Erstellung des Bauzeitenplanes. Hierbei wird das gewünschte Bauende mit allen Beteiligten festgelegt und Terminabsprachen der einzelnen, am Bau beteiligten Gewerke getroffen (vgl. Tabelle 23). Auch bei diesen Terminabsprachen steht die Pflanze im Vordergrund.

Leider gilt am Bau der Umgang mit Erden und Pflanzen nach wie vor als besondere „Dreckarbeit". Den Wunsch, die Pflanzarbeiten vorzuziehen und das Verlegen oder Vergießen von Bodenbelägen danach abzuschließen, ist verständlich, aber aus pflanzenbaulicher Sicht nicht akzeptabel: Pflanzen gelten nicht umsonst als Anzeiger von Wohngiften, sie reagieren um ein Vielfaches empfindlicher als der Mensch. Deshalb muß eine Raumluftbelastung mit Lösungsmitteln oder ähnlichen Schadstoffen aus Farbanstrichen, Imprägniermitteln, neuen Teppichböden zum Zeitpunkt der Pflanzung ausgeschlossen sein.

Bei der Terminplanung ist eine ausreichend lange Akklimatisierung (bei großen, aus Florida importierten Pflanzen kann diese bis zu

Tab. 23: Schema der Bauabwicklung

Planung	Einflußgrößen	Bauablauf
Nutzungswunsch des Auftraggebers	Lebensbedingungen der Pflanzen	Einbeziehung von Projektanten für die Innenraumbegrünung
Energieverbrauch, Art der Verglasung, Art der Heizung	Temperaturbereich, Lichtdurchlässigkeit	Grundauswahl der Pflanzen (Vegetationsbereich)
technischer Aufwand, finanzielle Machbarkeit	Lebensbedingungen der Pflanzengruppen	zweite detaillierte Pflanzenauswahl
Lüftungstechnik, Schattiertechnik, Ver- und Entsorgung mit Wasser, Stromversorgung und Steuerleitungen	Luft- und Bodenfeuchte, Wasserherkunft, Wasserqualität, Substrat	Einbeziehung von Projektanten für Temperatur- und Luftstromberechnung sowie Bewässerungs- und Regeltechnik
Bauzeitplan	gewünschtes Bauende, möglicher Pflanzzeitraum, Akklimatisierung	endgültige Pflanzliste, Ausschreibung und Bestellung
Terminplan für unbedingt abzuschließende Vorleistungen Gewerkabsprachen Gewerkabgrenzung	Materialausgasungen Staubentwicklung Verunreinigungen Wetter und Jahreszeit Befahrbarkeit von Belägen, Verengungen im Transportweg	Beetaufbau, Steuer-, Gießkreis- und Luftbefeuchtungsleitungen Substrateinbau und Setzen von Großpflanzen technischer Schutz und regelmäßige Kontrolle von Substrat und Pflanzen
Kontrolle der Vorleistungen und Ausführung	Lieferzustand der Pflanzen, Einweisung der Nutzer in die Regeltechnik sowie Beobachtung der Pflanzen bezüglich Schadbilder	Feinverteilung der Bewässerungssysteme, Pflanzung der Bodendecker, Einstellen der Feuchtesensoren, Pflege und Pflanzenschutz

zwei Jahren betragen) beim Lieferanten oder Großhändler einzukalkulieren. Die gewünschten Pflanzen sind auch nicht immer gleich verfügbar.

Beispiel 3: Wie planmäßig die Vorbereitungen laufen können und wie frühzeitig zu planen ist, zeigt die Begrünung der Düsseldorfer Provinzial. Die ersten Vorbereitungen für die 1995 ausgeführten Begrünungsarbeiten in der Düsseldorfer Provinzial begannen im Spätsommer 1993. Zu diesem Zeitpunkt suchte der ausführende Garten- und Landschaftsbaubetrieb Jakob LEONHARDS (Wuppertal) die entsprechenden Pflanzen in Florida aus. Diese wurden zunächst getopft und verloren aufgrund dessen einen Großteil ihres Laubes. Zur Gewöhnung an die europäischen und insbesondere an die Hallenverhältnisse im Innenraum, kamen die Pflanzen anschließend in eine gesonderte Schattenhalle.

Mit einem Anteil von 27 % Restlicht wurden sie für die hiesigen Lichtverhältnisse konditioniert. Im Mai 1994 erreichten die Pflanzen nach einer 14tägigen Schiffsreise in ventilierten, aber dunklen Containern nahezu völlig entlaubt das europäische Festland. Nach Ankunft in einem vorher ausgesuchten, belgischen Gewächshaus mit entsprechender Raumhöhe – immerhin waren die Pflanzen 12–13 m groß – erfolgte der Rückschnitt. Mit komplett neuem Laub waren die Pflanzen Anfang 1995 dann für die Pflanzung in der Düsseldorfer Provinzial-Halle bereit.

Zu empfehlen ist, die einmal getroffenen Planungskriterien vertraglich festzuschreiben. Dem ausführenden Gärtner ist zu raten, daß er diese Vorgaben im Hinblick auf Gewährleistungsansprüche nochmals prüft. Das Heizungs- und Lüftungssystem ist in die Kontrolle miteinzubeziehen. Mit der Installation eines Minimum-Maximum-Thermometers kann er zu erwartende „Klimaverschiebungen" erkennen und Schäden vorbeugen.

6.2 Gewerküberschneidungen

Der vom Auftraggeber gewünschte Bauabschluß kann mit der möglichen Pflanzzeit kollidieren. Mediterrane, subtropische oder gar tropische Pflanzen bei stärkeren Frostgraden liefern und pflanzen zu müssen, erfordert einen erhöhten Aufwand: Die Pflanzen müssen in ventilierten und temperierten Thermotransportern angeliefert werden. Spätere Pflanzungen in bereits genutzten Innenräumen sind nicht einfach. Vorablieferungen und Einschlag an der Baustelle sind andererseits nur mitten in der Baustelle am vorgesehenen Standort möglich. Störungen der anderen Baugewerke oder Beschädigungen an den Pflanzen sind zu vermeiden.

Ist eine Vorablieferung nicht zu umgehen, so sollte ein Terminplan für unbedingt vorher abzuschließende Arbeiten erstellt werden. Hierzu gehören insbesondere alle stark staubenden Arbeiten oder der Einsatz von Chemikalien, zum Beispiel das Vergießen von PVC-Böden. Wo dieser Terminplan nicht erstellt oder eingehalten wird, müssen die Mehrkosten für Schutz- und Absaugeinrichtungen rechtzeitig miteinkalkuliert, am besten bereits mitausgeschrieben werden.

Umgekehrt muß der Begrüner die notwendigen Bedingungen für einen Maschineneinsatz (Raumbedarf für die Transportwege, zu erwartende Belastung der Bodenbeläge) frühzeitig schriftlich abklären und festhalten sowie die zugesagten Bedingungen überprüfen.

Beispiel 4: Das Befahren eines Natursteinbodens ist trotz Auslegen eines Teppichbodens zu dessen Schutz nicht möglich, wenn die Tragfähigkeit des Untergrunds nicht gegeben ist.

6.3 Gewerkabgrenzung

In den Ausschreibungen und insbesondere bei der Bauabwicklung sollte jeder Handwerker Besprechungszeiten für Gewerkabgrenzungen und Überschneidungen miteinkalkulieren:

- Abdichtungsarbeiten und Anschlüsse von Bodenabläufen sind Leistungen des Dachdeckerhandwerks oder Folienlieferanten.

- Wasserzu- und -ableitungen müssen vom Sanitärtechniker ausgeführt werden.

- Die Stromversorgung hat der Elektriker zu erstellen.

- Die Installation der Steueranlage, das Verlegen der Steuerleitungen (24 Volt), die Bestimmung der Wasserqualität, Wasseraufbereitung und Wasserverteilung, sowie der Art der Tropf- oder Sprühkörper hat der pflanzenbaulich geschulte Bewässerungstechniker zu entscheiden. Er muß sich auch über Störeinflüsse bei der Steuerelektronik informieren, zum Beispiel das Funkfeuer von Flughäfen oder Radiostationen. Das Verlegen der Leitungen innerhalb der Bepflanzung kann, soweit es sich um die druckreduzierten Kunststoffrohre handelt, ein Landschaftsgärtner erledigen. Nimmt er die Installation der Regeltechnik ebenfalls in sein Gewerk auf, kann dies zu Gewährleistungsproblemen

führen (siehe Abschnitt 8. Bewässerungstechnik).

- Einbau der Drainschicht, Filterlagen und Substrate, sowie die Bepflanzung selbst ist Teil des Garten- und Landschaftsbaus oder von gärtnerischen Gewerken.

- Die Pflege und insbesondere den Pflanzenschutz sollte ebenfalls eine gärtnerische Fachkraft ausführen.

6.4 Technische Hilfsmittel

Die technischen und pflanzenbaulichen Schutzmaßnahmen durch den Pflanzenlieferanten und der ausführenden Firma entscheiden mit über den Begrünungserfolg. Kronen- und Wurzelballenschutz, zum Beispiel in Form von Folienplanen, sind Sache des Lieferanten. Die technische Ausstattung, Pflanzen für größere Begrünungsobjekte ohne Beschädigungen zu transportieren und zu pflanzen, erfordert in der Regel den maschinellen Einsatz einer Garten- und Landschaftsbaufirma oder sogar eigens beauftragter Spezialfirmen, wie das Beispiel der Düsseldorfer Provinzial zeigt. Gerade bei solchen großen Begrünungsobjekten geht es aber auch nicht ohne Handarbeit: Die teilweise rund 400 kg schweren Bambusstämme mußten per Hand ins erste Obergeschoß getragen werden.

Den größeren Teil des Transportweges bis zur Pflanzstelle ebnete in diesem Fall jedoch eine beauftragte Spezialfirma: Diese verlegte Noppenfolie auf den Hallenboden, darauf Stahlplatten und abschließend lastverteilende Mehrschichtholzplatten auf den notwendigen Wegen. Auf diese Weise ließen sich die von 800 kg bis 1,8 t schweren Pflanzen mit einem Gabelstapler (Eigengewicht

3,2 t) über den Hallenboden transportieren und die maximale statische Belastbarkeit des Hallenbodens von 500 kg/m² ausgleichen. Hilfsmittel für kleinere Begrünungsobjekte sind höher gestellte Gefäße mit Zwischenraum zum Boden hin. Sie ermöglichen einen Transport durch Hubstapler oder Hubwagen. Praktische Transporthilfen für zwei Personen sind Tragegestelle für Kübel aus Holz oder Metall.

Abb. 48: Wurzelballenschutz bei großen Solitärgehölzen

Innenbegrünung nur mit Spezialsubstrat!

• • • • • • • • • • • • • •

Raumbegrünung ist zu kostbar, um auf ein hochwertiges Spezialsubstrat verzichten zu können.

Seit
16 Jahren
Qualitätssubstrate

ökohum – wir gehören zum Gärtner!
ökohum GmbH   Telefon (0 75 86) 13 91

7 Klimatisierung und Lichttechnik
Dieter Jansen

7.1 Raumklima

Unter diesem Begriff werden die thermischen, optischen, akustischen und lufthygienischen Einflußfaktoren auf das Wohlbefinden des Menschen, aber auch auf Tier und Pflanze, zusammengefaßt. Mit einer optimalen, geregelten Klimatisierung soll vorrangig für den Menschen ein Gefühl von Behaglichkeit und Wohlbefinden erzielt werden.

Dieses wird hauptsächlich durch die thermische Behaglichkeit beeinflußt, also durch das Zusammenwirken von Raumtemperatur, Luftbewegung und Raumluftfeuchte.

Die Mindestanforderungen an das Raumklima sind bezüglich der thermischen Behaglichkeit in der **DIN 1946** Teil 2 - (siehe Anhang) sowie in der Arbeitsstättenverordnung und deren Richtlinien festgelegt, zum Beispiel **Arbeitsstättenrichtlinie ASR 6/1,3** „Raumtemperaturen".

7.1.1 Raumtemperatur

Die Raumtemperatur sowie die mittlere Umschließungsflächentemperatur (durch Fenster, Wände, Decken, Fußboden, Oberflächen von Heizkörpern) haben einen gleichgroßen Einfluß auf das Wärmeempfinden des Menschen. Die Kontaktflächen zwischen Mensch und Umschließungsflächen werden überwiegend durch die Wärmestrahlung in ihrer Wirkung spürbar gemacht. Eine kalte Wand oder ein kalter Fußboden bewirken einen negativen einseitigen Wärmeabfluß vom Körper zur kalten Fläche; man fühlt sich unbehaglich. In der Arbeitsstättenrichtlinie werden die „Raumtemperaturen" zu § 6 Abs. 1 und 3 der Arbeitsstättenverordnung festgelegt; sie betragen je nach Nutzung und Tätigkeit in einem Raum mindestens 17–20 °C und sollten 26 °C nicht überschreiten.

Bei der Pflanzenauswahl muß daher auf diese vorgegebenen Werte Bezug und Rücksicht genommen werden. Räume, die ganzjährig ein mittleres Temperaturniveau von 18–24 °C besitzen, sind für **tropische Pflanzen** geeignet, wobei kurzfristige jahreszeitliche Schwankungen nach unten oder oben von den meisten Pflanzen vertragen werden, wenn der Luftfeuchtegehalt der Raumluft diesem Zustand angepaßt wird. Probleme gibt es besonders bei **längerfristigen Temperaturunterschreitungen**, wobei in der ersten Phase besonders das Wurzelsystem geschädigt wird und nachfolgend Gewebeschäden an Blatt und Blüte(n) auftreten.

Daher sollten Räume, bei denen jahreszeitlich die Temperaturen stark schwanken, mit hartlaubigen, widerstandsfähigen **Pflanzen aus dem Mittelmeerbereich** oder aus anderen **überwiegend ariden oder subtropischen Klimazonen** begrünt werden. Dies gilt auch besonders für Zwischenräume und „Luftschleusen" in Galerien und Passagen, wobei hier noch die negativ wirkende Zugluft einzukalkulieren ist, mit den extremen Temperaturschwankungen bis zur tolerierbaren Kältegrenze um 0 °C (siehe Kapitel 14).

Licht und Temperatur besitzen eine enge Beziehung; höhere Temperaturen erfordern in der Regel mehr pflanzengerechtes Licht als niedrige Raumtemperaturen. Daher ist es sinnvoll, die Raumtemperatur während der Nacht auf das verträgliche Niveau für die Begrünung abzusenken (siehe hierzu Kapitel 7.3 „Licht und Pflanze" sowie Kapitel 14 „Pflanzenverwendung").

7.1.2 Heizungssysteme

Rippenheizkörper und einreihige Plattenheizkörper gibt es aus verzinktem oder einbrennlackiertem Stahlblech, seltener aus Gußeisen oder Kunststoff, mit glatten oder profilierten Oberflächen. Sie erwärmen einseitig durch einen hohen Anteil Strahlungswärme. Bei Verwendung empfindlicher Pflanzen mit weicher Blattmasse ist auf einen ausreichenden Abstand (0,2–0,5 m) zu achten. Diese einseitige Wärme-Bestrahlung wird weder vom Menschen noch von den meisten Pflanzen als behaglich empfunden; außerdem liegt die Wärmeleistung niedriger als bei mehrreihigen Heizkörpern.

Plattenheizkörper mit zwei- oder mehrreihigen Heizplatten und aufgeschweißten punktierten Lamellen sind nicht nur von der Heizleistung wesentlich günstiger zu beurteilen, sondern auch von ihrer Wirkung auf Mensch und Pflanze. Bei den mehrreihigen Heizkörpern, – mit ausreichendem Abstand zum Fußboden installiert, um die Kaltluft thermisch anzusaugen, – wird die Wärme nahezu zu gleichen Teilen als Strahlungs- und Konvektionswärme abgegeben. Somit werden Mensch und Pflanze auf natürliche Weise von Warmluft „umspült", was als sehr angenehm empfunden wird (Konvektion = Mitführen der Wärme durch die thermisch zirkulierende Luft = Strömung). Die Raumtemperatur kann hierbei über gute Heizkörperthermostate geregelt werden.

Luftheizungen: Hierzu zählen reine Konvektorenheizungen mit freier (thermischer) Luftumwälzung, mit erzwungener Konvektion (zum Beispiel Gebläsekonvektoren, Lufterhitzer) und Raumluft-technische Anlagen (zum Beispiel Klimaanlage). Die Konvektorenheizung besteht in der Regel aus verzinkten Stahl-Rippenrohren mit Lamellen, die von einem Schacht umgeben werden. Die Höhe der Schächte beeinflußt die Leistung und den thermischen Auftrieb entscheidend; wichtig ist der ungehinderte Eintritt der Kaltluft sowie oben der freie Austritt. Wegen des geringen Wasseranteils ist dieses Warmwasser-Heizungssystem schnell regelbar und an Niedertemperatur- und Wärmetauscher (Wärmepumpen, Abwärmenutzung) anschließbar. Es werden aus thermischen und hygienischen Gründen (Staub-Allergie) fast nur noch oberirdische Sockel-Konvektoren eingesetzt; es findet im nahen Fußbodenbereich eine leichte Entfeuchtung der Luft statt.

Gebläse-Konvektoren mit Umluftbetrieb oder Außenluft-Beimischung arbeiten durch die erzwungene Konvektion mittels eines oder mehrerer Ventilatoren. Bei Umluftbetrieb wird die Raumluft umgewälzt und entsprechend dem Temperatur-Sollwert aufgeheizt. In sehr großen Innenräumen (Galerien, überdachten Innenhöfen, Passagen) kann dieses auch energiesparend über Wärmetauscher erfolgen, die von einer zentralen Heizanlage mit Warmwasser versorgt werden.

In privaten und gewerblich-beruflichen Innenräumen werden fast ausschließlich elektrisch-beheizte Gebläse-Konvektoren eingesetzt, die geräuscharm und durch unterschiedliche Leistungsstufen energiesparend arbeiten. **Gebläse-Konvektoren mit Außenluftbeimischung** besitzen neben der Heiz-

auch eine Belüftungsfunktion, wobei die Außenluft mit der Raumluft gemischt über/durch die Heizflächen erwärmt in den Raum geleitet wird. Im Sommer ist bei diesem Gerätetyp während der Nacht auch durch die regeltechnische Ausschaltung (Thermostat) des Heizaggregates eine Kühlung des Raumes möglich. Diese Kombination führt dann in den weiteren Ausführungen zu den **Klimaanlagen**. Sie besitzen mehrere Funktionsweisen, wie Heizen, Kühlen, Frisch- und Abluftführung, Belüftung/Luftumwälzung, in einem System analog oder digital geregelt. Wichtig sind die gute Verteilung der Luft ohne Zugluft sowie eine geräuscharme Betriebsweise.

In größeren Räumen muß jedoch für eine zusätzliche Lüftung gesorgt werden. Wichtig ist, daß die angesogene Außenluft eine unbelastete Frischluftzufuhr ermöglicht; wenn dies nicht möglich ist, sind Filter oder Luftwäscher vorzuschalten. Kompakt-Geräte enthalten alle Aggregate und Armaturen. Split-Geräte haben außerhalb des Raumes die geräuschstärkere Technik, wie Verdichter und Verflüssiger.

Fußbodenheizung: Die Fußbodenheizung ist eine Speicherheizung; sie gibt mittels Wärmeleitung die Wärme im Boden und dann überwiegend durch Strahlung an den Raum oder über einen Bodenbelag an den Raum ab. Es kann hier sehr effizient Niedertemperatur-Wärme aus Wärmetauschern/Abwärme eingesetzt werden. Die Wärmeverteilung ist sehr gleichmäßig; sie kann bei Bodengefäßen zur Erhöhung der Substrattemperatur führen, was bei der Bewässerung zu berücksichtigen ist. Optimal sind Pflanz-Gefäße, die auf Füßen oder Rollen stehen, weil unter dem Gefäß eine Zirkulation möglich ist und bei Verwenden von Hydrokulturen oder Langzeitbewässerungssystemen das Wasser auf einem günstigen Temperaturniveau gehalten wird.

Bei größeren Bepflanzungsbecken, mit und ohne Erdanschluß, kann es auch sinnvoll sein, eine **Bodenheizung im Substrat** oder Erdreich zu verlegen. Diese sorgt im Wurzelbereich für optimale Temperaturen und wird über Minimal- und Maximalthermometer geregelt. Es werden in der Regel Sauerstoffdiffusionsfeste Kunststoff- oder Metallrohrleitungen DN 20 verlegt, mit eigenem Misch- und Regelkreis.

7.1.3 Lüftung

Die Belüftung (Kühlung, Zufuhr unbelasteter Frischluft nach DIN 1946 Teil 2 - „Raumlufttechnik", Arbeitsstättenrichtlinie „Lüftung", ASR 5) sollte möglichst überwiegend durch „freie Lüftung" mittels Fenster, Dachaufsätze, Schächte oder bewegliche, motorisch oder manuell betätigte Lüftungsklappen erfolgen. Druckunterschiede infolge Wind oder Temperaturdifferenzen zwischen außen und innen bewirken hier die Lüftung. Bei größeren Innenhöfen und Galerien ist eine Dachlüftung zu bevorzugen (Kaminsog-Wirkung). Durch konstruktionelle Maßnahmen am Bau ist auf eine zugfreie Luftströmung von ca. 0,2 m/sec. bis 20 °C Innentemperatur zu achten. Eine Luftwechselzahl von 6–15 je Stunde ist anzustreben.

Die natürliche Entfeuchtung der Luft gleicht eine geregelte Bewässerung mittels Feuchtefühler (Luft- und Bodenfeuchte) aus. In Räumen mit zu geringem nicht lüftbarem Fensteranteil oder in fensterlosen Räumen müssen „Lüftungstechnische Anlagen" (nach DIN- und VDI-Regelwerk „Raumlufttechnische Anlagen" (RLT) eingesetzt werden. Dabei wird die Luft maschinell gefördert, um den angestrebten Raumluftzustand sicherzustellen. Hierbei sind die vorgeschriebenen MAK-Werte (Maximale Arbeitsplatz-Konzentration) diverser Gase und Stäube einzuhalten. RLT-Anlagen können als Teil- und Vollklimaanlage heizen, kühlen, be- und entfeuchten. Teilweise wird eine starke Entfeuchtung der Raumluft erzielt, die es auszugleichen gilt, da sie für viele Pflanzen und Menschen unerwünscht ist. RLT-Anlagen sind ständig zu überwachen, Filtersysteme, Wassertanks sind zu ersetzen oder zu reinigen.

Größere Eingangsportale mit Automatik-Türen lassen während des Betriebes sehr große Luftmassen einströmen, was im Winter zu massiven Streßsituationen für die Begrünung in diesem Bereich führen kann. Mit Hilfe spezieller Warmluftschleusen oder Infrarot-Heizgeräten muß diese negative Einwirkung auf die Pflanzen verhindert oder diese durch Trennwände geschützt werden.

7.1.4 Luftbefeuchtung – Luftfeuchte

In der Arbeitsstättenrichtlinie ASR 5 sind für Innenräume bestimmte maximale Feuchtigkeitswerte genannt, die von der Lufttemperatur abhängig sind. In Innenräumen für Gewerbe (Verkaufsstellen), Büro- und Privaträumen, wo sich viele Menschen aufhalten oder arbeiten, wird eine relative Luftfeuchte zwischen 45–65% empfohlen. Diese ist für die Behaglichkeit für Menschen und Pflanzen optimal. Dabei können großflächige Pflanzenarten in ausreichender Anzahl auf natürlichem Wege der Transpiration selber die Luftfeuchte erhöhen, wobei das Hydrokulturverfahren mit geblähten Granulaten sich hierfür besonders eignet.

Auch bei Teil- und Vollklimageräten kann durch Außenlufteinspeisung und Vorbei- und Durchleiten an wasserführenden Mattensystemen gerade im Heizbetrieb die Luftfeuchte angehoben werden. Eine weitere zusätzliche Luftfeuchteerhöhung bringen Verdampfer- oder Verdunstersysteme. Vorteilhaft sind diese geregelten Luft-Befeuchtungssysteme auch dort, wo sich viele elektrische und elektronische Geräte und Bildschirmarbeitsplätze in einem Raum befinden. Durch eine höhere Luftfeuchte kann die statische Aufladung gemindert oder gänzlich verhindert werden, auch die als Elektrosmog bezeichnete negative Erscheinung. Das Speise- und Vorratswasser muß dafür kalk- oder säurefrei sein im Bereich 5–10 ° dGH.

Verdampfer erhitzen das Wasser über den Siedepunkt von 100 °C und geben den erzeugten Wasserdampf mittels Ventilator in die Raumluft ab. Somit erhöhen sie die relative Luftfeuchte. Es besteht entweder ein direkter Wasseranschluß oder es steht ein Vorratsbehälter im Gerät zur Verfügung; ein Feuchtefühler läßt einen automatischen Betrieb dieses Befeuchtungssystems zu. Diesem Vorteil steht ein erhöhter Energieverbrauch und das Fehlen einer Filtrierung der Raumluft entgegen, es sei denn, die Verdampfer-Einrichtung ist Teil einer Raumlufttechnischen Anlage (RLT). **Bei tropischen bis subtropischen Pflanzen aus Feuchtzonen** sowie in sehr trockenen und voluminösen Innenräumen leisten Verdampfer-Systeme hervorragende Dienste. Durch die analoge oder computerisierte Regelung dieser Klimageräte kommt es selbst bei Hochlastbetrieb zu keiner Wassernebel-Ablagerung auf den Pflanzen oder Einrichtungsgegenständen.

Die zwei wichtigsten am Markt befindlichen Techniken der Dampferzeugung sind

- Elektroden-Dampferzeugung
- Dampferzeugung durch Widerstandsheizung

Klimatisierung und Lichttechnik

Es muß die DIN 1988 befolgt werden sowie die entsprechenden DVGW-Bestimmungen — Trennung von Brauchwasser und Trinkwasser durch geeignete Maßnahmen. Werden hohe Ansprüche an die Raumhygiene gestellt, so gehören die Dampfluft-Befeuchtungsanlagen zu den empfehlenswerten Raumbefeuchtungs-Systemen.

Verdunster-Systeme arbeiten mit Verdunstermatten und können darüber hinaus mit Hilfe spezieller Aktivkohle-Zusätze die Raumluft teilweise von Schadstoffen reinigen sowie von Grob- und Feinstäuben befreien. Damit gehören sie ebenso wie die Klimaanlagen zu den wartungspflichtigen RLT-Anlagen nach DIN 1946. Die Raumluft wird angesaugt, gefiltert und über oder an eine Verdunstermatte geleitet oder gedrückt. Die Matten werden vom Vorratsbehälter oder durch einen direkten Wasseranschluß ständig gleichmäßig benetzt. In vorgegebenen Intervallen sind die Filter und Matten zu reinigen oder auszutauschen.

Die Meßstellen zur Luftfeuchte-Konzentrations-Messung müssen ebenfalls regelmäßig gewartet werden, damit nicht durch Überdosierung sich feine Wassernebel im Raum ablagern. Sind Verdunster Teil einer Voll-Klimaanlage, so können durch spezielle zusätzliche Filter zum Teil auch Sporen, Blütenpollen, Bakterien und Viren herausgefiltert werden (Wartung außerordentlich wichtig!) sowie verschiedene Gase und schlechte Raumgerüche neutralisiert werden. Für die kleineren Haushalts- und Wohnungs-Einzelgeräte trifft letzteres jedoch nicht ganz zu. Von der Hygiene sind Verdunster-Systeme dem Verdampfersystem unterlegen, jedoch günstiger in der Anschaffung.

Adiabatisches Befeuchtungssystem: Das Adiabatische Befeuchtungssystem ABS 1 erzeugt im Rotationsprinzip feinste Wasseraerosole von 5–15 µm und verdunstet sie mittels bestehender Raumwärme. Durch den dabei stattfindenden Wärmeentzug kühlt das Gerät die Raumluft ab, ohne daß es dafür zusätzliche elektrische Energie benötigt. Deshalb überzeugt das ABS 1 in erster Linie durch den minimalen Stromverbrauch bei hoher Befeuchtungsleistung. Hocheffiziente Luftfilter der EU-Klasse 5 und 6 befreien die Luft von Staubpartikeln. Zerstäubt wird ausschließlich frisches Leitungswasser aus dem Trinkwassernetz. Das Wasserbecken wird regelmäßig gespült und, beim Abschalten des Befeuchters, vollständig entleert. Ein automatisches Überwachungssystem meldet, wenn die Befeuchtungsanlage gereinigt und gewartet werden soll und signalisiert eventuell auftretende Störungen.

Ultraschall-Luftbefeuchtungstechnik: Als Ultraschall wird ein Schall mit Frequenzen oberhalb der Hörgrenze (über 20 kHz) bezeichnet. Variable Schwinger wandeln elektrische in mechanische Energie um, wobei sich über dem Schwinger eine zirka 4 cm hohe Wassersäule einstellt, die mit hochfrequenter Wechselspannung erregt wird. Es bilden sich explodierende Luftblasen, was zu einer Porosität des Wassers an dessen Oberfläche führt. Die Folge sind Kräuselwellen mit relativ kleiner Wellenlänge, die nach außen hin eine rüsselähnliche Säule bilden, aus der heraus kleinste Nebelteilchen in der Größenordnung von ‹1 µm (10^{-6}) in die Raumluft ausgeschleudert werden.

Zum Transport muß immer ein Luftstrom, erzeugt durch einen Ventilator, vorhanden sein, wie er in Raumluftbefeuchtern oder Klimaanlagen üblich ist. Der Aufbau eines Ultraschall-Luftbefeuchters setzt sich aus folgenden Einzelbausteinen zusammen:

- Transformator (von 230 Volt bis 48 Volt) Elektro-Bauteil mit Steuerelektronik

- Wasser-Steuerteil mit Magnetventil, Schwimmerschalter, Trocken- und Überlaufschutz

- Schwingereinheit mit einem oder mehreren Ultraschall-Schwingern

- Elektro-akustischer Wandler mit Kühlkörper

- Ventilator bei Verwendung zur Raumluftbefeuchtung.

Diese Ultraschall-Befeuchter gibt es als Einzelgeräte für kleinere bis größere Räume, bei sehr hohen und weitläufigen Innenräumen werden, – aufeinander abgestimmt –, mehrere Geräte eingesetzt.

Werden die Befeuchter in einer „Befeuchtungskammer" eines Klimagerätes eingesetzt, ist unbedingt auf Lufttemperatur und Luftgeschwindigkeit in der notwendigen Vermischungsstrecke zu achten, vor allem wegen der nachgeschalteten Bauteile wie Wärmetauscher und Filter. Ultraschall-Luftbefeuchter erzeugen auch bei einem infiziertem Wasserreservoir einen fast keimfreien Nebel (Hygiene-Institut Gelsenkirchen).

Biologische Luftreinigungssysteme, kombiniert mit Bepflanzung in einem System-Gefäß, können Schadstoffe, die sich in der Raumluft befinden, wie Formaldehyd, Nikotin und Benzol, binden oder chemisch umwandeln in unschädliche Bestandteile, teilweise in Verbindung mit Aktivkohle. Die verschiedenen Pflanzen verwerten die Raumluftgifte unterschiedlich (zum Beispiel *Ficus benjamina* neutralisiert Formaldehyd, *Chlorophytum commosum* nimmt Benzol, Toluol, Kohlenmonoxid und Formaldehyd auf) und lagern sie in den Wurzeln oder Blattmasse ab. Diese Bio-Luftreiniger wurden auf Basis der Versuchsergebnisse der NASA/ALCA-Studie entwickelt und befinden sich zur Zeit noch im praktischen Versuchsstadium. Auch sie können die Raumluftfeuchte teilweise erhöhen (siehe Kapitel 2.2).

Sprühnebel-Feinregneranlagen/ Zerstäuberanlagen: In großen Innenräumen mit vielfältiger Bepflanzung, im sogenannten Urwald der Freizeitparks, in Glasbauten und Wintergärten können zur Erhöhung der Luftfeuchte und gleichzeitiger Absenkung der Raumlufttemperatur Sprühnebel- oder Feinregneranlagen eingesetzt werden, wenn sie das Personal sowie das Besucher- und Kaufpublikum nicht negativ beeinflußen. Entweder wird dieser bepflanzte Innenraum durch Glas- oder Kunststoffwände von den anderen Raumteilen getrennt oder die Anlage, die mit hohem Druck und Spezialdüsen arbeitet, wird nicht, wie üblich, oberhalb der Pflanzen, sondern über dem Substrat verlegt, und zwar am Rand mit Halbkreis- oder Sektorendüsen.

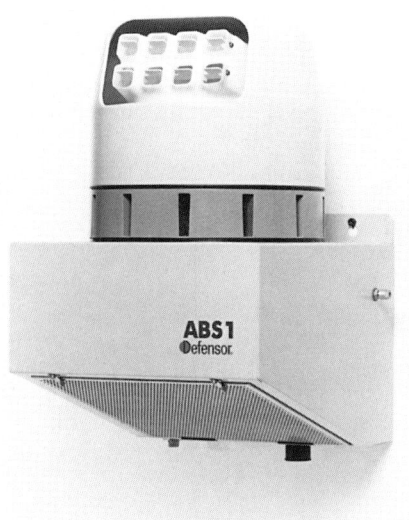

Abb. 49: Adiabatisches Befeuchtungssystem
Foto: Barth und Stöcklein, Garching

Dabei ist auf die unterschiedlichen Feuchtigkeitsansprüche der Pflanzen im „geschlossenem System" und auch auf das der Menschen sowie auf die nach den Arbeitsstättenrichtlinien ASR 5 gestatteten Maximalwerte (zum Beispiel 80% Luftfeuchte) Rücksicht zu nehmen. Es darf nur Wasser des Härtebereiches 1 und gereinigtes, gefiltertes Wasser verwendet werden. Für die technische Sicherheit der Düsen und Ventile ist gegebenenfalls eine Analyse des Speisewassers durchzuführen.

Dieses gilt insbesondere für Feinzerstäuberanlagen mit kleinsten Tröpfchen (Wassernebel, Aerosole). Hierbei werden mit Druckluft oder mit mechanischem Druck Wasserpartikel in der Größenordnung von 1–20 µm schwebefähig an die Raumluft abgegeben. Größere Partikel werden als Tropfen bezeichnet und in Klimageräten an „Tropfabscheider" ausgeschieden oder sie fallen bei freier Befeuchtung auf die Blattmasse und den Boden. Auch bei diesen Befeuchtungstechniken wird der Raumluft die Umwandlungsenergie entzogen; die Raumlufttemperatur sinkt. Der Vorgang entspricht dem der Verdunster-Systeme. Die Regelung erfolgt durch Feuchte- und Temperaturfühler oder als Teil einer Klimaregelung in Kombination mit Lüftung, Schattierung und anderen Erfassungsgrößen.

7.1.5 Schattierung

In Zeiten hoher natürlicher Einstrahlung kommt es bei lichtdurchlässiger Verglasung an vertikalen und horizontalen Flächen zu einer starken Erwärmung des Raumes und damit auch Bestrahlung der Pflanzen. Die Wärmeschutzverordnung schreibt dann den Einbau von Sondergläsern vor (Wärmeschutzglas, Sonnenschutzglas oder Sonnenschutzfolienauftrag auf Isoliergläser, siehe Kapitel 7.2). Dabei bedeuten **Sonnenschutzgläser- und Folien** eine sehr starke Schattierung, die in dieser Form für das optimale Pflanzenwachstum besonders im Winter unerwünscht ist. In der Zeit geringer natürlicher Strahlung muß bei diesen Sonderglasarten künstliches Licht eingesetzt werden (siehe Kapitel 7.3).

Lichtleit- und Lichtlenksysteme verteilen die natürliche Strahlung durch Lamellen im Fenster sowie durch im Raum angeordnete bewegliche Spiegel gezielt. Sie ermöglichen damit teilweise eine geringere Raumbeleuchtung und stellen in gewissem Maße ebenfalls einen Schutz gegen die direkte Strahlung und damit Schattierung in Sommermonaten dar. Die Lamellen und Spiegel werden von elektronischen Regelcomputern und Motoren in ihrer Stellung zueinander und in Abhängigkeit zum jeweiligen Sonnenstand bewegt. Es ist am Standort zum Beispiel mit einem Luxmeter zu prüfen, ob die Helligkeit im Raum als Wachstumslicht ausreicht (siehe Kapitel 14).

Außenschattierung

Die Schattierung soll die direkte Sonneneinstrahlung in den Raum verringern oder verhindern. Bei Verglasungen nach Süden ausgerichteter Fenster ist zum Vermeiden von Verbrennungsschäden an Blatt und Blüte immer eine Schattierung notwendig, ausgenommen bei Wüstenpflanzen (Kakteen und Sukkulenten, vgl. Kapitel 14). Die Außenschattierung hat neben der Schattierwirkung weiterhin den positiven Effekt, daß sie schon **vor** der Verglasung die Sonnenenergie stark reflektiert. Damit kommt weniger Wärme in das Gebäude (geringere Aufheizung als bei Innenschattierung).

Die Anschaffung dieser motorisch bewegten Lamellen-Systeme aus imprägniertem Holz,

Kunststoff oder Aluminium, die in eigenen Führungsschienen laufen, ist jedoch mehr als doppelt so teuer wie die Verwendung innen aufgehängter Tücher. Außenschattierungen sind stärker der Witterung ausgesetzt und müssen deshalb qualitativ hochwertig und langlebig sein. Eine Regelung ist über einen Schattierautomaten (kombiniert mit außen liegendem Lichtfühler/Fotozelle) mit einstellbaren minimalen und maximalen Lux-Werten möglich.

Als Außenschattierung wirken, wenn auch nicht so wirkungsvoll, auch Markisen und Vordächer.

Innenschattierung

Durch die Wahl bestimmter Gewebetücher, überwiegend aus Acryl-, Polyester- oder Polyamidgewebe und Gewirke, läßt sich der Grad der Schattierung bestimmen (20%–70%). Helle, beige Töne sind wegen der besseren und angenehmen Farbwiedergabe auf den Pflanzen-Oberflächen zu bevorzugen. Mit diesen innen an Führungs-Aufhängungsvorrichtungen (Kunststoffseile aus Polyamid, Edelstahlspanndrähte) befestigten Stoffbahnen kann jedoch der Energieeintrag in den Innenraum nur sehr geringfügig reduziert werden. Eine weitere Reduzierung ist mit Hilfe von Sonnenstrahlen-reflektierendem Gewebe möglich, zum Beispiel Aluminium-Streifen. Damit läßt sich die Schattierwirkung bis auf 70% steigern.

Auch Lamellensysteme aus reflektierenden Kunststoffen oder eloxiertem und elektrolytisch geglänztem Aluminium (Reinstaluminium 99,9%) sind als Innenschattierungen möglich, wobei diese dem Sonnenstand motorisch über eine Lichthelligkeitsregelung nachgeführt werden (siehe auch Lichtteilsysteme). Auch die Tuch-Innenschattierung kann über einen Schattierautomaten wirksam

und wirtschaftlich geregelt werden (um 600 Mark je Automat, ohne Motor). Bei Acrylgewebe wird von der Industrie eine Garantie von 10 Jahren auf die Lichtstabilität gegeben, bei Polyester-Gewebe 5 Jahre (Stand 1996). Einige Länder-Bauordnungen schreiben für Publikumsbereiche die Verwendung schwerentflammbarer Schattiergewebe nach DIN 4102 B1 vor.

7.1.6 Klimaregelung

Regelungen sind „geschlossene Systeme", welche die eingeleitete Maßnahme auch überprüfen, zum Beispiel durch Fühler oder Fotozelle. Sie sind bevorzugt einzusetzen. Steuerungen überprüfen wegen fehlender Meßstellen nicht die eingeleitete Maßnahme. Zu diesem „offenen System" zählt zum Beispiel die Schaltuhr für das assimilatorisch wirksame Zusatzlicht (vgl. 7.3.2.2).

Für alle Bereiche der Klimaregelung, wie Feuchte, Temperatur, Schattierung, Lüftung, künstliches Licht, gibt es Einzelregler, um 600–1000 Mark je Stück. Wirtschaftlicher arbeiten Sequenz-(Folge)-Regler, zum Beispiel Heizen/Lüften. Mit nur einem Meßwert beeinflussen sie beide Regelkreise in einem Zentral-Regler, der dann den Stellgliedern (zum Beispiel Heizungsmischer, Lüftungsantrieb) Befehle gibt. Diese Analog-Regler sind jedoch bei der Vielzahl der oben genannten Klimafaktoren in ihren technischen Möglichkeiten beim Zusammenwirken aller Faktoren begrenzt. Die Verknüpfung vieler Regler (Sequenz- oder Einzelregler) ist technisch uninteressant. Der Einsatz von digitalen Regel-Computern ist daher wirtschaftlicher und energetisch sinnvoller. Hier werden alle Faktoren mit ihren vielen Meßdaten erfaßt. Ist die Soft-Ware optimal eingestellt, erzielen Regelcomputer die günstigsten Raumklimabedingungen für Mensch und Pflanze.

Klimatisierung und Lichttechnik 141

Bei der Planung sollten im Bereich der Gebäude- und Klimatechnik die **speziellen Bedürfnisse der Pflanzen** regeltechnisch berücksichtigt werden. Bei einer nachträglichen Innenraumbegrünung lassen sich die speziellen Klimaregler oft nur bedingt einsetzen, meist dann als Einzelregler, zum Beispiel für die Luftfeuchte oder für die künstliche Belichtung der Pflanzen.

Alle Installationen müssen den einschlägigen Bestimmungen aus Gesetzen, Verordnungen, DIN-, VDE- und VDI-Normenwerken entsprechen (siehe Anhang).

7.1.7 Wintergarten

Wintergärten erleben seit einigen Jahren eine Wiedergeburt. Das liegt einmal daran, daß der Wintergarten den Status, nur für wohlhabende Mitbürger möglich zu sein, aufgrund der Serienherstellung, der Technik und der Verwendungsmöglichkeiten im privaten wie auch im gewerblichen Bereich weitgehend verloren hat. Im eigentlichen Sinne ist der Wintergarten ein Raum zur Überwinterung frostempfindlicher Pflanzen mit Nutzung der passiven Sonnenenergie – er stellt wie sein Verwandter, das freistehende Gewächshaus, einen Sonnenenergie-Kollektor dar. Heute werden die Wintergärten mehr als Wohngärten am Haus und als sogenannte „Ganzjahresgärten" genutzt, wodurch die Anforderungen an dessen Baukörper und Klimatechnik steigen.

Der Wintergarten steht mit dem Haus in direkter Verbindung; er kann ebenerdig, auf Garagen, Balkonen, Terrassen und ähnlich günstigen Standorten gebaut sein. Die Breitseite sollte in südliche Richtung weisen, damit besonders in den Wintermonaten viel Licht und Wärme einstrahlen kann. Das gilt speziell bei den Pultdach-Konstruktionen. Wird die Bauform eines freistehenden Gewächshauses gewählt und schließt nur eine Giebelseite an das Gebäude an, so wäre die eine oder andere Breitseite nach Süden auszurichten. Auch eine vorhandene Veranda läßt sich eventuell durch Dachfenster oder Glasziegel zu einem Wintergarten umfunktionieren.

Neben dem meist üblichen Anbau-Wintergarten finden auch in das Gebäude integrierte Glaskonstruktionen (zum Beispiel Flure, Hauseingänge) oder überdachte Innenhöfe (zum Beispiel Atrium) Verwendung.

Bautechnik, Wärmeschutz

Wintergärten erfüllen, wenn entsprechend im Vorfeld die Nutzung geklärt wurde, mindestens zwei wichtige Funktionen: sie stellen einen Puffer zwischen Gebäude und Außenatmosphäre dar, nutzen die Sonnenenergie und tragen damit zur Verringerung des Heizwärmebedarfes bei. Diesem positiven Effekt wird mit der Wärmeschutzverordnung Rechnung getragen, wobei Gebäude und Wintergärten (Glasanbau) in die Berechnungen einbezogen werden. So kommt einer optimalen Bautechnik eine große Bedeutung zu.

Aus bauphysikalischen Gründen werden thermisch getrennte Profile für die tragenden und nichttragenden Bauteile verwendet (zum Beispiel Binder und Sprossen). Damit werden Wärmebrücken und Kondenswasserschäden verhindert, denn bei Nutzung als Pflanzenglashaus – und nicht als zweites Wohnzimmer – kann es sich um einen feuchten Raum handeln. Eine frostfreie Gründung des notwendigen Fundamentes bei ebenerdigem Gebäudeanbau ist wichtig (in Mitteleuropa 0,8 m). Bei An- und Aufbauten am Gebäude, zum Beispiel Balkone, Garagendächer, Terrassen, muß die Tragfähigkeit dieser Bauteile durch statischen Nachweis für die zusätzliche Belastung gesichert sein. Alle An- und Umbauten am und im Gebäude sind genehmigungspflichtig (siehe Anhang).

Die Profile (Binder, Pfetten) bestehen aus Holz (umweltfreundliche Druckimprägnierung), aus oberflächenvergütetem oder lackiertem Aluminium oder aus feuerverzinktem Stahl, meist in RAL-Farben, pulverelektrostatisch beschichtet oder eloxiert. Die Sprossen- und Lüftungsprofile werden mit Kunststoffabdeckungen versehen; der Luftzwischenraum dient als Wärme-/Kältepuffer. Die durchsichtige Eindeckung richtet sich nach der Nutzung des Glasraumes, nach den Bauordnungsvorschriften, der DIN-Norm, dem Wärmeschutz und dem verfügbaren Investitionskapital. Folgende Verglasungen sind möglich:

a) Gläser
Float- oder Gußglas, einscheibig
Float- oder Gußglas, beschichtet (Wärmeschutzfunktion)
Ein-Scheiben-Sicherheitsglas (ESG), auch beschichtet möglich
Isolierglas (Float- oder Gußglas), Luft oder Gas im Zwischenraum
Isolierglas, einseitig beschichtet (im trockenen Zwischenraum) = Wärmeschutzglas
Isolierglas, zweiseitig beschichtet, Wärme- und Sonnenschutzglas
Wärmeschutzfolie auf Einscheiben-Mehrscheibengläser = Sonnenschutzwirkung

b) Kunststoffe
Acrylglas, einfach; zweifach = Stegdoppelplatten; dreifach = Stegdreifachplatten; mit Oberflächenbehandlung gegen Kondenstropfenfall (Alltop) Polycarbonat-Stegdoppel- und Dreifachplatten in No Drop-Ausführung.

Alle Kunststoffplatten sind schwer- bis normal entflammbar, (DIN 4102; B1 und B2); in einigen Bundesländern wird die Verwendung dieser Platten für diese Glasbauten/Wintergärten **nicht** genehmigt (Anfrage beim Architekten, Wintergarten-Hersteller, Bauamt, staatliche Beratung).

Zu den Sonnenschutz-Gläser-Varianten (siehe Kapitel 7.2) ist für den „echten" Wintergarten ebenfalls die pflanzenbaulich wichtige Feststellung zu treffen, daß **unter** diesem Sonderglas- oder Folienauftrag zu 2/3 des Jahres für die Pflanzen unzureichende Strahlungsmengen im blauen und roten Bereich des sichtbaren Lichtes vorhanden sind. Der von vielen Pflanzen erwünschte nahe UVA-Anteil fehlt völlig. Es ist nur mit Zusatzlicht eine pflanzengerechte Begrünung durchzuführen, oder es sind Pflanzen mit extrem niedrigen Lichtansprüchen zu wählen (siehe Kapitel 14).

Dazu einige Erläuterungen zu den Ausführungen in der Wärmeschutzverordnung: Es werden bei der Ermittlung des Heizwärmebedarfes das Gebäude und der Wintergarten/Glasanbau mit einbezogen. Wird dieser Glasanbau nicht mit Einrichtungen zur Beheizung ausgestattet, so dürfte er nach den Bauordnungen der Länder als unbeheizt gelten, auch bei einem vorübergehendem „Frostfrei-Heizen". Durch Gewinn passiver Solarenergie erfolgt auch bei diffusem Wetter eine Erwärmung des Glasraumes und damit eine Minderung der Abstrahlung der Gebäudewand an die Außenluft.

Werden Wintergärten/Glasanbauten mit Heizungseinrichtungen ausgerüstet (siehe Kapitel 7.1), so muß die Wärme-Schutz-V angewendet werden, wobei die Anlage 1 der Wärmeschutz-V mit dem „Vereinfachten Nachweisverfahren" für kleine Wohngebäude anzuwenden gilt (auch DIN 4108).

Klimatisierung und Lichttechnik

Hinsichtlich der **Statik** und **Tragfähigkeit** der Konstruktion sowie der Eindeckung besitzen die Bauordnungen der Länder Gesetzeskraft. In der Regel werden zur Bauausführung zwei Normen bestimmend sein: DIN V 11535 Teil 1 „Pflanzenschauhäuser" sowie ergänzend DIN 1055 „Lastannahmen für Bauten". Damit ist eine Schneelast von 0,75 kN/m² (früher 75 kg/m²) zu berücksichtigen; die Windlast von 0,25–0,40 kN wird in der Regel ohne Probleme erfüllt. Daher sind vom Planer die Angebote nicht nur hinsichtlich verschönernder Bauausführung und Inneneinrichtung zu prüfen (zum Beispiel Belichtung, Bewässerung, Schattierung), sondern auch hinsichtlich der Kosten für die tragende Konstruktion; unnötiger Aufwand verursacht höhere Kosten.

Die Verglasung im Dach, an den Giebel- und Stehwand-Seiten kann variieren; auch die Glastüren müssen den Arbeitsstättenrichtlinien oder den Unfallverhütungsvorschriften (UVV's, VBG's) entsprechen. Wintergärten dienen auch dem Lärmschutz; bei geöffneten Lüftungen kann der Schallpegel um 10, bei geschlossenen Fenstern bis 20 Dezibel vermindert werden.

Klimatisierung

Im Kapitel 7.1 wird hierzu ausführlich berichtet. Beim Wintergarten, wenn er eben nicht nur als erweitertes Wohnzimmer mit Sitzmöbeln und wenigen Pflanzgefäßen dient, sondern als echte Pflanzenoase, treten einige zusätzliche klimatische Extreme und Besonderheiten im Vergleich zu den allgemeinen Räumen mit Innenraumbegrünung auf. Ein architektonischer Wintergarten muß nicht gleichbedeutend mit einem gut funktionierenden „Glashaus" sein.

Die Bereiche „**Lüften**" und „**Luftfeuchte**" müssen besonders sorgfältig beachtet werden, um Feuchtigkeitsschäden am Gebäude wie auch an der Konstruktion des Wintergartens zu verhindern. Um ein zu starkes Aufheizen im Sommer, mit Temperaturen über 50 °C, zu vermeiden, kommen die unter Kapitel 7.5.1 genannten Kriterien zum Tragen. Dabei ist einer **Außenschattierung** bei größeren Glasflächen und im Dachbereich in jedem Fall der Vorzug zu geben.

Der Dachneigungswinkel sollte nicht unter 25° betragen, damit eine wirkungsvolle Entlüftung und Abführen der überschüssigen Wärme durch natürlichen Sog (Thermik) erfolgen kann. Dabei ist auch für die entsprechende zugfreie Zuluft zu sorgen. Es ist eine offene Lüftungsfläche von 20–25 % der Grundfläche anzustreben, mit einer **Luftwechselzahl** von 6 bis 15 je Stunde (1/h).

Bei Niedrigenergiehäusern mit Nutzung der passiven Solarenergie kann die Wärme auch über Wärmetauscher oder Wärmepumpe genutzt und „Kurzzeit" gespeichert werden. Zur besseren **Luftumwälzung** werden häufig die großblättrigen langsam und ruhig laufenden Ventilatoren verwendet, die das Ambiente eines Wintergartens nützlich unterstützen. Mit der Ent- und Belüftung wird auch eine zu hohe Luftfeuchte abgeführt, um Feuchteschäden am Bauwerk wie auch bei den Pflanzen (zum Beispiel durch *Botrytis*, Mehltau) zu verhindern; Sauna-ähnliche Klimabedingungen sind in diesem Fall für alles schädlich. Wird die Lüftung (Entlüftung) zu klein bemessen oder am falschen Platz installiert, so werden oder können bauphysikalische Schäden am Gebäude auftreten – bei fehlender **Dampfsperre** ganz erheblich: Es kann zum Abplatzen des Putzes oder zur völligen Durchfeuchtung vorhandener Wärmedämmung kommen, was sich auf die Innenatmosphäre des Gebäudes negativ auswirken muß. Die Entlüftungsöffnungen müssen mindestens 10 % größer als die der Zuluft sein.

Tabelle 24a: Begrenzung des Wärmedurchgangs bei erstmaligem Einbau, Ersatz und Erneuerung von Bauteilen

Zeile	Bauteil	Gebäude nach Abschnitt 1*	Gebäude nach Abschnitt 2**
		max. Wärmedurchgangskoeffizient k_{max} in W / (m² · K)[1]	
Spalte	1	2	3
1 a)	Außenwände	$k_W \leq 0{,}50$[2]	$\leq 0{,}75$
b)	Außenwände bei Erneuerungsmaßnahmen nach Ziffer 2 Buchstabe a und c mit Außendämmung	$k_W \leq 0{,}40$	$\leq 0{,}75$
2	Außenliegende Fenster und Fenstertüren sowie Dachfenster	$k_F \leq 1{,}80$	–
3	Decken unter nicht ausgebauten Dachräumen und Decken (einschließlich Dachschrägen), die Räume nach oben und unten gegen die Außenluft abgrenzen	$k_D \leq 0{,}30$	$\leq 0{,}40$
4	Kellerdecken, Wände und Decken gegen unbeheizte Räume, die an das Erdreich grenzen	$k_g \leq 0{,}50$	–

[1] Der Wärmedurchgangskoeffizient kann unter Berücksichtigung vorhandener Bauteilschichten ermittelt werden, die maximalen Werte in Abschnitt 1 und 2 dürfen nicht überschritten werden. [2] Die Anforderung gilt als erfüllt, wenn Mauerwerk in einer Wandstärke von 36,5 cm mit Baustoffen mit einer Wärmeleitfähigkeit von $\lambda \leq$ 0,21 W/(m²·K) ausgeführt wird. * Gebäude mit normalen Innentemperaturen (Mindestanforderung 15 °C) ** Gebäude mit niedrigen Innentemperaturen (mehr als 12 °C und weniger als 19 °C). k_W = Wärmedurchgangskoeffizient Wand; k_F = Wärmedurchgangskoeffizient Fenster; k_D = Wärmedurchgangskoeffizient Decke; k_g = Wärmedurchgangskoeffizient Grund.

Quelle: Verordnung über einen energiesparenden Wärmeschutz bei Gebäuden (WärmeschutzV) vom 16.8.94, in Kraft ab 1.1.95

Wenn ein Heizungssystem installiert werden soll, ist der Einsatz von Fußboden- oder Konvektoren-Heizung besonders empfehlenswert (WärmeschutzV und DIN 4108 beachten).

Zur **Bewässerung** im Wintergarten und damit zur Anhebung der Luftfeuchte auf optimale Werte zwischen 50–70 % eignen sich besonders Tropfbewässerungssysteme. Diese geben gezielt und sparsam mittels einer automatischen Regelung (zum Beispiel Tensiometer) das Wasser an die Pflanzen ab, wobei sehr gut eine Regenwassernutzung möglich ist. Damit wird auch eine Begrenzung der Luftfeuchte nach oben erzielt (siehe Kapitel 9 „Bewässerungstechnik").

Zur Klimatisierung trägt auch indirekt die Zusatzbelichtung im Winterhalbjahr bei, welche bei Verwenden von Wärmeschutzgläsern ein „Kann" (abhängig vom Lichtanspruch), bei Sonnenschutzgläsern immer ein „Muß" ist. Es ist für die entsprechende Verkabelung und Steckdosen-Installation zu sorgen, nach VDE 0100 („feuchte und nasse Räume") also Tropf- oder Spritzwasserschutz. Das leitet zu weiteren **Vorschriften und Gesetzen** über, die neben der Baustatik, auch die Genehmigungspflicht nach den jeweiligen Bauordnungen der Bundesländer betreffen. Hier werden nicht nur die zulässigen Höhen und Volumen festgelegt, sondern auch die Grenzabstände und Bauweise.

Zum Nachbarn hin fordern fast alle Bauordnungen mindestens 2,5 m Abstand, es sei denn, es ist im Einvernehmen mit dem Nachbarn und dem Bauamt eine Grenzbebauung möglich. Zu öffentlichem Land und Verkehrswegen sind meist 5 m vorgeschrieben, was durch eine Bauvoranfrage beim zuständigen Stadt- oder Kreisbauamt geklärt werden kann. Neben den zu beachtenden Gesetzen und Verordnungen kommen noch die Versicherungen hinsichtlich Gebäudeversicherung (zum Beispiel Brandschutz) und Unfall- und Haftpflicht zum Tragen, deren Abschluß oft gesetzlich vorgeschrieben ist. Die einschlägigen Bestimmungen der Berufsgenossenschaften, Technischer Überwachungs-Ämter oder Vereine sind einzuhalten.

7.2 Wärmeschutzverordnung

Die praktische Umsetzung der Bestimmungen für Wärmeschutz mit den Ausführungen zur Verglasung und der Transmission im pflanzenbaulichen wichtigen Strahlen-Spektrum von 320–780 nm hat in der Regel für das Pflanzenwachstum nachteilige Folgen. Grundlage ist die im Sinne der Energieeinsparung durch Reduzierung des Jahres-Transmissionswärmebedarfes erlassene **„Verordnung über einen energiesparenden Wärmeschutz bei Gebäuden"** (Wärmeschutzverordnung, kurz = WärmeschutzV, WSchV).

Eine für den allgemeinen Gartenbau meist schon bekannte, wichtige Tatsache ist im Paragraphen 11 **„Ausnahmen"** festgehalten: Diese oben genannte Verordnung gilt **nicht** für Traglufthallen, Zelte, Raumzellen, Werk- und Lagerhallen mit langer Offenhaltung, Unterglasanlagen und Kulturräume im Gartenbau!

Die „WärmeschutzV" setzt sich aus dem eigentlichen Verordnungstext und 4 Anlagen zusammen. Es werden Neubauten und bestehende Gebäude getrennt behandelt. Zur „WärmeschutzV" und der praktischen Anwendung in Gebäuden/Räumen einige wichtige Passagen. Es gilt, den Jahres-Heizwärmebedarf eines Gebäudes zu ermitteln sowie die „Anforderungen zur Begrenzung des Jahres-Heizwärmebedarf (QH) bei zu errichtenden Gebäuden mit normalen Innentemperaturen" (Anlage 1 der Verordnung) zu erfüllen. Dabei werden alle an die Außenluft grenzenden Bauteile mit ihrem Wärmedurchgangswert in die Berechnung einbezogen; es besteht eine Nachweispflicht (vereinfachtes Nachweisverfahren „für kleine Wohngebäude", spezielle Nachweise für die Gebäudeklassen „normale" und „große" Neubauten). Es ergibt sich daraus eine **Anforderung an das gesamte Gebäude**.

Allen Nachweisverfahren ist gemeinsam, daß es keine direkte Anforderung an die Verglasung gibt. Anforderungen an die einzelnen Bauteile eines Gebäudes enthalten immer eine konkrete Anforderung an das Bauteil **„Fenster"**. Zur Energieeinsparung wird zusätzlich der k_R-Wert für die Rahmenkonstruktion der Verglasung ermittelt, so mit Hilfe der DIN 4108, „Wärmeschutz im Hochbau", Teil 4, Tabelle 3. Diese Tabelle beinhaltet die k-Werte k_V und k_R für Verglasung und Rahmenkonstruktion sowie den k-Wert k_F für das Fenster insgesamt (siehe Tabelle 24b). Sonderregelung aus DIN 4108: Ist der Rahmenanteil kleiner als 5 % so darf $k_F = k_V$ gesetzt werden (zum Beispiel bei Verglasung in Stahlskelett-Konstruktionen wie **Gewächshäuser, Wintergärten**).

Der Verglasung kommt neben dem Wärmedurchgangswert k_V der Transmission im sichtbaren Wellenbereich die größte Bedeutung für den Pflanzenerhalt oder das Pflanzenwachstum zu. Die Tabelle 3 im 4. Teil der DIN 4108 kennzeichnet das **„Normalglas"**. Das kann zum Beispiel Floatglas, Gußglas, Isolierglas (Standard), Dreifach-Isolierglas oder Doppelverglasung sein.

Dieses Glas ist mit keiner den Wärmedurchgang reduzierenden Beschichtung versehen, alle eventuellen Scheibenzwischenräume

Tab. 24b: Der k-Wert für Fenster mit Sondergläsern

Der Auszug aus DIN 4108, Teil 4, Tabelle 3 gibt an, welcher k-Wert (k_F) sich für das Bauteil Fenster je nach k-Wert der Verglasung (k_V) und der Rahmenmaterialgruppe (RG) der Rahmenkonstruktion ergibt, wenn Sondergläser eingesetzt werden (in Watt pro Quadratmeter Kelvin).

k_V in W/m²K	k_F für RG ...				
	1	2.1	2.2	2.3	3
3,0	2,6	2,9	3,1	3,3	3,8
2,9	2,5	2,8	3,0	3,2	3,8
2,8	2,5	2,7	2,9	3,2	3,7
2,7	2,4	2,7	2,9	3,1	3,6
2,6	2,3	2,6	2,8	3,0	3,6
2,5	2,3	2,5	2,7	3,0	3,5
2,4	2,2	2,5	2,6	2,9	3,4
2,3	2,1	2,4	2,6	2,8	3,4
2,2	2,1	2,3	2,5	2,7	3,3
2,1	2,0	2,3	2,4	2,7	3,2
2,0	1,9	2,2	2,4	2,6	3,1
1,9	1,8	2,1	2,3	2,5	3,1
1,8	1,8	2,0	2,2	2,5	3,0
1,7	1,7	2,0	2,2	2,4	2,9
1,6	1,6	1,9	2,1	2,3	2,9
1,5	1,6	1,8	2,0	2,3	2,8
1,4	1,5	1,8	1,9	2,2	2,7
1,3	1,4	1,7	1,9	2,1	2,7
1,2	1,4	1,6	1,8	2,0	2,6
1,1	1,3	1,6	1,7	2,0	2,5
1,0	1,2	1,5	1,7	1,9	2,4

k_V = Wärmedurchgangskoeffizient der Verglasung

sind luftgefüllt. Außer einer Lichtmengenminderung (Lichtdurchlässigkeit zwischen 96 % Floatglas und 80 % Dreifach-Isolierglas) lassen sie jedoch alle Strahlungswellen zwischen 320–2900 nm durch. Auch diese „Normalgläser", wozu auch das „Gartenbauglas" gehört, sind daher für UV-Strahlung nahezu undurchlässig, oft eine „vergessene" physikalische Tatsache. Alle Verglasungen, wie Einfach-Glas und Mehrscheiben-Isolierglas, die eine Edelmetall-Beschichtung (zum Beispiel Gold, Silber, Kupfer oder auch Emailbeschichtung), eine

Tabelle 24c: Technische Werte von Wärmeschutzscheiben

Typ	Beschichtung	r (%)	g (%)	R_a	k W/m²K	keq W/m²K
2-fach 12 mm SZR luftgefüllt	—	82	70	97	3,0	2,1
3-fach 2x12 mm SZR luftgefüllt	—	72	66	99	2,1	1,3
3-fach 2x8 mm SZR gasgefüllt	—	72	66	99	1,8	1,0
2-fach 12-12 mm SZR Argon-gefüllt	Gold	60	54–57	95	1,4–1,6	0,72–0,95
2-fach 12-15 mm SZR Argon-gefüllt	Gold	65	64–65	96	1,7–1,9	0,93–1,1
2-fach 14 mm SZR Argon-gefüllt	Silber	70–74	62–66	95–99	1,3–1,4	0,52–0,61
2-fach 12 mm SZR Argon-gefüllt	Kupfer	62	65	—	1,6	0,82
2-fach 12 mm SZR Argon-gefüllt	Zinnoxid	68	71	—	1,5	0,65

Erläuterungen: r-Wert = Lichttransmissionsgrad, bezogen auf 555 Nanometer (nm)

g-Wert = Gesamtenergiedurchlaßgrad (Sonnenstrahlung)

R_a-Wert = Farbwiedergabe, Farberkennung bei Tageslichteinfall

k-Wert = Wärmedurchgangskoeffizient, nach DIN 4108

keq-Wert = Energiebilanzwert der Fensterscheibe (Verlust./.Gewinn)

Quelle: Die Glasfibel

Tab. 25: Daten eines Wärmeschutz-Isolierglases: THERMOPLUS®
Technische und physikalische Werte bezogen auf 2 x 4 mm Glasdicke

Typ	Licht-durchlässigkeit T_L in %	Scheiben-zwischen-raum mm	Licht-reflexion außen R_L in %	UV-Durch-lässigkeit (280-380 nm) T_{UV} in %	Allg. Farb-wiedergabe R_a	k_V-Wert nach DIN 52619 (Argon) W/m²K	k_V-Wert Bundes-anzeiger (Argon) W/m²K	k_V-Wert Bundes-anzeiger (Luft) W/m²K	Gesamt-Energie-durchlässig-keit g in %
THERMOPLUS®	76	12	12	36	98	1,5	1,6	2,0	62
	76	14	12	36	98	1,3	1,5	1,8	62
	76	16	12	36	98	1,3	1,4	1,7	62
THERMOPLUS® 1,1	70	16	10	–	–	1,1	1,2	–	51
THERMOPLUS® 3fach [1]	63	12/12	15	–	95	0,9	–	–	47
CUDO® (zum Vergleich)*	79	12	15	50	98	3,0	–	3,0	77

k_V-Wert = Wärmedurchgangskoeffizient Verglasung
1) Nur für Sonderanwendungen, vorwiegend im Innenbereich und auf Anfrage;
Spektralwerte ermittelt nach DIN 67507; Beschichtung auf Position 3; Farbwiedergabe nach DIN 6169
THERMOPLUS® = Isolierglas mit infrarotreflektierendem (LE-) Glas „Optitherm" der Flachglas AG (Glashandbuch 1997)
*CUDO® = Isolier-Normalfloatglas (unbeschichtet) der Flachglas AG
Die genannten Daten beziehen sich auf den Standardaufbau, sie können sich bei anderen Glasdicken und -arten geringfügig ändern.

Quelle: nach Glashandbuch der Flachglas AG 1997, Dipl.-Ing. D. Jansen (Auswahl)

Oxid-Beschichtung (zum Beispiel Zinnoxid, Indiumoxid) oder auch einen speziellen Folienauftrag erhalten, sowie bei Mehrscheibengläser, die in den Zwischenräumen (SZR) eine Gasfüllung (zum Beispiel Argon) besitzen, gelten als „**Sondergläser**" im Sinne der Tabelle 3 der DIN 4108. Dabei muß eine weitere Differenzierung in Sonnenschutzgläser mit oder ohne Wärmeschutz mit teilweisem Sonnenschutz vorgenommen werden (siehe Tabellen 24a–c).

Kombinationen mit Schallschutz-, Brandschutz- und Sicherheitsglas sind möglich. In der schwachen bis starken Außenreflexion dieser Sondergläser erscheinen diese mit diversen Farbtönen wie blauviolett, Silber, Gold, Bronze, Dunkelgrau, Grün. Je stärker die Schichtdicke, die Glasdicke und eventuell die Farbe eines Siebdruckes ausgeführt sind, um so negativer wird die Lichtdurchlässigkeit (Abb. 50). Diese Sondergläser mit verbessertem k-Wert werden dort eingesetzt, wo im Fensterbereich Sonnenschutz und erhöhter Wärmeschutz gefordert werden.

7.2.1 Sonnengläser

Sonnenschutzgläser dienen bei Objektverglasungen und Glasfassaden der Vermeidung (!) des Treibhauseffektes, da die Kühlung eines Raumes viermal so teuer ist wie dessen Beheizung. Die Sonnenschutzwirkung wird durch Einfärbung oder Beschichtung der Gläser erzielt. Im Gegensatz zum Wärmeschutz ist die Sonnenschutzwirkung bei Gläsern nicht an den Mehrscheibenaufbau gebunden; er kann auch mit Einfachglas erzielt werden; der g-Wert (Gesamtenergiedurchlaß-Wert) wird entscheidend reduziert, die Sonnenstrahlung wird im infrarotnahen Bereich sehr stark reflektiert. Sonnenschutzgläser ohne wesentliche k-Wert (Wärmedurchgangskoeffizent)-Verbesserung werden dort eingesetzt, wo der Sonnenschutz von primärer und der Wärmeschutz von sekundärer Bedeutung ist (siehe Tabelle 26).

Bedingt durch die WärmeschutzV und der Forderung höherer Wärmedämmung sind jedoch Mehrscheiben-Isoliergläser auch für Sonnenschutzgläser vorgeschrieben, unter anderem Zweifachisoliergläser mit gleichzeitiger Sonnen- und Wärmedämmbeschichtung sowie Zweifach-Isoliergläser mit Sonnenschutzscheibe als Außenscheibe und wärmedämmbeschichteter Innenscheibe.

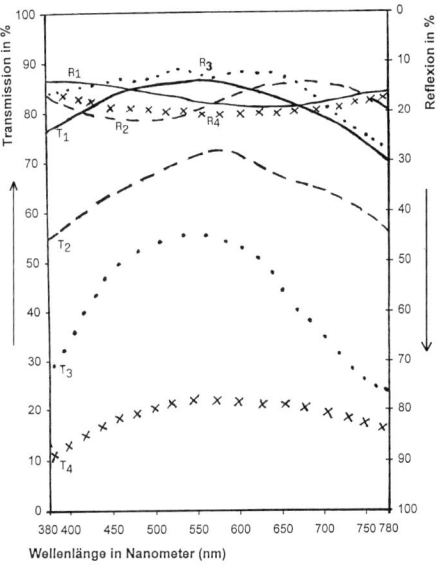

Kurven T: Transmission   Kurven R: Reflexion
Kurve T_1, R_1: konventionelles Isolierglas (k_V = 3,0 W/m²·K) ———
Kurve T_2, R_2: beschichtetes Wärmeschutzglas (k_V = 1,3 W/m²·K) - -
Kurve T_3, R_3: beschichtetes Sonnenschutzglas (k_V = 1,5 W/m²·K) •••
Kurve T_4, R_4: Sonnenschutzfolie (Film), silber hell x x x x
(k_V-Wert = Wärmedurchgangskoeffizient für Verglasung, ohne Rahmenanteil, im Bundesanzeiger veröffentlicht, nach DIN 4108)

Zeichnung: DIETER JANSEN

Abb. 50: Transmissions- und Reflexionsverhalten von Gläsern im Spektralbereich des sichtbaren Lichtes

Tab. 26: Lichtdurchlässigkeit eines Sonnenschutz-Isolierschutzglases: INFRASTOP®-Sonnenschutz Isolierglas (Auswahl)

Typ und Wertepaar*	Lichtdurchlässigkeit T_L in %	Lichtreflexion R_L in % außen	Lichtreflexion R_L in % innen	UV-Durchlässigkeit T_{UV} in %	Allg. Farbwiedergabe R_a	k_V-Wert in W/m²K (12 mm)	k_V-Wert in W/m²K (16 mm)	Gesamt-Energiedurchlässigkeit g in %	Mittlerer Durchlaßfaktor b	Selektivitätskennzahl S	max. Abmessungen cm x cm
Titan 65/38	65	21	18	17	95	1,4	1,2	38	0,44	1,71	260 x 500
Auresin 66/40	66	15	11	7	92	1,4	1,2	40	0,46	1,65	240 x 340
50/32	50	39	16	9	92	1,5	1,4	32	0,37	1,56	240 x 340
49/32	49	38	36	10	94	1,4	1,2	32	0,37	1,53	260 x 500
Gold 40/24	40	25	36	11	90	1,4	1,3	24	0,28	1,67	240 x 340
30/21	30	18	40	11	92	1,4	1,2	21	0,24	1,43	240 x 340
Silber 50/32	50	40	35	14	95	1,4	1,2	32	0,37	1,56	240 x 340
50/30	50	37	34	18	94	1,3	1,1	30	0,34	1,67	260 x 340
36/33	36	46	26	8	93	1,4	1,2	33	0,38	1,09	240 x 340
Bronze 49/33	49	16	35	12	93	1,4	1,3	33	0,38	1,48	240 x 340
36/22	36	26	46	8	95	1,6	1,5	22	0,25	1,64	240 x 340
Neutral 51/39	51	11	30	15	91	1,5	1,3	39	0,45	1,31	240 x 340
51/37	51	16	10	18	88	1,4	1,2	37	0,43	1,38	300 x 500
Grün 37/20	37	25	36	3	90	1,4	1,2	20	0,23	1,85	260 x 500
38/28	38	34	17	8	98	1,4	1,2	28	0,32	1,36	240 x 340
Grau 47/51	47	6	22	27	98	2,9	2,7	51	0,59	0,92	240 x 340
43/39	43	7	17	18	98	1,5	1,3	39	0,45	1,10	240 x 340
CUDO® (zum Vergleich)	78	15	15	50	98	3,0	2,9	72	0,83	1,08	

* Wertepaar: erste Zahl: Lichtdurchlässigkeit (380 bis 780 nm), zweite Zahl: Gesamt-Energiedurchlässigkeit in %
Technische und physikalische Daten bei senkrechtem (0°) Strahlungseinfall und Scheibenaufbau 6 (12) 6

Quelle: nach Flachglas AG Glashandbuch 1997 (Auswahl)

7.2.2 Wärmeschutzgläser

Wärmeschutzgläser mit einem niedrigen k_V-Wert (nach DIN 52619), Wärmedurchgangskoeffizent in $W/m^2 \cdot K$ ausgedrückt, meist zwischen 1,4 bis 1,2 und einem k_F-Wert der gesamten Fenster (einschließlich des Rahmens) im Neubau oder bei Ersatz nicht über 1,8 $W/m^2 \cdot K$, dienen der Minderung des Gesamtenergieverbrauches eines Gebäudes/Raumes. Auch sie können mit einer zusätzlichen Beschichtung versehen werden, um die Außenreflexion zu erhöhen, bei gleichzeitiger Abnahme der Lichtdurchlässigkeit.

Folgende Glaskombinationen sind möglich und werden eingesetzt:

1. **Einfachglas mit Beschichtung** zum Innenraum

2. **Einfachglas mit Beschichtung** zum Innenraum **und Außenbeschichtung** als Sonnenschutz

3. **Einfachglas und spezielle Wärme- und Sonnenschutzfolien**

Diese Einfachgläser genügen nach der neuen WärmeschutzV nicht mehr den Anforderungen der im 4. Teil der DIN 4108 festgelegten Werte zum Energieverbrauch.

4. **Zweifachglas**: Außen Normalglas, Innen beschichtetes Glas, Scheibenzwischenraum (SZR) mit Luftfüllung (k_V-Werte zwischen 1,8 bis 1,4 $W/m^2 \cdot K$), mit Edelgas-Füllung (meist Argon) 1,4 bis 0,9 $W/m^2 \cdot K$ für den erhöhten Wärmeschutz
Zweifachglas: Außen Sicherheitsglas, innen beschichtetes Verbundsicherheitsglas, SZR mit Gasfüllung (Argon)
Zweifachglas: Außen Sicherheitsglas mit Sonnenschutz-Beschichtung, innen Verbundsicherheitsglas, beschichtet, SZR mit Gasfüllung. Der SZR mißt 8 bis 20 Millimeter, auch als Luftzwischenraum (LZR) bezeichnet (ohne Edelgase)

5. **Dreifachglas**: Alle Kombinationen des Zweifach-Glases sind möglich. Die Beschichtung befindet sich auf der inneren Scheibe oder auf den beiden nach innen liegenden Glasflächen. Die beiden Scheibenzwischenräume sind entweder mit Edelgas oder Luft gefüllt (k_V-Werte zwischen 0,9 bis 1,4 $W/m^2 \cdot K$, Edelgas, meist Argon). High-Tech-Wärmeschutzgläser mit zweifacher Edelgasfüllung (Krypton oder Xenon) erreichen einen Wärmedurchgangswert von k_V-0,4 $W/m^2 \cdot K$!, die sich aufgrund des hohen Preisniveaus meist nur als Fassaden-Verglasung wirtschaftlich rechnen.

Es gibt auch unbeschichtetes Dreifachglas, mit Edelgas-Füllung (meist Argon), die noch den in der Wärmeschutzverordnung maximal zulässigen Höchst-k_F-Wert für außenliegende Fenster von < 1,8 $W/m^2 \cdot K$ erreichen, in Verbindung mit der Rahmenmaterialgruppe RG 1 (siehe Tabelle 24a und b). Dieses Dreifach-Glas findet dort Verwendung, wo eine Installation zur Assimilations-Belichtung nicht möglich ist, das Glas aber die für das Pflanzenwachstum wichtige Strahlung im blauen und roten Wellenlängenbereich durchlassen soll.

6. **Wärmeschutzfolien (Filme)**: Die Folien werden überwiegend nachträglich auf Einfachglas oder Isolierglas (Normalglas) aufgebracht. Diese Spezialfolien eignen sich zum Sonnenschutz mit hohem Reflexionsgrad (Silber, Bronze, Gold, Grau) oder zur Energieeinsparung mit Sonnen-

licht-Absorption. Alle Wärmeschutzfolien besitzen eine bedeutend niedrige Licht-Transmission, sie werden daher oftmals überwiegend als Sonnenschutzfolien eingesetzt; die Energieeinsparung ist dann sekundär.

7.2.3 Auswirkungen auf das Pflanzenwachstum

In der Innenraumbegrünung steht nicht unbedingt das produktive Wachstum wie im Erwerbsgartenbau im Vordergrund, da das Längenwachstum ein häufigeres Austauschen der Pflanzen bei geringerer Raumhöhe zur Folge hat. Aber eine Pflanzenart- und -typgerechte Lichtmenge muß garantiert werden!

Grundsätzlich kann zu den Sonnenschutzgläsern und -folien die Feststellung getroffen werden, daß bei einer Strahlen-Transmission im sichtbaren Bereich zwischen 45 % und minimal 7 % (!) nur in den sonnenreichen Hochsommermonaten das natürliche Licht in ausreichender Menge zur Verfügung steht; bereits ab Ende August und bis Ende Mai liegt ein Lichtmangel vor, der bei Außenlichtwerten von unter 5000 lx für die Pflanze im Innenbereich Dämmerung oder Dunkelheit bedeutet.

Dieser teilweise über Monate andauernde Zustand kann zwangsläufig innerhalb kurzer Zeit zum teilweisen bis gänzlichen Absterben der Pflanzen führen. Das trifft auch für Mehrfachscheiben-Isoliergläser zu, die an der äußeren Scheibe gegen eine zu hohe Sonneneinstrahlung beschichtet oder eingefärbt sind. Hier ist eine zusätzliche künstliche Beleuchtung (= starkes Zusatzlicht, Assimilationslicht) für zwei Drittel des Jahres für lichtbedürftige Pflanzen (Minimum des Lichtbedarfes 2500 lx) zwingend notwendig. Oder es muß ein entsprechender Austausch der Pflanzen in den Vertragsbedingungen einkalkuliert werden.

Wärmeschutzgläser behindern mit ihrer unterschiedlichen Beschichtung und der Dicke des Auftrages die Durchlässigkeit der pflanzenbaulich wirksamen Strahlung im blauen und roten Spektralbereich. Je dicker die Beschichtung, desto höher zwar die Energieeinsparung (geringerer Wärmedurchgangswert, k_V-Wert) – umso geringer ist aber die Lichtdurchlässigkeit; die Innenreflexion wird stark erhöht, die Außenreflexion nimmt zu. Zu jedem Sonderglas sollten Innenraumbegrüner von dem Hersteller oder Handel eine Expertise über die Strahlungsdurchlässigkeit bei den wichtigsten Spektralbereichen anfordern, um die Pflanzenauswahl zu treffen oder die nötigen Elektroinstallationen für eine starke Zusatzbeleuchtung (Belichtung) zu veranlassen (vergleiche Tabelle 25, Seite 148).

Das Maximum der Lichtdurchlässigkeit dieser Sondergläser und Folien liegt immer im grünen Wellenbereich (um 550 nm), mit dem für das menschliche Auge günstigsten Spektralbereich. Der blaue Strahlungsanteil im Bereich von 320–400 nm geht je nach Stärke der Beschichtung stark bis sehr stark zurück. Er ist in keinem Fall mehr als ausreichend für die Pflanze zu bewerten. Im Vergleich zum „Normal-Isolierglas" nimmt die Strahlungsdurchlässigkeit in diesem Bereich um 50–85 % (nach DIN 67507) ab. Im roten Wellenbereich nimmt zwar ebenfalls die Durchlässigkeit ab, nicht aber so extrem. Diese rapide Verminderung im nahen Infrarot-Bereich beginnt bei 800 nm, ist um 1600 nm stark steigend und wird extrem zwischen 1600 nm bis ca. 3000 nm.

Damit erfüllt das Wärmeschutzglas die Erwartungen der Wärmedämmung. Dient darüber hinaus das Wärmeschutzglas als Isolier-

Klimatisierung und Lichttechnik

glas mit einer zweiten Beschichtung (zum Beispiel Stopsol, Infrastop®) auch dem erhöhten Sonnenschutz, sinkt die Durchlässigkeit in den beiden wichtigen Spektralbereichen in das absolute pflanzenbauliche Minimum – was, je nach Lichtbedarf der Pflanzen, früher oder später zum Absterben führen muß. Dem Lichtmangel kann hiermit nur noch zu drei Viertel des Jahres durch Zusatzlicht abgeholfen werden (siehe Kapitel 7.3.1 „Licht und Pflanze"). Besonders bei Komplett-Wartungsverträgen ist eine Berücksichtigung dieses Aspektes höchste Aufmerksamkeit einzuräumen. Aus den vorgelegten Expertisen der Glashersteller ergibt sich in der Regel eine Installation von **Zusatzlicht für die Innenraumbegrünung**.

Diese muß in jedem Fall ab Oktober bis März mindestens 8 Stunden, für die meisten Pflanzen auf 10 bis 14 Stunden eingeschaltet werden. Die Lichtstärke (Lux – auf Pflanzenoberfläche) richtet sich nach den Ansprüchen der jeweiligen Pflanze (siehe auch Kapitel 7.3.2.2).

Es muß noch einmal betont werden, daß die WärmeschutzV nicht zwingend Sondergläser vorschreibt, wenn am Gebäude/Raum andere Ausgleichsmaßnahmen getroffen werden, die den Gesamtenergieverbrauch auf den, besser unter den gesetzlich vorgegebenen Wert senken. Dann kann in dem einen oder anderen Fall auch das Normal-Isolierglas mit der besseren Strahlungsdurchlässigkeit eingesetzt werden.

Unbeheizte, verglaste Räume, an beheizte Gebäude anliegend (zum Beispiel Wintergärten, Orangerien, große Blumenfenster), können mit Normalglas eingedeckt werden, auch wenn zum Beispiel für die Pflanzen eine frostfreie Beheizung (um 5 °C) erfolgt, da der Gewinn an solarer, passiver Energie größer ist als der Verlust; der Glasanbau stellt in der Energiebilanz einen Puffer dar. Wird der Glasanbau jedoch durch ein festinstalliertes Heizungssystem erwärmt, so greifen wieder die Bestimmungen der WSchV.

Die Forschungsgesellschaft Landschaftsentwicklung, Landschaftsbau e.V. (FLL) hat „Richtlinien für die Planung, Ausführung und Pflege von Innenraumbegrünungen" erarbeitet. Dieses Regelwerk dient als Grundlage für Ausschreibungen, für Verwendung und Pflege der Pflanzen, woraus sich Gewährleistungsansprüche ableiten lassen. Die genannten Voraussetzungen – zum Beispiel Strahlungsdurchlässigkeit und Installation – gelten als bindende Bedingungen in Wartungs- und Pflegevertragswerken; können diese bauseits nicht erfüllt werden, muß auf andere Systeme ohne lebende Pflanzen ausgewichen werden. Ein Musterleistungsverzeichnis wird diese Richtlinie ergänzen.

7.3 Licht und Pflanze

7.3.1 Wachstums- und dekoratives Licht

An vielen Standorten in der Innenraumbegrünung befindet sich der Wachstumsfaktor „Licht" im Minimum. Jede Pflanze benötigt während des gesamten Jahres eine angepaßte Lichtmenge, um dem Habitus entsprechendes Wachstum und ein Blühen zu ermöglichen. Erhält sie diese nicht, reagiert sie häufig mit

- erhöhter Krankheitsanfälligkeit

- zu schnellem Trieb- und Blattwachstum („vergeilen")

- Aufhellung der Triebe oder auch

- Totalausfall

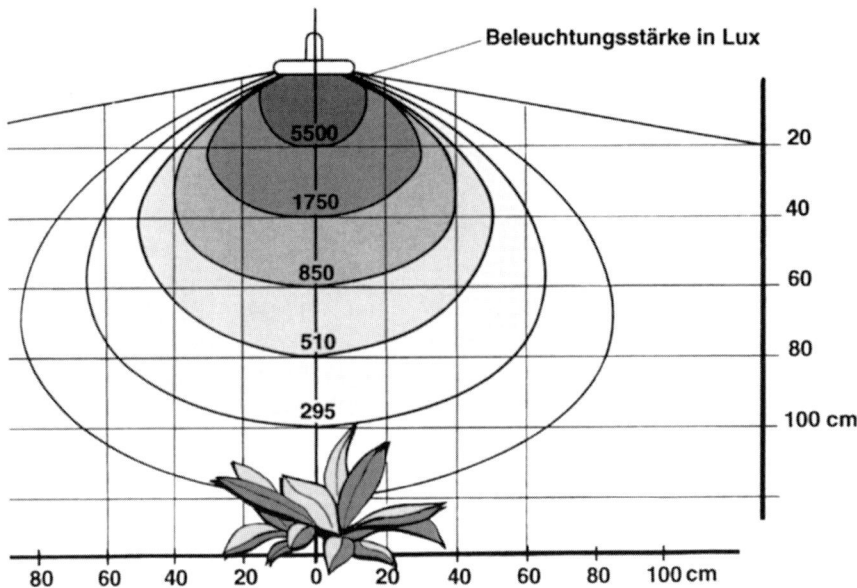

Abb. 51: Für das optimale Wachstum einer Pflanze spielen im Winterhalbjahr die Beleuchtungsstärke und der spezifische Lichtbedarf eine wichtige Rolle, hier: Kompakt-Leuchtstofflampe 32 Watt
Fotos (2): Reiher, Braunschweig

Besonders ungünstig wirkt sich Lichtmangel in Verbindung mit zu hohen Temperaturen auf die Langlebigkeit einer Innenraumbegrünung aus.

Der Lichtbedarf von Pflanzen hängt von der Art ab. Er liegt um mindestens 500 Lux (lx) bei schattenliebenden Pflanzen und ab 1500 lx bei lichtbedürftigen Pflanzen (vor allem australischer Herkunft). Pflanzen verwerten die Strahlung (natürliches und Kunstlicht) im Bereich zwischen 400 und 700 nm. Zur wachstumsfördernden Belichtung eignen sich Leuchtstoff- und Entladungslampen wie die Metallhalogendampflampe, Natrium- und Quecksilberdampflampen. In ihrer Lichtfarbe sollten die Lampen auf die Umgebungsbeleuchtung abgestimmt sein (siehe Tabelle 28). Bei Pendelleuchten entscheidet die richtige Aufhängehöhe über das Erreichen der Beleuchtungsstärke auf den Pflanzen (siehe Skizze).

Eine zu niedrige Aufhängungshöhe oder fehlende Schattierung kann besonders bei tropischen Pflanzen durch die erhöhten Blatttemperaturen zu irreversiblen Schäden an den Blättern führen (zu hohe Infrarotstrahlung „Sonnenbrand").

Nach dem Gesetz vom Minimum kann eine zu geringe Lichtmenge nur teilweise oder gar nicht durch andere Wachstumsfaktoren, wie die Temperatur, ausgeglichen werden. Liegt die Lichtmenge durch die natürliche Strahlung schon im Sommer eben noch im Bereich des Existenzminimums, so zehrt die Pflanze im Winterhalbjahr von der Substanz, wenn keine zusätzliche starke Beleuchtung (Belichtung) eingesetzt wird. Werden jedoch die Verglasungen in Fenstern, Lichtkuppeln und Galerien mit beschichteten Isolier- oder Sonnenschutzgläsern (Sondergläser, siehe Kapitel 7.2) ausgerüstet, so gilt der vorgenannte Satz umso mehr, da nur noch mini-

Klimatisierung und Lichttechnik

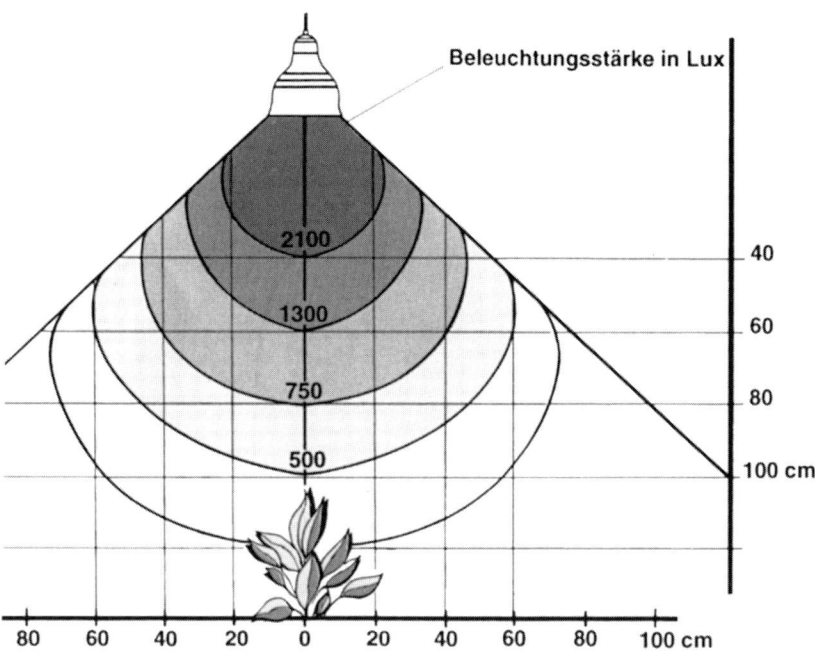

Abb. 52: Bei Pflanzengruppen sind mehrere Leuchten nötig. Lichtprofile der Leuchten erleichtern die Auswahl, hier: Hg-Hochdruckdampflampe 80 Watt

male Strahlungsenergien in den für die meisten Pflanzen so wichtigem blauen und roten Spektralbereich durchgelassen werden.

Die Lampen- und Leuchtenindustrie bietet zur wachstumsfördernden, qualitätserhaltenden Belichtung in der Innenraumbegrünung inzwischen eine Vielzahl von Lichtquellen und Reflektorleuchten an, die in ihrem äußeren Erscheinungsbild dem Ambiente des Innenraums und der Gefäße angepaßt werden können. Wichtig ist, daß der gärtnerische Unternehmer frühzeitig in die Planung des Gebäudes, einer Halle oder eines Raumes einbezogen wird, damit entsprechende elektrische Anschlüsse vorhanden sind und eine systembedingte optimale Anbringung der Leuchten erfolgen kann; hierzu sollte der Innenraumbegrüner, vor allem bei Großprojekten, einen Lichtfachmann **frühzeitig** miteinbinden. Im Nachhinein ist dieses oft nur schwer durchführbar beziehungsweise scheitert an dem eventuellen Einspruch des (Innen-)Architekten. Grundsätzlich ist bei der Anbringung der Beleuchtung zu beachten, daß die **Lichtintensität im Quadrat zur Entfernung der Lichtquelle** abnimmt.

Definitionen aus der Lichttechnik

Wiederkehrende Begriffe und Bezeichnungen der Lichttechnik:

Lampe: Lichtquelle, zum Beispiel Leuchtstofflampe, Leuchtmittel

Leuchte: Fassung, mit Armaturen, eventuell Reflektor integriert; zum Beispiel Strahler, Hängeleuchte

Lichtstrom: die von einer Lichtquelle abgegebene Lichtleistung (320–780 nm); Einheit = Lumen (lm)

Beleuchtungsstärke: Lichtstrom, der auf eine Fläche auftrifft = Helligkeitsbewertung; Einheit = Lumen/m² = 1 lm/m² = 1 Lux (lx)

Lichtausbeute: Maß der Wirtschaftlichkeit einer Lichtquelle; Einheit = Lumen/Watt (lm/W)

Tageslichtquotient: Das durch Seitenfenster einfallende Tageslicht im Innenraum wird durch den Tageslichtquotienten D (Daylight-Factor) erfaßt. Er bezeichnet das Verhältnis der Innenraum-Beleuchtungsstärke (E_i) zur gleichzeitig außen vorhandenen Beleuchtungsstärke (E_a); D = E_i ./. E_a x 100 %. Das Tageslicht in Innenräumen wird immer in Prozent angegeben; zum Beispiel: Außenbeleuchtungsstärke 5000 lx, Innenraum-Beleuchtungsstärke 500 lx, dann der Tageslichtquotient D = 10 %. Für die Bewertung des Tageslichtes in Innenräumen wird immer die Beleuchtungsstärke des bedeckten Himmels zu Grunde gelegt (diffuse Strahlung). Die erforderlichen Tageslichtquotienten sind in der DIN 5034 (Tageslicht in Innenräumen) und in den Arbeitsstättenrichtlinien ASR 7.1 festgelegt.

Tab. 27: Die Farbwiedergabe-Stufen nach DIN 5035, mit dem Index R_a nach DIN 6169, unterscheiden sich wie folgt:

Stufe	Farbwiedergabe-Index R_a	Ansprüche an die Farbwiedergabe
1A	größer 90	höchste Ansprüche
1B	80 bis 90	hohe Ansprüche
2A	70 bis 80	gehobene Ansprüche
2B	60 bis 70	durchschnittl. Ansprüche
3	40 bis 60	geringe Ansprüche
4	20 bis 40	kein Anspruch

7.3.2 Pflanzenbauliche Wirkung der Lichtstrahlung

Für den Vorgang der Photosynthese (Assimilationsvorgang) besitzen zwei Maxima im Spektralbereich des sichtbaren Lichtes – 320 bis 780 nm (nm = 1 milliardstel Millimeter) – die pflanzenbaulich entscheidende Bedeutung. Einmal ist das der als Blauanteil bezeichnete Bereich mit einer Wellenlänge zwischen 320–440 nm und der Rotanteil (genauer Orangerot) um 600–660 nm. Das menschliche Auge hat seine größte Empfindlichkeit im Wellenlängenbereich um 555 nm.

Auch der **Luxmeter**, das praxisübliche Meßgerät im Objektbereich der Innenraumbegrünung, hat seine größte Meßempfindlichkeit im Bereich des menschlichen Auges. Das erklärt, warum das Luxmeter bei Entladungslampen mit höherem „Blauanteil" im Licht geringere Luxwerte anzeigt.

Sollen Lichtquellen mit ihren voneinander abweichenden Spektralbereichen verglichen werden, sind **PAR-Meßgeräte** angebracht. PAR-Meßgeräte erfassen nur den für die Pflanzen wichtigen Wellenlängenbereich zwischen 400 und 700 nm.

Zur Messung der Globalstrahlung eignen sich **Solarimeter**.

Eine gute Lichtquelle muß für die repräsentative, dekorative und vitale Innenraumbegrünung die drei Spektralbereiche blau-rot-grün mit möglichst hoher Wirksamkeit besitzen. Die Pflanzen sollen nicht nur optimal wachsen, sondern auch für uns Menschen optimal aussehen. Die Lichtfarben der Lampen haben für bestimmte Pflanzen eine besondere Bedeutung, was sich auch in den internationalen Farbwiedergabe-Stufen niederschlägt (Tabelle 27 und 29).

Speziell für das Pflanzenwachstum empfohlene Spezial-Leuchtstofflampen sollten eine gute Farbwiedergabe, besonders bei grünen und blauen Pflanzenfarbtönen besitzen. Außerdem sollten sie eine gute Energieausbeute im sichtbaren Spektrum haben, sonst können sie für den Bereich der Innenraumbegrünung **nicht** empfohlen werden.

7.3.2.1 Lichtanwendung – Bedarf und Dauer

Aus dem Lichtbedarf der für die Innenraumbegrünung geeigneten Pflanzen resultiert die benötigte Lichtstärke Lux (lx) auf der Pflanzenoberfläche und Lichtmenge/Zeiteinheit Kilolux (klx)/Stunde oder Tag. Die Lichtstärke wird durch die Lampenart (Lichtquelle) und Aufhängungshöhe entscheidend beeinflußt, die Lichtmenge durch die Zeitdauer der Belichtung. Der **durchschnittliche** Mindestbedarf der Pflanzen liegt bei 1000 Lux 12 Std. täglich (= 1200 lx/Tag oder 12 klx/Tag). *Beispiel:* Ergibt die Messung der **natürlichen Lichtmenge** am Tag (12 Std.) 8000 lx, so muß mit **Zusatzlicht** 4000 lx „aufgefüllt" werden, (bei täglichem Bedarf von 12000 lx).

Versuchsergebnisse aus der praxisorientierten Forschung sagen aus, daß

- bei hoher Beleuchtungsstärke die Dauer der Belichtung verkürzt werden kann.

- Bei mittlerer bis niedriger Intensität muß länger belichtet werden.

Es scheint für die meisten Pflanzen unerheblich zu sein, wann innerhalb von 24 Stunden das Zusatzlicht eingeschaltet wird. In der Regel wird dies aber in der Innenraumbegrünung schon aus optischen Gründen während

Abb. 53: Beleuchtungsstärkemesser: Meßbereich von 0 bis 500.000 Lux
Foto: Gossen-Metrawatt

des Publikumsverkehrs sowie zu Büro- und Arbeitszeiten geschehen.

Natürliches Tageslicht sollte im Mittel je nach Strahlungsstärke und Lichtansprüchen der Pflanzen zusammen mit dem Zusatzlicht eine **tägliche Belichtungsdauer** von 12 Stunden ergeben. Stark beschichtete Wärmeschutz- oder Sonnenschutzgläser können eine ganzjährige tägliche Belichtungsdauer von 12–16 Stunden erforderlich machen. Zu hohe Lichtmengen (hohe Beleuchtungsstärke bei langer Belichtungsdauer) können zu Chlorosen und Blattfall führen.

7.3.2.2 Belichtungsrhythmen im Jahreszeitablauf

Der Belichtungsbedarf kann durch die jährlich schwankenden Großwetterlagen und Lichtmengen variieren.

Ein heller Sommertag erreicht in unseren Breiten **draußen** bis zu 100 000 lx, an bedeckten Tagen noch bis 20 000 lx. Im Winter sind es an sonnigen Tagen noch über 20 000 lx, bei stark bedecktem Himmel zwischen 500 und 2 000 lx.

Liegen keine beschichteten Sondergläser vor, so erfolgt bei

> Pflanzen mit hohen Ansprüchen (> 1500 lx) eine Belichtung ab etwa Mitte September, bei mittleren (> 750 lx) ab etwa Mitte Oktober und bei niedrigem Bedarf (> 400 lx) ab November.

Folgende **maximale** Belichtungsrhythmen und -dauer mit Zusatzlicht sind je nach oben genannten Lichtansprüchen zu empfehlen:

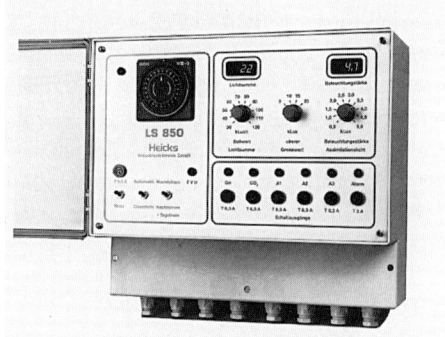

Abb. 54: Lichtsummensteuergerät: bei Unterschreiten der eingestellten Lichtsumme wird die Beleuchtung eingeschaltet Foto: Heicks, Geseke

- 2 bis 3 Stunden im September und im April
- im Oktober und März 3 bis 5 Stunden
- im November und Februar 6 bis 10 Stunden sowie
- im Dezember und Januar 11 bis 16 Stunden.

Damit ist das Maximum der zusätzlichen Belichtungszeit erreicht.

Vorsicht aber bei Sondergläsern mit starken Beschichtungen und der überwiegenden Strahlentransmission um 555 nm, hier muß unter Umständen bereits ab Mitte August Zusatzlicht erfolgen! Die erhöhte Dauer der Belichtung ist abhängig von der Beschichtungsstärke des Glases.

Dabei ist darauf zu achten, daß die Mindest-Beleuchtungsstärke (minimale Luxwerte) nicht unterschritten wird (in Pflanzenoberfläche gemessen!).

Schaltuhren in Kombination mit einem Lichtmeßgerät (zum Beispiel Fotozelle) lei-

Klimatisierung und Lichttechnik

sten dafür gute Dienste. Sie eignen sich auch für Wintergärten, Galerien, Anlehngewächshäuser, Lichthöfe und ähnlichen Konstruktionen mit hohem Tageslichteinfall (etwa 600 Mark je Einheit). Werden keine Regelgeräte eingesetzt, ist das Ein- und Ausschalten über elektromechanische oder elektronische Schaltuhren mit astronomischer Gangart zu empfehlen, wie sie auch für Treppenhäuser, Parkplatz- und Außenleuchten Verwendung finden (etwa 400 DM je Einheit).

Noch günstiger sind die elektronischen Tages- und Wochenzeitschaltuhren, die einfach im Stromverteiler zwischengeschaltet oder in Steckdosen installiert werden; auch in Feuchtraumausführung (30 bis 100 DM, je Schaltkreis).

Für größere, kostenintensive Bepflanzungen ist es sinnvoll, mit Hilfe eines Lichtsteuer- oder Lichtsummen-Steuergerätes den Zeitpunkt und die Dauer der künstlichen Belichtung zu regeln (etwa 3000 DM je Einheit).
Bei der **Lichtsummenregelung** wird die Belichtung nur bei Unterschreiten der geforderten täglichen Lichtsumme bis zum Erreichen des Sollwertes eingeschaltet, bei der **Lichtsteuerung** immer beim Unterschreiten der gewünschten **Lichtintensität**. Beide Varianten sind über laufende Messungen sensorgesteuert (Fotozelle, Zeitschaltuhr).

7.3.3 Lampen- und Leuchtentypen

Lampen sollten grundsätzlich eine hohe Lichtausbeute und pflanzenwirksame Sepktralbereiche haben sowie langlebig sein. Leuchten (Gehäuse, Fassungen, Reflektoren, Vorschaltgeräte) sollten die Lichtstärke verteilen, leicht zu warten und betriebssicher sein. Leuchten mit breitstrahlenden Reflektoren sorgen für eine gute Lichtverteilung der

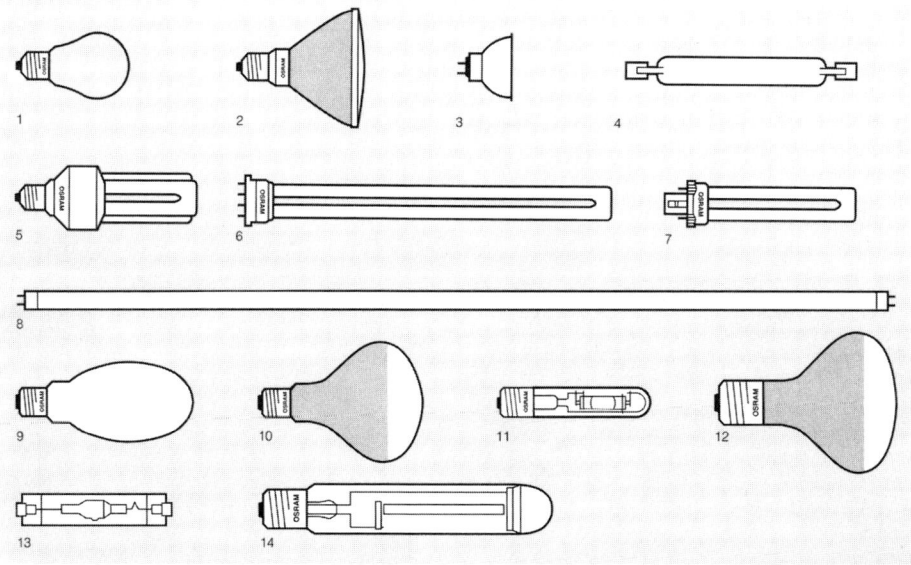

1 = Glühlampe, 2 = Glühlampe mit Kaltlichtspiegel, 3 = Halogen-Glühlampe, 4 = Halogen-Glühlampe, 5 = Kompakt-Leuchtstofflampe, 6 = Kompakt-Leuchtstofflampe, 7 = Kompakt-Leuchtstofflampe, 8 = Leuchtstofflampe, 9 = Quecksilberdampflampe

Abb. 55: Lampen- und Leuchtentypen; 1–4 = zur Pflanzenbelichtung ungeeignet, 2–3 nur für Akzentlicht Zeichnung: Osram

Tab. 28: Energiespar-Leuchtstofflampen zur assimilatorischen Belichtung in der Innenraumbegrünung

Firma	Bezeichnung		Wattaufnahme (o. VG)	Lichtfarbe
SLI Sylvania	Luxline-800 (3-Banden)-R	Langfeld-Lampen	15/18/30/36/58**	Tageslicht-/Weiß/Warmton
	Luxline-900 (5-Banden)	Langfeld-Lampen	18/36/58	Weiß-/Warmton - De Luxe Plus
	Luxline-Activa	Langfeld-Lampen	18/36/58	Tageslicht-Vollspektrum
	Luxline Plus ES 8		15/33**	Tageslicht/Weiß/Warmton-(Extra)
	Lynx CF-S/D/L (Stecksockel)	Kompakt-Lampen	13/18/26-18/26/36/44/55	Weiß De Luxe, Warmton, Homelight
	Lynx CF-F (Stecksockel)	Kompakt-Lampen	18/24/36	Weiß De Luxe, Warmton (Homelight)
	Lynx CF-E, Mini-Lynx (1)	Glühlampensockel	15/20/23-15/20	Homelight De Luxe
	Lynx CF T/TE	Glühlampensockel	18/26/32	Weiß De Luxe, Warmton, Homelight
Philips	TL-D-Super 80 (3-Banden)-R	Langfeld-Lampen	18/36/58**	Weiß, Warmton, Warmton-Extra
	TL-D de Luxe (5-Banden)	Langfeld-Lampen	18/36/58	Tageslicht/Weiß/Warmton
	TL-D de Luxe Biolight	Langfeld-Lampen	18/36/58	Tageslicht-Vollspektrum
	TL 5 HO (T5-Lampen = 16 mm Ø)		24/39/49/54**	Weiß/Warmton
	TL 5 HE (T5-Lampen = 16 mm Ø)		14/21/28/35**	Tageslicht/Weiß/Warmton-(Extra)
	SL-R „Agro" (Innenreflektor)		18	Warmton-Extra
	PL E-Dekor (Sockel E27)	Kompakt-Lampen	15/20/23	Warmton-Extra
	PL E T (1)	Kompakt-Lampen	15/20/23	Warmton-Extra
	PL C E (Sockel E27) (1)	Glühlampensockel	15/20/23	Warmton-Extra
	PL-Lampen PL-S/C/L (2-4-Stift-Stecksockel)		13/18/26/18/24/36/40/55	Weiß, Warmton, Warmton-Extra
	PL-T (2-4-Stecksockel)		18/26/32/42	Weiß, Warmton, Warmton-Extra
Osram	Lumilux Plus (3-Banden)	Neue Generation**	18/36/58	Tageslicht, Weiß, Warmton, Interna
	Lumilux De Luxe (5-Banden)	Langfeld-Lampen	18/36/58	Daylight, Weiß, Warmton De Luxe
	Lumilux De Luxe Biolux	Langfeld-Lampen	18/36/58	Tageslicht-Vollspektrum
	FH (T5-Lampen = 16 mm Ø)		14/21/28/35**	Tageslicht, Hellweiß, Warmton
	FQ (T5-Lampen = 16 mm Ø)		24/39/54**	Tageslicht, Hellweiß, Warmton
	Dulux S/D/L (Stecksockel)	Kompakt-Lampen	13/18/26-18/24/26/40/55	Weiß, Warmton, Interna
	Dulux T/TE (IN) (Stecksockel)	Kompakt-Lampen	18/26-18/26/32/42	Weiß, Warmton, Interna
	Dulux F (Stecksockel)	Kompakt-Lampen	18/24/36	Weiß, Warmton, Interna
	Dulux EL 2-/3-Rohr-Technik	Glühlampensockel	15/20/23	Weiß, Interna
	Dulux EL Reflektor,			
	Dulux EL Concentra (2)	Glühlampensockel	15/20-15/20	Interna
General Electric (GE)	Polylux XL 800 (3-Banden)	Langfeld-Lampen	18/36/38/58/70**	Tageslicht, Weiß, Warmton
	Polylux 900 (5-Banden)	Langfeld-Lampen	18/36/58	Tageslicht, Weiß, Warmton Deluxe
	Biax S/D/L (Stecksockel)	Kompakt-Lampen	13/18/26-18/24/26/40/55	Weiß, Warmton, Warmton-Extra
	Biax T/TE, Biax E-SA (3)	Kompakt-Lampen	13/18/26-32/14	Weiß, Warmton, Warmton-Extra
	Biax Electronic, Biax E-T	Glühlampensockel	15/20/23/28	Weiß, Warmton Extra

1: separater Aufsteckreflektor; 2: fest integrierter Reflektor (Strahlerfunktion); 3: Lampe mit wiederverwendbarem Adapter; ** T5-Lampen (16 mm Ø), Neue Generation-Lichtfarben, haben andere Längenmaße, daher neue Leuchten; Lampen-Betrieb meist nur mit EVG möglich; Nur 3% Lichtstromausfall

Janssen/Stand 1997/98

Lampe. Gefragt sind ferner ein geringes Gewicht und ansprechendes Design sowie eine geringe Wärmeentwicklung.

7.3.3.1 (Halogen) Glühlampen

Glühlampen sind Temperaturstrahler. Auch blaueingefärbte sowie Halogenglühlampen sind zur Wachstumsförderung **nicht** geeignet. Dasselbe gilt für Spezialglühlampen mit eingefärbten Gläsern. Glühlampen haben einen hohen Rotanteil in ihrem Spektrum, der das Streckungswachstum fördert. Als Effekt- und Akzentlicht sind Halogenglühlampen mit geeigneten Reflektoren geeignet (siehe Kapitel 7.3.3.7).

7.3.3.2 Leuchtstofflampen

Die Langfeldleuchten und 3-Banden-Leuchtstofflampen werden in der Innenraumbegrünung eingesetzt. 3-Banden-Leuchtstofflampen verfügen über die wünschenswerten Spektralbereiche (Blau-grün-rot) und können daher sowohl für die Akzent- als auch assimilatorische Belichtung in der Innenraumbegrünung eingesetzt werden. Sie zeichnen sich durch eine hohe Strahlungsausbeute (**bis zu 106 lm/W**) aus. Bei den „Neue Generation-Lampen" ließ sich die Nutzbrenndauer erheblich steigern (siehe Tabelle 28 und 30). Die 5-Banden-Leuchtstofflampen mit der Farbwiedergabe Stufe 1A werden nur dort eingesetzt, wo es um Farbnuancen geht; sie besitzen einen um zirka 30 % geringeren Lichtstrom. Die 3-Banden-Röhrenlampen mit der **Farbwiedergabe Stufe 1B** werden in der Innenraumbegrünung mit den Lichtfarben nw (neutralweiß) und ww (warmweiß) **bevorzugt eingesetzt**, da damit fast alle Farbtöne optimal ausgeleuchtet werden.

In Zukunft werden auch die neuesten, noch leistungsstärkeren und dazu kürzeren und schmaleren T5-Leuchtstofflampen in der Innenraumbegrünung ihren Einsatz erhalten. Mit über 100 lm/W strahlen sie mehr Licht auf die Pflanzenoberfläche und ermöglichen abhängig vom Leuchtentyp eine höhere Aufhängung. Auch für die direkte Belichtung und indirekte Raumausleuchtung bieten sie in kompakten Leuchten Vorteile.

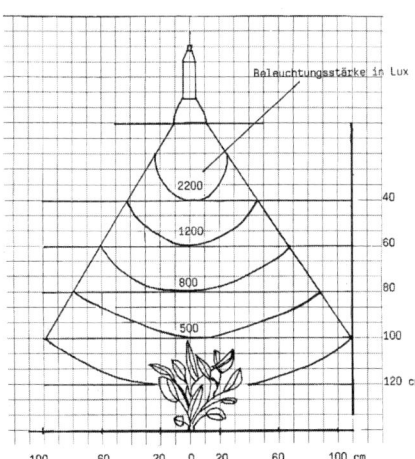

Abb. 57: Lichtprofil einer 20 Watt-Reflektor-Energiesparlampe (Kompakt-Leuchtstofflampe)

7.3.3.3 Kompakt-Leuchtstofflampen

Die Vielzahl der Kompakt-Lampentypen, **mit den niedrigen Leistungsstufen** auch als **Energiesparlampe** bezeichnet, wird von Jahr zu Jahr größer (siehe Tabelle 28). Für die Innenraumbegrünung werden vor allem die Stiftsockellampen bis 55 W in entsprechende Leuchten eingesetzt, die auf kleinerer Fläche eine sehr hohe Leuchtdichte erzielen (lm/ m^2); die für den Lampenbetrieb notwendigen Betriebsmittel sind dann in der Leuchte integriert.

Diese als L-Typen bezeichneten 4-Stiftsockel-Lampen werden in den drei wichtigsten Lichtfarben angeboten, bevorzugt die

Tab. 29: Lichtfarbe und Farbwiedergabeeigenschaften von Leuchtstofflampen (5- und 3-Banden-Lampen, Röhren) zur Assimilationsbelichtung (Photosynthese) in der Innenraumbegrünung

Farbwiedergabeeigenschaften (R_a) DIN 5035	Lichtfarbe tw Tageslicht Weiß über 5000 K	Lichtfarbe nw Neutralweiß 3300–5000 K	Lichtfarbe ww Warmweiß unter 3300 K
Intern. Farbbezeichnung	965er/950er Typen	940er Typen	930er/927er Typen
Stufe 1 ausgezeichnet 1A = R_a 90–100 = 5-Banden-Lampen **900er Typen**	12 Lumilux De Luxe Tageslicht (Os) 72 Lumilux De Luxe Biolux (Os) 950 TL-D Tageslicht de Luxe (Ph) 960 TL-D De Luxe Biolight (Ph) 172 Luxline Activa (Syl) 950 Polylux Tageslicht de Luxe (GE)	22 Lumilux De Luxe Weiß (Os) 940 TL-D Weiß de Luxe (Ph) 194 Weiß De Luxe Plus (Syl) 904 Polylux de Luxe Plus (GE)	32 Lumilux De Luxe Warmton (Os) 930 TL-D Warm de Luxe (Ph) 920 TL-D Warmton Extra de Luxe (Ph) 193 Warmton De Luxe Plus (Syl) 930 Polylux De Luxe Plus (GE) 927 Polylux Warmton Extra (Ph)
Intern. Farbbezeichnung	865er/860er Typen	840er/835er Typen	830er/827er Typen
Stufe 1 sehr gut 1B = R_a 80–89 = 3-Banden-Lampen **800er Typen**	11 Lumilux Plus Tageslicht* (Os) 860 TL-D Super 80* (Ph) 186 Tageslicht Plus (Syl) 860 Polylux Tageslicht Plus* (GE) 55 Northlight (GE)	21 Lumilux Plus Weiß* (Os) 840 TL-D Super 80* (Ph) 184 Weiß Plus* (Syl) 840 Polylux XL Hellweiß* (GE) 835 Polylux Weiß* (GE)	31 Lumilux Plus Warmton* (Os) 41 Lumilux Plus Interna* (Os) 830 TL-D Super 80 Warmton* (Ph) 827 TL-D Super 80 Warmton Extra* (Ph) 183 Warmton De Luxe (Syl) 830 Polylux Warmton (GE)
Stufe 2 gut 2A = R_a 70–79	Standard-Typen, nur bedingt empfehlenswert	Lampen 26 mm Ø temperierter, 38 mm Ø kalter Raum (Wintergarten)	nicht als Kompakt-Leuchtstofflampe

Die 5-Banden Leuchtstoff-Lichtfarben mit der Farbwiedergabe-Eigenschaft (R_a) Stufe 1A vereinigen eine hervorragende, die der 3-Banden-Lampen (Stufe 1B) eine sehr gute Farbwiedergabe mit hoher Lichtausbeute in einer Lampe. Zur starken Zusatzbeleuchtung (Assimilationslicht) sind die maximalen Abstände zu beachten. (Die Lichtmenge nimmt im Quadrat zur Entfernung ab!) Die entscheidenden **Vorteile** sind: geringere Leistungsaufnahme (etwa 10%), verbesserte Lichtausbeute bis zu 75% höher, bis zu 95 l/W (ohne Vorschaltgeräte), längere Nutzbrenndauer.

* **Neue Generation-Lampen**: längere Nutzbrenndauer, geringere Energieaufnahme, ab Sommer 1996. Kompakt-Lampen (**Energiesparlampen**) besitzen gleiche Lichtfarben, jedoch nicht alle Typen; elektronische Typen überwiegend Lichtfarbe 827. Für alle Leuchtstofflampen mit konventionellem Vorschaltgerät (KVG) gilt der Schaltrhythmus: 1 x An-Aus in 3 Stunden, 8x/Tag; mit elektronischem VG (EVG) = 1 x An-Aus in 3 Minuten, ca. 500.000 x in 14.000 Stunden; mittlere Nutzbrenndauer: 12.000 Stunden = Kompakt-Lampen mit EVG; 12.000 Stunden Langfeld-Lampen (Röhren) mit KVG, mit EVG 16.000 Stunden. Neueste T5-Lampen (Röhren) mit 16 mm Ø benötigen wegen kürzerer Baulänge eigene Leuchten. Höchste Wirtschaftlichkeit in EVG-Betrieb bis zu 106 l/pro W, z.B. HE-, HQ-Lampen.

Quellen: Syl = SLI Sylvania, Ph = Philips, Os = Osram, GE = General Elektric; ähnliche Lampen auch von anderen Herstellern.

JANSEN, Stand 1997/98

840er und 830er-Typen. Die kleineren Energiesparlampen bis 32 W Leistung (in etwa einer 150 Watt Glühlampe entsprechend) mit Glühlampensockel E 27 werden überwiegend im Büro, Gaststätten, Wohnbereich eingesetzt. Es gibt sie teilweise auch mit eigenen an der Lampe befestigten oder aufgesetzten Reflektoren. Mit dem gerichteten Licht wird die Helligkeit auf der Pflanzenoberfläche erheblich gesteigert: je nach Leuchtentyp um bis zu 35 %.

Für Kompakt-Leuchtstofflampen gilt wie für die „Röhren" der gleiche Grundsatz wie für alle Lichtquellen überhaupt:

Je näher am Objekt, umso höher die Lichtintensität, umso kleiner die bestrahlte Fläche.

Mit anderen Worten:

Je höher aufgehängt, desto größer die angestrahlte Fläche, desto kleiner die Beleuchtungsstärke.

Da die Leuchtstofflampen im Betrieb nur geringe Wärme entwickeln, kann hier bis auf 0,5 m an die Pflanzenoberfläche herangegangen werden (siehe auch Skizze).

Leuchten für Leuchtstofflampen (Langfeld und Kompaktlampen)

Für die „**Röhren**" gelangen Spiegelreflektorleuchten zum Einsatz

- mit tiefstrahlender Charakteristik bei Aufhängung über 1,5 m über den Pflanzen

- mit tiefbreitstrahlendem Reflexionsverhalten bei Aufhängung bis 0,5 m über den Pflanzen.

Eine höhere Aufhängung als Deckeneinbau- oder Anbauleuchten ist notwendig, wenn die Pflanzen mindestens 1 m über Boden groß sind. Höhere Decken oder niedrige Bepflanzungshöhen setzen abhängbare Pendel-Spiegelrasterleuchten voraus, die fast alle der zirka 100 deutschen Leuchtenhersteller im Angebot haben, bei einer Preislage zwischen 250 bis 600 Mark je nach Design- und Materialqualität. In den Leuchten sind die Betriebsmittel (Starter und Vorschaltgerät) integriert. Dabei sind elektronische Starter und Vorschaltgeräte (EVG) sehr empfehlenswert. Die neuesten T5-Lampen haben daher ausschließlich elektronische Betriebsgeräte, die fast völlig schaltunempfindlich sind.

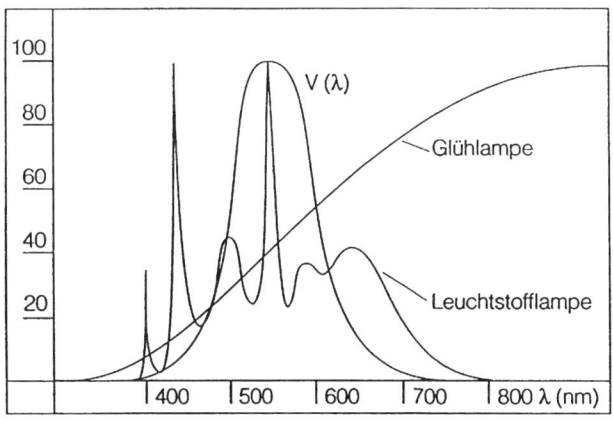

Abb. 58: Relative spektrale Verteilung der Strahlungsleistung einer Glühlampe und einer Leuchtstofflampe. $V(\lambda)$ zeigt die Helligkeitsempfindlichkeit des Auges

Für die Kompakt-Leuchtstofflampen kann jede Leuchte mit geeignetem Reflektor eingesetzt werden. Für die L-Lampentypen bis 55 W gibt es sehr kleine leistungsstarke Spiegelreflektor-Leuchten. Im Wohn-, Büro-, Gaststätten- und Hobbybereich können bei Verwenden der sogenannten Energiesparlampen alle brauchbaren Wohnraumleuchten mit geeignetem Reflektor eingesetzt werden. Energiesparlampen wie Dulux EL-R, PL CE R, PL E/R geben ein gerichtetes Licht ab. Hier sind Starter und Betriebsmittel in der Lampe integriert.

Außerdem bietet die Licht-Industrie auch Komplett-Set's an: Lampe und Leuchte sowie Betriebsmittel wie Starter und Vorschaltgerät. Sie sind oft steckerfertig und mit Lüsterklemme einfach **über kleineren bis mittelgroßen Gefäßen** zu installieren und zwar meist als Pendelleuchten 0,5 m–1,5 m über den Pflanzen.

7.3.3.4 Hochdruck-Entladungslampen

Quecksilberdampf-Hochdrucklampen (Hg-Lampen)

Dieser Lampentyp wird in der flächenhaften Innenraumbegrünung kaum, aber immer noch bei Innenraumbegrünungen mit Einzelgefäßen oder kleineren Bepflanzungsflächen als kostengünstige Lichtquelle eingesetzt. Hg-Lampen haben einen relativ hohen Blaulichtanteil und setzen eine Aufhängungshöhe ab 0,8 m über den Pflanzen (80 Watt-Lampe) voraus. Überwiegend werden die Lampen mit warmweißer Farbe und der Farbwiedergabe Stufe 2B in den Leistungsbereichen

Abb. 59: Links: Leuchte mit Hg-Hochdruckdampf-Reflektorlampe, rechts: Reflektorleuchte für Kompakt-Leuchtstofflampe   Foto: Reiher, Braunschweig

Abb. 60: Reflektorleuchten für Kompakt-Leuchtstofflampen in Stabform

Foto: Osram

Tab. 30: Lichtstrom der für die Assimilationsbelichtung in der Innenraumbegrünung geeigneten Lampentypen

Lampenart	Wirtschaftlichkeitsfaktor (ohne Vorschaltgerät)	Lumen/Watt	Stunden
Allgebrauchs-Glühlampen (nicht empfehlenswert, Wärmestrahler)		10 - 12	800 - 1000
Halogen-Glühlampen, Hochvolt-Reflektorlampe (PAR-Halogen/40-150W)	nur als Akzent- und/oder Effektlicht, mit oder ohne Kaltlicht-Technik	15 - 18	2000 - 2500
Halogen-Glühlampen, Niedervolt (bis 100 W/6, 12, 24 Volt) (Stecksockel)		15 - 19	1500 - 4500
Halogen-Glühlampen, Hochvolt (ab 25 W/220-240 Volt/ Glühlampensockel E 14/E 27)		16 - 17	1500 - 2500
Kompakt-Leuchtstofflampe SL-Lampe, Compacta, Dulux, PL Lynx, Biax (konv. Vorschaltgerät = KVG) Elektronik-Typen (elektronisches Vorschaltgerät = EVG)		65 - 90	6000 - 8000 8000 - 12000
3-Banden-Leuchtstofflampe, Lumilux, Plus TL-D Super 80, Luxeline Plus 800, Polylux XL 800	Neue Generation, 26 mm Ø	85 - 95	10000 - 14000
5-Banden-Leuchtstofflampe, Lumilux De Luxe, TL-D de Luxe 900, Polylux 900	Neue Generation, 26 mm Ø	85 - 95	10000 - 14000
3/5-Banden-Leuchtstofflampen, FH, FQ, HO, HE, ES 8, mit/ohne EVG-Betrieb, Farbwiedergabe 1 A/1 B neue Längenmaße, z.B. 549 mm, 849 mm, 1149 mm, neue Leuchten notwendig	T5-Lampe, 16 mm Ø Neue Generation	89 - 106	14000 - 16000
Hochdruck-Quecksilberdampflampe HQL Super De Luxe, HPL-HSL-Super Comfort HGL Komfort 50 - 250 W, Farbwiedergabe Stufe 2B/3		32 - 60	6000 - 8000
Metall-Halogendampflampe, HQI-T/TS, MHN-T/TD, HSI-T/TD, PAR-Typen (R), HCI-T/TS, CDM, CMI-T, CMH (Entladungsrohr aus Keramik)		62 - 90	10000 - 16000
Natrium-Hochdruckdampflampe SON Plus, NAV-De Luxe, SHP Colour de Luxe, Lucalox de Luxe		57 - 130	12000 - 26000
Natrium-Hochdruckdampflampe, SDW-T, Colorstar DSX, Farbwiedergabe Stufe 1 B Lucalox Classique, SON-T Comfort Stufe 2 B	Kompaktlampen	39 - 64 47 - 92	8000 - 12000 10000 - 16000

Zum Schutz vor UV-Strahlen bei empfindlichen Pflanzen werden Metallhalogendampf-PAR-Lampen, PAR-Halogen-Glühlampen (Akzentlicht) in offenen Leuchten eingesetzt, sonst UV-Sperrfilter oder UV-Stop-Lampen verwenden. Na-Hochdruckdampflampen können in offenen Leuchten ohne Abdeckscheibe (Sperrfilter) betrieben werden. JANSEN, Stand 97/98

50, 80, 125 W verwendet. Die Lampen werden in ellipsoider Form in Reflektorleuchten, Strahlerlampentypen in Leuchten ohne eigenen Reflektor eingesetzt. Für den Betrieb der Hg-Lampen ist ein Vorschaltgerät notwendig. Die Lampen besitzen einen Glühlampensockel E27. Weiterentwickelte Hg-Lampen besitzen inzwischen auch einen höheren Rotanteil.

Leuchten für Hg-Lampen

Ellipsoide Lampen werden in Leuchten mit eigenem Reflektor in Pendel(zug)- oder Wand- und Deckenleuchten eingesetzt. Die Lichtausbeute dieser Lampen-Leuchten-Kombination ist etwa 25% höher als die der Strahlerlampen (!). Dabei sind die Lampen in der Wiederbeschaffung vergleichsweise günstig. Manche Systeme haben ein umschaltbares Vorschaltgerät, das den Betrieb von Lampen unterschiedlicher Leistungsaufnahme ermöglicht. Wird die 80 Watt-Lampe durch eine 125 Watt-Version ersetzt, so wird nur noch ein Schalter bewegt und die stärkere Lichtquelle ist auch für Pflanzen mit hohem Lichtbedarf oder für größere Abstände geeignet. Die Mehrkosten liegen nur bei etwa 20 Mark.

Die meisten Lampen/Leuchten-Kombinationen bieten verschiedene Firmen als Komplett-Set an, sie sind in wenigen Minuten zu installieren.

7.3.3.5 Metallhalogendampf-Hochdrucklampen (HgI)

Metallhalogen-Dampf-Hochdrucklampen (HgI) haben im Vergleich zu den Quecksilberdampf-Hochdrucklampen (Hg) eine wesentlich höhere Lichtausbeute (lm/W) und bessere Farbwiedergabe-Eigenschaften. HgI-Lampen sind also wesentlich strahlungsstärker die Hg-Typen und eignen sich deshalb auch für größere Raumhöhen. Die Reihe der einseitig gesockelten Entladungslampen beginnt bei 35 W (siehe Tabelle 30 und 31).

Alle HgI-Lampentypen benötigen Betriebsgeräte zum Zünden der Brenner. Immer häufiger geschieht dies durch elektronische Bauteile, welche die Lichtausbeute und die Nutzbrenndauer steigern und die Lampe schonen (Ausgleich von Spannungsschwankungen bei der elektrischen Versorgung).

Die ellipsoiden Lampentypen in der Form analog denen der Hg-Lampen, gibt es auch als UV-Stop-Lampen. In diesem Fall ist in der Leuchte (Strahler) kein Filter gegen die ultraviolette Strahlung nötig. Die meisten Pflanzen reagieren jedoch absolut positiv auf diese UV-Strahlung hinsichtlich eines kompakten Wuchses, so daß nur bei sehr empfindlichen Pflanzen die UV-freien Lampen gewählt werden.

Als Splitterschutz muß trotzdem ein einfaches Glas in der Leuchte verbleiben. Bei überwiegend blauen und grünen Pflanzenfarbtönen wird die Lichtfarbe „Neutralweiß de Luxe-NDL" mit der Farbwiedergabe Stufe 1A (Farbtemperatur um 4000 K) empfohlen. Buntlaubige sowie gelbe bis rote Farbtöne werden mit der Lichtfarbe „Warmweiß de Luxe" bestrahlt (Farbtemperatur um 3000 K). Tageslicht-„Daylight"-Lampentypen werden nur in Verbindung mit natürlichem Licht eingesetzt (Farbtemperatur um 6000 K). Bei den Standard-HgI-Lampen in Quarzglas-Brennertechnik kann es systembedingt zu Farbabweichungen der Lampen untereinander kommen.

Bei den „Ceramic"-Lampentypen sind die innenliegenden Brenner nicht, wie sonst aus Quarzglas umhüllt, sondern von einem keramischen Rohr. Es wird dadurch nicht nur die Farbwiedergabe im roten Strahlungsbereich

Abb. 61: Links: zwei Kompakt-HgI-HD-Lampen, rechts: Reflektor (PAR)-HgI-HD-Lampe Foto: Philips

verbessert. Sondern es finden während der garantierten Nutzbrenndauer auch keine Farbverschiebungen mehr statt.

Einige Lampenhersteller bieten auch Reflektor-Lampen in Pressglasausführung an (PAR-Typen), die es mit verschiedenen Ausstrahlwinkeln gibt (Spot = engstrahlend, Flood = breitstrahlend). Diese benötigen nur einfache Strahlerleuchten ohne eigenen Reflektor und ohne Frontscheibe, da diese in den Lampen intregiert ist. Wichtig ist die Beachtung des Mindestabstandes zu den angestrahlten Pflanzenoberflächen. Mit zunehmender Leistungsaufnahme ist (35 bis 400 Watt) analog ein größerer Abstand zu wählen (0,80 Meter bis 2,50 Meter), sonst kann es zu Verbrennungen kommen (siehe Tabelle 31).

7.3.3.6 Natriumdampf-Hochdrucklampen (Na-Lampen)

Natriumdampf-Hochdrucklampen (Na-Lampen) spielen wegen ihrer guten Licht- und Strahlungsausbeute in der Assimilationsbelichtung im gewerblichen Gartenbau eine große Rolle. Zur Pflanzenbelichtung in der Innenraumbegrünung werden überwiegend die mit der Bezeichnung „Display-Lampen" angebotenen speziellen Lichtquellen verwendet, die mindestens die Farbwiedergabe Stufe 2B besitzen. Sie geben ein warmweißes Licht ab (Farbtemperatur 2500 bis 2700 K) und sind daher besonders für gelbe bis rote Farbtöne auf den Pflanzen geeignet. Da diese Lampen nahezu keine UV-Strahlung abgeben, können sie in offenen Leuch-

Klimatisierung und Lichttechnik

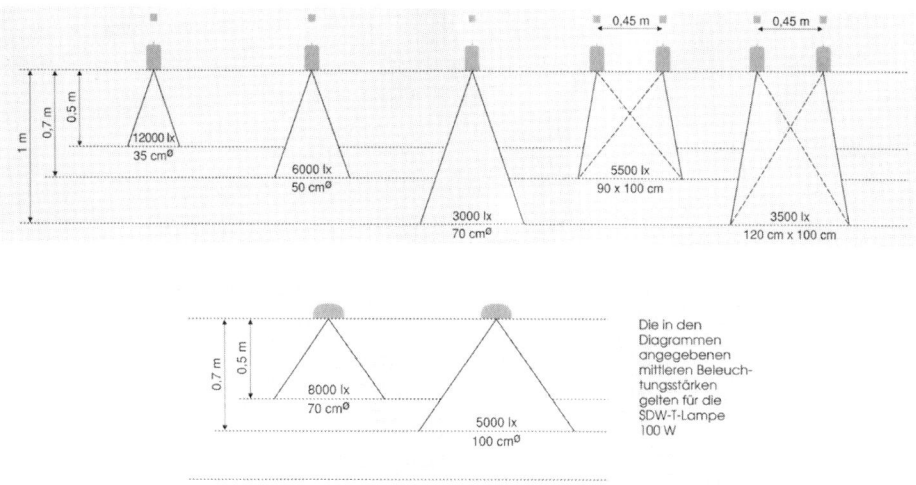

Abb. 62: Mittlere Beleuchtungsstärken für die SDW-T-Lampe, 100 Watt
Quelle: Professional Lighting, J. Dinter, Velbert

ten mit den entsprechenden Betriebsgeräten betrieben werden (siehe Kapitel 7.3.3.7).

Diese Display-Na-Lampen werden zur Zeit bis zur Leistungsgröße von 100 W hergestellt, zum Beispiel SDW-T (siehe Tabelle 30 und 31). Bei Deckenhöhen/Installationshöhen oder Abständen zu den Pflanzen bis 2 m sind sie als Wachstumslicht möglich. Das gleiche gilt für das Natrium-Xenon-Lampensystem Color DSX (Osram), wobei mit Hilfe der elektronischen Betriebsgeräte die Möglichkeit besteht, auf zwei verschiedene Lichtfarben (warmweiß = 3000 K, warmton 2600 K) umzuschalten, so daß verschiedene Farbtöne optimal wiedergegeben werden können.

In Lichthöfen, Galerien, Glas-Kuppelbauten **müssen** wegen der größeren Abstände oder höheren Deckenaufhängung der Leuchten Na-HD-Lampen mit größerer Leistung verwendet werden. Das Spektrum reicht von 150–400 W mit den Farbwiedergabe-Eigenschaften der Stufe 2B. Dazu gehören zum Beispiel de Luxe- und Comfort-Typen, die eine sehr hohe Lichtausbeute besitzen, allerdings mit sehr geringem Blauanteil im Spektrum. Wird dieser gewünscht, werden auch die Spezial Na--HD-Lampen des Erwerbsgartenbaus mit 20–40 % höherem Blauanteil (um 320–400 nm) eingesetzt, zum Beispiel SHP-T Grolux (Sylvania), SON-T-Agro (Philips), Vialox Planta NAV-T (Osram) mit 250, 400 und 600 W Leistung (ohne Vorschaltgerät).

7.3.3.7 Leuchten für Hochdruckentladungslampen (HD)

Hochdruckentladungslampen eignen sich für die Kombination von Assimilations- oder Wachstumslicht **und** Akzent- oder Effektlicht. Voraussetzung sind geeignete Leuchten und Betriebsgeräte. Es wird in Industrie- und Design-Leuchten unterschieden. Es gibt sie aus diversen Materialien (Kunststoffe, Metalle, Aluminium) und mit drei unterschiedli-

Tab. 31: Hochdruck-Entladungslampen zur Assimilationsbelichtung in der Innenraumbegrünung und im Wintergarten

Bezeichnung	Lampenleistung in Watt (ohne VG)	Lichtfarben nach DIN 5035, 1990/ Farbwiedergabestufen (z.B. 2B = gut)	Lichtausbeute Lumen/Watt (lm/W) o. Vorschaltgerät (VG)
Quecksilberdampf-Hochdrucklampen (Abstand zur Pflanzenoberfläche mind. 0,50 m, ab 125 Watt-Leistung mind. 1,00 m)			
Sylvania HSL-BW (E)	50/80/125-250/400	Neutralweiß/3 (Lichtfarbe 840)	40/48/52
HSL-Super Comfort (E)	50/80/125-250/400	Warmton/2B (Lichtfarbe 830)	40/48/52
Philips HPL-Comfort (E)	50/80/125-250/400	Neutralweiß/3	40/48/52
HPL-R (R)	125-250/400	Neutralweiß/3	41/49
Osram HQL De Luxe (E)	50/80/125-250-400	Neutralweiß/3	40/48/52
HQL-R De Luxe (R)	80/125	Neutralweiß/3	37/40
HQL-Super De Luxe (E)	50/80/125	Warmton/"B	32/42/46
GE HGL Komfort (e)	50/80/125	Neutralweiß/3	40/50/52
Metall-Halogendampf-Hochdrucklampen (Leuchten mit Silikat-Glas-Abdeckung, Abstand zur Pflanzenoberfläche mind. 1,00 m)			
Sylvania HSI-T/CMI-T	35/70/150	Warmweiß De Luxe (WDL) 1B	62/69 bis 90
HSI-TD	75/150/250/400	WDL, NDL De Luxe/D (Dylight) 1B/1A	70/75/87
HSI-MP PAR 38 (1)	100	Warmweiß De Luxe (WDL) 1B	70 (Flood)/80 (Spot)
Philips CDM-T/CDM-TD	37/70/150–	WDL, (830), NDL (942) De Luxe 1B/1A	67/69/73
MHD-TD/MHN-TD	75/150/250/400	WDL, NDL De Luxe 1B	67/75/87
CDM-R PAR 30L PAR 20 (1)	37/70	Warmweiß De Luxe 1B	70 (Flood)/80 (Spot)
Osram HQI-T/HCI-T	35/70/150-70/150	WDL, NDL De Luxe 1B	62/70 bis 90
HQI-TS/HCI-TS	75/150/250/400-70/150	WDL, NDL De Luxe, D (Daylight) 1B/1A	67/75
General ARC T/TD Arcstream	70/150	WDL, NDL, NDL De Luxe 1B	75/87
Electric CMH T/TD Arcstream	70	WDL, NDL, NDL De Luxe 1B	87
CSI-PAR 64 (1)	150	WDL, NDL, NDL De Luxe 1B	80
Natrium-Hochdruckdampflampen (Offene Display- und Akzentbeleuchtung; Assimilationslicht; zwischen 0,50 m bis 0,75 m über Pflanzen)			
Philips SDW-T/SDW-TF (mattiert)	35/50/100	Warmton 1B	39/43/47
SON-T Comfort	150/250/400	Warmton 2B	47/60/64
Osram Colorstar DSX T/TS NA-Xenon	80	Warmweiß/Warmton 1B	75 (Lampen-Elektronik-System)
GE Lucalox Classique (E)	150/250/400	Warmweiß 2B	94

(1) PAR Hartglas-Innenreflektorlampen mit Spot-(eng)/Flood-(breit)-Ausstrahlwinkel; WDL = Warmweiß De Luxe, NDL = Neutralweiß De Luxe E = Ellipsoid, R = Reflektor (alle Sockel E 27/E 40), TS + TD = Sofitenform (Stecksockel G 12/PG 12), PAR-Lampen für offene Leuchten ohne Schutzglas geeignet.

JANSEN, Stand 1997/98

chen Ausstrahlwinkeln = tief-, tiefbreit- und breitstrahlend. Dadurch ergeben sich auch die unterschiedlichen Aufhängungshöhen. Bei Display-Strahlern, die ebenso in Verkaufsräumen seit Jahren mit großem Erfolg eingesetzt werden, wird in Spot- (engstrahlend) und Flood-Charakteristik (breitstrahlend) unterschieden.

Mit **Display-Strahlern** läßt sich in der Innenraumbegrünung die Pflanze nicht nur optimal belichten (Assimilationslicht), sondern auch effektvoll anstrahlen. Besonders eignen sich dafür die starken Spot-Lichtkegel bis etwa 25 ° Ausstrahlungswinkel.

Hochwertige Leuchtensysteme können von den notwendigen elektronischen Betriebsgeräten getrennt werden, so daß nur die eigentliche Leuchte sichtbar wird. Darüber hinaus besitzen diese Gehäuse teilweise fokussierbare Reflektoren, die von Spot- auf Flood-Ausstrahlungscharakteristik umgeschaltet werden können. Das ist besonders bei den Kompakt-HD-Lampen mit einseitigem Stecksockel interessant. Wichtig ist, daß die Temperaturfestigkeit der Installationsmaterialien und die der Befestigung gewährleistet wird, zum Beispiel bei Deckeneinbau eine funktionierende Entlüftung (Abführen der Wärme von Betriebsgeräten und Lampe). Ferner ist der minimal zulässige Abstand zu den Pflanzen einzuhalten (35 W = 0,8 m, 150 W = 1,50 m, 400 W = 2,5 m bei Verwendung von Spot-Reflektoren in Tiefstrahlern).

Der Einstieg bei einfachen HD-Leuchten beginnt bei etwa 300 DM je Leuchte (zum Beispiel HgI-Displaystrahler) und steigert sich bei hochwertigen, fokussierbaren und in Rail-Systemen beweglich angeordneten Leuchtenprodukten bis auf 4000 DM je Leuchte. Das schließt alles an Elektronik und Lichttechnik ein: vom funktionellen Assimilationslicht bis zur theatralischen Effektbeleuchtung. Diese aufwendigen HD-Leuchten sind sehr gut für die **Kombination von Pflanzen und Brunnenanlagen** geeignet.

Bei Hochdruck-Entladungslampen mit einem in der Lampe **integrierten Reflektor** können die Kosten für das Gehäuse erheblich gesenkt werden (PAR-HD-Lampen).

7.3.3.8 Akzent- und Effektlicht

Grundsätzlich gilt die Aussage, daß das Akzent- und Effektlicht immer über dem allgemeinen Beleuchtungsniveau liegen muß. Bedingt durch die hohe Lichtintensität der Assimilationsbelichtung kann deswegen nur über die vom Lampen- oder Leuchtenreflektor stark gebündelte Lichtstrahlung (Spot) ein zusätzlicher Helligkeitseffekt erzielt werden.

Mit Halogen-Glühlampen in der Niedervolt-Ausführung (12 V–24 V, bis 50 W Leistung) ist dieses nicht möglich, es müssen mindestens 75 W Leistung installiert werden. Der Installationsaufwand ist hierbei recht hoch, wobei der Transformator temperaturstabil bleiben muß und nicht „durchschmelzen" darf. Kaltlichtlampen haben den Vorteil, etwa 66 % der Wärme nach hinten abzuführen und belasten damit die Pflanze geringer; sie setzen jedoch spezielle hinterlüftete Leuchten voraus und auch diese Wärme muß abfließen können. Sonst wird die Lebensdauer der Lampen stark reduziert.

In den letzten Jahren wurden daher oftmals die wesentlich einfacher zu installierenden Hochvolt-Halogenglühlampen eingesetzt (Netzspannung bis 245 V, Glühlampensockel E14 = Kerze und E27). Diese Lampen werden als freistrahlende Lampen in entsprechende Reflektor-Strahlerleuchten eingesetzt, der dann einen eng- oder breitstrahlenden Lichtpunkt setzt. Empfehlung: immer

Tab. 32: Lampenarten und -typen zur assimilatorischen Pflanzenbelichtung in der Innenraumbegrünung

Lampenart/Leistung ohne Vorschaltgerät	Licht-farben	Lichtstrom (lm)	Strahlungsausbeute (mW/W) ohne VG[1]	Nutzbrenndauer in Stunden	Lichtausbeute (lm/W) ohne Vorschaltgerät
3-Banden-Leuchtstofflampen 18 bis 58 Watt 59 cm bis 150 cm Länge Kompakt-Lampen: 20 bis 55 Watt	nw ww	3-Banden-Lampen 1450/3450/5400 Kompakt-3-Banden 1200/1800/2900	3-Banden-Lampen 150/230/240 120/160/190	8000 - 14000 opt. Umgebungstempf. 20 - 25 °C	3-Banden-Lampen 85 -95 Kompakt-3-Banden 65 - 90
Quecksilberdampf-Hochdrucklampen 50/80/125/250/400 W z.B. HPL/HSL/HQL, HGL, Schraubsockel E 27/E 40	ww	2000/4000/6500 14000 und 24000, mit Beschichtung geringfügig darunter, dadurch bessere Farbwiedergabe	100/140/170 180 mit Beschichtung geringfügig darunter	8000 - 10000 Stunden weitgehend temperatur-unabhängig	34/45/48/53 mit Beschichtung geringfügig darunter; nur bedingt im Profibereich, jedoch kostengünstige Systeme
Metallhalogendampf-Hoch-drucklampen 35/70/100/ 150/250 und 400 Watt z.B. CDM, HSI, HQI, ARC, HCI, MHN-T, HSI-T, KRC, CMI; CDM-HSI-MBI-PAR	nw ww	2400/5200/8500/12000 19000/31000 - 42000 vorgeschriebene Brennstellung beachten	150/170/210/220-280 Pilzform mit Reflektor und Beschichtung darunter; PAR-Typen = höhere Strahlungsausbeute	10000 - 15000 Stunden weitgehend temperaturunabhängig 9000	50/59/74/71/69/75 - 100 Pilzform mit Reflektor und Beschichtung darunter; PAR-Lampen: wahlweise Flood-/Spot-Ausstrahlungs-winkel
Natrium-Hochdruck-Lampen: 35/50/70/100/150/250/400/600 Watt, z.B. SON/SHP/NAV	ww	1300/4000/6500/9500/ 15000/27000/55000/ 90000, mit Beschichtung darunter;	80/160/190/200/210/ 230/300, mit Be-schichtung darunter	12000 - 28000	33/65/78/82/88 - 150; mit Beschichtung darunter z.B. Comfort De Luxe.
Natrium-HD-Display-Lampen SDW-T 35-100 W Colorstar DSX 80W SON-T Comfort 150/250/400 W Lucalox Classique 150-400 W	ww	1320/2300/ 4500/4800/5200 7000/15000/22500 12000/22000/36000	85 - 125 150 - 220	Kompaktlampen: 8000 - 12000 10000 - 16000	Kompakt-Lampen z.B. SDW-T, 39 - 54 47 - 92

[1] VG = Vorschaltgerät: Konventionelles Vorschaltgerät (KVG); auch teilelektronisches, verlustarmes (VVG) oder vollelektronisches Vorschaltgerät (EVG) möglich; durch Hochfrequenz-Betriebssysteme - geringere Leistungsaufnahme und längere Lebensdauer der Lampen (teilweise auch bei Hochdruck-Entladungslampen möglich). nw = neutralweiß oder Weiß de Luxe; ww = warmweiß, Warmton, Warmton De Luxe, R = Lampen mit Reflektor

JANSEN, Stand 1997/98

Klimatisierung und Lichttechnik

enge Bündelung (Spot) bevorzugen (siehe Tabelle 30).

Halogen-PAR-Glühlampen (Pressglaslampen, auch in nassen Räumen und im Freien in Feuchtraumleuchten zu verwenden) besitzen einen in der Lampe integrierten Reflektor. Dieser ersetzt den Reflektor im Leuchtengehäuse, so daß hier recht preisgünstige Stromschienen- oder Wand- und Deckenstrahler eingesetzt werden können. Die Fassung des Strahlers muß mindestens für die von der Lampe aufgenommene Leistung zugelassen sein. Besser ist es, eine höhere Klasse zu wählen, damit auf Veränderungen des Lichtbedarfes reagiert werden kann.

Zur Zeit werden diese PAR-Lampentypen bis 150 W hergestellt. Vorhandene Strahler, die mit Allgebrauchs-Reflektorglühlampen oder normalen PAR-Glühlampen bestückt waren, können oft recht einfach durch Austausch umgerüstet werden. Das wesentlich brilliantere Halogenlicht erzielt eine um etwa 60 % höhere Lichtintensität, bei gleichzeitiger Leistungsaufnahme und verdoppelter Lebensdauer.

7.3.4 Installation, Gesetze, Verordnungen, Normen

Die Anschlüsse und Elektroinstallationen müssen fach- und sachgerecht nach den gängigen nationalen oder internationalen Bestimmungen ausgeführt werden. In der Regel werden die Räume mit Innenbegrünung nach DIN VDE 0100 als trockene Räume eingestuft. Nur bei Wintergärten und Orangerien (Anlehnungsgewächshäusern) kann es sich auch um „feuchte und nasse Räume" handeln.

Auch in diesem Fall sind besonders die Schutzarten nach DIN 40050 für die Installation sowie die der Leuchten nach EN 60598 einzuhalten. Bei Einzelleuchten mit direktem Steckkontaktanschluß lassen sich mobile Fehlerstrom-Schutzschalter zwischenschalten (FI-Schutzeinrichtungen), die im Fehlerfall eine Berührungsspannung über 25 V Wechselspannung nicht zuläßt.

Bei Festinstallationen sind diese Sicherheitseinrichtungen (Körperschutz) bereits im Verteilerkasten oder Hausanschluß integriert. Beim Auswechseln der Lichtquellen (Lampen) ist immer darauf zu achten, daß nur die Lampen-Leistungsklasse in die dafür zugelassene Fassung eingeschraubt beziehungsweise eingesteckt wird, damit es nicht zu einer Überhitzung in der Leuchte kommt und zur Zerstörung der für den Betrieb der Lampe notwendigen Armaturen.

In der Hauptsache finden folgende DIN-, DIN VDE- und EN-Normierungen Anwendung:

DIN-Normen: DIN 5031, 5035 „Beleuchtung mit künstlichem Licht", 5040, DIN VDE 0100 „Bestimmungen für das Errichten von Starkstromanlagen bis 1000 V", 0710, 0711, 18015, 40050 u.a.

EN-Normen: EN 60598 (DIN VDE 0710, ab 10/1992 DIN VDE 0711) „Sicherheitsvorschriften für Leuchten", EN 55015 (EN/EC)

Die wichtigsten Gesetze und Verordnungen sind:

- „Verordnung über Arbeitsstätten (Arbeitsstättenverordnung, ArbStättV), daraus resultieren die

- „Arbeitsstättenrichtlinien (ASR)", zum Beispiel ASR 7/3 „Künstliche Beleuchtung"

- EG-Niederspannungsrichtlinie (73/23 EWG)

- Gesetz über technische Arbeitsmittel, „Gerätesicherheitsgesetz" (GSG), 1968 (Sicherheitszeichen = GS)

Darüber hinaus sind Bestimmungen aus „Technischen Anschlußbedingungen für den Anschluß an das Niederspannungsnetz (TAB)" zu befolgen, wie auch die „Unfallverhütungsvorschriften" der gewerblichen und landwirtschaftlichen Berufsgenossenschaften.

Verbrauchte Lampen mit umweltrelevanten Inhaltsstoffen stellen ebenso Sondermüll dar wie auch die Betriebsgeräte (zum Beispiel Starter, Vorschaltgeräte, Zünder, Transformator) und sind als solche den Sondermüll-Sammelstellen zur Wiederaufbereitung zuzuführen.

Raumgrün

Gesunde Raumatmosphäre durch eine optimale Kombination von Pflanzen und Technik

Die Komplettlösung aus einer Hand, für

- ♦ Öffentliche Gebäude
- ♦ Einkaufszentren
- ♦ Hotelanlagen
- ♦ Freizeiteinrichtungen
- ♦ Büroanlagen oder Arbeitsbereiche

STAUDINGER GMBH
PFLANZEN UND TECHNIK

Schönbühler Straße 5
84180 Loiching
Tel. (08731) 5069-0 / Fax (08731) 506910

8 Pflanzenernährung im Objektbereich
Dr. Heinz-Dieter Molitor

8.1 Grundlagen

Die Ernährung von Innenraumbegrünungen ist aus mehreren Gründen nicht einfach. Verantwortlich dafür sind die je nach Objekt sehr unterschiedlichen Rahmenbedingungen in bezug auf:

- Standort (Licht, Temperatur)
- Wasserqualität
- Risiko der Verschmutzung der Gefäße
- Pflegebedingungen
  (Pflegeintervall, Kostenrahmen)

Die Pflanzenernährung muß den im Einzelfall extrem unterschiedlichen Bedingungen gerecht werden. Vorrangiges Ziel ist dabei der Erhalt der Pflanzen sowie ein optisch gutes Aussehen. Starkes Wachstum ist, da mit zusätzlichem Pflegeaufwand verbunden, eher unerwünscht.

Vorrangige Aufgabe der Ernährung ist deshalb das Verhindern von Chlorosen oder Nekrosen. In Anbetracht der langen Standzeit von Begrünungen im Innenraumbereich wirken sich auch zunächst geringfügige Abweichungen der Ernährung vom Optimum mittel- und langfristig doch negativ aus. Inerte Substrate, wie Blähton, Seramis und Steinwolle, weisen zudem keine nennenswerte Pufferung auf. Auch bei den in der Innenraumbegrünung verwendeten überwiegend mineralischen Substraten mit keinen oder nur geringen Anteilen organischer Substanz hängt das Puffervermögen von der Art der Bestandteile ab (vergleiche Kapitel 5.5).

8.2 Gießwasser

Grundlage jeglicher Pflanzenernährung ist zunächst das Gießwasser. Wasser liegt in der Regel nicht in reiner Form vor, sondern enthält gelöste Salze. Abhängig von Herkunft und Region kann die Zusammensetzung des Gießwassers außerordentlich stark schwanken. Eine zusätzliche Variabilität entsteht durch hauseigene Wasseraufbereitungsanlagen. Da die Düngung auf die Wasserqualität abgestimmt werden muß, ist die Kenntnis der jeweiligen Wasserqualität von Bedeutung.

8.2.1 Art des Gießwassers

Als Gießwasser steht meist Leitungswasser zur Verfügung. Teilweise wird gesammeltes Regenwasser (Brauchwasser) oder auch Brunnenwasser verwendet.

Der Pflegedienst trifft je nach Objekt sehr unterschiedliche Wasserqualitäten an. Aus Tabelle 33 wird anhand von vier Beispielen die große Variabilität bei der Wasserqualität innerhalb eines relativ begrenzten geografischen Raumes deutlich. Selbst innerhalb eines Stadtgebietes können extreme Unterschiede bestehen. Diese erklären sich durch unterschiedliche Wasserherkünfte. Hinzu kommen möglicherweise Veränderungen der Wasserqualität im Jahresverlauf.
Beim Objekt 1 handelt es sich um ein sehr weiches Wasser mit sehr niedrigem Salzgehalt. Ähnliche Analysenergebnisse sind auch bei gesammeltem Regenwasser zu erwarten.

Tab. 33: Gießwasserqualität verschiedener Objekte im Raum Frankfurt-Wiesbaden

Objekt		1	2	3	4
Leitfähigkeit	µS/cm	140	590	870	760
Gesamthärte	mmol/l	0,5	3,6	0,5	1,4
Säurekapazität	mmol/l	0,7	5,7	2,5	3,6
NO_3-N	mmol/l	0,2	0,07	0,14	0,07
Ca	mmol/l	0,35	2,20	0,03	0,20
Mg	mmol/l	0,21	0,54	0	0,25
Na	mmol/l	0,26	0,52	9,26	5,48
Cl	mmol/l	0,48	0,70	2,79	0,96
SO_4	mmol/l	0,26	0,52	1,04	0,78
Fe	µmol/l	4.65	0,18	19,68	0
Mn	µmol/l	0,36	0	0	0
Zn	µmol/l	1,99	0	0	0,92
Cu	µmol/l	0	0,79	1,57	25,47

Derartige Wässer enthalten in der Regel keine nennenswerten Mengen an Kalzium und Magnesium.

Das Wasser von Objekt 2 zeichnet sich durch eine hohe Säurekapazität und Gesamthärte aus. Es sind ausreichende Mengen an Kalzium enthalten.

Bei Objekt 3 handelt es sich um ein enthärtetes Wasser (Wasseraufbereitung), erkennbar an dem sehr hohen Gehalt an Natrium. Zudem ist Chlorid enthalten. Als Folge der Enthärtung enthält es keine nennenswerten Mengen an Kalzium und Magnesium.

Das Wasser von Objekt 4 wurde ebenfalls enthärtet und weist entsprechend hohe Natrium-Konzentrationen auf. Auffällig ist weiterhin die hohe Kupfer-Konzentration. Offensichtlich wurden durch Korrosion vom Leitungssystem Kupfer-Ionen an das Wasser abgegeben.

Bei den angeführten Beispielen handelt es sich in allen Fällen um Trinkwasser, das die Anforderungen der Trinkwasserverordnung erfüllt. Grundsätzlich muß deshalb beachtet werden, daß die zulässigen Grenzwerte für Leitungswasser nach der Trinkwasserverordnung keine Gewähr für die Unbedenklichkeit als Gießwasser darstellen. Bei einzelnen der in Tabelle 34 beispielhaft aufgeführten Parametern sind die zulässigen Richtwerte so hoch, daß mit Pflanzenschäden zu rechnen ist.

8.2.2 Faktoren der Wasserqualität

Ob ein Wasser als Gießwasser für die Innenraumbegrünung geeignet ist, kann nur über eine genaue Wasseranalyse entschieden werden. Diese ist bei der Übernahme eines neuen Objektes aus fachlicher Sicht unverzichtbar. Sie ist Grundlage für die optimale Gestaltung der Ernährung und zeigt relevante Gehalte an Schadstoffen im Gießwasser an. Der Verzicht auf die genaue Kenntnis der Wasserqualität erhöht erfahrungsgemäß beträchtlich das Risiko von Pflanzenschäden. Der Umfang einer Wasseranalyse kann auf wenige Parameter begrenzt werden:

Tab. 34: Grenzwerte für einzelne Inhaltsstoffe nach der Trinkwasserverordnung

Inhaltsstoffe	Grenzwert mmol/Liter	Grenzwert mg/Liter	Beurteilung aus Sicht der Pflanzenernährung
Fluorid (F⁻)	0,079	1,5	zu hoch
Bor (B)	0,090	1,0	zu hoch
Chlorid (Cl)	7,000	250	viel zu hoch
Natrium (Na)	6,500	150	zu hoch
Kupfer (Cu)	0,047	3,0	viel zu hoch
Zink (Zn)	0,076	5,0	zu hoch

- Leitfähigkeit
- Gesamthärte
- Säurekapazität

sowie die Konzentration an :

- Kalzium
- Magnesium
- Natrium und Chlorid
- Sulfat
- Zink und Kupfer.

Die elektrische Leitfähigkeit, gemessen mit einem Leitfähigkeitsmeßgerät, vermittelt einen ersten Überblick über die Höhe der im Wasser enthaltenen Ionen und damit über den Salzgehalt.

1413 µSiemens = 0,746 g/Liter Salz (KCl)

Die Leitfähigkeit ist ein unspezifischer Wert, der keine Rückschlüsse über die Art der Ionen im Wasser zuläßt. Dennoch ist die Kenntnis der Leitfähigkeit wichtig, um die Höhe der osmotischen Grundbelastung abzuschätzen.

Die Gesamthärte charakterisiert den Gesamtgehalt des Wassers an Kalzium- (Ca) und Magnesium-Ionen (Mg). Die Gesamthärte läßt sich leicht mittels eines Schnelltestes (z.B. Aquamerck 8039) messen. Sie eignet sich als Entscheidungsgrundlage dafür, ob Flüssigdünger eingesetzt werden können und welche Form des Ionenaustauschers gewählt werden sollte. Die Gesamthärte wird in Millimol pro Liter (mmol/l) (Ca+Mg) oder teilweise noch als Grad deutscher Gesamthärte (°dGH) angegeben, wobei zwischen beiden Bezeichnungen folgende Beziehung besteht:

1 mmol/l (Ca+Mg) Gesamthärte = 5,6 °dGH

Die Säurekapazität (SBV) gibt die Konzentration an Bikarbonat-Ionen (HCO_3-Ionen) im Wasser wieder. Sie ist von entscheidender Bedeutung im Hinblick auf den pH-Wert im Wurzelraum und der Wahl der richtigen N-Form. Die Säurekapazität ersetzt die früher übliche Karbonathärte (°dKH).

1 mmol/Liter SBV = 2,8°dKH

Natrium und Chlorid sind keine Nährelemente und werden von Pflanzen nur in geringen Mengen aufgenommen. Sie können sich deshalb in der Nährlösung und im Substrat anreichern. Beide Ionen sind gut löslich und deshalb osmotisch hoch wirksam, sie können in entsprechenden Konzentrationen zu Pflanzenschäden führen. Probleme sind mittel- und langfristig bei Überschreiten von etwa 1 mmol/l im Gießwasser (= 23 mg Na oder 35,5 mg Cl) zu erwarten. Hohe Natriumgehalte sind häufig ein Indiz für eine hauseigene Enthärtungsanlage.

Sulfat ist in vielen Gießwässern im Überschuß vorhanden, wird aber von Pflanzen auch in hoher Konzentration vertragen. Die Kenntnis des Sulfatgehaltes ist insofern von Bedeutung, als eine dadurch verursachte hohe Leitfähigkeit des Gießwassers in ihrer Bedeutung relativiert werden muß.

Kupfer und Zink sind zwar für die Pflanzenernährung unverzichtbare Spurenelemente, sie können aber in höherer Konzentration Pflanzenschäden verursachen. Hohe Konzentrationen entstehen durch Korrosion entsprechender Leitungssysteme. Die Gefahr einer Anreicherung ist groß bei weichen, kohlensäurehaltigen Wässern. Die Lösung von Zink und Kupfer nimmt mit zunehmender Temperatur und Standdauer im Rohrnetz zu. Aus diesem Grund empfiehlt sich vor der Entnahme von Gießwasser an einer selten benutzten Zapfstelle die Leitung zuvor zu spülen. Dies gilt grundsätzlich auch stets vor Entnahme einer Wasserprobe für eine Wasseranalyse.

Nur in Einzelfällen, etwa bei der Verwendung von Brunnenwasser, ist auch die Kenntnis des Gehaltes an Nitrat-Stickstoff von Bedeutung. Dies erübrigt sich bei Trinkwasser, da der Nitratgehalt durch die Trinkwasserverordnung auf 50 mg/l NO_3 (= 11,5 mg/l NO_3-N) begrenzt wird. Auch die Messung der Kalium- und Phosphor-Konzentration und meist auch der Konzentration an Eisen und Mangan ist entbehrlich. Der pH-Wert des Gießwassers hat in der Regel keine praktische Bedeutung für die Pflanzenernährung. Entscheidend ist immer der pH-Wert der Nährlösung.

Sofern das zur Verfügung stehende Gießwasser sich als nicht geeignet zum Gießen von Innenraumbegrünungen erweist und alle Möglichkeiten der Kompensation durch spezielle Maßnahmen bei der Düngung nicht möglich sind, muß das Gießwasser gegebenenfalls aufbereitet werden.

8.3 Wichtige Einflußgrößen bei der Ernährung

Die Ernährung umfaßt verschiedene Faktoren, die als Ganzes und in Wechselwirkung untereinander Einfluß nehmen. Eine besondere Bedeutung kommt dabei dem pH-Wert und dem Salzgehalt im Wurzelbereich zu. Außerdem ist das Angebot jedes einzelnen Nährstoffes von Bedeutung, wobei es im Einzelfall sogar auf die Wahl der richtigen Nährstoff-Form ankommt.

8.3.1 pH-Wert

Der pH-Wert beschreibt die Konzentration der Wasserstoff-Ionen und ist somit ein Maß dafür, wie sauer oder alkalisch die Bedingungen sind. In einem Bereich zwischen **pH 5,0 und 6,5** ergeben sich für die Pflanzen optimale Bedingungen. Dies ist auch der Bereich, in dem die verschiedenen Nährstoffe optimal verfügbar sind. **Bei deutlichem Unter- oder Überschreiten nimmt die Löslichkeit oder Verfügbarkeit bestimmter Nährstoffe ab.** So wird bei pH-Werten **oberhalb von 6,5** besonders die **Verfügbarkeit von Eisen und Mangan drastisch vermindert.** Als Folge treten Chlorosen an den jüngsten Pflanzenteilen auf, die die äußere Qualität einer Pflanze wesentlich mindern. Auch zu niedrige pH-Werte haben eine deutliche Wirkung auf Pflanzen. Mit sinkendem pH-Wert nimmt die Aufnahme von Kalzium und Magnesium durch die Pflanze ab, was sich in ausgeprägten Nekrosen und dem Abstoßen von Blättern äußern kann.

Durch den pH-Wert werden auch wichtige mikrobielle Prozesse beeinflußt. So kann es bei niedrigem pH-Wert zu einer Störung bei der Ammonium-Umsetzung zu Nitrat und in dessen Folge zur Anreicherung des toxischen Zwischenproduktes Nitrit kommen.

Ein zu hoher pH-Wert ist in der Praxis erfahrungsgemäß das häufigere und größere Problem, als ein zu niedriger. In der Regel ist ein hoher pH-Wert verbunden mit absolutem Nährstoffmangel und hier insbesondere N-Mangel. Dies erklärt sich dadurch, daß die über die N-Düngung zugeführten Ammonium-Ionen normalerweise zu einer Absenkung des pH-Wertes beitragen. Dadurch werden die über das Gießwasser zugeführten Bikarbonat-Ionen (HCO_3-Ionen), die wiederum zu einem Anstieg des pH-Wertes führen, neutralisiert. Der jeweilige pH-Wert resultiert demnach im wesentlichen aus dem Gleichgewicht zwischen Ammonium-N-Angebot aus der N-Düngung und den über das Gießwasser zugeführten alkalisch wirkenden HCO_3-Ionen. Wird dieses Gleichgewicht durch Überschuß oder Mangel eines der Partner gestört, verändert sich der pH-Wert. Zusätzlich wird der pH-Wert auch durch die Nitraternährung der Pflanzen verändert. Bei der Nitrataufnahme durch die Pflanze werden von dieser HCO_3-Ionen über die Wurzeln abgegeben. Die dadurch verursachte pH-Erhöhung ist allerdings deutlich schwächer, weil die Pflanze selbst einen Teil der gebildeten HCO_3-Ionen weiterverarbeitet und diese somit nicht pH-wirksam werden.

Einer Änderung des pH-Wertes entgegen wirkt, sofern vorhanden, das sogenannte **Kalk-Puffersystem** und das **Phosphat-Puffersystem**. Dabei werden in das System gelangende sauer wirkende H-Ionen neutralisiert. Diese Reaktion läßt sich durch folgende Gleichung beschreiben:

$$HCO_3^- + H^+ \rightarrow H_2CO_3 \rightarrow H_2O + CO_2$$

Die zunächst gebildete Kohlensäure (H_2CO_3) zerfällt in Wasser und CO_2. Der pH-Wert ändert sich erst dann, wenn aus dem Kalkvorrat des Substrates keine HCO_3-Ionen mehr nachgeliefert werden.

Ähnlich wirkt auch das Phosphat-Puffersystem:

$$HPO_4^{2-} + H^+ \rightarrow H_2PO_4^-$$

oder in umgekehrter Richtung:

$$H_2PO_4^- + OH^- \rightarrow HPO_4^{2-} + H_2O$$

Die Kapazität dieses Puffersystems ist wegen der begrenzten Phosphatgehalte vergleichsweise gering. Andererseits ist es das einzige Puffersystem bei den Systemen mit inerten Substraten, wie Blähton, Seramis und Steinwolle, da diese keine nennenswerten Kalkmengen enthalten.

Messung des pH-Wertes

Die Messung des pH-Wertes erfolgt meist elektrometrisch mit einem sogenannten pH-

Abb. 63: Australpflanzungen gelingen vor allem dort, wo die Temperaturen im Winter nicht allzu hoch sind und gleichzeitig ein hohes Lichtangebot herrscht. (Gebäudeplanung: Büro Joachim Eble Architektur, Tübingen; Innenraum-Grünplanung: Atelier Dreiseitl, Überlingen) Foto: Köchel

Meter oder mittels Indikator-Teststäbchen. In Nährlösungen kann die Messung direkt erfolgen. Zur Messung des pH-Wertes in einem Substrat ist zuvor eine Extraktion erforderlich, wobei meist eine definierte $CaCl_2$-Lösung (0,02 mol/l) verwendet und mit einer bestimmte Menge Substrat (50 ml/20 ml Substrat) versetzt und aufgerührt wird. Die Messung kann nach etwa 30 Minuten erfolgen. Der pH-Wert läßt sich aber auch im Wasserextrakt messen, wobei diese Werte um etwa 0,3 bis 0,7 Einheiten höher liegen. **Achtung:** Die direkte Messung des pH-Wertes durch Einstecken der Elektrode in das Substrat ist nicht empfehlenswert!

8.3.2 Leitfähigkeit und Salzgehalt

Die Leitfähigkeit einer Lösung oder der Salzgehalt eines Substrates sind ein einfaches Maß zur Abschätzung der osmotischen Belastung für die Pflanze. Es ist ein unspezifischer Wert, da nicht zwischen Nährstoff- und Ballast-Ionen unterschieden wird. Auch das Verhältnis der Nähr-Ionen zueinander läßt sich auf diese Weise nicht abschätzen.

Die Messung der Leitfähigkeit erfolgt mit einer Elektrode in Verbindung mit einem Leitfähigkeitsmeßgerät. Die Meßwerte werden bezogen auf Kaliumchlorid (KCl) angegeben. In Lösungen kann direkt gemessen werden. Bei Substraten ist zuvor eine Extraktion mit entmineralisiertem Wasser und eine anschließende Umrechnung der Meßwerte erforderlich. Aus diesem Grund wird sich die Eigenmessung der Leitfähigkeit in der Regel auf Gießwässer und Nährlösungen beschränken.

8.3.3 Nährstoffangebot

Ziel der Düngung ist das Sicherstellen eines ausreichenden Nährstoffangebotes. Wegen

Abb. 64: Standortgerechte Pflanzenverwendung: Auch in seiner Heimat wächst der neuseeländische Flachs (Bildmitte) entlang von Flußläufen. (Gebäudeplanung: Büro Joachim Eble Architektur, Tübingen; Innenraum-Grünplanung: Atelier Dreiseitl, Überlingen)
Foto: Köchel

der Wechselwirkungen zwischen der N-Düngung und dem pH-Wert wird gleichzeitig auch über die N-Düngung eine Stabilisierung des pH-Wertes innerhalb eines für die Pflanzen optimalen Bereiches angestrebt.

Die in der Innenraumbegrünung eingesetzten Substrate enthalten keinen oder nur einen begrenzten Nährstoffvorrat. Die Pflanzen sind deshalb auf die kontinuierliche Zufuhr aller Nährelemente angewiesen. Neben den Hauptnährstoffen, wie Stickstoff (N), Phosphor (P), Kalium (K), Kalzium (Ca), Magnesium (Mg) und Schwefel (S) gilt dies grundsätzlich auch für die Spurenelemente Eisen (Fe), Mangan (Mn), Zink (Zn), Kupfer (Cu), Bor (B) und Molybdän (Mo).
Achtung: Pflanzen benötigen außer den angeführten 12 Nährstoffen keine weiteren Elemente. Deren Zufuhr über die Düngung ist nicht sinnvoll und zum Teil sogar bedenklich!

Die angeführten Nährelemente müssen in einem ausgewogenen Verhältnis und in optimaler Konzentration vorliegen. Bei der Empfehlung bezüglich der optimalen Konzentration müssen unterschiedliche Bedürfnisse der verschiedenen Pflanzenarten berücksichtigt werden. Für die Innenraumbegrünung ergibt sich insofern eine Vereinfachung, als es sich überwiegend um Grünpflanzen handelt und wegen der Vermeidung üppigen Wachstums vergleichsweise niedrige Nährstoffkonzentrationen angestrebt werden sollten.

Die in Tabelle 35 für organische Substrate und Pflanzgranulate und in Tabelle 36 für Hydrokulturen angegebenen Richtwerte können der Orientierung bei der Beurteilung von Substrat- und Nährlösungsanalysen dienen. Ein niedriges Nährstoffangebot ist etwa bei ungünstigem Standort und geringem Wachstum oder bei Pflanzenarten mit niedrigem Nährstoffbedarf sinnvoll. Die höheren Werte gelten bei optimalem Standort mit starkem Wachstum.

Grundsätzlich ist zu den angeführten Richtwerten zu bemerken, daß Pflanzen Abweichungen um 50 % nach oben oder unten tolerieren. Außerdem sind die Nährstoffe durch die meist nach oben gerichtete Wasserbewegung nicht gleichmäßig über den Wurzelbereich verteilt. So kommt es meist im oberen Substratbereich und hier besonders an der Substratoberfläche zu einer Anreicherung von Nährstoffen und zur Auskristallisation von Salzen. Da diese Bereiche von Pflanzen nicht durchwurzelt werden, empfiehlt es sich, diese bei der Kontrolle des Nährstoffangebotes auch nicht zu berücksichtigen.

Bei der Hydrokultur muß zudem bedacht werden, daß die Analyse der Nährlösung in der Anstauzone keine Aussage über die Nährstoffverhältnisse in der darüber liegenden feuchten Zone zuläßt.

Erfahrungsgemäß wird bei allen Verfahren eine kurzzeitige Unterversorgung von den Pflanzen problemlos vertragen. Eine Überversorgung kann dagegen durch Schädigung des Wurzelsystems sehr schnell zu nachhaltigen Pflanzenschäden führen.

Tab. 35: Optimale Hauptnährstoffgehalte für Innenraumbegrünungen in organischem Substrat oder in Pflanzgranulat.

N	50–250	mg/l
P_2O_5	130–300	mg/l
K_2O	80–400	mg/l
Mg	75–150	mg/l

Für Spurenelemente liegen zur Zeit keine verläßlichen Richtwerte vor.

Tab. 36: Optimale Nährstoffgehalte der Anstaulösung für Innenraumbegrünungen in Hydrokultur.

N	50–100	mg/l
P	15–30	mg/l
K	50–150	mg/l
Ca	>50	mg/l
Mg	>12	mg/l
Fe	0,10–2,00	mg/l
Mn	0,05–1,00	mg/l
Zn	0,05–0,50	mg/l
Cu	0,01–0,50	mg/l
B	0,05–0,20	mg/l
Mo	0,01–0,03	mg/l

8.3.4 Düngemethode

Aufgabe der Düngung ist es, das in Tabelle 35 und 36 vorgegebene Nährstoffniveau aufrecht zu erhalten. Dabei kommen drei verschiedene Düngemethoden in Betracht:

- Bewässerungsdüngung
- Intervalldüngung
- Langzeitdüngung.

Alle drei Methoden werden in der Innenraumbegrünung angewendet. Die Wahl richtet sich dabei vordergründig nach der Länge des Pflegeintervalls, dem vorgegebenen Kostenrahmen, und der Art des Pflanzsystems.

Bei der **Bewässerungsdüngung** werden bei jeder Bewässerung Nährstoffe dem Gießwasser in niedriger Konzentration zugesetzt. Diese Form der Düngung ist besonders günstig für Pflanzen, da starke Schwankungen im Nährstoffangebot und beim pH-Wert vermieden werden.

Bei der **Intervalldüngung** werden höhere Nährstoffkonzentrationen, die sich an der

Verträglichkeit der jeweiligen Pflanzenart orientieren, in größeren Zeitabständen verabreicht. Zeitliche Abstände bis etwa 6-8 Wochen lassen sich auf diese Weise überbrücken. Ein gewisser Nachteil ergibt sich aus den starken Schwankungen im Nährstoffangebot und im pH-Wert zwischen den Düngeterminen.

Bei der **Langzeitdüngung** werden Spezialdünger zwei- bis dreimal jährlich verabreicht. Dabei kommen je nach Verfahren unterschiedliche Düngemittel zum Einsatz. Die Langzeit- oder Depotdünger geben langsam die Nährstoffe ab, wodurch eine zwar nicht völlig gleichmäßige, aber doch kontinuierliche Nährstoffversorgung sichergestellt wird. Probleme ergeben sich häufig durch die unzureichende Möglichkeit, die Langzeitdünger unmittelbar in den Wurzelbereich einzubringen.

8.3.5 Düngemittel

Zur Düngung von Innenraumbegrünungen stehen eine große Anzahl von Düngemitteln zur Verfügung. Neben sogenannten Blumendüngern für den Endverbraucher werden auch Profidünger aus dem Produktionsgartenbau eingesetzt. Die Zusammensetzung der Düngemittel ist außerordentlich variabel. In der Regel handelt es sich um Volldünger, die alle wichtigen Haupt- und Spurennährstoffe enthalten. Auskunft über den Inhalt und die Zusammensetzung gibt die im Düngemittelgesetz vorgeschriebene Produktdeklaration. Blumendünger unterliegen nicht dem Düngemittelgesetz und müssen nicht deklariert werden. Insofern ist bei Düngemitteln aus dieser Produktgruppe Vorsicht geboten, zumal Änderungen in der Zusammensetzung nicht kenntlich gemacht werden müssen. Namhafte Hersteller geben allerdings auch bei Blumendüngern die Nährstoffgehalte ihrer Produkte an.

Die verschiedenen Düngemittel lassen sich in folgende Gruppen unterteilen:

- Flüssigdünger
- Salzdünger
- Langzeitdünger.

Flüssigdünger

Flüssigdünger sind mehr oder weniger stark konzentrierte Nährlösungen. Der Vorteil der flüssigen Formulierung besteht in der leichten Dosierung nach Volumen. Der Gehalt an gelöstem Düngersalz wird durch die Löslichkeit und die jeweilige Dosiermöglichkeit begrenzt. Flüssigdünger können alle Nährstoffe enthalten, mit Ausnahme von Kalzium (Ca) und Magnesium (Mg). Kalzium und Magnesium können aus technischen Gründen nicht in nennenswerten Mengen enthalten sein, weil beide Ionen mit dem Phosphat schwerlösliche Verbindungen eingehen, die zu Ausflockungen führen. Flüssigdünger dürfen aus diesem Grund nur eingesetzt werden, wenn das Gießwasser ausreichende Mengen an Kalzium und Magnesium enthält. Bei sogenannten weichen Wässern und Regenwasser muß es zwangsläufig mit Flüssigdüngern mittelfristig zu Schäden an den Pflanzen durch Kalzium- und Magnesiummangel kommen. Als untere Grenze für den Einsatz von Flüssigdüngern kann näherungsweise eine Gesamthärte des Wassers von etwa 1,5 mmol/l (Ca+Mg) gelten. Dies entspricht etwa 8 °dGH.

Eine aktuelle Untersuchung der auf dem Markt angebotenen Flüssigdünger für Endverbraucher im Jahre 1996 ergab Mängel bei der überwiegenden Anzahl der Produkte, wie z.B. hohe Chloridgehalte, deutliche Abweichungen von den angegebenen Nährstoffge-

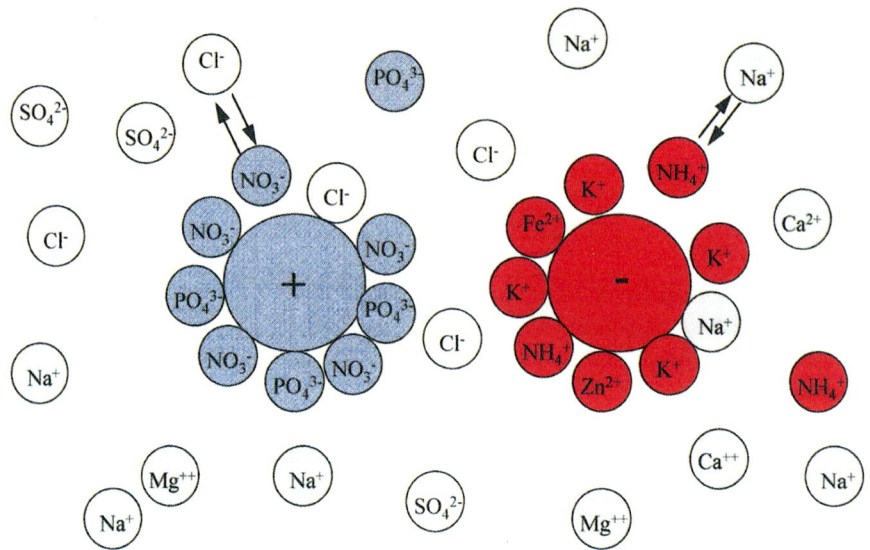

Abb. 65: Schematische Darstellung der Funktionsweise eines Ionenaustauscher-Düngers

halten oder auch das Fehlen von Spurenelementen. Daneben wurden technische Mängel, etwa bei der Dosierung, deutlich.

Die Anwendungsempfehlung ist bei den verschiedenen Produkten sehr unterschiedlich. Dies muß bei einem Wechsel unbedingt beachtet werden. Die Dosierung selbst ist in einigen Fällen nicht immer eindeutig erläutert und technisch teilweise schlecht gelöst, so daß Fehldosierungen möglich sind.

Einige empfehlenswerte Düngemittel sind für einzelne Anwendungsbereiche in Tabelle 37 und 38 aufgelistet. Neben dem Nährstoffgehalt sind in den Tabellen auch Angaben über die N-Form enthalten, so daß bei der Auswahl des Düngemittels auch die jeweilige Wasserqalität in begrenztem Umfang berücksichtigt werden kann.

Nur wenige Düngemittel werden spezifisch für die Hydrokultur oder für bestimmte Pflanzenarten (Palmen, Kakteen) angeboten. Meist handelt es sich um sogenannte Universaldünger, die für Zimmerpflanzen, Balkonpflanzen und teilweise auch für Hydrokulturen geeignet sein sollen. Dabei wird teilweise zwischen sogenannten Blühdüngern und Wuchsdüngern unterschieden, was aus fachlicher Sicht allerdings nicht von Bedeutung ist.

Neben den in Tabelle 37 und 38 aufgeführten Produkten werden noch Spezialdünger für Kakteen, Orchideen, Bonsai und Palmen angeboten, wobei in den meisten Fällen kein nennenswerter Unterschied zu den Universaldüngern erkennbar ist.

Unabhängig von den bei einzelnen Produkten angegebenen Empfehlungen ist erfahrungsgemäß bei Bewässerungsdüngung ein Nährstoffangebot auf der Basis von etwa 30 bis 60 mg N/l als optimal anzusehen. Daraus ergeben sich entsprechende Konzentrationen der übrigen Nährstoffe.

Beispiel:
1 g eines Flüssigdüngers der Zusammensetzung 6+4+7 (Gew.-% N+P_2O_5 + K_2O) auf 1 l Wasser ergibt eine Nährlösung von 60 mg N, 40 mg P_2O_5 (= 17,6 mg P) und 70 mg K_2O (= 58,1 mg K) pro Liter. Nun werden Flüssigdünger in der Regel volumenbezogen abgemessen und nicht abgewogen. Zur exakten Berechnung des Nährstoffangebotes müßten in diesem Fall die angegebenen Nährstoffgehalte in Gewichts-% mit dem spezifischen Gewicht des Flüssigdüngers multipliziert werden. Beträgt das spezifische Gewicht beispielsweise 1,13 g/ml, resultieren daraus für das obige Beispiel Nährstoffgehalte von 6,78+4,52+7,91 (Vol.-% N+P_2O_5+K_2O).

1 Milliliter (ml) auf 1 l Wasser ergibt in diesem Fall eine Nährlösung von 67,8 mg N, 45,2 mg P_2O_5 (=19,9 mg P) und 79,1 mg K_2O (65,6 mg K).

Leider wird bei Flüssigdüngern für den Endverbraucher das spezifische Gewicht nicht angegeben. Bei Flüssigdüngern für den Profibereich ist diese Information in der Produktbe-

Tab. 37: Hydroflüssigdünger

Produkt	Zusammensetzung[1] (Gew.%)	N-Form[2] (Gew.%)
Blusana Flüssigvolldünger	4,0 (4,5) N 2,0 (2,2) P_2O_5 5,0 (5,6) K_2O Spurenelemente	1,6 Ammonium-N 2,9 Nitral-N
Compo Hydrokulturdünger	(8,1) N (3,8) P_2O_5 (6,9) K_2O Spurenelemente	1,0 Ammonium-N 1,2 Nitrat-N 5,9 Harnstoff-N
Dehner Hydrokultur Flüssigdünger	6,9 (6,4) N 3,0 (3,1) P_2O_5 5,9 (6,4) K_2O Spurenelemente	3,1 Ammonium-N 3,4 Nitrat-N
Magic Green Flüssigdünger	4,0 (2,8) N 3,0 (2,1) P_2O_5 7,0 (5,2) K_2O Spurenelemente	1,3 Ammonium-N 1,6 Nitrat-N
Substral Hydro-Nahrung	1,2 (1,2) N 0,6 (0,7) P_2O_5 1,6 (1,8) K_2O Spurenelemente	0,6 Ammonium-N 0,6 Nitrat-N

[1] nach Herstellerangabe; Analysenwerte in Klammern; [2] Analysenwerte

Tab. 38: Universal-Flüssigdünger

Produkt	Zusammensetzung[1] (Gew.%)	N-Form[2] (Gew.%)	Bemerkung[3]
Algoflash	6,0 (6,4) N 5,0 (6,2) P_2O_5 6,0 (6,4) K_2O Spurenelemente	1,3 Ammonium-N 2,3 Nitrat-N 2,6 Harnstoff-N	Für alle Zimmerpflanzen
Capriflor Algoflor	6,0 (5,6) N 6,0 (5,0) P_2O_5 6,0 (5,7) K_2O Spurenelemente	1,4 Ammonium-N 1,2 Nitrat-N 2,9 Harnstoff-N	Universaldünger für alle Pflanzen
Celaflor Blumendünger mit Guano	7,0 (6,9) N 5,0 (4,8) P_2O_5 6,0 (6,0) K_2O Spurenelemente	1,8 Ammonium-N 1,7 Nitrat-N 3,5 Harnstoff-N	Für Topfpflanzen und Balkonpflanzen. Auch Pflanzgranulate. Nicht für Hydrokultur
Grenosan	6,9 (6,5) N 3,0 (3,1) P_2O_5 5,9 (5,9) K_2O Spurenelemente	3,0 Ammonium-N 3,6 Nitrat-N	Für Topfpflanzen, Balkonpflanzen und Hydrokultur
Mairol Universaldünger	6,0 (6,6) N 4,0 (4,2) P_2O_5 5,0 (5,0) K_2O Spurenelemente	0,1 Ammonium-N 0,8 Nitrat-N 5,7 Harnstoff-N	Für alle Pflanzen; auch für Hydrokultur
Mairol Blühdünger	2,0 (2,8) N 7,0 (6,5) P_2O_5 10,0 (9,1) K_2O Spurenelemente	0,1 Ammonium-N 1,3 Nitrat-N 1,4 Harnstoff-N	Auch für Kakteen und Orchideen
Substral Pflanzennahrung	6,0 (5,6) N 3,0 (3,2) P_2O_5 6,0 (6,1) K_2O Spurenelemente	2,6 Ammonium-N 3,0 Nitrat-N	Für alle Topfpflanzen
Seramis Vitalnahrung für Grünpflanzen	1,89 (1,8) N 1,05 (1,2) P_2O_5 2,42 (2,5) K_2O Spurenelemente	0,7 Ammonium-N 1,1 Nitrat-N	Für Grünpflanzen in Seramis
Seramis Vitalnahrung für Blühpflanzen	1,26 (1,2) N 1,26 (1,3) P_2O_5 1,89 (1,9) K_2O Spurenelemente	0,5 Ammonium-N 0,7 Nitrat-N	Für Balkonpflanzen in Seramis
Seramis Vitalnahrung	6,0 (6,1) N 4,0 (4,1) P_2O_5 7,0 (7,2) K_2O Spurenelemente	0,9 Ammonium-N 1,9 Nitrat-N 3,3 Harnstoff-N	Für Zimmerpflanzen in Erde

[1] nach Herstellerangaben; Analysewerte in Klammern; [2] Analysenwerte; [3] nach Herstellerangabe

schreibung enthalten. Flüssigdünger für den Produktionsgartenbau unterliegen zudem dem Düngemittelgesetz und sind deshalb von der Zusammensetzung her genau deklariert. Da sie in größeren Gebinden angeboten werden, sind sie in der Regel auch preiswerter als die für den Endverbraucher angebotenen Kleinpackungen. Wegen der großen Anzahl der am Markt befindlichen Produkte muß an dieser Stelle auf eine Darstellung verzichtet werden.

Salzdünger

Im Erwerbsgartenbau verbreitet eingesetzte Mehrnährstoffdünger lassen sich auch im Bereich der Innenraumbegrünung einsetzen. Sie stellen eine kostengünstige Alternative zu anderen Düngemitteln dar. Es handelt sich um qualitativ hochwertige Düngemittel, die dem Düngemittelgesetz unterliegen und genau deklariert sind. Bei den Endverbrauchern haben sich Nährsalze wegen der etwas schwierigeren Dosierung nicht durchsetzen können.

Mit Hilfe von Salzdüngern lassen sich kostengünstig Stammlösungen erstellen, die meist 100fach konzentriert wie Flüssigdünger zur Düngung in der Objektpflege einzusetzen sind. Dazu steht eine große Anzahl an Mehrnährstoffdüngern zur Verfügung. Es würde den Rahmen dieses Buches sprengen alle Düngemitteltypen aufzuführen.
Die Dosierung der Salzdünger erfolgt im allgemeinen zwischen etwa 0,025 und 0,05 %.

Beispiel: 0,4 g eines Mehrnährstoffdüngers der Zusammensetzung 15+10+15+2 (Gew.% $N+P_2O_5+K_2O+MgO$) auf 1 l Wasser ergibt eine Nährlösung von 60 mg N, 40 mg P_2O_5 (= 17,6 mg P), 60 mg K_2O (= 49,8 mg K) und 8 mg MgO (= 4,8 mg Mg) pro Liter.
Salzdünger enthalten in der Regel zwar Magnesium, aber kein Kalzium. Sie sind deshalb für weiche Gießwässer nicht geeignet. Für diesen Fall bieten sich folgende Spezialdüngemittel an:

- sogenannte Basisdünger
- „Peters Excel"
- Blusana-Aktivdünger oder „Planta's"-Hydro-Pille.

Als **Basisdünger** werden Mehrnährstoffdünger ohne oder mit sehr niedrigem N-Gehalt bezeichnet. Beispielhaft sei der Flory Basisdünger 1 ($N + P_2O_5 + K_2O + MgO = 0 + 14 + 38 + 5$ + Spurenelement; Vertrieb Euflor) genannt. Der Basisdünger wird entsprechend der jeweiligen zu erwartenden oder vorhandenen pH-Tendenz mit Mineralstickstoff ergänzt (Tabelle 39). So wird bei salzarmem, weichem Gießwasser überwiegend Kalksalpeter zum Einsatz kommen. Dabei wird die notwendige Kalziumversorgung sichergestellt und gleichzeitig der pH-Wert durch die Nitraternährung stabilisiert. Mit zunehmendem Gehalt des Gießwassers an HCO_3-Ionen wird der Einsatz von Ammonnitrat oder gar schwefelsaurem Ammoniak erforderlich.

Dieses Düngesystem bietet somit die Möglichkeit optimal durch die N-Form auf unterschiedliche Wasserqualitäten zu reagieren. Zu beachten ist, daß der Kalksalpeter als hochkonzentrierte Stammlösung von der Basisdüngerkomponente getrennt werden muß, weil es sonst zur Bildung von schwerlöslichen Kalziumverbindungen und zu Ausfällungen kommt.

Die Düngemittel aus der Reihe „Peters Excel" (Hersteller: Scotts) enthalten nennenswerte Gehalte an Kalzium, wobei es durch Verwendung einer neuartigen patentierten Formulierung nicht zu den sonst üblichen Ausfällungen schwerlöslicher Verbindungen kommt. Für weiche kalziumarme Gießwässer stehen folgende Produkte zur

Verfügung, die vom Nährstoffgehalt her zur Düngung von Begrünungen im Innenraum geeignet erscheinen:

- „Peters Excel" 15 + 5 + 15 + 3,3 + 7 + Spuren ($N + P_2O_5 + K_2O + MgO + CaO$)
- „Peters Excel" 13 + 5 + 20 + 2 + 7 + Spuren ($N + P_2O_5 + K_2O + MgO + CaO$)

Bei dem Blusana-Aktivdünger (Vertrieb: Leni-Hydrokulturen) oder Planta's-Hydropille (Vertrieb: Planta/Regenstauf) handelt es sich um in der Zusammensetzung identische Spezialdünger in Tablettenform für die Düngung von Hydrokulturen. Außer 13 % N, 6 % P_2O_5, 19 % K_2O und Spurenelementen enthalten beide Düngemittel 5 % MgO und eine gewisse Menge Kalzium.

Die Tabletten werden unmittelbar in den Wasservorrat eingebracht. Die enthaltene Kalziummenge von 30 mg/Tablette ist für kalziumfreies Gießwasser nicht ganz ausreichend (MOLITOR, 1992). In der Praxis dürften allerdings, von Regenwasser abgesehen, auch weiche Gießwässer stets gewisse Kalziummengen enthalten, so daß die im Düngemittel enthaltenen Kalziummengen genügen.

Kalkung: Als Notmaßnahme zur Anhebung eines abgesunkenen pH-Wertes besteht die Möglichkeit der Kalkung. Bei organischen Substraten läßt sich eine nachträgliche pH-Anhebung durch Kalkzusatz, wegen der geringen Löslichkeit der Kalkverbindungen, erfahrungsgemäß kurzfristig nicht erreichen. Der verabreichte Kalk wird in der Regel in der obersten Substratschicht ausgefällt.

Langzeitdünger

Als Langzeitdünger stehen verschiedene Düngertypen zur Verfügung, die in unterschiedlicher Weise eine kontinuierliche Nährstoff-Freisetzung über einen längeren Zeitraum gewährleisten sollen:

- Depotdünger
- Ionenaustauscherdünger.

Depotdünger

Langzeitdünger, die in Form von umhüllten Depotdüngern oder als langsam fließende N-Form vorliegen können, werden im Produktionsgartenbau verbreitet und mit Erfolg eingesetzt. Für die Anwendung in der Innenraumbegrünung liegen allerdings weder Empfehlungen der Hersteller noch Erfahrun-

Tab. 39: Zusammensetzung einer Nährlösung unter Verwendung von Flory Basisdünger 1 für eine Bewässerungsdüngung auf der Basis von 60 mg N/l

pH-Tendenz	Basisdünger	notwendige N-Form
stark steigend	0,3 g/l Basisdünger	0,30 g/l schwefelsaures Ammoniak
steigend	0,3 g/l Basisdünger	0,17 g/l Ammonnitrat
sinkend	0,3 g/l Basisdünger	0,39 g/l Kalksalpeter

gen aus wissenschaftlichen Untersuchungen vor. Der Einsatz dieser Düngermittel ist in diesem Bereich aus verschiedenen Gründen nicht unproblematisch. So wird die Nährstoff-Freisetzung erheblich durch die Temperatur und die Feuchteverhältnisse beeinflußt.

Je nach Standortbedingungen ergeben sich somit extrem unterschiedliche Reaktionen. Im Bereich der Innenraumbegrünung ist mit einer vergleichsweise schnellen Freisetzung zu rechnen.

Trotz der angeführten Risiken werden Depotdünger von Pflegefirmen bei Begrünungen in organischen Substraten teilweise eingesetzt. Unter Vorbehalt einsetzbar sind dabei mit Kunststoff ummantelte Depotdünger. Langzeitdünger auf der Basis langsam fließender N-Quellen sind dagegen wegen der zu schnellen Umsetzung grundsätzlich nicht für die Nährstoffbevorratung von Innenraumbegrünungen geeignet.

Kunststoffumhüllte Depotdünger vermögen je nach Dicke der Hülle die Nährstoffe unterschiedlich schnell abzugeben. Die Angaben 4 M, 6 M oder 8 M beziehen sich auf die Zeitdauer der Nährstoffabgabe in Monaten bei 20-21 °C. Höhere Temperaturen beschleunigen, niedrigere verlangsamen die Nährstoffabgabe.

Typische Produkte sind: Basacote 6M (14+10+13+2+Spuren), Mannacote 6M und 8M (18+6+12+1+Spuren), Osmocote Plus 5-6 M (15+10+12+2+Spuren), Osmocote Plus 8-9 M (16+8+12+2+Spuren), Osmocote 12-14 M (15+8+11+2+Spuren) sowie Plantacote Mix 4M, 6M, 8M (15+10+15+2+Spuren).

Achtung: Andere als die angegebenen Düngertypen sind meist reine N-P-K-Dünger, wie beispielsweise Basacote 9M, Mannacote 4M und Plantacote Depot. Sie enthalten keine Spurenelemente und sind deshalb zur Düngung von Innenraumbegrünungen nicht geeignet.

Bei der Anwendung von Depotdüngern ist zu unterscheiden zwischen der Bevorratung von Pflanzerden und der späteren Nachdüngung. Bei der **Bevorratung von Pflanzerden** liegen praxisübliche Aufwandmengen im Produktionsgartenbau je nach Düngertyp zwischen 2,5 und 5,0 (4M), 3 und 6 (6M) sowie 3 und 7 g/l Substrat (8M), abhängig von der Nährstoffbedürftigkeit der Pflanzenart. Für Innenraumbegrünungen vorgesehene Pflanzerden sollten höchstens mit der Hälfte der sonst üblichen Düngermenge bevorratet werden, da das Substratvolumen im Verhältnis zur Pflanzengröße zu Beginn sehr reichlich bemessen ist, in Pflanzbecken keine Auswaschungsverluste auftreten und die Nährstoff-Freisetzung bei höherer Temperatur und optimaler Feuchte vergleichsweise schnell erfolgen kann.

Außerdem kann wegen des langsamen Wachstums und dadurch verminderten Nährstoffbedarfs von einer etwa doppelt so langen Wirkdauer ausgegangen werden. Dies bedeutet, daß ein mit 3 g/Liter Substrat eines 8M-Depotdüngers bevorratete Pflanzerde erst nach etwa 1,5 Jahren nachgedüngt werden muß. Exakte Ergebnisse aus wissenschaftlichen Untersuchungen liegen dazu allerdings nicht vor. Insofern empfiehlt sich eine Substratanalyse zur Kontrolle im Abstand von etwa 6 Monaten.

Bei der **Nachdüngung der Gefäße** mit Depotdünger stellt sich zunächst das Problem, daß das Düngemittel nur durch Aufstreuen auf die Substratoberfläche verabreicht werden kann. Empfehlenswert ist deshalb zumindest das leichte Einarbeiten oder Einspülen des Düngers in die Substratoberfläche. Unklar ist, inwieweit die Nährstoffe bei vorwiegend nach oben gerichtete Wasserbewegung, in ausreichender Menge in den durchwurzelten Bereich gelangen.

Alternativ kann die Applikation auch als „Lanzendüngung" erfolgen. Mit einem geeigneten Werkzeug werden an mehreren Stellen im Substrat Löcher gebohrt und die entsprechende Düngermenge eingefüllt. Bei Gefäßen mit Wasserspeicher kann nach vorliegender Erfahrung der Firma Scotts (Osmocote-Dünger) der Depotdünger auch in den Wasservorrat gegeben werden.

Da bezüglich der erforderlichen Aufwandmengen keine konkreten Erfahrungen vorliegen, kann die Düngermenge lediglich näherungsweise aus dem Wasserverbrauch und den Erfahrungen der Bewässerungsdüngung kalkuliert werden.

Für ein Pflanzgefäß von etwa 40 x 40 cm Grundfläche und zwischen 40–50 l Substratinhalt ergibt sich die in Tabelle 40 aufgeführte Empfehlung. Es wurde ein wöchentlicher Wasserverbrauch von etwa 1,2 l, ein N-Bedarf von 40–80 mg pro Gefäß und Woche und ein N-Gehalt des Düngers von 15 % zugrunde gelegt. Für Pflanzen mit stärkerem Wachstum sollten die höheren, für solche mit geringem Wachstum die niedrigeren Werte angesetzt werden.

Die errechneten Düngermengen dürften deutlich niedriger liegen, als die üblicherweise in der Praxis nach Gefühl verabreichten Gaben.

Ionenaustauscher-Dünger

Ionenaustauscher-Dünger, wie Lewatit HD5 wurden speziell für den Einsatz bei Hydrokulturen entwickelt und sollen die Ernährung über einen Zeitraum bis zu sechs Monaten sicherstellen. Ihre Funktionsweise beruht darauf, daß die an Kunststoffharzen mit positiven und negativen Ladungsträgern gebundenen Nähr-Ionen gegen im Gießwasser enthaltene Ionen (Na^+, Ca^{2+}, Cl^-, SO_4^{2-}) abgegeben werden (siehe Abb. 65). Durch Bindung von Ballast-Ionen wird gleichzeitig deren Anreicherung in der Nährlösung verhindert. Die Abgabe von Nähr-Ionen setzt somit einen ausreichenden Salzgehalt des Gießwassers voraus. Um auch bei niedrigem Salzgehalt des Gießwassers eine ausreichende Nährstoff-Freisetzung zu gewährleisten, wurde das Produkt Lewatit HD5 plus entwickelt. Im Unterschied zum Lewatit HD5 ist zusätzlich ein natürliches Kalzium-Magnesium-haltiges Mineral enthalten, das für die erforderliche Menge an austauschbaren Ionen sorgt und die Versorgung mit Kalzium und Magnesium sicherstellt. Abhängig vom jeweiligen Härtebereich des Gießwassers gilt die in Tabelle

Tab. 40: Vorläufige Empfehlung zur Nachdüngung von Pflanzungen im Innenraum in organischem Substrat mit umhülltem Depotdünger

Düngertyp	Düngerintervall	Dosierung (g/Gefäß)	Dosierung (g/m²)
3M und 4M	12 Wochen	3,6–7,2	18–36
6M	26 Wochen	7,2–14,4	36–72
8M	32 Wochen	9,6–19,2	48–96

41 aufgeführte Empfehlung. Wird abweichend von dieser Empfehlung Lewatit HD5 dennoch im Härtebereich 1 (und 2) eingesetzt, kommt es zu einer Unterversorgung der Pflanzen an Kalzium und Magnesium und mittelfristig zur Ausbildung von Mangelsymptomen.

Der Einsatz von Lewatit hat sich bei Salzgehalten des Gießwassers zwischen 400 und 3000 µS sehr gut bewährt. Bei sehr hohem Salzgehalt des Gießwassers werden allerdings mehr Nähr-Ionen ausgetauscht, wodurch sich die Wirkungsdauer des Düngers verkürzt. Auch hoher Wasserverbrauch und dadurch verstärktem Eintrag an Ballastsalzen hat eine raschere Erschöpfung des Düngers zur Folge. Bei guten Standortbedingungen der Innenraumbegrünung ist deshalb in der Praxis meist eine Nachdüngung nach etwa 3 Monaten erforderlich. Die Aufwandmengen orientieren sich im Einzelfall an der Anzahl der Pflanzen pro Gefäß und an der Größe der Pflanzen (Tabelle 42).

Die Applikation des Ionenaustauscher-Düngers sollte vorzugsweise unmittelbar in die Anstauzone erfolgen. Häufig wird das Düngemittel allerdings auf den Blähton aufgestreut und mit Wasser eingespült. Dabei bleibt ein Großteil des Düngemittels im Wurzelsystem hängen und füllt dort im Verlauf der Zeit die Hohlräume aus.

Als Alternative wurde versucht, durch wieder entfernbare Düngersäckchen, -batterien oder -patronen das Problem der Anreicherung von Ionenaustauscherresten zu beheben, was allerdings meist zu einer verminderten Nährstoff-Freisetzung führt.

Im Gefäß sich mit der Zeit akkumulierender verbrauchter Ionenaustauscherdünger wirkt sich unmittelbar meist nicht schädlich aus. Die Austauscherharze nehmen weiter an Austauschprozessen mit den in der Nährlösung enthaltenen Ionen teil. Dabei kann es je nach Gleichgewichtsbedingung auch zu einem teilweisen Rücktausch von Ionen kommen. Im Falle von Kalzium und Magnesium kann sich dies durchaus positiv auswirken. Werden dagegen gebundene Schwermetalle, wie beispielsweise Zink, wieder freigesetzt, könnte dies in Einzelfällen auch von Nachteil sein.

Außer für die Hydrokultur lassen sich Ionenaustauscherdünger auch bei anderen Systemen der Innenraumbegrünung einsetzen. So ist etwa bei Systemen mit Wasserspeicher eine Applikation in den Wasservorrat möglich.

Neu in den Markt eingeführt wurde ein neuer Typ von Ionenaustauscher mit der Bezeichnung Purolite. Bei diesem Dünger liegt ein begrenzter Anteil der enthaltenen Nährstoffe

Tab. 41: Empfehlung für die Anwendung der Ionenaustauschdünger Lewatit HD5 und Lewatit HD5 plus

Härtebereich		Düngertyp
1	0–7 °dH	Lewatit HD5 plus
2	7–14 °dH	vorzugsweise Lewatit HD5 plus
3	14–21 °dH	Lewatit HD5
	>21 °dH	Lewatit HD5

Tab. 42: Düngeempfehlung für Ionenaustauschdünger Lewatit HD5 und HD5 plus

Normalfall	25–35 ml/Pflanze	alle 3–4 Monate
stark wachsende Pflanzen ab 50 cm Höhe	50 ml/Pflanze	alle 3 Monate
langsam wachsende Pflanzen (Orchideen, Kakteen)	35 ml/Pflanze	alle 6–8 Monate

als leicht lösliche Form vor, die als Startkomponente auch bei salzarmem Gießwasser eine optimale Versorgung der Pflanzen von Beginn an sicherstellt.

8.3.6 Nährstoff-Form

Bei der Auswahl eines Düngemittels ist außer dem Nährstoffgehalt und der Formulierung bei einzelnen Nährstoffen auch die Nährstoff-Form von Bedeutung. Dies betrifft in erster Linie die Stickstoff-Form, da diese sich entscheidend auf den pH-Wert auswirkt. Weiterhin ist die Art der Nährstoff-Formulierung bei den Spurenelementen und hier insbesondere bei Eisen von Bedeutung.

Stickstoff-Form

Düngemittel können Mineralstickstoff als Ammonium (NH_4-N) oder Nitrat (NO_3-N) enthalten. Beide N-Formen wirken sich unterschiedlich auf den pH-Wert aus. Alternativ zu Mineralstickstoff kann die Stickstoff-Komponente auch ganz oder teilweise als Harnstoff, also in organischer Form, vorliegen.

Ammoniumstickstoff trägt zur Versauerung bei, während Nitratstickstoff eine Erhöhung des pH-Wertes bewirkt. Verantwortlich für diese Reaktion sind unterschiedliche Prozesse, an denen bestimmte Mikroorganismen und die Pflanze beteiligt sind.

Ammoniumstickstoff wird durch Bakterien (Nitrifikanten), die sowohl in Nährlösungen als auch im Substrat vorkommen, zu Nitrat-Stickstoff umgewandelt (oxydiert). Dieser Prozeß wird als Nitrifikation bezeichnet. Die Umwandlung erfolgt in zwei Schritten durch zwei verschiedene Bakterienarten:

1. Schritt (Nitrosomonas)

$$NH_4^+ + 1\ 1/2\ O_2 \rightarrow HNO_2^- + H_2O + H^+$$

2. Schritt (Nitrobakter)

$$HNO_2^- + 1/2\ O_2 \rightarrow HNO_3^-$$

Dabei werden im ersten Schritt durch Nitrosomonas zunächst Nitrit und H-Ionen gebildet. Die zweite Bakterienart Nitrobacter setzt dann das Nitrit zum Endprodukt Nitrat um. Die freigesetzten H-Ionen führen zu einer deutlichen Absenkung des pH-Wertes im Substrat oder in der Nährlösung. Ungünstige Bedingungen, wie Sauerstoffmangel, niedrige Temperatur oder niedriger pH-Wert vermindern die Aktivität der Nitrobakter-Bakterien und führen dadurch zu einer Anreicherung von Nitrit. Dies ist wichtig zu wissen, weil Nitrit Wurzelschäden verursachen kann.

Die versauernde Wirkung infolge Ammonium kommt auch dann zustande, wenn Pflanzen Ammonium-N aufnehmen. In diesem Fall werden die gebildeten H-Ionen über die Wurzeln abgegeben. Wegen der vergleichsweise niedrigen Aufnahmerate der Pflanzen und der weitaus höheren Aktivität der Nitrifikanten ist die pH-Absenkung überwiegend das Ergebnis der oben beschriebenen Nitrifikation.

Nitratstickstoff trägt zu einer Anhebung des pH-Wertes bei. Dies wird durch die Nitrat-Assimilation der Pflanzen bewirkt. Bei der Nitrataufnahme durch die Pflanze werden HCO_3-Ionen gebildet. Diese werden teilweise von der Pflanze über die Wurzeln abgegeben und sind dort pH-wirksam. Der größere Teil wird allerdings im Stoffwechsel der Pflanzen weiterverarbeitet. Dadurch erklärt sich die im Vergleich zur Ammoniumdeutlich schwächere pH-Wirkung der Nitraternährung. Es wird außerdem verständlich, daß bei einem Mineralstickstoffangebot von gleichen Anteilen Ammonium- und Nitrat-N keine neutrale, sondern eine versauernde Wirkung zu erwarten ist.

Der besonders in Flüssigdüngern häufig enthaltene Harnstoff ist in diesem Zusammenhang wie Ammoniumnitrat zu bewerten. Harnstoff ist entgegen bisheriger Auffassung auch in Hydrokulturen nicht negativ zu bewerten. Er wird unmittelbar nach Zugabe durch das in Substraten und in von Mikroorganismen belebten Nährlösungen enthaltene Enzym Urease zu Mineralstickstoff umgesetzt.

Spurenelemente

Die Verfügbarkeit einzelner **Spurenelemente** nimmt mit zunehmendem pH-Wert drastisch ab. Davon betroffen sind insbesondere Eisen und Mangan. Im Vergleich zu der üblichen Zugabe als Sulfat, sollten deshalb Düngemittel für die Innenraumbegrünung zumindest das **Eisen** als qualitativ hochwertiges **Chelat** enthalten. Dabei sind die auch bei pH-Werten deutlich über pH 7,0 stabilen Chelate Fe-EDDHA und Fe-DTPA zu bevorzugen. Das aus Kostengründen teilweise eingesetzte Chelat Fe-EDTA ist im Vergleich dazu bei höheren pH-Werten nicht ausreichend stabil.

8.4 Möglichkeiten der Risikominimierung

Erhebungsuntersuchungen belegen, daß ein großer Anteil der in der Innenraumbegrünung festgestellten Probleme entweder auf **Nährstoffmangel** oder auf zu **feuchte Kultur** (hoher Wasserstand) zurückzuführen sind. Außerdem wird die Ernährung häufig nicht auf die jeweilige Wasserqualität abgestimmt. Fehlschläge werden – meist ohne die eigentliche Ursache zu ergründen – auf dem Wege der Kulanz geregelt und nicht wirklich behoben. Problemfälle werden nicht selten von Pflegedienst zu Pflegedienst weitergereicht. Hinzu kommt eine weitaus größere Anzahl Fälle, bei denen es scheinbar gut geht, aber dennoch latente Ernährungsstörungen vorliegen. Derartige Probleme ließen sich durch geringen Mehraufwand sicher vermeiden. Dazu gehören vor allem **Wasseranalysen, regelmäßige Kontrollmessungen** und bei der Hydrokultur das **Durchspülen der Gefäße bzw. Beete** in größeren Zeitabständen.

Grundsätzlich ist eine **Wasseranalyse** unverzichtbar. Die Übernahme der Pflege eines Objektes ohne Kenntnis der Wasserqualität ist fahrlässig und zeugt von keiner guten fachlichen Praxis. Nur durch Kenntnis wichtiger Parameter der Wasserqualität läßt sich ein mögliches Risiko durch Schadstoffgehalte (Natrium, Chlorid, Schwermetalle) sicher ausschließen und die Düngung optimal einstellen.

Ob die Ernährung optimal verläuft, läßt sich durch **Kontrollmessungen** überprüfen. Dazu reicht es aus, an einzelnen Referenzgefäßen Analysen der Nährlösung oder des Substrates durchzuführen. Wertvolle Informationen ergeben sich beispielsweise aus selbst durchgeführten Messungen der Leitfähigkeit und des pH-Wertes. **Hohe pH-Werte sind erfahrungsgemäß ein deutliches Indiz für eine Nährstoffunterversorgung.** Besonders einfach sind Messungen an Nährlösungen bei Hydrokulturen durchführbar. Messungen sollten vor dem Nachfüllen der Gefäße oder auch zwischen zwei Düngeterminen stichprobenweise durchgeführt werden. Wichtig ist, die Ergebnisse genau zu protokollieren und gegebenenfalls Gegenmaßnahmen einzuleiten.

Bei der Hydrokultur läßt sich zudem das Risiko einer Fehlernährung durch regelmäßiges **Durchspülen der Gefäße** entscheidend vermindern. Je nach Risikolage empfiehlt sich ein Durchspülen alle 1-2 Jahre. Dabei wird das gesamte Gefäß ein- bis zweimal vollständig mit Wasser geflutet und anschließend – vor dem Nachfüllen mit Nährlösung – leergepumpt.

8.5 Sonderfall: Verschmutzung der Nährlösung

Pflanzgefäße im Innenbereich werden nicht selten als Abfallgefäße mißbraucht. Dabei werden auch Getränkereste mit entsorgt. Neuere Untersuchungen belegen, daß von Getränkeresten eine erhebliche **Gefährdung** für die Pflanzung ausgeht. Die negative Wirkung geht dabei teilweise direkt von bestimmten Inhaltsstoffen, wie beispielsweise Äthylalkohol, aus.

Häufiger und gravierender sind allerdings Pflanzenschäden durch leicht zersetzbare Bestandteile und hier insbesondere von Zucker. Diese werden durch Mikroorganismen zersetzt und dabei große Mengen an Sauerstoff verbraucht. Versuche mit Hydrokulturen zeigen, daß der Sauerstoffgehalt der Nährlösung kurzfristig unter 20% Sauerstoffsättigung absinkt. Die Wurzeln sterben unter diesen Bedingungen ab, was unmittelbar zum Welken führt. Die Pflanzen können innerhalb weniger Tage völlig zusammenbrechen und absterben. Diese massive Reaktion wird nicht nur durch den Wassermangel, sondern vielmehr durch **toxische Stoffwechselprodukte** verursacht, die zur Vergiftung der Pflanze führen. Charakteristisch ist in solchen Fällen auch ein starker Klärwerkgeruch und eine deutliche Verfärbung der Nährlösung. Betroffen sind nicht nur Hydrokultu-

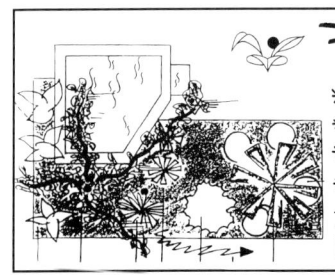

ren, sondern alle Verfahren der Innenraumbegrünung.

Als Gegenmaßnahme bietet sich das gründliche Durchspülen der Gefäße oder Beete an. Dies muß allerdings rechtzeitig erfolgen. Zeigen die Pflanzen bereits deutliche Symptome, ist es meist bereits zu spät.

8.6 Wichtige Umrechnungsfaktoren

Umrechnungsfaktoren für Nährstoffgehalte

NO_3 x 0,23 → NO_3-N

NH_4 x 0,78 → NH_4-N

P_2O_5 x 0,44 → P

K_2O x 0,83 → K

CaO x 0,71 → Ca

MgO x 0,60 → Mg

SO_4 x 0,33 → S

NO_3-N x 4,43 → NO_3

NH_4-N x 1,29 → NH_4

P x 2,29 → P_2O_5

K x 1,20 → K_2O

Ca x 1,4 → CaO

Mg x 1,66 → MgO

S x 3,00 → SO_4

Umrechnungsfaktoren für Nährstoff-Konzentrationen

1 mmol ist das Molekulargewicht in Milligramm ausgedrückt.

1 µmol ist das Molekulargewicht in Mikrogramm ausgedrückt.
1 mmol = 1000 µmol

1 mmol/l = 14,0 mg/l N
= 31,0 mg/l P
= 39,1 mg/l K
= 40,1 mg/l Ca
= 24,3 mg/l Mg
= 23,0 mg/l Na
= 35,5 mg/l Cl
= 32,1 mg/l S
1 µmol/l = 0,056 mg/l Fe
= 0,065 mg/l Zn
= 0,055 mg/l Mn
= 0, 064 mg/l Cu
= 0,011 mg/l B
= 0,096 mg/l Mo

1 ppm entspricht einem Anteil pro eine Million: Beispiel

1 ppm N = 1 mg/l oder 1g/m³

Umrechnungsfaktoren für Einheiten der Wasserqualität

Gesamthärte:

1 mmol/l (Ca+Mg) = 5,608 °dGH
1 °dGH = 0,1786 mmol/l (Ca+Mg)

Karbonathärte:

1 mmol/l Säurekapazität = 2,804 °dKH
1 °dKH = 0,357 mmol/l Säurekapazität (HCO_3)

9 Bewässerungstechnik
Bernhard Häring

Die automatische Bewässerung ist für das langfristige Gedeihen einer Innenraumbegrünung eine entscheidende Technik. Auch in privaten Wintergärten wird eine automatische Bewässerung zunehmend nachgefragt. Dabei zählt nicht nur der Wunsch nach Bequemlichkeit, sondern auch nach einer dauerhaft funktionierenden Begrünung.

Langzeitbewässerungssysteme für mobile Begrünungen

Ihren Ausgangspunkt nahm die Innenraumbegrünung mit dem Aufstellen von Gefäßen, vorwiegend in Hydrokultur. Im Hinblick auf die Pflegeleichtigkeit sollte man ausreichend große Gefäße im Verhältnis zum Wasserumsatz der Pflanzen wählen (vgl. Kapitel 11). Wo das Hydrokultursystem an seine Grenzen stößt oder Erdpflanzen gewünscht sind, finden in der Praxis alternative Systeme Verwendung.

Bei **Wasservorratssystemen für die Erdkultur** sind drei Varianten an Gefäßen mit Wasserreservoir zu unterscheiden:

- Im Topfboden ist ein Wasserspeicher, darüber ein geschlossener Zwischenboden. In den Wasserspeicher ragen Dochte aus Glasfaser oder Vliesstreifen, Steinwolle oder synthetischen Fasern. Sie befördern durch Kapillarkräfte das Wasser zum Topfballen, der sich über dem Zwischenboden befindet. Den Wasservorrat kann auch ein Tank außerhalb des Pflanzgefäßes aufnehmen. (Die Tanks können auch in Beete eingebracht und miteinander verbunden werden.) Niveaumelder zeigen die Wasserstandshöhe an. Erdgefüllte Röhren (Kapillareinsätze) übernehmen die Aufgabe der Wasserleitung. Die Pflanze kann mit ihrem Erdballen von gebrochenem Blähton umgeben sein.

- Der Wasserspeicher im Gefäß, die Dränschicht, ist mit gebrochenem Tongranulat gefüllt. Eine Filtermatte (Vlies) trennt die Erde von der Dränschicht und leitet das Wasser zur darüberliegenden Erde. Der Wasserspeicher nimmt etwa ein Drittel des Gefäßes ein. Er wird nur zu zwei Drittel mit Wasser aufgefüllt. Die dadurch entstehende Luftschicht soll ein Übernässen vermeiden. Ein Wasserstandsanzeiger ist integriert.

Abb. 66: Pflanzgefäß mit Dreischichtaufbau
System und Zeichnung: Optima

- Das gesamte Pflanzgefäß ist mit gebrochenem Tongranulat gefüllt. Das Wasser wird im unteren Fünftel angestaut, die Feuchtigkeit verteilt sich im Granulat (unterschiedliche Wassersteighöhen beachten). Die Pflanzen stehen mit ihren normalen Erdballen im Tongranulat und nehmen das Wasser daraus auf. Die Qualität des Tongranulates, zum Beispiel sein Salzgehalt, ist für das Wachstum mitentscheidend. Ein Wasserstandsanzeiger soll die Staunässegefahr bei zu hohem Wasserstand vermeiden.

Einige Langzeitbewässerungs-Systeme geben passende Gefäßtypen vor, an die der Innenraumbegrüner gebunden ist.

Bewässerung planen

Bei der Planung einer flächenhaften Innenraumbegrünung ist an Wasseranschlüsse zur Be- und Entwässerung (Abflußvorrichtung) zu denken. Ein gezieltes und dosiertes Bewässern ist vor allem in größeren Pflanzbecken von Bedeutung. Das Begrünungs-System soll sich selbst kontrollieren. Mit einer geeigneten Regel-und Steuerungstechnik ist dieses heute möglich. Eine automatische Bewässerungsanlage im Innenraum kann aber nicht sich selbst überlassen werden. Eine Begleitung und Beobachtung sowie eine Funktionskontrolle – zum Beispiel durch den Pflegedienst – in größeren Abständen sind unbedingt anzuraten.

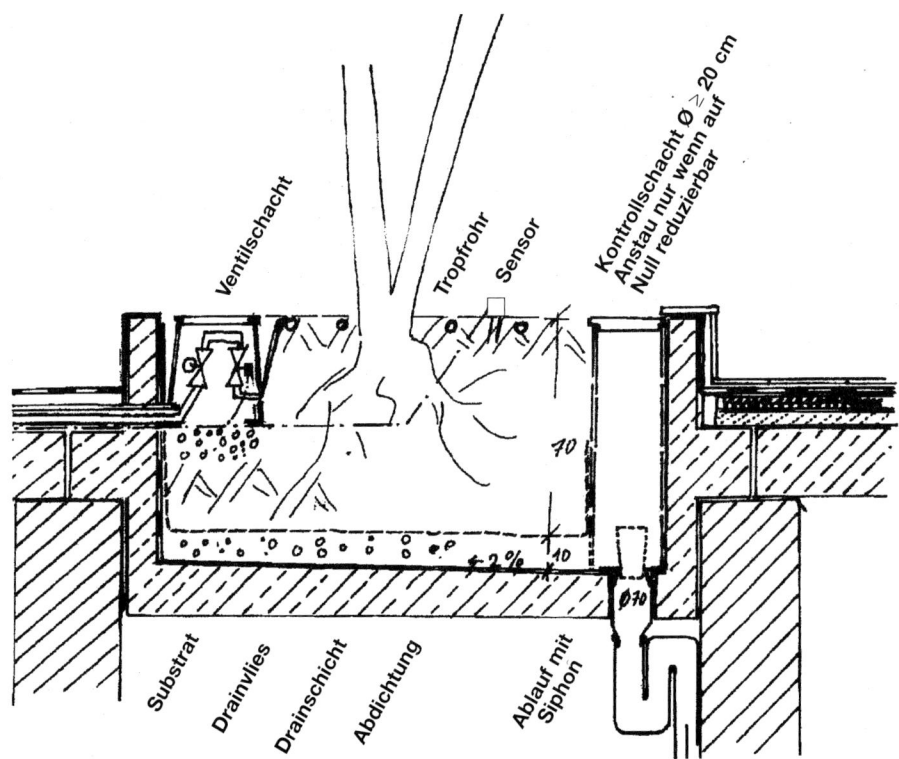

Abb. 67: Beetaufbau mit Ablauf und Kontrollschacht

Automatische Bewässerung

Eine automatisch bewässerte **Pflanzlandschaft** bedarf bestimmter Sicherheitsvorkehrungen, um eine Überschwemmung zu vermeiden. Beispielsweise muß der Regler die Wasserzufuhr zwangsweise abschalten und darf den Vorgang ohne Rückmeldung des Fühlers nicht selbsttätig wiederholen. Es sollten zwei Magnetventile getrennt geschaltet werden. Das mindert das Risiko eines mechanischen Nicht-Schließens von nur einem Ventil. In jedem Fall sollte bauseits im Pflanzbeet ein **Sicherheitsüberlauf mit Kanalanschluß** vorgesehen werden.

Die Installation der Anlage kann vom Garten- und Landschaftsbau-Betrieb mitausgeführt werden. Er sollte aber vorher prüfen, inwieweit seine Betriebshaftpflicht sanitär- und elektrotechnische Arbeiten miteinschließt. Dabei sind insbesondere auch die Folgen falscher Programmierung sowie die Nichtbeachtung elektronischer Einflußfaktoren (zum Beispiel Funkstationen) bei den Steuerungsanlagen zu bedenken.

Die Bewässerung übernimmt nicht nur die langfristige Versorgung der Begrünung, sondern damit auch einen Großteil der Gewährleistung. Dem Bewässerungstechniker oder der ausführenden Firma ist deshalb dringend anzuraten, die anderen Grundbedingungen wie Licht (Verglasung), Temperatur, Substrat und Düngung, Pflanzenauswahl, Pflanzenqualität und Pflege mitzuprüfen.

Ein *Beispiel* soll dies verdeutlichen: in einer Bepflanzung wird der Platz für den Sensor so gewählt, daß er relativ nahe an der Pflanze steht, die einen mittleren Wasserverbrauch hat. Angenommen, dieser Pflanze entsprechen die Lebensbedingungen nicht und sie beginnt zu verkümmern. Der Fühler zeigt deshalb einen geringen Wasserverbrauch an, die restliche Bepflanzung wird unterversorgt. Hier zu beweisen, daß ein Fehler in der Pflanzenauswahl vorliegt oder die Pflanzen nicht akklimatisiert waren, ist im nachhinein schwierig.

9.1 Grundtypen der Bewässerung

Es gibt zwei unterschiedliche Verfahren: die Bewässerung von oben, überwiegend **Tropfsysteme,** und die Bewässerung von unten, das **Anstauverfahren**. In einzelnen Fällen kann auch die Kombination beider Verfahren möglich sein. Das Anstauverfahren ist nur bei entsprechend durchlässigen Substraten und offenen Beeten geeignet (vgl. Kapitel 5). Es ist über ein Schwimmersystem gesteuert und wartungsarm. Es hat aber für die Innenraumbegrünung in Erdkultur folgende Nachteile:

- Die Durchmischung einer flächigen Bepflanzung mit großen Solitärs und kleinen Bodendeckern ist kaum möglich. Bis die kleineren Pflanzen mit den Wurzeln im Feuchtbereich sind, müssen sie von Hand nachgegossen werden.

- Die Versalzung der Substrate verläuft schneller als bei Tropfsystemen, da permanent Feuchtigkeit an die Oberfläche hochgesogen wird. Dabei steigen die aus dem Substrat gelösten Salze mit an die Oberfläche. Ein jährliches Austauschen der Nährlösung oder Auswaschen der Beete ist in der Regel notwendig.

- Die Pflanzen stehen in der Regel immer im gleichfeuchten Boden. Für eine langjährige Bepflanzung unter den relativ stark schwankenden Lebensbedingungen eines Innenraumes ist dies ungünstig. Wo das Anstauverfahren bauseits vorgegeben ist, sollte das Einlegen von Trockenphasen über eine Zeiteinstellung der automatischen Bewässerung steuertechnisch möglich sein. Es wird dann die bewässerungsfreie Zeit vorgegeben.

- Fast die gesamte Gruppe der mediterranen und ein großer Teil der subtropischen Pflanzen (zum Beispiel der häufig gewünschte, aber äußerst schwierige Bambus) vertragen kein Anstauverfahren. Deshalb sind diese Pflanzen i.d.R. in Erdkulturen auf dem Markt erhältlich. Gerade diese Pflanzengruppe ist für die Innenraumbegrünung aber sehr attraktiv.

Im nachfolgenden geht es daher nur um Bewässerungssysteme von oben. In der Regel geschieht dies über Tropfsysteme (vgl. Abb.68).

Für die zuverlässige Funktionsweise der Tropfbewässerung sind die Auswahl hochwertiger Komponenten, eine exakte hydraulische Druckberechnung und eine fachkompetente Montage Voraussetzung.

Wünschenswert sind besonders bei oberirdisch verlegten Schläuchen Systeme mit maximal 2 l Wasseraustrittsmenge pro Stunde und Tropfstelle. Bei oberirdisch verlegten Tropfschläuchen haben sich druckkompensierende Schläuche bewährt. Der Abstand der Tropfstellen richtet sich in erster Linie nach dem Substrat: Bei stark drainenden (durchlässigen) Substraten liegt er bei 20–30 cm. Je feinporiger der Boden, desto größer kann der Tropfstellen-Abstand sein.

Je größer der Abstand der Tropfstellen ist, desto länger ist zu bewässern, desto mehr Wasser versickert aber auch nach unten. Bei einschichtigen Systemen ist die Staunässegefahr zu beachten. Eine Kontrolle der Wasserverteilung bei unterirdisch verlegten Tropfrohren ist im Vergleich zu oberirdisch verlegten schwieriger. Dennoch wird aus optischen Gründen das unterirdische Verlegen häufig bevorzugt.

9.2 Regel- und Steuertechnik

Eine automatische Bewässerung unterteilt sich in die Bereiche: Wasseraufbereitung, Wasserzuleitung, Wasserverteilung, Regel- und Steuertechnik, Sensortechnik. Die Regel- und Steuergeräte können grob in drei Typen unterschieden werden.

- **Batteriebetriebene Geräte:** Diese einfache Variante eignet sich wegen ihrer geringen Leistung und fehlender Alarmfunktion nur bedingt für die großflächige Innenraumbegrünung. Eine laufende Kontrollmöglichkeit wäre Voraussetzung. Eine Gewährleistung kann nicht übernommen werden. Die Kosten bewegen sich zwischen 200,– und 350,– DM.

Abb. 68: Wasserverteilungszwiebel

Abb. 69 a: Kopfeinheit Teil 1 – Absperrhahn und Druckminderer

Abb. 69 b: Kopfeinheit Teil 2 – Filter und Magnetventil im Ventil-Kasten

- **Bewässerungsautomaten** (230-Volt-Geräte mit Niedervolt-Magnetventilen): Diese analog geregelten Geräte sind grundsätzlich geeignet. Schwachstromsensoren steuern die 24 Volt-Magnetventile an. Zu beachten sind die unterschiedlichen Leistungsbilder, unter anderem im Hinblick auf die Sensortechnik. Reine Zeitsteuergeräte sind im Innenbereich nur bedingt geeignet. Die Kosten bewegen sich zwischen 200,– und 2.000,– DM.

- **Computergeregelte Geräte:** Diese vergleichsweise aufwendigen digitalen Geräte kommen aus der Gewächshaustechnik und steuern nicht nur die Bewässerung, sondern auch die Düngung und das Klima (Belichtung/Schattierung, Lüftung). Dazu gehörige Meßgeräte sind Luxmeter, Thermometer, Hygrometer und Windmelder. Der Klimacomputer fragt beliebig viele Sensoren ab und steuert mehrere Magnetventile an. Das ist auch über Funk möglich. Die Investitionskosten für eine solche Anlage bewegen sich zwischen 5.000,– DM und 80.000,– DM, je nach Leistung.

Wenn man bei entsprechender Objektgröße davon ausgeht, daß alle Funktionen automatisch geregelt werden müssen, dann bietet sich eine entsprechend aufwendige Klima-Regelung an. Für den Bereich der Bewässerung zeigt die Erfahrung aber, daß kleine, unabhängige, leicht programmierbare Regelgeräte vorzuziehen sind.

Unabhängige Einheiten haben den Vorteil, daß sie nicht in der Hauszentrale und damit nur über den Haustechniker zugänglich sind, sondern im Beet installiert sein können. Das Pflegepersonal kann einen Sensor schnell und unabhängig anpassen oder einen Hygrostaten nachrichten. Damit vermeidet der Auftraggeber im Schadensfall auch Streitigkeiten über die Zuständigkeit.

Leistungsanforderungen

Ein begrünter Innenraum ist kein statischer Zustand. Pflanzenwachstum ist gewollt und verändert den Bedarf; die Nutzung kann sich mit den Jahren verändern, Umbauten werden notwendig, das Raumklima verändert sich... Eine gute Regel- und Steuertechnik sollte hierfür Kapazitäten übrig haben, ohne den Kostenrahmen zu sprengen und möglichst flexibel handhabbar sein.

Ein weiteres Kriterium für die Auswahl der Regel- und Steuertechnik ist das Vorhandensein von Zeitfenstern. Es sollte möglich sein, bestimmte Zeiten trotz Forderung durch den Fühler gießfrei halten zu können (Ausschlußzeiten). Dies ist insbesondere nachts oder am Wochenende wichtig, um Wasserschäden vorzubeugen. Gießkreisspezifische Zeitintervalle müssen gewährleisten, daß jeder Gießkreis mit Wasser versorgt wird. Wenn ein Fühler plötzlich auf Dauerforderung steht, weil er aus dem Substrat gezogen wurde, muß der Bedarf der anderen Gießkreise dennoch gedeckt werden. Daran ersieht man auch die Notwendigkeit einer integrierten Alarmtechnik.

Die Sensor- und Zeitsteuerung (für die Bewässerungsdauer) sollten in einem Bewässerungsautomaten gleichzeitig vorhanden sein.

9.3 Sensortechnik

Besondere Sorgfalt gilt der Auswahl der Sensoren oder Feuchtefühler. Bei der Feuchtemessung unterscheidet man die grundsätzlichen Varianten:

- mechanisch (Saugspannung über Tensiometer)
- elektrisch (Leitfähigkeit oder Kapazität).

Die Saugspannungsmessung über Tensiometer ist auch bei Töpfen und Kübeln möglich. Für ein Beet genügt bei gleichen Feuchteansprüchen der Pflanzen ein Fühler, der die gesamte Anlage ein- und ausschaltet.

Die Tensiofühler enthalten einen Tonkörper, der für Wasser durchlässig ist. Dieser Tonkörper ist mit einem Plexiglasrohr und evtl. einem Manometer verbunden. Kommt zum Tensiofühler noch ein Unterdruckschalter hinzu, handelt es sich um ein schaltendes Tensiometer (Tensiostat).

Um funktionsfähig zu sein, ist das System mit Wasser zu befüllen und sorgfältig zu verschließen. Wird das Substrat trocken, gibt der Tonkörper Wasser aus der Plexiglasröhre ab. Dadurch entsteht ein Unterdruck, der der Saugspannung im Boden entspricht. Dieser Unterdruck betätigt über eine Membrane den Unterdruckschalter und schließt den Stromkreis zum Magnetventil.

Dadurch wird die Bewässerung in Gang gesetzt. Der Tonkörper gibt solange Wasser ab, bis sich ein Gleichgewicht zwischen Substratfeuchte und Fühler einstellt. Ist das Substrat genügend feucht, kann die Tonzelle Wasser wieder zurücksaugen, der Unterdruck im Plexiglasrohr sinkt, der Schalter öffnet den Stromkreis und der Gießvorgang wird beendet.

Voraussetzung für den Einsatz eines Tensiometers ist ein guter Kontakt zwischen Tonzelle und Pflanzsubstrat. Bei normalem groben Blähton ist der Kontakt zur Tonzelle nicht ausreichend gegeben. Außerdem ist der richtige Standort des Feuchtefühlers wichtig: am Anfang sollte er 10 cm von der nächsten Tropfstelle betragen.

Ein größerer Abstand bedeutet längeres, intensiveres Bewässern. Soll das Substrat bis zum nächsten Bewässern von oben stärker abtrocknen, wird der Fühler tiefer eingesteckt.

Bei einkreisigen Anlagen versorgt die gesamte Bewässerung ein einziger Fühler, ein Magnetventil und ein Schaltgerät. Hier ist die Tensiosteuerung unübertroffen. Je nach Substrat, Meßtiefe und Bepflanzung kann am Tensiostat die Saugspannung eingestellt werden. Erscheint dem Gärtner das Substrat zu trocken – trotz funktionierender Automatik –, dann ist der eingestellte Feuchtewert (in Hektopascal) nach unten hin zu korrigieren. Ein kleinerer Wert bedeutet mehr Feuchtigkeit, ein größerer Wert mehr Trockenheit. Für trockenheitsliebende Pflanzen ist also grundsätzlich ein höherer Einstellwert (bis 150 hPa) zu wählen, für feuchtigkeitsliebende Pflanzen gelten 50 bis 70 hPa als pauschaler Richtwert. Eine ausreichende Luftführung muß im Substrat gewährleistet sein.

Die Einstellung des Tensiometers - also der eingestellte Feuchtewert – hängt vor allem von der Substratart ab. Bei den in der Innenraumbegrünung verwendeten Substraten mit höheren mineralischen Anteilen geht die Tendenz insgesamt zu niedrigeren Einstellwerten hin. Welcher Wert am Feuchtefühler einzustellen ist, dafür muß der Innenraumbegrüner ein Gefühl entwickeln und seine gärtnerische Erfahrung, den grünen Daumen einsetzen. Die Feuchtewerte verändern sich im Laufe des Wachstums: sie pendeln sich langsam auf einen individuellen, den Standortverhältnissen und der Bepflanzung gemäßen Wert ein.

Die zweite Variante der Feuchtemessung beruht auf der **elektrischen Leitfähigkeit** im Boden: Über den Leitwert zwischen zwei Elektroden im Substrat wird rechnerintern auf den Wasserbedarf geschlossen.

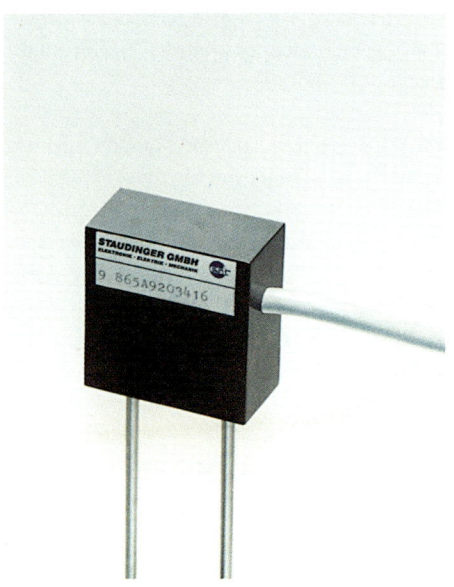

Abb. 70: Leitwertsensor
Foto: Staudinger

Abb. 71: Tensiofühler
Foto: Hahnenstein

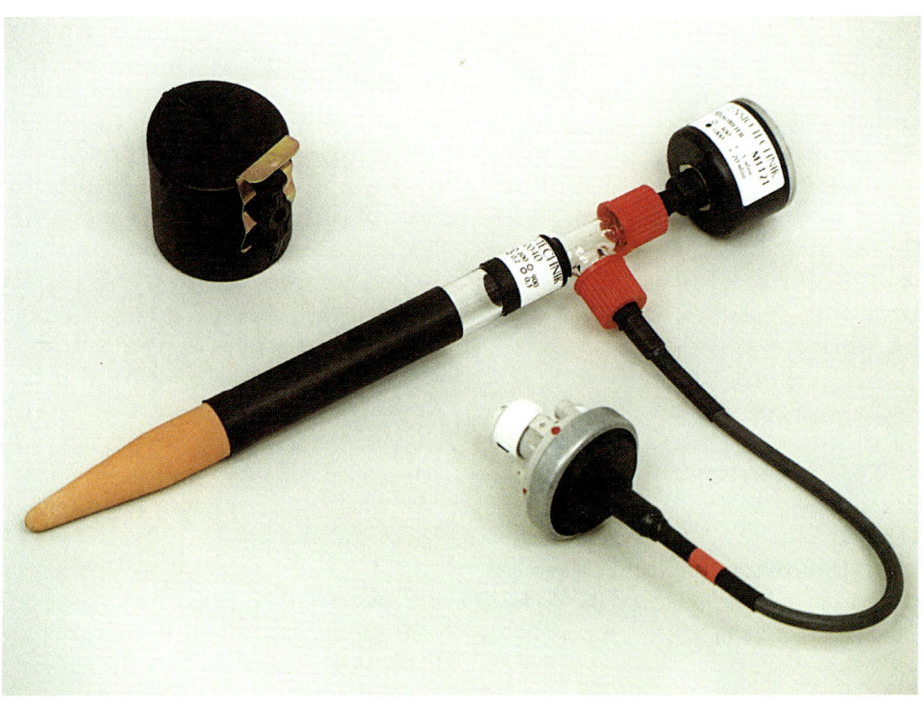

Abb. 72: Tensiometer
Foto: Tensio Technik, Geisenheim

Beide Varianten haben ihre Vor- und Nachteile: Beim Tensiometer muß regelmäßig (in zwei- bis viermonatigem Abstand) geprüft werden, ob noch Wasser in der Röhre steht. In zweijährigem Abstand ist seine Saugspannungs-Funktion zu kontrollieren. Ein sichtbares Anbringen des Tensiometers schließt Manipulationen durch Publikumsverkehr nicht aus. Vorteile sind seine einfache Installation und Unempfindlichkeit gegen Düngesalze.

Der Leitwertfühler ist gegen Beschädigungen fast sicher, denn er wird völlig in den Boden gesteckt. Seine Handhabung aber ist nicht ganz einfach. Die Werte müssen während der Anwachsphase mehrmals überprüft und nachgeregelt werden. Jedes Wasser hat seinen spezifischen Leitwert, auf den der Fühler eingestellt wird. Wechselt jetzt die Versorgung von Regenwasser zu Trinkwasser, so muß dieser Wert überprüft werden.

Dies sollte durch einen Fachmann geschehen. Nach der Anpassungszeit ist weiterhin darauf zu achten, daß der Quadratmeter, in dem der Leitwertfühler steckt, nicht mit salzhaltigen Düngern in Berührung kommt. Denn Düngesalze können die Meßergebnisse des Leitwertfühlers beeinträchtigen.

Die dritte Variante stellt die Messung der **elektrischen Kapazität** des Pflanzsubstrates dar. Ein Sensor, bestehend aus drei Nadeln, wird mit Wechselstrom beaufschlagt. Da Wasser eine sehr hohe Di-Elektrizitätskonstante hat, wird das Wechselstromfeld gebremst, wenn Feuchtigkeit zwischen oder an die Nadeln gelangt.

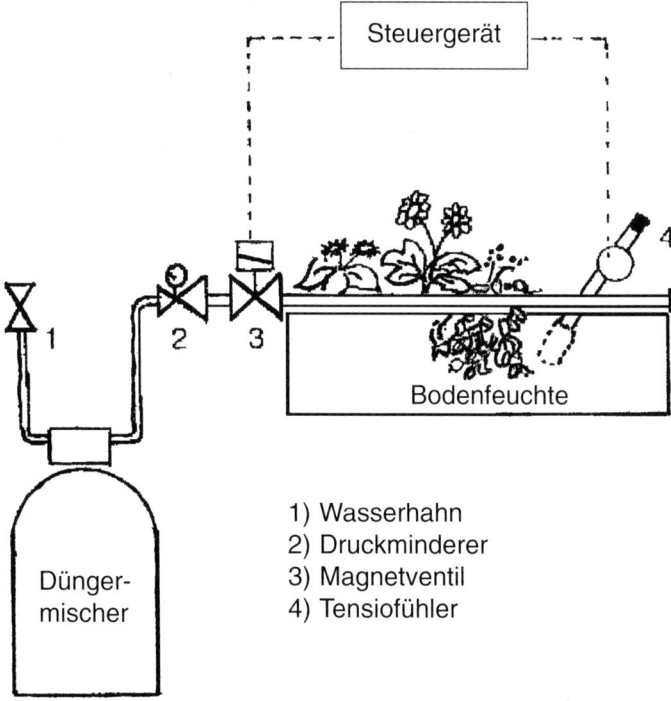

Abb. 73: **Minimalanlage zur automatischen Bewässerung**

Ein Mikrocomputer errechnet den Anzeigewert. Durch die Anwendung des Wechselstromes ist der Einfluß von Salzen auf das Meßergebnis ausgeschlossen. Für die Einstellung des richtigen Meßwertes, das heißt des optimalen Feuchteniveaus, ist wie beim Tensiometer der grüne Daumen des Gärtners gefragt. Die Wartungsfreiheit dieses Meßverfahrens macht es für die Innenraumbegrünung gut geeignet.

Alarmierung

Vorteilhaft ist bei elektrischen Sensoren die integrierte Alarmierung bei Unter- oder Überversorgung mit Wasser. Dabei sollte es auch möglich sein, zeitliche Toleranzen zu programmieren. Das heißt, eine Alarmmeldung erfolgt erst, wenn die Ursache eine bestimmte Zeit andauert.

Beispiel: In der Nähe des Fühlers wird der laufende Gartenschlauch hingelegt, die Toleranzwerte werden überschritten. Ohne Zeittoleranz käme es jetzt zur Alarmmeldung.

Zusätzlich kann ein Zusatzgerät bei Überversorgung mit Wasser über ein Magnetventil in der Hauptleitung die Zufuhr stoppen. Dieses Verfahren nennt man **Leckage-Detektion**.

Eine Kontrolle ist aber auch bei der Leitwertmessung nicht völlig überflüssig. Eine Mischung aus Tensiometer und Leitwertsensor hat sich deshalb in bestimmten Situationen bewährt: Der Leitwertsensor steuert die Anlage, aber zusätzlich wird ein Tensiofühler mit integriertem Manometer in die Pflanzung gesteckt - möglichst gut sichtbar.

Damit kann das Pflegepersonal oder der Hausherr selbst sehen, ob sich die Saugspannung des Substrates unerwünscht stark verändert. Die Praxis zeigt: dieser Kontrollblick wird zum täglichen Ritual.

Die Steuerung über **Strahlungsfühler** ist in der Innenraumbegrünung nicht weit verbreitet. Nach einer vorgewählten Einstrahlungsmenge schaltet der Strahlungsfühler die Bewässerung ein, ein eingebauter Zeitgeber beendet sie. Nachteilig ist die notwendige Anpassung an das Wachstum, die gewünschte Feuchtigkeit und eventuell die Jahreszeit.

9.4 Wasserversorgung und -verteilung

Bei der Berechnung für den Zuleitungsquerschnitt der Rohre sind

- die Anzahl der Tropfstellen und die Austrittsmenge

- der Druckverlust durch Fittinge (Steckverbindungen) und

- Höhenunterschiede (Steigleitungen) zu berücksichtigen.

Die Wasserversorgung ist aber auch eine Frage der Wasserqualität und der Substratart (Wassersteighöhe und -kapilarität, Durchlässigkeit).

Bei Regen- oder Brunnenwasser muß ein Filter vorgeschaltet und häufig auch der pH-Wert angehoben werden. Die Schwermetallbelastung, insbesondere beim Regenwasser, muß vorher analysiert werden (siehe Kapitel 8). Das gleiche gilt für den Nitratgehalt bei Brunnenwasser, das Werte eines Flüssigdüngers annehmen kann.

Die Wasserqualität ist besonders bei Tropfsystemen zu überprüfen: Ein sehr hartes, kalkhaltiges, sauerstoff- oder eisenhaltiges Wasser kann Probleme bereiten.

Die Zuleitungen bis zum Pflanzbeet führt der Sanitärtechniker in Metall aus. Ein Rohrtrenner muß vorhanden oder mit eingeplant werden, vor allem, wenn eine automatische Düngeeinspeisung vorgesehen ist. Diese muß mit einem leicht zu reinigenden Filter ausgerüstet sein, um eventuelle Einspülungen von Düngekristallen in das Verteilungsnetz zu vermeiden.

Wird die Düngung automatisiert, dann ist es am einfachsten, einen fest geschlossenen Düngerbehälter mit Dosiereinrichtung vor den Druckminderer in die Kopfeinheit einzubauen. Die Kopfeinheit (Absperrschieber – Druckminderer – eventuelle Filter – Magnetventil) kann im Technikraum oder beim jeweiligen Gießkreis direkt im Beet in trittfesten Kunststoffkästen installiert werden. Bis dorthin muß die Leitung aber drucksicher sein. Der übliche Druck einer Hausleitung beträgt 3–5 bar. Mittels Druckminderer wird er auf 0,5 bis max. 1,5 bar reduziert, je nach Tropfsystem.

Es ist wichtig, daß am Pflanzbeet oder zumindest an einer leicht zugänglichen Stelle zusätzlich ein freier Wasserhahn mit Normaldruck installiert wird. Zum Angießen der Beete von Hand ist dies unerläßlich (Faustzahl bei speziellen Tongranulaten: 1 m^3 Wasser auf 3–4 m^3 Substrat).

Ebenso unverzichtbar ist der Anschluß der Beete an das Kanalnetz oder an eine ins Freie führende Drainage. Diese Abläufe müssen durch Kontrollschächte geschützt und leicht zugänglich gemacht werden. Hierzu gibt es fertige Systeme am Markt. Nicht nur der Wasserüberschuß muß möglichst schnell abgeleitet werden, sondern die Beete müssen „entsalzt" werden. Je nach Substrat und Art der Düngung kristallisieren früher oder später aus dem Boden Salze aus, aufgrund der fehlenden Auswaschung durch Regen. Eine Flüssigdüngung mit Spezialdüngern wirkt dem Versalzungseffekt entgegen, wenn sie verbrauchsabhängig gegeben wird (siehe Kapitel 8).

Dennoch reichern sich auf die Dauer zuviele Düngesalze im Boden an. Nur große Mengen Wasser können Abhilfe schaffen. Ein bewährter Anhaltswert:

Höhe der Substratschicht in Zentimeter x 10 Liter Wasser pro Quadratmeter Pflanzfläche.

Das heißt, bei 50 cm Substrathöhe müssen 500 l Wasser pro m^2 in möglichst kurzer Zeit aufgebracht und wieder abgeführt werden. Erfahrungsgemäß muß dies in drei- bis fünfjährigem Abstand durchgeführt werden. Belastungen der Umwelt sind dabei vernachlässigbar, wenn die hochverdünnten Salze direkt ins Kanalnetz eingewaschen werden.

Wasser-Feinverteilung

Die Wasser-Feinverteilung erfolgt am besten mittels Tropfrohr oder Einzeltropfschlauch aus PE-Kunststoffleitungen. Gute Tropfsysteme sind relativ unempfindlich gegen Verkalken, lassen sich gut reinigen und laufen an der tiefsten Stelle nicht aus. Müssen schiefe Ebenen bewässert werden, so kann es notwendig werden mit Rückschlagventilen, Kreisaufteilungen oder druckkompensierenden Tropfschläuchen zu arbeiten. Unter den zahlreichen Tropfsystemen sind solche mit geringen Ausbringmengen zu bevorzugen, weil sie das Wasser im Boden besser verteilen. Grundsätzlich lassen sich folgende Typen der Feinverteilung unterscheiden:

- **das Spaghetti-System:** Insbesondere für Tröge und Töpfe geeignet. Dünne PE-Röhrchen von 0,7–1,8 mm Durchmesser werden in Verteilerrohre eingestochen oder mittels Adapter damit verbunden.

Abb. 74: Nebeltechnik bei Bambuspflanzen unter Glas Foto: Fog-System, Regensburg

Um die Pflanze werden sie mittels Haltestäbchen, sogenannten Stiks, gruppiert, wobei die Austrittsöffnung nicht das Substrat berühren soll. Ansonsten würde in kurzer Zeit eine Wurzel dort hineinwachsen. Je nach Druck (nicht über 1,5 bar) und Durchmesser tropfen aus dem Schlauch etwa 2 l Wasser pro Stunde. Innerhalb eines Gießkreises sollten nicht verschiedene Spaghettis verwendet, sondern nur die Stückzahl verändert werden. Werden bei Umpflanzungen weniger Tropfer pro Topf gebraucht als vorhanden sind, so steckt man einfach einen Zahnstocher in die Röhrchen und verstopft sie damit. Bei Pflegedurchgängen in Beeten können die Spaghettis hinderlich sein.

das Tropfrohr: von sich aufblähenden Dünnwandschläuchen bis zu trittfesten, druckkompensierenden PE-Rohren reicht hier die Palette. Für ebene Beete reichen Dünnwandschläuche aus. Für Geländemodellierungen oder Bereiche, die bei Pflegearbeiten begangen werden müssen, sind trittfeste und zum Teil druckkompensierende Tropfrohre zu verwenden. Grundsätzlich sollten sie Verwirbelungskörper integriert haben. Diese verhindern, daß die Austrittsöffnungen verkalken oder von Düngesalzen zugesetzt werden. Gleichzeitig spülen sie feine Schmutzteile von innen nach außen. Im Bereich der Innenraumbegrünung verwendet man meistens Rohre mit einem Tropfabstand von 20 cm, entsprechend 5 Tropfern pro laufenden Meter. Der Abstand von Rohr zu Rohr variiert je nach Art der Bepflanzung und des Substrates. Bei intensiver Begrünung mit dichtem Bodenbewuchs und gut drainierendem Substrat ist ein Abstand von 25–30 cm angebracht. Bei dichterem Substrat und nur hohen Gehölzen kann bis 50 cm Abstand gehalten werden.

Beim Verlegen müssen gerade die härteren, trittfesten Rohre mit Haltestäben oder mit Drahtbügeln im Substrat verankert werden. Dabei dürfen natürlich keine Kupferdrähte verwendet werden. Es ist wichtig, daß vor Ort immer genügend Verbinder hinterlegt werden, denn bei fast jedem Pflegegang werden diese Tropfrohre irgendwo beschädigt.

der „Poröse Schlauch": Ein stabiler und gut zu verlegender Schlauch aus Gummi-Regenerat. Das Prinzip ist, daß aus Gummigranulat aus Altreifen mit speziellem Kleber ein Rohr hergestellt wird, das insgesamt durchlässig, also porös ist. Sobald das Wasser durchfließt, schwitzt der Schlauch aus allen Poren. Dies hat natürlich eine sehr flächige Wasserverteilung zur Folge und wäre ideal für großräumige Bepflanzungen.

Die Poren sind aber unterschiedlich groß und verstopfen je nach Wassergüte unterschiedlich schnell. Zudem sind die Herstellungsverfahren sehr unterschiedlich, so daß eine langfristige gleichmäßige Wasserverteilung für den porösen Schlauch allgemein nicht garantiert werden kann.

die Schachtbewässerung: Hat das verwendete Substrat eine gute Speicher- und Verteilfähigkeit für Wasser, ist eine sogenannte Untergrund- oder Schachtbewässerung möglich. Bei dieser besonderen Bewässerungsart werden von einem Schacht aus 4–5 m^2 Beetfläche versorgt. In die kleinen Schächte münden 8 mm-Schläuche. Die Auslauföffnungen der Düsen sind mit 3 mm verstopfungsunempfindlich. Gesteuert wird diese Anlage mittels Tensiostat. Für kleinere Beetpflanzungen liegen damit Erfahrungen vor.

Um das richtige Verteilsystem zu wählen, bedarf es sehr viel Erfahrung und technischen Know-Hows. Eine fachgerechte Projektierung spart hier enorme Folgekosten. Zu beachten ist, daß Tropfsysteme bei hartem Wasser grundsätzlich zum Verkalken neigen.

9.5 Luftbefeuchtung

Gelegentlich wird es notwendig, die Luft im Innenraum zu befeuchten. Das ist spätestens dort der Fall, wo die Luftfeuchte dauerhaft unter 40 % liegt. Vor allem Farne und viele Palmenarten vertragen eine zu niedrige Luftfeuchte nicht (vgl. Kapitel 14). Bei einfachen manuellen Lösungen, wie regelmäßiges Benetzen der Pflanzflächen mit feinen Sprühdüsen, besteht die Gefahr des Faulens kleinerer Bodendecker (zu den technischen Bedingungen optimaler Luftfeuchteregelung vgl. Kapitel 7.1.4).

Die Luftbefeuchtung kann durch mehrere Verfahren geschehen. Zum einen durch Hochdrucktechnik, wobei hier das wichtigste Kriterium ist: keine Vernässungen auf Bodenbelägen und in der Bepflanzung! Dies schließt die im Gartenbau üblichen Sprühkörper aus. Ziel der Technik ist es, einen Nebel zu erzeugen, der sich vollständig in der Luft auflöst. Dies aber erfordert extrem feine Düsen, durch die das Wasser mit sehr hohem Druck (bis 80 bar) gepreßt wird.

Hierzu sind wiederum Hochdruckleitungen aus Edelstahl, eine sehr aufwendige Wasseraufbereitung (Entkalkung und Entkeimung), Pumpen- und Filtertechnik, sowie eine eigene Steuerung nötig. Diese Anlagen müssen rechtzeitig geplant und auch einkalkuliert werden. Für die Grundausstattung, die Wasseraufbereitung, Pumpe, Filter und Steuerung umschließt, sind Investitionskosten von etwa 20.000,– DM zu veranschlagen.

Alternativ kann die Luft im Innenraum mittels offener Wasserflächen, die gleichzeitig als Gestaltungselement fungieren, befeuchtet werden. Dieser neue Ansatz steht noch in der Versuchsphase, die Auswirkungen auf Mensch, Pflanze, Baustoffe und Arbeitsmittel werden derzeit erforscht. Ein Großversuch findet dazu in Nürnberg-Gostenhof statt: Das sogenannte „Nürnberger Prisma" besteht aus mehreren Gebäudeteilen, die durch ein großes Glashaus verbunden sind. Die Besonderheit ist hier ein Naturklimakonzept, in dem die Außenluft durch Pflanzenfilter aufbereitet in die Büroräume geführt wird. Eine besondere Attraktion sind die „gläsernen Wasserwände", über die Außenluft gefiltert und gekühlt in den Innenraum gesogen wird. Zwischen Gebäudewand und Glasplatte beschleunigen Wasserfälle die Außenluft und führen sie so nach innen. Es handelt sich hier um ein Pilotprojekt, das sowohl neue gebäudeklimatische Methoden zu einer umweltgerechten Technik einsetzt, als auch Kunst und Ästhetik mit der Installation verbindet.

10 Pflanzenschutz im Objektbereich
Dr. Walter Wohanka

Damit die Innenraumbegrünung ihre wichtige Funktion als wesentliches Wohlfühlelement erfüllen kann, bedarf es nicht nur der richtigen Pflanzenwahl und Gestaltung, sondern selbstverständlich auch der richtigen Pflege, bei der die **Gesunderhaltung der Pflanze** im Vordergrund stehen sollte.

Da ungünstige Standortbedingungen oder andere Störfaktoren häufig zu sehr unspezifischen Schäden führen, die sich nur schwer diagnostizieren und beheben lassen, gestaltet sich der Pflanzenschutz im Objektbereich besonders schwierig. Die meist hohen Temperaturen und die niedrige Luftfeuchtigkeit fördern das Auftreten und die Vermehrung vieler Schädlinge und behindern den Einsatz von Nützlingen.

Chemische Pflanzenschutzmittel werden im Objektbereich von den Kunden oft nicht akzeptiert. Außerdem können die in der Pflanzenproduktion verfügbaren Pflanzenschutzmittel in der Regel in Innenräumen nicht eingesetzt werden. Es bleibt nur eine sehr begrenzte Auswahl an Präparaten, die für Innenräume zugelassen sind. Schließlich erschweren die meist relativ langen Pflegeintervalle die für einen gezielten Pflanzenschutz erforderliche regelmäßige Kontrolle und die frühzeitige Durchführung von Pflanzenschutzmaßnahmen.

Tab. 43: Ursachenübersicht für Schäden an Pflanzen in Innenräumen

abiotische Schadursachen	Krankheitserreger	Schädlinge

• Standort
• Wasser
• Ernährung
• Licht
• Schadstoffe
	• Viren
	• Bakterien
	• Wurzelpilze
	  Phythophtora,
	  Pythium
	  Fusarium
	  Cylindrocladium
	• Blattpilze
	  Echter Mehltau
	  Rostpilze
	  Botrytis
	  Alternaria
	  Coniothyrium
	  Colletotrichum
		• Milben
		  Spinnmilben
		  Weichhautmilben
		  Gallmilben
		• saugende Insekten
		  Thripse
		  Blattläuse
		  Weiße Fliege
		  Schildläuse
		  Schmierläuse
		• beißende Insekten
		  Raupen
		  Käfer und Larven
		  Springschwänze

Abb. 75: Wurzelfäule an Hydrokultur (abiotisch)

Abb. 76 (links): Schaden durch Blattglanzmittel

Abb. 77 (rechts): Zu hoher Wasserstand fördert Wurzelfäule

Abb. 78: Resteentsorgung verursacht Pflanzenschäden

Pflanzenschutz

Abb. 79: Sonnenbrand bei Dieffenbachia

Abb. 80: Schaden an Dracaenen durch Blattglanzmittel

Abb. 81: Schäden durch Putzmittel an Ficus benjamina

Gerade wegen dieser Probleme ist der Pflanzenschutz ein wesentliches Element der professionellen Pflanzenpflege im Objektbereich. Er erfordert jedoch umfangreiche Spezialkenntnisse und die Fähigkeit, Schäden rechtzeitig zu erkennen und richtig zu deuten. Tabelle 43 und die folgenden Kapitel geben einen Überblick über die häufigsten und wichtigsten Schadbilder an Pflanzen im Objektbereich, die in Frage kommenden Schadursachen und die erforderlichen Gegenmaßnahmen.

10.1 Schäden durch abiotische Faktoren

Die tägliche Praxis im Diagnoselabor zeigt, daß die Masse der Schadensfälle aus dem Objektbereich meist nicht von Krankheitserregern oder Schädlingen verursacht wird, sondern auf ungünstigen Standortvoraussetzungen oder anderen abiotischen Schadfaktoren beruht. Insofern muß bei allen Schadensfällen, deren Ursache nicht auf Anhieb zu erkennen ist, Schritt für Schritt die Einwirkung möglicher Risiko- bzw. Schadfaktoren abgeklärt werden. Dabei ist oft detektivischer Spürsinn erforderlich, um dem „Täter" auf die Spur zu kommen.

Nicht immer zeigt sich dabei die Ursache für den Schaden so augenfällig wie z.B. bei einem Befall durch Blattläuse oder dem Echten Mehltau. Statt dessen findet man sehr häufig **unspezifische Schadbilder** in Form von sogenannten Chlorosen (Vergilbungen), stumpfer Blattfarbe, Welke oder Blattflecke und Blattfall. Im Extremfall sterben die Pflanzen ab. Die Ursache für solch unspezifische Schadbilder an den Blättern oder anderen Sproßteilen sind sehr häufig mehr oder weniger stark geschädigte Wurzeln.
Andererseits können für solche unspezifischen Schadbilder auch ungünstige Standortbedingungen verantwortlich sein. **Vor allem Extremwerte von Temperatur, Licht und Luftfeuchte sind kritisch zu bewerten.** Dabei ist zu bedenken, daß die Extremwerte manchmal nur zu bestimmten Tages- oder Jahreszeiten auftreten können (z.B. Temperaturabsenkung am Wochenende, Einstrahlung nach Sonnenstand unterschiedlich).

10.1.1 Wurzelschäden

In der Folge einer Wurzelschädigung zeigen die Pflanzen oft erst mit zeitlicher Verzögerung entsprechende Symptome an oberirdischen Pflanzenorganen in Form von Chlorosen, Blattfall und Welke. Es ist deshalb wichtig, entweder routinemäßig oder spätestens bei den ersten Anzeichen der beschriebenen unspezifischen Symptome den **Wurzelzustand** zu **kontrollieren**.

Bei Hydrogefäßen genügt oft schon die Kontrolle der Nährlösung. Ist diese braun oder schwarz verfärbt, trüb und übelriechend, so ist mit massiver Wurzelfäule zu rechnen. Falls eine Nährlösungsprobe nicht möglich ist oder keine eindeutigen Aussagen zuläßt, müssen die Wurzeln direkt untersucht werden. Besonders geeignet sind Wurzeln an den Wänden oder dem Boden der Pflanzgefäße. Kleinere Pflanzen kann man problemlos austopfen, bei größeren sollte man versuchen, entlang der Gefäßwand Wurzeln aus dem unteren Bereich, möglichst vom Gefäßboden, zu entnehmen und auf Schäden zu untersuchen.

Wurzelschäden lassen sich im Objektbereich häufig auf **zu viel Wasser**, also Staunässe, zurückführen. Dies gilt für alle Systeme von

Torfsubstraten über Tongranulate bis zur klassischen Hydrokultur. Aber auch Ernährungsstörungen, zu niedrige Wurzelraumtemperaturen sowie zu kleine Pflanzgefäße können die Wurzel schädigen.

Wasserüberschuß oder ein zu hoher Wasserstand in Hydrogefäßen bewirken langfristig **Sauerstoffmangel**, der letztlich die Schäden entstehen läßt. Die Folge ist eine Behinderung der Wurzelatmung und damit der Wurzelfunktionen wie Aufnahme von Wasser und Nährstoffen. Außerdem kann es bei Sauerstoffmangel zur Anreicherung pflanzenschädlicher Substanzen wie Nitrit im Wurzelraum kommen.

Ein besonderer **Risikofaktor** ist der **Wasserstandszeiger** bei Hydrogefäßen. Durch Fehlfunktion oder falsche Bedienung bzw. Wartung wird oft zu viel Wasser bzw. Nährlösung nachgefüllt. Es ist deshalb sehr wichtig, **Wasserstandszeiger regelmäßig zu kontrollieren** und ihre Funktionsfähigkeit zu prüfen (zum Beispiel durch Druck auf den Schwimmer). Eingewachsene Wurzeln, Kalkablagerungen oder die Hüllen bestimmter Langzeitdünger können die Beweglichkeit beeinträchtigen.

Zu bedenken ist auch, daß manche Zeitgenossen die **Pflanzgefäße als Abfalleimer** mißbrauchen. Die durch das „Entsorgen" von Getränke- oder Putzmittelresten entstehenden Schäden sind oft nur sehr schwer zu diagnostizieren. Neben unspezifischen Wurzelschäden führen solche Schadstoffe häufig auch zu „Verbrennungen" der Triebspitzen oder der jungen Blätter.

Eine Rettung von Pflanzen mit Wurzelschäden ist nur möglich, wenn diese sehr frühzeitig erkannt werden. Vergilben oder leichte Welkeerscheinungen bei hoher Temperatur sollten stets Anlaß sein, durch Austopfen oder Aufgraben den Wurzelzustand zu prüfen. Bei Hydrogefäßen können Farbe und Geruch der Nährlösung wichtige Hinweise auf mögliche Wurzelschäden geben. Braune, trübe, übelriechende Nährlösung ist ein Alarmsignal. Als **Erste Hilfe**-Maßnahme sollte sofort die Nährlösung ausgetauscht werden. Zweckmäßigerweise entnimmt man vorher eine Probe, um die unbedingt erforderliche Ursachenklärung zu erleichtern. Falls arbeitstechnisch möglich und wirtschaftlich sinnvoll, lassen sich wurzelgeschädigte Hydropflanzen durch gründliches Entfernen der verfaulten Wurzelteile und durch sorgfältiges Ausspülen oft noch retten.

Anschließend sollten die Pflanzen in die gründlich gereinigten und evtl. desinfizierten Gefäße möglichst mit neuem Pflanzgranulat gesetzt werden. Zur Desinfektion kann z.B. M+ENNO-TER forte (1,0 %) verwendet werden. Der Wasserstand ist dann besonders sorgfältig zu kontrollieren. Auch bei anderen Pflanzsystemen kann in bestimmten Fällen ein Durchspülen oder notfalls Austausch des Substrates sinnvoll sein.

10.1.2 Blattschäden

Blattschäden an Pflanzen in Innenräumen beruhen zwar sehr oft auf einer gestörten Wurzelfunktion, können aber auch durch direkte Einwirkungen auf den Sproß verursacht sein. Treten die geschilderten unspezifischen Symptome auf, ohne daß Wurzelschäden zu beobachten sind, ist zunächst festzustellen, ob die **Standortbedingungen** den Ansprüchen der jeweiligen Pflanze gerecht werden (z.B. Temperatur, Licht, Luftfeuchte).

Dabei kommt es besonders darauf an, die Extreme zu erfassen, d.h. zum Beispiel hohe Einstrahlung zu bestimmten Tages- oder Jah-

Abb. 82: Phytoph-thora-Fäule bei Peperomia

Abb. 83: Chlorose an Schefflera

Abb. 84 (links): Gliocladium vermoe-senii bei Chamae-dorea (Hydrokultur)

Abb. 85 (rechts): Transportschaden bei Ficus benjamina

Abb. 86: Cylindrocladium an Sphathiphyllum

Abb. 87: Thripsbefall an Ficus elastica

Abb. 88: Spinnmilbe mit Eiern

reszeiten, Temperaturabsenkung am Wochenende oder „zugiger" Standort im Eingangsbereich. Gegebenenfalls sind entsprechende Messungen durchzuführen.

Lichtmangel führt zum Vergeilen, zu Aufhellungen (Chlorosen), Blattfall und zu einer allgemeinen Schwächung der Pflanzen. Partieller Lichtmangel kann auch an relativ hellen Standorten bestehen, wenn zum Beispiel eine spezielle Wärmeschutzverglasung angebracht wurde, die das pflanzenverfügbare Lichtspektrum herausfiltert (vgl. Kapitel 7). Aber auch zu viel Licht, d.h. **intensive Sonneneinstrahlung** kann zu Schäden in Form von Verbrennungen führen (z.B. „Sonnenbrand" nach Standortwechsel). Ähnliche Hitzeschäden entstehen auch durch direkten Kontakt mit Heizkörpern, Lampen oder anderen hitzeentwickelnden Geräten.

Viele Pflanzen reagieren auf die in Gebäuden oft sehr **niedrige Luftfeuchtigkeit** mit braunen, nekrotischen Blatträndern oder Blattspitzen.

Selbstverständlich muß in Innenräumen auch mit der Einwirkung von **Schadstoffen** gerechnet werden, zum Beispiel beim unvorsichtigen Hantieren mit Fenster- oder Möbelputzmitteln. Daneben können gasförmige Schadstoffe, die unter Umständen aus Inneneinrichtungen, Teppichböden, Farben, Bohnerwachs usw. ausdünsten können (Weichmacher, Lösungsmittel) die Pflanzen schädigen. Bei Neueinrichtung oder Reparaturen an der Raumausstattung sollte stets das mögliche Schadstoffrisiko abgeklärt werden (vgl. Kapitel 6).

Schließlich können die Pflanzen durch Pflegemaßnahmen geschädigt werden. Als besonders empfindlich gegenüber den diversen **Pflege- oder Pflanzenschutzmitteln** (z.B. Blattglanzmittel) gelten z.B. *Ficus pumila,*

Chameadorea, Cissus und vor allem Farne. Probleme kann es auch bei trichterbildenden Pflanzen (z.B. *Dracaena*) geben, wo es durch herablaufende Mittelreste zu erhöhten Konzentrationen im Trichter und dann zu den entsprechenden Schäden kommen kann. Bei Verwendung von Spraydosen ist unbedingt der vorgeschriebene Sprühabstand einzuhalten um Schäden durch die Verdunstungskälte des Treibmittels zu verhindern.

10.2 Schäden durch Krankheitserreger

Wenn im Objektbereich auch meist unbelebte Schadursachen für Absterbeerscheinungen und Blattflecke verantwortlich sind, so können doch in bestimmten Fällen auch echte Krankheitserreger, also **Viren, Bakterien** oder **Pilze** auftreten. Neuinfektionen sind am Endstandort jedoch relativ selten. Wenn es zu Erkrankungen an Innenraumbepflanzungen kommt, dann hat – von wenigen Ausnahmen abgesehen – die Infektion meist schon im Produktionsbetrieb stattgefunden oder es erfolgte eine Neueinschleppung beim Nachpflanzen.

10.2.1 Wurzel- und Stengelgrundfäulen

Nur wenige, meist pilzliche Erreger, kommen als Verursacher von Wurzel- und Stengelgrundfäulen an Pflanzen in Innenräumen in Frage. So findet man zum Beispiel gelegentlich an Palmen den Pilz *Gliocladium vermoesenii*. Andere Wurzelpilze, die hin und wieder auftreten, sind *Pythium* an *Epipremnum* oder *Codiaeum*, *Phytophthora* an *Peperomia* und *Gesneriaceen* oder *Fusarium* an *Yucca*. Seit einigen Jahren findet man häufiger den vor wenigen Jahren eingeschleppten Pilz *Cylindrocladium spathiphylli* an *Spathiphyllum*. Er hat sich bei der Produktion dieser Pflanze mittlerweile zum wichtigsten Schaderreger entwickelt, sowohl in Hydro- als auch in Erdkultur.

Viele Erreger von Wurzel- und Stengelgrundfäulen werden durch ungünstige Wachstumsbedingungen, meist Vernässung und Unterkühlung des Wurzelraumes, gefördert. Insofern sind optimale Standortbedingungen und eine angepaßte Bewässerung der beste Schutz vor diesen Krankheiten.

Zur Bekämpfung von Wurzelpilzen gibt es für die Verwendung in Innenräumen derzeit kein zugelassenes Pflanzenschutzmittel. Der Einsatz von sogenannten Bodenfungiziden im Objektbereich ist auch wenig sinnvoll. Sollte tatsächlich einmal der dringende Verdacht auf eine Infektionskrankheit als Ursache für Wurzelschäden bestehen, so läßt man sich dies zweckmäßigerweise durch eine Labordiagnose (Pflanzenschutzdienst, Adressen siehe Tabelle 44) bestätigen. Bei einem positiven Befund sollten die kranken Pflanzen samt Substrat entfernt und vernichtet werden. Die Gefäße sind dann gründlich zu reinigen und möglichst zu desinfizieren. Nur bei wertvollen Solitärpflanzen kommt unter gewissen Umständen auch eine Chemotherapie in Frage.

10.2.2 Krankheiten an oberirdischen Pflanzenteilen

Die häufigsten pilzlichen Blatterkrankungen an Pflanzen in Innenräumen findet man in Form der sogenannten **Echten Mehltaupilze**, z.B. bei Begonien, Kalanchoe, Saintpaulien, *Cissus*. Befallene Pflanzen zeigen weiße, mehlartige Beläge unter denen das Pflanzengewebe meist bald unter Braunfärbung abstirbt.

Während diese Mehltaupilze unter den besonderen Klimabedingungen der Innenräume gut gedeihen können, finden die Erreger der sogenannten Blattfleckenkrankheiten (z.B. *Colletotrichum* spp., *Coniothyrium* spp., *Alternaria* spp. u.a.) keine günstigen Entwicklungsbedingungen. Sie benötigen im Gegensatz zu den Echten Mehltaupilzen hohe Luftfeuchte und meist mehrstündige Blattbenetzungen, damit sie infizieren können. Solche Bedingungen findet man in Innenräumen nur ausnahmsweise, zum Beispiel in Schwimmhallen oder Landschaften mit „künstlichem Regen". Ähnlich hohe Ansprüche an die Feuchtigkeit haben der Grauschimmelpilz *(Botrytis cinerea)* sowie verschiedene Rostpilze.

Was tun gegen Blattkrankheiten? Wenn man den Befall frühzeitig erkennt, dann genügt oft schon das Entfernen einzelner befallener Blätter oder Triebspitzen. Insbesondere gegen die sogenannten Blattfleckenkrankheiten sollte unter Innenraumbedingungen keine chemische Bekämpfung erforderlich sein. Anders ist es mit den Echten Mehltaupilzen. Auch wenn sich das Problem gelegentlich durch Schnittmaßnahmen eingrenzen läßt, wird dennoch häufig eine **Fungizidbehandlung** notwendig werden. Derzeit sind für Innenräume nur drei fungizide Wirkstoffe zugelassen und diese nur gegen Echte Mehltaupilze. Produkte mit dem Wirkstoff Bitertanol haben dabei den Vorteil, daß sie auch Rostpilze und die sogenannten Blattfleckenpilze erfassen. Andere zugelassene Wirkstoffe sind Lecithin und Pyrazophos (Stand November 1996).

Außer Schadpilzen können hin und wieder auch **Viren oder bakterielle Erreger** an

Abb. 89: Spinnmilbenschaden an Hedera

Abb. 90: Schmierläuse an Codiaeum

Abb. 91: Chlorosen infolge zu hohen pH-Wertes (vgl. auch Kap. 8.3.)
Foto: Molitor

Pflanzenschutz

Abb. 92: Thripslarven

Abb. 93: Schildläuse an Asplenium
Foto: Leni

Abb. 94: Echter Mehltau an Pedilanthus

Pflanzen im Objektbereich vorkommen. So findet man z.b. gelegentlich an *Dieffenbachia* die von dem Bakterium *Erwinia chrysanthemi* hervorgerufene Welkekrankheit. Das Bakterium besiedelt die Leitungsbahnen und führt letztlich zum Absterben der Pflanzen.

Eine Übertragung findet nahezu ausschließlich bei der Vermehrung statt, im Objektbereich ist eine Neuansteckung weitgehend auszuschließen. Ähnliche bakterielle Welkekrankheiten sind auch bei *Kalanchoe* und *Euphorbia lomii* bekannt. Maßnahmen zur direkten Bekämpfung von Bakterien an Pflanzen stehen leider nicht zur Verfügung.

Der Produzent muß durch einen hohen Hygienestandard, besonders während der Vermehrung, dafür Sorge tragen, daß nur krankheitsfreie Pflanzen vermarktet werden. Tritt eine der genannten Krankheiten tatsächlich im Objekt auf, sind die Pflanzen umgehend zu entfernen. Zweckmäßigerweise sollte das Pflanzgefäß entleert, gereinigt und nach Möglichkeit desinfiziert werden.

Wie die Bakterien, so können auch Viren nicht direkt bekämpft werden. Viren sind die kleinsten Erreger von Pflanzenkrankheiten. Befall äußert sich meist in Form von ring- oder streifenförmigen Flecken, mosaikartigen Blattscheckungen oder auch Mißbildungen. Zahlreiche Pflanzen, die für die Innenraumbegrünung Verwendung finden, können von verschiedenen Viren infiziert werden.

Im Gegensatz zu den bakteriellen Erkrankungen ist hier auch im Objektbereich noch eine nachträgliche Ansteckung möglich. Viele Viren werden nämlich von Insekten (Blattläuse, Thripse) übertragen. Aus diesem Grunde können mit solchen Schädlingen auch bestimmte Viren in ein Objekt eingeschleppt werden.

Wenn Viruserkrankungen auftreten, gibt es in der Regel keine Hilfe mehr. Pflanzenschutzmittel, die gegen Viren wirksam wären, stehen nicht zur Verfügung. Generell sollten deshalb virusbefallene Pflanzen entfernt werden. Bei vielen Blattpflanzen sind die Symptome oft nur schwach ausgeprägt. In solchen Fällen ist es durchaus vertretbar, aus wirtschaftlichen Gründen die Pflanzen am Endstandort zu belassen. Wegen einer möglichen Ansteckungsgefahr für andere Pflanzen ist es jedoch ratsam mit dem zuständigen Pflanzenschutzdienst das Risiko abzuklären.

10.3 Schäden durch Milben und Insekten

Als Schädlinge treten im Innenraumbereich vor allem Spinnmilben, Thripse, Schild- und Schmierläuse sowie Blattläuse auf. An bestimmten Pflanzen kann auch die „Weiße Fliege" zum Problem werden.

10.3.1 Spinnmilben
(Tetranychidae)

Das typische Schadbild für einen Spinnmilbenbefall *(Tetranychus urticae* u.a.) besteht anfangs in leichter, später stärkerer Sprenkelung der Blätter. Es handelt sich um die hellen Saugstellen der nur ca. 0,6 mm großen Schädlinge. Da durch die Saugtätigkeit der Verdunstungsschutz verloren geht, kommt es zum Verbräunen, Vertrocknen und schließlich Absterben der Blätter.

Bei stärkerer Vermehrung erkennt man dann bereits mit bloßem Auge meist an den Triebspitzen oder den Blattunterseiten die zahlreichen winzigen Milben in feinen Gespinsten.

Tab. 44: Auskunftsstellen des Pflanzenschutzdienstes in Deutschland

Baden-Württemberg

Landesanstalt für Pflanzenschutz
70197 Stuttgart, Reinsburgstr. 107

Pflanzenschutzdienststellen der Regierungspräsidien:
76133 Karlsruhe, Amalienstr. 25
70174 Stuttgart, Breitscheidstr. 4
79098 Freiburg, Erbprinzenstr. 2
72072 Tübingen, Konrad Adenauer Str. 20
Übergebietliche Pflanzenschutzberatung:
77652 Offenburg, Okenstr. 22
68526 Ladenburg, Trajanstr. 66
78315 Radolfzell, Fischerstr. 13
78224 Überlingen, Rauensteinstr. 64

Bayern

Bayerische Landesanstalt für Bodenkultur und Pflanzenbau – Abteilung Pflanzenschutz
80638 München, Menzinger Str. 54
Pflanzenschutzabteilungen in Ansbach, Augsburg, Bayreuth, Deggendorf, Ingolstadt, Landshut, München, Regensburg, Rosenheim und Würzburg

Berlin

Pflanzenschutzamt,
12347 Berlin, Mohriner Allee 137
Außenstelle: 13159 Berlin, Pankow-Blankenfelde, Blankenfelder Chaussee 7

Brandenburg

Landesamt für Ernährung, Landwirtschaft und Flurneuordnung – Pflanzenschutzdienst
15236 Frankfurt-Markendorf, Wildbahn, Ringstraße 1010

Pflanzenschutzdienststellen:
14473 Potsdam, Templiner Str. 21b
16866 Schönberg, Dorfstraße 52
15926 Luckau, Zaakower Weg 16a
16321 Bernau, Schönfelder Weg 8–10

Bremen

Senator für Umwelt und Stadtentwicklung
– Pflanzenschutzdienst –
28195 Bremen, Hanseatenhof 5

Hamburg

Institut für Angewandte Botanik, Abteilung Pflanzenschutz
20355 Hamburg, Marseiller Str. 7

Hessen

Hessisches Landesamt für Regionalentwicklung und Landwirtschaft – Pflanzenschutzdienst –
60487 Frankfurt am Main, Friedrich-Wilhelm-von Steuben-Str. 2

Außenstelle: 34182 Kassel-Harleshausen, Am Versuchsfeld 17

Mecklenburg-Vorpommern

Landespflanzenschutzamt
18059 Rostock, Graf-Lippe-Str. 1

Außenstellen in:
19601 Schwerin, Wichendorfer Straße 4
17033 Neubrandenburg, Seestraße 13
17489 Greifswald, Grimmer Straße 16
18059 Rostock, Graf-Lippe-Straße 1

Niedersachsen

Pflanzenschutzamt Hannover
30453 Hannover, Wunstorfer Landstraße 9
Bezirksstellen in:
38102 Braunschweig, Hochstr. 17
27432 Bremerförder, Neue Str. 22
37154 Northeim, Teichstr. 9

Tab. 44: Fortsetzung: Pflanzenschutzdienste in Deutschland

31582 Nienburg, Rühmkorffstr. 12
29525 Uelzen, Wilhelm Seedorfstr. 2
30161 Oldenburg, Sedanstraße 4

Bezirksstellen in:
26629 Aurich, Am Pferdemarkt 1
49716 Meppen, Mühlenstraße 41
26121 Oldenburg, Mars-la-Tour-Straße 9
49080 Osnabrück, Jahnstraße 13

Nordrhein-Westfalen

Pflanzenschutzamt Bonn
53229 Bonn, Siebengebirgsstraße 200

Institut für Pflanzenschutz, Saatgutuntersuchung und Bienenkunde
48147 Münster, Nevinghoff 40

Rheinland-Pfalz

Landesanstalt für Pflanzenbau und Pflanzenschutz
55128 Mainz-Bretzenheim, Essenheimer Str. 144

Bezirkspflanzenschutzämter in:
56281 Emmelshausen, Rathausstraße 1
55128 Mainz, Essenheimer Str. 144
67435 Neustadt/W.-Mußbach
54290 Trier, Christophstraße 4

Saarland

Pflanzenschutzamt
66113 Saarbrücken, Lessingstraße 12

Sachsen

Sächsische Landesanstalt für Landwirtschaft, Abteilung Pflanzenschutz, Institut für Integrierten Pflanzenschutz Dresden
01307 Dresden, Stübelallee 2
Außenstellen in Chemnitz und Leipzig

Sachsen-Anhalt

Landespflanzenschutzamt
39114 Magdeburg, Zum Waldsee 1

Ämter für Landwirtschaft und Flurneuordnung mit Fachbereich Pflanzenschutz:
29410 Salzwedel, Bahnhofstr. 6
39128 Magdeburg, Lerchenwuhne 125
39576 Stendal, Akazienweg
38855 Wernigerode, Am Fischerhof 1
06406 Bernburg, Stenzfelder Allee
06108 Halle, Heinrich- und Thomas Mann-Str. 19
06667 Weißenfels, Müllnerstr. 59
16515 Wittenberg, Fröbelstr. 25

Schleswig-Holstein

Pflanzenschutzamt
24118 Kiel, Westring 383

Ämter für Land- und Wasserwirtschaft mit Abteilung Pflanzenschutz in:
25746 Heide, Berliner Straße 19
25813 Husum, Herzog-Adolf-Straße 1b
24376 Kappeln, Hindenburgstraße 1
24114 Kiel, Sophienblatt 50a
23556 Lübeck, Schönböckener Straße 102
25462 Rellingen, Hauptstraße 108

Thüringen

Thüringen Landesverwaltungsamt, Abteilung Landwirtschaft
– Pflanzenschutzdienst –
99426 Weimar, Carl-August-Allee 1a

Mit einer guten Lupe sieht man, daß es sich, im Gegensatz zu den Insekten, um achtbeinige Tierchen mit einem weitgehend ungegliederten Körper handelt. Es fehlen auch Fühler, Flügel und die für Insekten typischen Facettenaugen. Am häufigsten kommt im Objektbereich die Gemeine Bohnenspinnmilbe *(Tetranychus urticae)* vor, die recht gut an den zwei dunklen „Rückenflecken" zu erkennen ist.

Die Entwicklung der Spinnmilben verläuft über Ei, ein sechsbeiniges Larvenstadium und in der Regel zwei sogenannten Nymphenstadien zu den erwachsenen Tieren. Die Entwicklung vom Ei bis zu einem erwachsenen Tier ist stark von der Temperatur abhängig und dauert unter den üblichen Klimabedingungen in Innenräumen nur etwa 1–3 Wochen. Da jedes Weibchen etwa 100 Eier legen kann, kommt es häufig in kurzer Zeit zu gewaltigen Massenvermehrungen.

Wichtig, vor allem im Hinblick auf die Bekämpfung, ist zu wissen, daß zwischen den verschiedenen Entwicklungsstadien jeweils ein Ruhestadium (Chrysalis) liegt. Diese Ruhestadien sind unbeweglich und nehmen keine Nahrung auf. Sie sind deshalb in der Regel auch nicht oder nur schwer bekämpfbar.

Da Spinnmilben an nahezu allen Pflanzen vorkommen können, ist das Risiko, diesen Schädling mit einem Strauß Schnittblumen oder einer Topfpflanze einzuschleppen, sehr groß. Aber auch die Verschleppung innerhalb von Büro- oder Wohngebäuden durch die Menschen oder über die Klimaanlage muß berücksichtigt werden.

Zu den bevorzugten Wirtspflanzen der Spinnmilben im Objektbereich zählen u.a. *Chamaedorea* sp., *Codiaeum* sp., *Dieffenbachia* sp., *Hedera* sp. und *Schefflera* sp.

10.3.2 Schild- und Schmierläuse *(Coccina)*

Neben den Spinnmilben bereiten Schild- und Schmierläuse *(Coccina)* relativ häufig Probleme an Innenraumpflanzen. Diese schwer bekämpfbaren Schädlinge treten vor allem an hartlaubigen, verholzenden oder sukkulenten Pflanzen auf (z.B. *Ficus*-Arten, Farne, Kakteen).

Schmierläuse, manchmal auch als Woolläuse bezeichnet, sind sozusagen Schildläuse ohne Schild. Sie haben sehr starke, wollartige, weiße Wachsausscheidungen, überziehen gelegentlich ganze Triebspitzen und können diese sogar zum Absterben bringen (z.B. bei *Codiaeum*). Am häufigsten findet man an Pflanzen im Objektbereich die sogenannte Zitrusschmierlaus *(Planococcus citri)*, die einen sehr großen Wirtspflanzenkreis befällt.

Sie unterscheidet sich von anderen Schmierläusen (z.B. *Pseudococcus longispinus*) durch relativ kurze „Schwanzfäden" am Hinterende. Eine exakte Bestimmung der Schmierläuse ist notwendig, wenn Nützlinge zur Bekämpfung eingesetzt werden sollen.

Die Stechborsten der Schmierläuse reichen bis in den Siebteil des Pflanzengewebes, aus dem sie den zuckerhaltigen Pflanzensaft saugen. Die Folge ist dann eine starke Honigtauproduktion und schließlich Besiedelung dieser Zuckerausscheidungen durch Schwärzepilze (Rußtaubildung). Diese Honigtau- und Rußtaubildung macht im wesentlichen auch das Schadbild aus. Daneben entstehen noch anfangs helle, später braune Saugflecke, im Extremfall sterben Triebspitzen oder Pflanzenteile ab.

Ein Schmierlausweibchen legt innerhalb von 1–2 Wochen bis zu 600 Eier in ein „Nest" aus wolligen Wachsausscheidungen ab. Je nach Temperatur beträgt die übliche Entwicklungszeit vom Ei bis zum Weibchen unter den üblichen Bedingungen im Objektbereich 1–2 Monate.

Die „echten" Schildläuse treten in verschiedenen Formen, meist als sogenannte **Napfschildläuse** oder Deckelschildläuse auf. Die an der Innenraumbegrünung häufig vorkommenden Napfschildläuse *(Lecaniidae)* erkennt man an den meist etwa 3 mm großen, rundlichen, braunen oder schwarzen, höckerartigen Schilden. Am häufigsten sind im Objektbereich die Halbkugelige Napfschildlaus *(Saissetia coffea)* und die Gemeine Napfschildlaus *(Coccus hesperidum)* anzutreffen.

Im Gegensatz zu anderen Schildlausarten sind die Napfschildläuse mit ihrem Schild fest verbunden, d.h. beim Abheben vom Untergrund lösen sich Tier und Schild als eine Einheit ab. Meistens findet man die unbeweglichen Tiere an der Blattunterseite entlang der Mittelrippe oder stärkerer Blattadern; aber auch an Blattstielen oder sogar bereits verholzten Stämmen. Wie die Schmierläuse produzieren sie in großen Mengen Honigtau, was zur Verschmutzung der Pflanzen durch die darauf wachsenden Rußtaupilze führt.

Ein Weibchen der Napfschildläuse legt über einen Zeitraum von mehreren Wochen bis zu 2.300 Eier unter ihrem Schild ab. Danach stirbt das Weibchen und aus den Eiern schlüpfen die noch beweglichen Larven, die sogenannten crawler (Krabbler), die sich auf der Suche nach neuen Saugstellen auf den Pflanzen verbreiten.

Die **Deckelschildläuse** *(Diaspididae)* sind im Objektbereich zwar nicht so häufig wie die Schmierläuse oder die Napfschildläuse, können aber in Einzelfällen große Probleme bereiten. Im Gegensatz zu diesen Schädlingen saugen sie auch nicht am Siebgewebe der Pflanzen und produzieren somit keinen Honigtau. Häufig scheiden sie jedoch beim Besaugen der Pflanzen giftige Substanzen aus, die zu gelben, roten oder braunen Flecken um die Saugstelle führen können.

Die Deckelschildläuse haben mehrschichtige Schilde aus alten Larvenhäuten und Wachsausscheidungen. Der Körper ist mit dem Schild nicht fest verbunden, so daß sich beim Anheben nur der Schild löst und der Insektenkörper auf dem Blatt verbleibt. Bei stärkerer Vermehrung können regelrechte Schildlauskrusten auf den Blättern oder Stengeln entstehen.

Die **Ausbreitung** der Schild- und Schmierläuse geschieht fast ausschließlich passiv, da die Weibchen nicht flugfähig sind und meist nur das erste Larvenstadium auf den Pflanzen umherwandert. Eine wichtige Maßnahme ist deshalb die gründliche Kontrolle der Pflanzen vor dem Ausstellen bzw. der Pflanzung. Auch der Kunde sollte auf das Risiko der Einschleppung mit neuen Pflanzen, z.B. Topfpflanzen auf dem Schreibtisch oder der Fensterbank, hingewiesen werden.

10.3.3 Thripse
(Thysanoptera)

Thripse, auch Fransenflügler oder Blasenfüße genannt, zählen neben den Spinnmilben zu den häufigsten Schädlingen der Innenraumbegrünung. Durch die Saugtätigkeit der sehr kleinen, schlanken Insekten kommt es zu einer hellen, oft silbrigen Sprenkelung der Blätter, die leicht mit einem Spinnmilbenschaden verwechselt werden kann.

Im weiteren Verlauf werden die Befallsstellen braunfleckig und vertrocknen. Häufig findet man auch korkige Grindstellen, begrenzte Mißbildungen und kleine, dunkel glänzende Kottröpfchen. Sofern blühende Pflanzen befallen werden, sind die Blüten fleckig und mißgebildet.

Häufige Thripsarten im Objektbereich sind z.B. der Dracaenen-Thrips *(Parthenothrips dracaene)*, der Langbinden-Gewächshausthrips *(Hercinothrips femoralis)*, der Zwiebelthrips *(Thrips tabaci)* oder der besonders schwer bekämpfbare Kalifornische Blütenthrips *(Frankliniella occidentalis)*.

Die sehr schlanken Insekten sind selbst im ausgewachsenen Stadium nur knapp über einen Millimeter groß und werden daher bei geringem Befall leicht übersehen. Hinzu kommt, daß sie auch versteckt in Knospen oder zwischen Blattscheiden leben können. Die erwachsenen Tiere sind je nach Art gelblich, braun, oft auch dunkel gefärbt oder weisen zumindest dunkle Querstreifen auf. Die Jugendstadien sind den erwachsenen Thripsen sehr ähnlich, nur eben noch kleiner, flügellos und meist durchsichtig oder hell gefärbt und deshalb nur schwer zu erkennen. Das wichtigste Merkmal für einen Thripsbefall ist deshalb das Schadbild, d.h. vor allem die hellen, zum Teil silbrigen Sprenkel sowie die dunkel glänzenden Kottröpfchen. Für die genauere Diagnose sollte dann eine Lupe verwendet werden.

Ein Thripsweibchen kann bis zu 200 Eier ablegen. Die daraus schlüpfenden Larven und das folgende Jugendstadium verbleiben etwa eine Woche auf den Pflanzen. Die beiden folgenden Entwicklungsstadien werden bei vielen Thripsarten im Boden oder der obersten Substratschicht durchlaufen. Diese Formen nehmen keine Nahrung auf, es sind sozusagen Ruhestadien. Die Gesamtentwicklungszeit einer Thripsgeneration beträgt je nach Temperatur etwa drei Wochen.

10.3.4 Weiße Fliege, Mottenschildläuse
(Aleyrodina)

Die Weiße Fliege (meist *Trialeurodes vaporariorum*, seltener *Bemisia tabaci*) kann bei bestimmten Pflanzen (z.B. *Solanum*-Arten, *Cissus*, *Hibiscus*) erhebliche Probleme bereiten. An den für die Innenraumbegrünung besonders häufig verwendeten Blattpflanzen tritt sie jedoch im allgemeinen nur selten auf. Die kleinen, motten- oder fliegenähnlichen Insekten ähneln in ihrer Lebensweise den Schildläusen. Nicht zu Unrecht bezeichnet man die Weiße Fliege deshalb auch als Mottenschildlaus. Nur das erste Larvenstadium ist beweglich und kann mit Pflanzenschutzmitteln relativ gut erfaßt werden. Die späteren Larvenstadien sind festsitzend und unter Wachsausscheidungen gut geschützt. Praktisch nicht bekämpfbar ist das letzte, puppenähnliche Larvenstadium, aus dem die erwachsene Weiße Fliege schlüpft.

Auf geeigneten Wirtspflanzen kann sich die Weiße Fliege in großen Massen vermehren. Ein Weibchen legt bis zu 400 Eier ab. Die Generationsdauer ist temperaturabhängig und beträgt unter den Bedingungen der Innenraumbegrünung etwa 3–5 Wochen. Das Schadbild der Weißen Fliege besteht weniger in unmittelbaren Saugschäden, die sich in Form heller Flecke zeigen, sondern vor allem in starker Honigtauproduktion und damit der Ansiedlung von Schwärzepilzen, sogenannten Rußtaupilzen. Außerdem findet man die Schädlinge oft in großen Mengen auf der Unterseite der jüngeren Blätter. Bei Berührung können sie in Wolken auffliegen.

10.3.5 Blattläuse *(Aphidina)*

Selbstverständlich treten an Pflanzen in Innenräumen auch Blattläuse auf. Im Vergleich zu Spinnmilben, Thripsen oder Schild- und Schmierläusen ist ihre Bedeutung jedoch relativ gering. Von den zahlreichen Blattlausarten, die im Objektbereich vorkommen können, ist die **Grüne Pfirsichblattlaus** *(Myzus persicae)* sicherlich die häufigste Art.

Blattläuse schädigen durch Verkrüppelung von Blättern und Triebspitzen und vor allem, wie die Schild- und Schmierläuse, durch die starke Honigtauproduktion. An diesen klebrigen Belägen, die oft schnell von den dunklen Rußtaupilzen besiedelt werden, ist auch der Befall versteckt sitzender Blattläuse zu erkennen, ebenso wie an den abgestreiften, leeren, weißen Larvenhäuten, den sogenannten Exuvien.

Zu den blattlausgefährdeten Pflanzen zählen u.a. *Hibiscus*, Farne, *Cissus*, *Dieffenbachia* und Bromelien. Meist treten die Blattläuse in mehr oder weniger großen Kolonien an jungen Trieben oder den Blattunterseiten auf. Blattläuse zeichnen sich durch extrem schnelle Vermehrung aus. Durch Jungfernzeugung entstandene Jungtiere werden lebend abgesetzt und beginnen ihrerseits bereits 1–2 Wochen später schon wieder mit der Reproduktion.

10.3.6 Sonstige Schädlinge

Schwierigkeiten in der Diagnose macht gelegentlich ein Schädling an *Yucca*, die **Gallmilbe** *Cecidophyopsis hendersonii*, deren Schadbild sehr stark an Echten Mehltau erinnert. In Wirklichkeit sind es mikroskopisch kleine Milben, die auch mit der Lupe kaum als Einzeltiere auszumachen sind. Da sie auf *Yucca* in Massen auftreten und eine verstärkte Blatthaarbildung induzieren, führen sie zu einem Schadbild, das sehr leicht mit Befall durch Echten Mehltau verwechselt werden kann. Selbstverständlich bleiben Spritzungen mit Mehltaumitteln in diesem Fall wirkungslos. Im Objektbereich können die gegen Spinnmilben wirksamen Präparate oder Öle eingesetzt werden.

„Beißende Insekten" bereiten bei der Innenraumbegrünung glücklicherweise seltener Probleme als die beschriebenen „saugenden Insekten" oder Milben. Wenn, dann sind es meist Raupen von Eulen- oder Wicklerfaltern, gelegentlich auch bestimmte Käferlarven, die sich in der Regel einfach durch Absammeln entfernen lassen. Eine Ausnahme stellt jedoch der **Bananentriebbohrer** *(Opogona sacchari)* dar, ein Falter, dessen Larven in Stämmen von *Dracaena* und *Yucca* vorkommen können. Durch die Fraßaktivität der Raupen dieses Falters werden die Stämme weich, und erst relativ spät reagieren dann die Pflanzen mit Welke und Absterben. Die gründliche Kontrolle gefährdeter Pflanzen vor dem Auspflanzen ist deshalb besonders wichtig. Befallene Pflanzen im Objektbereich sind in der Regel nicht mehr zu retten; sie sollten frühzeitig entfernt werden, um eine Ausbreitung des Schädlings zu verhindern. Diese Maßnahme kann durch das Aufhängen von **Insektenfanglampen** unterstützt werden.

Hin und wieder gibt es auch Probleme mit sogenannten **Springschwänzen** *(Collembola)*. Es sind flügellose, nur 1–3 mm lange Urinsekten. Ihren Namen haben sie von ihrer Fähigkeit, mit Hilfe einer am Hinterleib angebrachten Sprunggabel mehr oder weniger große Sprünge zu machen. Als Bodenbewohner sind sie eher als nützlich einzustufen, da sie an der Umsetzung der organischen Substanz beteiligt sind. Auch an den Zimmerpflanzen treten sie kaum als Schädling auf. Sie sind eher **Anzeiger für Wurzelfäule** aufgrund von Vernässung und bei Massenauftreten eben lästig. Nur bei sehr starker Massenvermehrung können die Collembolen neben dem abgestorbenen, faulenden Material gelegentlich auch gesunde Wurzeln anknabbern und dann auch als Schädlinge betrachtet werden. Bei verstärktem Auftreten sollte unbedingt der Wurzelbereich kontrolliert werden, ob nicht faulende organische Substanz die eigentliche Ursache für das Auftreten der Springschwänze darstellt. Wenn der Wurzelraum wieder in einen optimalen Zustand gebracht wurde, erübrigen sich in der Regel direkte Bekämpfungsmaßnahmen.

10.4 Bekämpfung der pflanzenschädlichen Milben und Insekten

Treten die im vorhergehenden Abschnitt beschriebenen Schädlinge erst einmal in Massen auf, dann bleibt oft nur das Entfernen der ganzen Pflanze oder der Griff zur Chemie, zum Pflanzenschutzmittel, als letzte Maßnahme. Da die Palette der Pflanzenschutzmittel, die für einen Einsatz in Innenräumen zugelassen sind, sehr beschränkt ist, führen auch intensive Spritz- oder Sprühbehandlungen oft nicht zum gewünschten Erfolg. Für die Innenraumbegrünung sind deshalb die **vorbeugenden Pflanzenschutzmaßnahmen** und vor allem die gründliche **Kontrolle und Überwachung** der Pflanzen von besonderer Bedeutung. Außerdem bieten sich in vielen Fällen **biologische Verfahren** an, vor allem, wenn der Kunde den Einsatz chemischer Pflanzenschutzmittel grundsätzlich ablehnt.

10.4.1 Überwachung und Kontrolle

In der Praxis wird der Zeitaufwand für eine gründliche Krankheits- und Schädlingskontrolle oft als „unproduktive" Zeit abgetan. Überlegt man jedoch, welche Folgekosten ein zu spät erkannter Befall haben kann, dürfte die Rentabilitätsrechnung sehr schnell zu Gunsten dieser wichtigen Pflanzenschutzmaßnahme ausfallen. Bereits vor oder während die Pflanzen in das Objekt gebracht werden, muß eine gründliche Kontrolle erfolgen. Denn eingeschleppte Schädlinge gefährden nicht nur die betroffene Einzelpflanze, sondern später das gesamte Objekt.

Ein wachsames Auge benötigt man aber auch während der üblichen Routinepflege. Dabei kommt es vor allem darauf an, sogenannte Befallsnester frühzeitig zu entdecken. Dies gilt vor allem für Schädlinge, die wenig aktiv sind, d.h. oft längere Zeit auf einzelne Pflanzen oder gar Pflanzenteile beschränkt bleiben, wie zum Beispiel Schild- und Schmierläuse oder auch Spinnmilben. Entfernt man solche Befallsnester frühzeitig durch **gezielten Rückschnitt** oder manchmal auch durch das Entfernen ganzer Pflanzen, und unterstützt diese Maßnahme gegebenenfalls noch durch eine Herdbehandlung oder die Freilassung von Nützlingen, dann ist der Erfolg meist größer als bei routinemäßigen Sprühbehandlungen der ganzen Bepflanzung.

10.4.2 Chemische Pflanzenschutzmaßnahmen

Die chemische Bekämpfung von Krankheiten und Schädlingen in Innenräumen ist ein sehr schwieriges Unterfangen. Pflanzenschutzmittel, die in diesem Bereich eingesetzt werden sollen, müssen nicht nur gut wirksam und pflanzenverträglich sein, sondern auch möglichst ungiftig, nicht oder kaum mit der Nase wahrzunehmen und möglichst keine Schäden an Fußböden, Möbeln oder Geräten hervorrufen.

Aufgrund dieser Anforderungen sind die Möglichkeiten der chemischen Bekämpfung von Pflanzenschädlingen in Innenräumen sehr begrenzt. Spezielle Zulassungen für den Innenraumbereich gibt es, mit wenigen Ausnahmen (z.B. Pflanzenschutzöle), nur für entsprechende Fertigformulierungen, also meist Sprühdosen oder Sprühflaschen, seltener Granulate oder sogenannte Pflanzenschutzzäpfchen bzw. -stäbchen.

Als gut wirksam gegen **Spinnmilben** und gleichzeitig gegen die schwer bekämpfbaren **Schild- und Schmierläuse** sowie gegen die Weiße Fliege erwiesen sich bei entsprechenden Untersuchungen Pflanzenschutzmittel mit dem Wirkstoff Omethoat (z.B. Lizetan-Zierpflanzenspray) oder Präparate auf der Basis von Raps- oder Mineralölen. Viele Insektizidsprays enthalten als aktive Substanz den Wirkstoff Dimethoat (z.B. Blattlaus-frei Spiess-Urania, COMPO Zierpflanzen-Spray D). Bei häufiger Anwendung besteht die Gefahr der Resistenzbildung der Schädlinge. Um dieser Problematik vorzubeugen, sollten wechselweise Pflanzenschutzmittel mit unterschiedlichen Wirkstoffen verwendet werden.

Brauchbar sind auch die im Innenraumbereich verwendeten Blattglanzmittel. Diese Pflegemittel, die nicht zu den Pflanzenschutzmitteln im engeren Sinne zählen, enthalten meist Öle, die ebenfalls eine hohe Wirksamkeit gegen die genannten, schwer bekämpfbaren Schädlinge aufweisen. In vergleichenden Versuchen übertrafen sie sogar häufig in der Wirkung die entsprechenden Pflanzenschutzmittel.

Die meisten **Thripse** lassen sich, wie die Blattläuse, im allgemeinen mit allen für den Innenraumbereich zugelassenen Fertigformulierungen gut bekämpfen. Gegen diese Schädlinge können zum Beispiel auch sehr gut die Mittel auf der Basis des natürlichen Pyrethrums oder Kaliseife eingesetzt werden.

Der Zusatz von Pflanzenschutzmitteln zur Nährlösung wie Systemschutz D oder der Einsatz von sogenannten Pflanzenschutzzäpfchen oder -stäbchen bringt leider gegen Spinnmilben sowie Schild- und Schmierläuse keinen ausreichenden Bekämpfungserfolg. Eine gewisse Wirkung ließe sich nur bei regelmäßigem vorbeugendem Einsatz erzielen. Diese Präparate zeigen jedoch bei sachgemäßem Einsatz meist eine recht gute Wirkung gegen Blattläuse und Thripse. Gegen Blattläuse können an Pflanzen in Erde oder Torfsubstraten auch insektizide Granulate Anwendung finden.

Beim Einsatz der chemischen Pflanzenschutzmittel ist jedoch zu bedenken, daß gleichzeitig eingesetzte Nützlinge stark geschädigt werden können. Wenn biologische Maßnahmen zum Einsatz kommen sollen (vgl. folgendes Kapitel), dann müssen mögliche chemische Maßnahmen gut darauf abgestimmt werden.

10.4.3 Biologischer Pflanzenschutz

Eine gute Alternative zur chemischen Behandlung können, gerade im Objekt- bzw. Wohnbereich, die biologischen Verfahren

Pflanzenschutzmittel mit Zulassung zur Anwendung in Räumen (Stand November 1997)

Wirkstoff: **Dimethoat** (gegen Blattläuse, Schildläuse und Mottenschildläuse)
Blattlaus-frei Spiess-Urania
COMPO Schildlaus-Spray
COMPO Zierpflanzen-Spray D
Dehner-Zierpflanzenspray
Detia Pflanzenschutz-Spray
Gabi Pflanzenspray
recozit Pflanzenspray

Wirkstoff: **Omethoat** (gegen Spinnmilben, saugende Insekten)
COMPO Zierpflanzen-Spray
Folimat-Rosenspray
Lizetan-Zierpflanzenspray

Wirkstoffe: **Piperonylbutoxid + Pyrethrine** (gegen Spinnmilben, saugende Insekten)
Chrysal Pflanzenspray[1]
COMPO Insekten-Spray[1]
egesa-Pflanzen-Insekten-Spray NEU
Etisso Pflanzenschutz[1]
Florestin Pflanzenspray[1]
Gartenspray Parexan[1]
Pflanzen Paral für Topfpflanzen[1]
Pflanzenspray Hortex Neu
Pflanzol-Blattlaus-Spray[1]
Spruzit-Gartenspray[1]
Spruzit Zimmerpflanzenspray[1]

Insektizide zur Anwendung über die Wurzel

Wirkstoff: **Butoxycarboxim** (als Stäbchen zum Einstecken in den Wurzelballen gegen Blattläuse)
Combi-Stäbchen Neu
Pflanzen Paral Kombi-Stick (mit Dünger)
Pflanzen Paral Pflanzenschutz-Zäpfchen
Plant pin
Plant pin combi (mit Dünger)
Wirkstoff: **Dimethoat** (als Stäbchen zum Einstecken in den Wurzelballen gegen Blattläuse)
Blattlaus-frei Spiess-Urania[2]
COMPO Pflanzenschutz-Stäbchen
Detia Pflanzenschutz Stäbchen (mit Dünger)
Florestin-Pflanzenschutzstäbchen (mit Dünger)
Gabi-Combi-Pflanzenschutz-Düngestäbchen (mit Dünger)
Kraft Blattlaus-Killer
Pflanzol Pflanzenschutz-Zäpfchen
Poly plant Pflanzenschutzstäbchen
Recozit Pflanzenspray[2]

Wirkstoff: **Ethiofencarb** (als Streugranulat gegen Blattläuse)
COMPO Blattlaus frei
Croneton-Granulat

Fungizide als Spray oder Spritzmittel

Wirkstoff: **Bitertanol** (gegen Echte Mehltaupilze)
Baymat Zierpflanzenspray
COMPO Rosen-Spray

Wirkstoff: **Lecithin** (gegen Echte Mehltaupilze)
Bio Blatt Mehltaumittel (0,15%ig)

Wirkstoff: **Pyrazophos** (gegen Echte Mehltaupilze)
Pokon Mehltauspray

Kombinationspräparate

Wirkstoffe: **Lecithin + Piperonylbutoxid + Pyrethrine** (gegen Echte Mehltaupilze, Spinnmilben und saugende Insekten)
Bio-Myctan Zimmerpflanzenspray

---

[1] keine Zulassung gegen Spinnmilben
[2] als Spray, auch gegen Schild- und Mottenläuse

Tab. 45: Schädlinge und gegen sie eingesetzte Nützlingsarten

Schädling (Wirt oder Beute)	Entwicklungsstadien	Nützlingsart (Gruppe)
Weiße Fliege		
Trialeurodes vaporariorum	Nymphen	*Encarsia formosa* (S)
Bemisia tabaci	Nymphen	*Encarsia formosa* (S), *Eretmocerus californicus* (S)
Blattläuse		
(alle Arten)	alle	*Chrysoperla carnea* (F), *Aphidoletes aphidimyza* (G)
		Coccinella septempunctata (M), *Episyrphus balteatus* (SW)
Macrosiphum euphorbiae u.a.	ältere	*Aphelinus abdominalis* (S), *Praon volucre* (S), *Praon bicolor* (S)
Aulacorthum solani u.a.	ältere	*Praon volucre* (S), *Praon bicolor* (S)
Aulacorthum circumflexum u.a.	ältere	*Aphelinus abdominalis* (S), *Praon vulurce* (S)
(übrige Arten)	ältere	*Aphidius colemani* (S), *Aphidius matricariae* (S)
		Lysiphlebus testaceipes (S), *Praon*-Arten (S)
Schmierläuse		
Planococcus citri	ältere/jüngere	*Leptomastix dactylopii* (S), *Leptomastidea abnormis* (S)
Pseudococcus affinis	ältere	*Leptomastix epona* (S), *Pseudophycus maculipennis* (S)
(wie oben und andere)	alle	*Cryptolaemus montrouzieri* (M), *Chrysoperla carnea* (F)
Napfschildläuse		
Coccus hesperidum	L2-Adulte	*Microterys flavus* (S)
	L2-Adulte	*Metaphycus helvolus* (S)
	ältere	*Encyrtus lecaniorum* (S)
Saissetia olea	ältere	*Metaphycus helvolus* (S)
Saissetia coffea	L2-Adulte	*Coccophagus lycimnia* (S)
	ältere	*Encyrtus lecaniorum* (S)
Deckelschildläuse		
Aonidiella aurantii, Aspidiotus neri, Diaspis bromeliae	L3	*Aphytis melinus* (S)
(viele Arten)	Deckelstadien	*Chilocorus* sp. (M), *Lindorus lophantae* (M)
Thripse		
Frankliniella occidentalis	Eier, Eilarven	*Amblyseius cucumeris* (R), *Amblyseius barkeri* (R), *Orius majusculus* (W), *Orius minutus* (W), *Orius laevigatus* (W), *Amblyseius degenerans* (R)
Parthenothrips dracaenae	Larven	*Chrysoperla carnea* (F)
(weitere Arten)		*Orius majusculus* (W), *O. minutus* (W), *O. laevigatus* (W)
Spinnmilben		
Tetranychus urticae	alle	*Phytoseiulus persimilis* (R), *Amblyseius californicus* (R)
		Amblyseius cucumeris (R), *Amblyseius degenerans* (R)
Panonychus citri	alle	*Amblyseius californicus* (R), *Amblyseius cucumeris* (R)
		Chrysoperla carnea (F)
Falsche Spinnmilbe		
Brevipalpus-Arten	alle	*Amblyseius cucumeris* (R)
Tenuipalpus-Arten		*Amblyseius barkeri* (R)
Weichhautmilben, Gallmilben	Larven, Adulte	*Amblyseius barkeri* (R)
Trauermücken	Larven	*Steinernema feltiae* (N), *Steinernema carpocapsae* (N)
Schmetterlinge, Eulen, Wickler	Eier, Raupen	*Chrysoperla carnea* (F), *Bacillus thuringiensis* (B)
		Orius majusculus (W), *Orius minutus* (W)

S = Schlupfwespe, G = Gallmücke, B = Bakterium, F = Florfliege, R = Raubmilbe, M = Marienkäfer, W = Raubwanze, N = Nematode, SW = Schwebfliege

Quelle: Integrierte Schädlingsbekämpfung an Pflanzen in Innenräumen, Ministerium für Ländlichen Raum, Ernährung, Landwirtschaft und Forsten, Baden-Württemberg

darstellen. Tabelle 45 gibt eine Übersicht, welche Nützlinge mittlerweile kommerziell verfügbar sind und für die Innenraumbegrünung in Frage kommen. Dabei ist zu unterscheiden zwischen **Räubern**, die ihre Beute auffressen oder aussaugen und **Parasitoiden**, meist Schlupfwespen, die ihre Eier in die Schädlinge legen. Die daraus schlüpfenden Nützlingslarven fressen dann ihre Wirte von innen her auf.

Überwiegend sind die verschiedenen Nützlinge auf bestimmte Schädlinge spezialisiert. Es gibt aber auch „Allesfresser", also all-round-Nützlinge, wie die Florfliegenlarven *(Chrysoperla carnea)*, die ein breites Spektrum von Schädlingen erfassen (vgl. biologische Blattlausbekämpfung). Diese Nützlinge können sehr gut vorbeugend ausgebracht werden, um generell die häufig an der Innenraumbegrünung vorkommenden Schädlinge im Sinne einer biologischen Basisbehandlung auf einem niedrigen Befallsniveau zu halten.

Sicherlich sind die verschiedenen Verfahren der biologischen Bekämpfung und die damit verbundenen Kontrollaufgaben nicht so einfach zu handhaben wie die konventionellen Spritzbehandlungen. Auch werden sie häufig teurer sein und es fehlen oft noch die notwendigen Erfahrungen für wirklich eindeutige Anwendungsempfehlungen. Es wird auch kaum Patentrezepte geben können, da jeder Fall individuell behandelt werden muß.

Es kann nur Leitlinien geben und es sind spezielle Kenntnisse erforderlich, die letztlich auch zur Profilierung der Pflanzenpflegefirma beitragen können. Auch unter Berücksichtigung der derzeit noch bestehenden Probleme gibt es eine Reihe von guten Gründen, die für die biologische Bekämpfung in Innenräumen sprechen:

- keine Nebenwirkungen auf Mensch und Tier

- keine Geruchsbelästigung

- keine Schäden an Inneneinrichtungen (aufwendige Folienabdeckungen entfallen)

- keine Pflanzenschäden

- keine Spritzflecke

- keine Resistenzbildung

- gutes Image der Pflegefirma

10.4.3.1 Spinnmilbenbekämpfung

Zur biologischen Bekämpfung der Spinnmilben kann vor allem die Raubmilbe *Phytoseiulus persimilis* eingesetzt werden. Sie ist zwar mit den Spinnmilben eng verwandt, hat sich jedoch auf das Aussaugen von Spinnmilben spezialisiert, d.h., sie ernährt sich ausschließlich räuberisch von Spinnmilben und greift keinesfalls Pflanzen, Haustiere oder gar den Menschen an.

Diese Raubmilbe ist von der Spinnmilbe leicht zu unterscheiden. Sie ist etwas größer und hat einen eher birnenförmigen Körper sowie längere Vorderbeine. Die Jugendstadien sind zunächst weißlich oder hell gelblich, später färbt sich die Raubmilbe rot bis braunrot. Die Eier sind fast doppelt so groß wie die der Spinnmilben, zunächst glasig-durchscheinend, später lachsfarben.

Die Raubmilben ernähren sich durch Aussaugen aller Spinnmilbenstadien, d.h. von den Eiern bis zu den erwachsenen Tieren. Die Fraßleistung ist ganz beachtlich. Eine

Raubmilbe verzehrt täglich etwa 5 erwachsene Spinnmilben oder 20 Eier bzw. Jugendstadien. Wenn keine Nahrung in Form von Spinnmilben mehr vorhanden ist, dann verhungern die Tiere oder fressen sich gegenseitig auf. Es bestehen somit keinerlei Bedenken, dieses „nützliche Ungeziefer" auch im Wohnbereich einzusetzen.

Leider entsprechen die kleinklimatischen Bedingungen im Objektbereich oft nicht den Ansprüchen der Raubmilben. Vor allem die **niedrige Luftfeuchtigkeit stellt den Einsatz in Frage.** Unter 60% relativer Luftfeuchte findet keine Vermehrung mehr statt. Bei Temperaturen über 30 °C, wie sie an den oberen Pflanzenteilen bei intensiver Einstrahlung durchaus vorkommen können, wandern die Raubmilben in kühlere Bereiche ab. Die Spinnmilben hingegen können sich unter solchen Bedingungen jedoch noch gut vermehren. Inzwischen sind auch Raubmilbenstämme im Handel, die nicht so empfindlich auf niedrige Luftfeuchte reagieren. Auch eine weitere Raubmilbenart *(Amblyseius californicus)*, die seit kurzem verfügbar ist, kann bei niedriger Luftfeuchte und höheren Temperaturen ergänzend oder alternativ eingesetzt werden.

Wichtig ist, daß man die Raubmilben frühzeitig, d.h. bereits bei ersten Befallsanzeichen aussetzt. Eine ständige Kontrolle ist deshalb sehr wichtig, das gilt aber auch für die anderen Bekämpfungsverfahren, da ja geschädigte Blätter nicht mehr geheilt werden können. Bei stärkerem Befall sollte die Ausbringung mindestens einmal nach etwa vierzehn Tagen wiederholt werden. Die Nützlinge sind so zu bestellen, daß sie möglichst am Tag der Ankunft auch ausgebracht werden können.

Im allgemeinen erhält man die Raubmilben gemeinsam mit Spinnmilben auf Bohnenblättern oder in Dosen auf Trägerstoffen wie Vermiculite. Bei Verwendung von „Dosenware" ist zu beachten, daß in der Regel nur erwachsene Tiere enthalten sind und bei wiederholter Ausbringung der Abstand zu verkürzen ist. Für den Objektbereich dürfte die Ausbringung auf Bohnenblätter besser geeignet sein, da einerseits verschiedene Stadien der Raubmilben ausgebracht werden und die Blätter vom Kunden weniger als Verschmutzung empfunden werden. Auch lassen sie sich wieder einfach und sauber entfernen.

Damit keine Nützlinge verloren gehen, darf die Packung erst unmittelbar bei den Pflanzen geöffnet werden. Während der Ausbringung ist zu kontrollieren, ob auch reichlich lebende Raubmilben auf den Blättern oder im Gemisch vorhanden sind. Sie sind leicht zu erkennen, da sie größer als Spinnmilben und viel beweglicher sind. Bei einiger Übung erkennt man sie bereits mit bloßem Auge. Mit Raubmilben besetzte Bohnenblätter können für eine bessere Verteilung zerkleinert werden, so daß aber auf jedem Teilstück einige Raubmilben vorhanden sind (ggf. Lupenkontrolle). Vor allem die mittleren und oberen Pflanzenteile sind zu belegen, nach Möglichkeit aber alle befallenen Blätter. Nicht nur auf die Befallsherde, sondern auch auf die Nachbarpflanzen sollten Raubmilben ausgebracht werden. Das Verpackungsmaterial läßt man nach Möglichkeit an den Pflanzen.

Für die Aufwandmenge gibt es leider keine einheitliche Empfehlung, da dies von der Pflanzengröße und dem Befallsgrad abhängt. Im allgemeinen rechnet man mit 20–100 Raubmilben je Großgefäß, mindestens 2 Raubmilben je befallenem Blatt. Eine andere Angabe lautet, daß man mit den handelsüblichen Kleinpackungen etwa 10 Einzelpflanzen behandeln kann. Frühestens nach 4

Tagen kann man dann die vertrockneten Bohnenblätter und das Verpackungsmaterial entfernen. Spätestens nach 2–3 Wochen sollten sich die Raubmilben kräftig vermehrt und eine deutliche Dezimierung der Spinnmilben begonnen haben.

Werden zur Bekämpfung anderer Schädlinge Florfliegenlarven *(Chrysoperla carnea)* eingesetzt, dann erfaßt man damit auch gleichzeitig einen schwachen Spinnmilbenbefall (vgl. biologische Bekämpfung der Blattläuse). Auch verschiedene andere Raubmilben (z.B. *Amblyseius*-Arten) haben gute Effekte gegen die Spinnmilben.

10.4.3.2 Thripsbekämpfung

Mit Ausnahme des Dracaenenthripses *(Parthenothrips dracaenae)* lassen sich die Thripse recht gut mit den Raubmilben *Amblyseius cucumeris* und *A. barkeri* bekämpfen. Diese Raubmilben ähneln den gegen Spinnmilben eingesetzten, sind jedoch nicht rötlich gefärbt, auch etwas kleiner und sogar noch beweglicher. Ihre Fraßleistung ist bei günstigen Bedingungen sehr gut. Eine *Amblyseius*-Raubmilbe vertilgt während ihrer 20–35tägigen Lebensdauer etwa 30 Thripslarven oder andere kleine Schädlinge (z.B. Spinnmilben). Sie haben ähnlich hohe Ansprüche an die Temperatur und vor allem an die Luftfeuchtigkeit wie die Spinnmilbenräuber *(Phytoseiulus persimilis)* und bereiten deshalb auch ähnliche Probleme.

Raubmilben zur Thripsbekämpfung können durchaus vorbeugend in kleineren Mengen ausgebracht werden, da sie auch andere Nahrungsquellen nutzen. Der Regelfall ist jedoch der Einsatz bei den ersten Anzeichen eines Befalles. Die Ausbringung kann in Form von kleinen Tüten erfolgen, aus denen die Raubmilben auswandern oder durch Aufstreuen einer Kleie- oder Vermiculitemischung mit den Raubmilben. Wobei auch hier für den Objektbereich die lose Form weniger geeignet ist. Aus der Tüte hat man über längere Zeit (3–8 Wochen) Nachschub, da aus den darin abgelegten Eiern noch Raubmilben schlüpfen, die sich auch noch von dem dort vorhandenen Futtervorrat ernähren können und vor Trockenheit geschützt sind.

Je Großgefäß oder Pflanze wird etwa eine Tüte mit Raubmilben benötigt. Falls nach 6–8 Wochen noch Thripsbefall vorhanden ist werden die Tüten erneuert. Den Inhalt der alten Tüten kann man auf den Pflanzen verteilen, da sich erfahrungsgemäß noch Raubmilben darin befinden.

Sind bereits viele erwachsene Thripse vorhanden, dann sollten zusätzlich Florfliegenlarven (vgl. biologische Blattlausbekämpfung) ausgebracht werden, da die Raubmilben bevorzugt die Thripslarven erbeuten. Der Einsatz von Florfliegenlarven empfiehlt sich auch gegen Thripsarten (z.B. Dracaenenthrips) die sich mit den Raubmilben nur schlecht oder nicht bekämpfen lassen.

Grundsätzlich könnten zur biologischen Thripsbekämpfung auch Raubwanzen (*Orius*-Arten) eingesetzt werden. Die Eignung dieser Nützlinge für den Objektbereich ist jedoch noch ziemlich unklar. Nach bisherigen Erfahrungen scheinen sich die Raubwanzen für den Objektbereich nicht so gut zu eignen.

10.4.3.3 Schmierlaus-Bekämpfung

Auch zur biologischen Bekämpfung von Schmierläusen stehen verschiedene Nützlinge zur Verfügung. Es sind dies sowohl räuberische Insekten, wie spezielle Marienkäfer oder der Allesfresser Florfliege, als auch Parasitoide, in diesem Fall verschiedene Schlupfwespen.

Ein besonders effektiver Räuber ist der **Australische Marienkäfer** *(Cryptolaemus montrouzieri)*. Es ist ein relativ kleiner, nur 4 mm langer Käfer mit orangefarbenem Kopf und schwarzen Flügeldecken, der alle Arten von Schmierläusen frißt und teilweise auch Blattläuse oder die Larven anderer Schadinsekten. Das Käferweibchen legt seine Eier (bis zu 500) zwischen die Eigelege der Schmierläuse. Innerhalb von 8-9 Tagen schlüpfen daraus die Larven. Diese werden bis zu 13 mm lang und sind mit zunehmendem Alter mehr und mehr von Wachsausscheidungen bedeckt. Damit sind sie ihrer Beute, den Schmierläusen, sehr ähnlich, d.h., man kann sie damit leicht verwechseln.

Der Australische Marienkäfer ist in der Lage, große Schmierlauskolonien schnell zu reduzieren, wenn die Umweltbedingungen stimmen. Temperaturen zwischen 22–25 °C sowie eine Luftfeuchtigkeit im Bereich von 70–80 % sind optimal für seine Entwicklung. Ein Käfer vertilgt im Laufe seines Lebens immerhin mehr als 250 Schmierläuse. Während die Larven nur an die Eier und jüngeren Schmierlauslarven gehen, frißt der erwachsene Käfer alle Entwicklungsstadien.

Der Nützling wird in der Regel in einer Box mit Papierwolle und einem Blattstück mit Schmierläusen als „Reiseproviant" versandt. Man benötigt ungefähr 5 Käfer je Pflanze um einen ausreichenden Bekämpfungserfolg zu erzielen. Bei größeren Pflanzungen rechnet man mit 2–5 Käfern je m^2. Gerade bei stärkerem Befall sind die Käfer gut einsetzbar, da sie eine hohe Fraßleistung haben und dann auch eher an der Pflanze bleiben. Bei geringem Befall werden die Schmierläuse häufig nicht gefunden und die Käfer wandern ab. In diesem Fall ist eine sorgfältige Verteilung auf starke Befallsnester besonders wichtig.

Die Freilassung sollte unbedingt sofort nach Erhalt der Sendung erfolgen, aber nur am frühen Morgen oder späten Abend. Während der Freilassung und möglichst bis sich die Käfer in den Schmierlauskolonien etabliert haben, sollten **Fenster und Lüftungsklappen** usw. **geschlossen bleiben**. Die Packung darf nur in unmittelbarer Nähe der Befallsstelle geöffnet werden. Dann wird zunächst das mitgelieferte Blattstück mit Schmierläusen entfernt, dabei darauf achten, daß keine Marienkäfer mit verworfen werden. Die Käfer werden möglichst dicht bei den Schmierlauskolonien ausgebracht. Dazu entnimmt man die Papierwolle mit den darauf sitzenden Käfern und legt sie direkt auf die Kolonien oder dicht daneben. Man kann auch den geöffneten Behälter daneben stellen. Ein Problem besteht darin, daß die flugaktiven erwachsenen Käfer die Pflanzen verlassen und sozusagen aus dem Fenster fliegen können. Deshalb sollten die Fenster geschlossen sein und gegebenenfalls die Pflanzen für die ersten Tage nach der Freilassung mit Vlies oder Netzen abgedeckt werden.

Da dieser Nützling einzeln sitzende Schmierläuse oft nicht findet, erreicht man alleine mit dem Marienkäfer meist keine Befallstilgung. Aus diesem Grunde kann es zweckmäßig sein, zusätzlich oder in der Folge andere Nützlinge einzusetzen, die auch einzelne Schmierläuse noch aufspüren.

Dafür eignen sich verschiedene **Schlupfwespen** wie *Leptomastix dactylopii* oder *Leptomastidea abnormis*. Allerdings sind diese beiden Schlupfwespen auf die Zitrusschmierlaus *(Planococcus citri)* spezialisiert. Die Zitrusschmierlaus ist jedoch die häufigste Schmierlaus im Objektbereich und unterscheidet sich von anderen Arten durch etwas schwächere Wachsproduktion, einen rötlich durchschimmernden Körper und relativ kurze Fortsätze am Hinterende („schwanzlos"). Gegen eine andere Schmierlaus *(Pseudococcus affinis)* können ebenfalls Schlupfwespen, jedoch andere Arten, eingesetzt werden *(Leptomastix epona* oder *Pseudoaphycus maculipennis)*. Manche, allerdings recht seltene, Schmierlausarten sind nicht mit Schlupfwespen bekämpfbar. Der Einsatz von Schlupfwespen erfordert also die exakte Bestimmung der jeweiligen Schmierlausart (Pflanzenschutzdienst oder Nützlingslieferant).

Die Schlupfwespen haben gegenüber dem Marienkäfer den Vorteil, daß sie auch einzeln sitzende Schmierläuse aufspüren. Außerdem haben sie nicht so hohe Ansprüche an die Luftfeuchtigkeit (40–70 %). Die Temperatur sollte jedoch wie beim Einsatz des Australischen Marienkäfers relativ hoch sein und im Bereich von 22–25 °C liegen. Manche Schlupfwespen (z.B. *Leptomastix dactylopii*) benötigen sehr hohe Lichtintensitäten. Ihr Einsatz ist deshalb besonders in den Sommermonaten zu empfehlen. Für den Herbst- und Frühjahrseinsatz ist *Leptomastix abnormis* geeignet, die auch mit niedrigeren Lichtintensitäten zurechtkommt. In den lichtarmen Wintermonaten ist von einem Schlupfwespeneinsatz generell abzuraten.

Schlupfwespen erhält man in Kunststoffflaschen (25–100 Stück je Flasche), die im Befallsbereich geöffnet werden. Man kann dann die erwachsenen Tiere, winzige Wespen, herausschütteln oder stellt einfach die geöffnete Flasche ab. Die empfohlene Aufwandmenge beträgt in der Regel 10–20 Tiere je Großpflanze oder Quadratmeter. Außerdem empfehlen die Nützlingslieferanten die Behandlung dreimal in zweiwöchigem Abstand zu wiederholen. Die Arbeit der Schlupfwespen kann durch die klebrigen Honigtaubeläge und Ameisen behindert werden. Es ist deshalb erforderlich, starke Honigtaubeläge vor der Freilassung abzuwaschen und die Ameisen auszuschließen (z.B. Abdichten von Einschlupflöchern oder Aufstellen von Ameisenköderdosen).

Schließlich kann gegen Schmierläuse auch noch der allround-Nützling **Florfliege** *(Chrysoperla carnea)* eingesetzt werden. Die Florfliegenlarven sind zwar in erster Linie Blattlausräuber, fressen aber auch zum Beispiel Spinnmilben, Larvenstadien der Weißen Fliege, Thripse oder eben Jugendstadien der Schmierläuse (vgl. biologische Blattlausbekämpfung). Man könnte somit die Florfliegenlarven als biologische Basisbehandlung einsetzen und von Fall zu Fall gezielt zusätzlich die spezialisierten Nützlinge ausbringen. Außerdem empfiehlt sich der Florfliegeneinsatz, wenn die Umweltbedingungen für die Marienkäfer oder Schlupfwespen ungeeignet sind (z.B. während der Wintermonate).

10.4.3.4 Schildlaus-Bekämpfung

Die biologische Bekämpfung von Schildläusen erfolgt ähnlich wie die von Schmierläusen, ist jedoch etwas schwieriger. Vor allem die dafür erforderliche exakte Bestimmung der Schildlausarten kann in der Praxis Probleme bereiten. In der Regel übernehmen jedoch die Nützlingslieferanten die Schildlausbestimmung und wählen dann den geeigneten Nützling aus.

Im Objektbereich findet man überwiegend Schildläuse, die entweder den Napf- oder den Deckelschildläusen zuzuordnen sind.

Napfschildläuse haben meist einen braunen, glatten, napfförmigen Schild ohne Wachsausscheidungen. Bei Deckelschildläusen ist der Schild mehrschichtig, austernähnlich aufgebaut und außerdem findet man meist stärkere Wachsauscheidungen.

Gegen Napfschildläuse sind bisher nur verschiedene Schlupfwespen (z.B. *Metaphycus helvolus, Coccophagus lycimnia, Microterys flavus)* im Angebot, wobei zum Teil eine erhebliche Spezialisierung vorkommt. Je nach Art der Schlupfwespe werden 5–20 Tiere je Pflanze freigelassen. In der Regel ist eine mehrfache Freilassung im Abstand von 2–3 Wochen erforderlich. Honigtaubeläge sollten entfernt und Ameisen ausgeschlossen werden (vgl. Schlupfwespeneinsatz gegen Schmierläuse).

Gegen Deckelschildläuse gibt es ebenfalls eine Schlupfwespe *(Aphytis melinus)*, daneben aber auch zwei Marienkäfer *(Lindorus lophante, Chilocorus nigritus)*, die für den Objektbereich gut geeignet sind. *Lindorus lophante* hat den Vorteil, daß er ähnlich wie die Schlupfwespen nur geringe Ansprüche an die Luftfeuchtigkeit stellt. Von der Schlupfwespe werden beim erstmaligen Einsatz etwa 20 Tiere je Pflanze freigelassen, von den Käfern 5–10.

10.4.3.5 Bekämpfung Weiße Fliegen

Im Gemüsebau unter Glas wird bereits seit vielen Jahren sehr erfolgreich die Schlupfwespe *Encarsia formosa* zur biologischen Bekämpfung der Weißen Fliege eingesetzt. Dieser Nützling kann auch in den wenigen Fällen, in denen dieser Schädling im Objektbereich zum Problem wird, für die Innenraumbegrünung verwendet werden. Aussicht auf Erfolg besteht aber nur, wenn die Schlupfwespe bereits bei beginnendem Befall ausgebracht wird. Die Ansprüche an die Temperatur (23–27 °C) und die Luftfeuchte (50–70 %) sind auch im Objektbereich meist erfüllbar. Probleme könnte jedoch der hohe Lichtanspruch bereiten, da die Schlupfwespe erst ab 4200 lx fliegt, optimal sind Beleuchtungsstärken von >7000 lx.

Die Schlupfwespen werden in Form der parasitierten, schwarz gefärbten Puparien meist auf Kartonstreifen versandt, die an den befallenen Pflanzen angebracht werden. Daneben gibt es auch sogenannte *Encarsia*-Sticker, die ähnlich wie Pflanzenetiketten in das Substrat gesteckt werden können. Meist ist es erforderlich die Behandlung mehrfach im Abstand von etwa 2 Wochen zu wiederholen.

10.4.3.6 Blattlaus-Bekämpfung

Blattläuse haben zahlreiche natürliche Gegenspieler, von denen inzwischen etliche auch im Handel verfügbar und im Objektbereich einsetzbar sind. Neben verschiedenen Schlupfwespenarten sind dies eine räuberische Gallmücke, Florfliegen, Marienkäfer und Schwebfliegen. Aufgrund der Vielzahl der Blattlausarten kann man nicht generell einen bestimmten Räuber oder Parasitoiden empfehlen. Bei stärkeren Problemen mit Blattläusen empfiehlt es sich, meist nicht nur einen einzelnen Nützling, sondern eine Kombination einzusetzen. Gute Erfahrung gibt es z.B. mit dem kombinierten Einsatz der Räuberischen Gallmücke *(Aphidoletes aphidimyza)* und der Schlupfwespe *Aphidius colemani*.

Die **Räuberische Gallmücke** *(Aphidoletes aphidimyza)* kann gegen die meisten Blattlausarten eingesetzt werden. Der Nützling wird im Puppenstadium in Dosen mit Torf, Sand oder Vermiculite verschickt. Die Dosen werden geöffnet und in der Nähe der Blattlauskolonien an schattigen Plätzen aufgestellt. Aufgrund der entwicklungsbedingten Verzögerung wird die Wirkung meist erst nach 1–2 Wochen sichtbar. Es empfiehlt sich, die Behandlung mehrfach zu wiederholen. Für eine Behandlung benötigt man etwa 1 Puppe je 10 Blattläuse oder 2 Puppen je m^2 bepflanzter Innenraumfläche.

Von den **Schlupfwespen** eignet sich für den Objektbereich vor allem die Art *Aphidius colemani*, die auch die häufig vorkommende Grüne Pfirsichblattlaus *(Myzus persicae)* parasitiert. Da sie im Gegensatz zur Räuberischen Gallmücke auch kleine Blattlauskolonien oder einzeln sitzende Blattläuse aufsucht, kann sie gut bei geringer Blattlausdichte und auch in Kombination mit der Gallmücke eingesetzt werden. Je nach Befallsdichte werden 1–5 Schlupfwespen je m^2 freigelassen. Eine wiederholte Freilassung ist empfehlenswert und bei regelmäßigem Blattlausauftreten auch ein vorbeugender Einsatz.

Gut geeignet zur Bekämpfung von Blattläusen sind auch die **Florfliegenlarven** *(Chrysoperla carnea)*. Der Einsatz dieses Räubers empfiehlt sich vor allem dann, wenn auch noch andere Schädlinge wie Spinnmilben, Schild- und Schmierläuse oder Thripse vorhanden sind. Wirksam sind nur die Larven, die mit ihren gewaltigen Zangen ihre Beute packen und aussaugen. Im Objektbereich fühlen sich die Kunden jedoch gelegentlich durch das „Ungeziefer" gestört. In Einzelfällen können die Larven auch einmal einen Probebiß in die menschliche Haut machen. Dies ist aber kein ernsthafter Hinderungsgrund für die Nutzung dieses allround-Nützlings im Rahmen der biologischen Bekämpfung in Innenräumen.

Für die „biologische Basisbehandlung" mit diesem Nützling sind regelmäßige Freilassungen im Abstand von 2–3 Wochen empfehlenswert. Für die Ausbringung der Florfliegen eignet sich besonders ein Zellensystem aus Pappe, das unter der Bezeichnung MC 500 auf dem Markt ist und bei dem die gefräßigen Raubtiere sozusagen in Einzelhaft bis zur Freilassung gehalten werden.

Bei gemeinsamer Unterbringung könnten sich die Larven gegenseitig auffressen. Daneben werden auch Florfliegeneier auf kleinen Gazefleckchen oder Papierstreifen vermarktet. Man benötigt etwa fünf Larven oder 20 Eier je m^2.

Tab. 46: Anschriften von Nützlingslieferanten (ohne Anspruch auf Vollständigkeit)

Conrad Appel GmbH,
Bismarckstraße 59,
64293 Darmstadt
Tel. (0 61 51) 92 92-0
Fax (0 61 51) 92 92 10

Flora Nützlinge
Diakonisches Werk,
Friedhofstraße 1,
15517 Fürstenwalde
Tel (0 33 61) 30 10 88
Fax (0 33 61) 59 08 40

BioNova, Gesellschaft für angewandte
Biologie, Josefstraße 102–104,
41462 Neuss
Tel. (0 21 31) 54 10 71
Fax (0 21 31) 54 10 72

ÖRE Bio-Protect
Biologischer Pflanzenschutz GmbH
Kieler Straße 41,
24223 Raisdorf
Tel. (0 43 07) 69 81
Fax (0 43 07) 71 28

Sautter & Stepper GmbH
Biologischer Pflanzenschutz
Rosenstraße 19,
72119 Ammerbuch
Tel. (0 70 32) 7 55 01
Fax (0 70 32) 7 41 99

Kippert, B.V., die Niederlande
Postfach 155,
NL 2650 AD Berkel en Rodenrijs
Tel. (00 31) 1 05 14 04 44
Fax (00 31) 1 05 11 52 03

MERULIN Gartenbauservice
Karl-Arnold-Straße 25, 47638 Straelen
Tel. (0 28 34) 91 90
Fax (0 28 34) 91 92 10

Neudorff GmbH KG,
Abt. Nutzorganismen,
Postfach 12 09,
31857 Emmerthal
Tel. (0 51 55) 6 24 60
Fax (0 51 55) 60 10

De Groene Vlieg
Duivenwaardsedijk 1
NL 3244 LG Nieuwe Tonge
Tel. (00 31) 1 87 65 18 62
Fax (00 31) 1 87 65 24 45

Hatto Welte, Nützlinge,
Maurershorn 10,
78479 Insel Reichenau
Tel. (0 75 34) 71 90
Fax (0 75 34) 14 58

PK-Nützlingszuchten
Industriestraße 38,
73642 Welzheim
Tel. (0 71 82) 43 26
Fax (0 71 82) 39 62

Pflanzenschutz

**Abb. 95 (links):
Florfliege beim Aussaugen einer Blattlaus**

**Abb. 96 (rechts):
Gallmückenlarve an Blattlaus**

Abb. 97: Australischer Marienkäfer (Larve)

**Abb. 98 (links):
Raubmilbe (Phytoseiulus persimilis)**

**Abb. 99 (rechts):
Australischer Marienkäfer**
Fotos (5): Holst

Die Synthese von Architektur und Natur

Luwasa® Hydroculture

...das sichere System für problemlose Bepflanzungen im Innenbereich:

✘ im Trend der Zeit ✘ laufend Neuentwicklungen
✘ ein breites Angebot ✘ Produkte, die allen Qualitätsansprüchen gerecht werden ✘ innovative Lösungen für Projekte jeder Größenordnung ✘ Vertretungen in vielen Ländern.

Versäumen Sie nicht, unser Sortiment zu prüfen!
Bezugsquellennachweis bei:

Luwasa Hydroculture GmbH
Hagener Straße 335, D-57223 Kreuztal-Krombach
Tel. (0 27 32) 89 10 70, Fax (0 27 32) 8 67 17

Interhydro AG
Vordermärchligenweg 3, CH-3112 Allmendingen
Tel. (031) 951 81 31, Fax (031) 951 76 79

11 Pflanzenpflege
Dr. Harald Strauch

Mindestanforderungen an Pflanzenauswahl, Standortansprüche und Pflegearbeiten stehen im Mittelpunkt jeder Innenraumbegrünung. Werden diese vernachlässigt, wirken Begrünungen schon nach kurzer Zeit seltsam merkwürdig und haben mit der klassischen Raumbegrünung nichts mehr gemein. Die Pflege reduziert sich keineswegs auf das Liefern, Bewässern und Austauschen von Pflanzen. Gedeihende Pflanzen wollen „aus dem Vollen schöpfen". So können bereits geringe Abweichungen von den Mindestanforderungen die Pflanzenentwicklung empfindlich stören. Es genügt eben nicht, nur das Notwendige zu tun. Denn die Verwirklichung einer langjährigen „lebensfrohen und natürlichen" Begrünung von zeitloser Qualität liegt in den Händen der pflegenden Persönlichkeit. Notwendige Maßnahmen werden nachfolgend beschrieben und in einer Pflegecheckliste zusammengefaßt.

11.1 Licht

In der Innenraumbegrünung stehen die Umweltfaktoren Licht, Wasser und Temperatur in enger Beziehung zueinander. So steigert Licht als primäre Energiequelle bei zunehmender Intensität die photosynthetische Leistung der Blätter und beeinflußt die Wasser- und Nährstoffaufnahme positiv. Vorbildliche Pflanzenqualitäten lassen sich deshalb nur durch ein „mehr an Licht" erreichen.

Als Bemessungsgrundlage ist die Lichtsumme geeignet. Sie ist das Produkt aus Belichtungszeit mal Lichtintensität. So ist zum Beispiel für eine lichtbescheidene Pflanze eine Lichtsumme von 6000 lx qualitätserhaltend und mit einer 15stündigen Belichtung à 400 lx oder mit einer 10stündigen Belichtung à 600 lx zu erreichen. Zur Qualitätserhaltung wird der pflanzenspezifische Mindestlichtbedarf auch im inneren Pflanzenbestand benötigt, wo beschattete Blätter oft nur ein zehntel des vollen Lichtgenusses äußerer Blätter erhalten. Diese Erkenntnis ist bei der Bemessung von Beleuchtungsdauer und -intensität zu berücksichtigen.

Lichtmangel erkennen wir am unnatürlichen Längenwuchs und der frühzeitigen Blattalterung. Das Blattgewebe ist weich, die Pflanzen vergilben und vergeilen. Die Wurzelentwicklung ist stark reduziert und kleinste Unachtsamkeiten zum Beispiel beim Gießen oder Düngen können bereits sichtbare Pflanzenschäden verursachen. Daraus läßt sich folgendes ableiten: Je mehr Licht der Pfanze zur Verfügung steht, umso einfacher und wirkungsvoller ist die Pflanzenpflege. Dagegen ist in den Sommermonaten äußerste Vorsicht geboten. Direktes Sonnenlicht kann die Pflanzen infolge zu hoher Temperaturen schädigen. An sonnenexponierten Standorten ist deshalb für diesen Zeitraum je nach Pflanzenherkunft eine Schattierung erforderlich.

11.2 Bewässerung

Eine Pflanze kann an einem Tag bis zur Hälfte ihres eigenen Gewichts an Wasser verdunsten. Soll sie nicht vertrocknen, muß ausreichend bewässert werden.

Abb. 100: Dieser dem Gebäude vorgelagerte Wintergarten ist nach Süden ausgerichtet. Seine Bepflanzung ist auf diese extremen Bedingungen abgestimmt. Die Versorgung der Pflanzen mit Wasser und Nährstoffen ist automatisiert.

Foto, Planung und Ausführung: Strohm Innenbegrünungen, Widdern

Pflanzenpflege

Gießen ist sehr zeitaufwendig! Das weiß vor allem das Pflegepersonal. Nicht jeder weiß, daß gute Pflanzenqualitäten Gießen mit dem richtigen Wasser voraussetzt. Geeignet ist Trinkwasser. Ungeeignet dagegen Wasser aus Enthärtungsanlagen, die soweit vorhanden, vor der häuslichen Wasserverteilung im Rohrsystem installiert sind. Enthärtungsanlagen tauschen das für Pflanzen lebensnotwendige Kalzium und Magnesium gegen Natrium aus.

Aufgrund des fehlenden Kalzium-Gehaltes ist auch Regenwasser ohne Kalkanreicherung nicht geeignet. Ebensowenig geeignet ist sehr kaltes Wasser. Es hemmt die Wurzelaktivität, die für eine gesunde Pflanzenentwicklung vorausgesetzt wird.

Den Wasserbedarf decken die Pflanzen aus dem feuchten Substrat beziehungsweise bei der Hydrokultur zusätzlich aus einem angestauten Wasservorrat. Wir unterscheiden bei der Erdkultur zwei verschiedene Zonen, bei der Hydrokultur drei unterschiedliche Zonen (Abb. 101).

1. **Trockenzone**
   Die trockene Substratschicht schützt vor übermäßiger Verdunstung. Liegt die Substrattemperatur über der Raumtemperatur, kristallisieren weiße Salze an der Substratoberfläche aus.

2. **Feuchtzone**
   Der hohe Sauerstoffgehalt dieser Schicht befähigt die Pflanzenwurzeln zu einer leichten und raschen Aufnahme von Wasser- und Nährstoffen.

3. **Wasserführende Zone**
   Sie ist der Wasserspeicher, der durch Nachfüllen reguliert wird. Die Bewässerung erfolgt bis zur Anzeige „Optimum". Nachgegossen wird erst, wenn der Wasserstand auf „Minimum" abgesunken ist. Die Markierung „Maximum" gilt nur für Ausnahme-Fälle, zum Beispiel zeitweise stark wachsende Pflanzen.

Ein Übermaß an Wasser beeinträchtigt die Bodendurchlüftung negativ. Unter Sauerstoffmangel faulen nicht nur die Wurzeln ab,

Abb. 101: Trocken- und Feuchtzonen bei Erd- und Hydrokultur Hygreno, Nordkirchen

sondern die wenigen noch verbleibenden gesunden Wurzeln vermindern die Wasser- und Nährstoffaufnahme erheblich. Ältere Blätter vergilben, welken und fallen ab.

Der richtige Bewässerungszeitpunkt kann bei Erdkulturen mit einem Feuchtefühler bestimmt werden, bei der Hydrokultur werden Wasservorrat und Gießzeitpunkt durch den Wasserstandsanzeiger angezeigt. Bei einer Anstauhöhe im „Optimum-Bereich" ist eine ausreichende Substratdurchlüftung gewährleistet. Der Wasservorrat sollte unter Berücksichtigung eines hellen Standortes bei Bodengefäßen (Höhe 19 cm und darüber) mindestens 14 Tage ausreichen. Müssen Gießintervalle verkürzt werden, damit die Pflanzen nicht vertrocknen, ist dies überwiegend auf zu kleine beziehungsweise zu klein gewordene Gefäße zurückzuführen.

11.3 Temperatur

Die Temperatur spielt bei der Pflanzenentwicklung eine wichtige Rolle. So werden zum Beispiel wärmeliebende Pflanzen aus den Tropen zur Innenraumbegrünung verwendet. Sie benötigen anhaltend (ganzjährig) gleichbleibende Temperaturen zwischen 18–24 °C. Ein Absenken der nächtlichen Raumtemperatur von wenigen Graden unter die Tagestemperatur ist vorteilhaft und entspricht den heimatlichen Standortverhältnissen dieser Pflanzen (Abb. 102 (links)).

Plötzliche und stärkere Temperaturabsenkungen werden dagegen nicht toleriert und bewirken bei tropischen Pflanzen Erkältungsschäden. Dennoch vertragen einige Pflanzenarten, wie beispielsweise *Ficus benjamina*, Temperaturen bis 0 °C! Dazu benötigen sie jedoch ein Phase der Anpassung, die in der Raumbegrünung nicht gegeben ist.

Diese Anpassung an tiefere Temperaturen erfolgt nicht plötzlich, sondern langsam in aufeinanderfolgenden Etappen, wobei jede Etappe der Temperaturabsenkung die Voraussetzung für die nächste darstellt und einen bestimmten Zeitraum von einigen Tagen bis Wochen oder Monate benötigt. Erst nach dieser Anpassungsphase können die Pflanzen entsprechend der klimatischen Bedingungen ihrer Ursprungsgebiete auch tiefere Temperaturen vertragen.

Mediterrane Pflanzen sind dagegen an einen ausgeprägten Klimarhythmus mit heißen, trockenen Sommern bei Temperaturen zwischen 20–35 °C und kühlen feuchten Wintern bei Temperaturen zwischen 5–10 °C angepaßt. Sie sind für gleichmäßig temperierte Räume ungeeignet (Abb. 102 (rechts)).

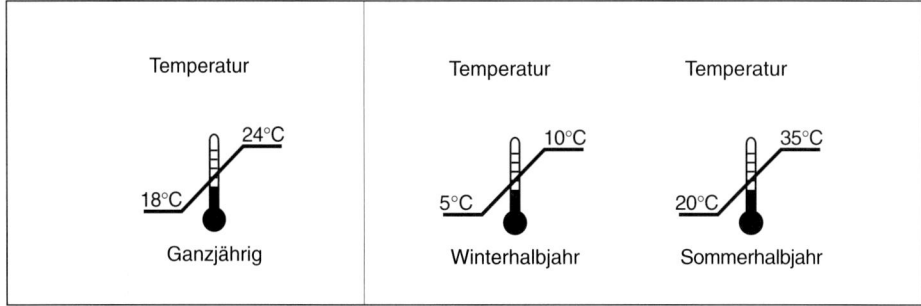

Abb. 102 Temperaturbereich tropischer Pflanzen (links) und mediterraner Pflanzen (rechts)
Hygreno, Nordkirchen

11.4 Ernährung

Für die Aufrechterhaltung von Wachstum und Entwicklung sind Nährstoffe erforderlich. Sie werden den Pflanzen mit der Düngung zugeführt.

Auch bei der Mineralstoffernährung steht die Pflanzenqualität im Vordergrund. Entsprechend der meist nährstoffarmen organischen und anorganischen Substrate sind geringe, aber kontinuierliche Düngeranwendungen für ein stetiges Pflanzenwachstum notwendig. Zur Mineralstoffversorgung sind Spezialdünger zu verwenden, die auf geschlossene Bewässerungssysteme abgestimmt sind. Eine einseitige Nährstoffanreicherung kann dadurch vermieden werden.

Zur Auswahl stehen: Flüssigdünger, wasserlösliche Salzdünger, zur Vorratsdüngung für die Hydrokultur Ionenaustauschdünger und für die Erdkultur umhüllte Langzeitdünger. Bei allen Düngungsmaßnahmen sind unbedingt die unterschiedlichen Anwendungshinweise der verschiedenen Dünger zu beachten und einzuhalten. Mit Ausnahme der Ionenaustauschdünger erfolgt die Düngung über das Substrat. Ionenaustauschdünger werden wie folgt angewendet:

Ionenaustauschdünger-Anwendung bei Gefäßen ohne Düngerohr

1. Kulturtopf aus dem Gefäß herausnehmen und verbrauchten Inonenaustauschdünger nach 3 Monaten entfernen.

2. Neuen Ionenaustauschdünger lose auf den Gefäßboden streuen.

3. Kulturtopf zurück in das Gefäß stellen.

4. Trinkwasser gleichmäßig über den Blähton verteilen.

Wichtig: Ionenaustauschdünger nicht über den Blähton streuen. In den oberen trockenen Blähtonschichten erfolgt kein zuverlässiger Nährstoffaustausch. Verbrauchter Ionenaustauschdünger kann nicht ausgewechselt werden.

Ionenaustauschdünger-Anwendung bei Gefäßen mit Düngerohr

1. Düngerohrdeckel öffnen und Vliesbeutel mit Vliesbeutelhalter aus dem Düngerohr entnehmen. Verbrauchten Ionenaustauschdünger nach 3 Monaten entfernen.

2. Neuen Ionenaustauschdünger in den Vliesbeutel einfüllen.

3. Vliesbeutel mit Vliesbeutelhalter zurück in das Düngerohr setzen.

4. Trinkwasser durch das Düngerohr gießen, damit eine gleichmäßige Nährstoffverteilung erreicht wird.

Wichtig: Ionenaustauschdünger nicht über den Blähton streuen. In den oberen, trockenen Blähtonschichten erfolgt kein zuverlässiger Nährstoffaustausch. Verbrauchter Ionenaustauschdünger kann nicht ausgewechselt werden.

Zur Nährstoffermittlung sind Nährlösungs- oder Bodenuntersuchungen auf pH-Wert und Nährstoffgehalt einmal jährlich, einfache Stichproben mit Teststäbchen für Nitrat, Nitrit und pH-Wert halbjährlich ausreichend (gemäß FLL-Richtlinie für die Planung, Ausführung und Pflege von Innenraumbegrünungen).

Nährlösungsanalysen führen durch: Institute für Boden-, Wasser-, Umwelttechnik und -analytik, Landwirtschaftskammern und Landwirtschaftsämter (vgl. Anhang).

Abb. 103: Altenpflegeheim Sankt Monika: Ein üppiger tropischer Garten im Zentrum der Anlage verbessert die Luft und vertreibt Pflegegerüche.
Planung: Büro Gesswein, Stuttgart; Foto: Strohm Innenbegrünungen

11.5 Umtopfen

Das Stichwort „Umtopfen" verursacht oft – selbst bei qualifiziertem Fachpersonal – etwas Ratlosigkeit. Dies ist erstaunlich, weiß man doch, daß eine hohe Pflanzenqualität von einer guten Wurzelentwicklung abhängig ist. Da sich das Wurzelwachstum der Beobachtung entzieht, ist dies sicherlich mit ein Grund dafür, daß ihre Bedeutung für die Pflanzenqualität meist erheblich unterschätzt wird. Im Gefäß steht dem Wurzelwachstum nur ein begrenzter Raum zur Verfügung.

Hinzu kommt, daß sich physiologisch aktive Wurzeln vorwiegend in oberflächennahen Schichten ausbreiten. Das anfänglich lockere Substrat begrenzt nach intensiver Durchwurzelung den Luftaustausch und hemmt jedes weitere Wurzelwachstum. Ein pflanzengerechtes Gießen ist im mit Wurzeln verdichteten Substrat kaum noch möglich. Ein größeres Gefäß wird notwendig. Bei Hydrokulturen läßt sich die richtige Gefäßgröße durch den Zeitraum zwischen zwei Wassergaben einfach ermitteln. Der Wasser-vorrat sollte bei Bodengefäßen zwei Wochen ausreichen. Zur Orientierung sind den verschiedenen Pflanzenhöhen die entsprechenden Kulturtopf- beziehungsweise Containergrößen zugeordnet (vgl. Tabelle 47).

11.6 Schnitt

Begrünungen sollen langlebig, attraktiv und gesund sein. Ohne Schnitteingriffe in die natürliche Entwicklung der Pflanzen ist dies nicht möglich. Einen Schnitt nach „Rezept"

Tab. 47: Erforderliche Kulturtopfgrößen für unterschiedliche Pflanzenhöhen[1]

Pflanzenhöhe		Kulturtopfgrößen		
maximale Gesamthöhe der Pflanzen in cm (Sproß- u. Topfhöhe)	maximale Sproßhöhe (cm)	Kulturtopf Inhalt (l)	Kulturtopf Höhe (ca. cm)	standardisierte Hydrokultur-Töpfe (Ø / Höhe in cm)
Kleine Rank-, Kletter- und Hängepflanzen		1,5 – 2	20	11 / 19
100	80	2 – 3	20	15 / 19
120	100	3 – 4	20	18 / 19
160	140	4 – 8	20	22 / 19
180	160	8 – 12	20	28 / 19
200	180	12 – 16	20	32 / 19
225	200	16 – 20	30	32 / 28
250	225	20 – 30	30	
300	250	30 – 50	35	
350	300	50 – 75	40	
400	350	50 – 100	40	
450	400	100 – 150	50	
500	450	150 – 200	50	
550	500	200 – 300	55	
700	600	300 – 400	70	
900	800	400 – 600	70	
1100	1000	600 – 800	75	
1300	1200	800 – 1000	90	

[1] Pflanzen der Güteklasse Standard und Extra; Solitärs benötigen auch größere Kulturtöpfe

gibt es nicht. Schnittmaßnahmen setzen Grundkenntnisse über Schnittwirkung und allgemeine Wachstumsregeln voraus. Dazu ist theoretisches Wissen und praktische Schnitterfahrung mit Einfühlvermögen notwendig.

Der Schnitt sollte den Pflanzen bei angemessener Größe eine naturnahe Form geben und der Pflanzenentwicklung entsprechend in Abständen von wenigen Wochen erfolgen. Eine Höhenbegrenzung ist notwendig, damit die allgemeinen Pflegearbeiten nicht unnötig erschwert werden.

11.6.1 Schnittwirkung

Schneidet man einen Trieb ab, treiben die Knospen unterhalb der Schnittstelle aus, wobei viele verbleibende Knospen einen kurzen Austrieb, wenige Knospen dagegen einen langen Austrieb bringen. Die Wuchsstärke der Triebe ist außerdem abhängig von ihrer Länge, Dicke, Entfernung zum Haupttrieb und der unterschiedlich steilen Stellung innerhalb der Krone. Beim Schnitt ist das ungleich starke Triebwachstum zu berücksichtigen. Dazu werden auf der folgenden Seite in 10 Beispielen allgemeine Wachstumsregeln illustriert.

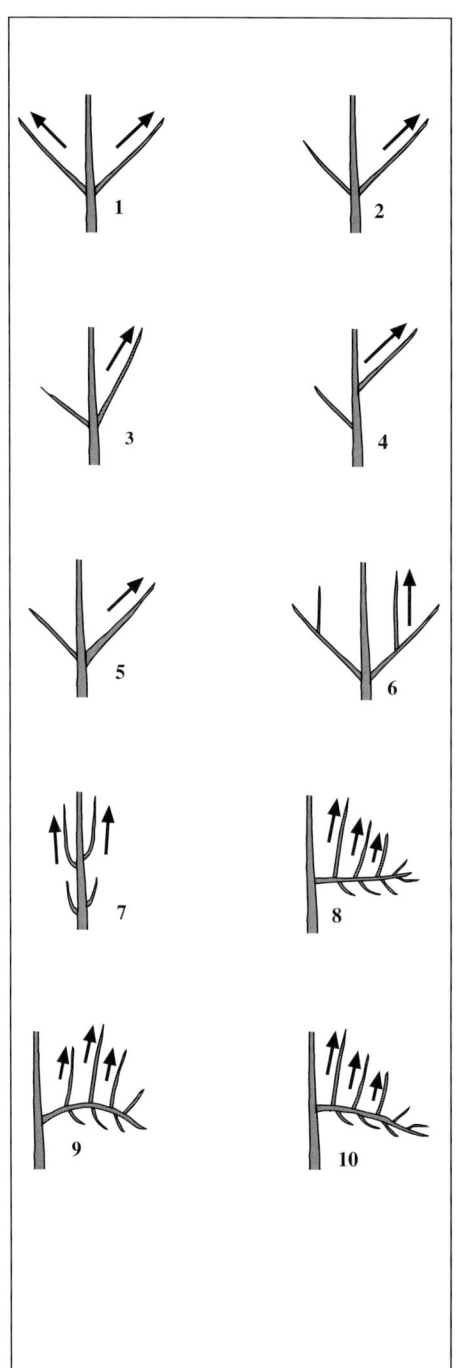

Allgemeine Wachstumsregeln

1. Bei gleichem Abgangswinkel vom Haupttrieb wachsen gleichlange Seitentriebe gleich stark.

2. Bei gleichem Abgangswinkel vom Haupttrieb wächst der längere Trieb stärker als der kürzere.

3. Der steiler stehende Seitentrieb wächst stärker als der flacher stehende.

4. Der höherstehende Seitentrieb wächst stärker als der tiefer stehende.

5. Der dickere Seitentrieb wächst stärker als der dünnere.

6. Der näher am Haupttrieb stehende Seitentrieb wächst stärker als der entferntere.

7. Am senkrechten Haupttrieb wachsen die höherstehenden Seitentriebe am stärksten.

8. Am waagerechten Haupttrieb wachsen die ersten auf der Trieboberseite stehenden Seitentriebe am stärksten.

9. Am gebogenen Haupttrieb wachsen die am Scheitelpunkt stehenden Seitentriebe am stärksten.

10. Am hängenden Haupttrieb wachsen die an der oberen Basis stehenden Seitentriebe am stärksten.

Abb. 104: Allgemeine Wachstumsregeln
Hygreno, Nordkirchen

11.6.2 Schnittunterstützung

Besonders weichtriebige Pflanzen können auch ohne Schnitteingriff an Pflanzstäben oder Rankelementen befestigt werden. Das Anbinden hat die Aufgabe, eine feste Bindung zwischen Stab und Trieb herzustellen. Pflanzen dürfen durch das Anbinden nicht verletzt oder durch Einschnüren nicht stranguliert werden. Deshalb muß die Bindung gelegentlich kontrolliert und nach Bedarf gelockert, erneuert oder beseitigt werden.

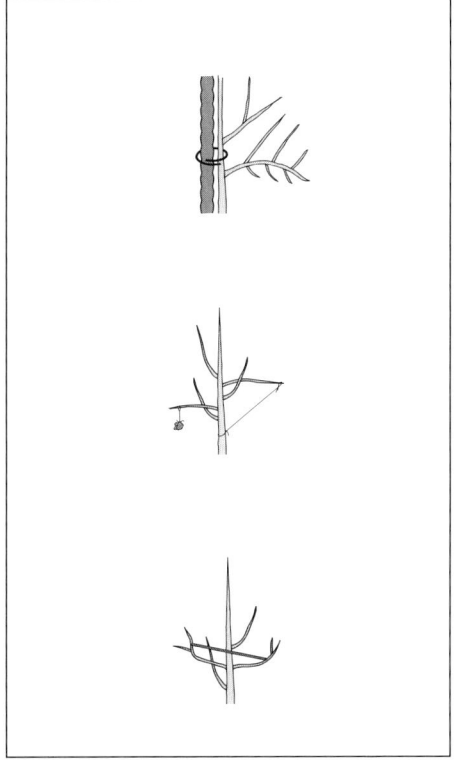

Abb. 105: Anbinden, Herunterbinden und Herunterziehen sowie Spreizen von Trieben Hygreno, Nordkirchen

Das Herunterbinden von Trieben oder das Herunterziehen der Triebe durch kleine am Trieb aufgehängte Gewichte führt zu einem Saftstau, der das vegetative Wachstum hemmt. Durch das Spreizen biegsamer Triebe, läßt sich zum Beispiel eine junge Krone mit engem Wuchscharakter öffnen und eine gleichmäßig günstige Belichtung herstellen (Abb. 105).

11.7 Pflege- und Blattglanzmittel

Der Einsatz von Pflege- und Blattglanzmitteln unterstützt bei sachgemäßer Anwendung die Gesundheit der Pflanzen. Neben der Gesunderhaltung dienen Pflegemittel auch der Blattreinigung.

Der Staub auf den Blättern sollte durch regelmäßiges Abputzen beseitigt werden. Dazu kann ein mit Blattglanzmitteln eingesprühtes Tuch verwendet werden. Eine weitere Technik ist, die Blätter mit speziell dafür hergestellten Staubwedeln zu reinigen und sie erst im Anschluß daran zu besprühen.

Grundsätzlich gilt:

Eine übermäßig starke Blattglanzanwendung durch Sprühen auf die Blätter maskiert nur vorübergehend den Staub, ohne ihn jedoch zu beseitigen. Dieser Staub mindert den Lichtgenuß der Pflanzen erheblich und verursacht Lichtmangel. Um Pflanzenschäden zu vermeiden, sind auch bei den verschiedenen Pflege- und Blattglanzmitteln die Anwendungsbestimmungen einzuhalten.

11.8 Pflegecheckliste

Pflanzenqualitäten in höchster Vollendung werden erst dann zum festen Bestandteil der Begrünung, wenn die nachfolgenden Punkte in ihrer Summe angewendet und konsequent eingehalten werden.

Checkliste

- Einhaltung der Standortbedingungen wie Mindest-Lichtansprüche und Temperatur, Luftfeuchte und Luftbewegung (Zugluft)

- Regelmäßige Binde- und Schnittmaßnahmen

- Entfernen abgestorbener und kranker Pflanzenteile

- Stete und gründliche Blattreinigung

- Substratreinigung und -ergänzung

- Gießen mit Wasserqualitäten gemäß der FLL-Richtlinien[*]

- Wassermenge adäquat eines ausgeglichenen Luft- und Wasserhaushaltes im Wurzelbereich

- Kontinuierliche Düngung mit Spezialdüngern für geschlossene Bewässerungssysteme

- Vierteljährliche pH-Wert- sowie Nitrat-/Nitrit-Kontrollen (Teststäbchen)

- Jährliche Nährlösungs- beziehungsweise Bodenuntersuchungen auf pH-Wert, Salz- und Nährstoffgehalt. Einhaltung gemäß FLL-Richtlinien[*]

- Kontrolle und Maßnahmen gegenüber Krankheiten und Schädlingen

- Funktionsprüfung und Sicherung technischer Einrichtungen

Pläne, Gerätschaften und Materialien, die für die Pflanzenpflege erforderlich sind:

- Tourenplan der Servicekunden mit den Öffnungszeiten
- Plan der aufgestellten Gefäße
- Kopie des Servicevertrages
- Name der Kontaktperson beim Kunden
- Leistungsbeleg über die Serviceausführungen, der vom Kunden abzuzeichnen ist
- Pflanzenpflegemittel, wie Blattglanz
- Pflanzennährstoffe: Ionenaustauschdünger, Langzeitdünger für Erdkulturen, Flüssigdünger, vollwasserlösliche Salzdünger
- Stäbe und Bindematerial
- Schneidematerial, wie zum Beispiel Messer und verschiedene Scheren
- Lackstifte in verschiedenen Farben zur Ausbesserung von Schadstellen an den Gefäßen
- Wechselrohr für den Pflanzenaustausch bei Hydrokultur
- Ersatz-Wasserstandsanzeiger
- Abdeckfolien
- Abfalleimer, Besen und Kehrblech
- Staubbesen und Staubtuch
- Werkzeugkasten mit diversen Werkzeugen
- Gießkannen, bei größeren Objekten evtl. Gießwagen
- geeignete Pflanzen für den Austausch

– OPITZ –

---

[*] Richtlinien für die Planung, Ausführung und Pflege von Innenraumbegrünungen. Herausgeber: Forschungsgesellschaft Landschaftsentwicklung – Landschaftsbau e.V. (FLL), Bonn

11.9 Pflegevertrag

Im Pflegevertrag sind die Leistungen des Auftragnehmers (Pflegeumfang, Pflegeintervalle) und des Auftraggebers (Bereitstellung von Strom, Wasser, die Entsorgungsmöglichkeit von Abfällen und den ungehinderten Zugang des Pflegepersonals) zu beschreiben.

Die Pflegeintervalle richten sich nach der Bepflanzung, den Standortbedingungen und dem Anspruch des Auftraggebers. Die Regelintervalle für die Pflegearbeiten (FLL-Richtlinien) liegen zwischen 14 Tagen (Vollservice), monatlich, vierteljährlich (Teilservice) und halbjährlich oder nach individuellen Vereinbarungen. Nach Ablauf der Gewährleistung für Pflanzen (3 Monate) werden Ersatzpflanzen gesondert berechnet.

Vorbereitung der Pflegeeinsätze:

Das Pflegepersonal sollte sich vor jeder Fahrt zum Kunden davon überzeugen, daß alle benötigten Gerätschaften und Materialien für die Pflegearbeiten vorhanden sind. Ein kleiner Servicewagen erleichtert und beschleunigt den Transport vom Fahrzeug zu den Servicestellen und zwischen den Gefäßen. Zur Berechnung der Pflegedienstleistungen siehe auch Kapitel 13.

Das große, farbige Pflanzenlexikon in 7 Bänden*

Dieses Pflanzen-Lexikon hat sich in den vergangenen Jahren zu einem wichtigen Standardwerk entwickelt – ein Bestseller mit einer Verkaufsauflage von bisher über 200.000 Exemplaren.

Band 1
Laubgehölze, Koniferen
ISBN 3-87815-063-6 / DM 78,-

Band 2
Stauden, Gräser, Farne, Wasserpflanzen
ISBN 3-87815-064-4 / DM 78,-

Band 3
Beeren-, Kern-, Stein- und Schalenobst
ISBN 3-87815-076-8 / DM 78,-

Band 4
Sommerblumen, Blumenzwiebeln und -knollen, Beet- und Balkonpflanzen
ISBN 3-87815-046-6 / DM 78,-

Band 5
Zimmerpflanzen, Sukkulenten, Kübelpflanzen
ISBN 3-87815-047-4 / DM 78,-

Band 6
Rosen, Kletterpflanzen
ISBN 3-87815-068-7 / DM 78,-

Band 7
Gemüse, Kräuter, Kulturpilze
ISBN 3-87815-068-7 / DM 78,-

*Selbstverständlich auch als Einzelband in jeder guten Buchhandlung erhältlich.

THALACKER MEDIEN
Postfach 8364
D-38133 Braunschweig
Telefon 0531-3 80 04-24
Telefax 0531-3 80 04-25

Professionelle Raumbegrünung von A - Z

Wir bieten alles aus einer Hand:
- Pflanzen in großer Vielfalt bis hin zu großen Solitärs.
- Großgefäße aus Keramik, Edelstahl, Kunststoff auch als Sonderanfertigung.
- Zubehör wie z.B. Wasserstandsanzeiger, Pflanzton etc.
- Quellbrunnen aus Naturstein und Sprudelsäulen
- Ein großes, attraktives Textilpflanzensortiment
- Beratung und Unterstützung bei den Projekten

Leni – Ihr Partner, wenn es um Raumbegrünung geht.

LENI Gebr. Lenz GmbH · Gewerbegebiet »Am Schlöten« · Postfach 1352 · 51691 Bergneustadt · Tel. (02261) 40 99-0 · Fax (02261) 40 99-50

12 Vertragsrechtliche Aspekte
Volker Schuhmann

Gemäß „FLL-Richtlinie für die Planung, Ausführung und Pflege von Innenraumbegrünungen" – im folgenden „FLL-Innenraumbegrünungsrichtlinie" genannt – ist Innenraumbegrünung „. . . *die dauerhafte Begrünung von Innenräumen mit Pflanzen in mobilen oder ortsfesten Gefäßen bzw. in Flächen mit oder ohne Bodenanschluß.*"

Grundsätzlich gilt: Innenraumbegrünungen erfordern eine besonders hohe Fachkunde. Dies ist bei der Ermittlung der auszuführenden Herstellungs- und Pflegearbeiten, beim Aufstellen der Leistungsbeschreibung, der Vergabe, der Ausführung der vereinbarten Leistungen, der Kontrolle der ausgeführten Leistungen und der Abrechnung zu beachten.

12.1 Bauleistung oder Lieferung?

Bei Innenraumbegrünungen muß hinsichtlich der Vergabe und Ausführung von Leistungen unterschieden werden zwischen Lieferung und Bauleistung:

- Innenraumbegrünungen mit Pflanzen in mobilen Gefäßen, die vom Auftragnehmer bepflanzt und aufgestellt werden:

Hierbei handelt es sich um eine Lieferung, und zwar unabhängig davon, ob bereits bepflanzte Gefäße angeliefert und lediglich aufgestellt werden, oder ob die mobilen Gefäße angeliefert und vor Ort bepflanzt werden.

- Bepflanzung von ortsfest eingebauten Gefäßen bzw. von Flächen mit oder ohne Bodenanschluß:

Hierbei handelt es sich um Bauleistungen im Sinne der VOB (Verdingungsordnung für Bauleistungen), und zwar sowohl bei der Herstellung als auch bei der anschließenden Pflege. Maßgebend ist VOB/A § 1 *„Bauleistungen sind Arbeiten jeder Art, durch die eine bauliche Anlage hergestellt, instandgehalten, geändert oder beseitigt wird."* Danach gelten für Innenraumbegrünungsarbeiten die gleichen Vergabe- und Vertragsbestimmungen wie für andere landschaftsgärtnerische Bau- und Pflegearbeiten.

Nachfolgend werden ausschließlich vertragsrechtliche Aspekte für die Vergabe und Ausführung von Pflanzarbeiten und Pflegeleistungen für Innenraumbegrünungen bei VOB-Verträgen behandelt. Hinsichtlich der technischen Einrichtungen beschränken sich die Ausführungen auf allgemeine Angaben zu den Voruntersuchungen des Auftraggebers zur Erstellung einer ordnungsgemäßen Leistungsbeschreibung und auf die Prüfpflicht des Auftragnehmers hinsichtlich ihrer Eignung für die vorgesehene Innenraumbegrünung.

Bei anderen Verträgen, zum Beispiel bei Lieferungen nach der VOL (Verdingungsordnung für Leistungen – ausgenommen Bauleistungen) oder bei Verträgen nach dem Werksvertragsrecht, wird im einzelnen zu prüfen sein, inwieweit die Aussagen auch hier zutreffen. Dies wird häufig der Fall sein, da allgemeine Grundsätze, zum Beispiel nach dem BGB (Bürgerliches Gesetzbuch) oder nach dem AGB-Gesetz (Gesetz zur Regelung des Rechts der Allgemeinen Geschäftsbedingungen), bei allen Verträgen zu beachten sind.

12.2 Vergabebestimmungen

Bei der Vergabe ist VOB/A „Allgemeine Bestimmungen für die Vergabe von Bauleistungen" anzuwenden.

12.2.1 Art der Vergabe

Wegen der besonderen Schwierigkeiten bei Innenraumbegrünungsarbeiten, der erforderlichen Fachkunde und Erfahrung sowie der notwendigen außerordentlichen Zuverlässigkeit, muß im Einzelfall sorgfältig geprüft werden, welche Vergabeart geeignet ist. Dies dürfte häufig die Beschränkte Ausschreibung sein, gegebenenfalls nach vorhergehendem Öffentlichem Teilnahmewettbewerb (VOB/A § 3 Nr. 1 (2)).

Manchmal werden aber auch die VOB-gemäßen Voraussetzungen gegeben sein, die eine Freihändige Vergabe zulassen, zum Beispiel, weil für die Leistung aus besonderen Gründen (wie besonderen Erfahrungen) nur ein bestimmter Unternehmer in Betracht kommt oder weil – besonders bei Pflegearbeiten – die Leistungen nach Art und Umfang vor der Vergabe nicht eindeutig und erschöpfend festgelegt werden können (VOB/A § 4 Nr. 3).

12.2.2 Prüfung der Eignung

Die angemessene Prüfung der Eignung von Bewerbern und/oder Anbietern sowie die Vergabe an den tatsächlich günstigsten Bieter, also das annehmbarste Angebot, sind besonders wichtig. Erforderlichenfalls müssen von den Bewerbern/Bietern entsprechende Nachweise ihrer Eignung (Fachkunde, Leistungsfähigkeit, Zuverlässigkeit) verlangt werden (vgl. VOB/A § 8 Nr. 3), zum Beispiel Angaben über

- den Umsatz mit entsprechenden Arbeiten in den letzten drei Jahren

- vergleichbare Referenzobjekte, die in den letzten drei Jahren ausgeführt wurden.

12.2.3 Art des Vertrages

Nach Möglichkeit sollten Innenraumbegrünungsarbeiten im Einheitspreis vergeben werden (VOB/A § 5 Nr. 1a)). Dies gilt insbesondere für die Herstellung.

Vor allem Pflegeleistungen, die nach Ausführungsart und -umfang genau bestimmbar sind, können auch im Pauschalvertrag vergeben werden (VOB/A § 5 Nr. 1 b). Bei einzelnen Leistungen, die sich nach Art und Umfang vor der Vergabe nicht eindeutig und erschöpfend festlegen lassen und die überwiegend Lohnkosten verursachen, sollte im Einzelfall geprüft werden, ob sie im Stundenlohn vergeben werden sollen (VOB/A § 5 Nr. 2).

Eine weitere Möglichkeit besteht darin, Pflegearbeiten im Rahmen einer Funktionalausschreibung zu vergeben. Dabei legt der Auftraggeber lediglich genau fest, in welchem Pflegezustand sich die Innenraumbegrünung jeweils befinden muß, ohne daß Einzelleistungen nach Art, Umfang und Häufigkeit vereinbart werden. Diese Art der Ausschreibung setzt jedoch ein besonders gutes Vertrauensverhältnis zwischen Auftraggeber und Auftragnehmer voraus.

Abb. 106: Der Charme dieser Anlage beruht auf einer guten Planung und einer kontinuierlichen Pflege über inzwischen 13 Jahre hinweg. In dieser Zeit haben sich kräftige Pflanzengestalten entwickelt
Planung: Büro Gesswein, Stuttgart; Foto: Strohm

Abb. 107: Der verglaste Innenhof eines Existenzgründerzentrums zieht Besucher und Kunden der jungen Firma an. Der Innenhof wird aufgrund seiner Atmosphäre häufig für Seminare, Kongresse und Kulturveranstaltungen genutzt
Foto, Planung und Ausführung: Strohm Innenbegrünungen, Widdern

12.2.4 Vergabeunterlagen

Die Bestimmungen von VOB/A § 10 über Vergabeunterlagen (z.b. über die Besonderen und eventuelle Zusätzlichen Vertragsbedingungen oder über Zusätzliche Technische Vertragsbedingungen) sind zu beachten. Unter anderem ist dort zwingend vorgeschrieben, daß VOB/B – Allgemeine Vertragsbedingungen für die Ausführung von Bauleistungen – und VOB/C – Allgemeine Technische Vertragsbedingungen für Bauleistungen – zum Bestandteil des Vertrags gemacht werden müssen (VOB/A § 10 Nr. 1 (2)).

12.3 VOB-gemäße Leistungsbeschreibung

Der Auftraggeber ist verpflichtet, die geforderten Leistungen eindeutig und so erschöpfend zu beschreiben, daß alle Bewerber die Beschreibung im gleichen Sinne verstehen müssen und ihre Preise sicher und ohne umfangreiche Vorarbeiten berechnen können (VOB/A § 9 Nr. 1). Dazu muß er alle die Preisermittlung beeinflussenden Umstände feststellen und in den Verdingungsunterlagen angeben (VOB/A § 9 Nr. 3 (1)).

Durch Voruntersuchungen (siehe Abschnitt 12.3.4) muß er die erforderlichen Leistungen nach Art und Umfang ermitteln. Darüber hinaus muß er die „Hinweise für das Aufstellen der Leistungsbeschreibung" in Abschnitt 0 der Allgemeinen Technischen Vertragsbedingungen (ATV) – hier insbesondere DIN 18 299 „Allgemeine Regelungen für Bauarbeiten jeder Art" und DIN 18 320 „Landschaftsbauarbeiten" – beachten (VOB/A § 9 Nr. 3 (4)). Daraus nachfolgend einige Beispiele, die für die Innenraumbegrünung von besonderer Bedeutung sind:

12.3.1 Angaben zur Baustelle

- Lage der Baustelle, Umgebungsbedingungen, Zufahrtsmöglichkeiten und Beschaffenheit der Zufahrt sowie etwaige Einschränkungen bei ihrer Benutzung.

- Art und Lage der baulichen Anlagen, zum Beispiel auch Anzahl und Höhe der Geschosse.

- Lage, Art, Anschlußwert und Bedingungen für das Überlassen von Anschlüssen für Wasser, Energie und Abwasser, Ergebnisse von Wasseranalysen.

- Lage und Ausmaß der dem Auftragnehmer für die Ausführung seiner Leistungen zur Benutzung oder Mitbenutzung überlassenen Flächen, Räume.

- Baugrund und seine Tragfähigkeit.

- Besondere Vorgaben für die Entsorgung, zum Beispiel besondere Beschränkungen für die Beseitigung von Abwasser und Abfall.

- Art und Zeit der vom Auftraggeber veranlaßten Vorarbeiten.

- Arbeiten anderer Unternehmer auf der Baustelle.

Speziell für die Innenraumbegrünung sind noch Hinweise erforderlich bezüglich

- Vorgesehene Nutzung des Raumes.

- Verglasung des zu begrünenden Raumes nach Lage, Größe, Art (z.B. Sonnenschutzverglasung).

- Lichtverhältnisse an den zu begrünenden Stellen.

- Vorhandene bzw. vorgesehene technische Einrichtungen, zum Beispiel für die Beleuchtung (Assimilationslicht) und Schattierung, Heizung und Belüftung, Luftbefeuchtung.

- Unterkonstruktion der zu begrünenden Fläche.

12.3.2 Angaben zur Ausführung

- Vorgesehene Arbeitsabschnitte, Arbeitsunterbrechungen und -beschränkungen nach Art, Ort und Zeit sowie Abhängigkeit von Leistungen anderer.

- Besondere Erschwernisse während der Ausführung, zum Beispiel Arbeiten in Räumen, in denen der Betrieb weiterläuft.

- Mitbenutzung fremder Gerüste, Hebezeuge, Aufzüge, Aufenthalts- und Lagerräume, Einrichtungen und dergleichen durch den Auftragnehmer.

- Wie lange, für welche Arbeiten und gegebenenfalls für welche Beanspruchung der Auftragnehmer seine Gerüste, Hebezeuge, Aufzüge, Aufenthalts- und Lagerräume, Einrichtungen und dergleichen für andere Unternehmer vorzuhalten hat.

- Besondere Anforderungen an Art, Güte und Umweltverträglichkeit der Stoffe und Bauteile, auch zum Beispiel an die schnelle biologische Abbaubarkeit von Hilfsstoffen.

- Art und Umfang der vom Auftraggeber verlangten Eignungs- und Gütenachweise.

- Art, Zusammensetzung und Menge der aus dem Bereich des Auftraggebers zu entsorgenden Böden, Stoffe und Bauteile; Art der Verwertung bzw. bei Abfall die Entsorgungsanlage; Anforderungen an die Nachweise über Transporte, Entsorgung und die vom Auftraggeber zu tragenden Entsorgungskosten.

- Übertragung der Wartung während der Dauer der Verjährungsfrist für die Gewährleistungsansprüche für maschinelle und elektrotechnische/elektronische Anlagen oder Teile davon, bei denen die Wartung Einfluß auf die Sicherheit und die Funktionsfähigkeit hat (vergleiche B § 13 Nr. 4 Abs. 2), durch einen besonderen Wartungsvertrag.

- Art, Beschaffenheit, Menge, Maße, Schichtdicken u.ä. der zu verwendenden Substrate, Stoffe, Bauteile, Pflanzen und Pflanzenteile, gegebenenfalls ihre Kennzeichnung, Gruppierung und/oder Sortierung.

- Art und Anzahl der geforderten Proben.

- Art, Umfang und Zeitraum der Einzelleistungen zur Unterhaltungspflege, gegebenenfalls unter Angabe von Zeitpunkt bzw. Abstand der Leistungen.

- Anzahl und Größe von Einzelflächen.

- Art, Zustand und Lage der Förderwege, gegebenenfalls Einschränkungen und erforderliche Schutzmaßnahmen.

12.3.3 Abrechnungseinheiten

Im Leistungsverzeichnis sind die Abrechnungseinheiten für die Teilleistungen (Positionen) gemäß Abschnitt 0.5 der jeweiligen ATV anzugeben.

Abb. 108: Schau-Wintergarten mit subtropischer Bepflanzung bei Firma Irßlinger, Messkirch-Igelswies Foto: Steffen

12.3.4 Voruntersuchungen

Voruntersuchungen sind Untersuchungen, die der Auftraggeber erforderlichenfalls durchführen muß, um die zum Erreichen des Begrünungszieles erforderlichen Leistungen nach Erfordernis, Art, Umfang und Ausführungsfrist festlegen zu können. Dabei sind unter anderem zu berücksichtigen

- das angestrebte Begrünungsziel einschließlich der vorgesehenen Nutzung

- die anschließende Pflege nach Art und Umfang, aber auch unter Berücksichtigung der Folgekosten

- die Standortbedingungen (Beleuchtung usw.)

- die Eignung der vorgesehenen Pflanzen, zum Beispiel hinsichtlich ihrer Ansprüche, Entwicklung, Anfälligkeit gegen Krankheiten oder Schädlinge.

Kann der Auftraggeber die erforderlichen Festlegungen nicht aufgrund seiner Erfahrungen und Kenntnisse treffen, muß er entsprechende Prüfungen durchführen, zum Beispiel hinsichtlich Statik, Beleuchtung, Ausdiffundieren von pflanzenschädlichen Schadstoffkonzentrationen, Eignung des Leitungswassers für die Versorgung der Pflanzen, Abdichtung.

12.3.5 Leistungsbeschreibungstexte, Musterleistungsverzeichnis

An VOB-gerechte Texte von Leistungsbeschreibungen werden hohe Anforderungen gestellt: Sie müssen insbesondere – im Hinblick auf das angestrebte Bau- bzw. Pflegeziel – vollständig, sachlich richtig, eindeutig und kalkulierbar, aber auch kontrollierbar sein.

Standardisierte Texte sind im Standardleistungsbuch für das Bauwesen (StLB) enthalten. Für landschaftsgärtnerische Arbeiten gilt der Leistungsbereich (LB) 003 „Landschaftsbauarbeiten", Ausgabe 1997. Er enthält ein spezielles Kapitel für Dachbegrünungsarbeiten, nicht jedoch für Innenraumbegrünungsarbeiten. Nach der nunmehr erfolgten Herausgabe des überarbeiteten LB 003 sollen die Musterleistungsverzeichnisse (MLV) für landschaftsgärtnerische Arbeiten ebenfalls vollständig überarbeitet werden, und es ist auch die Herausgabe eines speziellen MLV-Innenraumbegrünungsarbeiten vorgesehen. Bis dahin wird zu prüfen sein, wieweit vorliegende Standardtexte des Standardleistungsbuches bzw. aus den Musterleistungsverzeichnissen auch für die Vergabe von Innenraumbegrünungsarbeiten herangezogen werden können.

12.3.6 Mitwirkung von Sachverständigen

Wegen der besonderen Standortverhältnisse (insbesondere Raumklima) und der Verwendung von Pflanzen aus den verschiedensten Klimazonen, werden an die Planung von Innenraumbegrünungen hinsichtlich der Herstellung, aber auch der späteren Entwicklung und Pflege sowie an das Aufstellen von Leistungsbeschreibungen, höchste Anforderungen an den Planer gestellt. Insbesondere bei aufwendigen Innenraumbegrünungen und der Verwendung von besonderen Pflanzenarten sind spezielle Kenntnisse erforderlich, über die der Hochbauarchitekt, aber auch mancher Landschaftsarchitekt, in der Regel nicht verfügt. In solchen Fällen ist die Mitwirkung von Sachverständigen zur Vorbereitung und Erstellung der Verdingungsunterlagen unbedingt erforderlich.

Darüber hinaus kann die Mitwirkung von Sachverständigen (vergleiche auch VOB/A § 7) erforderlich sein, zum Beispiel

- zur Beurteilung der Angebote und der geforderten Preise

- zur Begutachtung der ausgeführten Leistungen.

12.4 Vertragsbedingungen, Fachnormen, andere Regelwerke

Bei VOB-Verträgen werden Vertragsbestandteil:

12.4.1 VOB/B „Allgemeine Vertragsbedingungen für die Ausführung von Bauleistungen"

VOB/B legt unter anderem fest, daß

- die Allgemeinen Technischen Vertragsbedingungen für Bauleistungen als Bestandteil des Vertrages gelten (VOB/B § 1 Nr. 1).

- der Auftragnehmer bei der Ausführung seiner Leistungen die anerkannten Regeln der Technik zu beachten hat (VOB/B § 4 Nr. 2 (1)) und daß

- der Auftragnehmer die Gewähr dafür übernimmt, daß seine Leistung zur Zeit der Abnahme den anerkannten Regeln der Technik entspricht (VOB/B § 13 Nr. 1).

Sie regelt unter anderem die Prüfpflicht des Auftragnehmers (siehe Abschnitt 12.5), die Abnahme (siehe Abschnitt 12.6), die Gewährleistung (siehe Abschnitt 12.7), und darüber hinaus Einzelheiten zur Vergütung, Ausführung, Kündigung, Abrechnung, Zahlung usw.

12.4.2 VOB/C „Allgemeine Technische Vertragsbedingungen für Bauleistungen"

Zunächst gilt die ATV DIN 18 299 „Allgemeine Regelungen für Bauarbeiten jeder Art."

Diese ATV gilt bei der Herstellung und Instandhaltung von baulichen Anlagen auch dann, wenn es für die zu erbringenden Leistungen keine spezielle ATV im Teil C der VOB gibt. Gibt es dagegen eine spezielle ATV und enthält diese abweichende Regelungen, haben sie Vorrang vor denen der ATV DIN 18 299.

Als spezielle ATV für die Innenraumbegrünung gilt die

- DIN 18 320 „Landschaftsbauarbeiten", insbesondere für Bodenarbeiten, Pflanzen und Pflanzarbeiten sowie für Pflegearbeiten.

Ferner können für entsprechende Innenraumbegrünungsarbeiten zum Beispiel relevant sein

- DIN 18 300 „Erdarbeiten"

- DIN 18 330 „Mauerarbeiten"

- DIN 18 332 „Naturwerksteinarbeiten"

- DIN 18 333 „Betonwerksteinarbeiten"

- DIN 18 334 „Zimmer- und Holzbauarbeiten"

Vertragsrechtliche Aspekte

- DIN 18 336 „Abdichtungsarbeiten"

- DIN 18 379 „Raumlufttechnische Anlagen"

- DIN 18 381 „Gas-, Wasser- und Abwasser-Installationsanlagen innerhalb von Gebäuden"

- DIN 18 382 „Elektrische Kabel- und Leitungsanlagen in Gebäuden",

wobei der Inhalt dieser ATV'en oder handwerksrechtliche Fragen nicht Gegenstand dieser Ausführungen sind.

Aus den ATV'en DIN 18 299 und DIN 18 320 sind nachfolgend einige Regeln zusammengefaßt, die für die Innenraumbegrünung besonders wichtig sind:

Abschnitt 0 „Hinweise für das Aufstellen der Leistungsbeschreibung" (siehe dazu Abschnitt 12.3)

Abschnitt 1 „Geltungsbereich" der ATV DIN 18 320

Danach gilt diese ATV u.a. für vegetationstechnische Bau-, Pflege- und Instandhaltungsarbeiten. Sie gilt also auch für die Herstellung und Pflege von Innenraumbegrünungen. Gemäß einem Grundsatz bei der Vergabe, wonach öffentliche Auftraggeber bei allen Leistungen an baulichen Anlagen und immer dann, wenn es für die relevanten Leistungen eine Allgemeine Technische Vertragsbedingung gibt, die VOB anwenden müssen, ist damit eindeutig geklärt, daß die VOB auch bei Herstellungs- und Pflegearbeiten für Innenraumbegrünungen anzuwenden ist.

Abschnitt 2 „Stoffe, Bauteile"
Dort ist u.a. geregelt, daß

- die Leistung jeweils auch die Lieferung der dazugehörigen Stoffe und Bauteile umfaßt. Deshalb muß die Lieferung in der Leistungsbeschreibung nicht gesondert erwähnt werden (Ausnahme: Lieferung von Boden).

- Stoffe und Bauteile für den jeweiligen Verwendungszweck geeignet und aufeinander abgestimmt sein müssen. Formulierung in der Leistungsbeschreibung wie „ ..... und mit geeignetem Stoff behandeln ...." sind daher unnötig.

- Stoffe und Bauteile, für die DIN-Normen bestehen, den DIN-Bestimmungen entsprechen müssen.

- für Pflanzen und Stoffe für Pflanzarbeiten DIN 18 916 „Vegetationstechnik im Landschaftsbau; Pflanzen und Pflanzarbeiten" gilt, für Stoffe zur Pflege DIN 18 919 „Vegetationstechnik im Landschaftsbau; Entwicklungs- und Unterhaltungspflege von Grünflächen".

Abschnitt 3 „Ausführung"
regelt zum Beispiel, daß

- die Wahl des Bauverfahrens und -ablaufs, der Förderwege sowie die Wahl und der Einsatz der Baugeräte Sache des Auftragnehmers sind. Andernfalls muß der Auftraggeber dies in der Leistungsbeschreibung angeben, weil der Auftragnehmer schon bei der Kalkulation wissen muß, wenn er in seiner eigenen Verantwortung und Handlungsfreiheit eingeschränkt wird.

- Bodenarbeiten nach DIN 18 915 „Vegetationstechnik im Landschaftsbau; Bodenarbeiten", Pflanzarbeiten nach DIN 18 916 und Entwicklungs- und Unterhaltungspflegearbeiten nach DIN 18 919 auszuführen sind.

Abb. 109: Der Besucher dieses Verwaltungsgebäudes wird von tropischem Bambus empfangen
Fotos (2): Strohm Innenbegrünungen

Abb. 110: Eingangs- und Empfangsbereich einer Klinik: Hier wird die Schwellenangst vor dem Krankenhausaufenthalt abgebaut.
Planung: Büro Luz und Partner, Stuttgart; Strohm Innenbegrünungen

Vertragsrechtliche Aspekte

Abschnitt 4 „Nebenleistungen, Besondere Leistungen"

Hier ist zunächst geregelt, welche Leistungen „Nebenleistungen" sind. Dies sind solche Leistungen, die auch ohne Erwähnung im Vertrag zur vertraglichen Leistung gehören. Dieser Nebenleistungskatalog – ergänzt um die Nebenleistungen der Spezial-ATV – ist abschließend.

Lediglich solche Leistungen sind nicht erfaßt, die nach der gewerblichen Verkehrssitte ebenfalls zur Leistung gehören. Nach ATV DIN 18 299 und ATV DIN 18 320 gehören zum Beispiel zu den **Nebenleistungen:**

- Einrichten, Vorhalten und Räumen der Baustelle.

- Schutz- und Sicherheitsmaßnahmen nach den Unfallverhütungsvorschriften.

- Liefern der Betriebsstoffe.

- Entsorgen von Abfall aus dem Bereich des Auftragnehmers sowie Beseitigen von Verunreinigungen, die von Arbeiten des Auftragnehmers herrühren sowie von Abfall aus dem Bereich des Auftraggebers, hier aber lediglich bis zu einer Menge von 1 m^3 und wenn dieser Abfall nicht schadstoffbelastet ist.

- Anwässern nach dem Pflanzen.

Weiter enthält dieser Abschnitt einen Katalog mit **„Besonderen Leistungen"**. Dies sind Leistungen, die nur dann zur vertraglichen Leistung gehören, wenn sie in der Leistungsbeschreibung besonders erwähnt sind. Im Gegensatz zum Nebenleistungskatalog werden hier nur Beispiele genannt. Besondere Leistungen sind:

- Versicherung der Leistung bis zur Abnahme zugunsten des Auftraggebers.

- Besonderer Schutz der Leistung, der vom Auftraggeber für eine vorzeitige Benutzung verlangt wird, seine Unterhaltung und spätere Beseitigung.

- Boden- und Wasseruntersuchungen sowie besondere Prüfverfahren.
  Eignungsprüfungen einschließlich Probenahme von Stoffen, Bauteilen und Pflanzen, die vom Auftraggeber beigestellt werden, oder deren Herkunft von ihm vorgeschrieben ist.

- Vorhalten von Aufenthalts- und Lagerräumen, wenn der Auftraggeber Räume, die leicht verschließbar gemacht werden können, nicht zur Verfügung stellt. Kann der Auftraggeber derartige Räume nicht zur Verfügung stellen, muß er dies sonst in der Leistungsbeschreibung angeben.

Zur Zuordnung von Bau- und Pflegeleistungen zu Nebenleistungen, Besonderen Leistungen oder Leistungen, die nach der gewerblichen Verkehrssitte zur vereinbarten Leistung gehören, siehe FLL-Schrift „Besondere Leistungen, Nebenleistungen und gewerbliche Verkehrssitte bei Landschaftsbau-Fachnormen DIN 18 915 bis DIN 18 920".

Abschnitt 5 „Abrechnung"

Hier ist zum Beispiel festgelegt, daß Anschüttungen, Andeckungen und der Einbau von Schichten im fertigen, Vegetationstragschichten im gesetzten Zustand zur Zeit der Abnahme an den Auftragsstellen ermittelt werden.

12.4.3 Landschaftsbau-Fachnormen

Hier ist im Einzelfall zu prüfen, wieweit die jeweiligen Regelungen für Innenraumbegrünungen anzuwenden sind. Grundsätzlich gelten zum Beispiel von

DIN 18 915 „Vegetationstechnik im Landschaftsbau; Pflanzen und Pflanzarbeiten"

- die Anforderungen an Böden, Stoffe zur Bodenverbesserung, Düngemittel.

- für vegetationstechnische Maßnahmen auf Flächen ohne Bodenanschluß der Verweis auf die FLL-"Richtlinien für die Planung, Ausführung und Pflege von Dachbegrünungen", auf die auch in der „FLL-Innenraumbegrünungsrichtlinie" ausdrücklich verwiesen wird.

DIN 18 916 „Vegetationstechnik im Landschaftsbau; Pflanzen und Pflanzarbeiten"

- die Anforderungen an Pflanzen aus Anzuchtsbetrieben, wonach Gehölze den „FLL-Gütebestimmungen für Baumschulpflanzen" und Stauden den „FLL-Gütebestimmungen für Stauden" entsprechen müssen. Dies ist in der „FLL-Innenraumbegrünungsrichtlinie" ebenfalls so geregelt, darüber hinaus, daß für Zimmerpflanzen die „Qualitätsnormen für Zimmerpflanzen zur Innenraumbegrünung" des Fachverbandes Deutscher Hydrokultur gelten;

- die entsprechenden Regelungen zur Ausführung von Pflanzarbeiten. Allerdings nicht die Regelungen zur Fertigstellungspflege, die es in der Innenraumbegrünung entsprechend der „FLL-Innenraumbegrünungsrichtlinie" nicht gibt.

DIN 18 919 „Vegetationstechnik im Landschaftsbau; Entwicklungs- und Unterhaltungspflege von Grünflächen"

- die Anforderungen an Stoffe
- die entsprechenden Regelungen zur Aus-

führung von Pflegeleistungen an Pflanzflächen.

12.4.4 „FLL-Innenraumbegrünungsrichtlinie"

Die erste Ausgabe dieser Richtlinie erfolgte Anfang 1997. So konnte sie in den derzeit geltenden Landschaftsbau-Fachnormen, Ausgabe 1990, auch nicht aufgenommen werden, wie dies zum Beispiel bei der FLL-"Richtlinie für die Planung, Ausführung und Pflege von Dachbegrünungen" der Fall war.

Der Inhalt der „FLL-Innenraumbegrünungsrichtlinie" ist unterschiedlicher Art. Sie enthält zum Beispiel

- Aussagen mit Lehrbuchcharakter, zum Beispiel hinsichtlich der Funktion und Wirkung von Innenraumbegrünungen, der Begrünungssysteme, der Bedeutung des Lichtes für die Pflanzen, zu technischen Einrichtungen.

- Hinweise für die Planung von Innenraumbegrünungen, die vom Auftraggeber zu beachten sind.

- Konkrete technische Regelungen, so zum Beispiel Anforderungen an Pflanzen, Stoffe und Bauteile sowie an die Ausführung von Bau- und Pflegeleistungen. Darüber hinaus wird bei mehrschichtigem Aufbau für Erdkultur hinsichtlich der Anforderungen an die Stoffe der Drän- und Filterschicht und den Aufbau der Schichten auf die „FLL-Richtlinie für die Planung, Ausführung und Pflege von Dachbegrünungen" verwiesen.

- Konkrete vertragsrechtliche Regelungen, welche die VOB zum Teil präzisieren, mit denen zum Teil aber auch von VOB-Regelwerken – wo dies zulässig ist – abgewichen wird, zum Beispiel hinsichtlich der Abnahme und der Gewährleistung.

- Einen Anhang. Dieser umfaßt u.a. ein außerordentlich umfangreiches Pflanzensortiment. Dieses enthält Angaben über die Ansprüche der einzelnen Arten, zum Beispiel hinsichtlich der Licht- und Wasserbedürfnisse, des optimalen Temperaturbereiches und Anforderungen an die Luftfeuchtigkeit. In der „FLL-Innenraumbegrünungsrichtlinie" wird jedoch ausdrücklich darauf hingewiesen, daß „..... *für manche der aufgeführten Arten ..... darüber hinaus gesicherte Erkenntnisse für die Eignung zur Innenbegrünung unter hiesigen Verhältnissen"* fehlen, so daß der Auftraggeber aus den Angaben der Liste keinen umfassenden Anspruch ableiten kann.

Weiter enthält der Anhang

- Umrechnungsfaktoren zum Beispiel für Nährstoffgehalte, Nährstoff-Konzentrationen,
- Begriffe und Einheiten aus dem Bereich der Beleuchtung,
- eine Auflistung der zu beachtenden gesetzlichen Bestimmungen, Normen und anderer Regelwerke,
- den Entwurf eines Bauvertrages für Pflege- und Wartungsarbeiten,
- eine Checkliste für die Prüfung der Raumverhältnisse, der baulichen Voraussetzungen und der technischen Einrichtungen für Innenraumbegrünungen,
- ein Formblatt „Hinweis zum Erfordernis von Pflege und Wartung der Innenraumbegrünung nach der Abnahme".

Vertragsrechtliche Bedeutung der „FLL-Innenraumbegrünungsrichtlinie"

Sofern die „FLL-Innenraumbegrünungsrichtlinie" ausdrücklich zum Bestandteil eines Bau- oder Pflegevertrages gemacht wird, gelten die technischen Regelungen uneingeschränkt. Weiter ist zu beachten:

Nach VOB/B § 4 Nr. 2 hat der Auftragnehmer bei der Ausführung der Leistungen die anerkannten Regeln der Technik zu beachten und nach VOB/B §13 Nr. 1 übernimmt er die Gewähr, daß seine Leistung zur Zeit der Abnahme den anerkannten Regeln der Technik entspricht.

Anerkannte Regeln der Technik sind nach der Rechtsprechung „..... *solche bautechnische Regeln, die in der Wissenschaft als theoretisch richtig anerkannt worden sind und die sich in der Praxis bewährt haben".* Davon kann bei der „FLL-Innenraumbegrünungsrichtlinie" ausgegangen werden.

Ob ein Regelwerk – ganz oder in konkreten Einzelbestimmungen – letztendlich als anerkannte Regel der Technik gewertet wird, bleibt im Streitfall jedoch dem Urteil der Gerichte überlassen. Der Auftraggeber ist jedoch gut beraten, wenn er seiner Leistungsbeschreibung die „FLL-Innenraumbegrünungsrichtlinie" zugrunde legt, und der Auftragnehmer, wenn er sich – auch wenn diese nicht ausdrücklich Vertragsbestandteil geworden ist – an die technischen Regelungen der Richtlinie hält und bei Abweichungen in der Leistungsbeschreibung gegebenenfalls Bedenken geltend macht.

12.4.5 Weitere technische Regelwerke

Für die Innenraumbegrünung enthalten darüber hinaus insbesondere nachfolgende Regelwerke einschlägige Bestimmungen:

- Alle relevanten Allgemeinen Technischen

Vertragsbedingungen des Teiles C der VOB

Auf folgende Regelwerke wird in der „FLL-Innenraumbegrünungsrichtlinie" ausdrücklich verwiesen:

- FLL-„Gütebestimmungen für Stauden"

- FLL-„Gütebestimmungen für Baumschulpflanzen"

- FLL-„Qualitätsanforderungen und Anwendungsempfehlungen für organische Mulchstoffe und Komposte im Landschaftsbau"

- FLL-„Richtlinie für Planung, Ausführung und Pflege von Dachbegrünungen"

- Fll-„Richtlinie für die Planung, Ausführung und Pflege von Fassadenbegrünungen mit Kletterpflanzen"

- „Qualitätsnormen für Zierpflanzen zur Innenraumbegrünung" des Fachverbandes Deutsche Hydrokultur.

Darüber hinaus gelten selbstverständlich alle einschlägigen gesetzlichen Bestimmungen und dergleichen sowie zahlreiche andere Regelwerke für die technischen Einrichtungen, die in der „FLL-Innenraumbegrünungsrichtlinie" im Anhang teilweise aufgelistet sind.

12.5 Prüfpflicht des Auftragnehmers

Grundsätzlich geht die Rechtsprechung davon aus, daß der Auftragnehmer über eine bessere Fachkunde für die Ausführung von Bau- und Pflegeleistungen verfügt als der Auftraggeber. Auch unter diesem Aspekt regelt VOB/B in § 3 „Ausführungsunterlagen":

„*3. Die vom Auftraggeber zur Verfügung gestellten Geländeaufnahmen und Absteckungen und die übrigen für die Ausführung übergebenen Unterlagen sind für den Auftragnehmer maßgebend. Jedoch hat er sie, soweit es zur ordnungsgemäßen Vertragserfüllung gehört, auf etwaige Unstimmigkeiten zu überprüfen und den Auftraggeber auf entdeckte oder vermutete Mängel hinzuweisen.*"

Zur Prüfung der Raumverhältnisse, der baulichen Voraussetzungen und der technischen Einrichtungen enthält die „FLL-Innenraumbegrünungsrichtlinie" eine Checkliste.

Weiter gehört es zur vertraglichen Pflicht des Auftragnehmers zu prüfen, ob die Leistungsbeschreibung geeignet ist, das vorgesehene Begrünungsziel zu erreichen. Ferner muß er die vom Auftraggeber gelieferten oder vorgeschriebenen Stoffe und Bauteile sowie die Beschaffenheit der Vorleistungen von anderen Unternehmern auf ihre Eignung prüfen. Hierzu regelt VOB/B in § 4 „Ausführung":

„*3. Hat der Auftragnehmer Bedenken gegen die vorgesehene Art der Ausführung (auch wegen der Sicherung gegen Unfallgefahren), gegen die Güte der vom Auftraggeber gelieferten Stoffe oder Bauteile oder gegen die Leistungen anderer Unternehmer, so hat er sie dem Auftraggeber unverzüglich – möglichst schon vor Beginn der Arbeiten – schriftlich mitzuteilen; der Auftraggeber bleibt jedoch für seine Angaben, Anordnungen oder Lieferungen verantwortlich.*"

Dabei geht die einschlägige Rechtsprechung davon aus, daß die **Prüfpflicht** des Auftragnehmers um so intensiver ist, je weniger fachkundig der Auftraggeber ist. Der Umfang der Prüfpflicht des Auftragnehmers beschränkt sich allerdings in der Regel auf die Inaugenscheinnahme oder einfache technische Prüfungen. Sie darf die Grenze des Zumutbaren nicht überschreiten. Wo diese liegen, hängt von den Umständen des Einzelfalles ab. Umfassende Prüfungen, zumal wenn sie mit entsprechendem technischen oder zeitlichen Aufwand verbunden sind, sind nicht erforderlich und gehören zum Aufgabenbereich des Auftraggebers im Rahmen seiner Voruntersuchungen. Auch muß der Auftragnehmer seine Bedenken nicht beweisen, es genügt die begründete Vermutung.

Es ist besonders darauf hinzuweisen, daß es sich hier um einen **äußerst sensiblen Bereich** handelt, der die Zusammenarbeit zwischen Auftraggeber und Auftragnehmer, insbesondere aber zwischen dem Auftragnehmer und einem vom Auftraggeber beauftragten Architekten, stark belasten kann. Andererseits betont die Rechtsprechung immer wieder die Bedeutung dieser Pflicht des Auftragnehmers. Auftragnehmern, die diese Pflicht – sei es aus Unkenntnis, aus Bequemlichkeit oder aus Scheu vor einer Auseinandersetzung – nicht ordnungsgemäß wahrnehmen, können erhebliche Nachteile entstehen.

VOB/B § 13 Nr. 3 lautet:
„Ist ein Mangel zurückzuführen auf die Leistungsbeschreibung oder auf Anordnungen des Auftraggebers, auf die von diesem gelieferten oder vorgeschriebenen Stoffe oder Bauteile oder die Beschaffenheit der Vorleistung eines anderen Unternehmers, so ist der Auftragnehmer von der Gewährleistung für diese Mängel frei, außer, wenn er die ihm nach § 4 Nr. 3 obliegende Mitteilung über die zu befürchtenden Mängel unterlassen hat".

Hat der Auftragnehmer – schon bei der Kalkulation, sonst aber während der Ausführung – Bedenken, muß er diese gegenüber dem Auftraggeber schriftlich geltend machen.

In Anlehnung an ATV DIN 18 320 „Landschaftsbauarbeiten" Abschnitt 3.1.10, in welchem Besonderheiten der Innenraumbegrünung

nicht behandelt werden, nachfolgend einige Beispiele, wo eine besondere Prüfpflicht des Auftragnehmers gegeben ist und er gegebenenfalls Bedenken geltend machen muß:

- ungeeignete Raumverhältnisse, zum Beispiel hinsichtlich der Verglasung, Beleuchtung und Schattierung, Temperaturregelung, Lüftung, Luftbefeuchtung sowie der technischen Einrichtung

- ungeeignete Bauweise, zum Beispiel Schichten und ihre Dicken; Substrat;

- ungeeignete Pflanzen, zum Beispiel hinsichtlich ihrer Ansprüche an Belichtung, Temperatur, Substrat usw., ihrer Entwicklung, der vorgesehenen Pflegemaßnahmen und -möglichkeiten (z. B. Pflanzenschutz)

- unzureichende oder unzweckmäßige Pflegemaßnahmen

- Mängel an vom Auftraggeber beigestellten oder vorgeschriebenen Substraten oder Pflanzen

- unzureichende Beschaffenheit der Vorleistungen von anderen Unternehmern (z.B. Bauwerksabdichtung)

- wenn der Auftraggeber in der Leistungsbeschreibung die technischen Regelungen der „FLL-Innenraumbegrünungsrichtlinie" nicht beachtet und der Auftragnehmer erkennt, daß dadurch der Wert oder die Tauglichkeit der Innenraumbegrünung aufgehoben oder gemindert wird.

Hinweis zu Erfordernis von Pflege und Wartung von Innenraumbegrünungen nach der Abnahme

Jede Pflanzung muß nach der Herstellung gepflegt werden, so daß sie sich wie vorgesehen entwickeln und möglichst lange ihre Funktion erfüllen kann. Daß dies auch für Innenraumbegrünungsarbeiten gilt, kann als allgemeines Wissen auch bei jedem Laien vorausgesetzt werden.

Die richtige Pflege einer Innenraumbegrünung bedarf jedoch besonderer Kenntnisse. Jeder Gärtner weiß, daß zum Beispiel richtiges Gießen oder der Pflanzenschutz, aber auch der Pflanzenschnitt, höchste Anforderungen an die Fachkunde stellen. Ein Auftragnehmer muß deshalb davon ausgehen, daß der Auftraggeber in der Regel von allein nicht über die erforderlichen Kenntnisse verfügt, welche Pflegemaßnahmen nach Art, Umfang und Zeitpunkt erforderlich sind.

Sofern der Auftraggeber den Auftragnehmer mit der Pflege beauftragt, gehört es sowieso zu den Pflichten des Auftragnehmers zu prüfen, ob die vorgesehenen Pflegemaßnahmen geeignet sind, das Begrünungsziel zu erreichen und zu erhalten. Sofern der Auftraggeber den Auftragnehmer jedoch nicht mit der Pflege beauftragt, gehört es zu den Pflichten des Auftragnehmers, den Auftraggeber darauf hinzuweisen. Eine entsprechende Checkliste enthält die „FLL-Innenraumbegrünungsrichtlinie".

12.6 Abnahme

12.6.1 Rechtswirkungen

Die Abnahme beim Bauvertrag hat mehrere Rechtswirkungen, insbesondere:

- Umkehrung der Beweislast. Das bedeutet, nach der Abnahme muß der Auftraggeber dem Auftragnehmer nachweisen, daß seine Leistung zur Zeit der Abnahme nicht „in Ordnung" war, die Mängel also auf mangelhafte Leistung des Auftragnehmers zurückzuführen sind.

- Verlust des Auftraggebers auf die Rechte auf Nachbesserung und Minderung, sofern er eine mangelhafte Leistung in Kenntnis des Mangels abgenommen hat.

- Beginn der Gewährleistungspflicht des AN, also der Verjährungsfrist für die Gewährleistung.

- **Gefahrübertragung.** Das heißt, mit der Abnahme geht die Gefahr für den Erhalt der ausgeführten Leistungen und für die weitere Entwicklung der Pflanzen auf den Auftraggeber über. Bis zur Abnahme liegt dieses Risiko beim Auftragnehmer, sofern der Auftraggeber das Risiko nicht schon nach VOB/B § 7 trägt oder weil der Auftraggeber entsprechenden Bedenken des Auftragnehmers nicht gefolgt ist.

Aus diesen Gründen ist die Abnahme sowohl für den Auftraggeber als auch für den Auftragnehmer von wesentlicher Bedeutung.

12.6.2 Abnahmefähiger Zustand

Bei Pflanzarbeiten im Freien erfolgt die Fertigstellung von Pflanzungen bis zum abnahmefähigen Zustand durch die Fertigstellungspflege. Bis dahin liegt das Risiko für die ausgeführten Leistungen beim Auftragnehmer.

Diese Regelungen sind für Innenraumbegrünungen nicht anwendbar. Zum einen werden für die Innenraumbegrünung in der Regel Pflanzen in Containern bzw. mit Topfballen verwendet. Damit ist das An- und Weiterwachsen sichergestellt, sofern einwandfreie Pflanzenqualität verwendet wird und die Ausführung der Pflanz- und Pflegearbeiten ordnungsgemäß erfolgt.

Zum anderen unterliegen Innenraumbegrünungen oft Gefahren, auf die der Auftragnehmer keinen Einfluß hat, zum Beispiel falsches Belüften, Wegkippen von Flüssigkeiten. Deshalb weicht die „FLL-Innenraumbegrünungsrichtlinie" von den Festlegungen der VOB/B § 12 wie folgt ab:

„*Die Abnahme der Innenraumbegrünung erfolgt bei mobilen Gefäßen, die bepflanzt angeliefert wurden, nach dem Aufstellen, bei Bepflanzung vor Ort direkt nach dem Pflanzen. Teilabnahmen (VOB/B § 12 Nr. 2a) sind bei Pflanzgefäßen, Pflanzbecken und Pflanzbeeten, die vor Ort bepflanzt werden, nach der Anlieferung bzw. Fertigstellung durchzuführen, bei technischen Einrichtungen nach der Inbetriebnahme. Der Auftragnehmer hat dem Auftraggeber den jeweiligen Fertigstellungstermin spätestens drei Tage vorher mitzuteilen.*"

Weitere Teilabnahmen – nunmehr im Sinne des § 12 Nr. 2b der VOB/B als sogenannte „technische Abnahme" – können zum Beispiel für Abdichtungsarbeiten erfolgen.

12.7 Gewährleistung

Zunächst ist zu beachten, daß die VOB nur eine Gewährleistung kennt, nicht dagegen eine Garantie. In Verträgen ist aus Haftungsgründen **ausschließlich** der Begriff Gewährleistung zu verwenden, da eine Garantie Ansprüche des Auftraggebers umfassen kann, die über die Vertragsmäßigkeit eines VOB-Vertrages hinausgehen.

12.7.1 Die Gewährleistung des Auftragnehmers

VOB/B § 13 regelt:

„*1. Der Auftragnehmer übernimmt die Gewähr, daß seine Leistung zur Zeit der Abnahme die vertraglich zugesicherten Eigenschaften hat, den anerkannten Regeln der Technik entspricht und nicht mit Fehlern behaftet ist, die den Wert oder die Tauglichkeit zu dem gewöhnlichen oder dem nach dem Vertrag vorausgesetzten Gebrauch aufheben oder mindern.*"

Das heißt, der Auftragnehmer übernimmt die Gewähr dafür, daß er seine Leistung vertragsgemäß ausgeführt hat. **Er übernimmt nicht die Gewähr dafür, daß sich die Pflanzung wie vorgesehen entwickelt.**

Hiervon ist jedoch – bei fachgerechter Planung und Ausführung – auszugehen, sofern folgende Voraussetzungen nach der Abnahme erfüllt sind: umfassende fachgerechte Pflege, keine Schäden durch Fehler, zum Beispiel bei der Be- und Entwässerung, Beleuchtung, Temperaturregelung, Belüftung und Schattierung oder durch Vandalismus und dergleichen.

Werden diese Voraussetzungen nicht erfüllt und hierdurch Schäden verursacht, liegen diese im Verantwortungsbereich des Auftraggebers, und der Auftragnehmer kann nicht zur Gewährleistung herangezogen werden.

Andererseits darf ein Arbeitnehmer die Übernahme der Gewährleistung nicht ablehnen mit dem Argument, daß er nicht mit der Pflege beauftragt sei. Denn er übernimmt – sofern vertraglich nichts anderes vereinbart ist – lediglich die Gewähr dafür, daß er seine Leistung vertragsgemäß ausgeführt hat, nicht aber für die weitere Entwicklung.

Werden die genannten Voraussetzungen jedoch erfüllt und es treten trotzdem Schäden auf, wird kritisch zu prüfen sein, ob sie auf mangelhafte Leistungen des Auftragnehmers zurückzuführen sind. Die Beweispflicht hierfür liegt beim Auftraggeber.

12.7.2 Gewährleistung bei anschließendem Pflegevertrag

Viele Auftraggeber, die eine Innenraumbegrünung ausführen lassen, legen Wert darauf, daß sich diese nach der Herstellung wie vorgesehen entwickelt und erhalten bleibt. Sie beauftragen deshalb den Auftragnehmer sowohl mit der Herstellung als auch mit der anschließenden Pflege.

Dabei gehen sie davon aus, daß der Auftragnehmer die Gewähr dafür übernimmt, daß sich die Innenraumbegrünung immer in dem vertragsgemäßen Zustand befindet.

Treten in derartigen Fällen Schäden auf, so ist zu prüfen, ob die Voraussetzungen nach VOB/B § 7 „Verteilung der Gefahr" gegeben sind. Dieser lautet:

„1. Wird die ganz oder teilweise ausgeführte Leistung vor der Abnahme durch höhere Gewalt, Krieg, Aufruhr oder andere unabwendbare, vom Auftragnehmer nicht zu vertretende Umstände beschädigt oder zerstört, so hat dieser für die ausgeführten Teile der Leistung die Ansprüche nach § 6 Nr. 5; für andere Schäden besteht keine gegenseitige Ersatzpflicht.

2. Zu der ganz oder teilweise ausgeführten Leistung gehören alle mit der baulichen Anlage unmittelbar verbundenen, in ihre Substanz eingegangene Leistungen, unabhängig von deren Fertigstellungsgrad."

Das heißt, auch bei derartigen Pflegeverträgen kann der Auftraggeber dem Auftragnehmer nicht Risiken auferlegen, die dieser nicht zu vertreten hat. Dies ist zum Beispiel der Fall, wenn eine Putzkolonne Putzwasser mit scharfen Reinigungsmitteln in entsprechender Menge in die Innenraumbegrünung gießt, oder wenn Räume, die üblicherweise geschlossen sind, bei Frosttemperaturen gelüftet werden.

Wenn solche Schäden während der Vertragszeit auftreten, in der der Auftragnehmer also für den ordnungsgemäßen Zustand der Innenraumbegrünung verantwortlich ist, so wird die Beweispflicht dafür, daß er diese Schäden nicht zu vertreten hat und VOB/B § 7 heranzuziehen ist, beim Auftragnehmer liegen.

12.7.3 Verjährungsfrist

VOB/B § 13 Nr. 4 regelt:
„(1) Ist für die Gewährleistung keine Verjährungsfrist im Vertrag vereinbart, so beträgt sie für Bauwerke und für Holzerkrankungen zwei Jahre, für Arbeiten an einem Grundstück und für die vom Feuer berührten Teile von Feuerungsanlagen ein Jahr.

(2) Bei maschinellen und elektrotechnischen/elektronischen Anlagen oder Teilen davon, bei denen die Wartung Einfluß auf die Sicherheit und Funktionsfähigkeit hat, beträgt die Verjährungsfrist für Gewährleistungsansprüche abweichend von Absatz 1 ein Jahr, wenn der Auftraggeber sich dafür entschieden hat, dem Auftragnehmer die Wartung für die Dauer der Verjährungsfrist nicht zu übertragen.

(3) Die Frist beginnt mit der Abnahme der gesamten Leistung; nur für in sich abgeschlossene Teile der Leistung beginnt sie mit der Teilabnahme (§ 12 Nr. 2a)."

Wegen der Besonderheiten bei der Innenraumbegrünung weicht die „FLL-Innenraumbegrünungsrichtlinie" bei den Pflanzen von den Regelfristen der VOB ab und bestimmt in Abschnitt 8.3:

„Die Verjährungsfrist für die Gewährleistung beträgt: – drei Monate für Pflanzen ......"

Vertragsrechtliche Aspekte

Dabei wurde davon ausgegangen, daß bei Innenraumbegrünungen Schäden an Pflanzen, die auf Mängel bei der Anlieferung oder beim Pflanzen zurückzuführen sind, innerhalb von drei Monaten erkennbar sind.

Ergänzend ist noch darauf hinzuweisen, daß nach DIN 18916 „Vegetationstechnik im Landschaftsbau; Pflanzen und Pflanzarbeiten" bei Pflanzen schon bei der Anlieferung eine **Kontrollprüfung** durch den Auftraggeber durchzuführen ist, welche die Vollzähligkeit, Art, Größe und Beschaffenheit der Lieferung umfaßt.

Die weiteren Gewährleistungsfristen des Abschnitts 3 der „FLL-Innenraumbegrünungsrichtlinie" lauten:

„Die Verjährungsfrist für die Gewährleistungsfrist beträgt ...

– ein Jahr für technische Anlagen, bei denen die Wartung Einfluß auf die Sicherheit und Funktionsfähigkeit hat und für die der Auftraggeber dem Auftragnehmer die Wartung für die Dauer der Verjährungsfrist nicht übertragen hat

– zwei Jahre für sonstige Leistungen".

Sie stimmen mit den Regelfristen der VOB überein und präzisieren diese lediglich.

und Pflanzen

Produkte für höchste Ansprüche bei der Raumbegrünung.

Deshalb erhielt CHAPO auch beim Verwaltungsgebäude der Neuen Messe in Leipzig den Vorzug gegenüber anderen Produkten.

CHAPO ist übrigens nur ein Teilbereich aus dem Komplettprogramm der

International Hydrokultur GmbH
Hans-Sachs-Straße 36
65428 Rüsselsheim
Tel. 06142 / 6 30 14 • Fax 06142 / 6 44 91

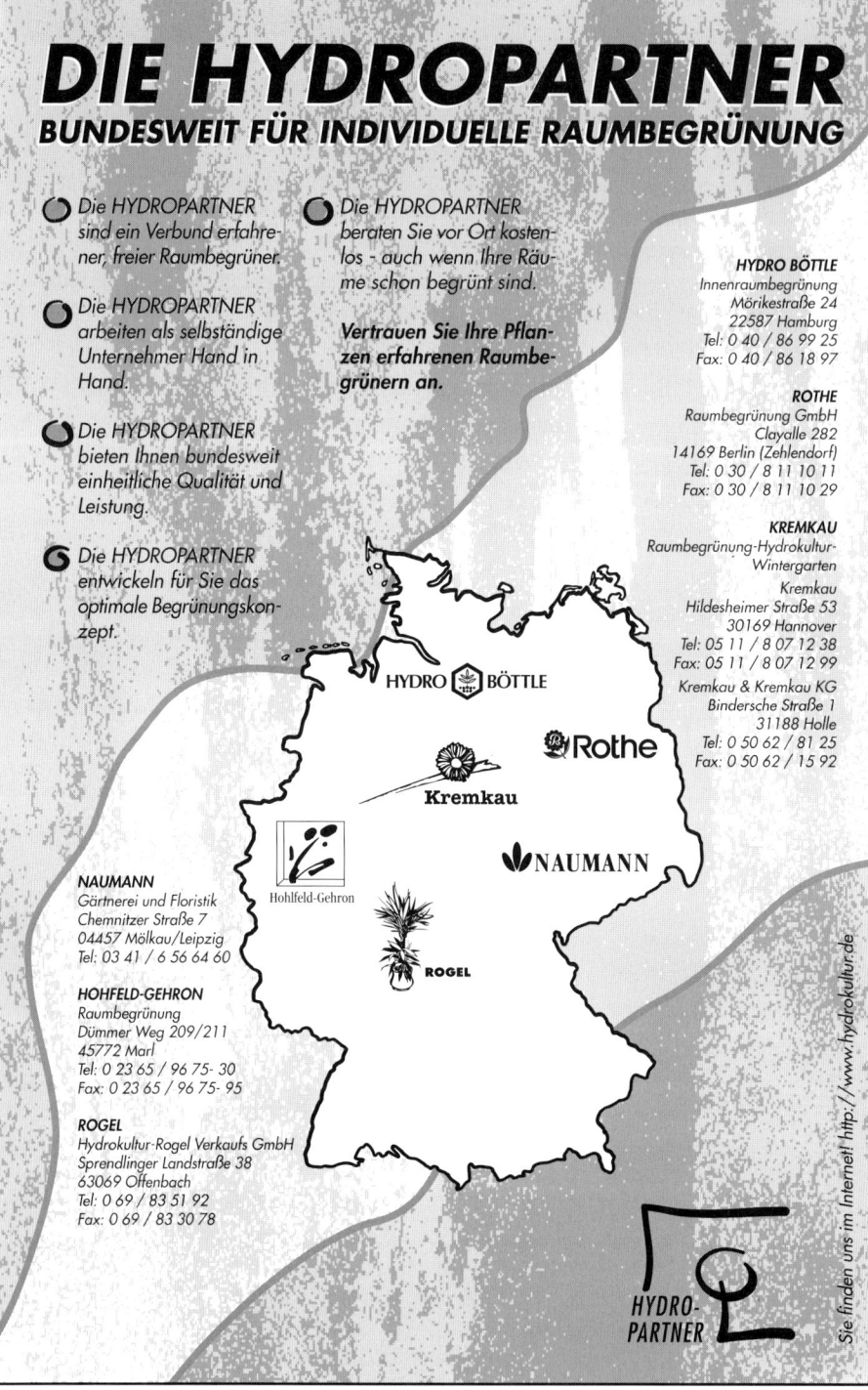

13 Marketing und Kalkulation
Knut Steffen

13.1 Strategien im Wettbewerb

Innenraumbegrünung ist ein Wachstumsmarkt, der in Deutschland schätzungsweise ein Volumen von 100 bis 150 Millionen DM haben dürfte. Dabei gewinnt nicht nur die Objektbegrünung, das heißt die Begrünung von Firmen oder öffentlichen Gebäuden an Bedeutung, sondern auch die Anlage von Wintergärten und Glasräumen im privaten Bereich ist ein Absatzmarkt.

Allerdings verschärfte sich mit steigender Nachfrage nach der Dienstleistung Innenraumbegrünung auch der Wettbewerb. Mehrere Anbieter am Markt wecken aber eher den Bedarf nach Innenbegrünung. Der Grund dafür ist der häufige Kontakt des Kunden mit dem Produkt.

13.1.1 Voraussetzungen für die Innenraumbegrünung

Folgende Voraussetzungen sollten erfüllt sein, um einen erfolgreichen Einstieg in die Innenraumbegrünung zu schaffen:

Fachkenntnis

- Fortbildung
- Fachliteratur
- Vorträge, Kurse
- Betriebsbesichtigungen
- Erfahrungsaustausch

Räumliche Möglichkeiten berücksichtigen

- attraktive Pflanzenpräsentation (möglichst Muster-Wintergarten)
- ausreichend und qualifizierte Arbeitskräfte
- hohe Beratungsintensität mit sehr viel Fachwissen.

Gute Zukaufsmöglichkeiten

- Direktimporte
- regionale Anbieter (Spezialbetriebe, Abholmärkte)
- Bedarfsartikelproduzenten, Messen (Zubehör).

Mit guten Fachkenntnissen, engagiertem Personal und der Zusammenarbeit mit einschlägigen Partnern aus der Baubranche gelingt es, in der Innenraumbegrünung Fuß zu fassen. Wenn die persönlichen, fachlichen und betrieblichen Voraussetzungen stimmen, läuft das Geschäft auch gut. Es fordert den vollen Einsatz und dazu gehört auch eine „innere Überzeugung" und Begeisterung – unabhängig davon, welches Begrünungs-System vertreten wird. Grundsätzlich gilt: Der Kunde bestimmt mit seinen Wünschen, was gefragt ist.

Die wichtigsten Anforderungen an Mitarbeiter in der Innenraumbegrünung sind neben Fachkenntnissen, ein ordentliches, sauberes und zügiges Arbeiten, Ehrlichkeit und freundliches Auftreten. Die Mitarbeiter repräsentieren das Unternehmen nach außen!

Personelle Voraussetzungen für Objektbegrünungen

Akquisiteur

- Fachliche Qualifikation (am besten mit gärtnerischer Ausbildung)
- Selbstsicheres, kontaktfreudiges Auftreten
- Sportliche, saubere, typgerechte Kleidung
- Auftragsbestätigungen oder sonstiger Schriftverkehr schnellstmöglich nach dem Kundengespräch

Auftragsabwicklung

Ordern der angebotenen Gefäße, Pflanzen, Substrat, Nährstoffe laut Angebot oder Ausschreibung. Überprüfung der RAL-Farben der Gefäße, des schädlingsfreien Sortimentes, Höhen und Qualität laut Ausschreibung.

Serviceleistungen

Dynamische, vertrauensvolle Personen, die gärtnerisch mit Kittel oder Overall sauber gekleidet sind (Servicemitarbeiter müssen auch im Vertrauensbereich der Firmen und Banken arbeiten).

Entscheidend ist, daß sich nicht nur Betriebsleiter oder leitende Mitarbeiter, sondern alle in diesem Bereich tätigen Mitarbeiter mit der Innenraumbegrünung voll identifizieren.

Die wichtigste Arbeit ist die **Akquisition von Aufträgen**. Wer in das Geschäft der Innenraumbegrünung einsteigen will, sollte genau überlegen, ob er dazu die Persönlichkeit ist oder ob jemand im Betrieb diese Aufgabe übernehmen kann. Denn Auftragsakquisition bedeutet, Werbebriefe zu verfassen, vor Ort Gespräche mit Architekten, Verwaltern und Entscheidungsträgern aus Industrie und Wirtschaft zu führen und sich an Ausschreibungen zu beteiligen. Das erfordert eine Persönlichkeit, die in der Lage ist, zu verhandeln und Auftragsgespräche zu führen.

Betriebliche Voraussetzungen

Innenraumbegrünung sollte als eigenständiger Betriebszweig oder als eigenständige Abteilung geführt werden. Jeder Betrieb, der sich nach dem Abchecken des Marktes in seinem Einzugsgebiet für die Aufnahme dieser Dienstleistung entscheidet, prüft jedoch am besten vorher, ob die Innenraumbegrünung überhaupt in seinen Betriebsablauf paßt.

Das gilt vor allem für Einzelhandelsgärtnereien, Blumengeschäfte und Unternehmen des Garten- und Landschaftsbaus. Denn es funktioniert nicht, zum Beispiel die Pflegeintervalle in eine arbeitsärmere Zeit zu legen.

Glasflächen sind notwendig, um die (zugekauften) Pflanzen bereit zu halten und um Mustergefäße oder Musterbepflanzungen zu zeigen. Die entsprechenden Lagerflächen für Zubehör (Gefäße, Dünger, Substrate, Leuchten) sind zu schaffen.

Für die Ausführung und Pflege der Begrünung sollte ein Kleintransporter mit einer aussagefähigen Firmenbeschriftung und Standheizung zur Verfügung stehen. Um Konflikte mit anderen Abteilungen zu vermeiden, empfiehlt es sich, dafür einen **Benutzungsplan** aufzustellen. Für den Pflegeservice lohnt sich in der Regel ein eigenes Fahrzeug, das nur für diesen Zweck eingesetzt wird.

Für die Innenraumbegrünung kommen einige hundert Pflanzenarten in allen möglichen Größen und Ausführungen in Frage. Größere Pflanzen sind meistens auf dem europäischen Markt – etwa in den Niederlanden oder Italien – oder im Extremfall in Florida zu beschaffen. Lieferanten in der Region, etwa regionale Abholmärkte und Filialunternehmen großer Spezialfirmen haben sich aber auch auf den Bedarf eingestellt.

Einige Lieferanten bieten nach Vorgabe von Einzelhandelsgärtnereien komplett bepflanzte Gefäße an, die auf Wunsch auch zur Baustelle angeliefert werden.

Wann lohnt sich Objektbegrünung ?

In der Regel ist Objektbegrünung – zum Beispiel die Begrünung von Sparkassen, Banken, Arztpraxen – nur rentabel, wenn sie als eigenes Profitcenter betrieben wird, sich also selbst trägt. Die Abteilung Objektbegrünung sollte über eine eigene Personal- und Sachmittel-Ausstattung verfügen. Ein Umsatz von 180.000–200.000 DM je Mitarbeiter ist anzustreben.

Für Einsteiger ist es ratsam, daß sie die Marktchancen genau prüfen, bevor sie sich in der Objektbegrünung engagieren. Dabei kann das Einzugsgebiet durchaus einen Radius von 50–80 km, je nach Organisation auch 100 km und mehr haben. Folgende Fragen sollten geklärt werden (siehe auch Tabelle 48):

- Wie ist das Qualitätsniveau der Mitbewerber – mit welchen Preisen für Anlage und Pflege wird gearbeitet?

- Warum sind einige Objekte nicht begrünt (Mißerfolg, zu hohe Kosten, Unzufriedenheit mit Innenraumbegrüner)?

13.1.2 Marketingstrategie für Innenraumbegrüner

Eine Marketingstrategie für die Innenraumbegrünung basiert im wesentlichen auf der gezielten Ansprache der möglichen Zielgruppen im Einzugsgebiet. Der Kundennutzen heißt in erster Linie „Prestige".

Grundsätzlich erwartet der Kunde, der Objektbegrünung ausführen läßt eine Problemlösung von seinem Lieferanten, das Ziel sollte deshalb neben der Ausführung die Übernahme der kompletten Pflege sein.

Bereits bei der Objektakquisition und möglichst noch während der Planungsphase wird die **Beratung zu den Standortverhältnissen** durchgeführt und das Raumbegrünungskonzept in Zusammenarbeit mit dem Architekt geplant. Dann können bauliche Planungsfehler (z.B. falscher Wasseranschluß) noch während der Planung verhindert werden.

13.1.3. Marketingstrategie für Wintergärten

Sinnvoll ist es, nicht gleich voll einzusteigen, sondern das Geschäft erst stufenweise auf- und auszubauen:

1. Stufe:

nur Pflanzen, eventuell Gefäße (Sortimentsbreite: 50 -60 Arten) anbieten

2. Stufe:

Angebot der Dienstleistung „Planung und Anlage von Wintergärten"

3. Stufe:

Angebot der Dienstleistung „Wintergartenbepflanzung einschließlich Pflegeangebot".

Tab. 48: Lohnt sich Objektbegrünung – Entscheidungshilfen für Einsteiger

Sind Sie von der Idee der Innenraumbegrünung überzeugt und begeistert?
....

Wie sind die Marktchancen in Ihrem Einzugsgebiet?
....

Wer bietet im Einzugsgebiet Objektbegrünung an?
....

Welche Objekte (Firmen, Banken, Gastronomie etc.) sind im Einzugsgebiet mit Innenraumbegrünung ausgestattet? Wer hat diese Objekte ausgeführt?
....
....

Welche nicht?
....
....

Gibt es in Ihrem Einzugsgebiet gewerbliche Neubauten - haben Sie Kontakt mit Architekt oder Nutzer aufgenommen und die Möglichkeiten einer Raumbegrünung erörtert?
....
....

Stehen begeisterungsfähige, engagierte Mitarbeiter zu Verfügung, die auch bereit sind eine besondere Abteilung für Innenraumbegrünung aufzubauen?
....

Wie paßt die Raumbegrünung in das betriebliche Gesamtkonzept? Können Sie sich als Betriebsleiter oder als eine leitende Kraft intensiv um das Objektgeschäft (vor allem die Auftragsakquisition) kümmern, ohne daß Sie woanders fehlen und dort finanzielle Einbußen entstehen?
....

Gibt es immer günstige Zukaufsmöglichkeiten für Großpflanzen oder Hydropflanzen? Können Vorleistungen (zum Beispiel komplett bepflanzte Gefäße) zugekauft werden?
....

Können für die Auslieferung und Pflege Betriebsfahrzeuge genutzt werden oder stehen für die Abteilung „Objektbegrünung" eigene Fahrzeuge zur Verfügung?
....

Gibt es für die Raumbegrünung entsprechende Kooperationspartner (Architekten, Innenarchitekten), um an Aufträge zu kommen? Welche?
....
....

13.1.4 Firmenpräsentation nach außen

Neben dem Angebot und den Dienstleistungen ist die Corporate Identity, kurz CI, ein entscheidendes Kriterium, wie sich das Unternehmen als Innenraumbegrüner nach außen darstellt.

Die CI umfaßt die Identität oder „Persönlichkeit eines Unternehmens" und findet ihren Ausdruck im Erscheinungsbild des Unternehmens nach außen, aber auch im Umgang mit Mitarbeitern und Kunden.

Eine einheitliche optische Gestaltung des Firmenbildes von der Fassade der Betriebsgebäude über die typische Firmenbekleidung bis hin zum Firmenzeichen mit Firmennamen in typischer Schrift, Gestaltung und Farbe sorgt für eine Unverwechselbarkeit und durch seinen Wiedererkennungswert auch für einen Werbeeffekt beim Kunden. Das Logo ist der wichtigste Ausdruck der CI. Es sollte in Zusammenarbeit mit einem Graphiker modern und einzigartig sowie auf die Innenraumbegrünung bezogen sein.

Neben dem Logo ist die Firmenkleidung wichtig für die Darstellung des Unternehmens nach außen. Die Firmenkleidung sollte gut zu reinigen sein, wenig verschmutzen, guten Tragekomfort bieten, strapazierfähig und modern, aber nicht supermodisch sein.

Es ist zweckmäßig, firmentypische Kleidungsstücke (T-Shirts, Overalls) in einheitlicher Farbe mit dem gut sichtbar angebrachtem Firmenzeichen einzusetzen. Erfahrungsgemäß ist es nicht einfach durchzusetzen, daß die Mitarbeiter auch die Firmenkleidung tragen. Sie sind deshalb am besten in die Entscheidung für eine bestimmte Firmenkleidung mit einzubeziehen.

13.2 Unternehmensformen

Innenraumbegrünung ist in Spezialfirmen, aber auch als Betriebszweig in Einzelhandelsgärtnereien oder Garten- und Landschaftsbau-Unternehmen angesiedelt. Der reinen Wintergartenbegrünung widmen sich Einzelhandelsgärtnereien. Es gibt wenige Unternehmen, die keinen Service anbieten, aber eine ganz Reihe von Unternehmen, die nur Service ausführen.

Innenraumbegrünung führen Betriebe aus, die einen landwirtschaftlichen Status haben, aber auch gewerbliche Unternehmen. Wenn nur Service ausgeführt wird, handelt es sich um eine gewerbliche Tätigkeit. Die Bezeichnung Raumbegrünungs-Fachbetrieb ist bisher nicht geschützt.

13.2.1 Einzelunternehmen und Filialbetriebe

In der Regel handelt es sich um Einzelunternehmen, seltener um Filialunternehmen, die sich ganz oder nur mit einer Abteilung der Innenraumbegrünung widmen. Viele kleinere Anbieter arbeiten nur sporadisch in der Innenraumbegrünung, wobei die Qualität der Arbeit oft zu wünschen übrig läßt.

Entscheidend für die Innenraumbegrünung ist nicht die Unternehmensform, sondern daß die Innenraumbegrünung als eigenes Profitcenter geführt wird (siehe Kapitel 13.1.1).

13.2.2 Franchiseunternehmen

Franchising ist ein Absatzsystem, bei dem Partner beim Absatz von Waren und Dienstleistungen kooperieren. Der eine Partner liefert Idee und Konzept und sorgt für die Rahmenbedingungen, während der andere Partner den direkten Vertrieb beziehungsweise den Verkauf besorgt.

Die Leistungen des Franchisegebers umfaßt ein Absatz- und Organisationskonzept, eine Nutzung von Schutzrechten (für Namen und Zeichen), Verkaufs- und Werbehilfen, Unterstützung bei der Aus- und Fortbildung und die Zusage, den Kooperationspartner als Franchisenehmer laufend aktiv zu unterstützen. Er bleibt jedoch selbständiger Unternehmer.

Vor allem für Einsteiger ist Franchise eine Möglichkeit, sich selbständig zu machen. Dabei profitieren die Franchisenehmer von dem überregionalen Image einer guten Marke (Obi oder McDonald's).

Ein Vertrag regelt die Rechte und Pflichten beider Partner. Der Franchisenehmer zahlt eine einmalige Eintrittsgebühr und die laufende Franchisegebühr, die umsatzabhängig sein kann.

Das erste Franchise-System im Bereich der Raumbegrünung gründete ROLF HÜBECKER (Tönisvorst) mit dem „Hydro Master Service".

13.2.3 Innenraumbegrünung mit Pflegeservice

Die Aufnahme des Pflegeservice ist eine zusätzliche Möglichkeit, Kunden zu binden und an Folgeaufträge für neue Objekte zu kommen. In diesem Bereich sind inzwischen auch überregionale Dienstleistungs-Anbieter mit selbständig geführten Begrünungs-Fachfirmen tätig.

Die Kombination eines Pflegeservice mit anderen Unternehmen der grünen Branche

Tab. 49: Aktives Marketing: Wintergärten

1. Kooperation mit anderen Partnern

- Architekten
- Garten- und Landschaftsbau-Unternehmen
- andere Berufskollegen

2. Werbe-Verkaufsförderungsmaßnahmen

- Anzeigen-, Prospekt- und Handzettelwerbung
- Wintergartenbesitzer oder Hausbesitzer anschreiben
- Ausstellungen im Betrieb durchführen („Musterwintergarten")
- Aktionen für bestimmte Pflanzen im Betrieb durchführen (z.B. mediterrane Pflanzen)
- Wintergartenidee auf Regionalmessen vorstellen

3. Beratung

- Einführungs- oder Fortbildungskurse für Wintergartenbesitzer anbieten
- Fahrten zu Botanischen Gärten oder Spezialausstellungen organisieren
- Info-Materialien (Pflege- und Bepflanzungshinweise, laufende Beratungsbriefe)
- Wintergartenbesitzern Problemlösungen bieten und Hilfen geben (z. B. in Pflanzenschutzfragen)

4. Dienstleistungen

- Bepflanzungsplanung
- Kostenvoranschläge
- Pflanzenauslieferung- und aufstellung
- Gestaltung des Wintergartens
- angemessene Verrechnung der Dienstleistungen (Pflanzen, Material, Arbeitszeit, Fahrtkosten)

(Einzelhandelsgärtnerei, Blumenfachgeschäft, Gartencenter, Garten- und Landschaftsbau-Betrieb) wäre denkbar, das heißt, die ausführende Begrünungsfirma sucht sich einen „Pflegepartner" jeweils vor Ort.

13.3 Mögliche Zielgruppen als Kunden gewinnen

Für die Innenraumbegrünung kommen vor allem folgende Zielgruppen in Betracht:

- gewerbliche Unternehmen mit Büros, Cafeterias und Kantinen

- Institutionen und öffentliche Einrichtungen (Banken, Versicherungen, Behörden, Schwimmbäder, Krankenhäuser)

- Gastronomie, Hotel- und Gaststättengewerbe

- Freiberufler (Praxen von Ärzten, Steuerberatern, Rechtsanwälten, Architekturbüros).

- Einzelhandel (Raumbegrünung als Gestaltungs- und Dekorationselement in Einzelhandelsgeschäften, Einkaufszentren und Möbelhäusern).

Zielgruppen für die Wintergartenbegrünung

Hier sind in erster Linie private Kunden angesprochen, die Wert auf ein schönes Wohnumfeld legen und die ein Prestigebedürfnis haben. Einmal sind es die Kunden, die sich in der Planungsphase befinden und andererseits jene, die bereits über einen Wintergarten verfügen.

Der Wunsch nach einem Wintergarten entsteht bei vielen Menschen in der Altersgruppe zwischen 40 und 50 Jahren, wenn das Haus weitgehend abbezahlt ist, die Kinder aus dem Haus sind und wieder Geld für neue Ausgaben am Haus zur Verfügung steht.

Neue Wintergartenbesitzer sind gut über die Architekten oder Bauunternehmen anzusprechen, während die Wintergartenbesitzer auf Informationsveranstaltungen für „Wintergartenprofis" reagieren. Übrigens ist auch zu beobachten, daß Hotels und Gaststätten ihre Galräume um Wintergärten erweitern. Hier sind die Übergänge zwischen klassischem Objektgeschäft und Wintergartenbegrünung fließend.

13.3.1 Verkaufsargumente für die Innenraumbegrünung

Die Inhaber von gewerblichen Unternehmen, Freiberufler oder die Entscheidungsträger in Unternehmen und Behörden oder Einkaufszentren sind Personen, die in erster Linie als Verhandlungspartner in Sachen Innenraumbegrünung in Frage kommen.

Dabei handelt es sich um Personenkreise, die ihre Entscheidung für oder gegen Innenraumbegrünung nicht allein nach gefühlsmäßigen Gesichtspunkten wie Privatkunden treffen, sondern von Kosten-/Nutzen-Denken bestimmt sind und daher mit sachlich-kaufmännischen Argumenten zu überzeugen sind.

Der **Nutzen der Innenraumbegrünung** ist deshalb für öffentliche oder gewerbliche Kunden sehr wichtig: Innenraumbegrünung

- verbessert das Raumklima, sorgt für Wohlbefinden bei Kunden und Mitarbeitern und führt zu einer höheren Leistungsfähigkeit der Mitarbeiter (niedrigerer Krankheitsstand).

- wirkt sich positiv auf die Psyche aus (hilft Aggressionen und Streß abbauen) und fördert die Kauflust in Einkaufszentren und Geschäften.

- sorgt für eine störungsfreie Arbeit der Computer und Kopiergeräte und absorbiert Luftschadstoffe

- schafft durch ihre optische Wirkung ein gehobenes Ambiente in Einkaufsstätten und gehobener Gastronomie

- ist langlebig und als Betriebsausgabe steuerlich abschreibbar und eine sinnvolle Investition für gewerbliche Unternehmen und Freiberufler

Neben diesen Vorzügen, die potentiellen Interessenten den Nutzen aufzeigen, muß natürlich der Anbieter von Innenraumbegrünung auch Argumente bringen, warum gerade er sich als kompetenter Fachmann empfiehlt, wie zum Beispiel:

- fachgerechte Pflanzenauswahl nach eingehender Beratung – jeweils abgestimmt auf den Standort

- fachgerechte Ausführung der Arbeiten (Anlage, Bepflanzung)

- Verwendung guter Pflanzenqualitäten sowie hochwertiger Materialien und Hilfsmittel

- auf Wunsch, die Möglichkeit einen qualifizierten Pflegeservice zu nutzen.

Hinzu kommen noch die jeweiligen Vorzüge der einzelnen Systeme (Hydrokultur, Erdpflanzen in mineralischen Substraten, Erdkultur), die dem Kunden auch als Entscheidungshilfe genannt werden müssen (vgl. Kapitel 5.5).

13.3.2 Verkaufsargumente für den Pflegeservice

Der Pflegeservice ist für gewerbliche Kunden eine Problemlösung. Damit ist sichergestellt, daß die Bepflanzung immer einen gepflegten und ordentlichen Eindruck macht. Das ist auch das wichtigste Argument für den Pflegeservice. Weitere wichtige Argumente sind:

- fachgerechte Pflege einschließlich Rückschnitt, Ausputzen, Düngen und Gesunderhaltung

- regelmäßige Kontrolle und Beobachtung der Pflanzen - Gewähr für Gesundheit

- Sicherung der Langlebigkeit der Bepflanzung ohne Ausfälle

Probleme gibt es jedoch oft, die notwendigen Preise für die Dienstleistung Pflege durchzusetzen. Hier gilt es die Fachkompetenz deutlich zu machen:

- Ausführung des Services durch qualifiziertes Fachpersonal

- Einsatz umweltschonender Verfahren und Mittel zur Gesunderhaltung (nur sofern das auch praktiziert wird).

Erfahrungsgemäß wird der Pflegeservice mit dem Objekt direkt angeboten, so daß die Anlage und Pflege des Objektes aus einer Hand noch als zusätzlicher Kundennutzen mit aufgeführt werden kann.

Wünscht ein Unternehmen nur einen Teilservice, so ist das Angebot der sachkundigen Einweisung und der Unterstützung mit Fachwissen sicher ein Argument, das den Entscheidungsträger in dem Unternehmen überzeugt.

13.3.3 Auftragsakquise

Kundenorientierte Auftragsgespräche

Innenraumbegrünung ist unabhängig vom System beratungsintensiv. Die Auftragsakquisition macht intensive Verkaufsgespräche erforderlich, sofern der Zuschlag für das Objekt nicht über eine Ausschreibung erfolgt.

Bei den Verkaufsgesprächen kommt es darauf an, daß der Kunde als Partner verstanden wird. Hochmut ist deshalb genauso wenig gefragt wie Unterwürfigkeit. Referenzmappen mit Photos von eigenen Objekten und erläuternde Unterlagen wie Preislisten unterstützen die Verhandlungen. Eine genaue Vorbereitung des Akquisitionsgesprächs ist sinnvoll. An erster Stelle stehen Fragen zur Bedarfsermittlung an den Kunden. Über diese Art der Befragung erfährt der Akquisiteur, welche konkreten Vorstellungen der Kunde mit dem Kauf der Innenraumbegrünung verbindet (z.B. Wunsch nach bestimmten Pflanzen). Ein seriöser Anbieter wird sich unter Umständen gegenüber Kundenwünschen durchsetzen müssen, wenn diese nicht mit den Ansprüchen der Pflanzen zu vereinbaren sind.

Kooperation mit Partnern

Für Innenraumbegrüner ist es naheliegend sich Partner zu suchen, die gemeinsame wirtschaftliche Interessen haben, beispielsweise weil sie die gleiche Kundengruppe bedienen. So ergibt sich eine Zusammenarbeit mit Part-

Tab. 50: Checkliste Auftragsakquisition – Stimmt der erste Kontakt zum Kunden?

Macht das persönliche Erscheinungsbild und/oder das der Mitarbeiter einen gepflegten Eindruck?

Wird der Kunde persönlich (möglichst mit Namen) begrüßt?

Werden zur Unterstützung des Akquisitionsgesprächs Beratungshilfen wie Referenzmappen mit Photos, Pflanzenlisten Musterpläne eingesetzt?

Wird es dem Kunden ermöglicht, Wünsche zu formulieren, läßt man den Kunden ausreden, hört man konzentriert zu und signalisieren Rückfragen, daß der Kunde verstanden wurde?

Passen die Kundenwünsche mit den Standortansprüchen der Pflanzen zusammen?

Werden die Kundenwünsche ermittelt und ernst genommen?

Wird der Kunde über Widersprüche zwischen gestalterischen Vorgaben und den Ansprüchen der Pflanzen aufgeklärt und mit fachlichem Know How informiert, ohne daß es besserwisserisch und rechthaberisch wirkt?

Bekommt der Kunde Entscheidungshilfen und hat er das Gefühl, daß er sie selbst getroffen hat?

Werden Mißverständnisse vermieden, eventuell Kundenwünsche notiert, bei Bedarf ein neuer Termin vereinbart und die Einhaltung der Vereinbarungen zugesichert?

Wird der Kunde am Ende des Gesprächs persönlich verabschiedet?

nern, die bereits am Bau beteiligt sind – Architekten sowie Garten- und Landschaftsbau-Unternehmen. Letztere sind durch ihre Kontakte zu Hochbauarchitekten häufig bereits im Geschäft mit der Raumbegrünung. Durch die Bekanntheit mit Architekten ist die Erfolgsquote, bei der Auftragsvergabe über Ausschreibungen berücksichtigt zu werden, verbessert.

Um den privaten Markt für Raumbegrünung etwas besser zu erschließen, bietet sich die Zusammenarbeit mit einem Möbel- und Einrichtungshaus an. Dort können beispielhaft gestaltete Wohnsituationen mit Großpflanzen gezeigt werden. Zudem gibt es einige spezialisierte Einrichtungshäuser für Büroausstattung, Hotels und Gaststätten. Diese Partnerschaften können für beide Partner sehr fruchtbar sein.

Werbestrategien

Damit die Werbung und Verkaufsförderung möglichst effektiv ist, sollte sie nach einem Konzept durchgeführt werden. Zum Beispiel zuerst die Banken, dann Versicherungen, danach gehobene Gaststätten ansprechen. Dabei sind nicht nur Werbeträger, Werbemittel und Kosten festzulegen, sondern die einzelnen Werbemaßnahmen in einem Jahreswerbeplan auch zeitlich zu fixieren. Entscheidend ist, daß die Werbung für Innenraumbegrünung zielgerichtet ist und möglichst wenig Streuverluste hat. Die Werbung sollte sich auf das Niveau der Zielgruppe einstellen. Also mit Werbematerial, das Prestige symbolisiert.

13.4 Werbemittel

Wichtige Werbemittel für die Raumbegrünung sind solche mit informativem und gehobenem Charakter, wie Broschüren und Prospekte. Daneben hat die gezielte Kundenansprache über Telefonakquise oder Direct-Mailings in Form von Werbebriefen in der Innenraumbegrünung eine Bedeutung.

13.4.1. Prospekte und Broschüren

Sie sollen informieren und ein positives Firmenimage „rüberbringen", neugierig machen und anregen. Prospekte und Broschüren werden Werbebriefen beigefügt, im Betrieb oder auf Ausstellungen ausgelegt oder dienen in Referenzmappen als Beratungshilfe beim Verkaufsgespräch.

Ideal sind individuell für den eigenen Betrieb (von einer Agentur) hergestellte Broschüren und Prospekte. Wenn mehrere Betriebe (keine direkten Wettbewerber) gemeinsam eine Broschüre einsetzen, lassen sich die Kosten dafür senken. Als Formate für Prospekte sind die Formate DIN A 4 oder DIN A 5 im Hoch- oder Querformat am gängigsten.

Die wichtigste Frage ist die Gestaltung des Prospekts. Die Titelseite muß sofort Aufmerksamkeit wecken und zum Weiterlesen oder Mitnehmen animieren. Deshalb braucht die Titelseite einen Blickfang, etwa ein bis zwei schöne farbige Bilder von besonders schönen eigenen Objekten. Auf das Titelblatt gehören auch das Firmenlogo und ein Slogan.

Einige prägnante Photos auf den Innenseiten mit informativem Text erleichtert die Aufnahme des Prospekts beim Kunden. Wichtig ist, daß der Text durch Zwischenüberschriften aufgelockert ist und kurz und prägnant ist. Wenig wirksam ist es, wenn die Bilder wie in einer „Ahnengalerie" aneinandergereiht sind. Besser ist es, sie versetzt zu plazieren. Optimal ist es, Bildausschnitte zu wählen und die Ecken der Bilder abzuschrägen oder abzurunden. Runde und geometrische Formen der Graphiken und Bilder verleihen dem Prospekt ein dynamisches Aussehen. Bilder von Personen, etwa des Betriebsleiters oder die Bilder von Kunden (mit positiven Aussagen – aber nur nach deren Genehmigung) sorgen für einen ganz persönlichen Stil des Prospekts. Personen sollten jedoch immer zum Text, also zur Bildmitte schauen, damit sie auch hinter ihrer Aussage stehen.

Alle Aufnahmen tragen eine kurze und aussagekräftige Bildunterschrift (etwa wo das Referenzobjekt steht und um welche Pflanzen es sich handelt). Als Grundfarbe des Prospekts könnte beispielsweise die Firmenfarbe gewählt werden. Bewährt hat sich der Vierfarbdruck, der inzwischen auch relativ kostengünstig ist.

Die Rückseite enthält einige Informationen über den Betrieb (mit ein bis zwei Bildern), die Zufahrtsbeschreibung als Skizze, Anschrift, Ansprechpartner und eventuell auch eine Antwortkarte. Es ist zweckmäßig, die Karte aufzukleben.

Für einfache Prospekte kommt Papier mit einem Gewicht von 90–10 g/m^2, für hochwertige Prospekte 120 g/m^2 und mehr in Frage. Aus Umweltschutzgründen sollte chlorfrei gebleichtes Papier verwendet und auf diese Herstellungsart hingewiesen werden.

Die Kosten für einen Prospekt sind auflagenabhängig und werden zudem davon bestimmt, wie aufwendig die Gestaltung ist. Auf jeden Fall ist zu empfehlen, verschiedene Kostenangebote einzuholen. Dabei muß die Auflagenhöhe, Format, Umfang, Ausführung nach vorgegebener Prospektgestaltung (Layout), Druckverfahren, Papierart, Verarbeitung (gefalzt und/oder geheftet) und der Liefertermin angegeben werden.

Tab. 51: Checkliste Prospektgestaltung

Unterscheidet sich der Prospekt vom Prospekt der Mitbewerber?

Regt die Titelseite zum Weiterlesen an? Bilden Titelseiten und folgende Seiten eine Einheit?

Ist der Firmenslogan kurz, prägnant und einprägsam und drückt die Unternehmensphilosophie aus („Ihr Partner in Grün")?

Vermitteln die Bilder eine Stimmung und ein Erlebnis, wecken sie einen Besitzwunsch?

Werden Referenzobjekte abgebildet?

Sind Bildgröße und -ausschnitte wirkungsvoll gewählt?

Geben Bildunterschriften zusätzliche Informationen zum Bild (Standort und verwendete Pflanzen)?

Ist der Text auf die Zielgruppe (gewerbliche oder private Kunden) abgestimmt und bringt er entsprechende Verkaufsargumente?

Ist der Text verständlich und fachlich richtig? Sind die Schriften gut lesbar?

Ist Wichtiges hervorgehoben, Text durch Zwischenüberschriften gegliedert?

Sind im Prospekt besonders wichtige Passagen farbig hervorgehoben?

Wurde ein günstiges Format und eine günstige Seitenzahl gewählt?

Enthält der Prospekt Informationen über den Betrieb (Adresse, Zufahrtsbeschreibung, Ansprechpartner)?

Ist eine Antwortkarte integriert?

Tab. 52: Muster-Werbebrief Innenraumbegrünung

Ihr Partner für Grünes im Raum *Anemonenweg 2*
Gärtnerei *97070 Würzburg*
Fritz Blume *Telefon: 0931/13017*
  Telefax: 0931/13078

AZ-Maschinenbau GmbH
Südhafen 11
97070 Würzburg

Würzburg, den 12. Juni 1997

Sehr geehrter Herr Weber,

gut motivierte Mitarbeiter tragen wesentlich zum Unternehmenserfolg bei. Aber wie oft klagen gerade Mitarbeiter aus dem Bürobereich über Kopfschmerzen oder sind krank ? Trockene Luft, Staub und Emissionen von Büromöbeln und Bürogeräten, verbunden mit Streß führen oft zu verminderter Leistungsfähigkeit, die sich Ihr Unternehmen heute nicht mehr leisten kann.

Amerikanische Untersuchungen haben gezeigt, daß einige Grünpflanzen sogar schädliche Emissionen in geschlossenen Räumen senken. Daneben verbessern Pflanzen natürlich das Raumklima, erhöhen die Luftfeuchte und schaffen so angenehme Arbeitsbedingungen. Ihre Mitarbeiter fühlen sich nicht nur wohl, sondern sind auch besser motiviert. Eine Raumbegrünung rechnet sich also.

Wir haben uns auf die Bürobegrünung spezialisiert und bieten eine breite Pflanzenpalette. Die Pflege der Pflanzen übernehmen wir selbstverständlich auf Wunsch auch. Zahlreiche Unternehmen haben bereits unsere Dienstleistung genutzt und unserer Fachberatung vertraut. Referenzen erhalten Sie gern von uns.

Noch Fragen, Herr Weber? Gärtnermeister Florian Blume beantwortet gern Ihre Fragen und kommt auch zu Ihnen, um Ihre Bürobegrünung einmal „vor Ort" zu besprechen.
Genauere Informationen entnehmen Sie bitte unserem Prospekt „Prima Klima im Büro".

Mit freundlichen Grüßen
Fritz Blume

Fritz Blume

P.S. Besuchen Sie auch unsere Infotage „Grün im Büro" vom 3. - 5. Juli 1997

Anlagen: Anmeldekarte für die Infotage, Broschüre „Prima Klima im Büro"

Während **Prospekte** ein wichtiges Werbemittel für die Innenraumbegrünung sind, haben **Kataloge** nur eine untergeordnete Bedeutung. In der Regel handelt es sich um Pflanzenlisten, die in Katalogen aufgeführt werden.

Hier kann man jedoch oft auf hervorragendes Material von Pflanzenproduzenten zurückgreifen, das nach Rücksprache mit diesen Firmen auch mit betriebsindividuell gestalteter Vorder- und Rückseite versehen werden darf.

Die eigene Prospekt-Herstellung muß sehr sorgfältig sein, da der Prospekt über mehrere Jahre eingesetzt werden soll.

13.4.2 Direct-Mailing

Direct-Mailing ist die Direktwerbung in Form von Werbebriefen inklusive Prospekt und Antwortkarte. Mit Werbebriefen kann eine Werbekampagne realisiert werden, die genau auf die jeweilige Zielgruppe zugeschnitten ist und auch deren Bedürfnisse und Forderungen berücksichtigt. Werbebriefe sollten nur dort versandt werden, wo auch ein gutes Geschäft zu erwarten ist, denn Direktwerbung ist vergleichsweise teuer.

Gerade in der Innenraumbegrünung sind Werbebriefe ein wichtiges **Instrument der Kundenansprache**. Während Werbebriefe an Privatkunden auch gefühlsbetont angelegt sein dürfen, sollten Mailings an gewerbliche Kunden und Freiberufler mehr sachlich formuliert sein. Dabei kommt es darauf an, daß ein Werbebrief für diese Zielgruppen den Nutzen einer Innenraumbegrünung aufzeigt (siehe unter 13.3.1).

Um die potentiellen Kunden (siehe unter 13.3) anzusprechen, werden Adressen benötigt. Sie sind in den gelben Seiten der Telefonbücher, in Branchenadreßbüchern oder auch über Adressenhändler zu beschaffen. Professionelle Adressenhändler liefern nicht nur auf Wunsch die Adressen auf Diskette oder als Adressenaufkleber, sondern bieten darüber hinaus komplette Direktwerbe-Aktionen als Dienstleistung zu einem entsprechenden Preis an.

Am wertvollsten sind natürlich die Adressen aus der **eigenen Kundenkartei**. Dort werden Hinweise über Objektgröße, Ansprechpartner und Besonderheiten der gewerblichen Kunden festgehalten. Das hat den Vorteil, daß die Informationen ganz individuell in die Werbebriefe einfließen können. Mit einem PC und einem modernen Textverarbeitungsprogramm lassen sich Werbebriefe heute problemlos erstellen.

Die Adressendaten speichert man ab und der Text kann individuell auf die jeweilige Zielgruppe zugeschnitten und bei Bedarf verändert werden. So entsteht ein individueller Werbebrief mit ausgewählten Formulierungen für den jeweiligen Adressaten. Nur **individuell gestaltete Werbebriefe** haben die Chance, daß sie auf dem Schreibtisch des Empfängers und nicht ungelesen im Papierkorb landen.

Was ist bei der Gestaltung von Werbebriefen zu beachten?

- Selbstverständlich gehört in den Briefkopf das **Firmenlogo**, eventuell noch mit einer zusätzlichen Formulierung, die Fachkompetenz unterstreicht („Ihr Partner für Grünes im Raum").

- Der Name des Adressaten oder Ansprechpartners sollte mehrmals erscheinen, am besten grafisch hervorgehoben. Dabei ist entscheidend, daß der Brief

Tab. 53: Muster-Werbebrief für Wintergarten-Interessenten vor dem Bau

Ihr Partner für Grünes im Raum
Gärtnerei
Fritz Blume

Anemonenweg 2
97070 Würzburg
Telefon: 0931/13017
Telefax: 0931/13078

Herrn und Frau
Angermaier
Mainweg 12
97070 Würzburg

Würzburg, den 12. Juni 1997

Sehr geehrte Frau Angermaier, sehr geehrter Herr Angermaier,

ein angenehmes Klima, das Wachsen und Blühen erleben, vielleicht einmal Orangen ernten - wer möchte das nicht, der Hektik des Alltags entfliehen und dabei auch noch Energie sparen?

Ein Wintergarten wäre für Sie, Familie Angermaier, genau das Richtige, denn er ist nicht nur eine Oase der Ruhe, sondern in dem angenehmen Klima fühlt man sich einfach wohl.

Gemeinsam mit der Firma „Stein-Wintergartenbau" in Würzburg-Heidingsfeld, Winterhäuser Straße 87 a, planen und gestalten wir Wintergärten.

In allen Fragen der Bepflanzung und Gestaltung stehen wir Ihnen gern als kompetenter Partner zur Verfügung.

Sicher haben Sie trotz des beigefügten Prospekts noch einige Fragen. Gern kommen wir zu einem unverbindlichen Gespräch zu Ihnen. Herr Florian Blume wird sich gern mit Ihnen in Verbindung setzen.

Auch unseren Muster-Wintergarten können Sie natürlich besichtigen. Dort beantworten wir Ihnen selbstverständlich alle weiteren Fragen.

Mit freundlichen Grüßen

Fritz Blume

Fritz Blume

Anlage: Prospekt „Mein schöner Wintergarten"

auch an die **Entscheidungsträger** adressiert wird. Den richtigen Ansprechpartner herauszufinden ist nicht immer leicht, aber mit einem Anruf in der Firma läßt sich meistens schnell klären, wer für die Auftragsvergabe zuständig ist.

- Selbstverständlich muß der Werbebrief inhaltlich auf die Bedürfnisse, Wünsche und **Anforderungen der Zielgruppe** eingehen. Es wirkt immer gut, wenn bei den Formulierungen auf branchentypischen Eigenheiten eingegangen wird, wie zum Beispiel für den Einzelhandel: *„Im Einzelhandel spielt das Einkaufserlebnis eine immer wichtigere Rolle – der Kunde will sich wohlfühlen und sucht Atmosphäre. Mit einer dekorativen Raumbegrünung schaffen Sie Einkaufslandschaften, die Ihre Kunden begeistern werden!"*

- Bei gewerblichen Kunden und Freiberuflern ist eine sachliche, **nutzenorientierte Darstellung** angebracht, die zudem aufzeigt, daß Innenraumbegrünung echte Problemlösung bietet (Raumklima, Wohlbefinden, etc.)

- Werbebriefe dürfen nicht im Plakat- und Anzeigenstil abgefaßt werden, sondern sollten **persönlich formuliert** sein.

- Ein guter Werbebrief gliedert sich in Einleitung, Informationsteil und Schluß. Mit der Einleitung wird der Kontakt hergestellt. Sie soll neugierig machen und zum Weiterlesen animieren. In den Informationsteil gehören **klare und kurze Aussagen** über das Angebot der Innenraumbegrünung oder über den Pflegeservice. Preise können entweder direkt genannt werden oder der Adressat des Werbebriefes aufgefordert werden, sich ein konkretes Angebot machen zu lassen. Wichtig sind kurze, allgemein verständliche Sätze. Genauere Beschreibungen und Informationen sollten im beigefügten Prospekt enthalten sein. Der Prospekt muß jedoch entsprechend aussagekräftig sein und zum Stil der gesamten Werbung des Betriebes passen. Der Schluß kann eine Einladung beinhalten oder kündigt einen Besuch an. Ein P.S. darf in keinem Werbebrief fehlen – etwa als Hinweis auf besondere Angebote oder Aktionen („Nicht vergessen – 5.–7. November 1997 – Infotage Innenraumbegrünung").

- Eine **persönliche Unterschrift** unterstreicht den individuellen Charakter des Werbebriefes

- Bewährt hat es sich, wenn auf dem Werbebrief an gut sichtbarer Stelle im Briefkopf ein **Ansprechpartner** (mit Telefon- und Telefax-Nr.) genannt ist.

- Beigefügte **Prospekte** erhöhen die Aufmerksamkeit. Entscheidend ist jedoch, daß das Prospektmaterial genau zum Angebot paßt. Eigene Prospekte (aus der Druckerei oder bei entsprechender EDV-Ausstattung auch komplett selbst hergestellt) spiegeln die Corporate Identity des Betriebes wider und wirken unverwechselbar.

- Wegen der niedrigeren Portokosten sind alle **Prospektformate**, die in einen DIN-Längsformatumschlag passen, zu empfehlen. Für aufwendigere Prospekte kommen die größeren Briefformate in Frage, was natürlich auch mehr kostet. Es empfiehlt sich, vor dem Postversand, die Posttarife zu vergleichen und die günstigste Versandform auszuwählen (zum Beispiel Infopost).

- Je zahlungskräftiger die angeschriebenen Kunden sind, desto höherwertiger müs-

Tab. 54: Muster-Werbebrief für „neue Wintergartenbesitzer"

Ihr Partner für Grünes im Raum
Gärtnerei
Fritz Blume

Anemonenweg 2
97070 Würzburg
Telefon: 0931/13017
Telefax: 0931/13078

Herrn und Frau
Müller
Steinbachtal 7
97084 Würzburg

Würzburg, den 12. Juni 1997

Sehr geehrte Frau Müller,
sehr geehrter Herr Müller,

Streß und Hektik bestimmen unser Leben immer mehr.
Nachdem Sie seit kurzem Besitzer eines Wintergartens sind, wollen wir Ihnen helfen, daß Ihr Wintergarten auch eine „Oase der Ruhe" wird, wo Sie Wachsen und Blühen erleben können.

Neben einer Beratung zur fachgerechten Bepflanzung und Gestaltung Ihres Wintergartens zeigen wir Ihnen bei uns ein breites Pflanzensortiment aus allen Erdteilen. Sicher finden Sie dort etwas, was auch Ihrem persönlichen Geschmack entspricht.

Natürlich legen wir auch gerne Ihren Wintergarten an.

Das Thema Wintergarten ist für uns nicht neu – die beigefügte Referenzliste zeigt von uns ausgeführte Objekte, die wir auf Wunsch auch gern mit Ihnen besichtigen.

Wie wäre es beispielsweise mit dem Wintergartentyp „Mediterran" oder lieben Sie es mehr südamerikanisch – dann wäre der Typ „Mexiko" genau das Richtige für Sie.

Gern kommen wir zu einem unverbindlichen Beratungstermin zu Ihnen oder schauen Sie doch einmal bei uns vorbei. Dort erwartet Sie ein wunderschön gestalteter Musterwintergarten. Der beigefügte Prospekt gibt Ihnen nur auszugsweise wieder, welche vielfältigen Gestaltungsmöglichkeiten ein Wintergarten bietet.

Liebe Familie Müller, sicher sind Sie jetzt richtig neugierig geworden. Herr Florian Blume steht Ihnen jederzeit für weitere Auskünfte zur Verfügung.

Mit freundlichen Grüßen
Fritz Blume

Fritz Blume

Anlage: Prospekt „Mein schöner Wintergarten"

sen auch die beigefügten Prospekte sein, da das den Entscheidungsträgern in den Unternehmern Kompetenz und Leistungsfähigkeit signalisiert.

- Antwortkarten (möglichst im Postkartenformat) mit eingedruckter Adresse oder Anforderungsfeldern mit Fax-Nummer ermöglichen es dem Empfänger des Werbebriefes problemlos Kontakt mit dem Innenraumbegrüner aufzunehmen. Rubriken zum Ankreuzen („*Ja, ich wünsche einen unverbindlichen Besuch. Ja, schicken Sie mir detaillierte Unterlagen bzw. ein Angebot*"). sowie Telefon- und Fax-Nr. (siehe oben) erleichtern die Kontaktaufnahme.

Wichtigstes Ziel des Direct-Mailing ist es, Aufmerksamkeit zu wecken. Das kann durch **besondere Schriftarten** (z.B. als Offset-Brief, der als gedruckter Brief einem geschriebenem Brief gleicht oder als Brief mit Großschrift), als Illustrationsbrief mit geklebten oder gedruckten Photos (mit Scanner auch über EDV heute kein Problem mehr) erreicht werden.

Wenn es „klappert", öffnet ein Empfänger einen Brief eher – das heißt, Beilagen oder kleine Geschenke im Brief verhindern, daß der Brief ungelesen bleibt.

Um die Aufmerksamkeit zu erhöhen, empfiehlt es sich bei Werbebriefen an kleinere Unternehmen, die Adresse mit der Hand zu schreiben und den Brief mit Briefmarken, eventuell sogar Sonderbriefmarken zu frankieren. Bei größeren Unternehmen reichen jedoch Fensterbriefumschläge mit Maschinenfreistempler aus.

Nicht nur das Firmenlogo gehört auf den Briefumschlag, sondern auch werbewirksame Aufdrucke, wie beispielsweise „Ihr Partner für Grünes im Raum". Direktwerbung allein dient nur einer ersten Kontaktaufnahme. Um jedoch den Erfolg zu optimieren, muß jede Direktwerbung auch eine Nachfaßaktion einschließen:

Telefonaktion

Zwei bis drei Tage nach Eintreffen der Werbebriefe, Telefongespräch mit Briefempfänger führen und auf das Angebot Bezug nehmen. Dies kann als Dienstleistung vergeben werden.

Besuch

Vorher ankündigen, Bezug auf Werbebrief nehmen und Gesprächstermin anbieten und wenn möglich Besuch vereinbaren. Dies ist Aufgabe des Akquisiteurs (siehe 13.3.3).

Direct-Mailing ist nur ein Schritt, um an Kunden zu kommen oder alte Kunden auf neue Angebote hinzuweisen. Aber wenn es schon zum Gesprächstermin kommt, stehen die Chancen gut. Dann kommt es auf die Gesprächstechnik und das Verhandlungsgeschick an.

13.4.3 Anzeigenwerbung

Anzeigenwerbung spielt vor allem im Rahmen der Gemeinschaftswerbung bei fertiggestellten Bauobjekten eine Rolle („am Bau beteiligte Firmen stellen sich vor"). In diesem Fall sorgt eine Image-Anzeige in der Tageszeitung für Aufmerksamkeit und spricht andere Unternehmen an, zum Beispiel, wenn ein **Autohaus mit Hydrokultur** ausgestattet wurde.

Besondere Anzeigen für Wintergartenbegrünung können in der Tageszeitung geschaltet werden, beispielsweise auf der Gartenseite oder als gezielte Einladung zu einer Wintergarten-Aktion im Betrieb. Ansonsten kommen Anzeigen nur für solche Medien in Frage, die von gewerblichen Kunden oder Freiberuflern gelesen werden:

- regionale Blätter der Industrie - und Handelskammer (IHK)

- Handwerkerzeitungen, Architekturblätter

- Fachzeitschriften für Gastronomie

- Rundschreiben für Freiberufler in der Region (Ärzte, Rechtsanwälte).

Meistens versenden alle berufsständischen Organisationen in der Region Rundschreiben oder Mitteilungsblätter an ihre Mitglieder. Adressen sind jeweils über die IHK, Handwerks- oder Architektenkammer, Hotel- und Gaststättenverband zu erfahren. In diesen Medien ist nicht nur die Werbung zielgruppengerecht plaziert, sondern zum Beispiel ein Sachbericht über „Grün im Büro".

Bei der Gestaltung einer Anzeige sind folgende Elemente wichtig:

- Blickfang (Bild, Zeichnung, Graphik)

- eine Schlagzeile

- Kurzinformationen

- komplette Firmenanschrift mit Logo

- interessanter, gleich gestalteter Rahmen

Der Text sollte kurz und prägnant und vom Leser mit einem Blick gleich zu erfassen sein. Wichtig ist, daß Rahmen und Logo der Anzeige ein gleichartiges Aussehen geben, so daß eine Wiedererkennung gewährleistet ist.

Die Anzeigengröße richtet sich nach dem Zweck, für eine Imagewerbung in Form einer Gemeinschaftsanzeige reichen 2–3 spaltige Anzeigen von 50 mm Höhe aus. Beispiele für Schlagzeilen anläßlich der Fertigstellung eines Bauobjekts:

Gesundes Klima in neuen Räumen – wir gratulieren !

Grüne Räume mit schönen Pflanzen

Grünes Ambiente – prima Klima – tolle Atmosphäre!
vom Spezialisten

In Fachzeitschriften für bestimmte Branchen sind folgende Schlagzeilen denkbar:

Ihre Mitarbeiter sind vom Streß geplagt ?
Im grünen Büro fühlen sich Ihre Mitarbeiter wohl
.... und sind hochmotiviert!
　　　　　　　　Ihr Innenraumbegrüner

Ihre Gäste lieben das gehobene Ambiente!
Wir sorgen für eine grüne Atmosphäre!
　　　　　　　　Ihr Innenraumbegrüner

Dicke Luft?
Wir haben die richtigen Pflanzen für ein prima Klima!
　　　　　　　　Ihr Innenraumbegrüner

Machen Sie Ihr Geschäft zur grünen Oase!
– Erlebnisatmosphäre garantiert!
　　　　　　　　Ihr Innenraumbegrüner

Schluß mit dem tristen Büroalltag!
Grün in die Räume!
　　　　　　　　Ihr Innenraumbegrüner

Pflanzen beruhigen........ auch im Wartezimmer!
　　　　　　　　Ihr Innenraumbegrüner

Sinnvoll ist es, Anzeigenwerbung in den Fachzeitschriften regelmäßig zu schalten, da so am besten eine Dauerwirkung zu erzielen ist. Die ganze Anzeigenserie sollte wie aus einem Guß wirken. In der Praxis machten einige Betriebe gute Erfahrungen mit Anzeigen in IHK-Zeitschriften.

Inzwischen bieten einige Unternehmen (Einzelhandel, Immobilienbranche) ihre Artikel oder Dienstleistungen über das **Internet** an. Auch für Innenraumbegrüner wäre es denkbar, daß sie ihre Angebote in eine Internetseite stellen. Gerade die Kunden für Innenraumbegrünung sind diesen Kommunikationsmöglichkeiten gegenüber aufgeschlossen.

13.4.4 Sonstige Werbemöglichkeiten

An den fertiggestellten Objekten kleine **Schilder mit Namen** des Innenraumbegrüners aufzustellen, kann sehr wirkungsvoll sein.

Innenraumbegrünung ist eine komplexe Sache. Photos geben deshalb nur sehr begrenzt die Objekte wieder. Deshalb ist der **Videofilm** eine sehr gute Möglichkeit, Innenraumbegrünung als gesamtes Objekt zu zeigen. Natürlich gibt es bereits eine Reihe von Videofilmen zum Thema, aber ideal ist es, wenn ein Film von den eigenen Objekten vorgestellt wird. Er kann dann bei Auftragsverhandlungen zur Verkaufsunterstützung oder bei Infotagen im Betrieb eingesetzt werden.

Auch die moderne Datenverarbeitung eröffnet neue Möglichkeiten, beispielsweise das **Einscannen von Aufnahmen** schöner Referenzobjekte in den PC. Mit dem Farbdrucker kann dann bei Bedarf auch ein Ausdruck hergestellt werden.

Ein Notebook könnte mit diesen Aufnahmen geladen werden und bei Auftragsverhandlungen mitgenommen und ausgedruckt werden (sofern ein mobiler Farbdrucker vorhanden ist). Vor allem in größeren Unternehmen macht das Eindruck und zeigt Kompetenz, die man später bei der Ausführung der Arbeit jedoch nicht enttäuschen darf.

13.5 Verkaufsförderung/ Öffentlichkeitsarbeit

Kunden für die Dienstleistung Innenraumbegrünung zu begeistern, ist eine ständige Aufgabe. Dabei hat gerade die Öffentlichkeitsarbeit eine Zielsetzung, die ein positives Meinungsklima für die Innenraumbegrünung schafft, eben die Raumbegrünung als natürlichen Bestandteil unseres Lebensumfeldes bekannt zu machen. Deshalb sind öffentlichkeitswirksame Aktionen und eine gezielte Pressearbeit besonders wichtig.

Verkaufsförderung

Verkaufsfördernde Maßnahmen sind beispielsweise

- Beratungs- und Referenzmappen mit Photos von eigenen Objekten, technischen Details, Preislisten

- Musterpläne (etwa von Wintergärten)

- Planungsmappen.

Die wichtigste Verkaufsförderung sind jedoch Aktionstage, die möglichst im Betrieb stattfinden sollten. Mustergestaltungen, ein Musterwintergarten, schriftliche Infos, Fachvorträge oder Videofilme zum Thema machen solche Infotage für die Kunden attraktiv.

Infotage sind für die Kunden eine Möglichkeit, sich von der Leistungsfähigkeit ihres Partners in Sachen Innenraumbegrünung oder Wintergarten-Anlage zu überzeugen. Auch gemeinsame Aktionen, beispielsweise mit einem Büroeinrichter, einem Möbelhaus oder einer Firma, die Wintergärten baut, sind denkbar. Damit werden den Kunden die Bedarfszusammenhänge „Grün und Wohnen" deutlich gemacht.

Auch eine gut organisierte Besichtigungsfahrt zu Referenzobjekten (Zustimmung der Firmen oder der Privatpersonen vorausgesetzt) ist eine Möglichkeit, die Kunden quasi life am Objekt zu überzeugen. Verkaufsförderungsmaßnahmen sollten als fertige Konzepte in den Jahreswerbeplan eingebunden sein.

PR-Aktivitäten

Gute Öffentlichkeitsarbeit bezieht die Presse in die betrieblichen Aktionen, wie beispielsweise Infotage, mit ein. Es gibt immer interessante Dinge, die berichtenswert sind:

- Luftreinigung mit Pflanzen

- neue, besonders ausgefallene Pflanzen

- Möglichkeiten und Erfolge des Nützlingseinsatzes

- neue Bewässerungstechniken für Wintergärten

- der Wintergarten als Lebensraum.

Jede Presseaktion sollte gut vorbereitet sein und Infos über den Betrieb und das aktuelle Thema als Presseinformation vorhanden sein. Je gezielter die Vorinformationen, desto besser fällt der Pressebericht aus. Bei seriösen, aussagekräftigen Presseinformationen steht der Sachinhalt und nicht der Firmenname im Vordergrund. Eine Anzeige verstärkt die Wirkung. Recht erfolgreich sind auch Presseberichte in den Fachzeitschriften für das regionale Gewerbe.

Auf großes Interesse bei der Presse stoßen auch immer wieder Sponsoring-Aktionen, beispielsweise wenn Spenden für karitative Organisationen übergeben werden oder wenn eine soziale Einrichtung kostenlos mit Hydrokultur ausgestattet wird. Immer gilt jedoch *„Tue Gutes und laß andere darüber reden"* – der Grundsatz einer wirksamen Pressearbeit, wobei die Zusammenarbeit mit der Presse auch auf Dauer angelegt sein muß.

Messeauftritte

Ob und welche Messe ein Innenraumbegrüner beschicken soll, ist eine nur individuell zu lösende Frage. Fachmessen, die von möglichst viel Fachpublikum besucht werden, etwa für Büromöbel oder die Gastronomie, kommen in Frage, während Regionalmessen für Wintergartenspezialisten geeignet sind. Es gibt in Deutschland einige Messestandorte mit überregionalen Fachmessen. Aufwand und Nutzen sind gegeneinander abzuwägen.

Bei Hausmessen, etwa bei einem Büroeinrichter in der Region, erreicht man relativ viele Kunden einer Zielgruppe zu vergleichsweise geringen Kosten.

13.6 Objekte richtig kalkulieren

Welche Preisstrategie verfolgt wird, hängt zwar von den örtlichen Wettbewerbsverhältnissen ab, aber trotzdem empfiehlt es sich, eine gezielte Preispolitik für die Dienstleistung Innenraumbegrünung zu verwirklichen.

Eine Hochpreispolitik wird kaum durchzusetzen sein. Die Preise müssen die Kosten decken und noch einen Gewinn erwarten lassen.

Dabei gilt es deutlich zu machen, daß die Dienstleistung Objektbegrünung und -pflege **fachgerecht ausgeführt** wird und **hochwertige Materialien** verwendet werden. Denn es ist ein Unterschied, ob die Pflege oberflächlich mit minderwertigem Dünger oder sorgfältig mit hochwertigem Dünger ausgeführt wird.

Eine Preisgestaltung an der unteren Rentabilitätsgrenze ist vielleicht kurzfristig möglich, um bei einem Objekt ins Geschäft zu kommen. Eine dauerhafte Lösung ist es nicht.

Objekte und die Pflege können kalkuliert werden, wenn exaktes Datenmaterial vorliegt. Deshalb sind **Aufzeichnungen über den Material- und Arbeitszeitbedarf** notwendig. Das Erfassung von Arbeitszeiten führt zu gewissen Durchschnittszahlen, die Grundlagen für die Kalkulation der Objektanlage und Pflege liefern. Auch für **Ausschreibungen** werden relativ genaue Daten benötigt, so daß sich die Vorgaben später nur noch unwesentlich von den tatsächlichen Kosten unterscheiden. Kalkulation ist eine **ständige Aufgabe**, da sich die Datengrundlagen, vor allem bei den Arbeitskosten, aber auch bei Pflanzen- und Materialkosten ständig ändern. Eine Kostenermittlung für die Begrünung ist nicht immer ganz einfach, da es für Erdpflanzen noch keine Katalogisierung gibt. Der Verwender von schöneren Pflanzen ist bei Ausschreibungen deshalb leider häufig im Nachteil.

Um Objekte richtig kalkulieren zu können, werden folgende Daten benötigt:

Einkaufspreis der Pflanzen und Materialien

   – Rabatte und Skonti
   + Kalkulationsaufschlag
   = **Rechnungspreis**
   – Kundenrabatte
   + Mehrwertsteuer
   = **Endpreis**

Der Kalkulationsaufschlag muß die **Gemeinkosten des Betriebes** (dem Objekt nicht direkt zurechenbare Kosten wie Abschreibung, Zinsen, Versicherung, Verwaltung) sowie einen **Aufschlag für Gewinn** enthalten.

Die Gemeinkosten kann jeder Betrieb aus seiner Buchführung ermitteln. Sie sind recht unterschiedlich, so daß es problematisch ist, mit pauschalen Werten (Aufschlagssätzen) zu arbeiten.

Wenn die Lohnkosten für ein Objekt nicht extra ausgewiesen werden, so müssen auch diese im Aufschlagssatz untergebracht sein. Arbeits- und Materialkosten werden auch für die **Berechnung des Pflegeservice** benötigt. Schließlich spielen die Fahrtkosten als Lieferkosten oder als Fahrtkosten im Pflegeservice noch eine wichtige Rolle. In der Regel werden sie bei der Objektanlage auch nicht gesondert ausgewiesen.

13.6.1 Kalkulation der Arbeitskosten

Die wichtigsten Kosten sind die Arbeitskosten, die in der Praxis in unterschiedlicher Höhe in Rechnung gestellt werden. Oft erfolgt die Ermittlung der Kosten für eine Arbeitskraftstunde nicht genau nach den betriebseigenen Daten (Lohnsumme, Gemeinkosten), sondern der Stundenpreis wird gefühlsmäßig festgelegt oder man orientiert sich an Kollegen.

Im Handwerk und im gewerblichen Dienstleistungssektor ist das anders – das weiß jeder, der diese Dienstleistungen in Anspruch nimmt. Stundensätze von 60,– DM bis 120,– DM sind üblich. Die Hydrobranche ist innerhalb des Gartenbaus ein Dienstleistungs-Bereich, bei dem es gelungen ist, Arbeitskosten durchzusetzen.

Es ist relativ einfach, die Arbeitskosten zu kalkulieren. Wenn man einmal ein Berechnungsschema entwickelt hat, so ist es kein Problem mehr, die Kosten auch dem jeweils aktuellen Stand anzupassen. Im folgenden soll aufgezeigt werden, wie eine Arbeitskraftstunde (Akh) im Dienstleistungsbereich zu kalkulieren ist. Zugrunde gelegt wird dabei der **Betriebsdurchschnittslohn**. Dazu werden benötigt:

- die gesamten Lohnkosten des Betriebes einschließlich aller Nebenkosten (Sozialaufwendungen)
- der Lohnansatz des Betriebsleiters und der familieneigenen Arbeitskräfte
- die Gesamt-Arbeitsstunden des Betriebes im Jahr
- die tatsächlich geleisteten Arbeitsstunden im Jahr (nach Abzug der Feiertage, Urlaubs- und Ausfalltage)
- die nicht zurechenbare Gemeinkosten (Unterhaltungsaufwand für Gebäude, Gewächshäuser, Fahrzeuge, allgemeine Ausgaben, Steuern, Abgaben, Versicherungen und sonstige nicht zurechenbare Gemeinkosten aus der Gewinn- und Verlustrechnung)
- die Rüst- und Vorbereitungszeiten im Betrieb
- Zuschlag für den Gewinn.

Tab. 55: Ermittlung der Arbeitskosten

Innenraumbegrüner mit Schwerpunkt Service und Dienstleistung: Eckdaten

Jahresumsatz: 1 Mio. DM
- 7,5 Voll-Arbeitskräfte, davon
- 4,5 Voll-Arbeitskräfte in der Produktion, davon 1,5 Familien-Arbeitskraft

Qualifikation:
- 1 Gehilfe mit mehrjähriger Praxis,
- 1 Gehilfin im 1. Gehilfenjahr,
- 1 angelernte Kraft ohne gärtnerische Ausbildung,
- Betriebsleiter Gärtnermeister,
- Ehefrau halbtags im Büro

- 3,0 Voll-Arbeitskräfte im Service:
  2 Gehilfinnen mit langjähriger Praxis,
  1 Gehilfin im 1. Gehilfenjahr

Lohnansatz (Stand 1996):
52.830,-- DM für den Betriebsleiter
26.000,-- DM für dispositive Tätigkeit
  (260,-- DM   je 10.000,-- DM Umsatz)
17.075,-- DM für Ehefrau

Lohnquote: 34,25 % vom Umsatz,
Lohnaufwand je Arbeitskraft: 41.096,-- DM

Lohnkosten*:   Bruttolohn je Stunde*
3 Gärtner mit Abschlußprüfung
(Ecklohn)   17,60 DM
2 Gärtner mit Abschlußprüfung
(1. Jahr)   15,84 DM
1 angelernte Kraft   14,96 DM

*Bruttolohn je Std. gem. Tarifvertrag für den erwerbsmäßigen Gartenbau in Bayern gültig ab 1.1.97

Natürlich hängt der Betriebsdurchschnittslohn von der Qualifikation der Mitarbeiter ab. Es ist sinnvoller, den Betriebsdurchschnittslohn zu errechnen, als den Verrechnungssatz für jede Arbeitskraft einzeln zu ermitteln.

Gerade in kleineren Betrieben lassen sich die Pflegearbeiten (dazu gehören auch Rüst- und Vorbereitungszeiten im Betrieb) nicht eindeutig den einzelnen Arbeitskräften nach ihrer Qualifikation zuordnen. Der Auftraggeber erwartet das meistens nicht und es ist in der Innenraumbegrünung auch nicht üblich, unterschiedliche Sätze für die einzelnen Arbeitskräfte in Rechnung zu stellen.

In der Praxis ist der Verrechnungssatz über den Betriebsdurchschnittslohn recht einfach zu ermitteln. Die Lohnkosten einschließlich der sozialgebundenen Nebenkosten sind bekannt. Die bezahlte jährliche Arbeitszeit ergibt sich aus dem Tarifvertrag (52 Wochen x 39 Stunden = 2028 Stunden). Auch die tatsächlich geleistete Arbeitszeit läßt sich relativ leicht zusammenstellen. Für Krankheits- und Sonderurlaubstage gibt es langjährige Erfahrungswerte.

Nicht immer wird jedoch in der Praxis der **Lohnansatz für den Betriebsleiter** und die **familieneigenen Arbeitskräfte** berücksichtigt, obwohl sie einen Lohnanspruch haben, der unter Umständen beträchtlich sein kann. Wenn der Lohnansatz mit in die Rechnung einbezogen wird, so muß die Arbeitszeit der Familien-Arbeitskraft auch in gleicher Höhe in Ansatz gebracht werden – wie bei Fremd-Arbeitskräften – auch wenn die in Ansatz gebrachten Arbeitsstunden in der Praxis regelmäßig überschritten werden (Beispielrechnung siehe Tabelle 55).

Der Gemeinkostenzuschlag je Arbeitsstunde hat in den Betrieben erfahrungsgemäß eine große Schwankungsbreite. Bei diesen Kosten, die nicht direkt zurechenbar sind, handelt es sich um Unterhaltungsaufwand für Gebäude, Gewächshäuser und Maschinen, Versicherungen, Steuern und Abgaben, Absatz und Werbekosten, Bürokosten sowie sonstige allgemeine Kosten. Die Ermittlung der Gemeinkosten sollte individuell aus den Daten der Gewinn- und Verlustrechnung erfolgen – aber in der Praxis ist es eher üblich, mit pauschalen Aufschlagssätzen zu arbeiten. Meistens liegt der Gemeinkostenzuschlag zwischen 50 und 60%. Eine betriebsindividuelle Ermittlung der Gemeinkosten ist jedoch dringend zu empfehlen.

Rüstzeiten dürfen auch bei Service-Dienstleistungen in der Innenraumbegrünung nicht unberücksichtigt bleiben. Hierunter fallen beispielsweise vorbereitende Arbeiten wie die Materialzusammenstellung, das Be- und Entladen der Fahrzeuge, die Lagerung von Material und ähnliches. Auch die Tourenplanung gehört dazu.

Ein Aufschlag für Gewinn und Risiko ist notwendig, um überhaupt eine Kapitalverzinsung zu erreichen und das betriebliche Wachstum zu sichern, denn nur von einer reinen Kostendeckung kann auf Dauer kein Betrieb leben. Die Verrechnungssätze liegen zwischen 58,– und rund 65,– DM (je nachdem, ob ein Lohnansatz mit berücksichtigt wird oder nicht). Diese Sätze entsprechen den Werten, die zur Zeit in der Praxis für Serviceleistungen verrechnet werden.

„Eine Minute kostete eine Mark:" Die Berechnung macht deutlich, daß dieser Wert inzwischen schon überschritten ist. Die Berechnungsmethode läßt zwar noch etwas Spielraum, aber wesentlich niedriger darf der Verrechnungssatz nicht sein. So wird sicherlich der Gemeinkostenaufschlag in vielen Betrieben niedriger sein, auch die mit 25% angesetzten Kosten für Rüstzeiten können variieren.

Wenig Spielraum bietet jedoch der **Gewinnaufschlag**, denn es ist zu berücksichtigen, daß Ersatzinvestitionen immer höher ausfallen, als die Abschreibung. Darüber hin-

Tab. 56: Kosten einer Arbeitsstunde im Pflege-Service (Beispiel)

1. Berechnung der Lohnnebenkosten

Gezahlter Lohn	100,00 %
+ Sozialaufwendungen	
+ Krankenversicherung	7,00 %
+ Pflegeversicherung	0,85 %
+ Rentenversicherung	10,15 %
+ Arbeitslosenversicherung	3,25 %
+ Berufsgenossenschaft	1,85 %
+ Urlaubsgeld	1,00 %
+ Weihnachtsgeld (freiwillig)	1,20 %
= Lohn einschließlich Lohnnebenkosten	125,30 %

2. Berechnung der tatsächlich geleisteten Arbeitsstunden je Arbeitskraft

Bezahlte Arbeitszeit:	52 Wochen x 39 Stunden	2028,00 Std.
	- 24 Urlaubstage à 7,8 Std.	187,20 Std.
	- 10 Feiertage à 7,8 Std.	78,00 Std.
	- 13 Krankheitstage à 7,8 Std.	101,40 Std.
	- 2 Sonderurlaubstage à 7,8 Std.	15,60 Std.
	- 5 Fortbildungstage à 7,8 Std.	39,00 Std.
= effektive produktive Arbeitszeit im Jahr		1606,80 Std.

Gezahlte Gesamtstundenzahl: 6,0 Ak x 2028,00 Std. = 12168 Std./Jahr (ohne Familien-Ak)
7,5 Ak x 2028,00 Std. = 15210 Std./Jahr (mit Familien-Ak)

Effektive Arbeitszeit: 6,0 Ak x 1606,80 Std. = 9640,80 Std./Jahr (ohne Familien-Ak)
7,5 Ak x 1606,80 Std. = 12051 Std./Jahr (mit Familien-Ak)

3. Berechnung der Gesamt-Lohnsumme (einschließlich Nebenkosten)

3 Gehilfen insgesamt 6084 Std. x 17,60 DM + 25,30% =	134.169,-- DM
2 Gehilfen insgesamt 4056 Std. x 15,03 DM + 23,30% =	76.321,-- DM
1 angelernte Kraft 2028 Std. x 14,20 DM + 23,30% =	36.083,-- DM
Gesamtlohnsumme ohne Lohnansatz	**246.573,-- DM**
Gesamtlohnsumme mit Lohnansatz	**339.193,-- DM**

4. Berechnung des Betriebsdurchschnittslohns

	ohne Lohnansatz	mit Lohnansatz
Gesamtlohnsumme	246573 / 9640,80 = 25,58 DM	342478 / 12051 = 28,42 DM
+ Gemeinkosten (60% je Stunde)	15,35 DM	17,05 DM
=	40,93 DM	45,47 DM
+ Rüstzeiten (25% der Akh-Kosten)	10,23 DM	11,44 DM
=	51,16 DM	56,91 DM
+ Aufschlag für Gewinn und Risiko (15%)	7,65 DM	8,54 DM
Verrechnungssatz je Arbeitskraftstunde	**58,83 DM**	**65,45 DM**

Kalkulation

aus sollte auch eine angemessene **Kapitalverzinsung** angestrebt werden. Da gerade bei den Lohnnebenkosten (z.B. Rentenversicherungsbeiträge) in Zukunft einige Veränderungen zu erwarten sind, ist die Berechnung ständig zu überprüfen und anzupassen.

13.6.2 Kalkulation der Materialkosten

Materialkosten sind am leichtesten zu berechnen. Die Verkaufspreise für Dünger, Stäbe und Pflanzenpflegemittel sind kalkulierbar.

Aber gerade weil das Material so selbstverständlich eingesetzt wird, kann es oft passieren, daß der **Materialverbrauch** für die Pflege nicht genau registriert wird, sondern daß schlichtweg Dinge vergessen werden. Alle Materialien sollten deshalb nach Art und Menge genau festgehalten werden, um auch eine genaue Abrechnung durchführen zu können.

13.6.3 Kalkulation der Fahrtkosten

Die Anfahrt zur Objektpflege verursacht natürlich auch Kosten, nämlich die Fahrzeugkosten und die Kosten für die Arbeitszeit während der Fahrzeit. Fahrtkosten werden unterschiedlich verrechnet, zum Beispiel als

- Abrechnung nach den tatsächlichen Kraftfahrzeugkosten

- Abrechnung über eine Pauschale, entweder als Kilometerpauschale oder als Pau-

Tab. 57: Kostenbeispiel für ein Service-Fahrzeug (Renault, 40kW)

Anschaffungspreis	20.200,00 DM
Jährliche Fahrleistung	30.000 km
Nutzungsdauer	5 Jahre
Abschreibung (jährlich)	4.140,00 DM
Zinsansatz 7% (50% der Anschaffungskosten)	724,50 DM
Kraftstoffverbrauch: 9 l/100 km, Diesel (1,15 DM/l)	3.105,00 DM
Kfz-Steuer	594,00 DM
Kfz-Versicherung	700,00 DM
Kfz-Vollkasko-Versicherung	1.000,00 DM
Reparatur/Wartung (4% vom Anschaffungspreis)	828,00 DM
Kosten insgesamt	11.091,50 DM
Kosten je km	0,37 DM
Kosten des Fahrers bei 60 km Durchschnittsgeschwindigkeit und 60,-- DM je Stunde je km	1,00 DM
Gesamtkosten je km	**1,37 DM**

schalbetrag, der nach Entfernungszonen gestaffelt ist.

Wenn alle Fahrzeugkosten abgedeckt werden und die Arbeitszeit mit berücksichtigt wird, ergeben sich beachtliche Kilometersätze.

Üblich sind Kilometerpauschalen (ohne Arbeitszeit) zwischen 0,50 und 0,80 DM je Kilometer.

Da sich bei geschickter Tourenplanung das Kilometerpensum erheblich verkürzen läßt, ist es nicht nötig, für jede Fahrt zu einem Serviceauftrag extra Kilometergeld zu berechnen, denn viele Pflegeaufträge liegen auf dem Weg.

Sinnvoll ist es jedoch, die Fahrzeit zum Objekt als Arbeitszeit mit zu berechnen. In der Abrechnung können die Fahrkosten gut als Fahrtkostenanteil und damit als preiswerter Service ausgegeben werden, bei dem der Auftraggeber nur einen Teil der Kosten trägt.

So bietet sich beispielsweise eine Staffelung der Fahrtkosten nach Entfernung an:

bis 10 km =	5,00 DM
bis 25 km =	12,50 DM
bis 50 km =	25,00 DM
bis 100 km =	50,00 DM

In der Regel reichen diese Sätze aus, denn seltener werden größere Pflanzen transportiert, wobei auch größere Fahrzeuge benötigt werden und damit höhere Kosten entstehen.

13.6.4 Kalkulation der Pflegedienstleistungen

Entscheidend für die Kosten der Serviceleistungen sind:

- der Leistungsumfang,
- die Pflegeintervalle,
- die Qualität und Menge der Pflegemittel,

Tab. 58: Vor- und Nachteile der Verrechnungsmethoden beim Pflegeservice

1. Pauschale Verrechnung von Pflegedienstleistungen	
Vorteile	**Nachteile**
Jährlich fest kalkulierbare Kosten für den Auftraggeber.	Auftragnehmer ist unter Druck, mit den vorgegebenen Kosten zurecht zu kommen (Zeitdruck). Es besteht die Gefahr, daß „schlampig" gearbeitet wird.
Kostensteigerungen für den Auftraggeber für einen überschaubaren Zeitraum ausgeschlossen. Regelmäßige, kalkulierbare Kosten für Auftraggeber und Auftragnehmer.	Mehraufwand nicht berücksichtigt (Nachteil für den Pflegebetrieb), Minderaufwand nicht berücksichtigt (Nachteil für den Auftraggeber). Kostensteigerungen können in der Regel erst nach Ablauf der Vertragslaufzeit erhöht werden.
Auftraggeber kann eventuell höhere Pflegekosten bei weniger Arbeit erzielen.	Höhere pauschale Kosten nach Vertragsablauf oft schwierig durch zu setzen.
2. Individuelle Verrechnung von Pflegedienstleistungen	
Vorteile	**Nachteile**
Für Auftraggeber und Auftragnehmer gerechte Abrechnung. Minderleistungen bringen niedrigere Kosten für Auftraggeber.	Unterschiedlich hohe Kosten, für Auftraggeber schlecht einzuschätzen. Risiko für den Auftraggeber, daß bei der Arbeit „gebummelt" wird und hohe Arbeitskosten entstehen.
Keine Einschränkung bei Qualität der Arbeit und Materialqualität.	

Kalkulation

- die Arbeitskosten, Rüstzeiten im Betrieb und die Fahrtzeiten

- der Verrechnungsmodus:

Pauschale Berechnung des Pflegeservice berechnet für Einzelobjekte oder Gefäße und einen Jahreszeitraum mit gleichen Zahlungen

Individuelle Berechnung nach Arbeitszeit und Fahrtkosten.

Es gibt regelmäßig Diskussionen darüber, welche Berechnungsmethode die beste ist. Für Ausschreibungen sind genaue Kosten gefragt, die meistens schon vorher pauschal ermittelt sein müssen, aber andererseits ist eine individuelle Verrechnung nach tatsächlich geleisteter Arbeitszeit eine gerechtere Lösung für den Auftraggeber und bringt im Endeffekt auch für den Auftragnehmer Vorteile.

Die Entscheidungsträger in den Unternehmen wünschen kalkulierbare Kosten – deshalb wird in Ausschreibungen meistens ein pauschales Angebot gefordert und nach Gefäßen abgerechnet (Muster siehe Tabelle 59).

Ein individuelle Abrechnung nach Arbeitszeit und Material setzt viel Vertrauen beim Auftraggeber und vor allem Überzeugungskraft voraus. Dem Auftraggeber sind die Vorteile einer individuellen Verrechnung nach Arbeitszeit und Material aufzuzeigen. Gewisse Anhaltspunkte, mit welchen Kosten zu rechnen ist, sollten auch genannt werden.

Eine pauschale Verrechnung ist nur gerecht, wenn bei jedem Service exakt die gleichen Leistungen anfallen, was jedoch selten der Fall ist. Auch im Kraftfahrzeug-Reparatur-Handwerk werden **nur gleiche Leistungen pauschal berechnet**, ansonsten erfolgt eine individuelle Verrechnung. Regelmäßig wiederkehrende Leistungen, die immer den gleichen Arbeitszeitbedarf haben, wie etwa das Auffüllen mit Wasser bei Hydrokultur können daher pauschal abgerechnet werden.

Die Berechnung von Pflegedienstleistungen läßt sich am besten an einem Beispiel darstellen (Tabelle 60).

Im Prinzip werden alle Formen der Innenraumbegrünung so kalkuliert. Standardisierte Leistungen, die ständig wiederkehren, fliessen in den Servicepreis ein, der pauschal je Gefäß oder Objekt kalkuliert wird. Material (wie etwa Dünger), das über den Standardservice hinausgeht, wird extra verrechnet.

Bei Objekten, bei denen der Pflegeaufwand nicht so zu standardisieren ist, wie etwa bei gestalteten „Innenraum-Landschaften" in Erde oder kombinierten Systemen ist es ratsam, den Service nach Arbeitszeit und Materialverbrauch vorzunehmen.

Um zu einer besseren Kalkulationsbasis zu kommen, empfiehlt es sich, den Arbeitsbedarf für einzelne Pflegearbeiten selbst zu ermitteln. In der Praxis wurden folgende Arbeitszeiten für ein 60 cm-Kreisgefäß in Hydrokultur benötigt:

- Wasser auffüllen und Düngen: 10 Minuten
- Blattglanz: 10 Minuten

Wie arbeitsaufwendig die Pflege im einzelnen ist, wird auch davon beeinflußt, wie gut zugänglich die Gefäße sind, wo sich die Wasserstelle befindet und ob eine automatische Bewässerung vorhanden ist. Eine gute Vorbereitung vermindert die Kosten für die Pflegearbeiten erheblich (siehe auch Kapitel 11.9).

Darüber hinaus ist entscheidend, welche Bepflanzung sie haben und letztlich spielt auch

Tab. 59: Service-Muster für die pauschale Abrechnung des Pflegeservices

Gärtnerei
Fritz Blume *Grüne Ideen für Haus und Garten*
Anemonenweg 12
97979 Würzburg
Telefon: 09 31/1 38 77 Fax: 09 31/7 35 09

Servicevertrag für Innenraumbegrünung

zwischen

....
Auftragnehmer **Auftraggeber**
....
....

wird folgender Servicevertrag abgeschlossen

.... Vollservice-Auftrag – .... Service alle 14 Tage
.... Teilservice-Auftrag – .... Service alle 4 Wochen
.... Teilservice-Auftrag – .... Service alle 3 Monate

über .... Stück Großgefäßre
.... Stück Tischgefäße
.... Stück Pflanzbecken-Landschaften

Die Servicearbeiten beinhalten:
Kontrolle und Auffüllen des Wasserstandes (Zeitraum entsprechend zum Rhythmus), Düngung bei Bedarf alle 3 Monate, säubern, zurückschneiden und aufbinden der Pflanzen, Kontrolle auf Schädlinge, Diagnose für Pflanzenschutz, Behandlung mit Pflegemitteln, Auswechseln von Pflanzen nach Bedarf, Funktionskontrolle von Wasserstandsanzeiger und technischem Zubehör. Zusätzlich berechnen wir Materialkosten für unvorhergesehenen Pflanzenschutzmitteleinsatz, Ersatzpflanzen sowie das Aufbinden von Pflanzen über 2 m.
Eine Gewährleistung für die Haltbarkeit der Pflanzen bei den durch den Auftragnehmer übernommenen Pflegeleistungen kann nach Ablauf von 3 Monaten nach Fertigstellung nicht gegeben werden, da wir keinen Einfluß auf die Umweltbedingungen (z.B. Lichtmangel, zuviel Wasser, zu niedrige Temperaturen usw.) zwischen den Pflegeintervallen haben. Beanstandungen der Servicearbeiten müssen innerhalb von drei Werktagen dem Auftraggeber mitgeteilt werden. Der Auftraggeber stellt Wasser sowie Strom bei Bedarf kostenlos zur Verfügung. Den mit den Pflegediensten beauftragten Fachkräften wird der ungehinderte Zugang zu den Pflanzgefäßen zugesichert.

Rechnungsstellung
..... Die Rechnungsstellung erfolgt pauschal je Pflanzgefäß nach dem jeweiligen Pflegedienst
..... Preis je Großgefäß und Wartung .... = ... DM/Monat/Jahr
..... Preis je Tischgefäß und Wartung .... = ... DM/Monat/Jahr
..... Preis je Pflanzbecken-Landschaft .... = ... DM/Monat/Jahr
..... es liegt ein Arbeitslohn von .... DM je Stunde zugrunde.
..... die Anfahrtskosten werden pauschal berechnet mit .... DM zzgl. der gesetzlichen Mehrwertsteuer.

Laufzeit des Servicevertrages
Der Servicevertrag endet am 31. Dezember des Jahres, in dem er geschlossen wurde und verlängert sich jeweils um ein Jahr, wenn nicht drei Monate vor Vertragsende gekündigt wird. Für alle nicht genannten Vereinbarungen gelten die Liefer- und Geschäftsbedingungen des Auftragnehmers. Gerichtsstand ist für beide Teile Würzburg.
Wir garantieren die fachmännische Ausführung sämtlicher Pflegearbeiten.

die Gefäßgröße noch eine wichtige Rolle. Vor allem Pflanzenschutzarbeiten sowie Aufbinde- und Rückschnittmaßnahmen lassen sich nicht in Normzeiten erfassen.

Bei einer pauschalen Jahresabrechnung müssen diese Bedingungen bereits in der Vorkalkulation berücksichtigt werden.

Was sonst noch beim Pflegeservice zu beachten ist:

Die richtige Ausrüstung mit Arbeitsgeräten und Material sollte selbstverständlich sein. Vor allem bei einer individuellen **Abrechnung nach Arbeit und Material** ist es wichtig, Arbeitszeiten und Materialverbrauch genau festzuhalten. Das Pflegepersonal sollte sich vor Beginn der Servicearbeiten beim Betriebspersonal melden, Lieferscheine ausstellen und sich am Ende die Lieferscheine quittieren lassen. Auf dieser Basis entsteht vom Auftraggeber Vertrauen in seinen Innenraumbegrüner.

Pflegedienstleistungen sollten beim Angebot für Innenraumbegrünung enthalten sein. Das sichert nicht nur die Personalauslastung, sondern zieht auch Folgeaufträge nach sich. Eine ehrliche, offene Kalkulation des Pflegeservices macht die Dienstleistung für den Kunden transparent und nachvollziehbar.

Tab. 60: Beispielsrechnung für Pflegedienstleistungen

Kostenart	Kosten
Fahrtkosten-Anteil (jeweils 20 km x 0,60 DM x 12)	144,00 DM
An-/Abfahrt (Fahrtzeit) 12 x 20 Min. x 1 Ak	240,00 DM
12 Pflegedurchgänge à 60 Min.	720,00 DM
Ionenaustauscherdünger 250 ml je Gefäß (5000 ml) (nach Aufwand)	175,00 DM
Pflanzenbehandlungs- und Pflegemittel (6 x 1,50 DM) je Gefäß x 10	90,00 DM
Jahreskosten	1.369,00 DM
Monatlicher Pflegepreis	114,00 DM
Preis je Gefäß/monatlich (einschl. Fahrtkosten)	11,40 DM
Preis je Gefäß/monatlich (ohne Fahrtkosten)	9,85 DM
Preis je Gefäß/monatlich (ohne Dünger, Pflanzenbehandlungs- und Pflegemittel)	9,20 DM

Die in der Beispielsrechnung angegebenen Werte können je nach Größe des Objekts, seiner Lage (Zugänglichkeit, Entfernung zu den Wasserstellen) und den verwendeten Materialien variieren. Genaue Berechnungen jedes Einzelobjektes sind anzuraten.

TROPISCHE PFLANZEN AUS ALLER WELT
Otto Rogmans – Kevelaer

Blumenheideweg 15, 47625 Kevelaer, Tel. 0 28 32 - 9 39 30, Fax 93 93 21

- **Großes Sortiment tropischer Pflanzen**
- **Solitärpflanzen in allen Größen**
- **Langzeitbewässerung in Lavagestein**
- **Bepflanzung von einzelnen Gefäßen oder auch kompletten Anlagen**
- **Einfache und preiswerte Handhabung**
- **Wir beraten Sie gern**

Praktisches Vorgehen bei der Innenraumbegrünung

1. Sammeln der nötigen Daten

Temperatur tagsüber
Temperatur nachts
Lüftungstemperatur
Glasart
Lüftungsfläche in % der Grundfläche
Schattierung
Schatten von außen
Bewässerungsart
Gießwasser
Pflanzgefäße
Sichtschutz
Stilrichtung
Kinder beim Publikum

2. Festlegen auf Pflanzengesellschaft(en)
anhand der oben festgestellten Bedingungen

3. Einzeichnen der Pflanzorte: maßstabsgetreu in den Gebäude- oder Raumgrundriß
unter Berücksichtigung
- eines Platzes für eine Sitzgruppe
- ausreichender Wegeflächen

4. Wahl der Solitärpflanzen (Leitpflanzen)
diese werden maßstabsgetrau eingezeichnet (Endgröße)

5. Wahl der Kletterpflanzen
unter Beachtung der Wandhöhe

6. Wahl der Begleitpflanzen (Strauchzone)
ebenfalls maßstabsgetrau einzeichnen, können sich mit Solitärs überlappen

7. Wahl der Bodendecker und Hängepflanzen
vor allem am Rand von Hochbeeten und Kübeln Hängepflanzen verwenden

8. Faustzahlen für die Ansprüche an die Luftfeuchte:
- höhere Ansprüche haben Pflanzen aus dem tropischen Regenwald, gefolgt von ostasiatischen und neuseeländischen Herkünften.
- niedrigere Ansprüche haben subtropisch-australische,, mediterrane und geringste Ansprüche Halbwüsten- sowie Wüstenpflanzen.

Abb. 111: Die Bepflanzung mit Ficus wirkt als raumgestaltendes Element
Objektbegrünungen: Müller, Wiesentheid

Abb. 112: Grün sorgt für Ruhe und Entspannung, was gerade in Ruhezonen von Krankenhäusern sehr wichtig ist

Abb. 113: Ficus ist immer ein Blickfang
Fotos (4): Hydrokulturen Müller, Wiesentheid

Abb. 114: In kuppelartigen Bauwerken wirken dominierende Bepflanzungen

Abb. 115: Technik- und Ökologiezentrum Eckernförde: Mittelmeerklima und -vegetation unter Glas an der Ostsee   Foto, Planung und Ausführung: Strohm Innenbegrünungen

14 Pflanzenverwendung – Auflistung bewährter Arten und Sorten

Irmgard Arweck und Theo Groeneveld

Um die nachstehenden Planungstabellen zur Pflanzenauswahl sinnvoll verwenden zu können, sollten folgende Hinweise beachtet werden. Für eine fachgerechte Planung gilt grundsätzlich, daß eine Tabelle **keine Pflanzenkenntnisse ersetzt**. Der Tabellenteil kann daher auch keinen Grünplaner ersetzen, der die entsprechenden Pflanzen von ihrem Habitus, ihrer Ausstrahlung und von ihrer Wachstumsgeschwindigkeit her kennt; der weiß, welche Pflanze wann vermutlich Schädlinge bekommt – und warum. Auch die Pflegeintensität einer Pflanzung läßt sich mit einer bloßen Tabelle allein nicht abschätzen. Dennoch lassen sich zumindest grobe Standortfehler durch die Verwendung nachfolgender Angaben vermeiden. Ein Anspruch des Auftraggebers ist aus den Tabellenangaben nicht abzuleiten (vgl. Kapitel 12).

14.1 Temperatur- und Wachstumsbedingungen

Insgesamt werden über 400 Pflanzenarten aufgelistet. Die ausgewählten Pflanzen sind in vier Temperaturbereiche eingeteilt, so daß der Planer die entsprechende Tabelle für sein Planungsvorhaben benutzen kann. Wenn eine Pflanze für mehrere Temperaturbereiche geeignet ist, wurde sie im niedereren Temperaturbereich eingeordnet und mit * versehen.

Temperaturbereich: Kalthaus

Die für diesen Temperaturbereich aufgelisteten Pflanzen vertragen alle leichte Fröste (oberirdisch bis -5 °C), die meisten auch stärkeren Frost. Die Pflanzen sollten dabei aber direkt in die Erde eingepflanzt oder mit dem Topf eingesenkt sein. Hydrokultur ist in diesem Temperaturbereich nicht möglich.

In geschützten Lagen (überglaster Innenhof, auf drei Seiten von Gebäuden umgebener Wintergarten ...) kann der Standort der Pflanzen völlig ungeheizt sein. Ansonsten sollte ein Frostwächter so eingestellt sein, daß im Pflanzenbestand an kalten Tagen oder Nächten nur kurzzeitig Temperaturen unter -5° C herrschen. Alle Pflanzen für „Kalthaus" können ebenso gut im Temperaturbereich „frostfrei (0-10°C)" verwendet werden.

Temperaturbereich: frostfrei (0–10 °C)

Die Pflanzen dieser Gruppe vertragen in der Regel keine Minusgrade. Weder Boden- noch Lufttemperatur sollten unter 0 °C fallen. Sicherheitshalber ist die Heiztemperatur im Raum so zu wählen, daß auch in kalten Nächten keine Frostgefahr besteht.

In der Praxis empfiehlt es sich deshalb, den Thermostat der Heizung (dessen Temperaturfühler leider meist nicht im Pflanzenbestand, sondern irgendwo im Raum angebracht ist) auf ca. 8–10 °C einzustellen. Von den Pflanzen her ist es gut möglich, tagsüber ein paar mal pro Woche auf Zimmertemperatur zu heizen.

In diesem Temperaturbereich sollten die Pflanzen entweder in Beeten ausgepflanzt

Abb. 116: Natürlich Vegetations- und Klimazonen der Erde
© Westermann Schulbuchverlag GmbH, Braunschweig, entnommen aus: Diercke-Weltatlas.

Pflanzenverwendung 311

① **Natürliche Vegetation**
Maßstab 1 : 90 000 000

- polare Kältewüste
- Tundra und subpolare Gehölze
- borealer Nadelwald
- Gebirgsnadelwald
- sommergrüner Wald (Laub- und Mischwald)
- temperierter Nadelfeuchtwald
- temperierter Laubfeuchtwald
- Steppen- und Hartpolsterformationen
- xeromorphe Strauchformationen
- Hochgebirgstrockensteppen und -halbwüsten
- Hochgebirgsfeuchtsteppen (Páramo und feuchte Puna)
- Hartlaubformationen (in Australien: Eukalyptusgehölze)
- subtropischer Feuchtwald
- Halbwüsten
- Kernwüste
- Dornstrauch- und Sukkulenten-Savanne
- Trockensavanne
- tropische Trockenwälder (Miombo, Mopane, Caatinga, Eukalyptusgehölze in Australien)
- Feuchtsavanne (Llanos, Campos cerrados, Chaparrales)
- tropischer Feucht- und Monsunwald
- tropischer Regenwald
- Mangrove
- Tropen
- Subtropen
- warm gemäßigte Zone

1996: Erde, potentielle natürliche Vegetation, S. 226/227, Klimazonen in Anlehnung an S. 220/221

oder in Töpfen in Erdkultur stehen. Von Hydrokultur ist in diesem Temperaturbereich abzuraten.

Temperaturbereich: mäßig warm (10–17 °C)

Diese Temperaturen trifft man in vielen Wohn-Wintergärten an, in denen aus Energiespargründen nachts die Temperatur deutlich abgesenkt wird und auch tagsüber nur alle paar Tage oder nachmittags auf Zimmertemperatur geheizt wird. Foyers, Glasdurchgänge und Treppenhäuser im öffentlichen Bereich zählen meist zu diesem Bereich. Hier sollte die Bodentemperatur, also die durchschnittliche Temperatur im unteren Drittel des Pflanzenbestandes, 10 °C nicht unterschreiten. Dies ist durch eine Thermostateinstellung auf ca. 15–17 °C sicher zu erreichen. Wenn tagsüber meistens auf Zimmertemperatur geheizt wird, kann der Thermostat nachts auf ca. 12–14 °C eingestellt werden. Hydrokultur ist in diesem Temperaturbereich nur bedingt geeignet.

Temperaturbereich: zimmerwarm (> 17 °C)

In Wohnungen, Wohnzimmerwintergärten, Büros, Tagungsräumen usw. herrschen in der Regel ganzjährig Temperaturen von 18–25 °C, die für Pflanzen tropischer Herkunft geeignet sind. Hier finden unter anderem die typischen Zimmerpflanzen Verwendung. Die meisten von ihnen benötigen Bodentemperaturen von mindestens 18 °C (Thermostateinstellung 21–24 °C), eine relative Luftfeuchte von über 60 % und vertragen in der Regel keine direkte Sonne. Vor allem in diesem Temperaturbereich werden auch **Pflanzen in Hydrokultur** verwendet.

Lichtanspruch / minimale Luxwerte

Bei den Temperaturbereichen „Kalthaus", „frostfrei" und „mäßig warm" bedeutet ein ✲ (= Sonne) immer tatsächlich volle, unschattierte Sonneneinstrahlung. Diese Pflanzengruppe ist sehr lichtbedürftig und kann sich bei gedämpftem Licht nicht gut entwickeln. Eine Schattierung, die nur kurzzeitig geschlossen wird, ist jedoch möglich. Die Schattierung kann selbstverständlich nur dann fehlen, wenn eine ausreichende Lüftung für relativ ausgeglichene Temperaturen sorgt. Bei einer eingeplanten Schattierung, die bei Sonne immer geschlossen sein soll, sind für diese drei Temperaturbereiche nur Pflanzen geeignet, die auch für ☽ (= Halbschatten) oder ● (= Schatten) geeignet sind.

Im Temperaturbereich „zimmerwarm >17 °C" ist eine Schattiervorrichtung dagegen Voraussetzung für ein Gedeihen der Pflanzen. Die Angabe ✲ (= Sonne) bedeutet, daß die Pflanzen gleichzeitig vor direkter Sonne (vor allem im Sommer) zu schützen sind und dennoch einen hohen Lichtbedarf haben. Schattiert werden sollte deshalb **nicht** mit lichtundurchlässigen Jalousien.

„**Minimale Luxwerte**" beschreiben die untersten Werte, bei denen ein Pflanzenwachstum gerade noch möglich ist, und zwar bezogen auf den angegebenen Temperaturbereich.

Der für jede Pflanze angegebene „minimale Luxwert" gibt die untere Grenze der Lichtintensität an, die für die Dauer von ca. 10–12 Stunden pro Tag auf die Pflanze einwirken soll. Pflanzen, die **unter** einer Temperatur von 15 °C eingesetzt werden, stehen in der Regel an Standorten mit natürlichem Licht und brauchen, sofern das Licht im Sommer den angegebenen Bedingungen entspricht, auch im Winter am gleichen Standort **keine**

Pflanzenverwendung

Zusatzbelichtung. Werden Pflanzen bei Temperaturen von **über** 15 °C bei diesen minimalen Luxwerten kultiviert (ob unter Kunstlicht oder natürlichem Licht) sollte auch im Winterhalbjahr die Belichtungsdauer 10–12 Stunden pro Tag nicht unterschreiten.

Es ist darauf hinzuweisen, daß Pflanzen, die aus lichtreichen Gegenden importiert werden, einige Monate lang allmählich an unsere Lichtverhältnisse akklimatisiert werden müssen.

Kalkempfindlich

Hier sind kalkempfindliche Pflanzen gekennzeichnet, die auf ein Gießwasser von mehr als 15 °dGH auf Dauer mit Pflanzenschäden (meist Eisenmangel-Chlorosen) reagieren. Dieser Wert ist nicht absolut zu sehen, da bei einem strukturstabilen guten Substrat u.U. mehr, bei einem verdichteten Substrat weniger Kalk vertragen wird.

Bei hohen pH-Werten sind bestimmte Nährstoffe nicht mehr für alle Pflanzen verfügbar (siehe Kapitel 8). An kalkhaltigen Standorten angepaßte Pflanzen können sich die Nährstoffe, vor allem Eisen, besser aneignen. Dieser Fakt ist auch bei der Substratwahl zu beachten.

Giftpflanze

Mit „x" versehene Pflanzen können bei Genuß zu ernsthaften Vergiftungserscheinungen führen; Pflanzen, die mit „(x)" gekennzeichnet sind, enthalten haut- und schleimhautreizende Stoffe.

Höhe in cm

Außer bei Bodendeckern werden bezüglich der Pflanzenhöhe in der Regel keine Angaben gemacht. Da die Pflanzen in der Innenraumbegrünung zumeist regelmäßig zurückgeschnitten werden, ist eine Angabe der Wuchshöhe nicht sinnvoll. Bei einigen nicht oder schlecht zurückschneidbaren Pflanzen wie Bananen und Baumstrelitzie wird die Höhe angegeben, die sie in der Innenraumbegrünung erreichen können.

Bei Palmen wird auf die Angabe der Höhe verzichtet, da sie in der Innenraumbegrünung meist nicht mehr stark wachsen sollen und ihre Höhe von der Größe zum Zeitpunkt ihres Imports abhängt.

Nur soviel als Anhaltspunkt: Pflanzen, die als Solitärpflanzen angegeben sind, entwickeln sich bei entsprechendem Alter meist zu meterhohen Bäumen (oder Sträuchern - je nach Schnitt). Sträucher oder Beipflanzen bleiben niedriger und können deshalb zum Teil in nur zimmerhohen oder kleineren Pflanzungen auch als Solitärs eingesetzt werden.

Einige Hinweise zum Schnitt (siehe auch Kapitel 11). Grundsätzlich ist mehr auszulichten als zurückzuschneiden. Der beste Zeitpunkt dafür ist zu Beginn der Vegetationsperiode im Frühjahr. **Blütenpflanzen** erhalten in der Regel erst nach der Blüte einen Schnitt. Ausnahmen hiervon bilden nur die tropischen und solche Pflanzen, die während der Vegetationsperiode laufend an den Trieben Blüten bilden. Hier fördert ein kräftiger Rückschnitt aller Triebe die Blüte.

Bei **Kletterpflanzen** mit starker Wuchskraft und laufender Neubildung von Trieben ist ein Rückschnitt gut möglich. Blühende Kletterpflanzen lichten Begrüner nach der Blüte aus, gegebenenfalls verbunden mit einem Rückschnitt.

Nicht schnittverträglich sind Pflanzen mit Rhizomen oder Grundaustrieben (z.B. *Musa,*

Strelitzia) sowie Palmenarten und Fruchtpflanzen. Eine Ausnahme bildet Bambus: **Tropischer Bambus** benötigt im Gegensatz zum subtropischen für den Neuaustrieb einen Rückschnitt im Februar und im Spätsommer.

Wasserverbrauch

Zu diesem Punkt werden in den Tabellen keine Angaben gemacht. Pflanzen sind Lebewesen, die sich innerhalb bestimmter, durch ihre Herkunft bedingten Grenzen an die Bodenfeuchte anpassen. Wenn die Pflanzenauswahl eines Objektes standortgemäß, also unter Beachtung der gemeinsamen Ansprüche und Herkunftsbereiche erfolgt, kann man die Bodenfeuchte auf diesen Pflanzentyp abstimmen. So wird man Sukkulente und Pflanzen aus mediterranen Gebieten trockener halten als Pflanzen aus tropischen Feuchtgebieten. Wenn die sonstigen Umweltbedingungen stimmen, wachsen in einem gut belüfteten, strukturstabilen Substrat sehr viele der angegebenen Pflanzen in einem gemeinsamen Beet oder Gefäß, auch wenn sie herkunftsbedingt etwas unterschiedliche Feuchteansprüche haben. Empfehlenswert ist es jedoch, Pflanzen aus ausgesprochenen Trockengebieten, wie zum Beispiel Wüsten- und Halbwüstenpflanzen nur miteinander zu kombinieren. Zu beachten ist, daß Bewässerung und Gießen immer ein Fingerspitzengefühl erfordert.

Auch Pflanzen, die aus feuchten Standorten stammen, können durch ein ständig zu nasses Substrat oder ständig zu hohen Wasserstand bei Hydrokultur eingehen. Grundsätzlich gilt, daß Pflanzen aufgrund der besseren Bodenbelüftung eher bei mäßiger Bodenfeuchte gedeihen, als bei hoher Bodenfeuchte, besonders im Winter. Eine Ausnahme bilden hier nur die ausgesprochenen Sumpfpflanzen wie zum Beispiel *Cyperus alternifolius, Cyperus papyrus* und *Acorus gramineus*.

14.2 Vegetationszonen

Natürliche Vegetation der Erde

Die vorstehende Karte gibt eine Übersicht über die natürlichen Vegetationszonen der Erde. Die standortgerechte Planung einer Innenraumbegrünung sollte immer die Herkunft der Pflanzen und die daraus resultierenden Ansprüche berücksichtigen.

Als Übersicht für die Herkunft der für die Innenraumbegrünung geeigneten Pflanzen dient eine grobe Einteilung in folgende Klimazonen: Tropen, Subtropen, warmgemäßigte Zone. Die jeweils dazu gehörenden Vegetationszonen werden nachfolgend kurz erläutert.

Tropische Zone

Tropisches Klima herrscht in einem Gürtel um den Äquator ungefähr zwischen dem nördlichen und südlichen Wendekreis. Es herrscht ein Tageszeitenklima (keine Jahreszeiten), in keinem Monat liegt die Durchschnittstemperatur unter 18 °C.

Die Temperaturen schwanken innerhalb 24 h i.d. Regel um nicht mehr als 12 °C. In fast allen tropischen Gegenden liegt die jährliche Niederschlagsmenge über 1000 bis 5000 mm.

Tropischer Regenwald
ganzjährig feucht, Niederschläge 1000 bis 5000 mm/Jahr, Tageszeitenklima, Vegetation in mehreren Etagen, hohe Luftfeuchte

Tropischer Feucht- und Monsunwald
6-9 Monate/Jahr humid, in den restlichen Monaten geringere Niederschläge, 1000 bis 1500 mm Regen/Jahr, Baumvegetation in 2 Etagen, die obere in der trockeneren Zeit meist laubabwerfend, die untere immergrün

Tropische Feuchtsavanne
Sommerregenzeit, 3-6 Monate Trockenheit im Winter, 1000 bis 1500 mm Regen/Jahr, hochwüchsige Grasvegetation mit einzeln stehenden, oft laubabwerfenden Gehölzen, Galeriewälder an Flüssen

Tropische Trockensavanne
Sommerregenzeit, 5-7 trockene Monate im Winter, 250-1000 mm Niederschläge/Jahr, lockere Grasdecke mit einzeln stehenden regengrünen, z.T. wasserspeichernden Gehölzen

Dornstrauch- und Sukkulentensavanne
(z.T. bis in Subtropen reichend) arides Klima, 20–500 mm Niederschläge/Jahr, vor allem im Sommer, regengrüne Dornsträucher und Sukkulente, dazwischen hartes Gras

---

Selbständig machen und/oder mitmachen beim Erfolg:

Seriöse Franchisenehmer gesucht

Wir, **HYDRO MASTER SERVICE,**® sind bereits 20 Mittelständler. Wir schaffen mit Verbindungen neue Verbindungen weltweit. Wir schaffen Erfolg und machen Geschäfte mit Gewinn im Einkauf und Verkauf.
Sie wollen sich selbständig machen oder ihr bestehendes Unternehmen/ ihre Abteilung zu einem besseren Erfolg führen, mit klarem Gesamtkonzept und guter Organisation?
Mit viel Markterfahrung, Konzeption und Organisation helfen wir Ihnen dabei.

Im modernen und erfolgreichen Franchisesystem, 1994 gestartet, schenken uns bereits 20 Partner ihr Vertrauen. Wir suchen für unseren Franchiseverbund noch Partner für die Regionen
München, Nürnberg, Regensburg, Freiburg, Saarbrücken, Oldenburg, Bremen, Kiel, Schwerin, Neubrandenburg, Magdeburg, Erfurt, Kassel, Paderborn, Würzburg, Augsburg und Passau, im Bereich der Innenraumbegrünung und Pflanzenpflege.

Noch Fragen?

Kompetenz in Innenraumbegrünung und Pflanzenpflege bundesweit
Paul Hübecker GmbH & Co. KG
Telefon: 02151 / 709070
Fax: 02151 / 709038
Internet: www.hydro-master.com
E-mail: info@hydro-master.com

Tropische Trockenwälder
(z.T. bis in die Subtropen) wechselfeucht, 500–1500 mm pro Jahr Niederschläge, vor allem im Sommer, lichter, regengrüner Wald, z.T. laubabwerfende Gehölze, viele Sukkulente und wasserspeichernde Gehölze

Hochgebirgsfeuchtsteppe
humides Klima mit 1000–2000 mm/Jahr Niederschläge, wenn überhaupt nur kurze Trockenzeit, Tageszeitenklima mit starken Temperaturschwankungen, Gräser und Polsterpflanzen, Zwergsträucher

Subtropen

Die Subtropen liegen nördlich und südlich der Tropen ungefähr bis zum 40. Breitengrad. Zwar ist die Jahresdurchschnittstemperatur mit ca. 18 °C relativ hoch, doch spielen hier jahreszeitliche Schwankungen und z.T. erhebliche Tag- und Nachtdifferenzen eine große Rolle. In weiten Teilen kommen alljährlich Fröste vor. Temperaturen über 40 °C sind nicht selten. In dieser Zone befinden sich die großen Wüsten und Steppen der Erde.

Halbwüste
arides Klima, 100–150 mm Niederschläge pro Jahr, starke Temperaturschwankungen Tag/Nacht, meist nicht mehr als 25% des Bodens mit Vegetation bedeckt, Sukkulente und wasserspeichernde Pflanzen, Büschelgräser, Halb- und Zwergsträucher mit ledrigen Blättern

Kernwüste
arides Klima, 0–100 mm/Jahr, oft jahrelange Trockenheit, extreme Temperaturschwankungen Tag/Nacht, oft fast völlig vegetationslos, nur sukkulente und wasserspeichernde Pflanzen

Subtropischer Feuchtwald
Sommerregengebiet, 1000–2000 mm Regen pro Jahr, vielfältiger Laub-und Mischwald

Hartlaubformationen
mediterranes Klima, Winterregengebiet mit 3–5 feuchten Monaten, 250–1500 mm/Jahr, trockene heiße Sommer, immergrüne Vegetation mit ledrigen oder behaarten Blättern

Hochgebirgstrockensteppe
(z.T. bis in die Tropen reichend) regenarmes Klima, bis maximal 500 mm/Jahr Niederschlag, meist weniger, trockenverträgliche Gräser und Halbsträucher

Xeromorphe Strauchformationen
(subtropische Savanne) trockenes Klima mit 250–500 mm Regen über das Jahr veteilt, trockenverträgliche niedere Gräser mit Sukkulenten oder wasserspeichernden Holzgewächsen von 1–3 m Höhe

Steppen- und Hartpolsterformationen (bis in gemäßigte Zone reichend) trockenes Klima, unter 500 mm Regen/Jahr, winterkalt, baumlos, dürre- und kälteresistente Gräser, hartlaubige Halb-und Kleinsträucher

Warmgemäßigte Zone

Diese Zone schließt sich nördlich und südlich an die Subtropen an. Es herrscht ein deutliches Jahreszeitenklima mit geringeren Jahresdurchschnittstemperaturen. Das Klima ist überwiegend humid, nur in den Zentren der Kontinente befinden sich aride Zonen.

Sommergrüner Wald
humides und semihumides Klima, 500 bis 1500 mm Regen/Jahr, Klima Mitteleuropas

Temperierter Laubfeuchtwald
humides Klima, 1000–2000 mm Regen/Jahr, kühle Sommer, milde Winter

Temperierter Nadelfeuchtwald
humides Klima mit über 2000 mm/Jahr Niederschläge, kühle Sommer, milde Winter

Fordern Sie unseren Katalog an

IN PUNCTO TERRACOTTA

Vom Besonderen das Beste

Amphoren, Vasen, Reliefs und Pflanzgefäße bis ⌀ 110 cm

Verwaltung: Stehrstr. 77 · 48565 Steinfurt · Tel. 0 25 51 / 8 15 92 · Fax 0 25 51 / 8 15 93

PROLAPIT® TERRACOTTA	PROLAPIT® 1000	PROLAPIT® 2000	PROLAPIT® 3000
für alle Qualitäten	für Beton, Zement, Kalksandstein	für Klinker, Ziegel Ton, Naturstein	ölabweisend für Terracotta-Böden und Fliesen

... die wasserdichte Lösung

Lösungsmittelfreie Imprägnierung - biologisch und atmungsaktiv

Vertragspartner: Groeneveld & Nieuwkoop GmbH

Groeneveld & Nieuwkoop GmbH

Import – Export
Großhandel mit Tropenpflanzen

An der Landwehr 10
47877 Willich-Neersen (A 44 / A 52)
Telefon 0 21 56 / 6 07 26
Telefax 0 21 56 / 52 06

WO PFLANZEN NOCH EINEN NAMEN HABEN

Abb. 117: Hydrokultur eignet sich gut für große Solitärpflanzen
Foto: Hydrokulturen Müller, Wiesentheit

Zukunfts-weisend!

Grüne Solararchitektur

Mensch, Raum und Pflanze
Standardwerk

Das Standardwerk über integrative Konzepte umweltgerechten Bauens.

neu

Erhältlich durch jede Buchhandlung

Die Herausgeber möchten einen Beitrag zur Grünen Solararchitektur leisten und Planer, Innenraumbegrüner, ausführende Firmen, Bauherrn und Investoren dazu anregen, umweltbewußt zu planen und zu bauen.

Über **110** Farbfotos, z.T. großformatig und mehr als **95** Pläne und Zeichnungen

Ausführliche Pflanzenportraits und -listen

208 Seiten, Format 22,5 x 30,5 cm gebunden, Hardcover
ISBN 3-87815-099-7   **DM 98,-**

THALACKER MEDIEN

Hamburger Straße 277   38114 Braunschweig
Fon 0531 38004-24   Fax 0531 38004-25

Alles im grünen Bereich!

SCHROERS WERBEAGENTUR BS

Tab. 61: Auswahl an Solitärpflanzen für Kalthaus (vertragen leichten Frost; empfohlene Thermostateinstellung im Winter ca. 0 °C)

Name	Herkunft	Lichtanspruch/ min. Luxwert ☀ = Sonne ◐ = Halbschatten ● = Schatten	Eigenschaften								Sonstiges
			kalkempfindl.	Belaubung im Winter	Blütezeit(*)	Blütenfarbe	Duft	Giftpflanze	Stechgefahr(**)	Früchte eßbar	
Albizia julibrissin	Iran bis Ostasien	☀ 2000		laubabw.	So	rosa	X				sehr schöner Kronenbaum
Araucaria araucana	S-Chile	☀◐ 1200	X	immergr.					X		schwach wachsendes, bizarres Nadelgehölz
Arbutus unedo	Mittelmeergeb., Irland	☀◐ 1500	X	immergr.	Wi	weiß				X	erdbeerähnliche Früchte, langsam wachsend
Cupressus sempervirens	Mittelmeergebiet	☀ 1500		immergr.							'Stricta' säulenartiger Wuchs, var. *horizontalis* waagerechte Äste
Diospyros kaki	Japan China	☀◐ 1500		laubabw.	Fr	gelb				X	schöne Herbstfärbung, rote Früchte
Eriobotrya japonica	Japan China	☀◐ 1200		immergr.	Wi	weiß	X			X	gelb-orangefarbene Früchte (Loquat)
Ficus carica	Mittelmeergebiet	☀◐ 1500		laubabw.	Fr	grün				X	stark wachsender Strauch oder Baum, eßbare Feigen
Magnolia grandiflora	Südliche USA	☀◐ 1500		immergr.	So	weiß	X				glänzende lederartige Blätter, bei Frost eventuell Laubverlust
Melia azedarach	SW-Asien	☀ 2000		laubabw.	Wi	violett		X			guter Schattenbaum, manchmal gelbe Früchte
Olea europaea	Mittelmeergebiet	☀◐ 2000		immergr.	Fr	weiß				X	Früchte nur bei zwei verschiedenen Pflanzen, langsamwachsend

*) Wi = Winter, Fr = Frühjahr, So = Sommer, He = Herbst, **) (x) = hautreizend, (alle Pflanzen für den Temperaturbereich 0–10 °C geeignet)

Tab. 61: Auswahl an Solitärpflanzen für Kalthaus (Fortsetzung)

Name	Herkunft	Lichtanspruch/ min. Luxwert ☼ = Sonne ◐ = Halbschatten ● = Schatten	kalkempfindl.	Belaubung im Winter	Blütezeit(*)	Blütenfarbe	Duft	Giftpflanze	Stechgefahr(**)	Früchte eßbar	Sonstiges
Phyllostachys aurea, *P. nigra*	China	☼◐● 2000		immergr.							bis 6 m hoher Bambus, ausläuferbildend
Pittosporum tobira	China Japan	☼◐ 1500		immergr.	Fr	weiß	X				sehr schön auch als Halbstamm
Poncirus trifoliata	N-China	☼◐ 2000	X	laubabw.	Fr	weiß	X		X		zitronenähnliche ungenießbare Früchte
Trachycarpus fortunei	China, Japan, Burma	☼◐ 2000		immergr.							Fächerpalme mit braunen Fasern am Stamm
Viburnum tinus	Mittelmeergebiet	☼◐● 1500		immergr.	He-Fr	weiß	X	(X)			schwach wachsend, schön auch als Halbstamm (und Begleitpflanze)
Yucca aloifolia	Südl. USA	☼◐ 1500		immergr.	So	weiß			X		schön in Trockenvegetation

*) Wi = Winter, Fr = Frühjahr, So = Sommer, He = Herbst, **) x = hautreizend, (alle Pflanzen für den Temperaturbereich 0–10 °C geeignet)

Tab. 62: Auswahl an Sträuchern für Kalthaus (vertragen leichten Frost, empfohlene Thermostateinstellung im Winter ca. 0 °C)

Name	Herkunft	Lichtanspruch/ min. Luxwert ☀ = Sonne ◐ = Halbschatten ● = Schatten	kalkempfindl.	Belaubung im Winter	Blütezeit(*)	Blütenfarbe	Duft	Giftpflanze	Stechgefahr(**)	Früchte eßbar	Sonstiges
Aucuba japonica	Ostasien	☀◐● 500		immergr.	Wi	rot		X			rote, giftige Beeren, fast nur gelbgefleckte Formen
Camellia japonica	Ostasien	☀◐ 2000	X	immergr.	Wi-Fr	rot					Sorten in vielen Rot-, Rosa- und Weiß-Schattierungen
Choisya ternata	Mexiko	☀◐● 1200	X	immergr.	Fr, He	weiß	X				im Schatten sparriger Wuchs
Cistus laurifolius	Mittelmeergebiet	☀ 2000		immergr.	Fr-So	weiß	X				Blätter und junge Zweige klebrig, je heißer, desto mehr Duft
Clerodendrum bungei	Ostasien	☀◐ 1200		laubabw.	So-He	rot					riecht beim Zerreiben etwas unangenehm
Coronilla emerus	M- u. S-Europa	☀ 2000		halb-immergr.	Fr-He	gelb					überhängender Wuchs, bei Überwinterung > 0 °C immergrün
Corokia-Arten	Neuseeland	☀◐ 1500	X	immergr.	Fr	gelb					bizarre Wirkung, manchmal orangefarbene Früchte
Crinodendron patagua	Chile	☀◐ 1000	X	immergr.	So-He	weiß					wenig hitzeverträglich, oft rote Früchte
Fabiana imbricata	Südl. Amerika	☀ 2000		immergr.	Fr	weiß rosa					heideähnlicher Strauch, auch lila Sorten
Fatsia japonica	Japan Korea	◐● 1200		immergr.	He	weiß					handförmig gelappte Blätter, selten Blüte

*) Wi = Winter, Fr = Frühjahr, So = Sommer, He = Herbst, **) (x) = hautreizend, (alle Pflanzen sind auch für den Temperaturbereich „frostfrei" (0–10 °C) geeignet)

Tab. 62: Auswahl an Sträuchern für Kalthaus (Fortsetzung)

Name	Herkunft	Lichtanspruch/ min. Luxwert ☀=Sonne ◐=Halbschatten ●=Schatten	kalkempfindl.	Belaubung im Winter	Blütezeit*)	Blütenfarbe	Duft	Giftpflanze	Stechgefahr**)	Früchte eßbar	Sonstiges
Fortunella japonica	S-China	☀◐ 2000	X	immergr.	Wi	weiß	X		X	X	nahe mit *Citrus* verwandt, Frucht mit Schale eßbar
Fremontodendron californicum*	Kalifornien	☀ 2000		halb-immergr.	He-Wi	gelb					Blatthaare können Juckreiz erzeugen
Garrya elliptica	Oregon bis Kalifornien	☀◐● 1000		immergr.	Wi-Fr	grau-grün					robust, bis 20 cm lange, hängende Blütenkätzchen
Lagerstroemia indica	China Korea	☀ 2000		laubabw.	So-He	violett					auch schön als Halb- oder Hochstamm, mehltauanfällig
Lavandula stoechas	Mittelmeergebiet	☀ 2000		immergr.	Fr-So	lila	X				typisch duftender Halbstrauch
Mahonia x media	Ostasien	◐● 1000		immergr.	Wi	gelb	X		X		langsam wachsend, dornige Blätter, große Blütenstände
Myrtus communis	Mittelmeergebiet	☀◐ 1500	X	immergr.	So-He	weiß	X				auch als Formgehölz verwendbar
Nandina domestica	Japan China	◐ 1500	X	immergr.	Fr	weiß					roter Austrieb, rote Beeren
Osmanthus delavayi	China	☀◐ 1500	X	immergr.	Wi-Fr	weiß	X				langsam wachsender Strauch, Blüten duftend
Pistacia lentiscus	Mittelmeergebiet	☀ 2000		immergr.			X				schwach wachsend, rote Beeren nur, wenn zwei Exemplare nebeneinander

*) Wi = Winter, Fr = Frühjahr, So = Sommer, He = Herbst, **) (x) = hautreizend, (alle Pflanzen sind auch für den Temperaturbereich „frostfrei" (0–10 °C) geeignet)

Tab. 62: Auswahl an Sträuchern für Kalthaus (Fortsetzung)

Name	Herkunft	Lichtanspruch/ min. Luxwert ☀ = Sonne ◐ = Halbschatten ● = Schatten	Eigenschaften								Sonstiges
			kalkempfindl.	Belaubung im Winter	Blütezeit(*)	Blütenfarbe	Duft	Giftpflanze	Stechgefahr(**)	Früchte eßbar	
Polygala myrifolia	Südafrika	☀◐ 1500	X	immergr.	Wi-He	violett			X		überhängender Wuchs, braucht im Winter sehr viel Licht
Rosmarinus officinalis	Mittelmeergebiet	☀ 2000		immergr.	Fr-So	blau	X				auch weiße und violette Sorten
Vitex agnus-castus	Mittelmeergebiet	☀ 2000		laubabw.	So-He	violett					robuster, locker wachsender Strauch

*) Wi = Winter, Fr = Frühjahr, So = Sommer, He = Herbst, **) (x) = hautreizend, (alle Pflanzen sind auch für den Temperaturbereich „frostfrei" (0–10 °C) geeignet)

Tab. 63: Auswahl an Kletterpflanzen für Kalthaus (vertragen leichten Frost, empfohlene Thermostateinstellung im Winter ca. 0 °C)

Name	Herkunft	Lichtanspruch/ min. Luxwert ☀ = Sonne ◐ = Halbschatten ● = Schatten	kalkempfindl.	Belaubung im Winter	Blütezeit(*)	Blütenfarbe	Duft	Giftpflanze	Stechgefahr(**)	Früchte eßbar	Sonstiges
Actinidia chinensis	China Taiwan	☀ 2000	X	laubabw.	Fr	weiß				X	windend, zweihäusig, Kiwifrüchte, sehr stark wachsend
Bignonia capreolata	südliche USA	☀ 2000		immergr.	Wi-Fr	rot-gelb					klettert mit Haftranken, anfangs langsamer Wuchs
Campsis radicans C. x tagliabuana	südliche USA	☀ 2000		laubabw.	So-He	orange gelb					klettert mit Haftwurzeln, stark wachsend, auch lachsrosa Sorte
Clematis armandii	M-China S-China	☀◐ 2000		immergr.	Wi-Fr	weiß	X				Blattstiele windend, starkwachsend
Dregea sinensis	China	◐● 1200		laubabw.	Fr-He	weiß	X				hat Milchsaft
Jasminum mesnyi	W-China	☀◐ 1500		halb-immergr.	Wi-Fr	gelb					Spreizklimmer: aufbinden nötig, auch als Bodendecker zu verwenden
Jasminum officinale	Iran bis Indien	☀◐ 1500		laubabw.	So-He	weiß	X				echter Parfümjasmin, starkwachsend, aufbinden
Mandevilla laxa	Argentinien Bolivien	☀◐ 1500		laubabw.	So-He	weiß	X				raschwachsender Schlinger, sehr schön an Drähten, unter Glas schädlingsanfällig
Passiflora caerulea 'Constance Elliot'	Südamerika	☀ 2000		halb-immergr.	Fr-He	weiß	X				selbstklimmend am Spalier
Trachelospermum jasminoides	Japan China	☀◐ 1200		immergr.	Fr-He	weiß	X	X			windend, im Schatten kaum Blüte, auch als Bodendecker

*) Wi = Winter, Fr = Frühjahr, So = Sommer, He = Herbst, **) (x) = hautreizend, (alle Pflanzen sind auch für den Temperaturbereich „frostfrei" (0–10 °C) geeignet)

Tab. 64: Auswahl an Bodendeckern für Kalthaus (vertragen leichte Fröste, empfohlene Thermostateinstellung im Winter ca. 0 °C)

Name	Herkunft	Lichtanspruch/ min. Luxwert ☼ = Sonne ◐ = Halbschatten ● = Schatten	Eigenschaften kalkempfindl.	Belaubung im Winter	Blütezeit*)	Blütenfarbe	Duft	Giftpflanze	Höhe in cm	Früchte eßbar	Sonstiges
Danae racemosa	Syrien, Iran	☼◐● 1000		immergr.	Fr				90		unscheinbare Blüten, rote, dekorative Früchte, robust
Duchesnea indica	Japan, China Indien	☼◐● 1200		immergr.	Fr-So	weiß			10		erdbeerähnliche, ungenießbare Früchte, bildet Ausläufer
Fragaria vesca	M-Europa	☼◐● 1500		immergr.	Fr-So	weiß			15	X	Echte Walderdbeere, bildet Ausläufer
Fuchsia procumbens	Neuseeland	☼◐● 1500		immergr.	Fr	orange			5		sehr flach kriechend, aufrechte Blüten. rosa Beeren
Hedera-Arten	M- u. S-Europa	◐● 1000		immergr.				X	15		Altersform fruchtet: Früchte giftig, auch kletternd
Liriope muscari	Ostasien	☼◐● 700		immergr.	So-He	violett			25		grasartig, oft gelbgestreifte Formen
Ophiopogon japonicus	Ostasien	☼◐● 900		immergr.	So	lila weiß			20		grasartiges Laub, ausläuferbildend
Rosmarinus officinalis 'Repens'	Südeuropa	☼ 2000		immergr.	Fr-He	violett	X		15		niedrige Form, Blätter duften typisch
Ruscus aculeatus	Mittelmeergebiet	☼◐● 1500		immergr.					90		robust, stachelige „Blätter", zweihäusig, meist rote Beeren
Ruscus hypoglossum	Mittelmeergebiet	☼◐● 1500		immergr.					50		ausläufertreibend, robust

*) Wi = Winter, Fr = Frühjahr, So = Sommer, He = Herbst, **) (x) = hautreizend. (alle Pflanzen sind auch für den Temperaturbereich „frostfrei" (0–10 °C) geeignet)

Tab. 64: Auswahl an Bodendeckern für Kalthaus (Fortsetzung)

Name	Herkunft	Lichtanspruch/ min. Luxwert ☀ = Sonne ◐ = Halbschatten ● = Schatten	Eigenschaften							Sonstiges
			kalkempfindl.	Belaubung im Winter	Blütezeit(*)	Blütenfarbe	Duft	Giftpflanze	Höhe in cm	Früchte eßbar	
Vinca minor	S-, W-, M-Europa	☀◐● 1200		immergr.	Fr	blau		X	15		ausläufertreibend, auch weißblühende Sorten

*) Wi = Winter, Fr = Frühjahr, So = Sommer, He = Herbst, **) (x) = hautreizend, (alle Pflanzen sind auch für den Temperaturbereich „frostfrei" (0–10 °C) geeignet)

Tab. 65: Auswahl an Solitärpflanzen für frostfreie Räume (0–10 °C, empfohlene Thermostateinstellung im Winter ca. 8–10 °C)

Name	Herkunft	Lichtanspruch/ min. Luxwert ☀ = Sonne ◐ = Halbschatten ● = Schatten	kalkempfindl.	Belaubung im Winter	Blütezeit(*)	Blütenfarbe	Duft	Giftpflanze	Stechgefahr(**)	Früchte eßbar	Sonstiges
Acacia longifolia*	S-Australien	☀ 2000		immergr.	Wi-Fr	gelb	X				für Akazien sehr große, walzenförmige Blätter
Acacia mearnsii*	SW-Australien	☀ 2000	X	laubabw.	Wi-Fr	gelb			X		Akazie mit relativ groben Blättern
Acacia retinodes*	S-Australien	☀ 2000		immergr.	ganz-jährig	gelb	X				relativ kalkverträglich, kann ganzjährig blühen
Araucaria columnaris (syn. A. excelsa)**	Neukale-donien	☀◐ 1500		immergr.					X		Nadelbaum mit etagenförmigem Wuchs
Araucaria heterophylla**	Norfolk-Inseln	☀◐ 1500		immergr.					X		Nadelbaum, braucht viel Platz und von allen Seiten Licht
Brahea armata*	Kalifornien	☀ 2000		immergr.					X		langsam wachsende Fächerpalme mit silberblauen Blättern
Caesalpinia gilliesii*	Uruguay, Chile, Arg.	☀ 2000		laubabw.	So	gelb-rot					lichter Schattenbaum, bei höheren Temperaturen immergrün
Callistemon citrinus*	SW-Australien	☀ 2000	X	immergr.	Fr-So	rot	X				gibt nur lichten Schatten, Blätter duften
Ceratonia siliqua	Mittelmeer-gebiet	☀◐ 1200		immergr.	Fr	braun-rot				X	Blüten unscheinbar, dekorative Früchte, zweihäusig
Chamaerops humilis*	Mittelmeer-gebiet	☀◐ 2000		immergr.					X		buschige, mehrtriebige Fächerpalme

*) Wi = Winter, Fr = Frühjahr, So = Sommer, He = Herbst, **) *) (x) = hautreizend, * auch in wärmeren Räumen (bis 15 °C), ** auch zimmerwarm (20–24 °C)

Tab. 65: Auswahl an Solitärpflanzen für frostfreie Räume (Fortsetzung)

Name	Herkunft	Lichtanspruch/ min. Luxwert ✹ = Sonne ◐ = Halbschatten ● = Schatten	kalkempfindl.	Belaubung im Winter	Blütezeit(*)	Blütenfarbe	Duft	Giftpflanze	Stechgefahr(**)	Früchte eßbar	Sonstiges
*Cordyline australis**	Neuseeland	✹◐ 2000		immergr.	Fr-So	weiß	X				schön als zierlicher Palmenersatz
*Cupressus macrocarpa**	Kalifornien	✹ 2000		immergr.							raschwachsend, gut formbar, Sorten mit gelben Nadeln
*Dasylirion glaucophyllum**	O-Mexiko	✹ 2000		immergr.							Stamm mit Rosette grasartiger Blätter, sehr schwach wachsend
*Encephalartos horridus***	Südafrika	✹ 1500		immergr.					X		Palmenfarngewächs mit vielen Stacheln
*Eucalyptus citriodora**	W-Australien	✹ 2000	X	immergr.	Fr-Wi	weiß	X				stark wachsend: für hohe Räume, Blätter duften nach Zitrone
*Eucalyptus ficifolia**	SW-Australien	✹ 2000	X	immergr.	So	rot					kleiner Baum, blüht erst nach einigen Jahren
*Grevillea robusta**	W-Australien	✹ 2000	X	halb-immergr.	Fr-So	gelb-orange					lichter Schattenbaum, Blüte erst nach ca. 10 Jahren
*Livistona australis**	O-Australien	✹◐ 1200		immergr.					X		einstämmige, ausladende Fächerpalme
Metrosideros excelsa	Neuseeland	✹◐ 1500		immergr.	So	rot					robuster Strauch, bei höheren Temperaturen meist keine Blüte
*Musa basjoo**	Japan	✹◐ 2000		immergr.	Fr-He						ausläuferbildend, Früchte ungenießbar bis 6 m hoch

*) Wi = Winter, Fr = Frühjahr, So = Sommer, He = Herbst, **) (x) = hautreizend, * auch in wärmeren Räumen (bis 15 °C), ** auch zimmerwarm (20–24 °C)

Tab. 65: Auswahl an Solitärpflanzen für frostfreie Räume (Fortsetzung)

Name	Herkunft	Lichtanspruch/ min. Luxwert ✲ = Sonne ◐ = Halbschatten ● = Schatten	kalkempfindl.	Belaubung im Winter	Blütezeit*)	Blütenfarbe	Duft	Giftpflanze	Stechgefahr**)	Früchte eßbar	Sonstiges
Phoenix canariensis* *Phoenix rupicola***	Kan. Inseln Himalaja	✲ 2000		immergr.					X		einstämmige, ausladende Fiederpalme
Phoenix dactylifera**	Kultur-Pflanze	✲ 2000		immergr.					X	X	Fiederpalme, schlanker als *P. canariensis*
Phoenix roebelenii**	Laos	✲◐ 1000		immergr.					X		Fiederpalme mit graziler Wirkung
Podocarpus macrophyllus*	Japan China	◐● 1200		immergr.							robustes Nadelgehölz
Pseudopanax lessonii*	Neuseeland	✲ 1500		immergr.		weiß-gelb					unempfindliche Pflanze, sehr dicke lederartige Blätter
Schinus molle	S-Amerika	✲ 2000		halb-immergr.	Fr	hell-gelb				X	aggressives Wurzelwerk, robust, lichter überhängender Baum, rieselt leicht
Sophora tetraptera	Neuseeland	✲ 1500		halb-immergr.	Wi-Fr	gelb					ausladender Großstrauch mit leuchtenden Blüten
Washingtonia filifera W. robusta*	Kalifornien W-Arizona	✲ 1500		immergr.					X		Fächerpalme mit verdicktem Stamm
Yucca elephantipes*	M-Amerika	✲◐ 1000		immergr.							im Alter knollenförmig verdickter Stamm
Yucca rostrata*	Texas Mexiko	✲ 1200		immergr.		weiß-creme			X		bis 3 m hoher Stamm, viele schmale, spitze Blätter

*) Wi = Winter, Fr = Frühjahr, So = Sommer, He = Herbst, **) (x) = hautreizend, * auch in wärmeren Räumen (bis 15 °C), ** auch zimmerwarm (20–24 °C)

Tab. 66: Auswahl an Sträuchern für frostfreie Räume (0–10 °C, empfohlene Thermostateinstellung im Winter ca. 8–10 °C)

Name	Herkunft	Lichtanspruch/ min. Luxwert ☀ = Sonne ◐ = Halbschatten ● = Schatten	Eigenschaften							Sonstiges
			kalkempfindl.	Belaubung im Winter	Blütezeit(*)	Blütenfarbe	Duft	Giftpflanze	Stechgefahr(**)	Früchte eßbar	
Acacia armata *	SW-Australien	☀ 2000	X	immergr.	Fr	gelb	X		X		Nebenblätter haben eine bedornte Spitze
Acca sellowiana *	mittleres S-Amerika	☀◐ 1500	X	immergr.	Fr-So	weiß-rot				X	Früchte nur bei Bestäubung von Hand oder mehreren Exemplaren
Aeonium arboreum	Mittelmeer- gebiet	☀ 2000		immergr.	Wi	gelb			X		schön für Halbwüstenbepflanzung
Agave-Arten*	Mexiko	☀ 2000	X	immergr.					X		Halbwüstenpflanze, manche Arten brau- chen viel Platz
x *Citrofortunella microcarpa* (syn. *Citrus mitis*)*	SO-Asien	☀ 2000	X	immergr.	Fr-Wi	weiß	X				schon als junge Pflanze blühend und fruchtend
Citrus aurantium *	SO-Asien	☀◐ 2000	X	immergr.	Fr-Wi	weiß	X		X		Früchte roh nicht genießbar
Citrus limon *	SO-Asien	☀◐ 2000	X	immergr.	Fr-Wi	weiß	X		X	X	genießbare Zitronen, wenig bedornt
Citrus maxima var. *grandis* *	SO-Asien	☀◐ 2000	X	halb- immergr.		weiß	X		X	X	großblättrige Pomeranzenart, < 5 °C Laubverlust möglich
Citrus medica	SO-Asien	☀◐ 2000	X	halb- immergr.		weiß	X		X	X	großblättrig, gelbe, ovale Früchte, < 5 °C eventuell Laubverlust
Citrus reticulata *	SO-Asien	☀◐ 2000	X	immergr.	Fr-Wi	weiß	X		X	X	genießbare Mandarinen, relativ schwach wachsend

*) Wi = Winter, Fr = Frühjahr, So = Sommer, He = Herbst, **) (x) = hautreizend, * auch in wärmeren Räumen (bis 15 °C)

Tab. 66: Auswahl an Sträuchern für frostfreie Räume (Fortsetzung)

Name	Herkunft	Lichtanspruch/ min. Luxwert ☀ = Sonne ◐ = Halbschatten ● = Schatten	kalkempfindl.	Belaubung im Winter	Blütezeit(*)	Blütenfarbe	Duft	Giftpflanze	Stechgefahr(**)	Früchte eßbar	Sonstiges
Citrus sinensis*	China	☀◐ 2000	X	immergr.	Fr-Wi	weiß	X		X	X	genießbare Orangen, bleiben bei gleichmäßig hohen Temperaturen grün
Colletia paradoxa (syn. *C. cruciata*)	Südl. Amerika	☀ 2000		immergr.	Wi	weiß	X		X		schön für Halbwüstenbepflanzung, bizarre Wirkung
Gardenia jasminoides	Japan China	☀◐ 1200			So-He	gelb-weiß	X				attraktiver Blütenstrauch, starker Duft, zimmerwarm nur kurzlebig
Hedychium gardnerianum*	Nepal O-Himalaja	☀◐ 1500		immergr.	So-Wi	gelb	X				cannaähnliche Staude mit auffallenden, stehenden Blütenständen
Homalocladium platycladum*	Salomonen	☀◐● 1000		immergr.	Fr	weiß					unscheinbare Blüten, rote Beeren, bizarre Wirkung
Laurus nobilis	Mittelmeergebiet	☀◐ 2000	X	immergr.	Wi	weiß	X				Blüte unscheinbar, beliebig formbar, robust
Leptospermum scoparium	Neuseeland Australien	☀ 2000	X	immergr.	Fr-So	rosa	X				auch als Formgehölz, weiß- und rotblühende Sorten
Michelia figo*	SO-China	☀◐ 1200		immergr.		alt-rosa	X				bis 1,5 m hoher Strauch, Blüte duftet nach Bananen
Nerium oleander*	Mittelmeer bis O-Asien	☀ 2000		immergr.	Fr-He	weiß, rot	X	X			auch gelbe und rosa Sorten, vor allem gefüllte Sorten duften
Osmanthus heterophyllus*	Japan Taiwan	☀ 1500		immergr.	Fr-So	weiß	X				Blüten duften nach „Nivea"

*) Wi = Winter, Fr = Frühjahr, So = Sommer, He = Herbst, **) (x) = hautreizend, * auch in wärmeren Räumen (bis 15 °C)

Tab. 67: Auswahl an Kletterpflanzen für frostfreie Räume (0–10 °C, empfohlene Thermostateinstellung im Winter ca. 8–10 °C)

Name	Herkunft	Lichtanspruch/ min. Luxwert ☀ = Sonne ◐ = Halbschatten ● = Schatten	Eigenschaften							Sonstiges
			kalkempfindl.	Belaubung im Winter	Blütezeit(*)	Blütenfarbe	Duft	Giftpflanze	Stechgefahr(**)	Früchte eßbar	
*Asparagus acutifolius**	Mittelmeergebiet	☀ 1200		immergr.	Fr	weiß		X	X		rote giftige Früchte, macht meterlange Triebe, aufbinden
*Bougainvillea glabra**	Brasilien	☀ 2000		halb-immergr.	fast ganzj	violett			X		Spreizklimmer, intensive Blütenfarbe nur bei ausreichend Licht
Jasminum azoricum	Madeira	◐ 1500		immergr.	Fr-Wi	weiß	X				schwachwüchsig: aufbinden, ganzjährige Blüte
Jasminum polyanthum	W-China	◐ 1500		immergr.	Wi-Fr	weiß	X				starkwachsender Schlinger, sehr starker Geruch
*Kennedia coccinea**	W-Australien	☀ 2000		immergr.	Fr-He	rot					windend, Blüten mit großer Fernwirkung
*Macfadyena unguiscati**(syn. *Doxantha*)	M- u. S-Amerika	☀ 2000		immergr.	Fr-So	gelb					selbstklimmend an rauhen Wänden mit krallenartigen Ranken
*Pandorea jasminoides**	Australien	◐ 1200		immergr.	Wi-He	rosa					stark wachsender Schlinger, am Gerüst oder an Drähten
*Passiflora caerulea**	mittleres S-Amerika	☀ 2000		halb-immergr.	Fr-He	blau					selbstklimmend am Spalier
Passiflora 'Amethyst'**	Brasilien	☀ 2000		halb-immergr.	Fr-He	lila					reichblühend, selbstklimmend am Spalier
Passiflora 'Imp. Eugenie'**	S-Amerika	☀ 2000		immergr.	Fr-He	violett weiß	X				vergleichsweise langsam wachsend, sehr stabile Blüte

*) Wi = Winter, Fr = Frühjahr, So = Sommer, He = Herbst, **) (x) = hautreizend, * auch in wärmeren Räumen (bis 15 °C)

Tab. 67: Auswahl an Kletterpflanzen für frostfreie Räume (Fortsetzung)

Name	Herkunft	Lichtanspruch/ min. Luxwert ☀ = Sonne ◐ = Halbschatten ● = Schatten	kalkempfindl.	Belaubung im Winter	Blütezeit(*)	Blütenfarbe	Duft	Giftpflanze	Stechgefahr(**)	Früchte eßbar	Sonstiges
Plumbago auriculata	S-Afrika	☀ 2000		halb-immergr.	Fr-He	blau weiß					Spreizklimmer: aufbinden nötig, auch als Formgehölz verwendbar
Senecio mikanioides	Südafrika	☀◐ 1500		immergr.	Fr-Wi	gelb	X				starkwüchsiger Schlinger, im Halbschatten wenig Blüten
Sollya heterophylla	SW-Australien	☀◐ 1500		immergr	Fr-He	blau					schwachwachsender, graziler Schlinger

*) Wi = Winter, Fr = Frühjahr, So = Sommer, He = Herbst, **) (x) = hautreizend, * auch in wärmeren Räumen (bis 15 °C)

Tab. 68: Auswahl an Bodendeckern für frostfreie Räume (0–10 °C, empfohlene Thermostateinstellung im Winter ca. 8–10 °C)

Name	Herkunft	Lichtanspruch/ min. Luxwert ☀ = Sonne ◗ = Halbschatten ● = Schatten	Eigenschaften							Sonstiges
			kalkempfindl.	Belaubung im Winter	Blütezeit(*)	Blütenfarbe	Duft	Giftpflanze	Höhe in cm	Früchte eßbar	
Acorus gramineus	O-Asien	☀◗● 1200		immergr.					20		grasartiger Wuchs, auch gelb- und weiß-gestreife Sorten
Campanula isophylla	Ligur. Alpen	☀◗● 1200		immergr.	Fr-So	blau			10		nicht geeignet für trockene, heiße Standorte
Carex brunnea*	S-Asien Australien	☀◗ 1200		immergr.					40		grasartiger Bodendecker für feuchte Standorte
Cyrtomium falcatum	O-Asien S-Afrika	◗● 1000	X	immergr.					40		Farn, braucht auch im Sommer kühlen Standort, keine Sonne
Ficus pumila*	O-Asien	◗● 1000		immergr.					10		auch kletternd, selbsthaftend, panaschierte Sorten wärmer
Muehlenbeckia axillaris	Neuseeland	☀◗● 1500		immergr.					10		kleinblättrig, dünntriebig, flach wachsend kletternd, schön in Ampeln
Muehlenbecki complexa	Neuseeland	☀◗● 1500		immergr.	So	lila			20		filigrane Wirkung, wüchsig, auch kletternd, schön in Ampeln
Saxifraga stolonifera*	Japan China	◗● 1000		immergr.					15		behaarte runde Blätter, ausläuferbildend
Soleirolia soleirolii*	Mittelmeergebiet	☀◗ 1000		immergr.					5		Sorten in verschiedenen Grüntönen
Tolmiea menziesii*	N-Amerika	◗● 1000		immergr.					30		ausläuferbildend, auch gelbgrüne Sorten, diese wärmer

*) Wi = Winter, Fr = Frühjahr, So = Sommer, He = Herbst, **) (x) = hautreizend, * auch in wärmeren Räumen (bis 15 °C)

Tab. 69: Auswahl an Solitärpflanzen für mäßig warme Räume (10–17 °C; empfohlene Thermostateinstellung im Winter ca. 15–17 °C)

Name	Herkunft	Lichtanspruch/ min. Luxwert ✹ = Sonne ◐ = Halbschatten ● = Schatten	kalkempfindl.	Belaubung im Winter	Blütezeit*)	Blütenfarbe	Duft	Giftpflanze	Stechgefahr**)	Früchte eßbar	Sonstiges
Albizia chinensis*	SO-Asien	✹ 2000		laubabw.	Fr-So	gelb					hoher, baumartiger Wuchs, gefiedertes Laub
Arecastrum romanzoffianum* (syn. Cocos plumosa)	S-Brasilien Argentinien	✹◐ 1500		immergr.							Fiederpalme mit grauem, glattem Stamm
Bauhinia acuminata	Indien China	✹ 2000		laubabw.	Wi-Fr	weiß					Baum, schön auch in nur zimmerhohen Räumen
Bauhinia variegata	Indien China	✹ 2000		laubabw.	So-He	rot	X				kleiner Baum, auch weiß- und violettblühende Sorten
Beaucarnea (syn. Nolina) recurvata*	Mexiko	✹◐● 1000		immergr.							verdickter Stamm, bis 5 m hoch, lange, schmale Blätter
Blechnum-Arten	Mexiko	◐● 900		immergr.							stammähnliches Rhizom, Wedel bilden Krone, i.d.R. als Strauch
Brachychiton acerifolius* B. populneus*	O-Australien	✹ 1500		halb-immergr.	So	rot gelb					Kronenbaum mit flaschenartig verdicktem Wurzelhals, B. acerifolius hat mehrfach gelapptes Laub
Butia capitata* (syn. Cocos australis)	S-Brasilien N-Argent.	✹◐ 1500		immergr.					X		Fächerpalme mit dichter Krone, blaugrüne Blattfarbe
Carica pentagona*	S-Amerika N-Andenst.	✹ 2000		immergr.						X	Blüten unscheinbar, stark wachsend, robuster als C. papaya
Cassia didymobotrya	Trop. Afrika	✹ 2000		halb-immergr.	Fr-He	gelb					bei > 15 °C: immergrün, Dauerblüte, anfällig für Weiße Fliege

*) Wi = Winter, Fr = Frühjahr, So = Sommer, He = Herbst, **) (x) = hautreizend, * auch bei Zimmertemperatur (18–22 °C)

Tab. 69: Auswahl an Solitärpflanzen für mäßig warme Räume (Fortsetzung)

Name	Herkunft	Lichtanspruch/ min. Luxwert ☀ = Sonne ◐ = Halbschatten ● = Schatten	Eigenschaften							Sonstiges
			kalkempfndl.	Belaubung im Winter	Blütezeit*)	Blütenfarbe	Duft	Giftpflanze	Stechgefahr**)	Früchte eßbar	
Corynocarpus laevigatus*	Neuseeland	☀◐● 900		immergr.				X			bis 20 cm lange ledrige Blätter, selten Früchte, diese giftig
Cussonia spicata*	S-Afrika	☀◐● 1500		immergr.							kleiner Baum mit handförmig geteilten Blättern
Cycas circinalis*, C. revoluta*, C. rumphii*	SO-Asien Japan	☀◐● 1500		immergr.							Blattkranz mit bis 15 Blätter auf dickem Stamm, langsam wachsend
Dicksonia antarctica*	O-Austr. Tasmanien	☀◐● 1500		immergr.							dreifach gefiederte Wedel, haariger, rotbrauner Stamm
Dombeya wallichii*	Madagaskar	☀◐● 1500		immergr.							wüchsiger Großstrauch mit weichen, großen Blättern
Dracaena draco*	Kan. Inseln Madagaskar	☀◐ 2000		immergr.							blaugrüne Blätter, schön für Halbwüstenbepflanzung
Ficus religiosa*	SO-Asien	☀◐ 1200		laubabw. kurzz.							ovale, langgestielte Blätter mit schwanzförmiger Spitze
Harpephyllum caffrum*	Südafrika	☀◐ 1200	X	immergr.						X	Blüte unscheinbar, dunkelrote eßbare Früchte, zweihäusig
Michelia champaca	Indonesien Java	☀◐ 1200		immergr.		creme-weiß	X				hoher Strauch mit stark duftenden Blüten
Pittosporum eugenioides*	Neuseeland	◐ 1000		immergr.		grün-gelb	X				auch Formen mit gelbgeränderten Blättern

*) Wi = Winter, Fr = Frühjahr, So = Sommer, He = Herbst, **) (x) = hautreizend, * auch bei Zimmertremperatur (18–22 °C)

Tab. 69: Auswahl an Solitärpflanzen für mäßig warme Räume (Fortsetzung)

Name	Herkunft	Lichtanspruch/ min. Luxwert ☀ = Sonne ◐ = Halbschatten ● = Schatten	kalkempfindl.	Belaubung im Winter	Blütezeit(*)	Blütenfarbe	Duft	Giftpflanze	Stechgefahr(**)	Früchte eßbar	Sonstiges
Psidium guajava	Mexiko Brasilien	☀◐ 1500		halb-immergr.	Fr	weiß	X			X	Guave, gelbe Früchte sind wohlschmeckend
Sparmannia africana*	S-Afrika	☀◐ 1500		immergr.	Wi-Fr	weiß					starkwachsend, es gibt auch blühfaule Typen
Strelitzia nicolai*	Südafrika	☀◐ 1500		immergr.	Wi-Fr	weiß-blau					Baumstrelitzie, bis 6 m hoch, kindel-(oder horst-)bildend
Wyethia mollis*	Kalifornien Nevada	☀◐ 1500		immergr.	Fr-So	weiß	X				Strauch mit vielen duftenden Blüten

*) Wi = Winter, Fr = Frühjahr, So = Sommer, He = Herbst, **) (x) = hautreizend, * = auch bei Zimmertemperatur (18–22 °C)

Tab. 70: Auswahl an Begleitpflanzen für mäßig warme Räume (10–17 °C), empfohlene Thermostateinstellung im Winter ca. 15–17 °C)

Name	Herkunft	Lichtanspruch/ min. Luxwert ☼ = Sonne ◐ = Halbschatten ● = Schatten	kalkempfindl.	Belaubung im Winter	Blütezeit(*)	Blütenfarbe	Duft	Giftpflanze	Stechgefahr(**)	Früchte eßbar	Sonstiges
Abutilon-Hybriden*	M-Amerika	☼◐ 1000		halb-immergr.	Fr-Wi	rot gelb					oft sparrig wachsende Blütensträucher, sehr schädlingsanfällig
Aloe-Arten*	Afrika	☼ 2000		immergr.	Fr-So	rot orange			X		flachwachsende oder auch stammbildende Sukkulente
Ardisia crenata (syn. crenulata, A. crispa)	O-Asien	☼◐ 1200		immergr.	He-Wi	weiß					langanhaltender, auffallender roter Beerenschmuck, 'Polycehala' schwarze Beeren
Asclepias curassavia	Mexiko S-Amerika	☼◐		immergr.	Fr-He	orange		(X)			Strauch mit auffallend leuchtenden Blüten, schädlingsanfällig
Aspidistra elatior*	China	◐● 500		immergr.							robuste Grünpflanze, auch panaschierte Sorten
Brunfelsia americana	Antillen	◐ 1200		immergr.	He	weiß	X	X		·	Strauch mit weißen Blüten, diese werden später gelb
Brunfelsia pauciflora var. calycina	Brasilien	◐● 900		immergr.	He	blau		X			Blütenfarbe wandelt sich von violett über blau bis weiß
Calliandra tweedii*	Brasilien	☼ 2000	X	immergr.	Wi-He	rot	X				überhängender Busch; hochbinden
Citrus hystrix*	SO-Afrika	☼ 2000	X	immergr.		weiß	X			X	feine spitz-ovale Blätter, dichter kompakter Wuchs
Crassula coccinea (syn. Rochea)	S-Afrika	☼◐ 2000		immergr.	Fr-So	rot					Dickblattgewächs mit leuchtenden Blüten

*) Wi = Winter, Fr = Frühjahr, So = Sommer, He = Herbst, **) (x) = hautreizend, * auch bei Zimmertemperatur (18–22 °C)

Tab. 70: Auswahl an Begleitpflanzen für mäßig warme Räume (Fortsetzung)

Name	Herkunft	Lichtanspruch/ min. Luxwert ☀=Sonne ◐=Halbschatten ●=Schatten	Eigenschaften							Sonstiges
			kalkempfindl.	Belaubung im Winter	Blütezeit*)	Blütenfarbe	Duft	Giftpflanze	Stechgefahr**) Früchte eßbar	
Cyperus involucratus (syn. *alternifolius*)*	S-Afrika M-Afrika	☀◐ 1200		immergr.						1-1,5 m hohes Zyperngras für Sumpfstandorte
x *Fatshedera lizei*	Japan Korea	☀◐ 1200		immergr.	He	weiß				Blattschmuckpflanze, mit mehrlappigen Blättern, selten Blüte
Hymenocallis-Arten*	M- u. S-Amerika	☀◐ 1200		immergr.	Fr-So	weiß	X			Amaryllisgewächs mit fast senkrecht stehenden Blättern
Jacobinia pauciflora	Brasilien	◐● 900		immergr.	Wi-Fr	gelb-rot		X		auch im Schatten blühend, kleine aparte Blüte
Justicia brandegeana (syn. *Beloperone guttata*)*	Mexiko	◐ 1500		immergr.	Fr-He	rot				ganzjährig blühend bei ausreichend Licht
Malvaviscus arboreus (bzw.. *M. mollis*)	M- u. S-Amerika	☀ 2000		immergr.	Wi-He	rot				Blüte bei genügend Licht den ganzen Winter über
Ochna kirkii O. *serrulata*	O-Afrika	☀◐ 1200			Fr-So	gelb	X			kleiner Strauch, Blütenkelch wird nach der Blüte rot, mit schwarzen Beeren
*Pelargonium odoratissimum**	S-Afrika	☀ 2000		immergr.	Fr-He	weiß-rosa	X			nach Zitrone duftende Geranie mit unscheinbaren Blüten
Reinwardtia indica	N-Indien	☀ 2000		immergr.	Wi-Fr	gelb	.			Halbstrauch mit leuchtenden Blüten
Russelia equisetiformis	M- u. S-Amerika	☀ 2000		immergr.	Fr-He	rot				ginsterartiger Habitus, überhängend

*) Wi = Winter, Fr = Frühjahr, So = Sommer, He = Herbst, **) (x) = hautreizend, * auch bei Zimmertemperatur (18–22 °C)

Tab. 70: Auswahl an Begleitpflanzen für mäßig warme Räume (Fortsetzung)

Name	Herkunft	Lichtanspruch/ min. Luxwert ☀ = Sonne ◐ = Halbschatten ● = Schatten	kalkempfindl.	Belaubung im Winter	Blütezeit(*)	Blütenfarbe	Duft	Giftpflanze	Stechgefahr(**)	Früchte eßbar	Sonstiges
Ruttleya fruticosa	O-Afrika	☀◐ 2000		laubabw.	So-He	orange					raschwachsend, Blüte auch im Winter möglich
Strelitzia reginae	S-Afrika	☀◐ 1500		immergr.	Wi-Fr	orange blau					exotische Blüten, große Typen bis 200 cm hoch
Tecoma stans	S-USA bis S-Amerika	☀◐ 2000		immergr.	Wi-He	gelb	X				schön als Halbstamm, unter 15 °C oft Laubabfall, fast ganzjährige Blüte, wüchsig
Thevetia peruviana	Trop. Amerika	☀ 2000		immergr.	Fr-He	gelb	X	X			sehr giftig in allen Teilen, auch orange- und weißblühende Sorten
Tibouchina urvilleana	Brasilien	☀ 2000		immergr.	He-Wi	violett					sparriger Wuchs, attraktive exotische Ausstrahlung
Zantedeschia aethiopica* (syn. *Calla*)	S-Afrika	☀◐ 1200		immergr.	Fr-Wi	weiß gelb					Sumpfstaude mit pfeilförmigen Blättern

*) Wi = Winter, Fr = Frühjahr, So = Sommer, He = Herbst, **) (x) = hautreizend, * auch bei Zimmertemperatur (18–22 °C)

Tab. 71: Auswahl an Kletterpflanzen für mäßig warme Räume (10–17 °C, empfohlene Thermostateinstellung im Winter ca.15–17 °C)

Name	Herkunft	Lichtanspruch/ min. Luxwert ☀ = Sonne ◐ = Halbschatten ● = Schatten	Eigenschaften								Sonstiges
			kalkempfindl.	Belaubung im Winter	Blütezeit(*)	Blütenfarbe	Duft	Giftpflanze	Stechgefahr**)	Früchte eßbar	
Asparagus asparagoides, *A. falcatus**	S-Afrika S-Europa	☀◐ 1000		immergr.	Fr	weiß		X			selten rote, giftige Beeren, windend mit meterlangen Trieben
Asparagus setaceus 'Plumosus'**	S-Afrika	☀◐ 1000		immergr.							selten rote, giftige Beeren, klettert mit meterlangen Trieben
Beaumontia grandiflora	O-Himalaja	☀◐ 2000		immergr.	Wi-Fr	weiß	X				windend, würgend: nicht in Bäume wachsen lassen
*Bougainvillea spectabilis**	Brasilien	☀ 2000		halb-immergr.	Fr-He	rosa rot					Spreizklimmer, auch Sorten in violett, orange und weiß
Bougainvillea x *buttiana**	M- u. S.-Amerika	☀ 2000		halb-immergr.	Fr-Wi	rot					Spreizklimmer, auch gelb-, weiß-, rosa-, orangeblühende Sorten
*Dipladenia sanderi** (syn. *Mandevilla*)	Brasilien	☀ 1200	X	immergr.	Wi-He	rosa		X	X		relativ wüchsiger Schlinger
Dipladenia-Hybriden*	Bolivien Brasilien	☀ 1200	X	immergr.	Wi-He	rosa		X			Schlinger, verschiedene Sorten in Rot- und Rosatönen und Weiß
*Hoya carnosa**	China bis Australien	◐● 800		immergr.	Fr-He	weiß	X				robuster Schlinger mit fleischigen, glänzenden Blättern
*Passiflora edulis**	Brasilien	☀ 1500		immergr	Fr-So	weiß				X	echte Maracuja-Früchte, selbstklimmend am Spalier
Phaedranthus buccinatorius	Mexiko	☀ 2000		immergr.	Fr-He	rot					blüht erst als ältere Pflanze, klettert mit Haftranken auch an Mauern

*) Wi = Winter, Fr = Frühjahr, So = Sommer, He = Herbst, **) (x) = hautreizend, * auch bei Zimmertemperatur (18–22 °C)

Tab. 71: Auswahl an Kletterpflanzen für mäßig warme Räume (Fortsetzung)

Name	Herkunft	Lichtanspruch/ min. Luxwert ☀ = Sonne ◐ = Halbschatten ● = Schatten	Eigenschaften								Sonstiges
			kalkempfindl.	Belaubung im Winter	Blütezeit(*)	Blütenfarbe	Duft	Giftpflanze	Stechgefahr(**)	Früchte eßbar	
Pyrostegia venusta	Brasilien Paraguay	☀ 2000		immergr.	He-Wi	orange					blüht erst nach Jahren reich, klettert mit Haftranken auch an Mauern
Rhoicissus capensis*	S-Afrika	◐ 1000		immergr.							starkwachsend, Triebe müssen angebunden werden
Stephanotis floribunda	Madagaskar	◐ 800	X	immergr.	Wi-Fr	weiß	X				windender Kletterstrauch mit ledrigen Blättern, stark duftend
Tetrastigma voinierianum*	O-Asien	● 1000		immergr.							sehr starkwüchsig, bis 12 m lange Triebe pro Jahr, große Blätter
Thunbergia grandiflora	Bengalen	☀◐ 2000		immergr.	Fr-Wi	blau					rasch wachsender Schlingstrauch mit trichterförmigen Blüten

*) Wi = Winter, Fr = Frühjahr, So = Sommer, He = Herbst, **) (x) = hautreizend, * = auch bei Zimmertemperatur (18–22 °C)

Tab. 72: Auswahl an Bodendeckern für mäßig warme Räume (10–17 °C, empfohlene Thermostateinstellung im Winter ca. 15–17 °C)

Name	Herkunft	Lichtanspruch/ min. Luxwert ✹ = Sonne ◐ = Halbschatten ● = Schatten	kalkempfindl.	Belaubung im Winter	Blütezeit(*)	Blütenfarbe	Duft	Giftpflanze	Höhe in cm	Früchte eßbar	Sonstiges
Ampelopsis brevipedunculata*	O-China	✹● 1000		immergr.					20		auch kletternd, bei kühleren Temperaturen Laubverlust im Winter
Asparagus densiflorus 'Meyeri'*	S-Afrika	✹● 1000		immergr.				X	30		fuchsschwanzartige aufrechte Wedel, Beeren giftig
Asparagus densiflorus 'Sprengeri'*	S-Afrika	◐● 500		immergr.				X	50		überhängende Wedel, Beeren giftig
Chlorophytum comosum*	S-Afrika	◐● 1000		immergr.		weiß			40		ausläuferbildend, nur grüne Sorten im Schatten
Coleus pumilus	Philippinen Borneo	✹◐ 1200		immergr.					20		auffallend bunte Blätter, bei > 15 °C im Winter volle Sonne nötig
Cyperus albostriatus (syn. *C. diffusus*)*	S-Afrika	◐● 1000		immergr.					45		niedrig bleibendes Zyperngras für normal feuchte Böden
Didymochlaena truncatula	Tropen weltweit	◐ 1500	X	immergr.					60		im Alter stammbildender Farn, im Winter > 14 °C halten
Nertera granadensis	M-Amerika S-Australien	◐ 1500		immergr.	Fr	weiß			5		unscheinbare Blüten, dekorative rote Beeren, moosähnlich
Oplismenus hirrellus*	S-Amerika, Afrika	◐ 1500		immergr.					25		ausläuferbildend, auch gelb-grün-rosa gestreifte Form
Pellaea rotundifolia*	Neuseeland	◐● 800		immergr.					20		robuster Farn, bei mehr als 15 °C halten

*) Wi = Winter, Fr = Frühjahr, So = Sommer, He = Herbst, **) (x) = hautreizend, * auch bei Zimmertemperatur (18–22 °C)

Tab. 72: Auswahl an Bodendeckern für mäßig warme Räume (Fortsetzung)

Name	Herkunft	Lichtanspruch/ min. Luxwert ☼ = Sonne ◐ = Halbschatten ● = Schatten	kalkempfindl.	Belaubung im Winter	Blütezeit(*)	Blütenfarbe	Duft	Giftpflanze	Höhe in cm	Früchte eßbar	Sonstiges
*Phlebodium aureum**	S-Amerika	◐ 1200		immergr.					60		blaubereifte, bis 1 m lange Wedel, für einen Farn relativ robust
*Pilea cadierei**	N-Vietnam	◐ 1500		immergr.					20		grüne Blätter mit hellgrauer Zeichnung
*Plectranthus oertendahlii**	S-Afrika	◐ 1200		immergr.	So	weiß			15		niederliegende Triebe mit weißgeaderten Blättern
*Pteris cretica**	Mittelmeergebiet	◐● 1000		immergr.					20		Farn, panaschierte Sorten bei Zimmertemperatur
Rumohra adiantiformis (syn. *Arachniodes*)	Südhalbkugel Tropen/Subtropen	◐● 1000	X	immergr.					50		> 12 °C halten, für einen Farn relativ unempfindlich gegen Lufttrockenheit
*Saxifraga stolonifera**	Japan China	☼◐ 1500		immergr.					15		ausläuferbildend, bunte Sorten über 15 °C
Selaginella apoda	N-Amerika	◐ 1200		immergr.					20		hellgrüne rasenbildende Blätter, hohe Luftfeuchte günstig
Tradescantia-Arten*	M- u. S-Amerika	◐● 800		immergr.	Fr-He	weiß rosa			20		unauffällige Blüten, verschiedene Blattfarben

*) Wi = Winter, Fr = Frühjahr, So = Sommer, He = Herbst, **) (x) = hautreizend, * auch bei Zimmertemperatur (18–22 °C)

Tab. 73: Auswahl an Solitärpflanzen für zimmerwarme Räume (> 17 °C, empfohlene Thermostateinstellung ganzjährig ca. 20–24 °C)

Name	Herkunft	Lichtanspruch/ min. Luxwert ☀ = Sonne ◐ = Halbschatten ● = Schatten	Eigenschaften							Sonstiges
			kalkempfindl.	Belaubung im Winter	Blütezeit*)	Blütenfarbe	Duft	Giftpflanze	Stechgefahr**)	Früchte eßbar	
Aglaia odorata	SO-Asien Philippinen	◐ 900			Fr-He	gelb	X				„Zimmerbuchsbaum", buschiges Wachstum, viele kleine, runde Blüten an einem Stiel
Alocasia macrorrhiza	Ceylon	◐ 900						(X)			meterlange Stiele und große Blätter mit schöner Zeichnung
Archontophoenix alexandrae	NO-Australien	☀◐ 1500									Fiederpalme mit geringelt aussehendem, an der Basis verdicktem Stamm
Areca catechu	Philippinen	☀◐ 1200									Fiederpalme mit geringeltem Stamm, wenig Blätter an Krone
Artocarpus heterophyllus	Vorder-Indien	☀◐ 1500									Brotfruchtbaum mit in ihrer Heimat bis 30 kg schweren Früchten
Bambusa ventricosa	S-China	☀ 2000									bis 5 m hohe, grüne Stengel haben bauchartig verdickte Internodien, horstbildend
Bambusa vulgaris	SO-Asien	☀ 2000									mit 6–7 m hohen, gelben, dicken Stengeln, horstbildend (ohne Ausläufer)
Brosimum utile (syn. *B. galactodendron*)	Brasilien Peru	☀◐ 1200									Wuchs ähnlich *Ficus longifolia*, nur etwa ungeordneter, Blattstiele weiß behaart
Bucida buceras	M-Amerika	☀◐ 1500									auch „Black olive" genannter Baum mit kleinen Blättern
Caesalpinia pulcherrima	M-Amerika	☀ 2000			So	rot					Strauch mit gefiedertem Laub, exotische Blüten auch in Orange oder Gelb

*) Wi = Winter, Fr = Frühjahr, So = Sommer, He = Herbst, **) (x) = hautreizend, * auch bei 10–17 °C

Tab. 73: Auswahl an Solitärpflanzen für zimmerwarme Räume (Fortsetzung)

Name	Herkunft	Lichtanspruch/ min. Luxwert ☀ = Sonne ◐ = Halbschatten ● = Schatten	kalkempfindl.	Belaubung im Winter	Blütezeit(*)	Blütenfarbe	Duft	Giftpflanze	Stechgefahr(**)	Früchte eßbar	Sonstiges
Carica papaya	Trop. Amerika/Asien	☀◐ 1500				weiß				X	starkwachsender Strauch oder Baum, melonenartige eßbare Papayafrüchte
Caryota mitis	SO-Asien	☀◐ 1000	X								vielstämmige Fiederpalme mit bizarrer Wirkung, fischschwanzförmig
Caryota urens	Indien Ceylon	☀◐ 1000									einstämmige Palme mit fischschwanzförmigen, bis 4 m langen Blättern
Chamaedorea elegans	M-Amerika	◐● 900									Fiederpalme, verträgt keine pralle Sonne
Chamaedorea metallica	Mexiko	● 700				orange					Palme mit kurzem Stamm, auffällig metallisch glänzende Blattoberfläche
Chamaedorea seifrizii	M-Amerika	● 800									lange Stiele mit wedelartigen Blättern, bambusähnlicher Habitus
Chrysalidocarpus lutescens (syn. *Areca*)	Madagaskar	☀◐ 1200	X								vielstämmige Fiederpalme
Coccoloba uvifera	M- u. S-Amerika	☀ 1200				weiß				X	Strauch oder Baum mit bis 20 cm langen Blättern, eßbare, beerenartige Früchte
Cocos nucifera	Melanesien	☀ 1500								X	Fiederpalme mit bis 7 m langen Wedeln
Coffea arabica	Trop. Afrika	◐ 1500	X			weiß	X			(X)	Strauch mit glänzenden Blättern, Früchte echte Kaffeebohnen

*) Wi = Winter, Fr = Frühjahr, So = Sommer, He = Herbst, **) (x) = hautreizend, * auch bei 10–17 °C

Tab. 73: Auswahl an Solitärpflanzen für zimmerwarme Räume (Fortsetzung)

Name	Herkunft	Lichtanspruch/ min. Luxwert ☀ = Sonne ◐ = Halbschatten ● = Schatten	kalkempfindl.	Belaubung im Winter	Blütezeit(*)	Blütenfarbe	Duft	Giftpflanze	Stechgefahr(**)	Früchte eßbar	Sonstiges
Coffea liberica	Trop. W- u. M-Afrika	☀◐ 1500				weiß				(X)	Blätter gröber, Blüten und Früchte größer als bei *Coffea arabica*
Crinum asiaticum	SO-Asien	☀◐ 1200			Fr-He	weiß	X				Amaryllisgewächs, ca. 120 cm lange Blätter, 25 cm breite Blüten auf hohem Stiel
Cyperus papyrus	Trop. Afrika	☀◐ 1500									je wärmer, desto heller, sonst knicken die bis 4 m hohen Stengel
Cyrtostachys renda C. lakka	SO-Asien	☀◐ 1500									mehrstämmige Fiederpalme, auffallend rote Stämme, *C. lakka* gelbe Stämme, robuster
Delonix regia	Madagaskar	☀◐ 1500				rot gelb					der 'Flamboyant', ein hoher Baum mit auffallenden prächtigen Blüten
Dracaena reflexa (syn. Pleomele)	Madagaskar Mauritius	◐● 800									dunkelgrüne Blätter, verzweigter strauchartiger Wuchs
Dracaena reflexa (syn. Pleomele) 'Song of Sri Lanka'	Madagaskar Mauritius	◐● 800									dunkelgrüne Blätter, Triebspitzen auffallend bunt gefärbt
Dracaena reflexa (syn. Pleomele) 'Song of Jamaica'	Madagaskar Mauritius	◐● 800									dunkelgrüne Blätter mit hellgrünem Streifen in der Mitte, Wuchs verzweigt, strauchartig
Dracaena reflexa (syn. Pleomele) 'Song of India'	Madagaskar Mauritius	☀◐ 1200									olivgrünes, gelb gerandetes Laub, verzweigter, strauchartiger Wuchs
Elaeis guineensis	Trop.-Afrika	☀◐ 1500							X		Fiederpalme mit langen hochwachsenden Blättern, Echte Ölpalme

*) Wi = Winter, Fr = Frühjahr, So = Sommer, He = Herbst, **) (x) = hautreizend, * auch bei 10–17 °C

Tab. 73: Auswahl an Solitärpflanzen für zimmerwarme Räume (Fortsetzung)

Name	Herkunft	Lichtanspruch/ min. Luxwert ☀=Sonne, ◐=Halbschatten, ●=Schatten	kalkempfindl.	Belaubung im Winter	Blütezeit(*)	Blütenfarbe	Duft	Giftpflanze	Stechgefahr(**)	Früchte eßbar	Sonstiges
Encephalartos *horridus*	Südafrika	☀ 1500						X			Palmfarngewächs mit vielen Stacheln
Ensete ventricosum	Afrika	☀ 1500									bis 7 m hohe (Sorten kleiner) Zierbanane, Stammbasis verdickt
*Eugenia uniflora**	Brasilien	☀ 1500				weiß				X	kleiner Baum mit ledrigen Blättern, Austrieb rot, eßbare rote Früchte
Ficus altissima	SO-Asien	☀◐ 1000									fast runde, glatte, feste Blätter, bis 20 cm lang
Ficus auriculata (syn. *F. roxburghii*)	SO-Asien	☀◐ 1200									großblättrige Art mit behaarten, fast runden Blättern
Ficus benghalensis	Indien	☀◐ 1200									großer Baum mit ledrigen, beiderseits behaarten bis 20 cm langen Blättern
Ficus benjamina	SO-Asien N-Austral.	◐ 1200									viele verschiedene Sorten mit unterschiedlichem Wuchs, auch panaschierte
Ficus binnendijkii	Java	◐ 1000									schmale spitze Blätter, überhängender graziler Wuchs
Ficus cyathistipula	Trop.Afrika	◐ 1000									großblättrige Art, früh feigenartige Früchte hervorbringend, gut verzweigend
Ficus deltoidea (syn. *F. diversifolia*)	SO-Asien	☀◐ 1200									strauchartiger Wuchs, typische dreieckige kleine Blätter, mit roten Beeren

*) Wi = Winter, Fr = Frühjahr, So = Sommer, He = Herbst, **) (x) = hautreizend, * auch bei 10–17 °C

Tab. 73: Auswahl an Solitärpflanzen für zimmerwarme Räume (Fortsetzung)

Name	Herkunft	Lichtanspruch/ min. Luxwert ☀ = Sonne ◐ = Halbschatten ● = Schatten	kalkempfindl.	Belaubung im Winter	Blütezeit(*)	Blütenfarbe	Duft	Giftpflanze	Stechgefahr(**)	Früchte eßbar	Sonstiges
Ficus elastica	SO-Asien	◐● 800									baumförmige, großblättrige Art mit vielen Sorten, „Gummibaum"
Ficus leprieurii (syn. *triangularis*, *buxifolia*)	Trop. Afrika	☀◐ 1200									fast dreieckige, 5-6 cm lange Blätter, überhängender strauchartiger Wuchs, *F. buxifolia* kleinere Blätter, buschiger Wuchs
Ficus lyrata	W-Afrika	◐● 800									interessante, geigenförmige Blattform, walnußgroße Früchte
Ficus microcarpa (syn. *F. retusa*)	SO-Asien	☀◐ 1000									glänzende, bis 8 cm lange Blätter, baumartiger Wuchs
Ficus microcarpa (syn. *F. retusa*) 'Compacta'	SO-Asien	◐ 1000									kleinblättrige Art mit sehr kompaktem Wuchs
Ficus rubiginosa (syn. *F. australis*)	W-Austral.	☀◐ 1200									strauchiger Wuchs, glatte glänzende Blätter bis 12 cm lang, auch bunte Formen
Fouquieria splendens	Kalifornien	☀ 2000				feuerrot			X		Einzelstämme mit vielen Stacheln, fast nie Blätter vorhanden; fallen regelmäßig ab
Howeia (syn. *Kentia*) *belmoreana*	Lord-Howe-Insel	◐ 1000	X								robuste Fiederpalme, aufrechter Wuchs
Howeia (syn. *Kentia*) *forsteriana*	Lord-Howe-Insel	◐● 600	X								Fiederpalme mit breitem, überhängenden Wuchs, verträgt auch trockene Luft
Hyophorbe lagenicaulis (syn. *Mascarena*)	Maskarenen	☀ 1500									Fiederpalme mit flaschenartig verdicktem Stamm, verträgt auch geringere Luftfeuchte

*) Wi = Winter, Fr = Frühjahr, So = Sommer, He = Herbst, **) (x) = hautreizend, * auch bei 10–17 °C

Tab. 73: Auswahl an Solitärpflanzen für zimmerwarme Räume (Fortsetzung)

Name	Herkunft	Lichtanspruch/ min. Luxwert ☀ = Sonne ◐ = Halbschatten ● = Schatten	kalkempfindl.	Belaubung im Winter	Blütezeit(*)	Blütenfarbe	Duft	Giftpflanze	Stechgefahr(**)	Früchte eßbar	Sonstiges
*Jacaranda mimosifolia**	Argentinien	☀ 1500			Wi-Fr	blau					lichter Baum, Blüte auch schon bei jungen Pflanzen, riselt stark
Johannesteijsmannia altifrons	SO-Asien	◐ 800									Palme mit rosettenförmigem Wuchs, fleischige, dicke Blätter mit gezahntem Rand
Juanulloa aurantiaca	Peru	☀◐ 1500			Fr-He	orange		X			Strauch mit filzig behaarten Ästen und Blattunterseiten, sehr haltbare Blüten
Latania lontaroides	Maskarenen	☀◐ 1500									Fächerpalme mit an der Basis verdicktem Stamm
Licuala grandis	Pazifik-Inseln	☀◐ 1000	X						X		Fächerpalme mit ungeteilten Blättern, hohe Luftfeuchte erforderlich
Licuala spinosa	SO-Asien	◐ 1000							X		kurzstämmige Fächerpalme mit fast 1 m langen Blattstielen
Livistona chinensis	S-China S-Japan	☀◐ 1500							X		Fächerpalme mit an der Basis verdicktem Stamm
Manilkara zapota (syn. *Achras*)	M-Amerika	☀◐ 1200				weiß				X	Baum oder Strauch mit weißen Blüten und eßbaren kiwiartigen Früchten
Microcoelum weddelianum	Brasilien	◐ 1000	X								kleine Fiederpalme mit zierlichem Wuchs
Monstera deliciosa	M-Amerika	● 700				weiß		(X)			Blätter bis 1,5 m Ø, mit Löchern oder geschlitzt, regelmäßig Blüten

*) Wi = Winter, Fr = Frühjahr, So = Sommer, He = Herbst, **) (x) = hautreizend, * auch bei 10–17 °C

Tab. 73: Auswahl an Solitärpflanzen für zimmerwarme Räume (Fortsetzung)

Name	Herkunft	Lichtanspruch/ min. Luxwert ✹ = Sonne ◐ = Halbschatten ● = Schatten	Eigenschaften							Sonstiges
			kalkempfindl.	Belaubung im Winter	Blütezeit(*)	Blütenfarbe	Duft	Giftpflanze	Stechgefahr(**)	Früchte eßbar	
*Musa x paradisiaca**	Tropen weltweit	✹ 1500			Fr	rot				X	Ausläufer bildende Banane, je nach Typ 3–8 m hoch
Neodypsis decaryi	Madagaskar	✹ 1500									Fiederpalme mit dreieckigem Stamm, robust gegen mäßig hohe Luftfeuchte
Oreopanax (syn. *Aralia) nymphaeifolius*	M-Amerika	◐ 1000				weiß-gelb		X			sich nach der Blüte selbst verzweigender Strauch
Pachira aquatica (syn. *marcrocarpa*)	M- u. S-Amerika	✹◐ 1200		immergr.		orange rot					Baum mit wasserspeicherndem Stamm und auffallenden Blüten
Pachypodium lamerei	Madagaskar	✹ 2000						X	X		stachelige Stammsukkulente mit einer grünen Blattrosette am Ende eines Triebes
Pandanus utilis	Madagaskar	◐ 800							X		ausladender Schraubenbaum mit roten Stacheln an den Blättern, Luftwurzeln
Pandanus veitchii	Polynesien	✹◐● 1000							X		ausladender Wuchs, Luftwurzeln, Blätter weiß gestreift, Blattränder stark bestachelt
Philodendron bipinnatifolium (syn. *P. selloum*)	Brasilien	● 800						(X)			relativ großlaubige, aufrecht wachsende Art, bildet einen Stamm
*Phoenix rupicola**	Kan. Inseln Himalaja	✹ 2000							X		einstämmige, ausladende Fiederpalme
*Phoenix dactylifera**	Kulturpflanze	✹ 2000							X		Fiederpalme, Wedel bei ausreichend Licht blaugrün

*) Wi = Winter, Fr = Frühjahr, So = Sommer, He = Herbst, **) (x) = hautreizend, * auch bei 10–17 °C

Tab. 73: Auswahl an Solitärpflanzen für zimmerwarme Räume (Fortsetzung)

Name	Herkunft	Lichtanspruch/ min. Luxwert ✶ = Sonne ◖ = Halbschatten ● = Schatten	kalkempfindl.	Belaubung im Winter	Blütezeit*)	Blütenfarbe	Duft	Giftpflanze	Stechgefahr**)	Früchte eßbar	Sonstiges
Pisonia umbellifera 'Variegata'	Mauritien W-Austral.	✶◖ 1500									hohe Luftfeuchte günstig, grün-silber marmorierte Blätter, junge Blätter rötlich
Plumeria alba Plumeria rubra	M-Amerika	✶ 2000			So	weiß rot	X				Baum mit Blattbüscheln an den Trieben, besonders starker Duft
Podocarpus gracilior*	O-Afrika	✶◖ 1200									Nadelgehölz, mit langen schmalen Nadeln, gut in Form schneidbar
Podocarpus neriifolius	Borneo Himalaja	✶◖ 1200									Nadelgehölz mit großen, bis 1,5 cm breiten Nadeln
Polyscias (syn. *Aralia guilfoylei*)	Pazifik-Inseln	◖ 1200	X								schlanker Wuchs, gefiederte oder eingeschnittene Blätter, hohe Luftfeuchte nötig
Polyscias scutellaria (syn. *Aralia balfouriana*)	Pazifik-Inseln	◖ 1200	X								buschiger Strauch mit rundlichen Blättern, auch panaschierte Formen
Pritchardia pacifica	Pazifik-Inseln	✶ 1500									Fächerpalme mit nur bis zur Hälfte eingeschnittenen Blättern
Ptychosperma macarthurii	Neuguinea	✶◖ 1500									Fiederpalme mit großen hellgrünen Wedeln
Radermachera sinica	SO-China	✶◖● 1000									kleiner Baum mit eschenähnlichem Laub (Zimmeresche genannt)
Ravenala madagascariensis	Madagaskar	✶ 1500									„Palme der Reisenden", hoher Stamm mit einen Schopf fächerförmiger Blätter, wasserspeichernd

*) Wi = Winter, Fr = Frühjahr, So = Sommer, He = Herbst, **) (x) = hautreizend, * auch bei 10–17 °C

Tab. 73: Auswahl an Solitärpflanzen für zimmerwarme Räume (Fortsetzung)

Name	Herkunft	Lichtanspruch/ min. Luxwert ✺ = Sonne ◗ = Halbschatten ● = Schatten	Eigenschaften kalkempfindl.	Belaubung im Winter	Blütezeit*)	Blütenfarbe	Duft	Giftpflanze	Stechgefahr**)	Früchte eßbar	Sonstiges
*Rhapis excelsa**	Taiwan	● 700									„Steckenpalme" robuste vielstenglige Fiederpalme mit Bambuscharakter
*Rhapis humilis**	S-China	◗ 800									vielstämmige Fiederpalme, ähnlich aber feiner als *R. excelsa*
Roystonea regia	Kuba	✺ 1500									Fiederpalme mit glattem grauem Stamm und dichter Krone
Sabal minor	Südl. USA	✺ 1500									Fächerpalme mit blaugrünen Blättern
Schefflera (syn. *Dizygotheca*) *elegantissima*	Neukaledonien	◗ 1000	X								grazile Wirkung, empfindlich gegen Zugluft und niedere Luftfeuchte
Schefflera actinophylla	NO-Austral. Neuguinea	◗● 1200						(X)			attraktiver Baum, mit gefingerten, auffallend hängenden Blättern
Schefflera pueckleri (syn. *Tupidanthus calyptratus*)	Indien bis Vietnam	✺◗ 1000									handförmige Blätter, junge Triebe sehr weich und empfindlich
Stenocarpus sinuatus	W-Austral. Neuguinea	✺◗ 1500									eichenförmige Blätter
Syzygium paniculatum (syn. *Eugenia myrtifolia*)*	W-Austral.	✺◗ 1500			Fr-So	weiß					dekorativer Baum mit feinen Blättern, die am Neuaustrieb rot gefärbt sind
Tabernaemontana coronaria	Kulturpflanze	✺◗ 1500			Fr-So	weiß	X	X			weiße, kronenförmige, duftende Blüten

*) Wi = Winter, Fr = Frühjahr, So = Sommer, He = Herbst, **) (x) = hautreizend, * auch bei 10–17 °C

Tab. 73: Auswahl an Solitärpflanzen für zimmerwarme Räume (Fortsetzung)

Name	Herkunft	Lichtanspruch/ min. Luxwert ☀ = Sonne ◐ = Halbschatten ● = Schatten	Eigenschaften							Sonstiges
			kalkempfindl.	Blütezeit(*)	Blütenfarbe	Duft	Giftpflanze	Stechgefahr(**)	Früchte eßbar	
Veitchia (syn. *Adonia merrillii*)	Philippinen	☀ ◐ 1000								Fiederpalme mit geringeltem, an der Basis verdicktem Stamm
Washingtonia filifera* *Washingtonia robusta**	Kalifornien W-Arizona	☀ 1500								Fächerpalme mit verdocltem Stamm
Zamia pumila (syn. *Zamia floridana*)	M-Amerika	☀ 1500								schwachwachsendes Palmfarngewächs

*) Wi = Winter, Fr = Frühjahr, So = Sommer, He = Herbst, **) (x) = hautreizend, * auch bei 10–17 °C

Tab. 74: Auswahl an Begleitpflanzen für zimmerwarme Räume (> 17 °C, empfohlene Thermostateinstellung ganzjährig ca. 20–24 °C)

Name	Herkunft	Lichtanspruch/ min. Luxwert ☀ = Sonne ◐ = Halbschatten ● = Schatten	kalkempfindl.	Blütezeit(*)	Blütenfarbe	Duft	Giftpflanze	Stechgefahr(**)	Früchte eßbar	Sonstiges
Acalypha hispida	Tropen weltweit	☀◐ 1500	X	Fr-He	rot		(X)			'Alba': weißblühend, hängende, bis 50 cm lange Blütenstände, hohe Luftfeuchte nötig
Acalypha wilkesiana	Südsee- inseln	◐ 1500	X				(X)			Blattschmuckpflanze mit lebhaft gefärbten Blättern
Adenium obesum	Ägypten bis Kenia	☀ 2000		Fr-So	rosa rot		X			„Wüstenrose", strauchförmige Sukkulente
Aechmea-Arten	S-Amerika	☀◐ 1000	X	So-He	alle Farben			X		Bromeliengewächs, Arten mit grünen, graube- mehlten oder gelbgestreiften Blättern
Alpinia vittata (syn. *A. sanderae*)	Pazifik- inseln	☀◐● 1000		So-He	rot					lange, weißbunte, wedelartige Blätter, hohe Luftfeuchte erforderlich
Ananas comosus	Brasilien	☀◐ 1000	X	So-He				X		vor allem grünblättrige Formen brauchen viel Platz, Blätter bis 1 m lang
Anthurium andraeanum	Kolumbien	☀◐ 800	X	Fr-Wi	rot		(X)			großlaubige Flamingoblume, ganzjährige Blüte möglich, auch in anderen Farben
Anthurium scherzerianum	M-Amerika	◐ 800	X	Fr-Wi	rot		(X)			kleine Flamingoblume, Sorten auch in Weiß, Rosa, Lachs, ganzjährig Blüte möglich
Aphelandra-Arten	M- u. S- Amerika	◐ 1500	X	So	gelb					gelbe Blattadern, auch Sorten mit roten Blü- ten, hohe Luftfeuchte erforderlich
Billbergia nutans	mittleres S-Amerika	☀◐ 1000		So-He	rosa rot			X		Bromeliengewächs, robuste Rosettenpflanze mit vielen Kindeln und hängenden Blüten

*) Wi = Winter, Fr = Frühjahr, So = Sommer, He = Herbst, **) (x) = hautreizend, * auch ei 10–17 °C

Tab. 74: Auswahl an Begleitpflanzen für zimmerwarme Räume (Fortsetzung)

Name	Herkunft	Lichtanspruch/ min. Luxwert ☀=Sonne ◐=Halbschatten ●=Schatten	kalkempfindl.	Blütezeit*)	Blütenfarbe	Duft	Giftpflanze	Stechgefahr**)	Früchte eßbar	Sonstiges
Calathea roseopicta	Brasilien	◐● 800								oval-runde Blattform mit auffallenden rosa Streifen
Calathea zebrina	S-Amerika	◐● 800	X							breitblättrig, bis 25 cm lange Blätter
Clusia rosea	M- u. S-Amerika	◐ 900	X		rosa	X				Strauch mit bis 30 cm langen, ledrigen Blättern, selten Blüten
Codiaeum variegatum	SO-Asien	◐ 1500					(X)			Blattschmuckpflanze mit grün-, gelb-, rotgezeichneten Blättern, Milchsaft reizend
Colocasia gigantea	SO-Asien	☀● 2000								Blattschmuckpflanze mit grünen, bis 1 m hohen mächtigen Blättern
Cordyline fruticosa	SO-Asien NO-Austral.	◐● 1000								viele Sorten mit grün-rot-rosa-gelb-gestreiften Blättern, hohe Luftfeuchte nötig
Ctenanthe lubbersiana	Brasilien	◐● 800	X							gelb-grün-marmorierte Blättern, Blattunterseite hellgrün, hohe Luftfeuchte erforderlich
Ctenanthe oppenheimiana	Brasilien	◐● 800	X							silberne Blattzeichnung, rote Blattstiele und Blattunterseiten, hohe Luftfeuchte nötig
Dieffenbachia-Arten	M- u. S-Amerika	◐● 900	X				(X)			viele Sorten mit weiß-grünen Blättern, hohe Luftfeuchte erforderlich
Dracaena deremensis	Trop. Afrika	◐● 800								Sorten mit weiß, gelb und grün gestreiften schmalen Blättern

*) Wi = Winter, Fr = Frühjahr, So = Sommer, He = Herbst, **) (x) = hautreizend, * auch ei 10–17 °C

Tab. 74: Auswahl an Begleitpflanzen für zimmerwarme Räume (Fortsetzung)

Name	Herkunft	Lichtanspruch/ min. Luxwert ☼ = Sonne ◐ = Halbschatten ● = Schatten	kalkempfindl.	Blütezeit(*)	Blütenfarbe	Duft	Giftpflanze	Stechgefahr(**)	Früchte eßbar	Sonstiges
Dracaena fragrans	Trop. Afrika	◐● 900								Sorten mit weiß, gelb und grün gestreiften breiten Blättern
Dracaena goldieana	Trop. Afrika	◐● 1000								sehr schön weiß-grün gezeichnete Blätter, hohe Luftfeuchte erforderlich
Dracaena marginata	Indische Inseln	◐● 900								sehr schmale Blätter, Sorten mit grün, gelb und rosa gestreiften Blättern
Dracaena surculosa	Trop. Afrika	◐● 600								atypisch strauchiger Wuchs, gelb-weiß-grün panaschierte ovale Blätter
Ehretia microphylla (syn. *Carmona retusa*)	SO-Asien	☼◐ 1000		Fr-So	weiß					mit rot-orangen Beeren, Strauch, meist als Bonsai gezogen
Elettaria cardamomum (syn. *Amomum*)	SO-Asien bis Ceylon	☼◐ 1000								Ingwergewächs, grobe wedelartige Blätter wachsen direkt aus Wurzelrhizomen
Eucharis amazonica	Peru Equador	◐ 900		So-He	weiß	X				bis 60 cm großes Zwiebelgewächs mit schönen Blüten
Euphorbia lactea 'Cristata'	Vorderindien	☼◐ 1500					X	X		hahnenkammartige Form, Blätter werden während des Wachstums abgeworfen
Euphorbia pulcherrima	M-Amerika	☼◐ 1500		Wi	rot		X			Sorten in Rosa und Weiß, Blüte nur unter Kurztagbedingungen
*Euphorbia tirucalli**	O- u. S- Afrika	☼ 1500					X			„Bleistiftpflanze", strauchartige Sukkulente mit schlanken rutenförmigen Trieben

*) Wi = Winter, Fr = Frühjahr, So = Sommer, He = Herbst, **) (x) = hautreizend, * auch ei 10–17 °C

Tab. 74: Auswahl an Begleitpflanzen für zimmerwarme Räume (Fortsetzung)

Name	Herkunft	Lichtanspruch/ min. Luxwert ☀ = Sonne ◐ = Halbschatten ● = Schatten	kalkempfindl.	Blütezeit(*)	Blütenfarbe	Duft	Giftpflanze	Stechgefahr(**)	Früchte eßbar	Sonstiges
Euphorbia trigona (syn. *E. hermentiana*)	SW-Afrika	☀ 1500					X	X		säulenartige Form, rein grüne Farbe
Euterpe edulis	Brasilien Argentinien	☀◐ 1200								Fiederpalme, unterschiedlich lange Blattstiele mit kleinen Wedeln an der Spitze
Graptophyllum pictum	Neuguinea	☀◐ 1200								grün-purpur-gelb gezeichnete Blätter, bis 2 m hoch
Guzmania-Arten	M-Amerika	☀ 1000	X	So-He	rot orange					Bromelienart, schön auf Ephiphytenstämmen und in Erdkultur
Heliconia bihai	Westindien	☀ 1500			rot orange					*Musa*-Gewächs mit großen rot-orangen Blüten
Heliconia psittacorum	M- bis S-Amerika	☀ 1500			rot orange					*Musa*-Gewächs mit mehreren Blüten an einem Stiel
*Hibiscus rosa-sinensis**	Tropen weltweit	☀ 1200		Fr-Wi	rot					auch Sorten mit gelben, rosa und weißen Blüten
Ixora coccinea	Indien	☀◐ 900	X	So	rot					auch lachsrot und orangefarben blühende Sorten, hohe Luftfeuchte günstig
*Jacobinia carnea**	Brasilien	◐ 1500		So	rot					Strauch mit großen stehenden Blütenständen, hohe Luftfeuchte günstig
Jatropha podagrica	M-Amerika	☀◐ 1200		Fr-He	rot		X			flaschenförmiger Stamm, Blüten und Blätter wechseln einander meistens ab, Samen giftig

*) Wi = Winter, Fr = Frühjahr, So = Sommer, He = Herbst, **) (x) = hautreizend, * auch ei 10–17 °C

Tab. 74: Auswahl an Begleitpflanzen für zimmerwarme Räume (Fortsetzung)

Name	Herkunft	Lichtanspruch/ min. Luxwert ☀ = Sonne ◐ = Halbschatten ● = Schatten	Eigenschaften							Sonstiges
			kalkempfindl.	Blütezeit(*)	Blütenfarbe	Duft	Giftpflanze	Stechgefahr(**)	Früchte eßbar	
Livistona rotundifolia	SO-Asien	☀◐ 1500						X		Fiederpalme mit sehr stacheligen Stielen, langsam wachsend
Mangifera indica	Indien Burma	☀ 1500		Fr-So	weiß					echter Mangofruchtbaum
Medinilla magnifica	Philippinen	◐ 1200	X	Fr-So	rosa					Strauch mit auffallenden hängenden Blütenständen
Murraya paniculata	Indien bis N-Austral.	☀ 1500			weiß	X				Strauch mit intensiv duftenden Blüten und roten zierenden Beeren
Mussaenda erythrophylla	Trop. W-Afrika	☀ 1500			rosa rot					sich gut verzweigender Strauch, breiter Wuchs
Neoregelia-Arten	Brasilien	◐ 1000	X	So-He	blau-violett					Bromelien-Art mit rotem Herz, je nach Art auch bunt gefärbte Blätter
Nidularium-Arten	Brasilien	◐ 1000	X	So-He	blau					Bromelien-Art mit rotem Herz
Pachystachys lutea	Peru	☀◐ 1500			gelb					sparriger Wuchs, ganzjährig blühend bei ausreichendem Licht
Platycerium bifurcatum (syn. *alcicorne*)	NW-Australien	◐● 1000	X							„Geweihfarn" bis 1 m lange, grau behaarte Blätter, schön auf Epiphytenstämmen
Pseuderanthemum atropurpureum	Südseeinseln	◐ 1200								Laub purpurfarben gefleckt, Sorten rosa-weiß gefleckt, hohe Luftfeuchte günstig

*) Wi = Winter, Fr = Frühjahr, So = Sommer, He = Herbst, **) (x) = hautreizend, * auch ei 10–17 °C

Tab. 74: Auswahl an Begleitpflanzen für zimmerwarme Räume (Fortsetzung)

Name	Herkunft	Lichtanspruch/ min. Luxwert ☀ = Sonne ◐ = Halbschatten ● = Schatten	kalkempfindl.	Blütezeit*)	Blütenfarbe	Duft	Giftpflanze	Stechgefahr**)	Früchte eßbar	Sonstiges
Sansevieria trifasciata	Trop. W-Afrika	☀◐ 800								Agavengewächs, Sorten mit silbrig oder gelb-gestreiften Blättern
Schefflera arboricola	Taiwan	◐ 1000					(X)			Strauch mit handförmigen, fleischigen Blättern, auch panaschierte Sorten
Spathiphyllum floribundum	Kolumbien	☀◐ 700			weiß		(X)			Sorten bis 150 cm hoch, blüht mehrmals im Jahr
Spathiphyllum wallisii	Kolumbien Venezuela	● 700		So	weiß		(X)			glänzend grüne, schmale Blätter, bis 50 cm hoch, kompakter Wuchs
Tillandsia-Arten	S- u. M-Amerika	☀◐ 1000		So-He	blau violett					auch mit gelben, rötlichen und grün-gelben Blüten, Arten mit grünem oder grauem Laub
Vriesea-Arten	M-Amerika bis Brasilien	☀◐ 1000	X	So-He						Bromelien mit unterschiedlich gefärbten Blütenständen und zierenden Blättern

*) Wi = Winter, Fr = Frühjahr, So = Sommer, He = Herbst, **) (x) = hautreizend, * auch ei 10–17 °C

Tab. 75: Auswahl an Kletterpflanzen für zimmerwarme Räume (> 17 °C, empfohlene Thermostateinstellung ganzjährig ca. 20–24 °C)

Name	Herkunft	Lichtanspruch/ min. Luxwert ☀ = Sonne ◐ = Halbschatten ● = Schatten	Eigenschaften							Sonstiges
			kalkempfindl.	Blütezeit(*)	Blütenfarbe	Duft	Giftpflanze	Stechgefahr(**)	Früchte eßbar	
Aeschynanthus-Arten	SO-Asien	☀◐ 1200			rot					fast nur als Hängepflanze
Allamanda cathartica	nordöstl. S-Amerika	☀ 1200		So-He	gelb		X			schön an Drähten direkt unter dem Glas, stark wachsend
Cissus antarctica C. rhombifolia	W-Austral. M-Amerika	◐● 1200								auch als Hängepflanzen oder Bodendecker verwendbar
Cissus discolor	Java	◐ 1500								olivgrüne Blätter mit silbergrauer Zeichnung, hohe Luftfeuchte erforderlich
Clerodendrum splendens	Trop. Afrika	☀ 1500		Wi	rot					Zugluft wird schlecht vertragen, Blüte auch zu anderen Jahreszeiten möglich
Clerodendrum thomsoniae	Trop. W-Afrika	☀ 1500		Fr-So	weiß-rot					Zugluft und trockene Luft wird schlecht vertragen, starkwachsend
Dipladenia boliviensis	Bolivien	☀◐ 1200	X	So-He	weiß		X			kräftig wachsender Schlinger, aparte weiße Blüten mit orangefarbenem Schlund
Epipremnum pinnatum (syn. Scindapsus aureus)	Pazifikinseln	◐● 800					(X)			Liane mit gelb-grün panaschierte Blättern, Altersform mit gelappten Blättern, auch als Bodendecker und Hänger
Hoya bella	Burma	☀◐● 1000		So	weiß	X				nicht windend: muß aufgebunden werden, als Ampelpflanze schön
Hoya linearis	Himalaja	◐● 1000		So-He	weiß creme					Ampelpflanze, schmale Ranken mit abwärts wachsenden Blättern, sehen aus wie ein Tau

*) Wi = Winter, Fr = Frühjahr, So = Sommer, He = Herbst, **) (x) = hautreizend

Tab. 75: Auswahl an Kletterpflanzen für zimmerwarme Räume (Fortsetzung)

Name	Herkunft	Lichtanspruch/ min. Luxwert ☀ = Sonne ◐ = Halbschatten ● = Schatten	Eigenschaften							Sonstiges
			kalkempfindl.	Blütezeit(*)	Blütenfarbe	Duft	Giftpflanze	Stechgefahr(**)	Früchte eßbar	
Jasminum sambac	Indien Ceylon	☀◐ 1200		Fr-Wi	weiß	X				muß aufgebunden werden, intensiv duftende Blüten öffnen sich kontinuierlich
Nephthytis afzelii	Trop. W-Afrika	● 800								muß aufgebunden werden, auch als Bodendecker, kräftiger Wuchs
Passiflora coccinea	Venezuela Bolivien	☀ 2000		Fr-He	rot					fast ununterbrochene Blüte, selbstklimmend am Spalier
Passiflora quadrangularis	trop. Amerika	☀◐ 1200		Wi	weiß-rot					eßbare Früchte, starkwachsend
Philodendron angustisectum (syn. *elegans*)	Kolumbien	◐● 800					(X)			bis 70 cm lange, tief eingeschnittene Blätter, bildet viele Luftwurzeln
Philodendron bipennifolium (syn. *panduriforme*)	Brasilien	● 800								eigenartige Blattform, 10 cm breite, 20 cm lange, glänzend grüne Blätter
Philodendron erubescens	Kolumbien	◐● 800			weiß		(X)			Blätter bis 40 cm, Sorten mit rubinrot gefärbten Blättern, starkwachsend, oft Blüten
Philodendron pedatum (syn. *P. laciniatum*)	Venezuela Brasilien	● 800								bis 20 cm lange Blätter mit tiefen Einschnitten, rote Blattstiele
Philodendron pertusum	M-Amerika	◐ 700			weiß		(X)			muß aufgebunden werden, große geschlitzte Blätter
Philodendron squamiferum	Trop. S-Amerika	● 800								fünflappige Blätter bis 20 cm, Stiele mit erst roten, dann braunfilzigen Schuppen besetzt

*) Wi = Winter, Fr = Frühjahr, So = Sommer, He = Herbst, **) (x) = hautreizend

Tab. 75: Auswahl an Kletterpflanzen für zimmerwarme Räume (Fortsetzung)

Name	Herkunft	Lichtanspruch/ min. Luxwert ✹ = Sonne ◗ = Halbschatten ● = Schatten	Eigenschaften							Sonstiges
			kalkempfindl.	Blütezeit(*)	Blütenfarbe	Duft	Giftpflanze	Stechgefahr(**)	Früchte eßbar	
Philodendrum melanochrysum	Kolumbien	◗● 800					(X)			kleinblättrig, bronzegrüne, golden schimmernde Blattfarbe
Syngonium-Arten	M-Amerika	◗ 800	X				(X)			meist buntblättrige Liane, muß aufgebunden werden, auch als Bodendecker

*) Wi = Winter, Fr = Frühjahr, So = Sommer, He = Herbst, **) (x) = hautreizend

Tab. 76: Auswahl an Bodendeckern für zimmerwarme Räume (> 17 °C, empfohlene Thermostateinstellung ganzjährig ca. 20–24 °C)

Name	Herkunft	Lichtanspruch/ min. Luxwert ☀ = Sonne ◐ = Halbschatten ● = Schatten	kalkempfindl.	Blütezeit(*)	Blütenfarbe	Duft	Giftpflanze	Höhe in cm	Früchte eßbar	Sonstiges
Adiantum raddianum Adiantum tenerum	Trop. M-/S-Amerika	◐ 800						50		Farne mit zierlichen Fiederblättchen, benötigen hohe Luftfeuchte
Aglaonema brevispathum f. hospitum	Thailand	◐● 700					(X)	50		bei allen Arten können rote Beeren erscheinen, alle Arten enthalten hautreizende Stoffe
A. commutatum var. robustum 'Pseudobracteatum'	Kulturform	◐● 700					(X)	50		sehr stark gelb-grün-weiß panaschierten Blätter
A. commutatum var. robustum 'Treubii'	Kulturform	◐● 500					(X)	30		grün-silbergrau panaschierte schmale Blätter
Aglaonema costatum	SO-Asien	◐● 500					(X)	10		smaragdgrüne Blätter mit weißen Flecken und weißer Mittelrippe
Aglaonema modestum	SO-Asien	◐● 500					(X)	30		einfarbige dunkelgrüne Blätter
A. nitidum f. curtisii (syn. oblongifolium)	SO-Asien	◐● 500					(X)	60		grüne Blätter mit silbrigweißen Streifen längs den Hauptadern
Asplenium-Arten	SO-Asien	◐● 800	X					80		bis 1 m lange Wedel, trockne Luft (auch weniger als 60%) wird relativ gut ertragen
Calathea crocata	Brasilien	◐ 800	X	Wi	orange			25		schwarzgrüne, unten rötliche Blätter, Blüten unter Kurztagbedingungen, benötigt hohe Luftfeuchte
Calathea lietzei	Brasilien	◐ 800	X					45		buschiger, kompakter Wuchs, Blätter bis 20 cm lang, hellgrün mit dunkler Zeichnung

*) Wi = Winter, Fr = Frühjahr, So = Sommer, He = Herbst, **) (x) = hautreizend, * auch bei 10–17 °C

Tab. 76: Auswahl an Bodendeckern für zimmerwarme Räume (Fortsetzung)

Name	Herkunft	Lichtanspruch/ min. Luxwert ☼=Sonne ◐=Halbschatten ●=Schatten	kalkempfindl.	Blütezeit*)	Blütenfarbe	Duft	Giftpflanze	Höhe in cm	Früchte eßbar	Sonstiges
Calathea makoyana	Brasilien	◐ 800	X					60		weiß-braunoliv gefleckte Blätter, Blattunterseite rötlich
Calathea ornata	Guyana Kolumbien	◐● 800	X					90		grüne Blätter mit rosa, später silberweißen Streifen, Blattunterseite dunkelrot
Calathea rufibarba	Brasilien	◐● 800	X					45		weiche, behaarte Blätter ohne Blattzeichnung, Blätter schmal, bis 25 cm lang
Calathea warscewiczii	Costa Rica	◐● 800	X					55		oval-längliche Blätter mit akzentuierter dunkler Zeichnung
Callisia elegans Callisia repens	Mexiko M-Amerika	◐ 1000						20		grün-gelb längsgestreifte Blätter, benötigen hohe Luftfeuchte
Codonanthe crassifolia	Trop. S-Amerika	◐ 1000		Fr-He	weiß			15		Blüten innen rötlich, auch als Ampelpflanze verwendbar
Dorstenia hildebrandtii	Tansania Kenia	● 600						20		Rosetten aus glänzenden Blättern, Früchte, später attraktive Samenstände auf Stiel
Ficus pumila*	O-Asien	◐● 1000						10		schön als panaschierte Formen, auch als Kletterpflanze, selbstklimmend, meistens grün
Ficus sagittata (syn. *F. radicans*)	SO-Asien	◐ 1200						20		besonders schön in seiner weißbunten Form, diese aber langsam wachsend
Ficus subulata (syn. *F. salicifolia*)	SO-Asien	◐ 1000						10		spitze, glänzend grüne Blätter

*) Wi = Winter, Fr = Frühjahr, So = Sommer, He = Herbst, **) (x) = hautreizend, * auch bei 10–17 °C

Tab. 76: Auswahl an Bodendeckern für zimmerwarme Räume (Fortsetzung)

Name	Herkunft	Lichtanspruch/ min. Luxwert ☀=Sonne ◐=Halbschatten ●=Schatten	kalkempfindl.	Blütezeit(*)	Blütenfarbe	Duft	Giftpflanze	Höhe in cm	Früchte eßbar	Sonstiges
Fittonia verschaffeltii	M-Amerika	◐● 1000	X					10		verschiedene Sorten mit weiß oder rot geäderten Blättern, hohe Luftfeuchte nötig
Hemigraphis alternata, H. repanda	SO-Asien	◐ 1200						15		grün-rötliche Laubfärbung, benötigen hohe Luftfeuchte
Homalomena wallisii	Kolumbien Venezuela	◐ 800						50		grüne oder olivgrün-gelb-gefleckte Blätter bis 20 cm lang
Maranta leuconeura 'Kerchoviana'	Brasilien	◐● 800	X					50		leuchtend grüne Blätter, braune Flecken; 'Fascinator' rote Blattader, hohe Luftfeuchte erforderlich
Microlepia speluncae	Tropen S-Afrika	◐ 1200	X					60		Farn mit hellgrünen, weich behaarten Wedeln, benötigt hohe Luftfeuchte
Nephrolepis exaltata	Tropen weltweit	◐ 1000						50		Farn mit hellgrünen, gekrausten Wedeln, relativ robust
Pellionia pulchra	S-Vietnam	◐ 1200						15		Blätter silbergrau, olivgrün gefleckt mit rötlichen Stielen, benötigt hohe Luftfeuchte
Pellionia repens	SO-Asien	◐ 1200						15		bronze- bis olivgrüne Blätter mit hellgrüner Mitte, benötigt hohe Luftfeuchte
Peperomia glabella, P. scandens	M- u. S-Amerika	◐ 1500						20		Auslesen meist gelb-grün panaschiert, robust, vertragen trockene Luft, *P. glabella* mit roten Stielen
Philodendron scandens	O-Mexiko	◐● 800					(X)	20		in der Jugendform kleinblättrig, enthält hautreizende Stoffe

*) Wi = Winter, Fr = Frühjahr, So = Sommer, He = Herbst, **) (x) = hautreizend, * auch bei 10–17 °C

Tab. 76: Auswahl an Bodendeckern für zimmerwarme Räume (Fortsetzung)

Name	Herkunft	Lichtanspruch/ min. Luxwert ☀ = Sonne ◐ = Halbschatten ● = Schatten	Eigenschaften kalkempfindl.	Blütezeit(*)	Blütenfarbe	Duft	Giftpflanze	Höhe in cm	Früchte eßbar	Sonstiges
Pilea involucrata	S-Amerika	◐ 1200						20		bronzefarben-grau gestreifte Blätter, hohe Luftfeuchte günstig
Scindapsus pictus 'Argyraeus'	Malaysien	◐ 800						20		dunkelgrüne, silbrig gesprenkelte Blätter mit silbrigem Rand, hohe Luftfeuchte nötig
Selaginella kraussiana	Tropen u. S-Afrika	◐● 1000						5		niederliegende Triebe mit hellgrünen oder grünweißen Blättern, hohe Luftfeuchte nötig
Siderasis fuscata	Brasilien	◐ 800			blau violett			40		dunkelgrüne Blattrosette mit fuchsroter Behaarung, silberner Streifen in Blattmitte
Stromanthe amabilis	Brasilien	● 800						25		Marantengewächs, hohe Luftfeuchte erforderlich
Xanthoranthemum igneum (syn. *Chamaeranthemum*)	trop. Peru	◐ 1500			gelb			15		dunkelgrüne Blätter mit gelber Zeichnung, Blattunterseiten rötlich, benötigt hohe Luftfeuchte

*) Wi = Winter, Fr = Frühjahr, So = Sommer, He = Herbst, **) (x) = hautreizend, * auch bei 10–17 °C

Checkliste zur Gestaltung von Innenraumbegrünungen

Zur Pflanzenauswahl für die Begrünung von weitgehend verglasten Innenräumen sind pflanzenkundliche und gestalterische Rahmenbedingungen (meßtechnisch) im Vorfeld abzuklären und bei der Planung zu beachten. Hervorzuheben ist vorweg die einschränkende Wirkung der im Winterhalbjahr in verglasten Innenräumen möglichen Kombination von hohen Temperaturen (15–20 °C) mit einer gleichzeitig niedrigen Luftfeuchte und niedriger Einstrahlung. Liegen diese Verhältnisse vor, ist insbesondere bei einer stark beschichteten Wärmeschutzverglasung entweder für Zusatzlicht zu sorgen oder schattenverträgliche Pflanzen mit nur geringen Ansprüchen an die Luftfeuchte auch an Südseiten der Vorrang zu geben. In beiden Fällen ist auf eine Schattierungsmöglichkeit für die Sommermonate zu achten.

Pflanzen mit gleichzeitig hohen Licht-und Luftfeuchteansprüchen wie *Phyllostachys*-Arten ist deshalb in der dauerhaften, pflegeleichten Innenraumbegrünung in über 10 °C geheizten Räumen nur mit entsprechend hohem technischen Aufwand incl. einer zusätzlichen Luftbefeuchtung Rechnung zu tragen.

Gestalterische Aspekte der Pflanzenauswahl

Die formalen Werte einer Gestaltung mit Pflanzen werden bestimmt von Größe, Umrißform und Bewegungstendenz der Gesamterscheinung und des Details. Die Farbwerte und Oberflächenstrukturen der Blätter, Sprossen und Blüten kommen als wesentliche Gestaltungselemente hinzu. Praxisüblich ist es, zuerst die Leitpflanzen (z.B. Solitärs), dann die Begleitpflanzen (z.B. halbhohe, halbschattige Lagen vertragende Sträucher) und zuletzt die Bodendecker (z. B. kriechende Pflanzen) auszuwählen. Für den Einsatz von Kletterpflanzen ist man nicht nur auf architektonische Vorgaben wie Säulen angewiesen. Die Industrie bietet mittlerweile auch für Innenräume geeignete Spannvorrichtungen (Seile) an.

Folgende Fragen stehen am Anfang jeder Planung:

- **Kundenaspekte**

– Identifizieren sich die Nutzer mit dem Gestaltungsvorschlag?

– Sind die Wünsche der Kunden aus fachlicher Sicht umsetz-und vertretbar?

– Soll die Bepflanzung den Raum gliedern und kleine Teilräume oder Nischen schaffen?

– Welches Publikum ist in den Räumen zu erwarten: Ist auf Kinder Rücksicht zu nehmen (Gift- oder verletzungsgefährliche Pflanzen ausgeschlossen)?

- **Architektonische Aspekte**

– Welche Pflanzen, Größen, Mengen, Proportionen fordert der Raum?

– Stellt die Bepflanzung eine Einheit zwischen dem Menschen, der Pflanze und dem architektonischen Raum her?

- Welche Stellen im Raum lassen vom Funktionsablauf her eine Begrünung zu?

- Wird die architektonisch gegebene Raumwirkung unterstützt oder gehemmt?

- Kommen Einzelgefäße, Gefäßgruppen als Inseln oder flächige Landschaften in Betracht?

- Erfaßt die Bepflanzung den Raum in der gesamten Größe (einschließlich Boden und Decke) durch Auswahl geeigneter Solitärgehölze, Schlinger, Kletterpflanzen und Bodendecker?

- Gliedert die Bepflanzung den Raum in gewünschtem Maß durch Position und Größe der Pflanzen?

- Welche Wuchsformen kommen für eine räumlich wirksame Gestaltung in Frage? Gehölze mit baumartigem Charakter können über mehrere Stockwerke reichen, auch Schlinger und Rankgewächse können für eine flächige Begrünung zum Beispiel von Wänden oder linearen Elementen wie Säulen eingesetzt werden (vgl. Kapitel 4: Fallbeispiele)

Aspekte der Materialauswahl

- Sind die Gefäße/Beeteinfassungen frei von pflanzenschädlichen Inhaltsstoffen?

- Fördern die Materialien der Gefäße/Beeteinfassungen die Harmonie zwischen Raum und Begrünung?

- Sind die Pflanzbeete/-gefäße ausreichend dimensioniert?

- Bilden die Gefäße, Beete in Größe, Typ, Stil, Farben, Oberflächen ein Bindeglied zur vorhandene Einrichtung?

- Sind zusätzliche Effekte wie Wasser, Licht, Oberflächengestaltung, Modellierung, Ergänzung mit floristischen Werkstücken gewünscht?

- Können Materialien des Raumes oder Gebäudes wie Holz, Glas, Aluminium oder Steine in der Pflanzung verarbeitet mit aufgenommen werden?

Atmosphärische Aspekte

- Welche Pflanzenarten passen zu Art, Charakter, Stil und Stimmung des Raumes?

- Passen die ausgesuchten Pflanzen zur Nutzungsart des Raumes?
  Beispiel: Pflanzen mit einer graugrünen Blattfarbe schaffen in Verbindung mit einer weißen, grauen oder metallischen Einrichtung eine ruhige, kühlere, distanzierte Atmosphäre.

- Sind die Blütezeiten auf saisonale Effekte abgestimmt?

- Sind Duftpflanzen gefragt oder liegen allergische Reaktionen dagegen vor?

- Sind Obst- oder Fruchtpflanzen erwünscht?

- Sollen die Pflanzen durch große, tiefgrüne, runde Blätter eher beruhigend, oder durch aufstrebenden, filigranen Wuchs eher belebend wirken?

- Entspricht die Bodengestaltung, Modulation dem Pflanzenmilieu und dem des Gebäudes (z.B. tropische Pflanzen – Dschungelatmosphäre)?

- Ist ein saisonaler Aspekt z.B. durch Blütenpflanzen gewünscht oder sollen interessante Blattstrukturen die Begrünung beleben?

- Ist die stimulierende Wirkung blühender Pflanzen oder die beruhigende Wirkung von Grünpflanzen gefragt?
- Sind die Blütenfarben aufeinander abgestimmt?

Zum gestalterischen Grundwissen gehört das Herstellen von formellen und farblichen Spannungswerten und Gleichklängen:

– **formale Spannungswerte**

z. B. lagernd – aufstrebend, schwer – leicht, dunkel – hell, groß – klein, gerade – gebogen, steigend – fallend, gebaut – gewachsen.

– **formaler Gleichklang**

z .B. nur lagernd oder schwer.

– **farbliche Spannungswerte**

z. B. hell – dunkel, gesättigt – ungesättigt, rein – trübe, Farbe – Nichtfarbe

– **farblicher Gleichklang**

z. B. Urdreiklang – Ton-in Ton-Symphonie

– **Bewegungen**

die vorhandenen Raumflächen und -linien in ihren Bewegungstendenzen verfolgen und in die Gestaltung mit Pflanzen einbeziehen

– **Proportionen**

z. B. die Größenverhältnisse in Einzelarrangements und die Größenverhältnisse des Arrangements zum Raum beachten

– **Gestaltungsarten**

z.B. betont wuchshaft, üppig–füllig, graphisch

– **Gruppengesetze**

z. B. das ordnende Zusammenfügen nach den Begriffen: dienen, ausgleichen, beherrschen, verdichten, locker anordnen, sich nähern, distanzieren; das Zusammenfinden von sich ergänzenden Formen, Massen, Charakteren und Arten; der für sich allein stehende Solitär, die in einer Gruppe angeordneten Einzelpflanzen ein und derselben Art in unterschiedlicher Größe, die ihre Einzelwirkung zugunsten der Gruppenwirkung aufgeben oder die Vergesellschaftung in einer „Wiese".

– **Ordnungsarten**

z. B. die der Natur nachempfundene Asymmetrie, die scheinbar zufällige Anordnung nach dem „Goldenen Schnitt" oder die vom Menschen entwickelte strenge Ordnung der Symmetrie,

Pflanzenkundliche Gesichtspunkte

Klima

- Sind die Extremwerte des Klimas (besonders die höchsten und niedrigsten Temperaturen) in dem Gebäude bekannt?

- Sind über einen längeren Zeitraum (zwei bis drei Wochen) Messungen im zu begrünenden Raum durchgeführt worden (möglichst im Winter bei normaler Raumnutzung)?

- Sind die Ergebnisse in die Planung eingeflossen?

- Liegt ein Neubau vor und ist daher mit sich noch verändernden Raumklimata zu rechnen?

– Welches Begrünungssystem läßt das vorhandene oder zu erwartende Klima zu? (Erd-oder Hydrokultur, erdgetopfte Pflanzen in mineralischen Substraten oder Tongranulaten)

– Sind die Räume zum Zeitpunkt der Pflanzung beheiz- und begehbar sowie frei von schädlichen Ausdünstungen?

● **Temperatur**

die zu erwartenden Temperaturen in verglasten Innenräumen bewegen sich zwischen zwei Extremen: die nächtlichen Tiefsttemperaturen können zwischen -10 und +22 °C liegen, tagsüber können im Winter bei Strahlungswetter jedoch Temperaturen von 25 °C, und im Frühsommer bis zu 45 °C erreicht werden: ist die Pflanzenauswahl (z.B. subtropische-mediterrane Pflanzen) darauf abgestimmt?

– Welche Tag-, Nacht-Lüftungstemperatur erfordern die ausgesuchten Pflanzen (Thermostateinstellung)?

– Manche Pflanzen benötigen eine Winterruhe (Vernalisation)- sind die Voraussetzungen dafür gegeben?

– Ist die Raumtemperatur und -verteilung im Raum bekannt (erforderlichenfalls Messung mit Thermographen oder Temperaturschreiber, Substrat- oder Bodentemperatur miteinbeziehen!) Pflanzbecken, die mit dem natürlichen Untergrund in Verbindung stehen, erforderlichenfalls gut isolieren.

● **Luftfeuchte**

– Ist eine Luftbefeuchtung zur Dämpfung der Wirkung von extremen Temperaturen notwendig?

– Paßt die vorhandene Luftfeuchte zu den Ansprüchen der ausgewählten Pflanzen oder ist eine Installation zur Luftbefeuchtung notwendig?

– Haben die Pflanzen einen geringen Anspruch an die Luftfeuchte oder ertragen sie einen Wechsel der Luftfeuchte? (Durch Heizen verringert sich die Luftfeuchte in genutzten Räumen vor allem im Winter, wogegen sie im Sommer relativ hoch liegen kann.)

– Ist die relative Luftfeuchte des Raumes über einen längeren Zeitraum bekannt (im Normalfall liegt sie zwischen 25–45 % (erforderlichenfalls Messung über Hygrograph mit einem Meßbereich von 7 Tagen oder 24 Stunden).

● **Lüftung**

– Sind die Dachlüftungen ausreichend dimensioniert und kann die Abluft ersetzt werden? (Die Lüftungsfläche sollte bei verglasten Anbauten im Verhältnis zur Grundfläche etwa 25 % betragen.)

– Liegt eine Zwangsentlüftung über Ventilator oder eine thermostatgesteuerte Lüftung oder manuelles Lüften vor?

● **Schattierung**

– Ist eine Schattierung notwendig?

– Ist eine Schattenwirkung von außen durch umliegende Gebäude oder hohe Bäume zu berücksichtigen?

– Ist eine automatische oder von Hand geregelte Innen-oder Außenschattierung möglich?

Licht

- Welche Glasart liegt vor und wie ist die Lichtdurchlässigkeit in den pflanzenwirksamen Spektralbereichen zwischen 440 und 660 nm?

- Ist die Lichtstärke des natürlichen Tageslichtes in Pflanzenhöhe bekannt (Luxmeter-Messungen?)

- Wenn künstliche Belichtung notwendig wird, ist das Lichtspektrum und die Lichtausbeute der verwendeten Leuchten in den pflanzenwirksamen Bereichen (zwischen 440 und 660 nm) bekannt und sind entsprechende elektrische Anschlüsse eingeplant?

- Wenn Wärmeschutzverglasung vorliegt: Ist die Lichtdurchlässigkeit im für die Pflanzen nutzbaren Wellenlängenbereich um 440 und 660 nm bekannt (notfalls Expertise der Glashersteller anfordern)?

- Der mögliche Strahlungs-Lichtgenuß ist selbst bei einem hohen Anteil an Glasflächen in der Regel der am meisten einschränkende Faktor für die Pflanzenauswahl: Haben die Pflanzen eine hohe Schattentoleranz oder eine geringe Lichtbedürftigkeit oder ist Zusatzlicht notwendig?

Bewässerung

- Paßt die Bewässerungsart zu den ausgesuchten Pflanzen (z. B. mediterrane Pflanzen nicht im Anstauverfahren)? Anstauverfahren (Hydrokultur) möglichst nicht bei Temperaturen unter 15 °C.

- Paßt das vorhandene Gießwasser zu den Ansprüchen der Pflanzen?

- Wird das Gießwasser aufbereitet (Härtegrad, Eisen) oder liegt enthärtetes oder vollentsalztes Leitungswasser vor?

- Ist eine Regenwassernutzung möglich und die Düngung (Ca, Mg) u. U. darauf abgestimmt?

- Ist eine Mischung aus Regenwasser und Leitungswasser angebracht?

- Ist die Tropf-oder Anstaubewässerung automatisch oder von Hand geregelt, oder manuelles Gießen notwendig?

Pflanzgefäße/Substrate

- Eignen sich die gewünschten Pflanzen für eine Verwendung in Grundbeeten, Hochbeeten, Tröge oder Kübel?

Pflege

- Wie hoch sind die Pflegeansprüche der gewünschten Pflanzen?

- Wieviel Arbeitszeit ist für die Pflege vorgesehen?

- Sind langsam- oder schnellwachsende Pflanzen erwünscht?

- Sind die ausgesuchten Pflanzen schädlingsunanfällig?

- Liegen Schnittkenntnisse beim Pflegepersonal vor?

Quellen: WIELER, HÖFER

15 Literaturverzeichnis

Arbeitsgemeinschaft für Elektrizitätsanwendung in der Landwirtschaft e.V., Essen;
Arbeitsgemeinschaft für Elektrizitätsanwendung in der Landwirtschaft e.V., Essen: AEL-Heft 3 „Pflanzenbelichtung" 6. Auflage 1994; AEL-Heft 12 „Elektroinstallation im Gartenbau", 4. Auflage, 1992

BAMBACH, Gerhard; Geisenheim, mündliche Information zu Kapitel 9

BEHRENDS, H.-B., 1995: Schadstoffe in der Innenraumluft und ihre Auswirkungen auf die Gesundheit, in: Luftreinhaltung durch Pflanzen-Innenraumbegrünung Dokumentation des Plantec-Schwerpunkt's 94, ZVG, Bonn

BERGS, J.A., 1995: Bauen für Menschen – Wahrnehmung der Qualität der Arbeitsumgebung, in: Vortragsmanuskript Kongreßband des Symposiums Plants for People vom 23.11.1995, Den Haag, NL

Bundesanstalt für Arbeitsschutz, 1995: Arbeitsstätten, Vorschriften und Richtlinien, Wirtschaftsverlag NW, Bremerhaven

COSTA, P. und R.W. JAMES, 1995: Konstruktiver Einsatz von Bepflanzung in Bürogebäuden. Vortragsmanuskript im Kongreßband des Symposiums 'Plants for People'; a.a.O.

Deutsche Forschungsgemeinschaft, 1996: MAK- und BAT-Werte-Liste 1996, VCH Verlagsgesellschaft mbH, Weinheim

DIEREND, A.: Planungskriterien für die Beleuchtung und Klimatisierung von Verkaufseinrichtungen im Gartenbau, 1992

ENCKE, Dr. h.c., Fritz: Kalt- und Warmhauspflanzen, 2. Auflage, Eugen Ulmer Verlag, 1987

ENCKE, Dr. h.c. Fritz; BUCHHEIM, Dr. Günther; SEYBOLD, Prof. Dr. Siegmund: Zander: Handwörterbuch der Pflanzennamen, 14. Auflage, Eugen Ulmer Verlag, 1994

FJELD, T., 1995: Der Einfluß der Innenraumbepflanzung auf den Gesundheitszustand von Büroangestellten. Auszug aus dem Vortragsmanuskript im Kongreßband des Symposiums 'Plants for People' vom 23.11.1995, a.a.O.

FLL-Forschungsgesellschaft Landschaftsentwicklung – Landschaftsbau, 1997: Richtlinie für die Planung, Ausführung und Pflege von Innenraumbegrünungen; Baun, Eigenverlag

FLUBACHER, K., 1995: Zeolith als Kulturmedium. Deutscher Gartenbau **49**: 2394–2395

Fördergemeinschaft „Gutes Licht" (FGL), Frankfurt/M., diverse Publikationen

Forschungsgesellschaft Landschaftsentwicklung – Landschaftsbau e.V. (FLL), Bonn 1997, a.a.O.

Gestalten mit Glas, 4. Auflage, Interpane Glas Industrie AG

Glas am Bau, Technisches Handbuch, 1995/96, Vereinigte Glaswerke GmbH

GÖTZ, W., 1996: Objektbegrünung mit Pluspunkten und Seramis im Durch- und Überblick, in: Zierpflanzenbau **36**: 704–709

GRÜN UND RAUM, Sonderausgabe 1977, Fachjournal für die Innenraumbegrünung, THALACKER MEDIEN, Braunschweig

GRÜN UND RAUM, Ausgabe 3, 1993: Erst Tanzfläche, dann Raumbegrünung; THALACKER MEDIEN, Braunschweig

HETZ, Halina: Zimmerpflanzen, GU-Verlag 1991

HENSELER, K., 1992: Gesunde Zimmerluft durch Pflanzen. Franck-Kosmos-Verlag, Stuttgart

HÖFER, Wilhelm: Die hohe Kunst, mit Pflanzen zu gestalten, in: TASPO-Gartenbaumagazin 1/2, 1992, S. 44–46, THALACKER MEDIEN, Braunschweig

Hydrokultur in der Innenraumbegrünung, TASPO-Praxis 20, Seite 20–37, THALACKER MEDIEN, Braunschweig 1992

Informationen der Lampen- und Leuchtenindustrie; Weltlichtschau zur Messe Industrie Hannover

KAWOLLEK, Wolfgang: Pflanzen für Wintergärten, Naturbuch-Verlag 1994

KAWOLLEK, Wolfgang: Kübelpflanzen, Eugen Ulmer Verlag 1995

KAWOLLEK, W. und MIERSWA, D.: Wintergärten, 1992

KAWOLLEK, Marc: Schnittmaßnahmen bei Objektpflanzen, in: GRÜN UND RAUM, Sonderausgabe 1997, THALACKER MEDIEN, Braunschweig

KLEIN HESSELINK, J.;HOPSTAKEN, Liliane 1995: Pflanzen am Arbeitsplatz: Bericht einer Pilotstudie. Vortragsmanuskript zum Kongreßband des Symposiums, 'Plants for People', a.a.O.

KÖCHEL, Christoph & Maria: Kübelpflanzen – Der Traum vom Süden, BLV-Verlag, 1991

KÖCHEL, Christoph & Maria: Wintergärten – Vom Traum zur Wirklichkeit, BLV-Verlag, 1995

KREEB, K.-H.: Vegetationskunde UTB, Große Reihe

Kuratorium für Technik und Bauwesen in der Landwirtschaft e.V., KTBL, Gartenbau; KTBL-Arbeitsblatt Nr. 0658 „Technische Grundlagen der Pflanzenbelichtung", 1989; KTBL-Arbeitsblatt Nr. 0666 „Licht und Pflanze", 1991

LANGEBARTELS, C.: GSF-Forschungs-Zentrum für Umwelt und Gesundheit, Institut für Biochemische Pflanzenpathologie, Neuherberg, 85764 Oberschleißheim, mündliche Mitteilung April 1997 und B. NASSE et al, unveröffentlicht: Immergrüne Pflanzen mit Aufnahme- und Abbauleistung für Formaldehyd

LANGEBARTELS, C., 1995: Abbau von Formaldehyd durch Grünlilien, in: Luftreinhaltung durch Pflanzen, a.a.O.

Lehrschau Innenraumbegrünung, 10. IPM Essen, 1992, Arbeitsgemeinschaft Landesverband Gartenbau Rheinland e.V., Westfalen-Lippe e.V.; BAGI-Bundesarbeitsgemeinschaft „Innenraumbegrünung"

Lehr- und Versuchsanstalt für Gartenbau, Hannover-Ahlem, „Assimilationslicht", 2. verbesserte Auflage 1993, TASPO-Praxis 15, THALACKER MEDIEN, Braunschweig

Lichttechnische Gesellschaft e.V. (LiTG), Berlin; diverse Publikationen

LARCHER, Walter: Ökophysiologie der Pflanzen, UTB für Wissenschaft

LOVE, G.: Der Garten in der Wohnung, 1995

MOLITOR, H.-D., 1992: Ernährung von Hydrokulturen im Objektbereich, in: Hydrokultur in der Innenraumbegrünung, TASPO-Praxis 20, Seite 20–37, Thalacker Medien, Braunschweig

REINERS, H.: Wohnen im Wintergarten, 1995

Rheinisch-Westfälisches Elektrizitätswerk AG, 1995: RWE Bau-Handbuch Technischer Ausbau, 11. Auflage, Energie-Verlag Heidelberg

RÖBER, Rolf: Topfpflanzenkulturen, Ulmer Verlag, 7. Auflage 1994

RÜCKER, Karlheinz: Handbuch Pflanzen zu Hause, Weltbild Verlag, 1990

SCHMITZ, H. et al., 1995: Entgiftung von

Luftschadstoffen – insbesondere Formaldehyd, Nikotin, Benzol und andere nichthalogenierte Aromate in Innenräumen durch Zimmerpflanzen und Bodenbakterien. Ein integriertes Konzept. Informationsschrift des Botanischen Instituts der Universität Köln

SCHOCKERT, Dr. Karl: Klimatisierung von gärtnerischen Verkaufseinrichtungen, Seminar LVG Wolbeck 1992

SEIFERT, Wolfgang: „Licht im Garten", Kreatives Einrichten, Mosaik 1988

STEEB, Frank O.: Palmen, Mosaik 1993

STILES, J.V., 1995: Die Ursprünge und Hintergründe der Innenraumbepflanzung und die psychischen Reaktionen auf die Innenraumbepflanzung. Vortragsmanuskript zum Kongreßband des Symposiums, 'Plants for People', a.a.O.

TANTAU, Prof. Dr. H.-J.: Heizungsanlagen im Gartenbau, 1983, Verlag Eugen Ulmer

TASPO-Gartenbaumagazin, Wintergärten, Nr. 8 1990, THALACKER MEDIEN, Braunschweig

TASPO-Gartenbaumagazin, Innenräume begrünen, 1/2 1991, THALACKER MEDIEN, Braunschweig

ULRICH, R .S., 1995: Die Einflüsse des visuellen Kontakts mit Pflanzen auf Streß und Gesundheit. Vortragsmanuskript im Kongreßband des Symposiums 'Plants for People', a.a.O.

WALTER, H.; BRECKLE, Siegmar-W.: Ökologie der Erde, Bd. 1+2, UTB Große Reihe, Gustav Fischer

WEIDNER, Dr. Manfred: Entgiftung von Luftschadstoffen, Forschungsprojekt aus dem Botanischen Institut der Universität Köln, mündliche Mitteilung, April 1997

WEIDNER, Dr., M.: 1995: Entgiftung von Luftschadstoffen – insbesondere Formaldehyd, Nikotin, Benzol – in Innenräumen durch Zimmerpflanzen und Bodenbakterien, in: Luftreinigung durch Pflanzen, a.a.O.

WIELER, Marianne: Begrünter Innenraum, in: TASPO-Gartenbaumagazin 1/2 1992, S. 18–20, THALACKER MEDIEN, Braunschweig

WOHANKA, Dr. W.: Pflanzenschutz im Objektbereich, in: Hydrokultur in der Innenraumbegrünung, TASPO-Praxis 20, THALACKER MEDIEN, Braunschweig

ZABELTITZ, Prof. Dr. Ing. Chr. von: Gewächshäuser, 1986, Eugen Ulmer Verlag

ZABELTITZ, Prof. Dr. Ing. Chr. von: Wintergärten – Gartenbautechnische Informationen II/1991, Ulmer Verlag

Zentralverband Gartenbau e.V.: Luftreinigung durch Pflanzen-Innenraumbegrünung, Dokumentation Plantec 1994

ZIESENIß, C. H.: Beleuchtungstechnik für den Elektrofachmann, 5. Auflage 1993, Hüthig Buch Verlag, Heidelberg

16 Bezugsquellen-Verzeichnis
(Auswahl – ohne Anspruch auf Vollständigkeit)

Pflanzenbeleuchtung (Pflanzenbelichtung)

Hygreno GmbH
Postfach 12 48, 59389 Nordkirchen
Tel.: 0 25 96/57-0
Fax: 0 25 96/18 54

Euro-Light Tyburski
45721 Haltern
Annabergstraße 88–92
Tel.: 0 23 64/1 99 41-45, Fax: 0 23 64/20 24
General-Lieferant:
H. Bahrs GmbH & Co KG
41376 Brüggen, Postfach 2030
Tel.: 02157/70 95-96, Fax: 0 21 57/9 02 03

Gebr. Lenz GmbH
51691 Bergneustadt
Postfach 1352
Tel.: 0 22 61/40 99-0
Fax: 0 22 61/40 99-50

Osram GmbH
Hellabrunner Straße 1
81536 München
Tel.: 0 89/62 13-0,
Fax: 0 89/62 13-20 20

Philips Licht der Philips GmbH
Postfach 104929, 20034 Hamburg
Tel.: 0 40/28 99-0, Fax: 0 40/28 99-23 66

Professional Lighting
Kantstraße 138
42553 Velbert
Tel 0 20 53/8 01 61
Fax: 0 20 53/8 01 61

Reiher GmbH, Saarbrückner Straße 254,
38116 Braunschweig
Tel.: 05 31/5 20 81-82, Fax: 05 31/50 79 29

Gesellschaft für Biotechnologie, Umweltgestaltung, Umwelttechnik mbH
Dipl. Biologe M.R. Radtke, Solact-System
97205 Veitshöchheim, Postfach 1166
Tel.: 09 31/9 73 16, Fax: 09 31/9 13 66

Meßtechnik – Beleuchtungsstärkemessung

AEG Lichttechnik GmbH
Rathenaustraße 2–6, 31832 Springe
Tel.: 0 50 41/75-0, Fax: 0 50 41/75-2 16

Dräger (Meßsysteme für Formaldehyd, Ozon, Lösemittel und Pentachlorphenol (PCP))
Moislinger Allee 53–55, 23542 Lübeck

Gossen-Metrawatt GmbH
(auch Temperaturmeßtechnik)
Thomas-Mann-Straße 16–20
90471 Nürnberg
Tel.: 09 11/86 02-0, Fax: 09 11/86 02-6 69

Heicks, (Lichtsteuerungsgeräte)
59590 Geseke

Institut für Wasser-, Boden- und Lufthygiene, Bundesumweltamt Berlin
Postfach 33 00 22, 14191 Berlin
Tel.: 0 30/8 90 30 (Außenstelle Langen b.
Darmstadt, Tel.: 0 61 03/70 40)

Institut für Bodensanierung, Wasser- und Luftanalytik GmbH, Im kurzen Busch 19, 58640 Iserlohn, Tel.: 0 23 71/9 49 80

Juchheim GmbH + Co KG
Moltkestraße 13–31, 36039 Fulda
Tel.: 06 61/ 6 00 3-0
Fax: 06 61/6 00 35 00
(für pH-Wert-Messung, Feuchtemessung, Leitfähigkeitsmessung, Temperaturmessung)

LMT Lichtmesstechnik Berlin
Helmholtzstraße 9, 10587 Berlin
Tel.: 0 30/3 93 40 28
Fax: 0 30/3 91 80 01

Optronic GmbH
Kaiserin-Augusta-Allee 16–24
10553 Berlin
Tel.: 0 30/34 99 41-0
Fax: 3 45 50 54

PRC Krochmann GmbH
Geneststraße 6
10829 Berlin
Tel.: 030/7 51 70 07-8
Fax: 0 30/7 51 01 27

Testo GmbH & Co. (auch Luftfeuchtemeß-technik und Temperaturmeßtechnik)
Postfach 1140
79849 Lenzkirch
Tel.: 0 76 53/6 81-0
Fax: 0 76 53/6 81-1 00

Pflanzenernährung

Euflor GmbH
Riedlerstraße 75
München

Leni-Hydrokulturen
Gebr. Lenz
59691 Berg-Neustadt

Planta GmbH
Schwanenstraße 23
93128 Regenstauf

Scotts Deutschland GmbH
Veldhauser Straße 197, 48527 Nordhorn

Bewässerungstechnik

Asberg, Alleenstr. 70, 71679 Asberg

DGT Volmatik GmbH
Michelstr. 12a, 53757 Sankt Augustin

W. Engler (Optoelektronische Fühler)
Hofgasse 14, 72406 Bisingen

Netafim GmbH
Flinschstr. 6, 60388 Frankfurt am Main

RainBird Deutschland GmbH
Siedler Str. 14, 71126 Genfelden

RAM GmbH
Gewerbestr. 3, 82211 Herrsching

Staudinger
Kronwieden 5, 84180 Loiching

TensioTechnik
Peter-Spring-Str. 18, 65366 Geisenheim
(Tensiometer, Tensiostaten)

WfB Freising
Gartenstraße 40, 85354 Freising

Magnetventile, Druckminderer und Filter

Buschjost
Detmolder Str. 256, 32545 Bad Oeynhausen
Müller
Dresdener Str. 162, 40595 Düsseldorf

Bezugsquellen

Wagner (Düngermischer)
Hessenbachstr. 71, 86156 Augsburg

Tropfsysteme

Tropfrohre und Einzeltropfer:

Netafim GmbH, Flinschstr. 6
60388 Frankfurt am Main

renoplast
Am Sägewerk 7
88255 Baienfurt

T-Tape/Saelens
Dorfwiesenstr. 13
61197 Florstadt

Poröser Schlauch:

Gummi Maier
Hans-Thoma-Str. 49
68163 Mannheim

Düngerfirmen

Algoflash, 25337 Elmshorn

Bayer AG, 51368 Leverkusen (Lewatit)

Celaflor GmbH, 55209 Ingelheim

Compo GmbH, Gildenstr. 38
48008 Münster (Basacote; Compo)

Dehner Gartencenter GmbH
Postfach 11 60 , 86640 Rain am Lech

Effem GmbH, 27281 Verden

Euflor GmbH
Ridlerstr. 75, 80339 München (Flory)

Floralis GmbH
Postfach 05 50
75105 Pforzheim (Algoflor)

Gebrüder Lenz GmbH
(Leni-Hydrokultur, Blusana),
Postfach 13 52, 51702 Berg-Neustadt

Haug GmbH, (Mannacote)
Pfäffingen
72119 Ammerbuch

Hygreno GmbH
(Grenosan)
59394 Nordkirchen

Mairol GmbH
89547 Gussenstadt

Planta GmbH
Schwanenstraße 23
93128 Regenstauf

Rotter Hydrokulturen GmbH
(Magic Green)
Auf der Bierau
65205 Wiesbaden-Delkenheim

Scotts Deutschland GmbH
Veldhausenstraße 197
48527 Nordhorn

Spiess und Sohn GmbH
(Plantacote)
Hauptstraße 4
67271 Kleinkarlbach

Thompson-Siegel GmbH (Henkel AG
Substral), Erkrather Straße 230
40233 Düsseldorf

Urania Agrochem GmbH
(Plantacote)
Heidenkampsweg 77
20097 Hamburg

Untersuchungsstellen für Bodenproben
Landwirtschaftliche Untersuchungs- und Forschungsanstalten

Siebengebirgsstr. 200
Postfach 30 08 64, **53188 Bonn**
Tel. (02 28) 4 34-0
Fax (02 28) 43 44 27

Rheinstr. 91
64295 Darmstadt
Tel. (0 61 51) 89 60 91
Fax (0 61 51) 89 44 27

Schiepziger Str. 29
06120 Halle-Lettin
Tel. (03 45) 55 84-0 u. -100
Fax (03 45) 55 84-1 02

Finkenborner Weg 1A
Postfach 10 06 55
31756 Hameln
Tel. (0 51 51) 98 71-0 u. -13
Fax (0 51 51) 98 71-11

Postfach 43 02 33
76217 Karlsruhe
Neßlerstraße 23
Tel. (07 21) 94 68-0 u. -100
Fax (07 21) 94 68-1 12

Gutenbergstr. 75–77
Postfach 30 67, **24029 Kiel**
Tel. (04 31) 1 69 04-0 u. -61
Fax (04 31) 1 69 04-17

Gustav-Kühn-Str. 8
Postfach 50, **04131 Leipzig**
Tel. (03 41) 59 39-0 u. 2 46
Fax (03 41) 59 39-2 11

Joseph-König-Institut
Postfach 59 80, **48135 Münster**
Tel. (02 51) 2 37 67 45
Fax (02 51) 23 76-5 97

Jägerstraße 23–27, Postfach 25 49
26015 Oldenburg
Tel. (04 41) 8 01-8 20
Fax (04 41) 8 01-8 99

Templiner Str. 21
14473 Potsdam
Tel. (03 31) 2 32 62 40
Fax (03 31) 2 32 62 26

Graf-Lippe-Str. 1
18059 Rostock
Tel. (03 81) 2 26 64 u. 2 26 65
Fax (03 81) 2 26 65

Obere Langgasse 40, Postfach
67326 Speyer
Tel. (0 62 32) 1 36-0 u. 1 15
Fax (0 62 32) 1 36-1 10

Weitere Untersuchungsstellen

Landesanstalt für Landwirtschaftliche
Chemie (710), Emil-Wolff-Straße 14
70593 Stuttgart
Tel. (07 11) 4 59-26 72 u. 27 35
Fax (07 11) 4 59-34 95

Staatliche Landes-Lehr- und Versuchs-
anstalt
Egbertstr. 18–19
Postfach 25 70, **54215 Trier**
Tel. (06 51) 9 77 60
Fax (06 51) 9 77 61 26

Beauftragter für den Amtlichen Rebschutz
Herrnstraße 8
97209 Veitshöchheim
Tel. (09 31) 98 01-5 02
Fax (09 31) 98 01-5 00

17 Richtlinien, Normen, gesetzliche Bestimmungen

DIN 1055, Teil 1: Lastannahmen für Bauten; Lagerstoffe; Baustoffe und Bauteile, Eigenlasten und Reibungswinkel

DIN 1055, Teil 2: Lastannahmen für Bauten; Bodenkenngrößen, Wichte, Reibungswinkel, Kohäsio, Wandreibungswinkel

DIN 1005, Teil 3: Lastannahme für Bauten, Verkehrslasten

DIN 1055, Teil 4: Lastannahme für Bauten; Verkehrslasten, Windlasten, nicht schwingungsanfälliger Bauwerke

DIN 1055, Teil 5: Lastannahme für Bauten; Verkehrslasten, Schneelasten und Eislast

DIN 1946: Raumlufttechnische Anlagen (RLT)

DIN 4102: Feuerwiderstandsklassen-Einteilung; Brandverhalten von Baustoffen und Bauteilen

DIN 4108, Teil 1: Wärmeschutz im Hochbau; Wärmedämmung, Einheiten

DIN 433108, Teil 2: Warmeschutz im Hochbau; Wärmedämmung und Wärmespeicherung; Anforderungen und Hinweise für Planung und Ausführung

DIN 4108, Teil 3: Wärmeschutz im Hochbau; Klimabedingter Feuchtschutz; Anforderungen und Hinweise für Planng und Ausführung

DIN 4108, Teil 4: Wärmeschutz im Hochbau; wärme- und feuchtschutztechnische Kennwerte

DIN 4108, Teil 5: Wärmeschutz im Hochbau; Berechnungsverfahren

Verordnung über einen energiesparenden Wärmeschutz bei Gebäuden Wärmeschutzverordnung
– Wärmeschutz-Verordnung 16.8.1994, gültig ab 1.1.1995

DIN 4701, Teil 1: Regeln für die Berechnung der Heizlast von Gebäuden; Grundlagen der Berechnung

DIN 4701, Teil 1 und Teil 2: Regeln für die Berechnung der Heizlast von Gebäuden; Tabellen, Bilder, Algorithmen

DIN 5034: Tageslicht in Innenräumen

DIN 5035, Teil 1: Innenraumbeleuchtung mit künstlichem Licht; Begriffe und allgemeine Anforderungen

DIN 5035, Teil 2: Innenraumbeleuchtung mit künstlichem Licht; Richtwerte für Arbeitsstätten

DIN 5035, Teil 6: Innenraumbeleuchtung mit künstlichem Licht; Messung und Bewertung

DIN V 11535, Teil 1: Gewächshäuser; Grundsätze für Berechnung und Ausführung

VDI 2058, Blatt 1: Beurteilung von Arbeitslärm in der Nachbarschaft

VDI 2058, Blatt 2: Beurteilung von Arbeitslärm am Arbeitsplatz hinsichtlich Gehörschäden

Schriftenreihe der Bundesanstalt für Arbeitsschutz: „Verordnungen über Arbeitsstätten (Arbeitsstättenverordnung, ArbStättV)", Arbeitsstätten-Richtlinien (ASR)

Technische Regeln für Gefahrstoffe, TRGS 900, MAK-Werte = Maximale Arbeitsplatzkonzentrationen und Biologische Arbeitsstofftoleranzwerte

DIN VDE 0100 „Bestimmungen für das Errichten von Starkstromanlagen mit Nennspannungen bis 1000 V"

DIN VDE 0711/EN 60598 „Sicherheitsvorschriften für Leuchten"

DIN 40050, VDE 0470/EN 60529, ICE 529 „Schutzarten für elektrische Betriebsmittel"

Gesetz über technische Arbeitsmittel, „Gerätesicherheitsgesetz" (1968) (Sicherheitszeichen = GS)

DIN 18381, Teil C: Gas-, Wasser- und Abwasser-Installationsarbeiten innerhalb von Gebäuden

DVGW – Richtlinien und Arbeitsblätter (teilweise Gesetzeskraft, mit DIN-Zeichen)

WHG – Wasserhaushaltsgesetz (1986, zuletzt geändert 1994)

Trinkwasserverordnung – TrinkwV (1990, 1993 geändert)

Bundesnaturschutzgesetzt – BNatSchG (1987, geändert 1993)

Bundes-Bodenschutzgesetz vom 12.06.1997

Bundesartenschutzverordnung – BArtSchV (1989, geändert 1994)

Abfallbestimmungs-Verordnung – AbfBestV (1990, geändert 1993)

VDI-Richtlinien (teilweise Gesetzeskraft), dann mit DIN-Zeichen

Pflanzenschutzgesetz – PflSchG (1986, geändert 1994)
Düngemittelgesetz (1977, geändert 1994)
Düngeverordnung v. 26.01.1996

Strafgesetzbuch (StGB) „Straftaten gegen die Umwelt"; §§ 324, 325, 326, 327, 329, 330, 342a

Bürgerliches Gesetzbuch (BGB) §§ 823, 906, 907, 1004

Unfall Verhütungs Vorschriften der Gewerblichen und Landwirtschaftlichen Berufsgenossenschaft (VBG's, UVV's)

Glashandbuch Flachglas AG, 1996

Sachwortverzeichnis

Abdichtung 108
Abdichtung, wasserdichte 32
Abdichtungsarbeiten 130, 271
Abdichtungsbahnen 30
Abgrenzung, wasserdichte 114
abiotischen Schadfaktoren 214
Ablauf 97
Abnahme 33, 262, 267, 270 ff
Abputzen 151
Abrechnung 255, 299
Absatzmarkt 275
Absaugschacht 111
Absterbeerscheinungen 218
Abteilung 279
Abwasseranschluß 113
Akklimatisierung 127
Akquisition 276
Aktivkohle 138
Akzentlicht 161, 169, 171
Alarmfunktion 200
Alarmmeldung 206
Algenbildung 116
allergischen Reaktionen 16
Ambiente 282
Ammoniumstickstoff 192
Anbinden 151
anerkannten Regeln der Technik 262, 271
Anforderungen 275
Anordnung von Pflanzen 22
Anpassungsphase
Anschichtungsschnitt 104
Anschlüsse 32, 97, 130, 173
Anschlüsse, elektrische 155
Ansprache 277
Ansprüche 272
Anstaubewässerung 29 f.
Anstauverfahren 29, 198 f.
Anstauzone 123, 182

Ansteckungsgefahr 222
Anwachsphase 205
Anzeigenwerbung 291 ff
Anzuchttopfballen 125 f.
Arbeitskosten 295
Arbeitskräfte 275
Arbeitsstättenrichtlinien ASR 143, 156
Arbeitszeiten 295, 301
Architekten 38, 269, 276, 287, 280 f, 287
aride Bedingungen 114, 313
Assimilationslicht 152
Aufbau, asymmetrisch 106
Aufbau, mehrschichtiger 121
Aufhängung 161
Aufhängungshöhen 154, 164, 171
Aufhellungen 218
Aufladung, statische 136
Aufschlagssätze 297
Auftraggeber 263, 268, 271
Auftragnehmer 268
Auftragsakquisition 283
Auftragsvergabe 284
Auftragsverhandlungen 293
Auftreten 275
Aufwandmenge 234, 237
Ausbreitung 226, 228
Ausbringung 234 f.
Ausfällungen 188
Ausführung 31
Ausführungsmängel 32
Auslichtungsschnitt 104
Ausschreibung 32, 130, 256, 276, 283, 295, 301
Ausschreibungsverfahren 31
Außenluft 135, 142, 146
Außenlufteinspeisung 136
Außenschattierung 140, 143
Ausstrahlung 27

Ausstrahlwinkel 171
Austausch der Pflanzen 152
Australbepflanzung 52
australischer Marienkäfer 237
austropfen 214 f.
automatische Bewässerung 197, 199

Bachbett 106
Bachlauf 109
bakterielle Erreger 219
Bakterien 17, 171
Bambus 104
Bananentriebbohrer 228
Basisdünger 187
Bauabschluß 129
Bauabwicklung 127
Bauausführung 143
Baubranche 275
Baugrund 258
Bauleistungen 32, 255 ff, 262, 268
Baumschulpflanzen 266
Bauordnung 142 ff
Baustatik 145
Baustelle 258, 277
Bauüberwachung 31
Bauunternehmen 281
Bauzeitenplan 127
Be- und Entwässerungseinrichtungen 29
Bedenken 267 ff
Bedingungen, aride 114
Beete 113 f.
Beete, offene 198
Befeuchter 138
Befeuchtungsanlage 137
Begrünungsziel 267
Bekämpfung, biologische 233, 235
Bekämpfung, chemische 219, 229
Beleuchtung 27, 33, 154
Beleuchtungsdauer 243
Beleuchtungsintensität 243
Beleuchtungsstärke 27
Belichtung 27, 143
Benzol 16
Bepflanzung, tropische 105
Beratung 31

Berechnungsschema 296
Beschichtung 151 ff
beschränkte Ausschreibung 256
besondere Leistungen 265
Bestandteile, mineralische 126
Betriebsausgaben 282
Betriebsdurchschnittslohn 297
Betriebsgeräte 167, 174
Betriebsmittel 163
Bevorratungszone 122, 125
Bewässerung 33, 91, 113, 135, 143 ff, 203, 219
Bewässerung, automatische 29, 197, 199
Bewässerungsautomaten 202
Bewässerungsdüngung 182, 184, 190
Bewässerungsfehler 113
Bewässerungssysteme 29, 199
Bewässerungstechniker 130
Beweislast 270
Beweispflicht 272
Bio-Luftreiniger 138
Biogebäude 82
biologische Bekämpfung 233, 235
biologische Luftreinigungssysteme 138
biologische Verfahren 229
Bitumenbahnen 114
Blähton 124 f., 203
Blattalterung 243
Blattfall 218
Blattflecke 218
Blattgewebe 243
Blattglanzmittel 151, 230
Blattkrankheiten 219
Blattläuse 228
Blattpflanzen 227
Blattreinigung 151
Blattschäden 215
Blattscheckung 222
Blatttemperaturen 154
Bodenabläufe 32
Bodenbeläge 31
Bodendecker 94, 104, 111, 309
Bodendurchlüftung 245
Bodenfeuchte 312
Bodengefäße 248

Bodenheizung 135
Bodenlösung 126
Botanische Gärten 31
Brauchwasser 137
Braunfärbungen 219
Broschüren 284
Brunnenanlagen 171
Brunnenwasser 206
Büro-Begrünungen 13
Büroangestellte 15
Büroarbeitsplätze 23
Bürogebäude 23, 82

Chemische Bekämpfung 219, 229
Chlorosen 175, 178, 218
Corporate Identity 279

Dachdecker 111, 114, 130
Dachlüftung 135
Dachneigungswinkel 143
Dampfluft-Befeuchtungsanlagen 137
Dampfsperre 143
dauerhafte Begrünung 11
Dauerhaftigkeit 11, 113
Deckenaufhängung 168
Depotdünger 189
Diagnoselabor 214
Dienstleistung 276 f.
DIN-Normen 173
Direct-Mailing 287, 291
Direktwerbung 287
Display-Lampen 168
Display-Strahler 171
Dosiereinrichtung 207
Dosierung 183 f., 187
Drainageschicht 98
Drainschicht 30, 118, 121 f., 130, 266
Dreifachglas 151 f.
Druckminderer 207
Duft 105
Düngefehler 126
Düngemethoden 182
Düngemischer 97
Düngemittel 184
Düngemittelgesetz 187

Düngerlösung 125
Dünger, wasserlösliche 123
Düngetermine 194
Düngung 123, 126, 178
Düngungsintervalle 116
Dünnwandschläuche 209
durchlässige Substrate 198
Durchspülen 194
Durchwurzelungsfestigkeit 114
Durchwurzelungsschutz 121
durchwurzelungssicher 32
Düsen 139

Effekt- und Akzentlicht 161, 169 ff
Effekte, psychologische 15
Einheitspreis 256
Einschleppung 226
Einstieg 275
Einstrahlung 139, 215
Einzelpflanze 19, 22
Einzelregler 141
Elektriker 130
elektrische Anschlüsse 155
Elektroinstallationen 152, 173
Elektroversorgung 29
EN-Normen 173
Energiebilanz 153
Energieeinsparung 146, 152
Energiekonzeption 28
Energiesparlampen 163 f.
Ent- und Belüftung 143
Entfeuchtung 134 ff
Enthärtungsanlage 178, 245
Entladungslampen 154
Entlüftung 143
Entlüftungsöffnung 143
Entscheidungsträger 276, 291
Erdanteil, mineralischer 115
Erde 27, 115, 117
Erden, gärtnerische 114 f., 117, 122, 127
Erdkultur 122, 219, 245
Erkrankungen 16
Erreger, bakterielle 219

Erreger, pilzliche 218
Ersatzpflicht 272
Expertise 152

Fachkunde 255, 268
Fachpersonal 248
Fahrtkosten 299
Farbwiedergabe 140, 167, 169
Farbwiedergabe-Eigenschaften 164 f.
Farbwiedergabe-Stufen 156
Feinregneranlagen 138
Feinzerstäuberanlagen 139
Felsen 98
Fenster 146
Fertigstellung 12, 270
Fertigstellungspflege 266, 270
Fertigstellungstermin 271
Feuchte 140
Feuchte- und Temperaturfühler 139
Feuchtefühler 29, 135, 202
Feuchtemessung 125, 202
feuchte Zone 182
Feuchtewert 203
Feuchtigkeitsansprüche 139, 203
feuchtigkeitsliebende Pflanzen 203
Feuchtigkeitsschäden 143
Filter 32, 135, 207
Filtermatte (Vlies) 197
Filterschicht 121 f., 266
Filtersystem 18, 136
Filtervlies 98
Firmenbeschriftung 276
Firmenimage 284
Firmenkleidung 279
flächenhafte Innenraumbegrünung 198
Florfliegen 238
Florfliegeneinsatz 237
Florfliegenlarven 233
Floristen 31
Flüssigdünger 177, 183
Flutung 114
Folgekosten 267
Formaldehyd 16, 18
Formulierung 187
Fotozelle 27, 140

Franchising 279 f.
Freilassung 236 f.
Fremdeinträge 126
Fröste 37
Frostgrade 129
Frostverträglichkeit 40
Frostwächter 305
Fühler 140, 204
Funktionalausschreibung 256
Funktionskontrolle 198
Fußbodenheizung 144

Gallmilbe 228
Garantie 271
Garten- und Landschaftsarchitekt 31, 105
Garten- und Landschaftsbau 130
gärtnerische Erden 114 f., 117, 122, 127
gasförmige Schadstoffe 218
Gebäudeheizung 28
Gebäudeklimatisierung 31
geblähte Granulate 136
Gefahrübertragung 270
Gefäße 11, 30, 113 f., 126, 248, 277
Gefäße mit Wasserreservoir 197
Gefäßgröße 248
Gegengruppe 107
Gehölze 266
gepufferte Substrate 122
Gesamtenergiedurchlaß-Wert 149
Gesamtenergieverbrauch 151
Gesamthärte 176
Gesamtporenvolumen 115
geschlossene Systeme 122, 126
Gestaltungsprinzip 106
Gesundheitsbeeinträchtigungen 22
Getränke und Putzmittel 215
Getränkereste 194
Gewährleistung 32 f., 198, 262, 271 f.
Gewährleistungsansprüche 33, 129, 153, 259, 272
Gewährleistungsprobleme 130
Gewährleistungsübernahme 33
Gießanzeiger 125
Gießen 245, 248
Gießhelfer 125

Gießintervalle 113, 123
Gießkreis 202
Gießwasser 175, 178, 182, 187 f., 190
Gießwassermenge 20
Glasanbauten 44
Glasflächen 276
Glaskuppel 105
Glühlampen 161, 171
Granulate, geblähte 136
Großpflanzen 108, 111
„grüne Leber" 18
grüne Solararchitektur 13
Grünpflanzen 181
Grünplaner 305

Halbwüstenpflanzung 64, 312
Halbwüstenstimmung 83, 90
Hartlaubgewächse 41
Hauptpflanzen 98, 107 f.
HD-Lampen 171
Herstellung 255, 272
herunterbinden 151
Hitzeschäden 218
Hochbau-Architekt 31, 97, 267
Hochbaukonstruktion 114
Hochbauplanung 12
Hochdruckentladungslampen 169
hohe Luftfeuchte 219
Höhenstaffelung 107
Hydrokultur 30, 110 f., 122, 124, 135, 181 f.,
  184, 219, 245, 248, 301
Hydrokulturverfahren 136
Hydropflanzen 215
Hygrometer 28
Hygrostat 202

Image 280
Inerte 175
Innenarchitekt 31
Innenraum 202
Innenraumbegrünungen 263
Innenraumbegrünungserden 121
Innenschattierungen 140
Insektenfanglampen 228
Installation 153

Intervalldüngung 182
Ionenaustauscher-Dünger 124, 190
Isolierglas 152, 153
Isolierverglasungen 42

Kalkgehalt 29
Kalkulation 295
Kalkulationsaufschlag 295
Kalkulationsbasis 301
Kalkung 188
Kalthaus 13, 305
Kalthaussituationen 66
Kaltluft 134
Kapillarität 112, 115, 122
Kleidung 276
Kleintransporter 276
Kletterpflanzen 79, 82, 309
Klima 118, 313
Klima-Regelung 202
Klimaanlage 28, 134 f., 137 ff, 225
Klimageräte 138 f.
Klimaregelung 139 ff
Klimatisierung 33, 133, 145
Klimazonen 267
Kommunikation 23
Kompakt-Leuchtstofflampen 164
Komplett-Wartungsvertrag 153
Kompost 121
Kontrollschacht 29, 113 f., 126, 207
Kontrolltensio 101
Konvektion 134
Konvektionswärme 134
Konvektoren-Heizung 145
Kooperationspartner 298
Kopfeinheit 207
Krankheitskontrolle 229
Kronen- und Wurzelballenschutz 130
Kübelpflanzen 118, 121
Kübelpflanzen-Erden 121
Kühlung 149
Kulturtöpfe 124
Kunden 281
Kundenansprache 287
Kundengespräch 276
Kundenkartei 287

Kundennutzen 282
Kunstpflanzen 11
Kunststoffe 118 ff

Lagermöglichkeiten 32
Lammellensysteme 140
Lampen 156, 159, 167
Landschaftsarchitekt 267
Landschaftsgärtner 130
Längenwuchs 243
Langlebigkeit 154, 282
Langzeitbewässerungssysteme 135
Langzeitdünger 188
Langzeitdüngung 183, 190
Lärmschutz 143
Leckage-Detektion 206
Leistungen 153
Leistungsbeschreibung 255, 258, 263, 267 f.
Leistungstext 32
Leitfähigkeit 177 ff
Leitfähigkeitsmeßgerät 177, 180
Leitpflanze 79, 82, 94
Leitungswasser 137, 175
Leitwert 203 ff
Leitwertfühler 205
Leitwertsensor 206
Leuchten 155, 159, 163 f., 167, 169
Leuchtstofflampen 154, 163
Licht 133, 141, 153, 243
Licht-Transmission 152
Lichtangebot 90
Lichtansprüche 37
Lichtausbeute 27, 159, 167, 169
Lichtbedarf 153 f., 167
lichtbedürftige Pflanzen 152
Lichtdurchlässigkeit 149, 151
Lichtfarbe 154, 156, 169
Lichtintensität 159, 237
Lichtmangel 151 ff, 218
Lichtmenge 152 f., 154, 157
Lichtmengenminderung 146
Lichtmeßgerät 158
Lichtquelle 155 f., 167
Lichtstärke 127, 153, 157, 159

Lichtsumme 243
Lichtsummenstreuerung 159
Lichttechnik 171
Lichtverhältnisse 32, 129, 258
Lichtverteilung 159
Lieferanten 277
Lieferung 255
Logo 279
Lösungsmittel 127, 218
Luft, trockene 23
Luftbefeuchtungssysteme 136
Luftbefeuchter 20
Luftbefeuchtung 29, 127, 210
Luftbewegung 133
Lüften 33
Luftfeuchte 15, 19 f., 28 f., 32, 37, 136, 138, 143, 145, 210 f.
Luftfeuchte, hohe 219
Luftfeuchte, realtive 28 f., 136
Luftfeuchte-Konzentration 137
Luftfeuchtegehalt 133
Luftfeuchtigkeit 19, 28, 211, 218, 234
Luftkapazität 115
Luftqualität 15
Luftschadstoffe 16, 282
Luftschadstoffkonzentration 16
Luftströmung 28
Lufttemperatur 136
Luftumwälzung 134, 143
Lüftung 135, 139 f., 143
Lüftungseinrichtungen 28
Lüftungsfläche 143
Lüftungsklappen 135
Lüftungssystem 129
Luftwäscher 135
Luftwechsel 18, 20
Luftwechselzahl 135, 143
Luxmeter 139, 156

Magnetventil 29, 198, 206
Mängel 268, 270
Mängelbeseitigung 31
Manometer 206
Marienkäfer 236, 238
Markt 277

Marktchancen 277, 287
Maschineneinsatz 129
Materialverbrauch 299
Maximalthermometer 135
Mediterranklima 38, 42, 313
Mediterranpflanzen 38 ff, 42 ff, 199
Mehltaumittel 228
Mehltaupilze 219
Mehrnährstoffdünger 187
mehrschichtiger Aufbau 121, 266
Messungen 218
Meßwert 140
Mindest-Beleuchtungsstärke 158
Mindestlichtbedarf 243
mineralische Bestandteile 126
mineralische Erdanteile 115
mineralische und organische Erdanteile 116
Minimum-Maximum-Thermometer 129, 135
Mitarbeiter 276, 287
mobile Pflanzgefäße 113, 271
Monsun 54
Musterbepflanzungen 276
Musterleistungsverzeichnis 153, 267

N-Düngung 181
N-Form 184
Nachtabsenkung 52
Nähr-Ionen 180
Nährlösung 178, 194, 214
Nährlösungsanalysen 181
Nährstoffangebot 181, 185
Nährstoffe 116, 181
Nährstoffgehalt 185
Nährstoffkonzentration 117, 181
Nährstoffmangel 179
Nährstofffreisetzung 118
Nährstoffverfügbarkeit 116
Nährstoffversorgung 112 f.
Nährstoffvorrat 181
Nährstoffzufuhr 29
Napfschildläuse 226
NASA-Studie 16
Natriumdampf-Hochdrucklampen 168
Naturklimakonzept 210

natürliche Reize 22
Nebel 137, 210
Nebenleistungen 265
Nebenleistungskatalog 265
Nekrosen 175, 179
Neubauten 145
Neuinfektionen 218
Neuplanung 30
Neutralität 125
niedrige Luftfeuchtigkeit 218, 234
Nitratgehalt 207
Nitratstickstoff 193
Normalglas 147
Normung 124
Nutzen 281
Nützlinge 211, 225, 230, 233 f.
Nutzung 202, 267
Nutzungsänderungen 127

Oberflächenprofilierung 123 ff
Objektbegrünung 124, 275, 277, 287
Objektgröße 202
offene Beete 198
Öle 228
organische Substanz 115, 121
organische Substrate 181

Partner 275
Partnerschaften 284
passive Solarenergie 142
Pauschalvertrag 256
Pendel-Spiegelrasterleuchten 163
Pendelleuchte 154
Personal 275
Pflanzarbeiten 266
Pflanzbecken 30, 97, 100 ff, 108, 271
Pflanzbeet 105, 113 ff, 271
Pflanzen 272
Pflanzen, feuchtigkeitsliebende 203
Pflanzen, lichtbedürftige 152
Pflanzen, mediterrane 118
Pflanzen, subtropische 199
Pflanzen, trockenheitsliebende 203
Pflanzen, tropische 13, 20, 25, 28, 133, 308

Pflanzen, tropische bis subtropische 136
Pflanzen, virusbefallene 222
Pflanzenabbau 16
Pflanzenarten 32, 276
Pflanzenausfälle 127
Pflanzenauswahl 25, 37, 93, 133, 152, 282
Pflanzenbelichtung 27
Pflanzenernährung 115, 175, 178
Pflanzengemeinschaft 25
Pflanzengemeinschaft, tropische 28
Pflanzengruppen 21
Pflanzenhöhen 248
Pflenzenkenntnis 37
Pflanzenmasse 23
Pflanzenpflege 243
Pflanzenqualität 32 f., 243, 270, 282
Pflanzenschäden 78, 133, 182, 243
Pflanzenschadstoffe 116
Pflanzenschutz 130
Pflanzenschutzmaßnahmen 211, 229
Pflanzenschutzmittel 229
Pflanzenwachstum 146
Pflanzenwirkung 11
Pflanzenwurzeln 113
Pflanzgefäße 11, 29 f., 32, 113 f., 126, 135, 222
Pflanzgefäße, mobile 113
Pflanzgranulate 181
Pflanzplanung 79
Pflanzstäbe 251
Pflanzsubstrat 203
Pflanztermin 100
Pflanzung 33
Pflanzwanne 29 f., 126
Pflege 31 ff, 115, 130, 211, 267, 270 ff, 277
Pflegeanleitung 33
Pflegearbeiten 29, 32, 153, 225, 249, 256, 297
Pflegeaufwand 37
Pflegeaufwendungen 30
Pflegedienst 117, 153, 175
Pflegefehler 33
Pflegeintervalle 29, 211
Pflegeleistungen 256, 268
Pflegemaßnahmen 32

Pflegemittel 151
Pflegepartner 281
Pflegepersonal 153, 245
Pflegerhythmus 153
Pflegeservice 276, 282
Pflicht 269
pH-Wert 116, 125, 178 ff, 187, 192
Photosynthese 156
Photosyntheseleistung 19
Photozelle 140
pilzliche Erreger 218
Planer 31, 37, 267
Planung 25, 31, 33, 127, 141, 155
Planungsfehler 277
Planungskriterien 129
Planzustand 12
Porenverteilung 126
Porenvolumen 115
Preise 282
Preislisten 283
Preispolitik 295
Pressearbeit 293
Problemfälle 193
Problemlösung 277
Profilierung der Oberfläche 123, 125
Profitcenter 279
Programmierung 198
Prospekt-Herstellung 287
Prospekte 284
Prüfpflicht 255, 262, 268 f.
psychologische Effekte 15
psychologische Wirkungen 23
Puffer 141, 153
Puffersystem 179
Pufferung 116, 118, 121, 123, 175
Pufferungsvermögen 118
Pufferzonen 28
Putzwasser 272

Qualitätsnormen 266
Qualitätsstandards 124
Quellbrunnen 112

Rahmenbedingungen 32
Rankelemente 151

räuberische Gallmücke 238
Raubmilben 233, 235
Raubwanzen 235
Raumbegrünung 284
Räume, vollklimatisierte 28
Raumhöhe 129
Raumhygiene 137
Raumklima 23, 31 ff, 117, 133, 267, 282
Raumklimatisierung 31 ff
Raumluft 15, 134 ff,
Raumluft-Schadstofffilterung 17
Raumluftfeuchte 133, 138
Raumluftschadstoffe 16
Raumlufttemperatur 138
Raumtemperatur 27, 133 f., 245
Raupen 228
Reaktion, allergische 16
Recyclingstoffe 117
Referenzobjekt 285, 294
Reflektor 159, 163 f.
Reflektorleuchten 155
Regelcomputer 140
Regeln der Technik, anerkannte 262, 271
Regeltechnik 28, 32, 198
Regelungen, vertragsrechtliche 266
Regelwerk 267
Regenwald 55, 65, 79
Regenwasser 30, 108, 175, 188, 203, 206, 245
Regenwassernutzung 145
Regler 198
Reize, natürliche 22
relative Luftfeuchte 136
Resistenzbildung 230
Rhizosphäre 17 f.
Richtlinie 11
Rohrunterbrecher 29
Routinepflege 229
Rückschlagventile 207
Rückschnitt 129, 229, 309
Ruhestadien 227
Rußtaubildung 225
Rüstzeiten 297

Sachverständige 262

Sackungsstabilität 115
Salzdünger 187
Salze 206, 245
Salzgehalt 175, 178, 180, 190
Sanitärtechniker 130
Sauerstoff 19
Sauerstoffmangel 215
Saugspannung 206
Saugspannungsmessung 203
säurebeständig 114
Säurekapazität 176 f.
Savanne 70
Schächte 135
Schadbild 214, 227
Schadbilder, unspezifische 214
Schäden 30, 33, 271 f.
Schadfaktoren, abiotischen 214
Schädlinge 211
Schädlingskontrolle 229
Schadstoffabbau 17
Schadstoffe 15, 17, 127, 137 f., 215, 218
Schadstoffe, gasförmige 218
Schadstoffkonzentration 16
Schadstoffrisiko 218
Schadursachen 218
Schallabsorptionsvermögen 21
Schalldämmung 21
Schaltuhr 140, 158
Schattierautomat 140
Schattierung 33, 139 f., 143, 154, 308
Schicht 245
Schichtaufbau 113
Schichtdicken 259
Schildläuse 222, 237
Schlupfwespen 236
Schlupfwespeneinsatz 237
Schmierläuse 222, 235
Schneelast 143
Schnelltest 177
Schnitt 248 f.
Schnittmaßnahmen 248
Schnittwirkung 248
Schriftverkehr 276
Schutzvlies 112
Schwebfliegen 238

Schwermetalle 117
Schwimmersystem 198
Sensoren 202
Sensorsteuerung 202
Servicewagen 153
Sicherheitsüberlauf 198
Sichtschutzfunktion 80
Silotransporter 117
Solaranbauten 37
Solarenergie, passive 142 f.
Solarhaus 42, 79
Solitärpflanzen 32, 57, 106, 309
Solitärpflanzengruppe 98
Solitärstrauch 48
Sonderglas 139, 152 f.
Sonnenbrand 154
Sonnenschutz 149, 153, 258
Sonnenschutz-Folien 152
Sonnenschutz-Gläser 142, 149, 152
Sorption 116, 121, 123
Sorptions- und Pufferungsvermögen 126
Sorptionskapazität 118
Sortiment 37
Sortimentsbreite 277
Spaghettis 209
Spaliere 87
Spektralbereich 152, 155 f., 161
Spezial-Leuchtstofflampen 157
Spezialdünger 184, 188
Spezialsubstrat 98
Spiegelreflektorleuchten 163
Spinnmilben 222
Spinnmilbenbefall 222
Sponsoring-Aktionen 294
Sprenkelung der Blätter 222, 226
Springschwänze 228
Sprühabstand 218
Sprühdüsen 55, 209 f.
Sprühkörper 130, 209 f.
Sprühnebelanlagen 28, 138
Spurenelemente 178, 181, 184, 193
Standardleistungsbuch 267
Standfestigkeit 30
Standort 26, 32, 37, 114
Standortbedingungen 211, 267

Standortfaktoren 26, 37
Standortverhältnisse 277
Standsicherheit 30
Statik 143, 261, 267
Staub 151
Staubwedel 151
Stauden 266
Staunässe 214
Stauregler 29
Stauwasserbildung 121
Steuer- und Regeltechnik 32
Steuerung 27, 206, 210
Steuerungstechnik 198
Stickstoff 117
Stickstoff-Form 192
Stoffeintrag 123
Strahlen-Spektrum 145
Strahlen-Transmission 152
Strahlendurchlässigkeit 152
Strahlerlampen 167
Strahlung 154
Strahlungsausbeute 161
Strahlungsdurchlässigkeit 152 f.
Strahlungswärme 134
Sträucher
Streitfall 267
Streß 22
Streßabbau 23
Streßsituationen 136
Strom- und Wasseranschlüsse 31
Strukturstabilität 115, 121
Substanz, organische 115 ff, 121
Substrat 113, 115 f., 120, 123, 126, 130, 135, 175, 180 f.
Substratanalysen 181
Substrate, durchlässigen 198
Substrate, gepufferte 122
Substrate, organische 181
Substrate, inerte 175
Substratoberfläche 125 f.
Substratschicht 245
Substrattemperatur 135, 245
Substratvolumen 126
Subtropen 313
subtropische Pflanzen 199

subtropische Savanne 313
Sukkulente 20, 58, 312
Symptome, unspezifische 215
Systeme, geschlossenen 122, 126

Tageslicht 98
Tageslichtquotient 27, 156
Tagestemperaturschwankungen 37
Tageszeitenklima 69, 312
technische Einrichtungen 259
Teilpflege 153
Teilservice 283
Temperatur 133, 140, 154, 243
Temperatur-Sollwert 134
Temperaturbereiche 32
Temperaturschwankungen 133
Temperatursteuerung 28
Tensiofühler 203
Tensiometer 145, 205 ff
Tensioschalter 108
Terminabsprachen 127
Terminplanung 127 ff
Thermostat 135
Thermotransporter 129
Thripsbekämpfung 235
Thripse 222
Tone 125
Tongranulat 111, 125
Topfballen 125
Topfhöhen 126
Tragfähigkeit 143, 258
Transmission 136, 146
Treibhauseffekt 149
Trinkwasser 137, 205
Trinkwasserverordnung 176
Trittfestigkeit 115
trockene Luft 23
Trockenflora 53
Trockengebiete 45
trockenheitsliebende Pflanzen 203
trockenes Klima 313
Tropen 105
Tropfbewässerung 97, 107
Tropfbewässerungssysteme 144
Tropfer 209

Tropfrohre 108
Tropfschläuche 108, 199, 207
Tropfsysteme 199, 207, 210
tropische Bepflanzung 105
tropische Pflanzen 13, 20, 25, 28, 133, 308
tropisches Klima 312

Überläufe 113 f.
Überversorgung 182
Umsatz 277
Umtopfarbeiten 30
Umtopfen 116, 118, 121, 248
Unfallverhütungsvorschriften 143
Universaldünger 184
unspezifische Schadbilder 214
unspezifische Symptome 215
Unterbewuchs 108
Unterpflanzung 48
Unterversorgung 182

Vegetation, tropische 25
Vegetationsruhephasen 118
Vegetationstechnik 266
Vegetationstragschicht 28, 32, 122, 265
Vegetationszone 37, 312
Ventilator 137, 134, 138, 143
Ventile 139
Veralgung 116, 118
Verdampfer 28, 136
Verdingungsunterlagen 258
Verdunster 28
Verdunster-Systeme 136, 139
Verdunstung 20, 243 ff
Verfahren, biologische 229
Verfärbung 194
Vergabe 255
Vergabebestimmungen 255 f.
Vergeilen 218, 243
Vergießfestigkeit 115
Verhandlungen 283
Verhandlungspartner 281
Verjährungsfrist 259, 270, 272
Verkaufsförderung 284
Verkaufshilfen 280
Verkaufsunterstützung 293

Vermehrung 228
Vernässung 229
Verordnungen 173
Verrechnungsmethoden 300
Verrechnungssätze 297
Versalzung 101, 113, 199
versauernde Wirkung 193
Verschlämmung 121
Verschleppung 225
Versicherungen 145
Vertrag 280
Vertragsbedingungen 152
vertragsgemäßer Zustand 272
vertragsrechtliche Regelungen 266
Vertrieb 280
Verwirbelungskörper 209
Viren 222
virusbefallene Pflanzen 222
Vitalität 11, 18, 114
Vlies 98
vollklimatisierte Räume 28
Vollpflege 153
Volumenanteil 121
Vorarbeiten 258
Voraussetzungen 275
Vorratsbehälter 30

Wachstum 114, 181
Wachstumsbedingungen 11, 25 f., 32
Wachstumsfaktoren 11, 26
Wachstumslicht 168 f.
Wachstumsmarkt 275
Wachstumsregeln 248 ff
Wärme-/Kältepuffer 142
Wärmedurchgangskoeffizent 151
Wärmedurchgangswert 146
Wärmeentwicklung 161
Wärmeschutz 149
Wärmeschutzfolien 151
Wärmeschutzgläser 151 f.
Wärmeschutzverglasung 218
Wärmeschutzverordnung 141 f., 149
Wärmetauscher 134, 143
Warmhaus 13
Warmhausklima 49

Warmluftschleusen 136
Wasser 98, 100, 105, 139, 199, 243, 245
Wasser- und Luftkapazität 122
Wasserableitungen 130
Wasseranalyse 176, 178
Wasseranschluß 29, 137
Wasseranstau 123, 127
Wasseranstauelement 112
Wasseranstauverfahren 127
Wasseraufbereitung 130, 176, 210
Wasseraufbereitungsanlagen 175
Wasserbecken 97
Wasserbevorratung 113
wasserdichte Abgrenzung 114
Wasserenthärtungsanlagen 29
Wasserfall 98
wasserführende Zone 124
Wasserhaltevermögen 126
Wasserkapazität 115
wasserlösliche Dünger 123
Wassermangel 100, 118
Wassernebel 136 f., 139
Wasserqualität 30, 32, 129, 175, 184, 187, 194, 199, 206
Wasserschäden 200
Wasserspeicher 197, 245
Wasserspeicherfähigkeit 125
Wasserstandsanzeiger 112 ff, 124, 126, 197, 215
Wasserstandshöhe 30
Wasserstauelement 112
wasserundurchlässig 114
Wasserversorgung 104 f.
Wasserverteilung 130, 199, 209, 245
Wasservorrat 245, 248
Wasserzuleitung 29, 130
Weichmacher 218
weichtriebige Pflanzen 251
Weiße Fliegen 222
Welkekrankheit 222
Werbebriefe 287, 291
Werbehilfen 280
Werbekampagne 287
Werbemittel 284
Werbeträger 284

Werbung 284
Wettbewerb 275
Windlast 143
Wintergarten 11 ff, 95, 114, 138, 141 f., 145, 153, 275, 281, 308
Wintergarten/Glasanbau 142
Wintergartenbepflanzung 277
„Winterruhe" 28
Wirkung, versauernde 193
Wirkung, psychologische 23
Wirtspflanzen 225, 227
Wohlbefinden 15, 23, 25, 133, 282
Wurzel 17, 113, 126, 138
Wurzelbereich 229
Wurzeldruck 30
Wurzelentwicklung 243
Wurzelfäule 229
wurzelfest 114
Wurzelfunktion 215
Wurzelpilze 219
Wurzelraumtemperatur 215
Wurzelschäden 214 f., 219
Wurzelschutz 114

Wurzelschutzbahn 112, 114, 121
Wurzelwachstum 115
Wurzelzone 122
Wüsten 57
Wüstenpflanzen 59, 139, 312

Zeigepflanze 38, 49
Zeitfenster 202
Zeitsteuerung 202
Zeolithe 126
Zersetzung 118
Zielgruppe 277, 281, 287, 289
Zierpflanzengärten 31
Zimmerbrunnen 112
Zone, feuchten 182
Zubehör 276
Zugluft 133, 135
Zulassungen 230
Zuluft 143
Zusammenarbeit 269, 275, 283, 284
Zusatzbeleuchtung 152
Zusatzbelichtung 145
Zusatzlicht 140, 142, 152 f., 157